U0954383

轻烃与芳烃专业委员会

简　介

为更好地服务于轻烃与芳烃产业健康发展，贯彻国家有关产业政策，推进相关重大专项工程的实施，做好行业发展的组织、协调和服务工作，积极推动石化行业供给侧改革，2018年5月9日，经中国石油和化学工业联合会四届二次理事会审议通过，决定设立中国石油和化学工业联合会轻烃与芳烃专业委员会。

轻烃与芳烃专业委员会在联合会的指导下主要开展以下业务：（1）研究轻烃和芳烃行业整体发展战略、规划，为政府制订产业政策、发展规划提供支撑和建议，引导行业健康可持续发展；（2）根据行业发展需要，参与相关标准研究与制修订工作；（3）协调、整合行业资源，协助有关企业落实乙烷、丙烷等原料资源，推进重大专项的落实；（4）加强行业统计监测，建立健全行业运行监测和预警机制，及时发布行业最新态势，为政府、企业和社会提供信息服务；（5）积极开展国际间经济技术合作，参加国际会议，组织技术交流；（6）凝聚行业力量，反映行业和企业诉求，维护轻烃和芳烃利用及相关企业合法权益；（7）承办政府有关部门和联合会委托的其他工作。

轻烃与芳烃专业委员会将坚持专业、独立、广泛、公正的办会宗旨，坚持企业联合、协商合作和专业化、有影响、代表性强的办会方针，紧紧依靠成员单位，围绕行业发展的重要问题开展工作，传达行业信息、反映企业诉求、维护企业利益、实行行业自律、参与行业管理，努力打造轻烃与芳烃行业重要的交流平台、信息平台、协作平台、自律平台。

秘书处联系方式

电 话：010-84885092
传 真：010-84885057
E-mail：qtftcpcia@126.com
通讯地址：北京市朝阳区亚运村安慧里4区16号楼中国化工大厦707室
邮 编：100723

恒力（大连长兴岛）产业园

恒力集团始建于1994年，从纺织起步，现已布局苏州、大连、营口、宿迁、南通、泸州、榆林、惠州、贵阳九大生产基地，实现从“原油—芳烃、乙烯—精对苯二甲酸（PTA）、乙二醇—聚酯（PET）—民用丝及工业丝、工程塑料、薄膜—纺织”全产业链发展，员工12万人。

2021年恒力集团总营收7323亿元，现位列世界500强第67位、中国企业500强第21位、中国民营企业500强第3位、中国制造业企业500强第6位。

2010年，恒力集团响应新一轮东北振兴战略号召，在国家七大石化产业基地之一的大连长兴岛，总投资1800亿元，建设恒力（大连长兴岛）产业园。

产业园以打造“最安全、最环保、内在优、外在美”的世界一流石化园区为目标，一次性规划石化、炼化、化工三大板块，已建成2000万吨/年炼化一体化、450万吨/年芳烃、150万吨/年乙烯、180万吨/年乙二醇、1200万吨/年PTA等重点项目。

恒力（大连长兴岛）产业园全面投产后，将为经济高质量发展、新一轮东北振兴及民族工业崛起贡献更大力量。

上海卓然工程技术股份有限公司

Introduction

上海卓然工程技术股份有限公司（简称“卓然股份”，股票代码688121.SH），是大型石油化工装置集成服务商，通过技术研发创新及全产业链融合发展，形成了石油化工装备集成化、模块化供货的新模式，在工艺技术开发、装置数智化运维等创新应用领域多维发展，为客户提供更为卓越的产品与服务。

卓然股份石油化工装备供应与服务项目分布于二十余个省级行政区，以长三角为核心，向全国范围内辐射，形成全国化发展布局。同时，卓然股份积极推动全球化发展进程，足迹遍布亚非欧、南北美洲多个国家和地区，在海内外石油化工装备服务领域拥有出众的口碑与声誉。集团下设卓然（靖江）设备制造有限公司、江苏博颂能源科技有限公司、上海卓然数智能源有限公司、卓然（浙江）集成科技有限公司等多家子公司。

卓然股份厚植于经验基础，发力于创新实践，在商业模式、运营管理、项目管理与数智化等多维度展开创新探索，并在石油化工、天然气化工、节能环保与智能装备等相关业务领域积极与国内外高校、科研院所开展产学研合作，力求在新工艺、新材料、新能源方向拥有更多自主创新成果，特别是与中国石油大学(华东)联合开发丙烷脱氢、催化裂解工艺技术，突破了该领域“卡脖子”技术难题。

卓然股份通过技术创新与产业链融合，创新石化设备供货模式，创造了国产石化装备集成制造联合出口的新业态。在产业链融合集成供货新模式推动下，实现裂解炉首台大型模块化供货、中国乙烯裂解工艺与装置联合出口，形成工厂制造与现场安装的整体供货模式，并实现国内大型苯乙烯炉整体模块供货、国内大型乙烯装置项目等十余项国内外重大项目业绩。

2021年9月，卓然股份于上海证券交易所科创板正式挂牌上市，在资本蓝海中正式扬帆起航！

未来，卓然股份将依托于长三角区域一体化国家发展战略，致力于全面推动数智化服务、构建产业互联生态，紧紧围绕“聚链制造、产融共生”企业发展战略，不断加强技术革新，促进制造、设计与创新三大产业链协同发展，为广大投资者、客户、合作伙伴与员工创造更多价值，为社会创造更多美好！

卓然 SupeZET

地址：上海市长宁区临新路268弄3号
电话：021-66220666(总机)
邮箱：supezet@supezet.com

三大产业链
Main Industry Chains

制造产业链：

卓然股份依托长三角区域一体化的国家发展战略，立足于江苏靖江、浙江岱山两大基地，将工程设计与传统制造、工艺技术与传统产品相融合，提升企业自主研发、制造与系统集成能力，促进产业协同发展，实现工业炉和石化装备双核制造产业链发展模式。

设计产业链：

卓然股份坚持“1+1>2”的理念，将制造与设计深度融合，拓展产学研合作通道，针对化工装置工艺、设备、管道、钢结构等部分形成设计制造一体化，同时大力开发乙烯、丙烯上下游技术，以及石油化工、炼油、节能环保、智能装备等相关新工艺与新技术。

创新产业链：

卓然股份遵循技术发展的规律，坚持“中国创造”，将创新链与产业链紧密结合，通过石化装置创新联合体，在现有的装置上开发新技术，构建协同创新平台，整合国内外设计资源，重引进、快消化，吸收创新并重，实现产业装备的国产化、专业化、智能化与集成化发展。

黑猫股份

BLACK CAT CARBON BLACK

江西黑猫炭黑股份有限公司

股票代码：002068

Black cat Carbon Black

黑猫股份　以炭黑综合开发利用为己任，不断探索与追求

江西黑猫炭黑股份有限公司（股票代码002068）是专业化炭黑生产企业，公司成立于2001年7月，2006年9月在深圳证券交易所上市，公司现有江西黑猫、韩城黑猫、朝阳黑猫、乌海黑猫、邯郸黑猫、太原黑猫、唐山黑猫和济宁黑猫8个大型炭黑生产基地。

公司拥有完善的产业体系、专业的科研队伍和先进水准的检测设备，具备严格、配套的生产管理和产品质量保证体系，先后通过"IS014001:2015 环境管理体系"认证，"IS045001：2018职业健康安全管理体系"认证，符合"IATF16949：2016 "汽车行业生产件与相关服务件组织实施的特殊要求，全过程一站式检验检测程序让黑猫股份的炭黑产品成为行业信心的保证。

至今，黑猫股份掌握的自主知识产权已达百余项。科技之翼，促成黑猫的御风滕飞，成就黑猫的无限荣光。江西黑猫炭黑股份有限公司2011-2017年荣膺"高新技术企业"，2003-2009年、2011年至今"黑猫牌炭黑"被江西省质量兴省领导小组认定为"江西名牌产品"，2015年中国橡胶工业协会授予"黑猫牌""中国橡胶工业优势品牌奖"，2019年被中国化工情报协会、全国精细化工原材料及中间体行业协作组评为"2019精细化工百强"2021年被中国橡胶协会炭黑分会评为"2020年度/2021年度中国炭黑行业十强企业"

良好的品质和周到的服务赢得了知名轮胎企业青睐，如：米其林轮胎、普利司通轮胎、固特异轮胎、倍耐力轮胎、大陆轮胎、库珀轮胎等等……

地址：江西省景德镇市历尧

Tel：0798-8391868　Fax：0798-8381879　SalesTel：0798-8399689　0798-8391979　Zip code:333000

股票代码300721

怡達®

☎ 公司总机：86-510-86601707

销售电话：86-510-86600660

公司地址：江苏省江阴市西石桥球庄1号

公司邮编：214441

公司简介

江苏怡达化学股份有限公司

江苏怡达

醇醚研究中心

吉林怡达

江苏怡达化学股份有限公司创立于1996年6月，地处经济发达、风景秀丽的江阴临港经济开发区。经过二十多年的不断发展，目前在珠海、吉林、泰兴等地设有10个子公司，形成了“长江、珠江、松花江” 三江呼应的分布格局。现有员工900多人，2021年完成销售约15亿元，是一家新型绿色环保化工企业。公司已于2017年11月在深圳证券交易所创业板成功上市，股票简称“怡达股份”，股票代码300721，是上市公司总部经济所在地。

公司自成立之初就一直致力于二元醇醚及其羧酸酯类系列产品的技术研发和生产，是一家专业化醇醚及醇醚羧酸酯类有机化学产品的企业，目前年生产能力为24万吨。主导产品为“怡达牌”丙二醇醚和乙二醇醚及其羧酸酯类系列产品，该产品属环境友好型新材料，广泛应用于油漆、涂料、湿电子化学品、汽车制动液、覆铜板、油墨、日用化学品、清洗剂、印刷、印染及农药等行业，是特种专用化学品和高级溶剂。公司致力于湿电子化学品新技术的研究与开发，经中国石油和化学工业联合会高端专用化学品专委会电子化学品工作组理事会批准为副组长单位，同年被认定为2021年度“中国石油和化工行业技术创新示范企业”。

在国内外树立了较高的品牌知名度，是全国标准化委员会批准的“丙二醇醚和乙二醇醚工作组”召集单位，负责醇醚类及其羧酸酯类产品国家和行业标准的起草和修订。“怡达牌醇醚”多项产品经过省部级鉴定为高新技术产品。

公司先后承担了多项科技计划项目，公司多项技术获得中国石油和化学工业联合会颁发的科技进步奖，20项产品通过江苏省科技厅的科技成果鉴定，目前已获授权专利37项，其中发明专利27项。

未来，公司将借助资本市场的力量，充分发挥自身科技创新、三江战略等独特优势，使公司走上发展的快车道，同时抓好公司治理建设，不忘初心、谦虚谨慎、艰苦奋斗、勇于攀登，实现公司持续、健康、长远的发展，实现“回报客户、回报员工、回报股东、回报社会”的企业宗旨。

珠海怡达厂景

泰兴怡达厂景

企业荣誉

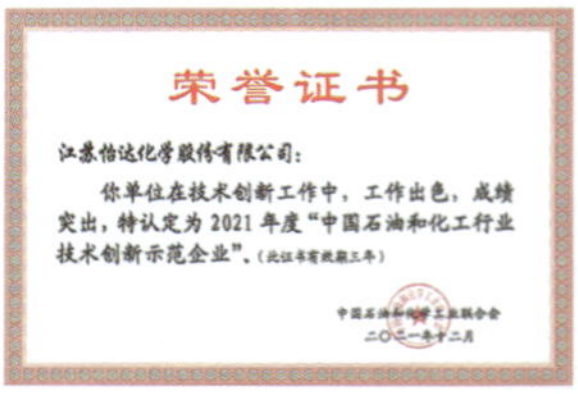

长兴材料工业股份有限公司
Eternal Materials Co., Ltd.

长兴特殊材料（珠海）有限公司
ETERNAL SPECIAL MATERIALS (ZHUHAI) CO., LTD.

长兴特殊材料（珠海）有限公司由易创化学股份有限公司（隶属台湾长兴化学股份有限公司）出资90%和德国巴斯夫公司出资10%共同投资兴建（外商合资），致力于生产和销售高性能光固化涂料材料及其制品，成立于2003年4月，位于珠海市高栏经济区石化专区碧阳路。自2004年10月正式投产，经二次扩建和扩建调整，到2015年公司全年生产时间7920小时，操作日为330天，实行四班三运转连续生产制：公司依托总公司技术、管理、资源优势及珠海市良好投资环境，以守法守信守德为本，凭借高效的创新、管理模式，持续开拓发展。公司现有正式员工291人，累计投资额达到64264万元，形成年产5.003万吨光固化涂料材料及其制品的生产能力。

公司自成立以来，获得很多荣誉和证书。它们分别是2007年6月取得“先进技术企业”认证，2007年11月公司通过“企业标准验证”，2007年12月公司获得“高栏港经济区重点纳税大户”，2008年01月获得“珠海市2007年度工伤保险工作先进单位”，2008年4月获得“珠海市2007年度税收贡献百强”，2009年3月通过“广东省良好行为企业认证”，2009年5月通过“珠海市市级重点企业技术中心认证”，2009年11月通过“广东省高新技术企业认证”，2010年12月通过“OHSAS18001:2007认证”，2011年1月通过海关“AA类企业认证”，2013年1月IOS编入SM事业部，2017年通过广东省重点企业技术中心认证。

长兴特殊材料（苏州）有限公司
ETERNAL SPECIAL MATERIALS (SUZHOU) CO., LTD.

公司于2014年3月取得营业执照、2015年11月开始投产，投资总额9980万美元，注册资本4000万美元，主要从事特殊单体、寡聚体、压克力树脂的生产、研发和销售，并提供技术服务。

公司通过了ISO9001，ISO14001，ISO45001认证，并于2017-2020年先后被评为“高新技术企业”、“苏州市企业技术中心”、“苏州市工程技术中心”、“省企业技术中心”、“安全标准化二级企业”、“省三星上云企业”，公司的UV光固化单体生产车间于2021年被评定为“苏州市智能示范车间”，事业部长于2018-2019年先后被评为“江苏省双创人才”、“姑苏创新人才”；公司目前拥有1个发明专利，29个实用新型专利。

产品主要应用于UV光固化的涂料材料，包括传统涂料、油墨、黏着胶业，3C电子产业、LCD/LED光学产业、触控产业及3D打印产业等，内销市场占有率30%。

中国石化市场预警报告

（2022）

中国石油和化学工业联合会
山东隆众信息技术有限公司　组织编写

Early Warning Report of China Petrochemical Market 2022

化学工业出版社
·北京·

内容简介

《中国石化市场预警报告（2022）》对50个重点产品按能源、基本有机原料、合成树脂、合成纤维、合成橡胶、聚氨酯、盐化工、化肥等产业链条分板块进行分析。产品主要从2021年度关键指标一览、供需平衡、供应和消费现状、价格和利润走势以及未来五年发展预期等角度进行论述。

本书不仅可以为政府决策人士，从事企业决策及市场分析、发展规划的中高层管理人员以及国内外投资咨询机构、贸易公司、银行、证券、咨询服务部门的管理人员，政府主管部门、行业协（学）会、科研机构、高等院校、制造企业及材料供应商等提供一定参考，还可以帮助普通读者从中了解中国石化行业的形势等。

图书在版编目（CIP）数据

中国石化市场预警报告.2022/中国石油和化学工业联合会，山东隆众信息技术有限公司组织编写. —北京：化学工业出版社，2022.4

ISBN 978-7-122-41208-9

Ⅰ.①中… Ⅱ.①中… ②山… Ⅲ.①石油化学工业-市场分析-研究报告-中国-2022 Ⅳ.①F426.72

中国版本图书馆CIP数据核字（2022）第058725号

责任编辑：赵卫娟　高　宁　　装帧设计：王晓宇
责任校对：边　涛

出版发行：化学工业出版社（北京市东城区青年湖南街13号　邮政编码100011）
印　　装：三河市延风印装有限公司
787mm×1092mm　1/16　印张40　字数1040千字　　2022年7月北京第1版第1次印刷

购书咨询：010-64518888　　售后服务：010-64518899
网　　址：http://www.cip.com.cn
凡购买本书，如有缺损质量问题，本社销售中心负责调换。

定　　价：498.00元

京化广临字2022——09

《中国石化市场预警报告（2022）》编委会

主　　任： 李寿生

委　　员： 傅向升　赵俊贵　周竹叶　孙伟善　许　锦　张新宇　朱军红
赵公正　高　波　陈　陈　李锁山　卢在胜　马桂英　梁照龙
王长海　许　军　朱险峰　王耀伟　张凤岐　杨振军　李　明
朱胜红

《中国石化市场预警报告（2022）》编写组

主　　编： 孙伟善

副 主 编： 戚志强　李宇静　严　涛

编写人员：

白　勇　蔡恩明　查　珂　常　燕　陈文广　陈晓涵　程　森
崔荣霜　崔晓飞　窦立坤　高　琳　郭　光　郭雅婷　韩晓杰
韩　叶　胡天生　黄金辉　黄汝庆　黄少鹏　焦海超　李　琛
李顶杰　李海洋　李红杰　李　淼　李　彦　李永亮　李玉华
林俊义　刘　涌　路　强　毛凯田　孟玉香　牛俊峰　牛　璐
瞿　辉　任　旸　桑建新　宋　洋　孙丽娟　唐　军　王孝峰
王　昊　王宏宇　王丽媛　魏　明　吴　迪　吴利利　吴晓燕
吴莹莹　吴苑丽　相飞飞　辛宝坤　杨　燕　于国栋　臧丽娜
张　畅　张　静　张　军　张　敏　张同飞　张　薇　曾宪芬
张雪松

序

进入“十四五”以来，我国石油和化学工业发展的国际环境和国内经济发展的阶段要求都发生了重大而深刻的变化。新冠肺炎疫情持续肆虐、地缘政治冲突频发、全球经济复苏缓慢，给石油化工行业的高质量发展和可持续发展带来一系列新的挑战。

在极其复杂艰难的宏观环境下，2021 年石油化工全行业主营业务收入达 14.45 万亿元，同比增长 30%，创造历史新高；实现利润总额 1.16 万亿元，首次突破万亿元大关，利润总额增长 1.3 倍，也创造了历史新高；进出口总额 8600.8 亿美元，同比增长 38.7%；销售收入利润率创近十年新高。展现了全行业高质量发展的本质性变化。与此同时我们也清醒地看到，2021 年四季度以来，石化行业经济运行遭遇需求持续收缩、产品价格大幅回落的双重挤压，行业经济下行压力持续加大。数据显示，2021 年 11 月化学原料和化学制品制造业增加值由正转负，同比下降 0.9%，精炼石油产品制造增加值同比下降 4.8%，扩大 1.8 个百分点。受全球经济环境以及行业本身周期变化的影响，2022 年一季度石化行业经济运行整体平稳，但也将面临诸多的问题和不确定性。特别是在全球油气价格大幅波动、需求预期大幅减弱、通胀压力持续增加、供应链产业链不畅加剧、市场主体特别是中小企业生存困难加大的新形势下，正确分析和认识当前行业发展的市场环境变化，提前做好行业发展的预警分析不仅十分必要，而且十分重要。

知之愈明，则行之愈笃。当前国际形势继续发生深刻复杂变化，百年变局和世纪疫情相互交织，经济全球化遭遇逆流，大国博弈日趋激烈，世界进入新的动荡变革期，国内改革发展稳定任务艰巨繁重。当前全球疫情走势仍存在很大变数，近期国内疫情多点散发，需求面临诸多约束，原材料价格高企，供给隐忧凸显，市场预期和企业信心出现一定波动，行业经济平稳增长的紧迫感进一步增强。同时，石油化工行业自身发展还将面临产业结构调整、创新能力提升、绿色低碳转型的艰巨任务。如何认识和把握石油化工行业发展面临的新形势，如何实现石油化工行业传统发展模式的战略性转变，如何推动和实现石油化工行业高质量发展的新任务成为现阶段摆在我们行业面前的一项全新的课题，我们不能等待、不能观望，更不能懈怠。

“稳中求进”是中央经济工作会议的主要精神，是2022年宏观经济工作的总基调。我认为，2022年的经济工作首先是“稳”,“稳”主要依靠政府的调控和政策的引导，特别是要保证市场、金融、价格的稳定，防止大起大落。“进”主要依靠调动企业主体的积极性、创造性，大力推动技术进步、技术创新，加快培养一批可持续发展的新的增长点。在当前诸多不确定形势下,“稳”和“进”的难度都很大。做好行业经济运行监测，特别是做好行业经济运行的前瞻性判断、趋势性研究就显得更加重要而迫切，市场预警报告的重要作用就恰恰是给这些问题的出现提供借鉴和参考。要实现平稳增长的任务目标，石化行业需要认真做好“一稳”“五进”几篇大文章。“一稳”就是要抓好传统产业“稳”的工作，特别是抓好油气、化肥、氯碱、纯碱、轮胎等行业的稳定工作，防止大起大落。“五进”是：抓好战略性新兴产业“进”的工作，特别是抓好化工新材料、电子化学品和节能环保产业新的增长点培育；抓好RCEP实施和“一带一路”“进”的工作，加快行业“双循环”新格局的建立；抓好化工园区“进”的工作，加快培育国际一流化工园区的转型升级步伐；抓好国际一流企业建设和重点企业竞争力提升“进”的工作，下大功夫提升大型骨干企业和培养“专精特新”中小企业水平；抓好数字化建设上“进”的工作，全面提升行业智能化管理水平。要在全行业高质量发展的效率和效益上全面体现“稳中求进”的成效和水平。

大舸中流下，青山两岸移。2022年是实施“十四五”规划承上启下的重要一年，是党的二十大召开之年。我国宏观经济既充满了变数和挑战，也蕴含着机遇和期待。近期一系列促进工业经济平稳增长的政策措施相继出台，对解决制约石化行业经济运行中的掣肘问题，确保全行业平稳运行创造了更加有利的空间。李克强总理在2022年的政府工作报告中强调指出，“今年我国发展面临的风险挑战明显增多，必须爬坡过坎，砥力前行。越是困难越要坚定信心，越要真抓实干。我国经济长期向好的基本面不会改变，持续发展具有多方面有利条件，特别是亿万人民有追求美好生活的强烈愿望、创业创新的巨大潜力、共克时艰的坚定意志，我们还积累了应对重大风险挑战的丰富经验。中国经济一定能顶住新的下行压力，必将行稳致远。”我相信，只要全行业锚定奋斗目标，把握有利条件，坚定发展信心，迎难而上，主动作为，团结一心，砥砺前行，就一定能够激发全行业为实现石油和化学工业强国而奋斗的信心和动力，就一定能信心百倍地书写新时代中国石油和化工行业高质量发展的宏伟篇章！

中国石油和化学工业联合会会长

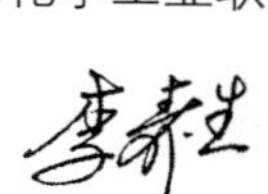

2022年4月

前言

2021 年是“十四五”开局之年，石化全行业、广大石化企业和干部职工，以习近平新时代中国特色社会主义思想为指导，深入贯彻新发展理念，努力构建新发展格局，全力做好石化产业“十四五”和中长期发展部署，深入实施创新驱动和绿色发展战略，不仅全行业经济运行业绩超预期，实现了“十四五”的良好开局，而且石化产业高质量发展也取得许多新的进步。

当前，新冠肺炎疫情的冲击还在持续，百年未有之大变局加速演进，石化行业将面临高油价、经济下行压力加大、供应链瓶颈约束加剧等新的形势和挑战。为了使石化行业从业者深入认识和准确把握中国石化产品市场发展新趋势、新特点，中国石油和化学工业联合会产业发展部、山东隆众信息技术有限公司组织编制了《中国石化市场预警报告（2022）》。

《中国石化市场预警报告（2022）》在 2021 年版的基础上新增了氢能、茂金属聚乙烯、可降解材料 PBAT 等热点产品。由于时间仓促和水平有限，本书难免有不尽如人意之处，我们热切希望大家多提宝贵意见，更欢迎关注石化行业发展的专家、学者、企业家和业界人士对本书提出建设性的修改建议，以利于我们进一步改进工作。

编委会

2022 年 4 月

目录

第2篇 基本有机原料

第3篇 合成树脂

第 4 篇　合成纤维

第5篇 合成橡胶

第6篇 聚氨酯

第 8 篇　化肥

第 9 篇　其他

绪论 关于2021年石油和化学工业经济运行情况和2022年市场走势的分析报告

2021年，中国经济强劲复苏，全年国内生产总值达到114.37万亿元，比上年增长8.1%，实现第一个百年奋斗目标，高质量发展取得新成效，构建发展新格局，实现了“十四五”良好开局。

2021年，中国石油和化学工业的经济业绩远超预期，营业收入和利润都创造了新的历史纪录。生产平稳较快增长，投资稳定恢复，产业结构优化，经济增长质量提升。

2022年年初，俄乌冲突导致原油等能源产品价格暴涨，全球石化行业风起云涌。石化产品需求出现收缩，市场波动加剧，行业经济下行压力不断加大；外部宏观经济环境严峻复杂。2022年，多重不利因素影响下，我国石油和化工行业的发展必将面临巨大挑战。

0.1 2021年石油和化学工业经济运行情况

2021年，石油和化工行业规模以上企业工业增加值增长5.3%（同比，下同）；营业收入14.45万亿元，增长30.0%；利润总额1.16万亿元，增长1.27倍；进出口总额8600.8亿美元，增长38.7%；全国油气总产量3.84亿吨（油当量），增长5.1%；原油加工量7.04亿吨，增长4.3%；主要化学品总产量增幅约5.7%。

（1）增加值增速下行趋缓，营业收入持续较快增长

国家统计局数据显示，截至2021年12月末，石油和化工行业规模以上企业26947家，工业增加值累计增长5.3%。其中，化学工业增加值增长7.5%；石油和天然气开采业增长2.2%。

2021年，石油和化工行业规模以上企业实现营业收入14.45万亿元，创历史新高，增长30.0%，较2019年增长17.8%，两年平均增长9.0%，占全国规模工业营业收入的11.3%。其中，化学工业营业收入8.66万亿元，增长31.1%，较2019年增长25.8%，两年平均增长12.4%；石油和天然气开采业营业收入1.11万亿元，增长28.3%，较2019年增长0.8%，两年平均增长2.8%。

（2）能源和主要化学品生产平稳较快增长

据统计，2021年全国原油和天然气总产量3.84亿吨（油当量），增长5.1%，增速较上年减

缓 0.2 个百分点；主要化学品生产总量增长约 5.7%，增长 2.1 个百分点。从走势看，油气增长基本平稳；受上年同期基数影响，主要化学品增速前高后低，逐步趋稳，但月度总产量变化并不很大。

原油和天然气生产平稳较快增长。2021 年，全国原油产量 1.99 亿吨，增长 2.4%，增速较上年加快 0.8 个百分点；天然气产量 2052.6 亿立方米，增幅 8.2%，增速减缓 1.6 个百分点。原油加工量 7.03 亿吨，增长 4.3%。成品油产量（汽煤柴合计）3.57 亿吨，增长 7.9%，上年为下降 8.1%；其中，柴油产量 1.63 亿吨，增长 2.7%；汽油产量 1.55 亿吨，增长 17.3%；煤油产量 3943.9 万吨，下降 2.6%。

基础化学品和合成材料生产总体平稳较快增长，结构优化。2021 年，全国基础化学品总量增长约 6.7%。其中，无机化学原料增长 4.1%，有机化学品增长 6.3%，精细化学品增长 17.4%。重点产品中，乙烯产量 2825.7 万吨，增长 18.3%；硫酸产量 9382.7 万吨，增长 5.0%；烧碱产量 3891.3 万吨，增长 5.2%；纯碱产量 2913.3 万吨，增长 3.4%。2021 年合成材料总产量增长 6.9%；其中，合成树脂产量 1.10 亿吨，增长 5.8%；合成橡胶产量 811.7 万吨，增长 2.6%。

农用化学品产量小幅增长。2021 年，全国化肥总产量（折纯）5446.0 万吨，增长 0.8%，2020 年为下降 0.9%；农药原药产量（折 100%）249.8 万吨，增长 7.8%。此外，农用薄膜产量 79.9 万吨，增长 0.9%。

化学工业产能利用率回升，油气开采业基本平稳。2021 年，化学工业产能利用率为 78.1%，同比上升 3.6 个百分点；石油和天然气开采业产能利用率为 89.8%，回落 0.3 个百分点。

（3）能源和主要化学品消费缓中趋稳

数据显示，2021 年，我国原油天然气表观消费总量 10.42 亿吨（油当量），增长 1.4%；主要化学品表观消费总量增长约 1.5%。

原油消费降幅收窄，天然气消费保持较快增长。2021 年，国内原油表观消费量 7.10 亿吨，下降 3.4%，对外依存度 72.0%；天然气表观消费量 3694.8 亿立方米，增长 13.6%，回落 1.3 个百分点，占原油天然气表观消费总当量的 31.9%，对外依存度 44.4%。2021 年，国内成品油表观消费量 3.20 亿吨，增长 10.3%。其中，柴油表观消费量 1.47 亿吨，增长 4.6%；汽油表观消费量 1.40 亿吨，增长 20.8%；煤油表观消费量 3243.7 万吨，下降 2.2%。

基础化学原料消费总体持续放缓，合成材料消费量降幅有所扩大。数据显示，2021 年，基础化学原料表观消费总量增长约 3.6%，为年内最低。其中，无机化学原料增长 3.5%，有机化学原料增长 3.8%。主要基础化学原料中，乙烯表观消费量 3013.3 万吨，增长 16.9%；硫酸表观消费量 9140.1 万吨，增长 3.6%；烧碱表观消费量 3748.4 万吨，增长 4.5%；纯碱表观消费量 2861.1 万吨，增长 5.4%。2021 年，合成材料表观消费总量下降 2.2%。其中，合成树脂表观消费量 1.31 亿吨，下降 3.2%；合成橡胶表观消费量 1332.1 万吨，下降 8.6%。

化肥消费总量继续下降。2021 年，全国化肥表观消费总量（折纯）4677.1 万吨，下降 3.4%，较上年扩大 1.6 个百分点。

（4）投资全面恢复增长态势

2021 年，石油和化工行业投资全面恢复增长态势，走势总体缓中趋稳。其中，化学原料和化学制品制造业固定资产投资增长 15.7%，上年为下降 1.2%；石油和天然气开采业投资增长 4.2%，上年降幅 29.6%；石油、煤炭及其他燃料加工业投资增长 8.0%，较上年回落 1.4 个百分点。2021 年度，全国工业投资增长 11.4%，比上年加快 11.3 个百分点。

（5）对外贸易大幅增长

2021 年，我国石油和化工行业对外贸易持续高速增长，进出口总额创历史新高，出口结构优化。海关数据显示，全行业进出口总额 8600.9 亿美元，增长 38.7%，上年为下降 14.1%，占全国进出口总额的 14.2%。其中，出口总额 2955.5 亿美元，增长 41.8%；进口总额 5645.4 亿美元，增长 37.1%。贸易逆差 2689.9 亿美元，扩大 32.3%。

基础化学原料、橡胶制品、合成材料等出口额持续快速增长。2021 年，基础化学原料出口 926.6 亿美元，增长 49.2%；橡胶制品出口 578.2 亿美元，增长 34.6%；合成材料出口 333.9 亿美元，增长 99.4%；成品油出口量 4033.2 万吨，下降 11.8%，出口额 217.8 亿美元，增长 13.5%。此外，2021 年全国化肥出口量（实物量）3289.9 万吨，增长 12.9%；出口额 116.4 亿美元，增长 73.0%。

原油进口量下降，天然气持续快速增长。2021 年，国内进口原油 5.13 亿吨，下降 5.4%；进口额 2544.7 亿美元，增加 42.9%。全年进口天然气 1697.9 亿立方米，增长 20.7%；进口额 560.9 亿美元，增加 68.4%。

0.2 2022 年石油和化学工业市场走势

预计 2022 年全球经济将持续恢复，但增速减缓；2022 年石化行业市场需求动力不足，尽管目前国内能源和主要化学品市场需求下滑趋势有所缓解，但疲软局面尚未根本扭转。

（1）全球经济走势

目前看来，新型冠状病毒肺炎（简称“新冠肺炎”）疫情依然是新的一年里全球经济复苏进程中最大不确定因素。但即便如此，全球经济复苏步伐仍不可阻挡，不过，经济增长会有所减缓。世界银行 2022 年 1 月 11 日发布的《全球经济展望》报告预计，伴随疫后报复性需求反弹逐步平复，全球财政和货币支持政策的解除，全球经济增长将在 2022 年和 2023 年显著减速至 4.1% 和 3.2%（联合国 2022 年 1 月 13 日发布《2022 年世界经济形势与展望》报告预测，全球经济 2022 年和 2023 年将分别增长 4.0% 和 3.5%），明显低于 2021 年全球经济 5.5% 的预计增速。2021 年和 2022 年的增长预期较上次均下调了 0.2 个百分点。报告还预测，发达经济体的增长将从 2021 年的 5% 降至 2022 年的 3.8% 和 2023 年的 2.3%。与此相比，新兴和发展中经济体增长预期将从 2021 年的 6.3% 降至 2022 年的 4.6% 和 2023 年的 4.4%。

（2）中国经济走势

2022 年中国经济增长面临较大的压力，但也有回升的余地。预计 2022 年中国一季度、二季度 GDP 增速大概在 4.5% ～ 5%。下半年会进一步回升，三季度有望达到 5.5% 左右，四季度可能达到 6%。预计全年 GDP 增速为 5% ～ 5.5%，且呈现前低后高的走势。

（3）石化市场走势

① 国际原油市场　2021 年，国际原油价格震荡上升，总体涨幅较大，均价为 2018 年以来最高，2021 年，WTI 均价为 67.94 美元 / 桶，上涨 72.0%；布伦特原油均价 70.72 美元 / 桶，上涨 69.4%；迪拜原油均价 69.25 美元 / 桶，涨幅 64.2%；胜利原油均价 70.67 美元 / 桶，上涨 56.6%。

2022 年，全球经济将延续恢复势头，原油需求会有所扩大，但全球经济复苏的动能仍比较脆弱，宏观环境复杂严峻。总体看，2022 年由于俄乌冲突，油价保持上升趋势，国际原油市场波动还会较大，在价格高位震荡。

② 基础化学原料市场　2021 年，国内基础化学原料市场总体波动较大、涨幅较大，一些大宗产品价格创历史新高。比较而言，无机化学原料价格涨势相对强劲。2021 年末，国内基础化学原料市场供需基本平稳，需求放缓势头有所缓解，消费结构持续改善，出口持续较快增长。

根据当前市场走势判断，2022 年基础化学原料市场运行总体可能相对平稳，价格涨势趋缓，波动趋弱，无机化学原料市场回调压力较大。

③ 合成材料市场 总体看，2021 年国内合成材料市场价格涨幅较大。从走势看，一季度价格急剧上升，此后持续高位震荡，涨势分化，其中合成纤维原料涨幅相对较大。目前，国内合成材料市场需求总体仍相对疲软，供需矛盾有所加大。由于进口大幅下降，出口快速增长，市场竞争压力有所减缓，但分化加剧。分析认为，2022 年国内合成材料市场需求可能有所回升，但增长有限，市场继续调整分化，价格涨势总体上显著放缓，随着国际油价波动而波动。

④ 化肥市场 2021 年，在原材料价格上升和出口推动下，化肥市场可谓涨声一片。尿素、液氨等氮肥价格创历史新高，磷肥、钾肥、复合肥等价格达到近十年来最高水平。

目前，国内化肥市场产销衔接基本平衡，出口持续下降，由于国内需求相对稳定，市场价格涨势明显减缓，供需矛盾开始显现。预计 2022 年，国内化肥市场需求回升有限，由于成本回落，价格上涨动力减弱，市场将保持基本平稳，波动不大。

⑤ 轮胎市场 2021 年，国内轮胎市场供需基本平稳，价格在成本支撑下涨幅明显，涨势逐步增强，波动不大。但自三季度以来，市场需求持续放缓，不过，出口仍保持较快增长，轮胎行业成本高企，行业效益不断下滑。预计 2022 年，国内轮胎市场总体保持相对平稳走势，供需矛盾可能会进一步加大，价格涨势大幅放缓，低位震荡。

0.3 2022 年石油和化学工业发展几点建议

在 2021 年实现“十四五”良好开局的基础上，2022 年石化行业经济运行的总体思路是：全行业以习近平新时代中国特色社会主义思想为指导，贯彻落实新发展理念，突出高质量发展的主题，深入实施创新驱动和绿色可持续发展战略，力争石油和化学工业走在“双碳”工作最前列，深刻领会并把握“稳字当头、稳中求进”的总基调，全力打好“稳增长六大攻坚战”，以优异的成绩迎接党的二十大胜利召开！

(1) 做好石化行业保供稳价，为稳定我国经济大盘提供有力支撑

俄乌冲突导致能源供应紧张、价格暴涨，为我国石化行业保供稳价带来挑战。

保障化肥、农药等农化物资的供应和价格稳定，是石化产业和广大石化人保障老百姓饭碗的重大责任；局部战争和疫情的影响造成全球粮食供应短缺，当前粮食安全问题更加凸显，化肥和农药的稳定供应是“端牢中国饭碗、兜好民生底线”的保障。

保障石油、天然气等基础能源的供应，是保障国家能源安全的重要职责；推动能源革命要立足我国能源资源禀赋，坚持先立后破、通盘谋划，传统能源逐步退出必须建立在新能源安全可靠的替代基础上。要夯实国内能源生产基础，保持原油、天然气产能稳定增长，加强煤气油储备能力建设。这是我们做好油气能源保供的总遵循。

保障石化产品供应链的安全，是石化产业作为国民经济支柱产业和基础产业，保障国民经济稳定运行的重要任务。要努力确保生产稳定、安全有序、产品链供应链稳定，不仅保障石化行业内上下游企业间协同稳定，而且保障轻工、纺织以及电子信息、轨道交通和航空航天等所需石化产品和化学材料的稳定供应。

(2) 加快推进基础和关键领域创新突破，进一步增强产业链供应链韧性

聚烯烃技术、丙烷脱氢技术、高纯电子化学品、一些关键催化剂、医用高端膜材料、高端制造用高性能纤维及其复合材料、碳纤维生产线的碳化炉等问题，一些大型成套技术、高端产品、核心设备等还存在“卡脖子”和受制于人等问题。因此，攻克“卡脖子”技术攻坚战还很

艰巨，也是保增长和稳增长的要害所在。应当以确保产业链和供应链安全为重点，围绕国家重点工程和战略新兴产业配套，突出关键核心技术和共性技术，把组织实施创新工程作为提升石化产业供给能力的第一动力，通过创新加快补短板，通过创新强化产业链供应链配套能力，通过创新加快石化产品结构调整与优化，大大提升石化材料和石化产品的高端供给能力。实施重点突破，逐步攻克关键核心技术和关键材料的"卡脖子"问题，努力向科技自立自强迈进。

（3）稳步推进石化行业绿色低碳发展，助力国家"双碳"目标实现

作为碳排放量居工业领域前列的石化产业，一定要高度重视党中央"双碳"战略的部署，不仅全行业和广大石化企业立足产业和产品结构的实际，采取切实可行的措施加快碳达峰目标的实现、并向碳中和努力，而且还要充分发挥化学反应技术的独特优势、为碳达峰和碳中和发挥其他行业无法替代的作用。

推进石化行业绿色低碳发展需要稳步推进、渐进式推进。绿色转型是一个过程，不是一蹴而就的事情；实现"双碳"目标，不能脱离实际、急于求成，搞运动式降碳、踩急刹车。

（4）推动石化行业数字化转型向纵深拓展，增强产业发展新优势新动能

实施石化行业数字化转型行动计划，完善多层次工业互联网平台体系，突破一批智能部件和装备，拓展工业大数据应用场景。数字化的趋势不可逆转，数字化的未来就是企业的竞争力。"十三五"以来一批石化、化肥、烧碱、轮胎等企业通过智能工厂试点示范，其生产效率、管理水平大幅提升，物耗能耗和废弃物排放水平都大幅降低，成效明显。

（5）加快中小企业的传统产业升级改造，促进企业专精特新发展

中小企业追求的是差异化、效益和竞争力；追求的是在经济循环、产品链上缺一不可的作用和重要性。新的一年，中小企业一定要抓住新的机遇：工信部2022年将重点培育3000家左右"专精特新的小巨人"企业，国家财政还将选取500家以上这样的"小巨人"企业重点支持。工信部正在研究推动中小企业融通发展新的政策措施，中国石油和化学工业联合会也正在研究《石油和化工专精特新中小企业三年培育计划》。

（6）加快战略新兴产业培育，抢占行业制高点

节能环保、信息、生物、高端装备制造、新能源、新材料、新能源汽车等是现阶段重点发展的战略新兴产业，每一个战略新兴产业的发展都离不开化工新材料及其高性能复合材料和高性能化学品的配套与保障。一是重点围绕化工新材料在高端化上再有新突破，高端产品的自给率进一步提升。二是重点围绕"攻克一批重大需求的'卡脖子'技术、优化一批产业化项目、突破一批关键配套原料、抢占一批高科技制高点、建设一批高水平创新平台、培育一批领军企业和特色产业聚集区"这六大重点任务再上新台阶。三是重点围绕"汽车及轨道交通轻量化、高性能膜、电子化学品、生物基及可降解塑料、配套专用装备提升"五项重点工程的配套能力再有新提升。

新的一年保稳定、促增长任务艰巨，有许多挑战等待我们去攻坚，有许多新的难题有待我们去破解，只要我们坚定信心、不懈努力，石化强国的目标就一定能够实现！不论国际环境风云变幻，也不论大国博弈和竞争尖锐复杂，只要我们临危不惧、处变不惊，踏踏实实做好自己的事情，只要国家富强了、人民富裕了，一切都将有利于中华民族的伟大复兴！

第1篇　能源

第1章 炼油行业

2021年度关键指标一览

项目	2020年	2021年	涨跌值	原因概述
一次产能（常减压）/（亿吨/年）	8.727	8.925	0.198	2021年合计新增产能3600万吨，其中浙石化新增炼油能力2000万吨/年，盛虹炼化新增炼油能力1600万吨/年，淘汰落后产能1620万吨/年
原油加工量/万吨	67440.8	70355.4	2914.6	恒力石化、浙石化炼化等一体化项目的完全投产，使得中国原油消费量持续攀升
主营炼厂开工率/%	76.93	76.71	–0.22	限电、环保等因素导致全年开工率较2020年部分下降
独立炼厂开工率/%	65.78	63.4	–2.38	
原油进口量/万吨	54201	51297.8	–2903.2	受国家政策及规范化监管升级影响，中国原油进口量出现收缩
汽油出口量/万吨	1600	1454	–146	近两年国家提出碳达峰、碳中和的目标，转变“大进大出”的政策
柴油出口量/万吨	1976	1720	–256	

1.1 中国炼油行业发展现状及现阶段特点分析

1.1.1 发展现状

炼油是将原油（或其他油脂）进行蒸馏、裂化、改质等加工的一系列工艺。炼油工业从最初的只有常减压装置，对原油进行简单蒸馏，到出现二次加工装置，对蒸馏所得的重油进行催化裂化或延迟焦化，再到出现各种精制装置，对催化和焦化后的产品进行精制，可以说炼油行业已经技术成熟、链条完善。

中国的炼油行业，最主要的是满足国民对能源产品的需求，尤其是对汽油、柴油、煤油、沥青的需求。国营炼油厂起步较早，基础稳固，不论是装置规模还是技术水平都相对较高。与之相对的民营炼油厂，建立之初多是为了解决油田落地油的问题，规模小、技术落后，但经过多年发展之后，民营炼油厂中也出现了一批综合竞争力极强的企业。

2013 年可以说是一个重要转折点，中国成品油实现自给自足，首次出现净出口，炼油行业结构性过剩趋势呈现，同时伴随着国内对化工产品需求的增加，炼油行业的发展开始指向淘汰落后低效产能和向炼油化工一体化的转型。

炼油是炼化行业的开端，绝大多数的化工产业都是衔接在炼油之后，只不过炼油产品体量可以压缩以争取更高的化工品收率，中国正处在这一转型过渡阶段。小规模炼油厂由于转型难度大且效益低，因此也就进入了被淘汰的行列。

基于中国炼油企业的不同发展背景和能源产品的特殊性，大致评估中国炼油行业结构为寡占型，甚至是极高寡占型，CR8 指数超过 70%，即行业内排名前 8 的集团，占据了全国 7 成以上的产值和市场份额。而且随着供给侧改革的推进，这一指数值还在提高，头部企业的发展相对中间群体企业的发展更快，优势更加集中。

1.1.2 行业细分市场分类及发展趋势（燃料型、燃料－润滑油型、炼化一体化）

国内已建的炼油厂基本以燃料型为主其次是沥青型炼厂，数量最少的是润滑油型炼厂和一体化炼厂，不过多数燃料型炼厂正在向一体化转变。

中国的目标是在 2025 年实现炼化一体化率 20%，这就要求更多的企业去提升自己的一体化水平。燃料型炼厂的转型空间相对较大，主要是从石脑油、液化气深加工向下游延伸；润滑油型炼厂除了石脑油深加工这条路线外，还可以细化润滑油产品，增加高端品种如食品级、化妆品级白油等产品；沥青型炼厂受限于原油指标，轻组分收率低，转型空间相对较小。

1.2 中国炼油行业供应格局及变化趋势分析

1.2.1 2017—2021 年中国炼油行业规模分析

1.2.1.1 中国炼油产能规模及增速分析

（1）一次产能（常减压）

2017—2021 年中国一次产能复合增长率在 4.41%，产能增长主要集中在 2018—2021 年，炼化一体化炼厂集中投产是一次产能快速增长的主要推手。

2021 年合计新增产能 3600 万吨，其中浙石化新增炼油产能 2000 万吨 / 年，盛虹炼化新增炼油产能 1600 万吨 / 年，若干家 500 万吨以下小型炼油企业进行了关停。

2017—2021 年中国一次常减压产能变化趋势见图 1.1。

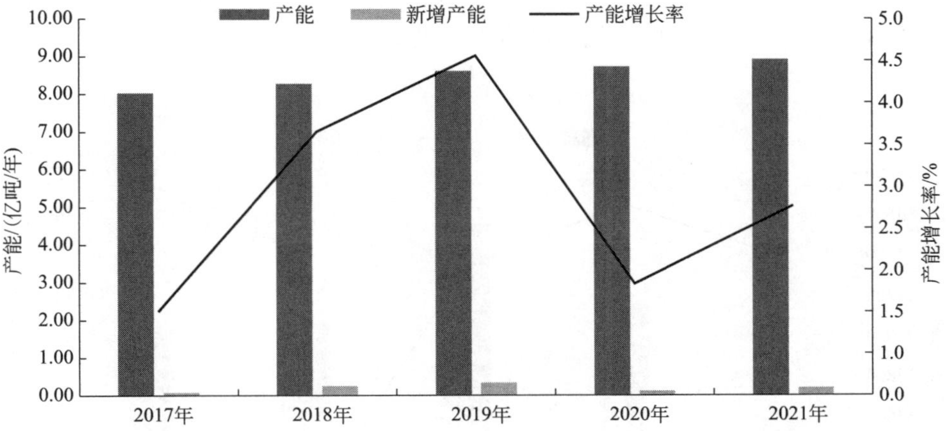

图 1.1　2017—2021 年中国一次常减压产能变化趋势

（2）二次产能

① 催化裂化

2021 年，中国炼厂催化装置总产能 2.5 亿吨，较上年下跌 0.87%，催化装置增速由涨转跌。我国油品质量升级后，重整和烷基化装置增加速度较快，其产出的低硫、加氢、高辛烷值汽油组分被广泛应用，而催化装置产出品附加值低，加工利润偏低，部分炼厂陈旧装置陆续淘汰。

目前催化装置 25% 的产能集中在山东；有 9% 的产能分布于辽宁；有 7.8% 的产能分布于广东。在新投产的大型炼化一体化企业中催化装置比较少见。

2021 年中国各地炼厂催化裂化装置产能统计见图 1.2。

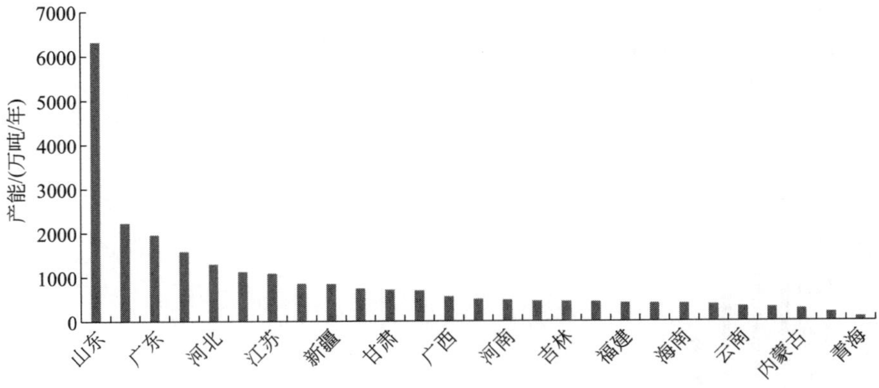

图 1.2　2021 年中国各地炼厂催化裂化装置统计

② 延迟焦化

2017—2021 年国内延迟焦化装置产能起伏明显，2019 年之前国内延迟焦化装置开工率持续增长，并于 2019 年产能达到峰值 14555 万吨。2020 年国内延迟焦化装置产能出现首次下滑，同比下滑 3.3%。其实早在 2019 年国内延迟焦化装置就有 310 万吨 / 年的产能退出，但是由于 2019 年国内新建及改扩建延迟焦化装置的地方炼厂较多，掩盖了焦化装置产能的衰退。2020 年滨阳燃化、玉皇石化作为新旧动能转换的企业装置拆除，金陵石化 2# 焦化装置拆除建设针状焦装置，共计减少 480 万吨 / 年产能。2021 年清源石化、齐成石化、富宇石化、恒源石化共计退出 240 万吨 / 年延迟焦化装置，金诚石化 200 万吨 / 年延迟焦化装置产能新增，综合减少 40 万吨 / 年。

2017—2021 年中国延迟焦化装置产能变化趋势见图 1.3。

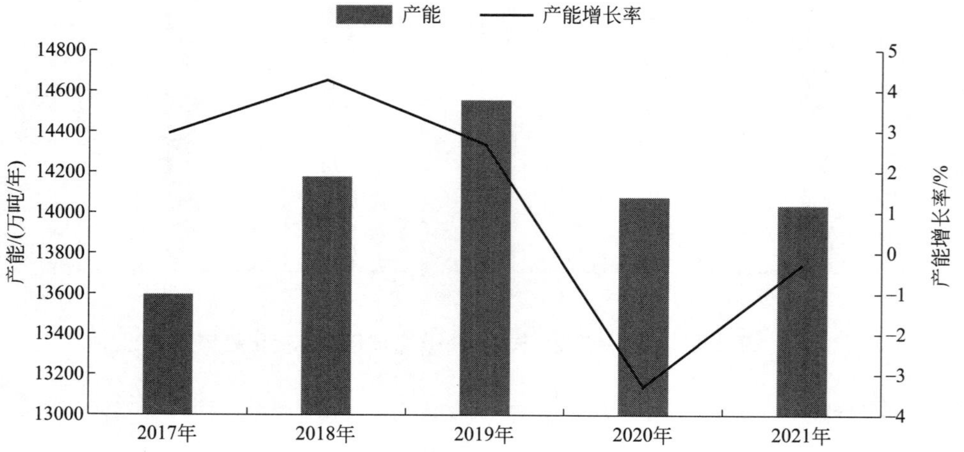

图 1.3 2017—2021 年中国延迟焦化装置产能变化趋势

③ 连续重整

2021 年我国连续重整装置总产能达到 1.51 万吨，较上年上涨 10.46%，重整装置分为催化重整和连续重整，其中连续重整装置是近年来集中新建的明星装置之一，年增长率保持在 5% 以上。其中，山东重整装置总产能 3055 万吨，占比 20.2%；浙江重整装置产能 2290 万吨，占比 15.2%；辽宁重整装置产能 1916 万吨，占比 12.6%。2021 年增速主要体现在江苏省盛虹石化的投产和部分山东独立炼厂重整扩建。

2021 年中国各地炼厂重整装置产能统计见图 1.4。

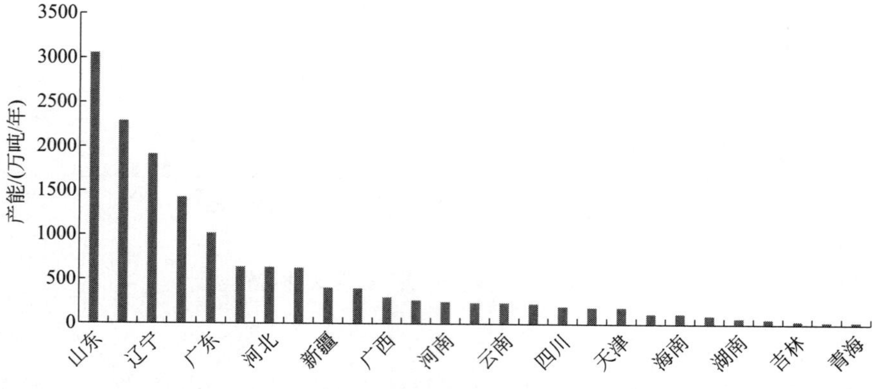

图 1.4 2021 年中国各地炼厂重整装置产能统计

1.2.1.2 中国炼油企业数量及波动分析

2021 年，中国共有 226 家炼厂，数量较上年增长 0.04%，但一次原油总加工能力达 8.925 亿吨 / 年，较上年增长 2.26%。若不计入小型炼厂（常减压规模小于等于 200 万吨 / 年），则中国总炼油能力约为 8.386 亿吨 / 年，较上年增长 4.69%。目前中国的炼油能力已与美国相当，属于第一梯队国家，共同领跑全球。

2021 年中国炼厂规模统计见表 1.1。

表 1.1 2021 年中国炼厂规模统计

企业名称	原油一次加工能力 /（万吨 / 年）	炼厂数量	平均单家炼厂规模 /（万吨 / 年）
中国石化	30665	33	929
中国石油	19750	33	858
中国海油	5090	12	424
其他国有或中央背景炼厂（中化等）	6710	14	479
独立炼厂	27035	134	202
合计	89250	226	395

2021 年，中国三大石油公司一次加工能力为 55505 万吨 / 年，若加上其他国有或中央背景炼厂，一次加工能力将达 62215 万吨 / 年，占中国总炼油能力的 69.71%，维持强势地位。

2021 年，中国独立炼厂一次加工能力为 27035 万吨 / 年，若不计入小型炼油企业（常减压小于等于 200 万吨 / 年），则一次加工能力为 24180 万吨 / 年。

受大炼化项目整合等因素的影响，2021 年中国炼厂数量继续小幅收缩，但降幅有限。同时国内炼油能力扩张的总基调没有改变，盛虹炼化已于 6 月 30 日中交，而山东独立炼厂中，联盟石化、恒源石化和富宇石化装置停工并拆除，为并入裕龙岛炼化一体化项目做准备。

2017—2021 年中国炼厂原油一次加工能力变化趋势见图 1.5。

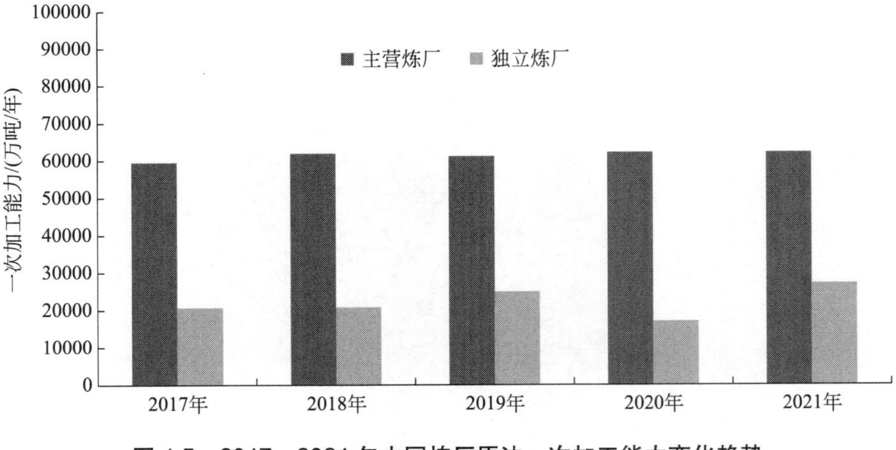

图 1.5 2017—2021 年中国炼厂原油一次加工能力变化趋势

1.2.2 2017—2021年中国炼油行业格局分布分析

1.2.2.1 按区域

2021年，华东、东北、华南和西北位列前四，整体格局没有变化。华东长三角和华南珠三角地区是中国经济最发达的地区，也是中国成品油的两大消费市场，另外炼厂靠近沿海港口码头，便于原油油轮卸装。同时值得注意的是，若单独拆出山东来看，则山东区域的炼油能力已经接近中国炼油总能力的四分之一；而东北、西北地区是石油主产区，原料运输成本较低，有利于炼油业发展。

2021年中国炼厂原油一次加工能力按地区分布见图1.6。

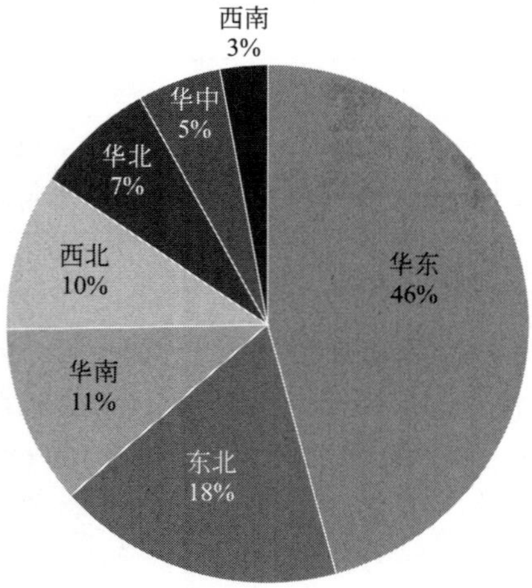

图1.6 2021年中国炼厂原油一次加工能力按地区分布

1.2.2.2 按企业/集团

2021年，中国石化居国内炼油能力第一名；独立炼厂排名次席；中国石油排名第三。主营炼厂与独立炼厂在全国炼油能力的占比基本为七三开。

2021年中国炼厂原油一次加工能力按企业/集团分布见图1.7。

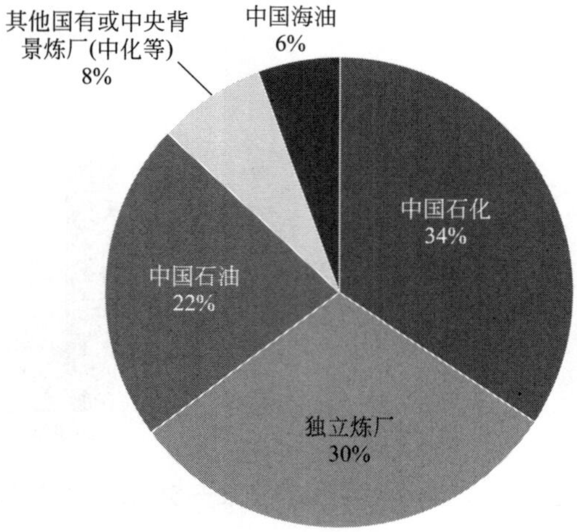

图1.7 2021年中国炼厂原油一次加工能力按企业/集团分布

1.2.3 2017—2021 年中国炼油原料加工情况变化分析

1.2.3.1 加工量

中国是世界第二大石油消费国，强劲的工业增长和不断提高的生活水平进一步加大了中国对原油的需求。随着原油消费的增加和炼油能力的提升，中国在全球原油市场发挥关键作用。中国在加快推进石油体制改革背景下，助催了新一轮大型民营炼化一体化项目的投资建设，恒力石化、浙石化炼化等一体化项目的投产，使得中国原油消费量持续攀升。原油下游消费基本全部来自于炼厂加工，因此原油加工量基本可以反映消费量变化情况。

2021 年，中国原油加工量 70355.4 万吨，较上年同期增长 4.32%，2017—2021 年的平均复合增长率为 5.52%，2019 年增长率出现显著增长，增幅达到 7.80%，主要是大连恒力石化 2000 万吨 / 年炼化一体化项目投产带动。

2017—2021 年中国原油加工量变化趋势见图 1.8。

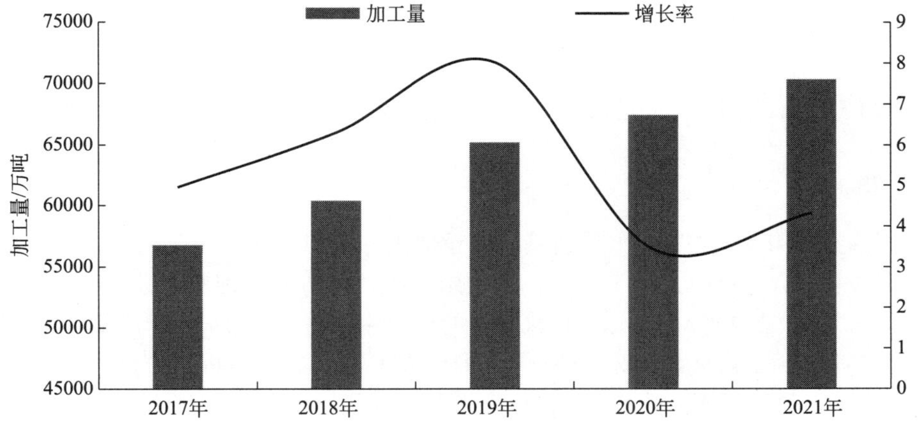

图 1.8 2017—2021 年中国原油加工量变化趋势

1.2.3.2 开工负荷

2021 年中国炼厂产能利用率为主营 76.71%、独立炼厂 63.4%，较 2020 年分别下跌 0.22% 和 2.38%。“十三五”期间，主营炼厂开工稳定性好于独立炼厂。

近五年，主营炼厂产能利用率保持在 75% 上下水平，除个别时期 2019 年 6 月（装置集中检修）和 2020 年 2 月（疫情导致集体开工负荷下滑）跌至 70% 以下，其余时间均保持在相对平稳态势，由于主营炼厂产能占据全国半壁江山以上，主营利用率的稳定从根本上保障了全国炼厂开工的稳定。

独立炼厂开工率近五年呈现整体走高迹象，2020 年 2 月受新冠肺炎疫情扩散影响，国内油品需求骤降，独立炼厂开工负荷大幅下滑至 40% 以下，出现记载以来历史最低值，导致 2020 年出现大“V”形走势。2021 年独立炼厂开工率呈现小“V”形走势，7 月建党 100 周年庆，部分炼厂推迟检修计划至 8 月。风口浪尖之上，独立炼厂出现集中检修和负荷下滑。之后督查、限电、环保等因素持续笼罩市场，导致四季度高利润诱惑下的提负之路困难重重。12 月检查组进驻山东独立炼厂，开展为期一个半月的税务稽查活动；紧接着，冬奥会、残奥会临近，对环保不达标的炼厂采取限产措施迫在眉睫。整个四季度独立炼厂面临种种束缚影响，产能提升之路持续遇阻。整体来看，2021 年独立炼厂装置负荷前高后低，后期严查或成行业常态，负荷持续增加的趋势暂时停止。

2017—2021 年中国炼厂产能利用率走势见图 1.9。

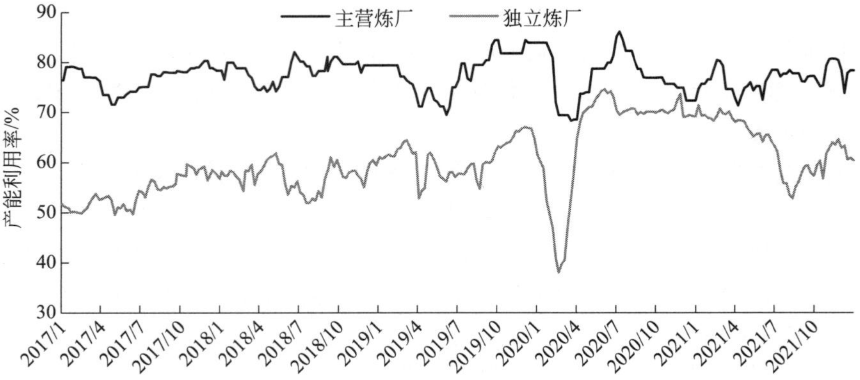

图 1.9 2017—2021 年中国炼厂产能利用率走势

1.2.4 2017—2021 年中国石油产业链主要品种进出口状况分析

1.2.4.1 原油

随着中国炼油能力不断扩大以及储备基地建设加快，近年来中国原油进口量不断攀升，从年度进口数据来看，近五年中国原油进口平均增幅达 5%，2019 年中国原油进口量为 50571.5 万吨，突破 5 亿吨关口，2020 年受炼化一体化项目的投产和低油价等因素影响，原油进口量再度大幅攀升，进口量达到 5.42 亿吨，环比增长 7.19%。2021 年中国原油进口量为 51297.8 万吨，较 2020 年下降 5.43%，主要受国家政策及规范化监管升级影响，中国原油进口量出现收缩。

2017 —2021 年中国原油进口量变化趋势见图 1.10。

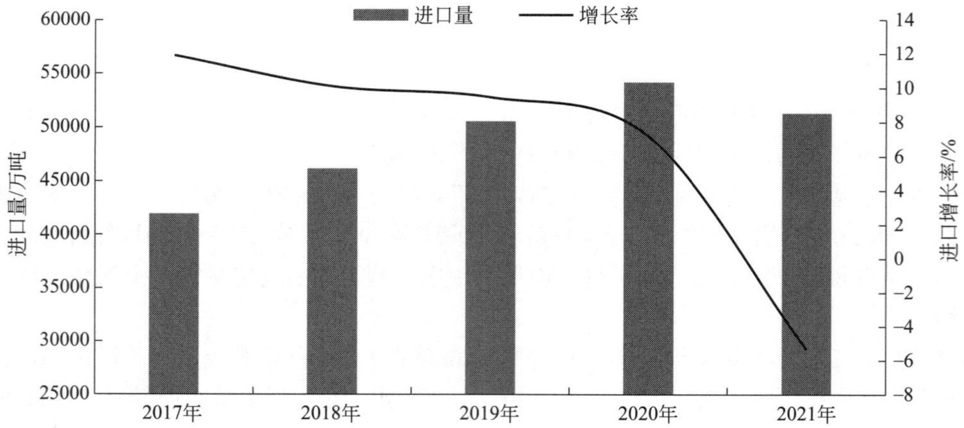

图 1.10 2017 —2021 年中国原油进口量变化趋势

2017—2021 年中国原油出口量总体处于低位，自 2017 年开始，整体处于下降趋势，中国原油出口一部分用以维护与他国之间的贸易关系，另外还有一部分出口原油属于串换油操作。原油出口对国内市场影响甚微。

2017—2021 年中国原油出口量变化趋势见图 1.11。

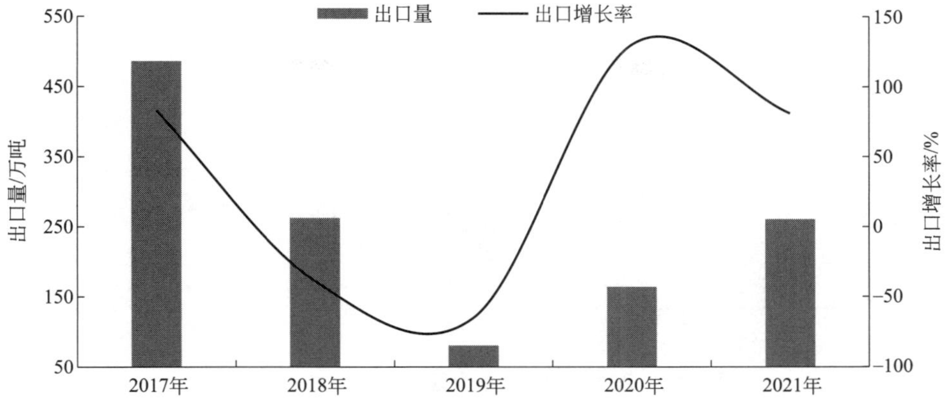

图 1.11 2017—2021 年中国原油出口量变化趋势

1.2.4.2 汽油

2017—2021 年国内汽油进口量呈现“M”形走势，2017 年进口量最低为 1.64 万吨，2020 年进口量为近五年来最高达 48.05 万吨，2021 年汽油进口量为 36 万吨左右，较 2020 年下降 12.05 万吨，降幅 25.08%。值得注意的是 2020 年汽油进口量较 2019 年出现增长走势，主要是受疫情影响，国际原油在一季度跌至 40 美元 / 桶以下，国内择机进口低成本汽油，叠加国内疫情稳步向好，出行人数增加，汽油需求大幅增加。2021 年虽然汽油原料混芳征收消费税，但国内有同类替代资源，加之国家限制进口，2021 年汽油进口量大幅下滑。

2017—2021 年中国汽油进口量变化趋势见图 1.12。

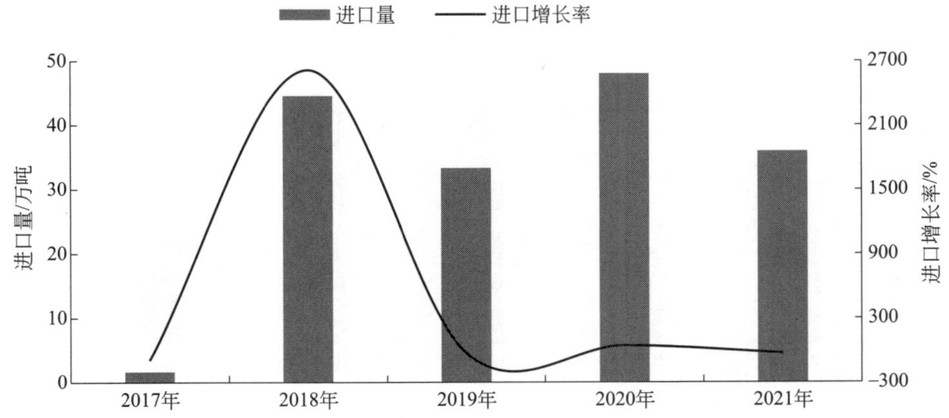

图 1.12 2017—2021 年中国汽油进口量变化趋势

2017—2021 年国内汽油出口量呈现先涨后降的走势。2017 年出口量最低为 1051 万吨，2019 年出口量为近五年来最高达 1637 万吨，2021 年汽油出口量为 1454 万吨左右，较 2020 年下降 146 万吨，降幅 9.13%。2017—2019 年汽油出口呈现增加趋势，随着国内炼油产能结构性过剩形势加剧，国家鼓励出口。2020—2021 年出口出现下滑，主要受疫情影响，加之近两年国家提出碳达峰、碳中和的目标，转变“大进大出”的政策，2021 年汽油出口下降。

2017—2021 年中国汽油出口量变化趋势见图 1.13。

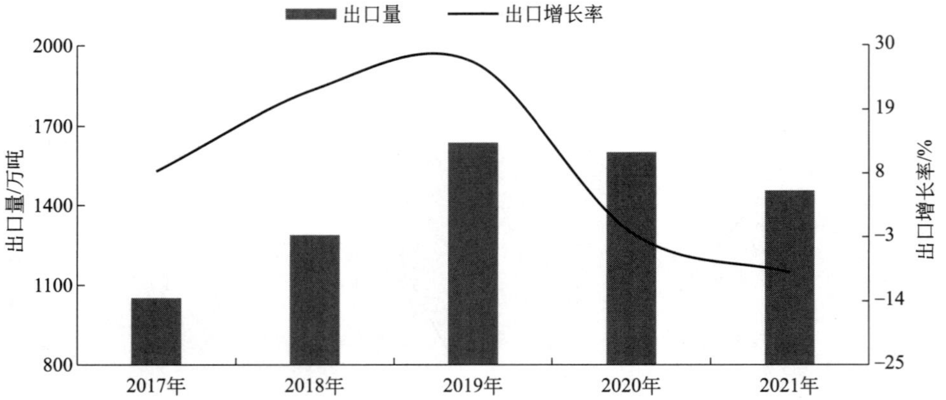

图 1.13 2017—2021 年中国汽油出口量变化趋势

1.2.4.3 柴油

2017—2021 年柴油进口量先扬后抑，2019 年与 2020 年是近五年来进口量最高的年份，进口量均为 119 万吨，2018 年进口量为 71 万吨，为近五年来进口量最低。2021 年柴油进口量为 76 万吨左右，较 2020 年进口量大幅下降 43 万吨，降幅 36.13%。2017—2019 年随着国内基建工程不断扩大，柴油需求增加，柴油进口随之上升。2020 年因国际原油在一季度跌至 40 美元/桶以下，国内进口低成本柴油大幅增加。进入 2021 年，由于柴油原料轻循征收消费税，因恐国内柴油资源短缺，部分主营炼厂在 8 月份进口量增大，后又恐进口量过大会导致供应过剩，故进口量逐步减少。

2017—2021 年中国柴油进口量变化趋势见图 1.14。

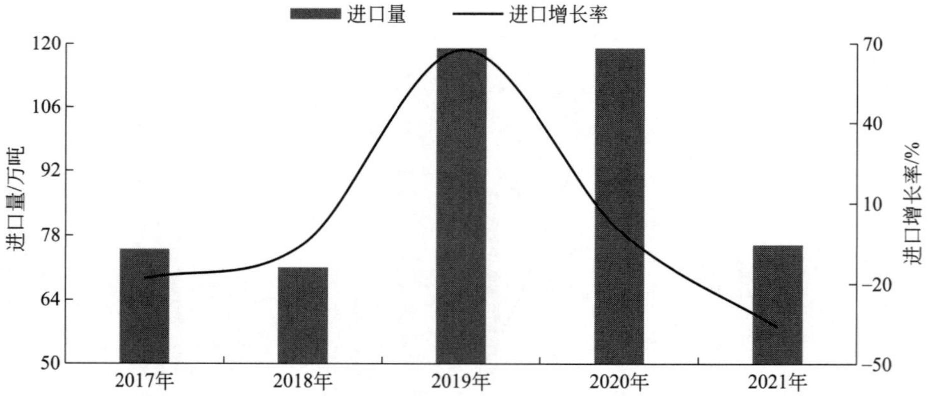

图 1.14 2017—2021 年中国柴油进口量变化趋势

2017—2021 年国内柴油出口量呈现先涨后降的走势，2019 年出口量为 2138 万吨，是近五年来出口量最高年份，2021 年出口量最低为 1720 万吨，较 2020 年下降 256 万吨，降幅 12.96%。2017—2019 年柴油出口呈现增加趋势，主因是国内炼厂产能过剩，国家鼓励出口。2020—2021 出口出现下滑，主要受疫情影响，加之近两年国家提出碳达峰、碳中和的目标，转变“大进大出”的政策，另外随着国内柴油原料轻循征收消费税政策落地，国内柴油资源紧缺，柴油多出口转内销。

2017—2021 年中国柴油出口量变化趋势见图 1.15。

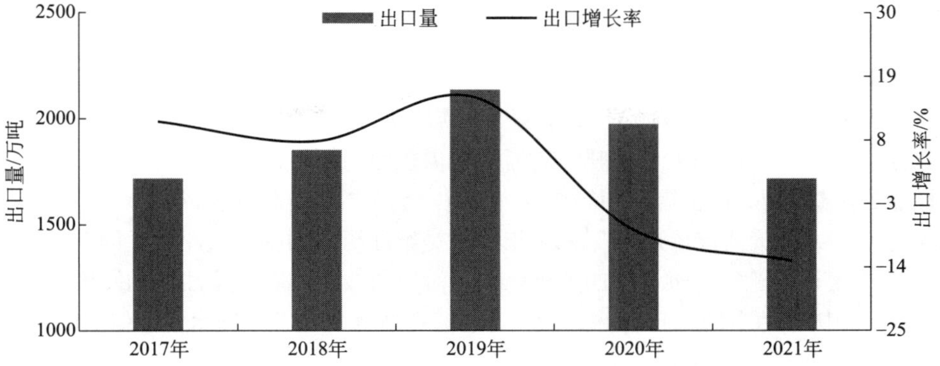

图 1.15 2017—2021 年中国柴油出口量变化趋势

1.3 中国炼油行业产品价格走势分析

1.3.1 原油

近五年来国际原油价格走势虽跌宕起伏，但 50 ～ 90 美元 / 桶是主流运行区间，仅在 2020 年阶段性跌破 50 美元 / 桶关口。2017 年至 2018 年 10 月，国际油价整体呈现持续上行态势，主要得益于 OPEC 延长减产期限至 2018 年底、沙特阿拉伯等主要产油国减产态度积极，以及美国特朗普政府重启对伊朗制裁带来地缘局势的趋紧预期。由于特朗普政府单方面退出伊核协议、打压伊朗原油供应，布伦特原油期货在 2018 年的秋天突破 86 美元 / 桶的高位，但由于随后美国给予中国、印度等国伊朗原油的采购豁免权，以及 OPEC 在第四季度放松减产力度，价格随之大幅下滑。2019 年 OPEC 再度重申减产立场，继续为油价奠定底部支撑。而美国带来的全球贸易争端导致经济和需求受到冲击，故油价没能再次冲高。

2020 年由于新冠肺炎疫情的突然来袭，全球需求遭遇重创，此外 OPEC+ 谈判意外破裂、沙特阿拉伯和俄罗斯开启价格战，导致国际油价在 1—4 月跌跌不休，屡创新低，布伦特期货跌破 20 美元 / 桶，WTI 05 合约更是出现史无前例的负油价。而 5 月开始，由于海外多国逐渐放松疫情管制、加之疫苗接种的持续推进，需求端持续复苏，OPEC+ 也放出 970 万桶 / 日的空前减产规模，国际油价开启反弹之路直至 2021 年 10 月下旬，布伦特期货再度突破 86 美元 / 桶关口至 86.4 美元 / 桶，创下 2014 年 10 月以来的新高，也是近五年来国际油价的最高点。

2017—2021 年原油国际市场价格走势见图 1.16。

图 1.16 2017—2021 年原油国际市场价格走势

1.3.2 汽柴油

近五年来中国汽油行情呈现较明显的“N”形走势。2017—2018 年处于上行阶段，汽油价格年内均值由 6411 元 / 吨涨至 7947 元 / 吨，随后开启周期 2 ～ 3 年的漫长跌势，在 2020 年走出了五年内汽油价格的最低点 5180 元 / 吨。后面随着需求面的好转以及原油的连续强势反弹，汽油价格再掀涨势，截至 2021 年汽油均价 7748 元 / 吨，重回 5 年内高点区域。

纵观近五年中国柴油市场走势，2021 年绝对是柴油历史振幅最大年份。回首过去，2017—2018 年前三季度，伴随行业供需面的改善以及上游原料成本推动，柴油市场发展逐步向好，价格震荡走高，中国柴油市场从低点 4992 元 / 吨震荡走高至 8212 元 / 吨水平。但 2018 年四季度至 2019 年期间，受全球经济增速放缓、中美贸易摩擦，以及成本面持续走低、柴油国内供应提升影响，中国柴油市场重心大幅下挫，2019 年全年柴油现货市场均价基本维持在 5795 ～ 7004 元 / 吨水平。2020 年一季度新冠肺炎疫情暴发，大宗商品恐慌性下跌，成品油市场惊现“旺季不旺”。三季度，在传统的“金九银十”阶段，柴油价格降至年内最低点 4756 元 / 吨。之后，随着国内疫情转好，需求逐步复苏，以及全球刺激消费的流动性释放，柴油市场价格快速反弹，于 2021 年 3 月中旬冲高至 6171 元 / 吨。而后，经过短暂蓄势，“金九银十”如期而至，10 月份中国柴油市场价格更上一层楼，一路冲高至 8333 元 / 吨，全年在 5184 ～ 8333 元 / 吨水平运行。

2017—2021 年中国成品油产业链价格走势见图 1.17。

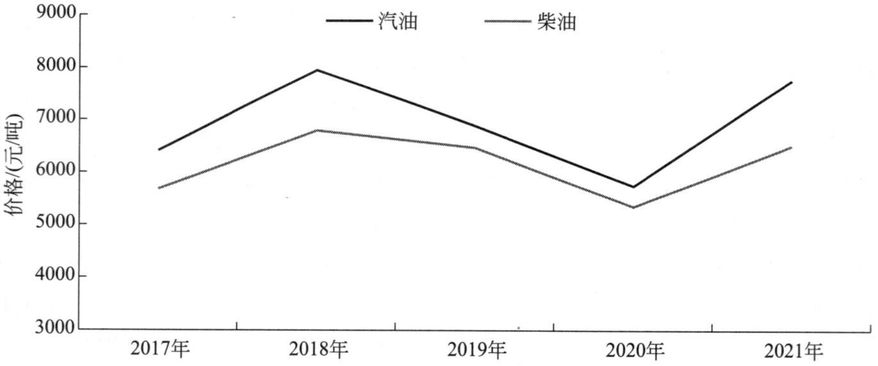

图 1.17 2017—2021 年中国成品油产业链价格走势

1.4 中国炼油行业综合利润分析

2021 年中国炼油年均综合炼油利润为 620.3 元 / 吨，同比上年上涨 54.5%。

2017—2021 年，中国主营炼厂综合炼油利润波动较大，大致体现为先跌后涨而后震荡波动走势。其中 2019—2020 年部分月份利润出现负值进入亏损状态，振幅最大的时间点出现在 2020 年 3—7 月，主要因为疫情影响导致炼油产品价格先一步跌至低位，利润快速下跌，而后随着低价原油陆续到厂，炼油产品价格回调，利润大幅上涨。

2021 年中国主营综合炼油利润均处于正值以上，整体呈现震荡波动趋势，九月之后的大涨，主要因成品油涨幅较大，10 月份国内汽柴油价格相继涨至最高批发限价，而原油涨幅远不及炼化产品涨幅，裂解价差迅速拉高，炼油利润大幅上涨。四季度后随着汽柴油价格陆续回归理性，高位迅速回调，炼油利润大幅下降。

2017—2021 年主营综合炼油利润走势见图 1.18。

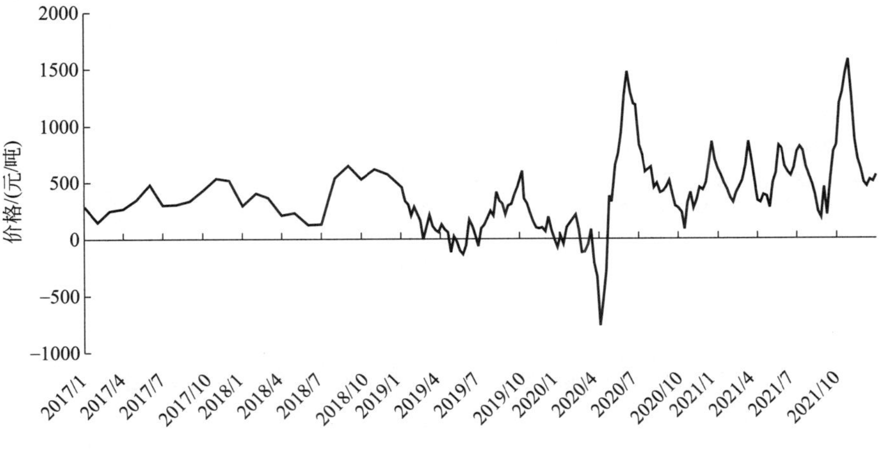

图 1.18 2017—2021 年主营综合炼油利润走势

2017—2021 年，山东独立炼厂综合炼油利润波动较大，大致体现为先跌后涨，但其中有众多的市场或政策面意外因素，年均利润走势并不能完全反映行业利润前景，未来几年也很难维持涨势。

2021 年，山东独立炼厂平均利润 614.37 元 / 吨，同比上涨 48.23%。汽柴油对炼油利润的贡献率 81.92%，随着国内疫情得到有效控制，汽油需求持续回升，1—8 月汽油利润持续高于柴油，最高时利润差距接近 1000 元 / 吨；9 月之后行情反转，柴油库存降至较低位置，需求也大幅提升，柴油利润超过汽油。

2017—2021 年单位原油及成品油价格对照见表 1.2。

表 1.2 2017—2021 年单位原油及成品油价格对照

单位：元 / 吨

项目	2017 年	2018 年	2019 年	2020 年	2021 年
利润	775.01	556.74	195.85	414.48	614.37
原油成本	2806.61	3741.85	3583.82	2538.61	3450.35
综合收入	4338.68	5213.31	4619.17	3792.57	5199.45

2021 年，山东独立炼厂炼油综合利润同比 2020 年大幅增加，主要得益于国内供需面的整体好转，年内几次政策消息和市场整顿，也有利于成品油价格的抬升，不过炼厂税负也有所提升。年内三次利润迅速拉升都是汽柴油价格上涨所带动，第一次是 3 月市场普遍看涨汽柴油，第二次是 5—6 月轻循、混芳加征消费税消息引发短期炒作，第三次是 9—10 月供应紧张尤其是柴油在部分地区严重缺货。三次较大下跌共同点是汽柴油大涨之后心态降温价格回调，另外供需端出现短暂利空。

2017—2021 年山东独立炼厂综合炼油利润见图 1.19。

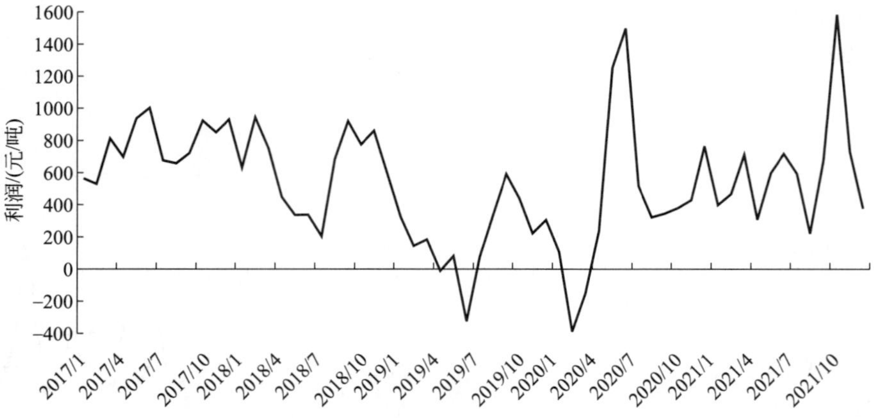

图 1.19 2017—2021 年山东独立炼厂综合炼油利润❶

1.5 2022—2026 年中国炼油行业发展预期

1.5.1 中国炼油行业拟在建 / 退出产能统计

未来五年，国内炼油新增能力由主营和民营大炼化项目构成。由于发改委已经明文规定严禁新建 1000 万吨 / 年以下的常减压装置，因此传统独立炼厂规模偏小的扩能已难实现。未来五年，整体炼油能力的扩张较此前预期有所放缓，但仍有超过 8000 万吨 / 年的体量，中国也将在“十四五”期间成为全球第一大炼油国，并持续拉宽领先优势。

2022—2026 年中国炼油新增一次加工能力统计见表 1.3。

表 1.3 2022—2026 年中国炼油新增一次加工能力（大概率可落地）统计

单位：万吨 / 年

省份	城市	企业名称	所属集团	新增原油一次加工能力	预计投产时间	类型
广东	揭阳	广东石化	中国石油	2000	2022 年	新建
山东	龙口	裕龙岛炼化一期	南山集团、万华集团、山东能源集团	2000	2024 年	新建
河北	曹妃甸	旭阳炼化	旭阳集团	1500	2025 年	新建
辽宁	盘锦	华锦石化	北方华锦化学	1500	2025 年	新建
浙江	宁波	镇海炼化	中国石化	1100	2025 年	新建
总计				8100		

未来五年，国内炼油退出能力最明确的就是要并入山东裕龙岛炼化项目的 3 家独立炼厂，分布在东营和滨州，总计一次原油加工能力达 740 万吨 / 年，均计划在 2022 年进行拆除并重组进入未来裕龙岛的炼化项目中。

❶ 综合利润模型，将山东所有实际常减压炼能150万吨/年及以上企业作为整体，假定中间产品全部自身消化，测算从原油进口开始至最终产品生成的完税利润。计算模型设定考虑原料与产品中涉及的税费、运费、加工费用等，但不考虑由企业承担的所得税、环保税及财务成本，因此，炼厂最终利润低于测算值。

2021年10月下旬，发改委下发新的政策文件。文件中针对炼油行业的要求主要分为三部分：一是继续淘汰落后产能；二是对新建装置规模提出门槛限制；三是新建炼油项目实施产能减量置换。

淘汰落后产能的要求与此前一致，即200万吨及以下的炼油装置需要持续推进淘汰工作。而新建装置的“门槛”来看，1000万吨/年以下的常减压、150万吨/年以下的催化裂化、100万吨/年以下的连续重整（含芳烃抽提）、150万吨/年以下的加氢裂化均不再允许批复。

截至2021年12月底，全国拥有200万吨/年及以下常减压装置的炼厂还有105家，其中75.4%都是民营为主体的独立炼厂，未来五年，仍有小型炼厂可能退出，但实际退出情况暂难预估，还需观望政策落地进展。

2022—2026年中国炼油明确退出产能统计见表1.4。

表1.4 2022—2026年中国炼油明确退出产能统计

省份	城市	企业名称	所属集团	淘汰原油一次加工能力/（万吨/年）	预计拆除时间	类型
山东	东营	科力达石化	独立炼厂	220	2022年	重组
山东	东营	海科化工	独立炼厂	220	2022年	重组
山东	滨州	成达新能源	独立炼厂	300	2022年	重组
总计				740		

1.5.2 中国炼油行业供应产能预测

1.5.2.1 一次常减压能力预测

2022—2026年来看，无论是主营还是民营单位，都有新的大炼化项目陆续落地，主营单位以镇海炼化的新建项目（二期）为代表，一期和二期共1500万吨/年。民营以山东的裕龙岛炼化为代表，未来五年山东也将拥有2000万吨级别的大型炼厂。但是，依据国家对石化产业规划，中国将加速落后产能的淘汰，力争在2025年，中国炼能将控制在10亿吨。

2022—2026年中国炼厂原油一次加工能力变化趋势预测见图1.20。

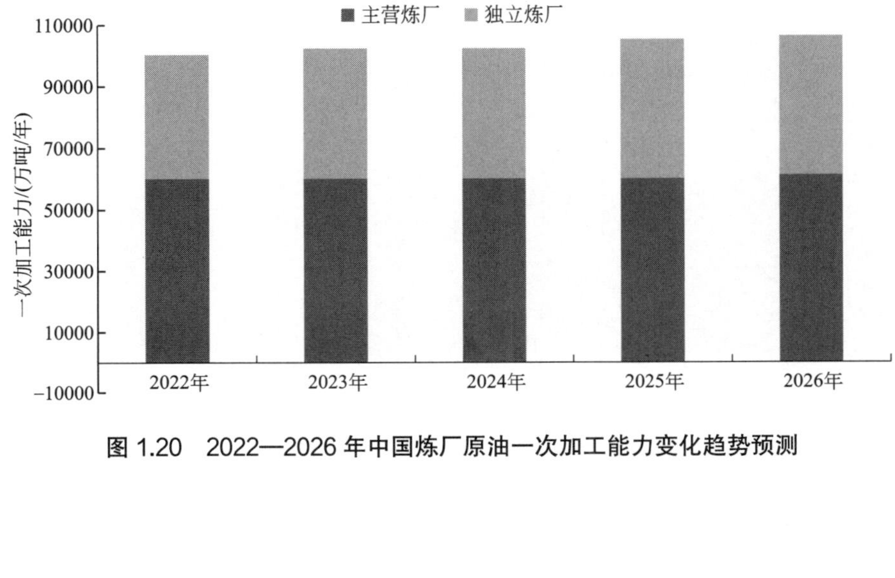

图1.20 2022—2026年中国炼厂原油一次加工能力变化趋势预测

1.5.2.2 一次、二次炼油能力结构预测

未来五年，中国炼厂二次装置整体仍将呈现扩张趋势。详细来看，伴随着裕龙岛等大型炼化项目的落地，催化裂化、汽柴油加氢作为基础二次装置，还将继续扩能。而未来炼厂对于下游化工产业链的延展趋势，使得重整装置仍将明显扩能。渣油、蜡油装置也将在未来拥有新的扩张空间，尤其是蜡油加氢的扩能趋势更为明显。而延迟焦化作为传统装置中技术门槛低且污染相对明显的装置，未来五年整体规模或将出现一定下滑。

2022—2026 年中国炼厂二次装置能力变化趋势预测见图 1.21。

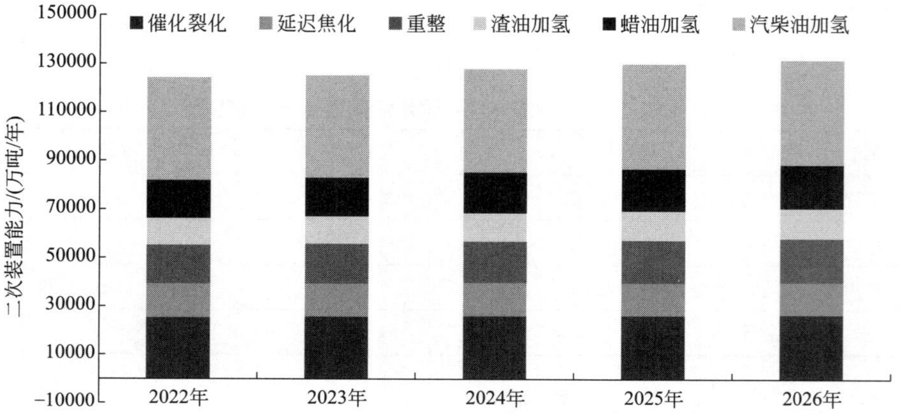

图 1.21 2022—2026 年中国炼厂二次装置能力变化趋势预测

第 2 章 天然气

2021 年度关键指标一览

项目	2020 年	2021 年	涨跌值	原因概述
产量 / 亿立方米	1905	2053	148	为满足大幅增长的天然气需求，国内推进天然气“增储上产”，天然气产量增量连续五年超过 100 亿立方米，但增速放缓
进口量 / 亿立方米	1421	1704	283	国内天然气需求保持高增长，但国内产量增幅不及需求，天然气进口量提升
出口量 / 亿立方米	44	53.21	9.21	港澳天然气需求增加，天然气出口量增加
表观消费量 / 亿立方米	3305	3726	421	工业、发电需求引领天然气消费增长
对外依存度 /%	41.66	44.30	2.64	需求增速高于产量增速，且上半年 LNG 国际现货价格较低，对外依存度创近年新高
管道里程数 / 万千米	8.6	8.9	0.3	天然气作为清洁能源，在我国能源转型中扮演着重要角色，为提高天然气覆盖率，天然气管道建设里程数也不断提高

2.1 中国天然气产业概述

2.1.1 中国能源消费现状分析

2017—2021 年，我国能源消费总量持续增长。2021 年达到 51.4 亿吨标准煤（149.09 艾焦耳），同比 2020 年的 50.2 亿吨标准煤增长 2.39%，较 2017 年的 45.1 亿吨标准煤（130.83 艾焦耳），增长 13.97%，年均复合增长率 3.32%。

2021 年，我国能源消费结构持续优化，化石能源（煤炭、石油、天然气）消费在我国能源消费总量的占比为 84.75%，占比同比下降 0.42 个百分点。其中，2017—2021 年煤炭消费占比下降 4.25 个百分点，天然气消费占比由 2017 年的 6.59% 提升至 2021 年的 8.79%，2021 年石油在一次能源消费的占比为 19.99%，较 2017 年提高 0.54 个百分点。天然气、非化石能源等清洁能源占比达到 24.04%，同比提高 0.2 个百分点，较 2017 年提高 3.72 个百分点。清洁能源在一次能源占比进一步提高，能源消费加快向绿色低碳转型。

2017—2021 年中国一次能源消费结构见图 2.1。

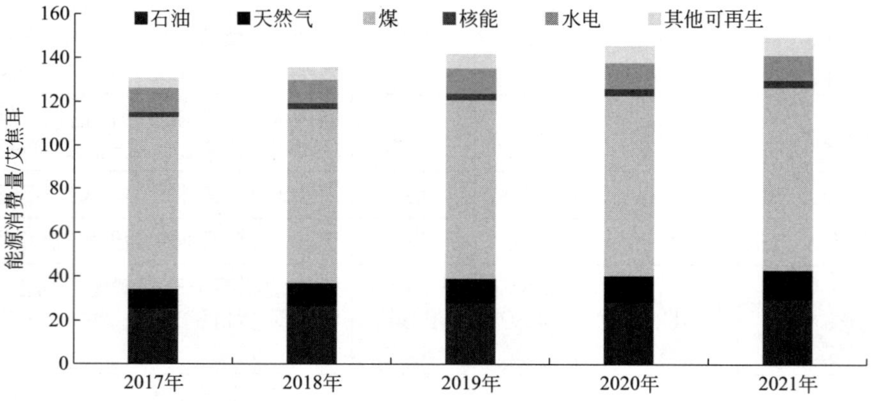

图 2.1 2017—2021 年中国一次能源消费结构

2.1.2 2017—2021 年中国天然气一次能源消费情况

2017—2021 年，我国天然气消费量快速增加，2021 年表观消费量 3726 亿立方米（13.12 艾焦耳），同比增长 12.74%，较 2017 年的 2435 亿立方米（8.57 艾焦耳）增长 53.02%。天然气在一次能源中的占比从 2017 年的 6.59% 提升至 2021 年的 8.79%，提升了 2.2 个百分点。

近年，在政策和市场的双重推动下，天然气在一次能源中的占比持续增加，在优化我国能源结构、实现大气污染防治、提高人民生活水平方面发挥了重要作用。天然气作为清洁低碳能源，与电力、新能源发展关联紧密，在“双碳”目标下，天然气将在我国经济社会低碳绿色发展中发挥重要的作用。未来应进一步夯实国内能源生产基础，保持天然气产量稳定增长，兼顾低碳发展与产业发展接续，持续优化天然气利用，推动天然气产业高质量发展。

2017—2021 年中国天然气在一次能源中消费占比见图 2.2。

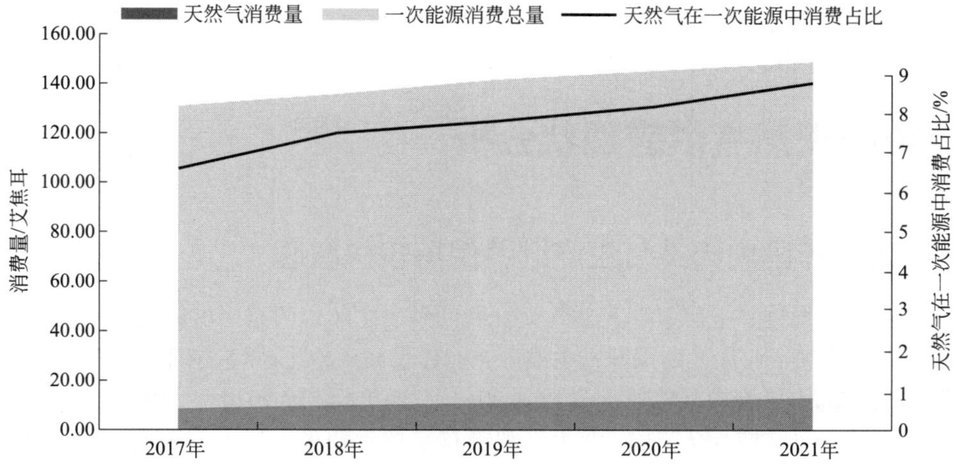

图 2.2 2017—2021 年中国天然气在一次能源中消费占比

2.1.3 中国天然气产业发展现状

（1）国内天然气产量持续提升

中国石油、中国石化、中国海油和延长石油四家主要天然气生产企业，深入落实国家油气勘探开发七年行动计划，进一步加大天然气勘探开发投入，天然气增储上产步伐加快，产量连续多年保持稳步提升。2021 年国内天然气产量 2053 亿立方米，产量同比增加 148 亿立方米，增长 7.77%，连续五年增产超过 100 亿立方米。产量增长主要集中在西南、长庆、塔里木等三大主产区，合计占全国新增天然气产量的 70% 左右。中国石油、中国石化、中国海油、延长石油天然气产量分别占全国天然气产量的 67%、17%、10% 和 3%，四家企业合计产量占全国总产量的 97%。中国石油长庆油气田、西南油气田及塔里木油田天然气产量均超过 300 亿立方米。

（2）天然气基础设施建设步伐加快

国家管网集团公司（以下简称国家管网）自 2020 年 10 月 1 日正式运营以来，积极推进基础设施建设和开放，进一步促进了油气资源科学调配，天然气市场进一步优化和完善。2021 年在 2020 年天然气管道建设的基础上，中俄东线南段、川气东送二线、西气东输三线中段、西气东输四线等一批重大工程加快推进。东北、华北、华东储气库建设进一步加快。截至 2021 年底我国天然气长输管道总里程达到 8.9 万千米，共建成 LNG 接收站 22 座，总接收能力共计 9915 万吨 / 年；储气能力达到 234 亿立方米，约占天然气消费量的 6.28%，较 2015 年提高 2.9 个百分点。

截至 2021 年全国已有 30 多个省份成立了省级天然气管网公司，负责省内天然气长输管道的规划、建设和经营管理。省管网作为区域输气管道，连接长输管道与城市管网和一些区域内的大用户。随着我国天然气市场的改革不断深化，为了提高天然气资源配置效率，国家管网公司成立后，积极引导和推动省级管网公司按照“X+1+X”的要求持续推动改革，天然气“全国一张网”骨架初步形成。

（3）天然气下游销售企业数量众多

我国城市燃气行业实行特许经营制度，经营具有明显的区域自然排他的特性。目前全国大部分县级以上城市均已有相关燃气企业获得了特许经营权，拥有城市燃气特许经营权的企业有几千家，其中规模较大的有昆仑能源、华润燃气、中国燃气、港华燃气、新奥燃气、北京燃气等。各省份因资源和市场不同，城市燃气企业数量差异巨大。

2.2 中国天然气供应现状分析

2.2.1 2021 年国内天然气生产继续保持较快增速

2021 年是全面推进“十四五”天然气大发展的开局之年，国家“增储上产七年行动计划”继续推进，主要油气企业加大勘探开发力度，产能建设高效推进，“常规非常规”并举，“陆上与海上”并重。2021 年国内天然气产量达到 2053 亿立方米，较 2020 年的 1905 亿立方米，增加 148 亿立方米，同比增长 7.77%，低于表观消费量增长幅度，产量增幅同比下降 2.28 个百分点。

2017—2021 年中国天然气产量变化趋势见图 2.3。

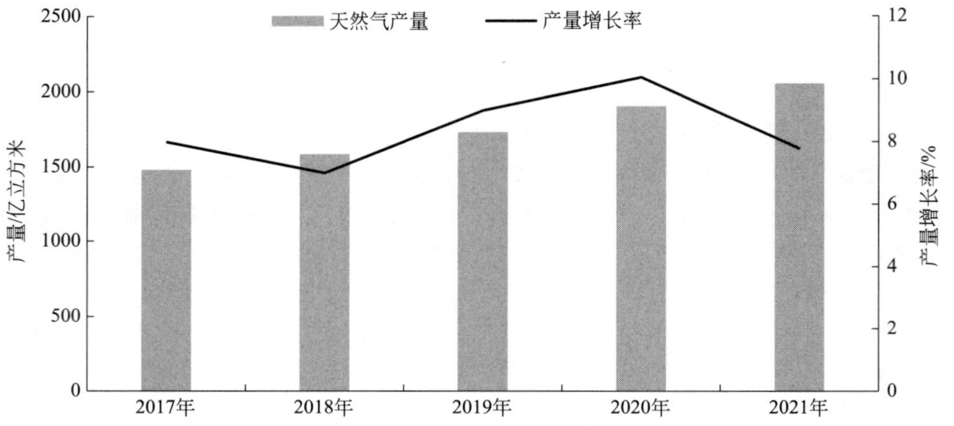

图 2.3 2017—2021 年中国天然气产量变化趋势

2021 年国内四大油气企业中国石油、中国石化、中国海油和延长石油天然气产量均实现同比增长。2021 年中国石油在天然气勘探开发方面取得 5 项重大战略突破、15 项重要发现，落实 11 个亿吨级和 12 个千亿立方米规模储量区，2021 年，中国石油天然气产量 1374 亿立方米，较 2020 年同期的 1304 亿立方米增加 70 亿立方米，增加 5.37%。中国石化 2021 年新增天然气探明储量 2681 亿立方米，威荣、永川南、海域等一批产能加快建设，全年天然气产量创 4 年来最大增幅，全年天然气产量 343 亿立方米，较 2020 年同期增加 37 亿立方米，增幅 12.09%。中国海油深水大气田“深水一号”正式投产，年供气量达到 30 亿立方米，全年天然气产量为 196 亿立方米，同比增长 5.38%。延长石油 2021 年共交售天然气 68 亿方，同比增长 19.30%，创历年最好水平。

2021 年中国石油、中国石化、中国海油及延长石油天然气产量见图 2.4。

2020—2021 年中国主要油气田产量见表 2.1。

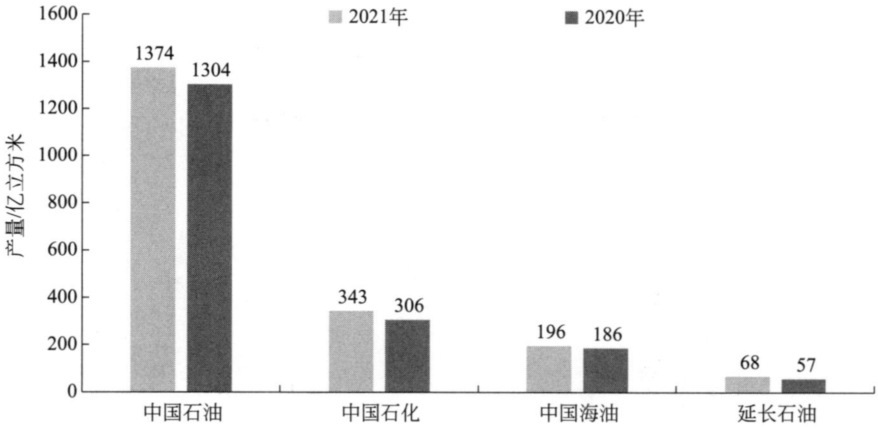

图 2.4 2021 年中国石油、中国石化、中国海油及延长石油天然气产量

表 2.1 2020—2021 年中国主要油气田产量

单位：亿立方米

序号	气田名称	2020 年	2021 年	同比 /%
1	中国石油长庆油田	448	465	3.79
2	中国石油西南油气田	318	354	11.32
3	中国石油塔里木油田	311	319	2.57
4	中国石油青海油田	64	62	−3.13
5	中国石油大庆油田	47	50	6.38
6	中国石油新疆油田	30	35	16.67
7	中国石油煤层气公司	25	26	4.00
8	中国石油浙江油田	16	18	12.50
9	中国石油华北油田	15.7	16.8	7.01
10	中国石油吉林油田	10.8	11	1.85
11	中国石油辽河油田	7.2	7.8	8.33
12	中国石油大港油田	6.5	6.4	−1.54
13	中国石油吐哈油田	3.1	2.9	−6.45
14	中国石化西南石油局	67	80	19.40
15	中国石化华北石油局	46	50.5	9.78
16	中国石化江汉油田	68	73	7.35
17	中国石化中原普光气田	84	90	7.14
18	中国石化胜利油气田	5.7	6.3	10.53
19	中国海油南海东部油田	65	66	1.54
20	延长石油	57	68	19.30

2021 年，我国天然气产量排名前十的省份分别是四川省、新疆维吾尔自治区、陕西省、内蒙古自治区、广东省、山西省、重庆市、青海省、黑龙江省以及天津市，产量合计占全国总产

量的 95.71%。

2021 年中国天然气产量分布见图 2.5。

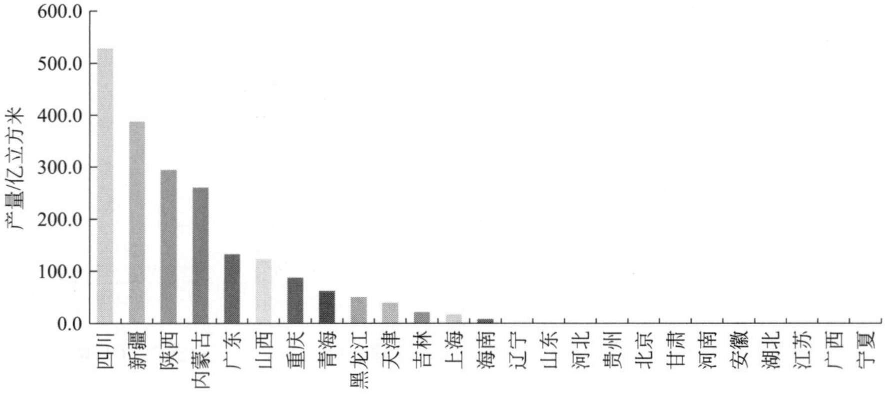

图 2.5 2021 年中国天然气产量分布

2.2.2 我国非常规天然气整体实现快速增长

中国石油 2021 年页岩油气产量再创历史新高。页岩油全年完成产量 265 万吨，较 2020 年增长 42.5%；页岩气产量超 128 亿立方米，同比增产 12.5 亿立方米，占全国页岩气产量的比例超过“半壁江山”。2021 年中国石化涪陵页岩气田页岩气产量 70.89 亿立方米，同比增长 7.1%，创历史新高，该气田累计产气 415 亿立方米。中国海油着力推进南海“大气区”建设，积极发展非常规天然气，坚持做大致密气、做实煤层气、进入页岩气，全面提升海陆天然气资源供应能力。2021 年南海东部油田海上天然气产量突破 66 亿立方米。

煤层气是重要的非常规天然气资源，我国长期重视煤层气的勘探开发。2021 年国内煤层气产量达到 104.7 亿立方米，同比增加 2.4%，较 2017 年的 70.2 亿立方米，增加了 34.5 亿立方米，增长 49.1%。山西是我国煤层气产量最高的省份。山西省境内埋深 2000 米以浅的煤层气地质资源量约 8.31 万亿立方米，占全国预测资源量的 27.7%。其中，探明储量占到全国总量的 75%，累计产量占比超过 70%。贵州、新疆、内蒙古等省份煤层气资源也相对丰富。

2017—2021 年中国煤层气产量变化趋势见图 2.6。

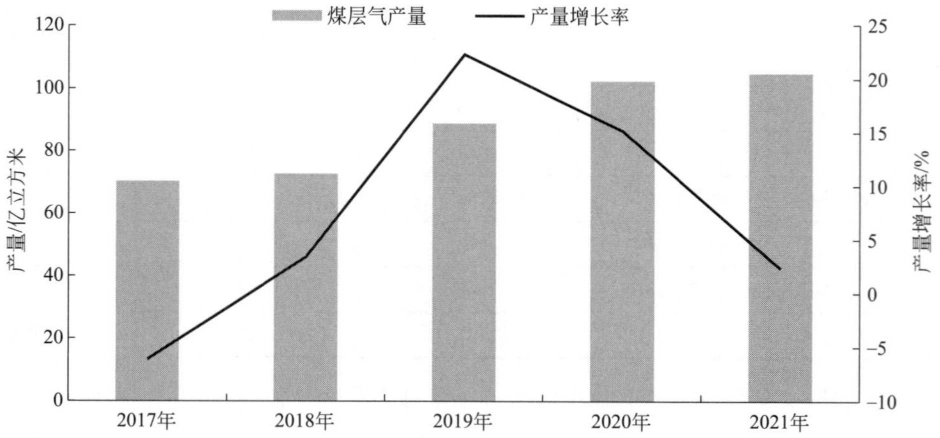

图 2.6 2017—2021 年中国煤层气产量变化趋势

2.2.3 天然气进口继续大幅增长，对外依存度进一步上升

近 5 年来，我国天然气进口量快速增长。2017—2018 年我国深入推进大气污染防治、优化能源结构，国内天然气需求快速增加。2017 年进口天然气 958 亿立方米，其中 LNG 进口量 3829 万吨，同比增幅高达 46%，2018 年进口天然气 1259 亿立方米，其中 LNG 进口量为 5371 万吨，同比增幅为 40%。2019 年进口 1359 亿立方米，其中 LNG 进口 6065 万吨；2020 年进口 1421 亿立方米，其中 LNG 进口 6739 万吨。

2017—2021 年中国天然气进口总量见图 2.7。

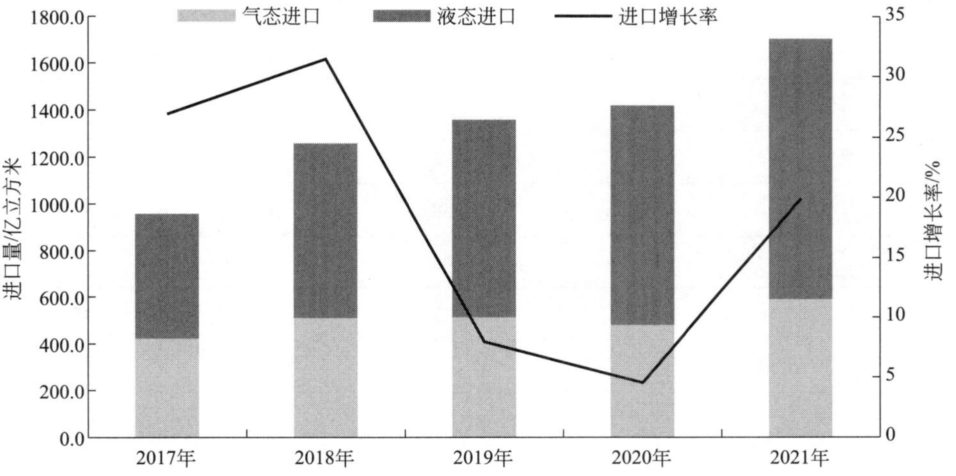

图 2.7 2017—2021 年中国天然气进口总量

2021 年全年进口天然气 1704 亿立方米（12226 万吨），天然气进口增长 283 亿立方米，同比增加 19.92%。累计进口额为 3601 亿元，同比增加 1296.7 亿元，增长 56.3%。LNG 进口量为 1114 亿立方米（7993 万吨），占天然气总进口量的 65%，较上年增长 175 亿立方米（1254 万吨），增长 18.6%，中国首次超过日本成为全球最大 LNG 进口国。管道气进口量为 590 亿立方米（4233 万吨），占比为 35%，较去年增长 109 亿立方米（780 万吨），其中，来自中亚管道天然气为 442.87 亿立方米，来自中俄东线的天然气约为 104.81 亿立方米（俄罗斯从 2021 年开始成为仅次于土库曼斯坦的我国第二大管道天然气进口国），其余 42.32 亿立方米来自中缅天然气管道。天然气对外依存度达到 44.30%，较 2020 年提高了 2.64 个百分点，较 2017 年提高 5.08 个百分点。

2017—2021 年，我国液化天然气进口来源国不断增加，由 2017 年的 20 个来源国增加至 2021 年的 27 个，进口来源更加多元，特别是 2021 年开始，为平衡对美贸易，同时也利用了美国 LNG 价格稳定优势，我国从美国进口 LNG 的数量快速增长。澳大利亚、美国、卡塔尔、马来西亚等是我国重要的 LNG 进口来源国。

2017—2021 年中国液态天然气进口分国别进口量占比见图 2.8。

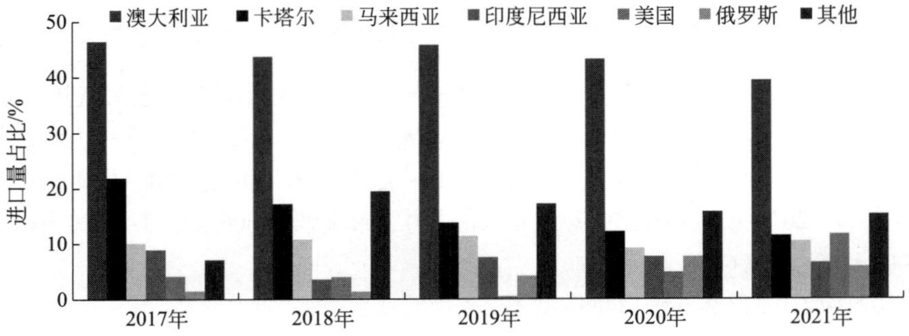

图 2.8 2017—2021 年中国液态天然气进口分国别进口量占比

2021 年中国前十大 LNG 进口来源见表 2.2。

表 2.2 2021 年中国前十大 LNG 进口来源

来源国及地区	进口量 / 万吨	占比 /%
澳大利亚	3140.2	39.29
美国	925.58	11.58
卡塔尔	907.96	11.36
马来西亚	827.41	10.35
印度尼西亚	515.19	6.45
俄罗斯	460.85	5.77
巴布亚新几内亚	321.31	4.02
阿曼	165.37	2.07
尼尔利亚	155.28	1.94
埃及	132.87	1.66
合计	7552.02	94.48

2.3 中国天然气消费现状分析

2.3.1 2017—2021 年国内天然气消费大幅增长

2017—2021 年国内天然气消费量呈快速上涨趋势，“十三五”期间，我国天然气表观消费年均增速达到 10.9%，2017—2021 年天然气表观消费增速达到 11.22%，超过“十三五”年均增速 0.32 个百分点。2017 年，国内天然气表观消费量为 2435 亿立方米，同比增加 15.0%；2018 年，表观消费量为 2858 亿立方米，同比增加 17.4%。2019 年天然气表观消费量 3109 亿立方米，同比增加 8.8%。2020 年消费量 3305 亿立方米，消费虽然仍旧保持增长，但受新冠肺炎疫情影响，增速有所放缓。2021 年国内经济持续稳定恢复，生产及需求迅速回升，天然气消费大幅增加，全年天然气表观消费量达到 3726 亿立方米，同比增加 421 亿立方米，增幅 12.7%，总体处于中高速增长合理区间。

从结构上看，工业、城市燃气及发电领域的天然气用气增幅较大。2021 年城市燃气用气量约为 1400 亿立方米，同比增长 13.2%；工业用气约为 1300 亿立方米，同比增长近 20%；2021 年全国新增气电装机容量约 800 万千瓦，发电用气量约为 650 亿立方米，同比增长 13%，虽然发电用气增速较快，但装机容量基数较低，在天然气增长的贡献率为 14%。2021 年化工行业整体景气度较高，但受限于国家用气政策限制，化工用气延续了过去中低速增长趋势，全年消费约 300 亿立方米，同比增长 6%。

2017—2021 年中国天然气表观消费量见图 2.9。

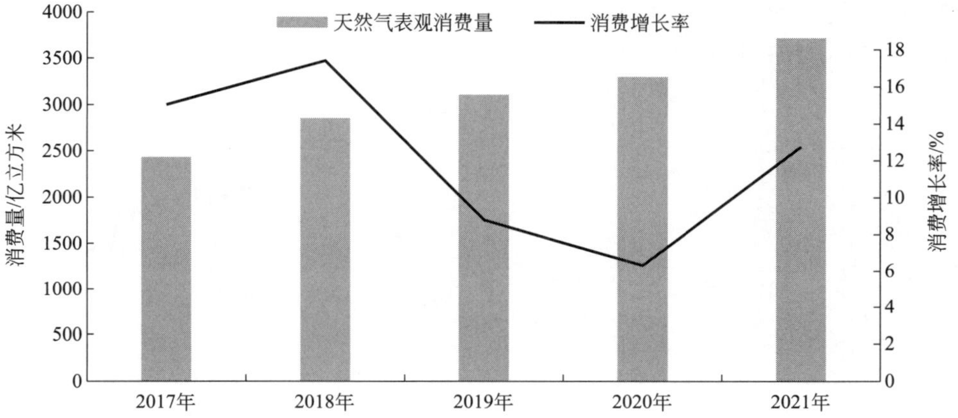

图 2.9 2017—2021 年中国天然气表观消费量

2.3.2 2021 年各省天然气消费情况分布

广东省、江苏省、四川省、山东省、河北省是我国天然气消费较为集中的省份。五个省份总消费量占到了全国消费量的 40.02%。

2021 年中国天然气消费量分布见图 2.10。

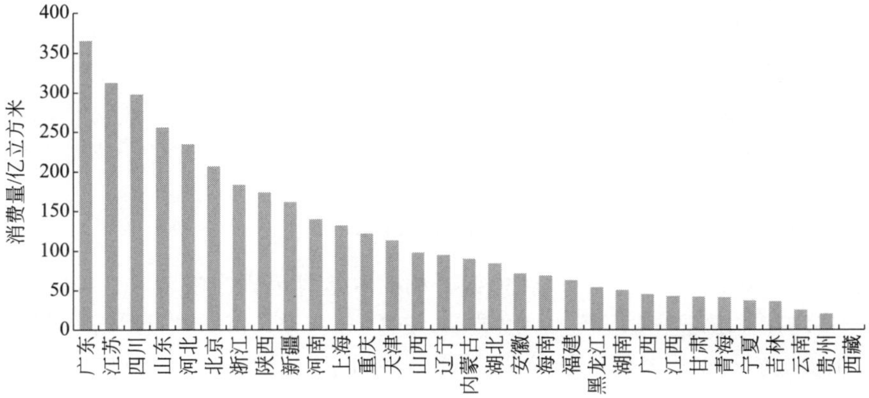

图 2.10 2021 年中国天然气消费量分布

2.4 中国天然气价格走势分析

2.4.1 2021 年国际天然气价格大幅上涨

2021 年国际天然气市场发生较大变化，受全球新冠肺炎疫情影响减弱和北半球气温较常年偏低影响，2021 年上半年全球天然气消费快速增长，全年消费增长达到 4.5% 以上，远超过此前多年增长，但受国际天然气产能建设相对滞后，供应偏紧，加之国际能源政策有所调整等因素影响，国际天然气价格全年持续上涨。从 2021 年 2 月份开始，美国纽约天然气期货价格到年底上涨了 2.5 倍。国际天然气价格持续高位运行，也支撑了国内 LNG 价格，在国内需求增幅较大，国内产量增幅有限的情况下，国内 LNG 价格整体保持上行。

2020—2021 年 HH 期货价格走势见图 2.11。

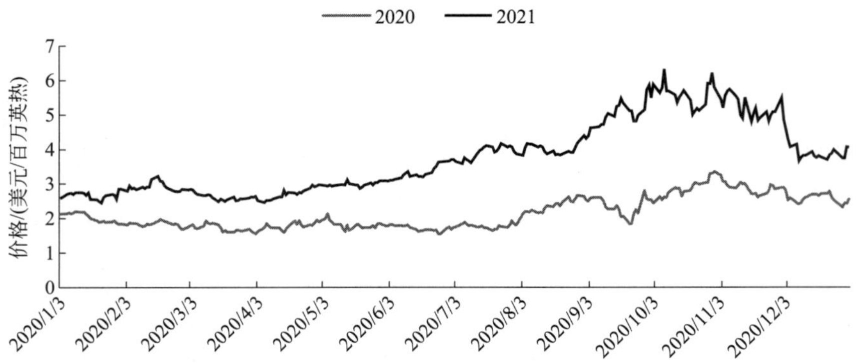

图 2.11 2020—2021 年 HH 期货价格走势

2.4.2 国内天然气价格改革持续推进

受我国天然气定价机制限制，当前部分门站价格仍然在一定范围内受到管控。天然气价格市场化改革稳步推进，2021 年 5 月《关于“十四五”时期深化价格机制改革行动方案的通知》出台，明确了将进一步完善能源资源价格机制，同时提出在“基准门站价”与市场化定价并行的价格机制外，推进与油价挂钩的天然气定价机制，不断完善我国天然气市场体系。2021 年 6 月《天然气管道运输价格管理办法（暂行）》和《天然气管道运输定价成本监审办法（暂行）》出台，明确了跨省天然气管道运输价格的定价原则、方法和程序，特别是对准许收益率实行动态调整，进一步完善天然气管道运输价格管理体系。广西、宁夏等省份也相继出台了天然气价格改革的相关政策。未来随着天然气相关基础设施的加快建设和相关政策出台，国内天然气市场定价将日趋完善。

2.4.3 2017—2021 年国内 LNG 价格走势

LNG 市场价格受成本、供需、替代能源、相关政策等因素影响较大。2017 年和 2020 年，国内 LNG 价格均在需求旺季出现较大幅度波动。2017 年冬季，市场对天然气等清洁能源的需求大幅增加，国内天然气市场整体供不应求，价格大幅上涨，同比涨幅达到 57.91%。2018—2019 年国家优化供给侧和需求侧的匹配，国际油价也有所恢复，LNG 价格总体稳中有升，2018 年国内 LNG 平均价 4507 元 / 吨（监测数据算数平均而非加权平均，仅做参考，下同），同比上涨

10.71%。2019 年，受新冠肺炎疫情、国际供需相对宽松、国际油价下行等因素影响，国内 LNG 价格同比下跌 16.49%，全年均价为 3764 元 / 吨。2020 年新冠肺炎疫情席卷全球，各国天然气需求减少，亚太 LNG 现货月均价连续 11 个月低于 10 美元 / 百万英热，我国 LNG 进口成本降低，国内售价同时降低，全年 LNG 平均价格同比下跌 11.88% 至 3317 元 / 吨。

2021 年国内工业生产总体延续 2020 年回升态势，上半年天然气市场总体与往年相似。第一季度受到低温天气影响，国内天然气需求较大，气源价格在门站价格基础上上浮；二季度随着供暖季结束，国内天然气供需矛盾缓解，管道气、LNG 价格均有下调。三季度以往是天然气淡季，但 2021 年受国际市场和国内煤炭、电力市场价格波动影响，LNG 市场价格大幅上涨。2021 年 8 月份，LNG 价格已经突破 6000 元 / 吨，环比上涨 27%，同比上涨超过 2000 元 / 吨，涨幅 49%。2021 年全年天然气均价 4980 元 / 吨，较 2020 年上涨超过 50%。

2017—2021 年中国 LNG 现货价格走势见图 2.12。

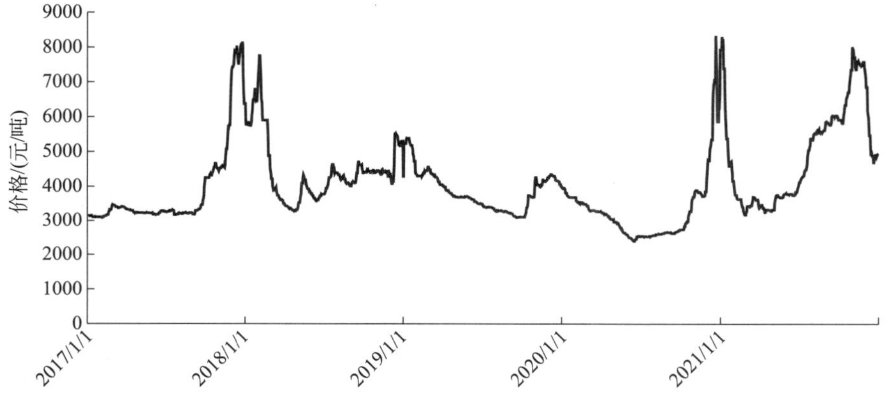

图 2.12 2017—2021 年中国 LNG 现货价格走势

2.5 2022—2026 年中国天然气发展预期

2.5.1 2022—2026 年国内天然气供应预测

2022—2026 年中国天然气产量预测见图 2.13。

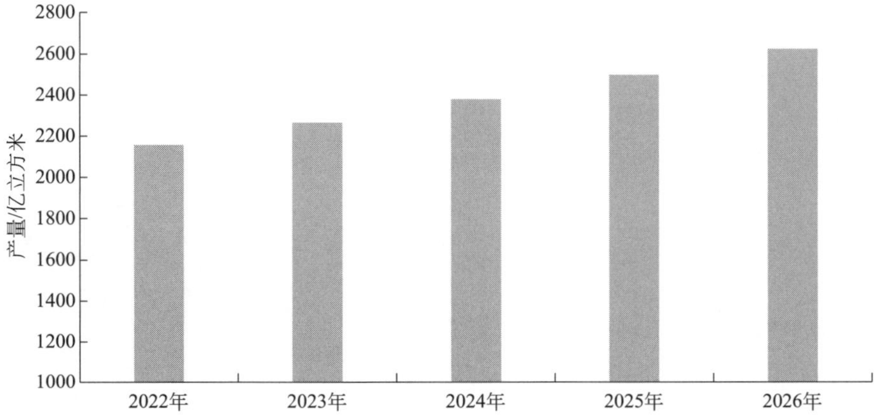

图 2.13 2022—2026 年中国天然气产量预测

2022—2026 年，我国“双碳”目标将持续推动能源转型发展，天然气发展空间仍然巨大。在国内主要油气企业努力下，在我国天然气产量保持稳定增长、非常规资源有效开发的前提下，预计到 2025 年，我国天然气产量可达到 2300 亿立方米以上。

2.5.2 2022—2026 年国内天然气消费预测

2022—2026 年，在工业、发电和城市燃气的带动下，中国天然气表观消费量仍将持续增长，考虑到当前国际天然气市场和我国天然气消费高速增长的现实，年均增长率将从“十三五”的 10% 左右，回落到 3.3% 左右。预计到 2026 年，我国天然气表观消费量达到 4300 亿～ 4400 亿立方米。

“十四五”期间，随着天然气上中下游全产业链改革进一步深化，现代天然气市场体系将进一步完善，天然气在实现“双碳”目标过程中的作用将进一步凸显。

2022—2026 年中国天然气表观消费量预测见图 2.14。

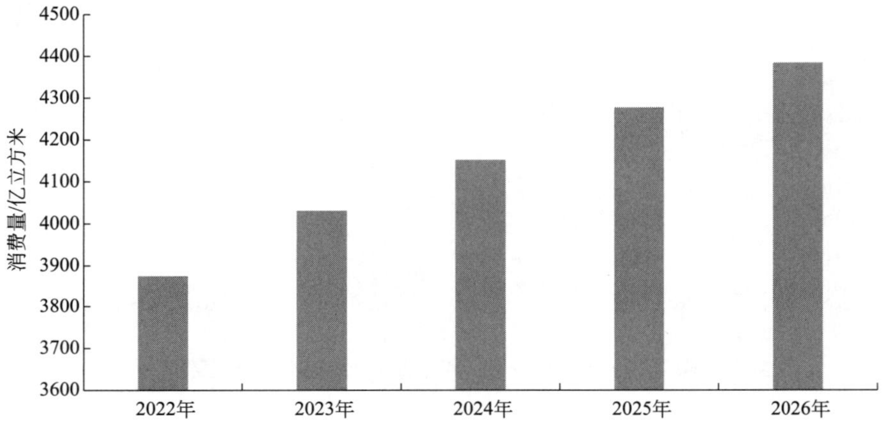

图 2.14 2022—2026 年中国天然气表观消费量预测

第 3 章　氢气

2021 年度关键指标一览

类别	项目	2020 年	2021 年	涨跌值	原因概述
价格	市场均价 /（元 / 立方米）	2.87	2.87	0	2021 年高纯氢上半年价格走低，下半年因能耗双控、原料上涨等因素价格上涨，全年平均价格持平于 2020 年
供应	产能 /（万吨 / 年）	30.42	36.69	6.27	2021 年高纯氢新增产能较多，需求增速略低于供应增速，导致全年平均开工率有所下降
	产量 / 万吨	22.15	25.20	3.05	
	开工率 /%	72.81	68.69	−4.12	
	进口量 / 千克	318.00	643.00	325	我国氢气资源丰富，进口量长期保持低位，相较于产量，进口可忽略不计
需求	出口量 / 千克	856.00	5156.00	4300	氢气受储运技术以及相关安全标准限制，出口面长期保持低位水平，2021 年较 2020 年有所上涨，但数量级仍然保持较低水平
	表观消费量 / 万吨	22.15	25.20	3.05	氢气暂无库存，随产随销，进出口量较低，可忽略不计，产量基本等同于消费量

3.1 中国氢气供需平衡分析

氢气根据其纯度可以分为工业氢（纯度≥ 99%）、纯氢 / 燃料电池氢（纯度≥ 99.99%）、高纯氢（纯度≥ 99.999%）、超纯氢（纯度≥ 99.9999%），目前国内氢气主要以工业氢为主，并且企业自用或园区内互调使用数量较多，本章统计产能产量等数据主要以高纯氢和燃料电池氢为主。氢气目前存储技术以及相关安全标准方面暂不成熟，因此氢气暂无库存数据，另外中国氢气进出口量相较于氢气产量，几乎可忽略不计，综上，产量基本等同于需求量。

2017—2021 年，中国氢气（≥ 4N，下同）供需呈稳定增长态势。2017—2021 年，中国氢气产量和消费量年均增速为 7.39%。产量增长主要来自于行业产能扩张以及部分企业开工率的提升，消费量增长主要来自于下游电子、半导体等行业以及加氢站不断扩张等因素推动。据不完全统计，2021 年，中国氢气装置新增 20 套，行业产能提升至 36.69 万吨。2021 年中国氢气产量约为 25.20 万吨，较 2020 年增长 13.77%。

进出口方面，目前海关数据所统计的氢气暂未详细划分纯度，但从进出口金额来看，价格偏高，另外根据市场情况，纯度偏低的氢气做进出口必要性较低，因此推测进出口的氢气纯度基本在 99.99% 以上。

目前氢气储运方面在国内的安全标准尚不完善，另外中国是产氢大国，氢气基本自给自足，进口量较少。据海关数据统计，2021 年中国氢气进口量 643 千克，较上年同期增长 102.20%。中国氢气虽然较为充裕，但由于储运技术受限，出口量亦偏低。2021 年中国氢气出口量约为 5156 千克，较 2020 年增长五倍，未来伴随储运技术以及液氢技术逐步完善，出口量或将有所增长。

2017—2021 年中国氢气产品供需平衡见表 3.1。

表 3.1 2017—2021 年中国氢气产品供需平衡表

项目	2017 年	2018 年	2019 年	2020 年	2021 年
产能 /（万吨 / 年）	25.50	26.21	27.33	30.42	36.69
开工率 /%	74.31	74.69	75.38	72.81	68.69
产量 / 万吨	18.95	19.58	20.60	22.15	25.20
进口量 / 万吨	0.00	0.00	0.00	0.00	0.00
出口量 / 万吨	0.00	0.00	0.00	0.00	0.00
表观消费量 / 万吨	18.95	19.58	20.60	22.15	25.20

3.2 中国氢气供应现状分析

3.2.1 2021 年中国氢气国产供需分析

2017—2021 年氢气产能复合增长率约为 9.52%，2017—2019 年，氢气产能增速较慢，企业扩能积极性不高，2019 年，氢能利好政策频出，企业投产热情高涨，2020—2021 年氢气产能增速明显加快。

2021 年氢气生产企业投产积极性较高，氢气新扩建企业数量 20 家，产能较 2020 年增长 6.27 万吨。原计划 2021 年第四季度投产的部分企业延迟至 2022 年第一季度投产，主要原因是 2021 年新增产能较多，下游需求增速不及预期，生产企业根据需求情况调整投产时间。

2017—2021 年中国氢气产能变化趋势见图 3.1。

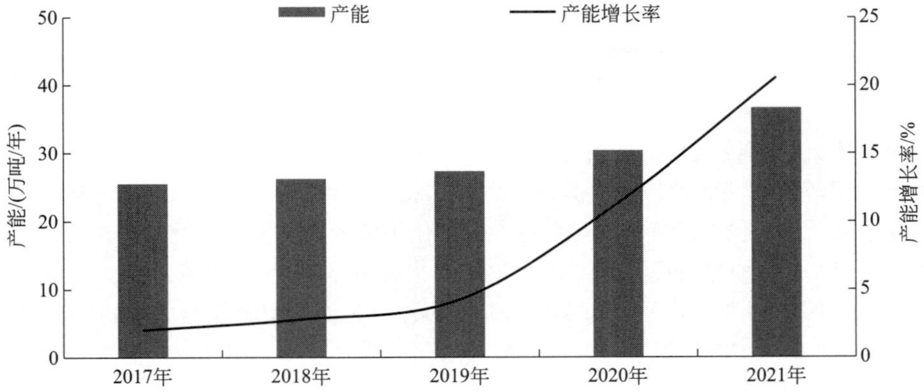

图 3.1 2017—2021 年中国氢气产能变化趋势

伴随中国氢气产品产能释放以及需求增长，2017—2021 年氢气产量整体呈增长趋势，年均增速约为 7.39%。从开工率来看，2017—2019 年氢气产能增长速度较慢，伴随下游需求增长，开工率缓慢增长，但 2020—2021 年，产能增速明显加快，部分企业产能未得到充分释放，加之 2020 年新冠肺炎疫情影响以及 2021 年下半年的限电影响，开工率呈降低之势。2021 年中国氢气产量约为 25.20 万吨，开工率约为 68.69%。

2017—2021 年中国氢气产量变化趋势见图 3.2。

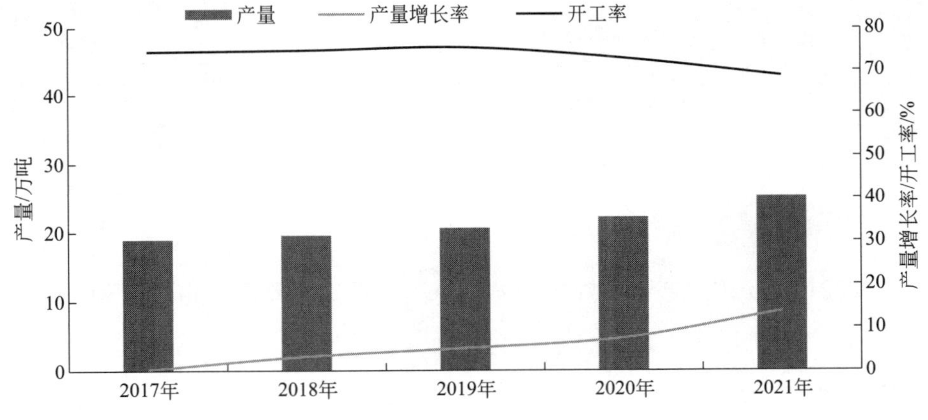

图 3.2 2017—2021 年中国氢气产量变化趋势

3.2.2 2021 年中国氢气国产供应结构分析

从全国氢气装置分布区域来看，占比前三的分别是华东、华北和西北，占比分别为 38.40%、25.85% 和 10.93%。华东地区能源化工产业发达，工业副产氢资源丰富，同时，下游化工产品对纯氢以及高纯氢需求较为旺盛，因此产能占比相对较大，华东地区产能较为集中的省市是苏浙沪和山东。华北地区，河北以及内蒙古氢气资源较为丰富，是华北地区主要的氢气供应地。西北地区高纯氢装置主要集中在陕西和宁夏，其中宁夏宝丰能源光伏制氢装置是目前国内最大的电解水制氢装置，目前所产氢气基本自用为主，造成西北地区产能占比虽然较大，但地区流通量却并不高的现象。

氢气产能分布其他区域占比分别为：华中 10.62%，华南 5.74%，西南 5.16%，东北 3.31%。

2021 年中国氢气产能区域占比见图 3.3。

目前我国制氢方式主要包括化石燃料制氢（天然气制氢、煤制氢、石油热裂解等）、工业副产氢（氯碱副产、丙烷脱氢、轻烃裂解、焦炉煤气副产等）、电解水制氢（碱水电解、纯水电解）和生物制氢等方式。高纯氢和燃料电池氢主要以氯碱、焦炉尾气等各种工业副产工艺所产的氢气提纯为主，甲醇裂解和天然气制氢其次，电解水相对较少。2021 年中国氢气来源方式排名第一的是尾气提纯，其中包含了氯碱副产提纯、各类化工装置副产提纯（丙烷脱氢副产、石油裂解副产、驰放气等）、焦炉煤气提纯等方式，占比高达 63.07%；其次甲醇裂解制氢占比 14.22%；天然气制氢和电解水制氢占比分别为 9.88% 和 9.19%；其他类型制氢例如甲烷裂解等制氢方式占比为 3.63%。根据国家政策以及行业内专家预测，短期内，纯氢和高纯氢仍然以提高副产氢利用率为主，长期来看，以电解水方式生产的“绿氢”将成为主流的制氢工艺。

2021 年中国氢气工艺占比见图 3.4。

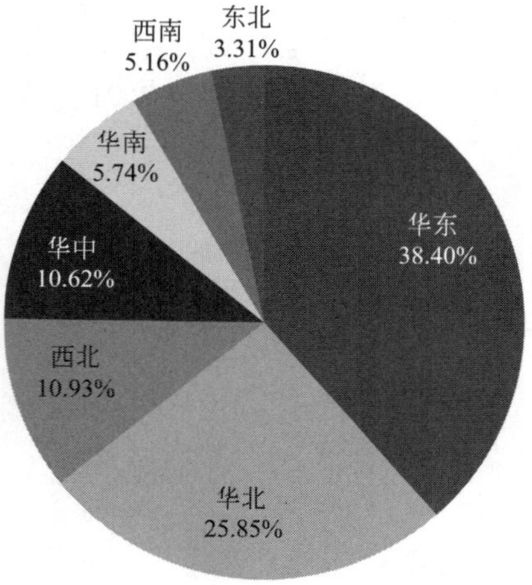

图 3.3 2021 年中国氢气产能区域占比

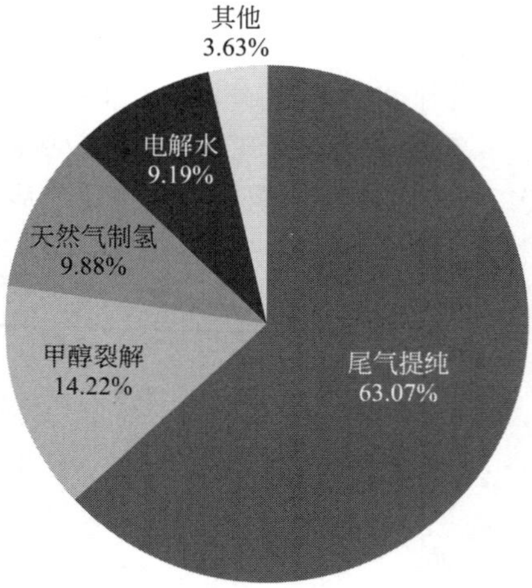

图 3.4 2021 年中国氢气工艺占比

3.2.3 2021 年中国氢气进口量分析

由于氢气存储以及运输方面限制较大，加之我国氢气产量充裕，基本自给自足，进口量相较于产量来说，微乎其微。从近五年氢气进口量走势来看，基本呈震荡走高的趋势，2021 年中国氢气进口量 643 千克，较上年同期增长 102.20%。未来，伴随氢气储运技术逐步成熟，进口量或将有所增长，但从短期来看，我国氢气产量富足，进口量基本波动不大。

2017—2021 年中国氢气进口量变化趋势见图 3.5。

2021 年进口来源地分布中，排名第一的是韩国，进口量为 285 千克，占比约为 44.32%；排名第二的是日本，进口量为 144 千克，占比约为 22.40%；排名第三的是巴西，进口量为 80 千克，占比约为 12.44%。

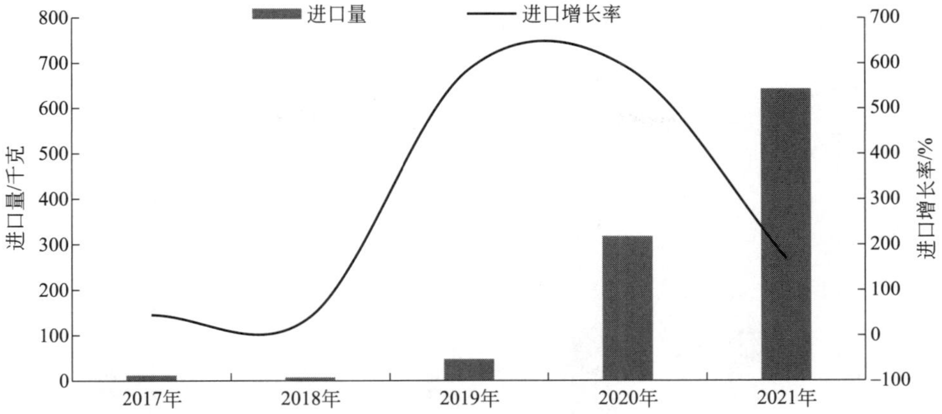

图 3.5 2017—2021 年中国氢气进口量变化趋势

2021 年中国氢气进口情况分析见表 3.2。

表 3.2 2021 年中国氢气进口情况分析

来源国及地区	进口量 / 千克	进口占比 /%	进口额 / 美元	进口均价 /（美元 / 千克）
韩国	285	44.32	14020	49.19
日本	144	22.40	1204	8.36
巴西	80	12.44	3574	44.68
法国	78	12.13	212021	2718.22
美国	52	8.09	61299	1178.83
中国台湾	4	0.62	1214	303.50

3.3 中国氢气消费现状分析

3.3.1 2021 年中国氢气消费趋势分析

中国工业氢（< 4N）最大的下游是石油化工行业，但高纯氢和燃料电池氢（≥ 4N）的主要下游有电子工业，半导体行业，精细化工和医药中间体行业，冶金工业，浮法玻璃，新能源，其他如食品、航天、清洁剂等。

2017—2021 年，中国氢气（≥ 4N，下同）下游结构变化不大，电子工业和半导体行业近年来呈高速发展状态，对高纯氢的需求量有所上升，占比呈逐步扩大之势；精细化工以及医药中间体行业发展情况良好，但其发展速度落后其他领域，因此占比结构有所缩小；冶金和浮法玻璃行业近年来产业处于调整期，淘汰落后产能以及环保问题限制，产业逐步呈集中化趋势，因此处于调整阶段的行业对于高纯氢的需求相对波动，占比有所降低；在 2018 年之前，加氢站和氢车运营数量寥寥无几，新能源占比几乎可忽略不计，但经过了 2019—2021 年三年的快速扩展，加氢站运营数量从 10 座以内扩大至 130 座左右，虽然目前多数加氢站并未满负荷运营，氢车运营数量也有待提升，但新能源对高纯氢的需求量明显上升，占比呈扩大之势；其他方面，例如食品行业、清洁剂等行业对高纯氢的需求基本稳定状态，值得一提的是，2021 年中国首套国产化液氢装置调试成功，为氢气在航天领域的应用奠定了基础。

2017—2021 年中国氢气消耗量变化趋势见图 3.6。

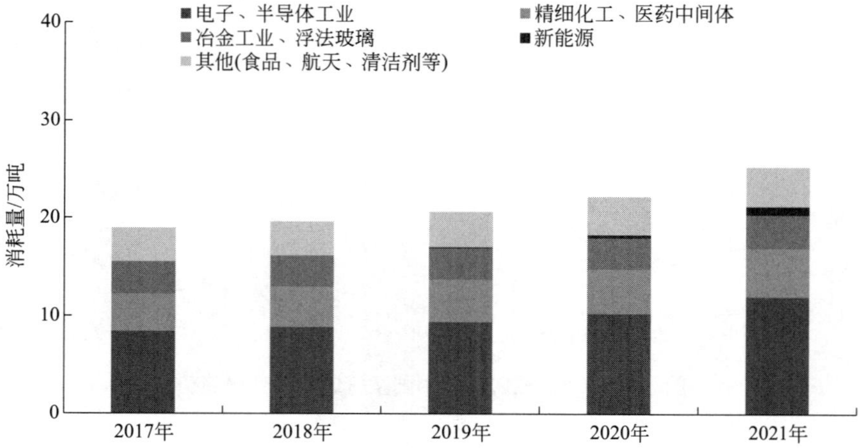

图 3.6 2017—2021 年中国氢气消耗量变化趋势

3.3.2 2021 年中国氢气消费结构分析

2021 年中国氢气最大的下游是电子工业和半导体行业，占比约为 47.50%，消耗量约为 11.97 万吨。氢气在电子和半导体行业中应用十分广泛，例如在电真空材料如钨、钼的生产过程中，用高纯氢气还原氧化物成粉末，再加工成线材或带材，再例如半导体行业，大规模和超大规模集成电路制作过程中，需要使用大量的高纯氢气甚至超高纯氢气作为配置 SiH_4/H_2 等混合气的底气。我国是电子和半导体产业生产和消耗大国，该行业未来对高纯氢的需求或将保持稳定上升态势。

2021 年对氢气消耗量排名第二的是精细化工和医药中间体行业，占比约为 19.50%，消耗量约为 4.91 万吨。该行业氢气通常应用于催化剂的加氢工业中，在多数精细化工和医药中间体产品中，氢气的纯度和质量对产品的质量和能耗影响较大。相较于大化工行业，精细化工行业有着更为精准的下游，未来发展也逐步走向高端化，未来对氢气的纯度或者杂质要求或将更高，需求量也相对稳定，但相较于其他领域，发展相对较慢，未来占比或将继续被挤压。

2021 年对氢气消耗量排名第三的是冶金和浮法玻璃行业，占比约为 13.50%，消耗量约为 3.40 万吨。在冶金工业中，氢气用作还原剂将金属氧化物还原成纯金属，如制造钨、钛、钴、锇、钽、铝、钢、镍、铬、硅等高品质产品时需使用高纯氢气。在某些金属的高温加工中必须使用氢气作为保护气，如在冷轧硅钢片生产和铜制品退火中需使用高纯氢。浮法玻璃行业中，利用高纯氢气极强的还原性可以去除玻璃高温加工过程残余的氧。近年来冶金和玻璃行业经历洗牌调整，产能集中度有所提高，未来伴随环保政策的影响，氢气在该行业的应用将继续扩大，但是增速略低于新能源和半导体领域，因此占比或将稳中有降。

新能源领域在氢气的下游领域中，属于新兴行业，是国家未来大力扶持的行业。从 2019 年，氢能正式写入政府工作报告后，氢能源迎来了快速发展，交通运输领域是氢能源发展的重点。从 2021 年的情况来看，虽然氢能源对氢气的消耗占比仅为 3.50%，消耗量约为 0.88 万吨左右，但根据各地加氢站以及氢燃料电池车的建设和推广规划，预计未来新能源领域将成为氢气增长最大的支撑领域。

2021 年中国氢气下游消费占比见图 3.7。

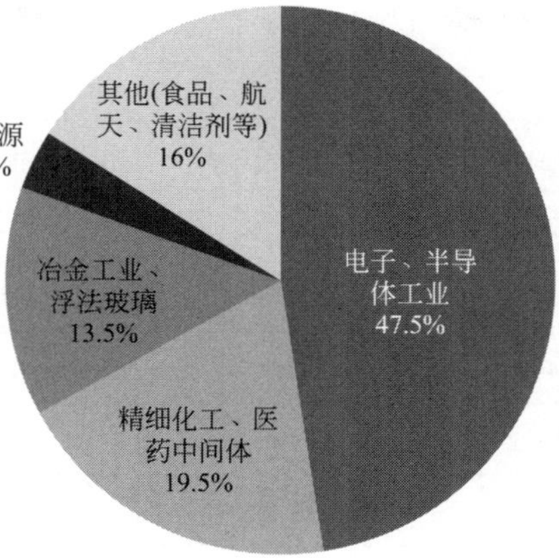

图 3.7 2021 年中国氢气下游消费占比

3.3.3 2021 年中国氢气出口量分析

中国虽然氢气产量充足，但受限于氢气储运技术，出口量亦较少。2017—2021 年，氢气出口量呈波浪形走势，2020 年受新冠肺炎疫情影响出口量大幅下滑。2021 年中国氢气出口量约为 5156 千克，较上年增加 502.34%。未来伴随氢气储运技术逐步成熟，加之中国是产氢大国，预测出口量或将呈增长趋势。

2017—2021 年中国氢气出口量变化趋势见图 3.8。

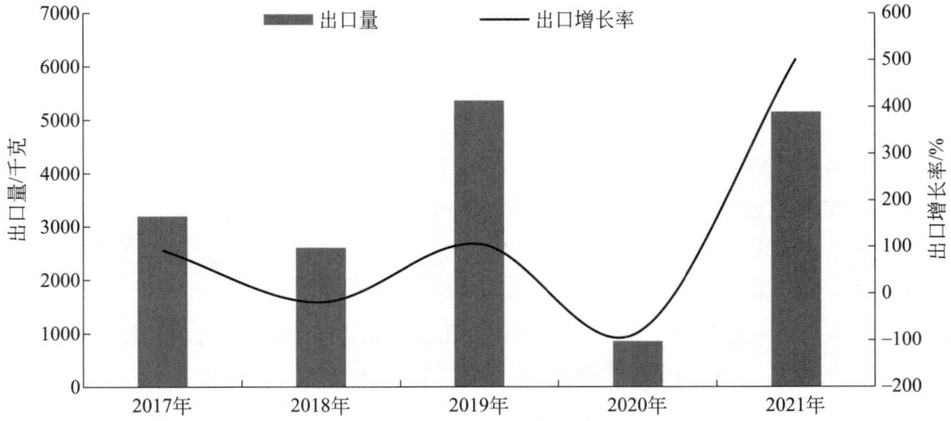

图 3.8 2017—2021 年中国氢气出口量变化趋势

2021 年出口地中，排名前三的是缅甸、中国香港、中国澳门，出口占比分别为 26.11%、22.56% 和 20.00%，排名前三的出口地占总出口量的 68.67%，其他出口地占比相对较小。

2021 年中国氢气出口情况分析见表 3.3。

表 3.3 2021 年中国氢气出口情况分析

出口国及地区	出口量 / 千克	出口占比 /%	出口额 / 美元	出口均价 /（美元 / 千克）
缅甸	1346	26.11	410486	304.97
中国澳门	1163	22.56	72714	62.52
中国香港	1031	20.00	12336	11.97
孟加拉国	925	17.94	11825	12.78
土耳其	407	7.89	10734	26.37
文莱	144	2.79	19138	132.90
尼日利亚	53	1.03	1800	33.96
巴基斯坦	28	0.54	3286	117.36
尼日尔	28	0.54	15647	558.82
中国台湾	18	0.35	103875	5770.83
马来西亚	11	0.21	9120	829.09
越南	2	0.04	866	433.00

3.4 中国氢气价格走势分析

近五年中国各区域高纯氢市场价格走势可以看出，其价格变动幅度和频率均较小，近五年各区域最高价和最低价浮动频率基本介于 0.15 ～ 1 元 / 立方米（标准状态下，下同）之间。价格变动频率较低的主要原因是，目前高纯氢最主要的来源是副产氢提纯，副产氢气属于其他化工品附属产品，其承担的原料成本相对较低，因此原料价格变动对其价格波动影响较小，另外，目前高纯氢市场订单中，长约可占半数以上，在未出现较大的市场波动的情况下，长约订单价格通常稳定。

2017—2021 年，国内高纯氢价格基本呈现先跌后涨趋势，近年来，伴随高纯氢市场产能扩张速度加快，区域内高纯氢供应相对充足，价格呈走跌趋势，但自 2021 年 9 月份以后，一方面受能耗双控影响，供应面收紧，另一方面，天然气、煤炭等原料价格大涨，成本压力最终传导至氢气，导致高纯氢价格一路上行。

各区域价差方面，受限于储运技术和安全标准暂不成熟，高纯氢区域性限制较大，运输半径通常在 300 千米以内，导致区域性供需对价格影响相对较大。例如价格偏高的东北地区，其工业副产氢企业氢气基本自用为主，高纯氢生产企业不多，供应面略显紧张，加之其地理位置相对偏远等综合原因导致，其价格高于其他区域，2021 年均价约为 4.00 元 / 立方米，全国高纯氢价格最低的区域是西北地区，2021 年均价约为 1.96 元 / 立方米，主要原因是西北地区煤炭资源以及再生资源较为丰富，西北地区氢气供应相对充足。其他区域价格价差相对较小，2021 年均价分别为：华东 2.75 元 / 立方米，华南 3.53 元 / 立方米，华北 2.65 元 / 立方米，西南 2.65 元 / 立方米，华中 2.53 元 / 立方米。

2017—2021 年中国各区域高纯氢价格走势见图 3.9。

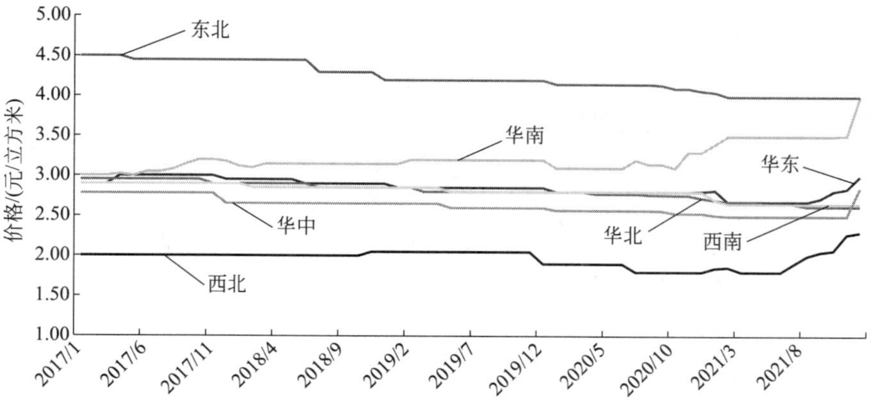

图 3.9 2017—2021 年中国各区域高纯氢价格走势

3.5 中国氢气利润走势分析

3.5.1 焦炉煤气提纯制氢利润分析

2017—2021 年，以焦炉煤气提纯工艺所产的高纯氢利润基本呈震荡走低趋势，但在 2021 年 9—10 月份，煤炭价格涨势迅猛，导致利润严重压缩，12 月份煤炭价格逐步恢复常态，利润也随之恢复。

近五年中国煤炭价格呈波动上涨趋势，2021 年受供应偏紧影响，涨势尤为明显，而高纯氢价格虽在 2021 年小幅上涨，但上涨频率和幅度均较小，因此利润不断收窄，2021 年之前，该工艺所产的高纯氢的利润基本维持在 1.2 ～ 1.5 元 / 立方米之间，伴随 2021 年利润的不断压缩，10 月份利润已经缩减至 0.45 元 / 立方米左右，11 月后煤炭价格受国家调控，逐步回落，高纯氢利润有所提升。

2017—2021 年中国焦炉煤气制氢利润走势见图 3.10。

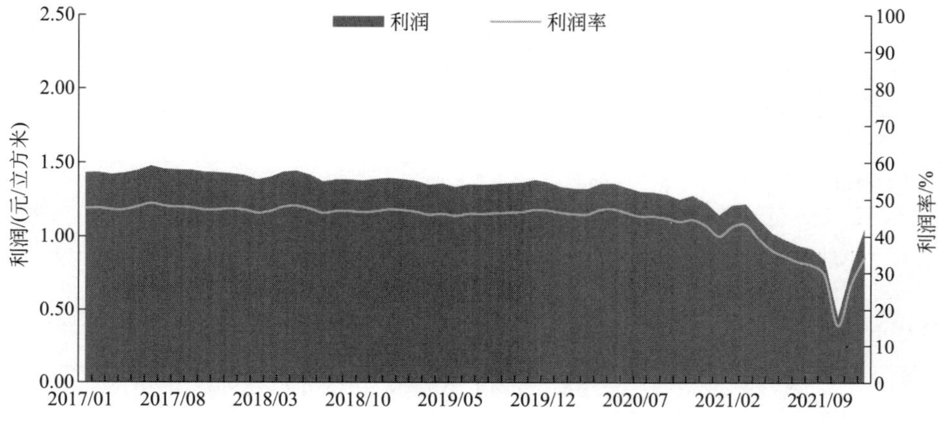

图 3.10 2017—2021 年中国焦炉煤气制氢利润走势

3.5.2 天然气制氢利润分析

2017—2021 年，以天然气制氢工艺所产的高纯氢利润呈小幅走低趋势。根据市场反馈，目前部分天然气制氢装置所用的天然气原料以管道气为主，进口气作为补充使用，以上利润计算所使用的原料价格是管道天然气价格。管道天然气市场和高纯氢市场特点较为相似，价格波动频率和幅度均较小，近五年，天然气价格震荡上行，相比较而言，2021 年下半年涨幅相对较大，高纯氢价格涨幅相对较低，利润得到小幅压缩。2017—2021 年，天然气制氢所产的高纯氢利润在 0.83 ～ 1.05 元 / 立方米之间，利润率在 29% ～ 35% 之间浮动。

2017—2021 年中国天然气制氢利润走势见图 3.11。

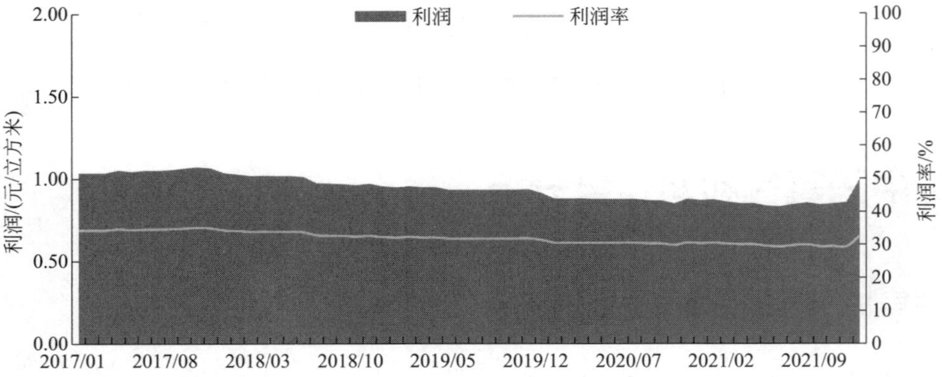

图 3.11 2017—2021 年中国天然气制氢利润走势

3.5.3 电解水制氢利润分析

目前除了风电制氢和光伏制氢工艺外，多数电解水制氢工艺使用工业电为主，电不属于市场商品，价格长期受国家调控，近年来工业电价格变化不大，因此以电解水工艺所产的氢气利润相对稳定。假定制氢规模 1000 立方米 / 小时，年产氢 100 万立方米，水电解制氢设备、安装、土建及其他总投资 1410 万元，每年用电等费用为 2700 万元，每年成本合计 2954 万元，对应氢气成本 2.95 元 / 立方米，近五年电解水所产氢气价格基本在 3.7 ～ 4.0 元 / 立方米之间，利润率基本维持在 20.3% ～ 26.3% 之间。

电解水制氢工艺成本见表 3.4。

表 3.4 电解水制氢工艺成本

项目		成本	基本条件
初始投资 / 万元	设备成本	1200.0	—
	设备安装费用	48.0	设备价格的 4%
	土建工程	162.0	—
	总投资	1410.0	—
成本估算 / 万元	用电费用	2700.0	1 立方米氢气消耗 4.5 ～ 5 千瓦 • 时电，电价取 2021 年各省份峰谷价格平均值 0.6 元 / 千瓦 • 时
	用水费用	3.2	按照 1 立方米氢气消耗 0.8 吨水计算，水费取 4 元 / 吨
	设备及土建折旧	132.9	设备按 10 年折旧，土建按 20 年折旧
	维修费	24.9	取设备成本与安装费用的 2%
	人工及管理费	60.0	按 5 个工作人员计算

续表

项目		成本	基本条件
成本估算/万元	财务费用	33.0	按总投资 70% 贷款，年利率为 6%，等额本息法 10 年还贷估算
	合计	2954.0	—
对应每立方米氢气成本 /（元 / 立方米）		2.95	—
对应每立方米氢气售价 /（元 / 立方米）		3.7 ～ 4.0	利润率 20.3% ～ 26.3%

电解水制氢工艺电价成本可占到总成本的 90% 以上，因此电价对高纯氢价格影响较大。未来推广“绿氢”最重要目标是降低电价成本，由表 3.4 可看出，将氢气成本控制在 2.50 元 / 立方米内，则电价需要控制在 0.50 元 / 千瓦 • 时内，未来可再生资源发电制氢将是降低成本最理想的方式。

电解水制氢工艺电价和氢气成本对比见表 3.5。

表 3.5 电解水制氢工艺电价和氢气成本对比

氢气成本 /（元 / 立方米）	用电价格 /（元 / 千瓦 • 时）
1.00	0.17
1.50	0.26
2.00	0.37
2.50	0.48
3.00	0.59
3.50	0.71
4.00	0.82
4.50	0.93
5.00	1.04

3.6 2022—2026 年中国氢气发展预期

3.6.1 中国氢气拟在建 / 退出项目统计

未来有氢气投产计划的装置约有 58 套，其中单套装置 10000 立方米 / 小时以上产能的有 9 套。由于多数高纯氢装置是在有副产氢气的基础上，建设一套提纯装置即可，投资门槛以及建设周期均不长，因此目前公布装置计划的多集中在 2022 年，未来根据市场需求情况，或将出现较多临时投产或扩产的情况。从 2022 年新增产能区域来看，主要分布于华东、华北和西北。

3.6.2 中国氢气供应预测

伴随纯氢和高纯氢装置投产释放，以及下游需求推动。2022—2026 年，产能产量均呈上涨之势，但产能年均增速略高于产量增速。从目前的投产计划来看，装置集中投放于 2021 年和 2022 年，由于装置投产时间分布不均匀，装置利用率并非全年，另外需求增长速度呈逐步上升状态，产能的集中投放或将造成市场一度供应过剩，因此 2021—2022 年企业开工率处于相对较低水平，后期将伴随需求增长，产能逐步释放。预计至 2026 年，产能达到 92 万吨左右，产量达到 60 万吨左右。

2022—2026 年中国氢气产品供应预测见图 3.12。

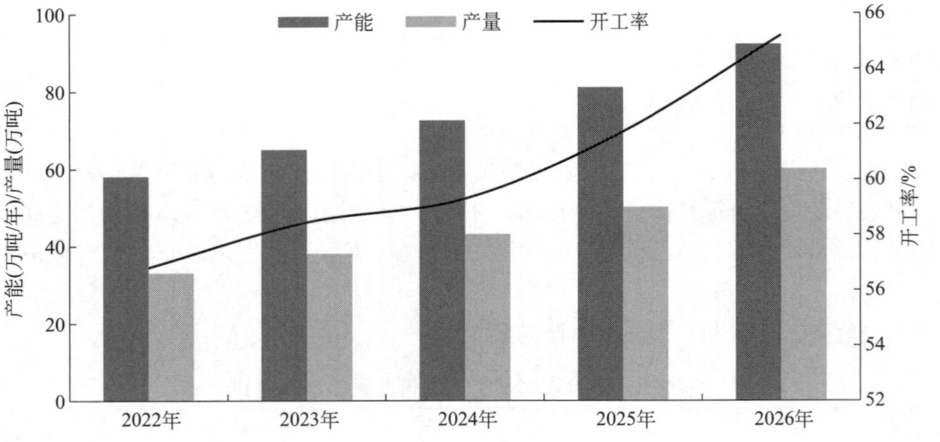

图 3.12 2022—2026 年中国氢气产品供应预测

3.6.3 中国氢气主要下游发展前景预测

2022—2026 年除了电子、半导体行业和新能源行业对氢气的需求占比呈扩大之势，其他下游领域对氢气的需求占比均呈小幅收缩态势。电子和半导体行业未来是中国进一步提高国产化的产业，预计至 2026 年，该行业占比扩大至 48.90%；新能源从长期来看，将是高纯氢需求量增长的重要支撑，预计至 2026 年，对高纯氢的需求占比将扩大至 8.00% 左右；精细化工、中间体产品划分类别较多，但整体来看需求量呈增长趋势，占比相较于其他行业增速略显缓慢，因此预计至 2026 年，对高纯氢的需求占比将缩小至 17.50%；冶金、浮法玻璃行业受行业整改以及低碳排放影响，短期内发展速度相对较慢，预计至 2026 年，占比缩小至 12.20% 左右，但从长期来看，氢气替代煤在冶金行业作为还原剂如果发展情况良好，未来对高纯氢的需求潜力巨大。

2022—2026 年中国氢气下游消费结构预测见图 3.13。

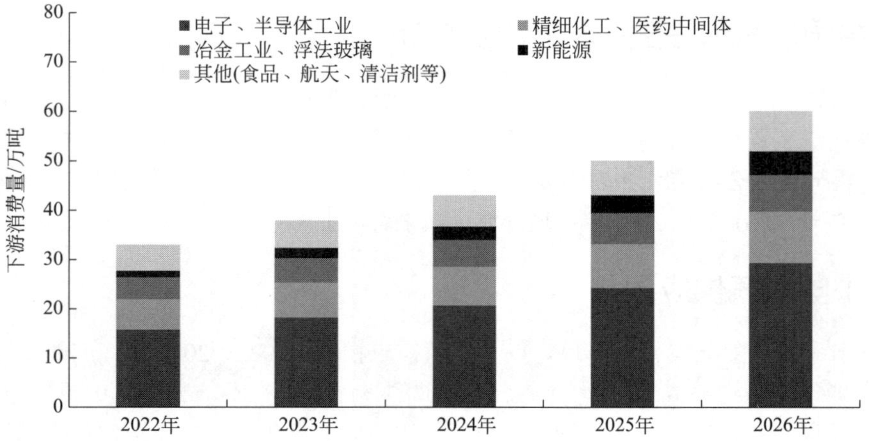

图 3.13 2022—2026 年中国氢气下游消费结构预测

3.6.4 中国氢气市场供需平衡预测

国家以及各地区不断出台政策利好氢能源，企业对于高纯氢投产热情较高，从目前统计的未来新扩建情况来看，2022 年将是高纯氢产能急剧扩张的一年，下游消费需求同步速度相对缓慢，开工率或将出现较大降幅，后续投产热情或将趋于平稳，市场消化前期产能为主，开工率或将逐步上升。未来五年产能平均增速约为 20.19% 左右，产量和表观消费量增速约为 18.95%。短期内氢气仍属于无库存产品，随产随销。

2022—2026 年中国氢气产品供需平衡预测见表 3.6。

表 3.6 2022—2026 年中国氢气产品供需平衡预测

项目	2022 年	2024 年	2026 年
产能 /（万吨 / 年）	58.08	72.50	92.00
开工率 /%	56.82	59.31	65.22
产量 / 万吨	33.00	43.00	60.00
进口量 / 万吨	0.00	0.00	0.00
出口量 / 万吨	0.00	0.00	0.00
表观消费量 / 万吨	33.00	43.00	60.00

第 2 篇　基本有机原料

第4章 乙烯

2021年度关键指标一览

类别	项目	2020年	2021年	涨跌值	原因
价格	CFR东北亚/(美元/吨)	748	1047	299	原油、甲醇价格上涨，中国多套MTO装置停车，当地需求表现强劲，加之国际乙烯船难寻、引航员匮乏等，船舶滞港周期较长，东北亚乙烯价格涨至四年以来高位
供应	产能/(万吨/年)	3474	4204	730	年内新增多套石脑油裂解以及轻烃裂解装置
	产量/万吨	3177	3655	478	随着新产能投入，产量顺势增长
	开工率/%	91	87	-4	MTO工艺或成本面亏损严重导致开工率下降，能耗双控期间多套裂解装置降负荷运行，并且新产能未充分释放
	进口量/万吨	198	207	9	产能进入集中扩张周期，对外依存度下降
需求	出口量/万吨	9	19	10	虽然国内多套装置投产，但是部分存在下游装置未同步投产，商品量大幅增加，以及海外供应链问题，导致出口量增长明显
	表观消费量/万吨	3366	3843	477	伴随炼化一体化项目投产，下游行业消费量延续增长趋势

4.1 中国乙烯供需平衡分析

2017—2021年随着原料多元化发展和下游需求稳定增长，中国乙烯产能快速提升，近五年国内乙烯产能复合增长率至15%。自2019年国内进入烯烃产能释放周期以来，2021年国内乙烯产能突破4000万吨/年。2021年新增产能华东地区居多，原料方面以石脑油裂解为主，新兴的轻烃裂解工艺中，以乙烷裂解制乙烯为首，业内关注度逐步提高。随着产能的进一步扩张，2021年国内乙烯产量3655万吨，下游主要消费领域仍是以聚乙烯为主。

进出口方面，自2019年开始，国内乙烯进口量显著下滑，这也与国内乙烯产能进入快速扩张周期相匹配，2020年国内乙烯年进口量已不足200万吨，2021年虽有小幅增长，但仍远低于2019年水平。出口量则伴随着产能、产量的增加而上涨，2021年中国乙烯出口量至19万吨，同比上涨111%。

近五年以来，国内乙烯生产企业开工率逐年下降，主要是进入产能集中释放期，当年新投产装置产能未能充分释放，导致名义开工率偏低。而与往年不一样的是，2021年国内乙烯生产企业开工率下降的另一个原因是成本面的亏损导致年内多套MTO装置停车，以及来自双限政策面的牵制，导致华东多套石脑油裂解装置在9月中旬至10月底降负荷运行。

2017—2021年中国乙烯供需平衡见表4.1。

表4.1 2017—2021年中国乙烯供需平衡表

项目	2017年	2018年	2019年	2020年	2021年
产能/（万吨/年）	2385	2550	2902	3474	4204
产量/万吨	2303	2372	2689	3177	3655
进口量/万吨	216	258	251	198	207
出口量/万吨	1	0	1	9	19
表观消费量/万吨	2518	2630	2939	3366	3843
开工率/%	97	93	93	91	87

4.2 中国乙烯供应现状分析

4.2.1 2021年中国乙烯国产供应量分析

从2019年开始，中国乙烯产能进入投产集中期，2021年国内乙烯产能快速增长，其中，产能投放的规格大多维持在100万吨/年以上，偏小规模的装置多以MTO工艺为主。自2020年下半年开始，国内乙烯行业的发展逐步趋向多元化，表现为原料的多元化、生产企业多元化，以及生产工艺多元化。随着国内乙烯产能的逐步增加，未来炼化一体化项目优势或逐步凸显，进口量逐步下滑成为趋势。截至2021年12月，中国乙烯产能达4204万吨/年，同比增长21%。国内新增产能8家，扩能2家，合计增长725万吨/年，另有山东联泓化工产能由12万吨/年修正至17万吨/年，共计产能增长730万吨/年。

2017—2021年中国乙烯产能变化趋势见图4.1。

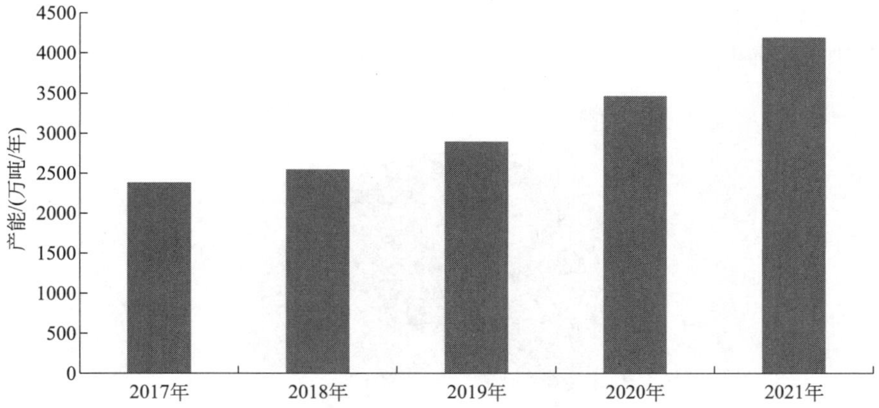

图 4.1 2017—2021 年中国乙烯产能变化趋势

2021 年中国乙烯产量 3655 万吨，同比增长 15%，增量主要来自于 2020 年底以及 2021 年新增产能的释放。年内新增乙烯生产企业分别是：大庆联谊、卫星石化、华泰盛富、古雷石化、长庆石化、塔里木石化以及鲁清石化，其余新增产能多为企业扩产。

2021 年中国乙烯开工率呈现一、三季度高，二、四季度低的局面。4—5 月开工率低主要是因为处于聚乙烯的消费需求淡季，作为乙烯最主要的下游聚乙烯需求薄弱，一定程度上牵制乙烯行业的产量变化。8—9 月开工率较高主要是由于多套装置集中投产，而第四季度乙烯产量下滑，主要有两个原因：一是双控政策出台，华东地区石脑油裂解装置开工负荷下降明显；二是 MTO 装置成本面亏损最高达 3000 元 / 吨，国内 MTO 装置基本处于停车状态。

2021 年中国乙烯产量及开工率变化趋势见图 4.2。

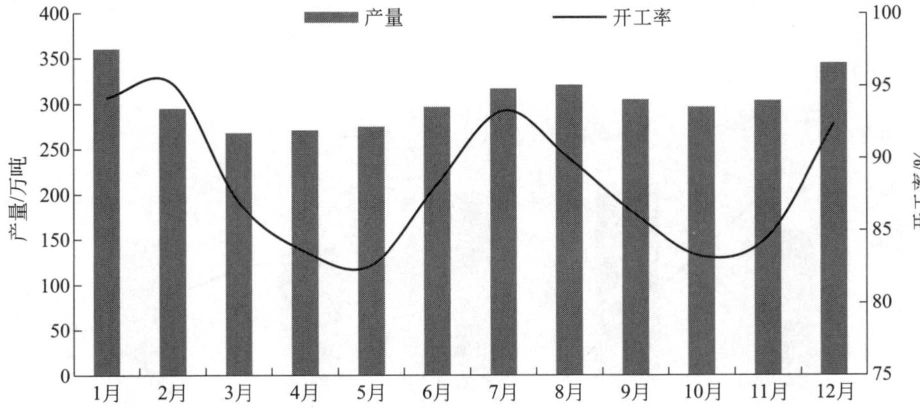

图 4.2 2021 年中国乙烯产量及开工率变化趋势

4.2.2 2021 年中国乙烯区域供应结构分析

2021 年全国乙烯产能分布逐渐向均衡式发展的态势，各地区均有新增产能在建或投产。其中，华东（除山东）地区产能占全国乙烯产能的 28%，仍在中国乙烯主要生产和消费市场占据主导地位。年内，华东当地新增一套乙烷裂解制乙烯装置，一套轻烃裂解装置，一套石脑油裂解装置。2021 年，西北地区的产能扩张不再局限于 MTO 或 CTO 装置，兰州石化、独山子石化新增乙烷裂解制乙烯装置，相比较于传统石脑油加工乙烯技术，具有工艺流程短、占地面积小、装置投资少、乙烯收率高、生产成本低等诸多优势。

2021 年中国乙烯供应结构见图 4.3。

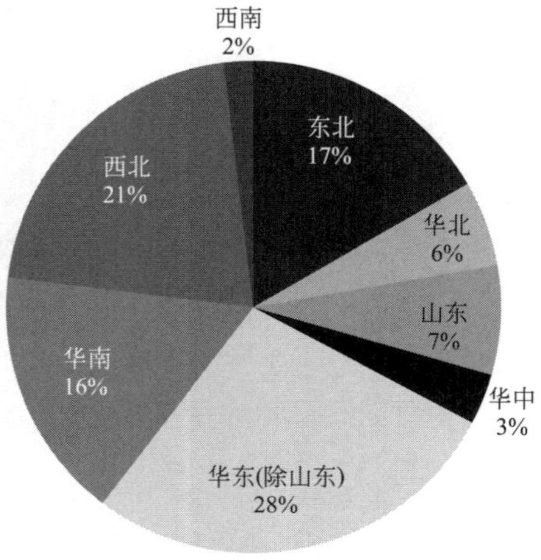

图 4.3 2021 年中国乙烯供应结构

4.2.3 2021 年中国乙烯进口量分析

2018—2021 年中国乙烯进口量先扬后抑，2018 年进口量至 258 万吨，处于五年以内的高位，随后中国乙烯进口量显著下滑。2018 年之前，中国是全球乙烯消费大国，其他国家乙烯出口基本通过船运至中国，但进入 2019 年以后，国内乙烯产能快速扩张，国产自给率逐步提升，导致对外需求下降明显。2021 年虽有小幅增长，但仍远低于 2019 年水平，未来 3 ～ 5 年里伴随着乙烯产能的进一步扩张，国内乙烯进口量不足 170 万吨或成大概率事件。

2017—2021 年中国乙烯进口量变化趋势见图 4.4。

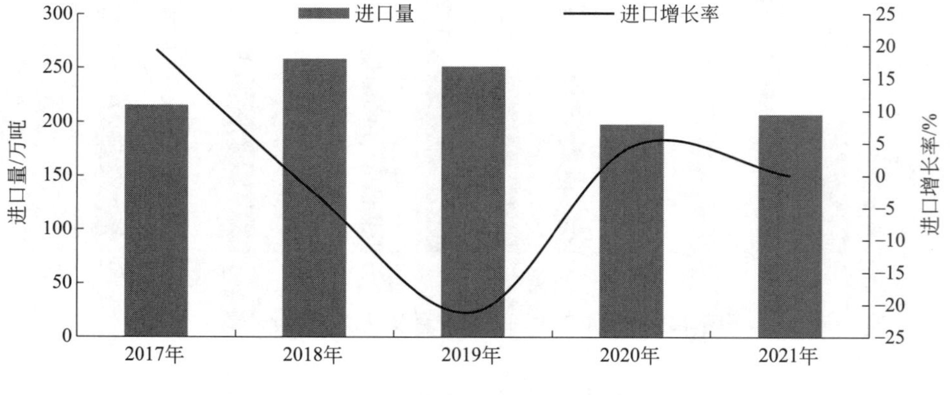

图 4.4 2017—2021 年中国乙烯进口量变化趋势

中国乙烯进口来源国及地区主要集中在韩国、日本以及美国。中国乙烯进口原因主要是下游苯乙烯、环氧乙烷工厂所配套的乙烯装置不能满足其下游产品的需求，而国内乙烯现货流通性较小，为寻求稳定的原料来源，采购进口乙烯。

2021 年中国乙烯进口情况分析见表 4.2。

表 4.2 2021 年中国乙烯进口情况分析

来源国及地区	进口量 / 万吨	进口占比 /%	进口额 / 万美元	进口均价 /（美元 / 吨）
日本	53	26	55505	1051
韩国	95	46	101920	1069
中国台湾	10	5	10577	1064
美国	25	12	27626	1103
其他	24	11	24477	1029
总计	207	100	220104	1064

4.3 中国乙烯消费现状分析

4.3.1 2021 年中国乙烯消费趋势分析

2021 年中国乙烯消费量增长至 3843 万吨，同比上涨 14%。年内中国乙烯的下游消费仍集中在聚乙烯行业，其消费占比 61%；其次为乙二醇、环氧乙烷、苯乙烯及其他，占比分别为 16%、9%、9% 和 5%，与国外乙烯下游消费占比不同。

2017—2021 年中国乙烯消费变化趋势见图 4.5。

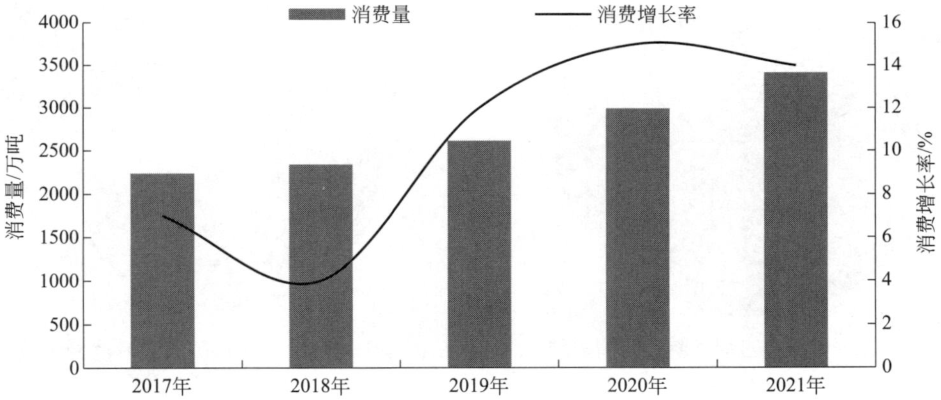

图 4.5 2017—2021 年中国乙烯消费变化趋势

乙烯下游主要消费高点集中在冬季，主要有两方面原因：一是塑料薄膜作为聚乙烯的主要消费领域，冬季需求表现强劲；二是史上最严“限塑令”正式在全国生效，一次性不可降解塑料吸管、不可降解塑料包装等均受到较大影响，全年聚乙烯在塑料行业的需求有所下降，四季度聚乙烯行业的消费上涨在全年内凸显。与往年不同的是，2021 年全球能源供应紧张，国内双限政策出台，华南、华东等地降负荷运行，2021 年聚乙烯行业整体需求表现不及预期。

据统计，2021 年中国聚乙烯行业对外依存度仍然保持在 40% 以上，内需缺口较大，国内聚乙烯市场无法自给自足成为未来五年促进国内乙烯产能扩张的主要驱动力。相比较于其他液体类下游，聚乙烯作为固体化工品，对储存、运输的要求较低，成本面压力远不及液体化工，这也是未来国内炼化一体化项目多配套聚乙烯装置的主要原因。

其他下游消费领域中，2021 年是 EVA（乙烯 - 乙酸乙烯酯共聚物）行业关注度较高的一年。在国家大力发展光伏发电的带动下，EVA 作为光伏产业链里不可或缺的一部分，行业也迎来了巨大的变化，吸引了更多的聚焦目光。年内 EVA 同时带动了乙烯、乙酸乙烯行业的发展。伴随着国家政策的支撑，预计未来 2 ～ 5 年国内 EVA 行业发展潜力巨大，或逐步从乙烯小众的下游消费领域中脱颖而出。

4.3.2　2021 年中国乙烯消费结构分析

2021 年国内乙烯主要下游领域仍是聚乙烯，其消费占比为 60%，比上年下降 2 个百分点；环氧乙烷（EO）占比小幅下滑至 9%；乙二醇（EG）占比小幅增加至 16%，苯乙烯占比相对稳定。目前，国内聚乙烯主要应用领域在薄膜、管材、电线电缆以及汽车制造业等，环氧乙烷消费领域主要集中在减水剂以及非离子表面活性剂行业。

2021 年中国乙烯下游行业需求结构见图 4.6。

2021 年，乙烯的主要消费区域仍是主要集中在华东地区，占比约 29%，华北、东北、西南、华南占比差距不大。

2021 年中国乙烯下游消费区域分析见图 4.7。

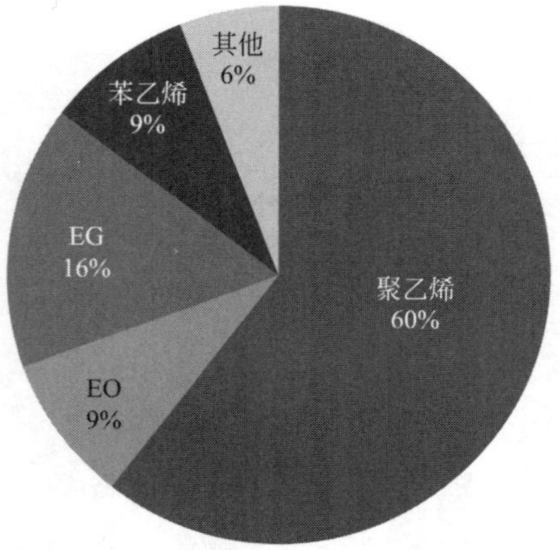

图 4.6　2021 年中国乙烯下游行业需求结构

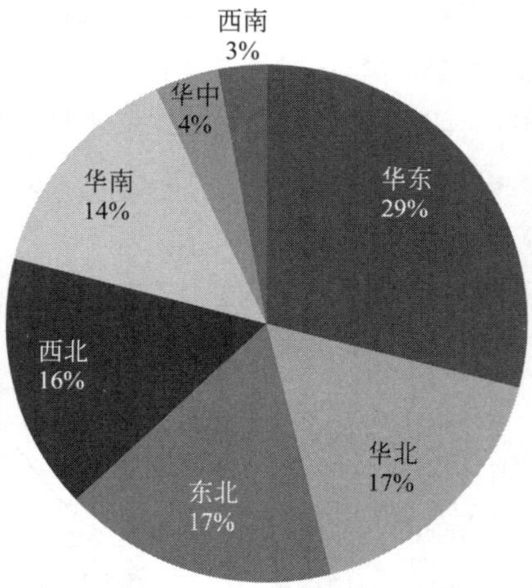

图 4.7　2021 年中国乙烯下游消费区域分析

4.3.3　2021 年中国乙烯出口量分析

2017—2021 年中国乙烯出口整体呈现增长趋势，2021 年出口量创历史新高达 19 万吨。2019—2021 年乙烯国产供应提升，且中国现货价格多围绕成本面波动，出口竞争力提升。因东南亚享受免关税政策，国内乙烯出口至东南亚地区的数量逐年上涨，预计未来 2 ～ 5 年，国内乙烯出口量有望突破 20 万吨。

2017—2021 年中国乙烯出口量变化趋势见图 4.8。

2021 年中国乙烯主要出口地是韩国、中国台湾和日本。虽然国内乙烯产能快速扩张，但仍有一部分依赖于进口，因东南亚与我国实行免进口税政策，后期国内出口或逐步向东南亚地区发展。

2021 年中国乙烯出口情况分析见表 4.3。

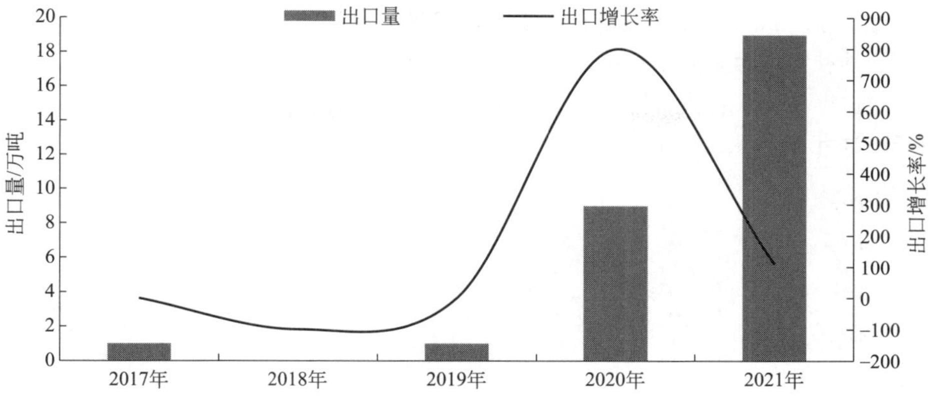

图 4.8 2017—2021 年中国乙烯出口量变化趋势

表 4.3 2021 年中国乙烯出口情况分析

出口国及地区	出口量 / 万吨	出口占比 /%	出口额 / 万美元	出口均价 /（美元 / 吨）
韩国	11	58	10768	970
中国台湾	5	26	5294	1019
日本	2	11	1509	922
印度尼西亚	1	5	1188	995
其他	0	0	42	5661
总计	19	100	18802	983

4.4 中国乙烯价格走势分析

近五年来，东北亚乙烯市场价格波动较为频繁，整体来看，2021 年东北亚乙烯市场商谈重心整体高于 2020 年。CFR 东北亚乙烯均价至 1047 美元 / 吨，同比上涨 40%。2021 年东北亚乙烯价格最低 850 美元 / 吨，最高 1200 美元 / 吨，价格波动幅度达到 41%。年内影响亚洲乙烯价格的主要原因有三：一是美亚套利空间的开放或关闭，二是供需间的博弈，三是原料面的支撑。

2021 年东北亚乙烯市场整体呈震荡走势，虽二季度美国乙烯市场走势背道而驰，但下半年两者均呈震荡上行走势。1—2 月，低价美国乙烯大量出口至东北亚，当地现货供应充足导致市场商谈重心下行，但 2 月底，美国当地受寒潮影响，社会库存降至低位。寒潮期间多套石脑油裂解装置停车，且周期较长，出口至亚洲的现货供应环比大幅下滑，供应紧张推动东北亚乙烯价格上涨，并于 3 月中旬当周触及年内高位 1200 美元 / 吨。进入二季度，美国装置恢复且美亚套利空间重启，东北亚乙烯受美国货源冲击再次走跌，不过，同期原料价格走高，成本面有所带动，市场下行空间有限。6 月底，韩国新增两套石脑油裂解装置，现货供应充足打压市场价格走弱，东北亚乙烯市场价格进入历史“洼地”，长期保持在 850 美元 / 吨左右。

三季度，因美国当地受飓风天气影响，多套石脑油装置开停频繁，现货价格再次涨至 1200 美元 / 吨，美亚套利空间关闭，东北亚乙烯供应面收紧，现货价格触底反弹。同期，中国市场受新冠肺炎疫情以及限电限产政策面的影响，国内现货供应缺口放大，东北亚需求面表现坚挺，现货价格一度反弹，中国乙烯市场现货价格一度涨至 10600 元 / 吨。10—12 月，虽美国、西北欧原料价格宽幅上涨，成本面支撑乙烯价格走高，但受新冠肺炎疫情影响，来自中国当地的需求转淡，日韩两地社会库存攀升至高位，市场商谈重心下行。来到年底，来自中国签订的2022年长约订单相比往年减少，石脑油装置亏损加剧，东北亚乙烯市场商谈气氛冷清。

2017—2021年东北亚乙烯市场价格走势见图4.9。

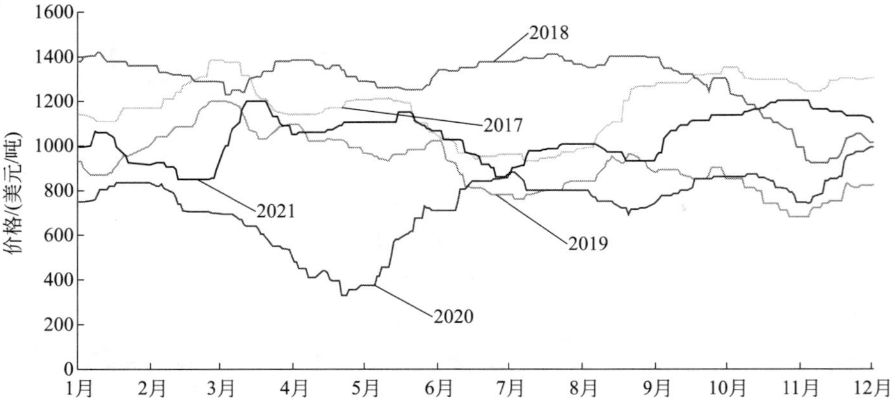

图4.9 2017—2021年东北亚乙烯市场价格走势

4.5 中国乙烯利润走势分析

2021年，乙烯的三种生产工艺里，仅石脑油裂解、乙烷裂解装置盈利，MTO自6月份开始亏损，并且于四季度亏损更加严重。

以乙烷裂解制乙烯的生产工艺成为乙烯生产工艺中最盈利的。当前国内乙烷裂解装置共三套，其中两套是以西北油田伴生气为原料，提取乙烷制乙烯，卫星化学连云港石化裂解装置的乙烷多采用美国页岩气中提取的乙烷，其成本价格较低，故年内盈利情况良好。但四季度全球能源供应紧张，导致国际原油价格快速上行，乙烷价格跟随上行，该生产工艺的利润情况下降。

2021年石脑油裂解装置处于盈亏平衡点附近震荡。国际原油价格涨至近三年以来的高位，成本面强劲上扬，日本石脑油价格跟随宽幅上涨，但因高价原料向下传导较慢，乙烯市场价格受制于下游产品的拖累，未能与原料价格走势一致。所以，在聚乙烯处于传统需求淡季的6—8月，国内石脑油制乙烯的成本倒挂，东北亚部分装置因利润不佳降负荷或停车。

甲醇制烯烃的盈利情况在2021年内整体波动较大，呈先扬后抑走势。1—4月，国内乙烯产能集中投产，配套的下游装置与原料装置开车时间基本一致，部分工厂为下游装置投料，大量外采乙烯，供应面紧张使得国内乙烯价格大幅上行，触及年内高位，而甲醇价格同期虽有上涨，但处于年内相对偏低水平，一季度甲醇制烯烃的盈利情况良好。但二季度开始，乙烯受下游市场行情拖累，价格处于年内低点，甲醇价格不断拉涨，乙烯生产企业成本面出现亏损。四季度，冬季供暖使得煤炭供应缺口进一步放大，国内甲醇价格突破4000元/吨，MTO理论成本亏损高达3000元/吨以上，国内西北、华东多套MTO装置停车。12月，得益于政策的支持，煤炭价格下跌，MTO生产企业的成本压力得到缓解，处于盈亏平衡区间。

2021年中国乙烯利润变化趋势见图4.10。

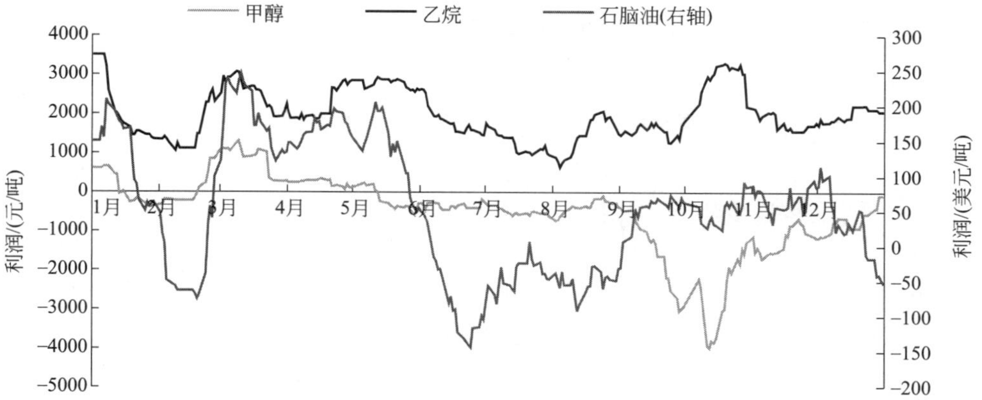

图 4.10 2021 年中国乙烯利润变化趋势

4.6 2022—2026 年中国乙烯发展预期

4.6.1 中国乙烯拟建 / 退出产能统计

未来五年中国乙烯在建产能 2795 万吨 / 年，预计到 2026 年全国乙烯产能将达到 6996 万吨 / 年。考虑到部分项目延期等因素，超过 2000 万吨 / 年新增产能的释放仍是大概率事件。2022—2025 年新增产能集中投放后，乙烯市场供应格局将发生重大变化，包括进口萎缩、出口增加，以及货源流向也会有小幅调整，但整体来看，乙烯上下游一体化发展的趋势进一步凸显。

4.6.2 中国乙烯供应趋势预测

伴随一体化装置投产释放，2022 年中国乙烯新增产能约 1505 万吨 / 年，仍是以石脑油为主，轻烃裂解为辅，占比分别为 73% 和 20%。主要集中在华东、华北、华南地区，其余新增产能为 2021 年建成但未投产项目，主要是由于甲醇价格过高，成本面利润亏损值最高至 4000 元 / 吨。2022 年中国产能或达到 5709 万吨 / 年，同比增加 36%。随着新产能的集中释放，未来国内乙烯的自给率将大幅提升。

2022—2026 年中国乙烯供应预测见图 4.11。

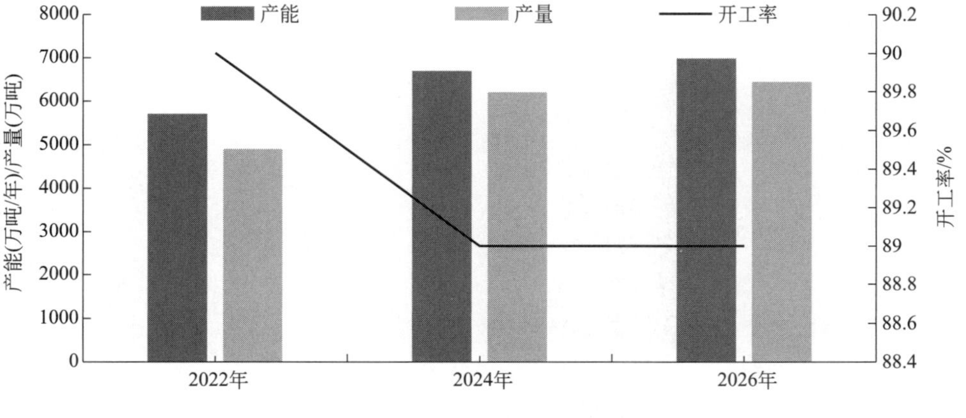

图 4.11 2022—2026 年中国乙烯供应预测

4.6.3 中国乙烯主要下游发展前景预测

近年中国乙烯主要下游集中在聚乙烯、苯乙烯、乙二醇和环氧乙烷，约占其总消费量的85%以上，其中聚乙烯多为炼化一体化项目，而外采乙烯的下游主要集中在苯乙烯、乙二醇和环氧乙烷领域，其中乙二醇、环氧乙烷联产项目增多。2019年之后，国内乙烯下游产能稳步增长，但下游外采型工厂逐步减少，炼化一体化项目陆续投产后，乙烯现货流通性降低。

2021年，国内乙烯下游新增装置多配有乙烯生产装置，不过“倒开车”模式常见，一般工厂在投产下游装置前期，外采大量乙烯优先用于下游装置的开启，下游装置运行稳定后，再将其乙烯生产装置投产。年内，乙烯的主要下游消费品仍然是聚乙烯，占比约为60%。未来五年，伴随产业一体化发展，下游聚乙烯将跟随乙烯进入产能扩张周期，2022—2026年国内聚乙烯大概有2191万吨/年装置投产，届时对乙烯的需求量将大幅增加。

4.6.4 中国乙烯供需格局预测

未来五年，伴随乙烯上下游产业链的逐步完善，行业一体化趋势愈加明显，中国乙烯供需均呈现增长之势。据测算，预计未来五年乙烯产能年均复合增速在5%，国内乙烯市场的自给率将大幅提高产量和下游消费增速同为7%，后期乙烯可延伸的消费领域或呈现多元化发展。

2022—2026年中国乙烯市场供需平衡预测见表4.4。

表4.4 2022—2026年中国乙烯市场供需平衡预测

项目	2022年	2024年	2026年
产能/(万吨/年)	5709	6696	6996
产量/万吨	4900	6200	6450
进口量/万吨	180	175	170
出口量/万吨	19	25	30
表观消费量/万吨	5061	6350	6590
开工率/%	86	93	92

第 5 章 丙烯

2021 年度关键指标一览

类别	项目	2020 年	2021 年	涨跌值	原因概述
价格	现货成交价均值 /（元 / 吨）	6791.0	7904.0	1113	原料价格支撑加之部分下游盈利好转，价格涨幅较大
	国际成交价均值 /（美元 / 吨）	831.0	1045.0	214	上半年韩国需求上升，价格坚挺
供应	产能 /（万吨 / 年）	4518.0	5094.0	576	新增产能较多，产能增长快
	产量 / 万吨	3704.0	4150.0	446	产能增速快，产量同步增加
	开工率 /%	82.0	81.5	-0.5	因盈利问题，年内检修现象增加
需求	进口量 / 万吨	250.7	249.4	-1.3	下游需求尚可，进口量变化不大
	出口量 / 万吨	1.3	9.1	7.8	国内价格处于全球洼地，出口套利空间开启
	表观消费量 / 万吨	3953.4	4390.3	436.9	下游需求同步增长

5.1 中国丙烯供需平衡分析

2017—2021年中国丙烯产能增速明显增加，近五年产能年均增长率10.0%。在中国丙烯及下游市场高需求增速的驱动下，众多企业竞相投资丙烯产业。即使2020年新冠肺炎疫情导致全球经济复苏缓慢，也未影响国内丙烯新增产能的投产步伐。2021年，产能增速加快，全年产能达到5094万吨。截至2021年底，丙烯产量增长至4150万吨左右，由于年底MTO以及PDH工艺盈利能力下滑明显，此类装置检修现象增多，因此产量增速不及产能增速。

进出口方面，随着近年来新增产能逐渐释放市场，国内丙烯自给率增加。进口量呈下滑迹象，2021年进口量249.4万吨，为近五年以来的最低水平。2021年出口量9.1万吨，为五年来最高水平。2021年总需求量4399.4万吨，不及产能以及产量增速。国内投产下游装置以一体化装置为主，独立外采型装置相对较少。

2017—2021年中国丙烯供需平衡见表5.1。

表5.1 2017—2021年中国丙烯供需平衡表

项目	2017年	2018年	2019年	2020年	2021年
产能/（万吨/年）	3481.0	3620.0	4061.0	4518.0	5094
产量/万吨	2800.0	3005.0	3288.0	3704.0	4150
开工率/%	80.4	83.0	81.0	82.0	81.5
进口量/万吨	310.0	284.4	312.7	250.7	249.4
总供应量/万吨	3110.0	3289.4	3600.7	3954.7	4399.4
出口量/万吨	0.2	0.3	1.2	1.3	9.1
下游消费量/万吨	3109.8	3289.1	3599.5	3953.4	4390.3
总需求量/万吨	3110.0	3289.4	3600.7	3954.7	4399.4

5.2 中国丙烯供应现状分析

5.2.1 2021年中国丙烯国产供应量分析

近五年中国丙烯产能复合增长率为10.0%，2017年以及2018年产能增长率偏低，但自2019年开始，丙烯产能扩张加速。新兴工艺发展迅速、上下游健康稳定发展，是丙烯产能增加较快的推动因素。

2021年轻烃裂解装置市场化率增加，往年盈利较好的PDH装置新增产能明显增加。因国内煤/甲醇制烯烃装置盈利能力欠佳，此类工艺新增产能多有推迟，年内仅新疆恒有一套煤制丙烯装置投产。

2017—2021年中国丙烯产能变化趋势见图5.1。

2017年中国丙烯产量为2800万吨，同比增长10.1%，由于年内价格偏低，平均开工率在80.4%左右，处于五年内偏低水平。2018年丙烯产量达到3005万吨，同比增长205万吨，2018年丙烯价格冲高至1万元/吨以上，盈利丰厚，带动开工率局域高位。2020年我国丙烯产量达到3704万吨，行业整体开工率为82%，其中PDH制丙烯和甲醇制烯烃这两项新型工艺的开工率较高，传统工艺油制烯烃的开工率相对较低。2021年产量为4150万吨，开工率81.5%，较2020

年略有下降。首先由于国内原料甲醇、丙烷以及石脑油价格过高，再者国内限产限电力度加强，导致国内开工率同比下降。

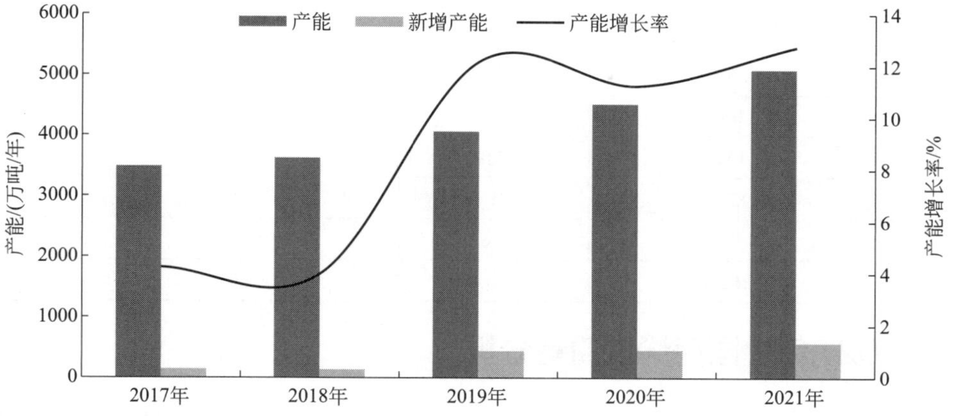

图 5.1 2017—2021 年中国丙烯产能变化趋势

2017—2021 年中国丙烯产量及开工率变化趋势见图 5.2。

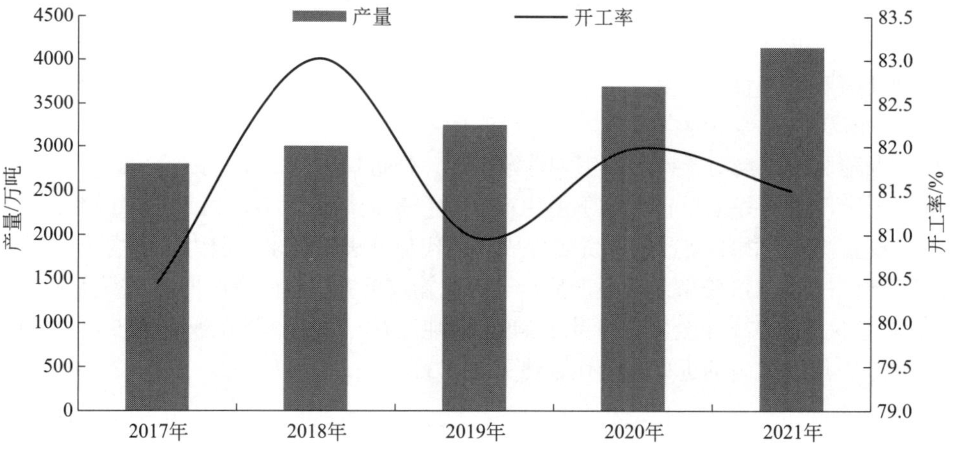

图 5.2 2017—2021 年中国丙烯产量及开工率变化趋势

5.2.2 2021 年中国丙烯区域供应结构分析

华东（除山东）地区是中国丙烯产能最为集中的地区，同时也是产能扩张最快的地区。截至 2021 年底，该地区丙烯产能 1446 万吨 / 年，占全国总产能的 28.4%，占比较 2018 年上升明显。西北地区是产能占比第二大地区，占比约 19.1%，该地区多以煤制烯烃装置为主，因该工艺近年来盈利能力下滑，导致产能占比下滑。山东地区是产能占比第三大地区，该地区催化裂化装置占比较高，因此类工艺盈利能力偏弱，年内仍有个别催化装置拆除。2022 年山东地区的投产趋势以新兴工艺为主，当前以及未来发展依旧相对平稳。

中国丙烯分区域产能变化统计见表 5.2。

表 5.2 中国丙烯分区域产能变化统计

区域	2018 年产能 /(万吨 / 年)	2018 年占比 /%	2021 年产能 /(万吨 / 年)	2021 年占比 /%
山东	628.0	17.3	813.0	16.0
华东（除山东）	906.0	25.0	1446.0	28.4
东北	377.0	10.4	606.0	11.9
华北	281.0	7.8	316.0	6.2
华南	369.0	10.2	686.0	13.5
华中	144.0	4.0	159.0	3.1
西北	820.0	22.7	973.0	19.1
西南	95.0	2.6	95.0	1.8
合计	3620.0	100.0	5094.0	100.0

5.2.3 2021 年中国丙烯进口量分析

2017—2021 年中国丙烯进口量维持在 250 万～ 310 万吨之间。2017 年丙烯进口量 310 万吨，为近 6 年以来的相对高位水平，国内主力市场山东以及华东其他地区多套外销型装置频繁波动，导致区域内丙烯货源阶段性短缺，下游工厂外采进口丙烯积极性增加。2018 年进口量 284 万吨，年内丙烯价格强势，供应量偏紧，进口量却较 2017 年有所减少，日韩装置检修频繁，可出口货源减少是进口量减少的重要原因。2019 年丙烯进口量达到 6 年以来的最高水平，达到 313 万吨。进口量变动的主要影响因素在于供需及价格，年内多个阶段进口对于国内资源存在竞争优势，因此下游工厂对于进口丙烯外采量增加。2020 年进口量 250.7 万吨，同比下降 19.8%，首先是由于上半年的新冠肺炎疫情，导致国外货源进入国内受阻，上半年丙烯货源明显减少。其次，山东鲁西化工、浙江华泓等企业自配丙烯上游投产后，对于进口丙烯外采需求减少。

2021 年新冠肺炎疫情对于市场的影响逐渐减弱，但进口量依旧呈下跌趋势。首先由于国内中景石化等对于进口丙烯外采量较大的下游生产企业自配丙烯装置后，对于进口丙烯外采量减少。再者，年内多套新投产丙烯装置部分资源外放，替代部分进口需求。但由于国内依旧存在供应缺口，加之韩国 LG 以及 GS 裂解装置投产后，该地区输入至中国国内货源增加，整体来看，进口量较 2020 年变化不大。2021 年全年进口量在 249.4 万吨左右，同比下降 0.5%，为 5 年内最低水平。

2017—2021 年中国丙烯进口量变化趋势见图 5.3。

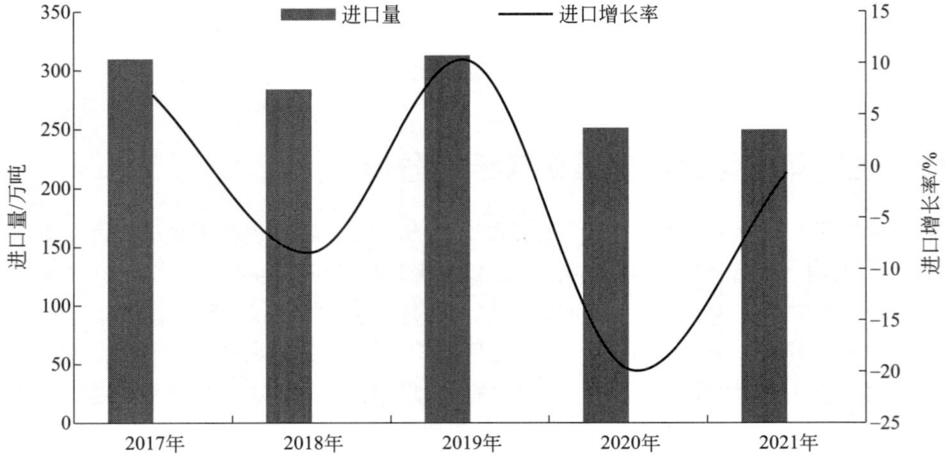

图 5.3 2017—2021 年中国丙烯进口量变化趋势

近五年，丙烯进口来源变化不大，主要来自亚洲，韩国、日本、中国台湾、泰国以及菲律宾五个地区占全年总进口量的 90.0% ～ 97.0%，其他地区占比偏小。

韩国是中国丙烯最大的进口来源国，占进口量的 5 成左右。但近年来随着国内自给率上升，来自韩国的丙烯货源自 150 万吨左右下降至 134.2 万吨附近。中国台湾进口量明显减少，因其货源主要供应浙江地区，近年来，浙江地区丙烯货源供应量日益充足，因此对来自中国台湾地区的丙烯需求减少明显。

2017—2021 年中国丙烯主要进口来源及占比见表 5.3。

表 5.3 2017—2021 年中国丙烯主要进口来源及占比情况

单位：万吨

来源国及地区	2017 年	2018 年	2019 年	2020 年	2021 年
韩国	151.0	144.3	146.5	129.3	134.2
中国台湾	62.9	52.5	67.9	29.4	48.9
日本	61.5	57.6	70.4	59.9	42
泰国	11.9	9.8	6.2	3.5	2
菲律宾	10.2	12.0	4.2	2.3	4.4
其他	12.4	8.2	17.5	26.3	17.9
合计	309.9	284.4	312.7	250.7	249.4
前 5 位占比	96.0%	97.1%	94.4%	89.5%	92.8%
韩国占比	48.7%	50.7%	46.9%	51.6%	53.8%
中国台湾占比	20.3%	18.5%	21.7%	11.7%	19.6%
日本占比	19.8%	20.3%	22.5%	23.9%	16.8%
泰国占比	3.8%	3.4%	2.0%	1.4%	0.8%
菲律宾占比	3.3%	4.2%	1.3%	0.9%	1.8%

据海关进口数据统计显示，2021 年中国丙烯进口主要来自韩国、中国台湾以及日本，占比分别为 53.8%、19.6% 以及 16.8%。

2021 年中国丙烯进口情况分析见表 5.4。

表 5.4 2021 年中国丙烯进口情况分析

来源国及地区	进口量 / 万吨	进口占比 /%	进口额 / 美元	进口均价 /（美元 / 吨）
韩国	134.2	53.8	1425040150	1062.1
中国台湾	48.9	19.6	507119983	1037.2
日本	42.0	16.8	436172062	1038.0
泰国	2.0	0.8	90069788	1074.2
菲律宾	4.4	1.8	46484738	1054.3
其他	17.9	7.2	122716157	1067.5
合计	249.4	100.0	2627602878	1053.4

5.3 中国丙烯消费现状分析

5.3.1 2021年中国丙烯消费趋势分析

中国丙烯产品的下游消费主要集中在聚丙烯产品，该产品消费占比一直维持在7成以上。近年来随着下游应用领域的扩大，聚丙烯需求不断增加。2017—2021年聚丙烯消费量自2300万吨左右上升至接近3200万吨，这也是丙烯消费量快速增长的重要支撑。

2017—2021年中国丙烯产品下游消费量呈逐年递增走势，2017年表观消费量为3109.8万吨，2018年消费量为3289.1万吨，仅增长5.8%。2019年消费量为3599.5万吨，增长率达到9.4%。2020年消费量为3953.4万吨，增长率为9.8%，而2021年消费量更是高达4390.3万吨，增长率为10.1%，主要增长依旧来自聚丙烯与环氧丙烷产品的拉动。

2017—2021年中国丙烯表观消费量变化趋势见图5.4。

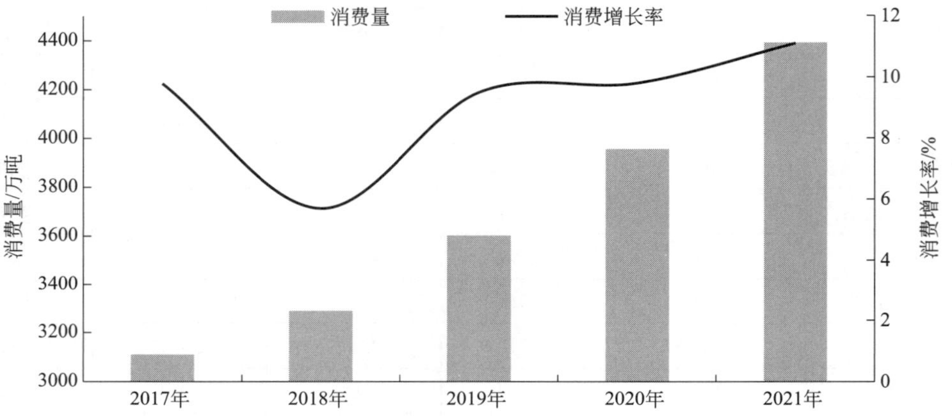

图5.4 2017—2021年中国丙烯表观消费量变化趋势

5.3.2 2021年中国丙烯消费结构分析

从行业下游产品消费结构来看，聚丙烯依旧是需求较大的产品，占比达到72.7%。其次是丁辛醇、环氧丙烷、丙烯腈，占比分别为6.7%、6.6%、6.0%, 然后是酚酮与丙烯酸，占比分别为3.7%、3.5%。

从下游产品结构来看，聚丙烯是占比最大的产品，但2021年占比较2020年略有下滑，主要因素在于2021年聚丙烯产能集中释放，导致市场供需格局向宽松发展，且整体盈利能力下滑，部分装置停车或降负现象增加。而环氧丙烷2021年多套装置投产，整体占比提升至6.6%。丙烯腈整体占比提升至6.0%。

2017—2021年中国丙烯下游行业需求结构变化趋势见图5.5。

从丙烯消费区域来看，主要集中在华东（除山东）、西北、山东地区。尤其华东下游需求增长明显，仅二季度投产4套装置，多以聚丙烯为主，分别是鸿基石化、东华宁波一期二期、江苏富强等。西北地区虽下游需求增长缓慢，仅新增宁夏润丰一套装置，但该地区多为一体化装置，丙烯供应增速与需求增速基本匹配。山东地区投产时间较为分散，但下游需求依旧来自聚丙烯装置，分别是山东海益、东明石化、青岛金能。而东北、华北、华中地区变化有限，仅新增海国龙油、辽阳石化、天津石化、中韩石化等四套装置。

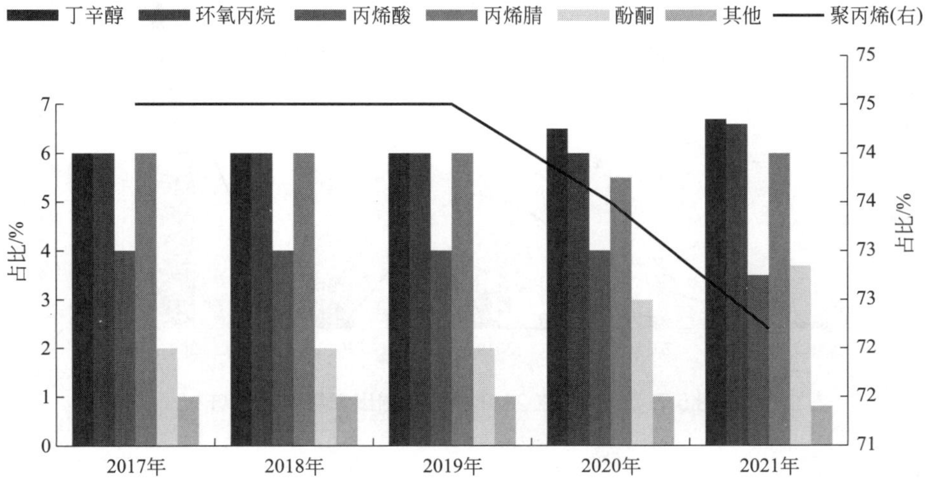

图 5.5 2017—2021 年中国丙烯下游行业需求结构变化趋势

2021 年中国丙烯分区域需求占比情况见图 5.6。

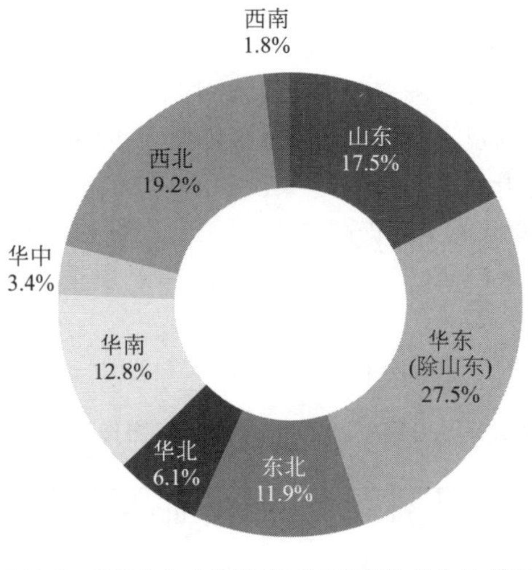

图 5.6 2021 年中国丙烯分区域需求占比情况

5.3.3 2021 年中国丙烯出口量分析

2017—2021 年丙烯出口量呈逐年增加的趋势，2016—2020 年出口量少，年内出口均维持在 1.5 万吨之内。

2021 年随着国内自给率增加，加之国内与欧美地区套利空间打开，出口量明显增加。2021 年出口量 9.1 万吨，较 2020 年全年上涨 600.0%，达到历史最高水平。从价格方面来看，年内出口价格低于 2020 年，主要由于国内丙烯货源自给率增加，货源流通量增加。具备出口条件的生产企业为解决库存压力，往往通过降低价格确保其丙烯货源实现出口。

2017—2021 年中国丙烯出口量变化趋势见图 5.7。

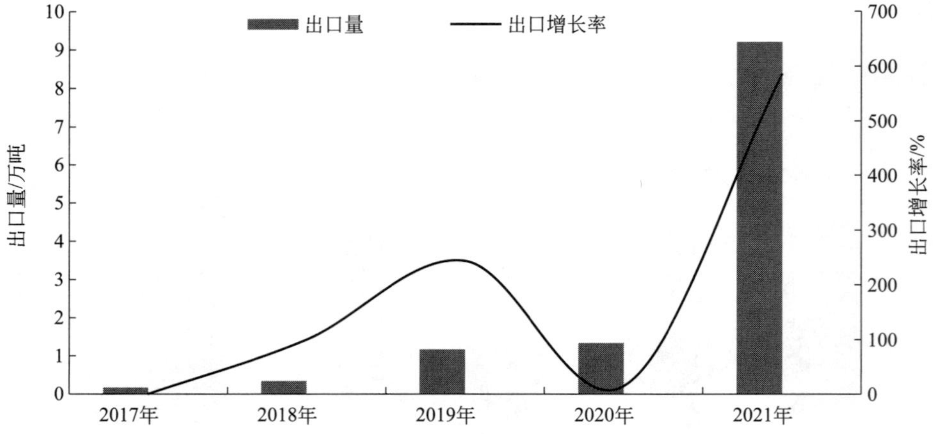

图 5.7 2017—2021 年中国丙烯出口量变化趋势

2021 年，中国丙烯出口量增长异常明显，年内出口量 9.1 万吨，超过前五年出口量的总和，出口量大增，且货源流向发生巨大变化。往年丙烯出口量不仅仅少，而且以东北亚内部流通为主，东北亚其他国家占到总出口量的 9 成以上。而 2021 年，出口的流向也从亚洲区域内流通转变为跨地域流通为主，年内亚洲以外的其他国家占到总出口量的近 8 成，东北亚国家仅占出口份额的 2 成左右。深究其原因，首先美国是欧美地区最大的丙烯输出国，其货源流向美洲其他地区以及西北欧。2021 年 6—8 月美国地区受到新冠肺炎疫情、天气灾害等不可抗力的影响，可出口货源减少，造成北美以及南美洲多个国家丙烯货源相对紧张，价格持续高位。而亚洲地区受到新增丙烯产能集中投产以及下游需求一般的影响，供应量相对充足，价格处于洼地，亚洲与欧美地区套利空间正式打开且空间较大。其次由于在 2020 年，丙烯出口退税自 10% 调整为 13%，助力可出口类型企业降低成本，提高竞争力，因此具备冷冻船货出口能力的丙烯生产企业操作积极性较强。但值得注意的是，美亚套利窗口的局面并非长期存在，区域内流通依旧是进出口企业操作的重心。

2017—2021 年中国丙烯出口情况分析见表 5.5。

表 5.5 2017—2021 年中国丙烯出口情况分析

单位：万吨

出口国及地区	2017 年	2018 年	2019 年	2020 年	2021 年
韩国	0	0	1.1	1.1	0.6
中国台湾	0	0.2	0	0.2	0
日本	0.2	0.1	0	0	0.3
墨西哥	0	0	0	0	2.3
哥伦比亚	0	0	0	0	2.3
阿鲁巴	0	0	0	0	2.6
其他	0	0	0	0	1.0
合计	0.2	0.3	1.2	1.3	9.1
前 6 位占比	100.0%	100.0%	91.7%	100.0%	89.0%
韩国占比	0.0%	0.0%	91.7%	84.6%	6.6%
中国台湾占比	0.0%	66.7%	0.0%	15.4%	0.0%

续表

出口国及地区	2017 年	2018 年	2019 年	2020 年	2021 年
日本占比	100.0%	33.3%	0.0%	0.0%	3.3%
墨西哥占比	0.0%	0.0%	0.0%	0.0%	25.3%
哥伦比亚占比	0.0%	0.0%	0.0%	0.0%	25.3%
阿鲁巴占比	0.0%	0.0%	0.0%	0.0%	28.6%

5.4 中国丙烯价格走势分析

近五年来，丙烯产品价格跌宕起伏，整体来看 2018 年价格走势表现较强，2020 年价格表现偏弱，2021 年价格走势上扬。2017—2018 年三季度随着供需面变化，尤其装置检修及意外停车情况增加，导致场内货源趋紧。而下游产品盈利空间向好，尤其聚丙烯处于需求旺季，对原料需求带动偏强，从而带动丙烯涨至高点，价格破万后涨至 10125 元 / 吨。但从 2018 年四季度至 2019 年受全球经济放缓、中美贸易摩擦，以及成本面持续走低影响，丙烯行情多震荡为主，价格高点出现在 7 月的 8250 元 / 吨，但整体价格走势偏弱，年均价较 2018 年同比下跌 13.3%。

2020 年伊始，国内外突发新冠肺炎疫情，导致供需严重受挫，丙烯价格在 4 月份一度跌至近四年来最低水平 5125 元 / 吨。随后因下游聚丙烯熔喷布需求激增，带动聚丙烯价格快速拉涨，丙烯价格逐大幅反弹，市场价格逐高至 7500 元 / 吨，但鉴于其他下游产品盈利情况远不及聚丙烯产品，因此对丙烯需求跟进乏力，价格重心难有较强支撑，逐步回落至 6400 元 / 吨。年底虽市场再次出现供应偏紧态势，但主力下游聚丙烯盈利欠佳，仅丁辛醇及环氧丙烷对原料需求保持较好，价格回升空间有限，高点至 8150 元 / 吨。年均价较 2019 年同比下跌 7.8%。而 2021 年随着丙烯产能的不断释放，供需关系也面临较大考验。原料端国际原油、丙烷、甲醇、乙烷价格走势保持上涨态势，给予丙烯成本强力支撑。下游丁辛醇、丙烯酸等产品盈利空间突破新高，而主力下游聚丙烯受国内新增产能释放以及终端需求欠佳影响，利润空间多处于倒挂状态，对价格难有较强支撑，基本维持震荡行情，仅 10 月初价格冲高至 9700 元 / 吨，但随后价格多延续偏弱震荡为主，价格低点 7375 元 / 吨。

2017—2021 年山东丙烯产品现货价格走势见图 5.8。

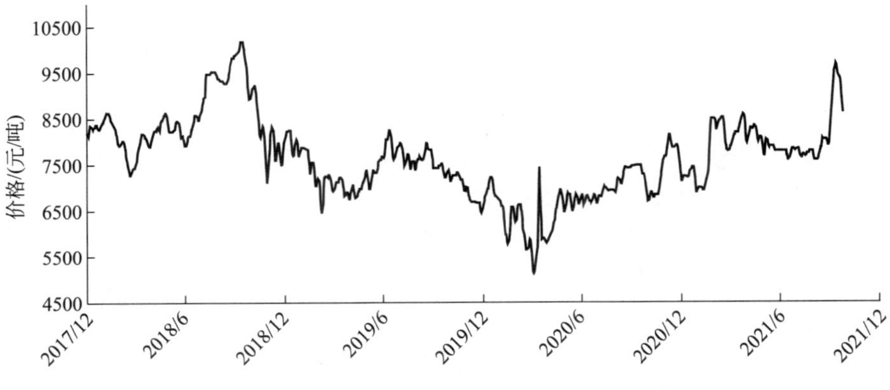

图 5.8 2017—2021 年山东丙烯产品现货价格走势

5.5 中国丙烯利润走势分析

石脑油裂解制丙烯利润走势一直保持相对平稳态势仅在 2020 年出现较大波动，主要是国外疫情导致经济复苏较慢，需求处于停滞状态，随着国际油价跌破 40 美元 / 桶，石脑油价格亦滑落至 192 美元 / 吨，而此时美元盘亦呈现下滑趋势，对利润支撑有限。而 2021 年石脑油行情整体呈现偏强走势，美元盘亦保持坚挺，因此成本支撑尚可，但来到 12 月份，石脑油价格下行波动，持稳在 980 美元 / 吨，成本呈现阶段性下滑，但整体波动幅度有限。

2017—2021 年中国石脑油制丙烯利润走势见图 5.9。

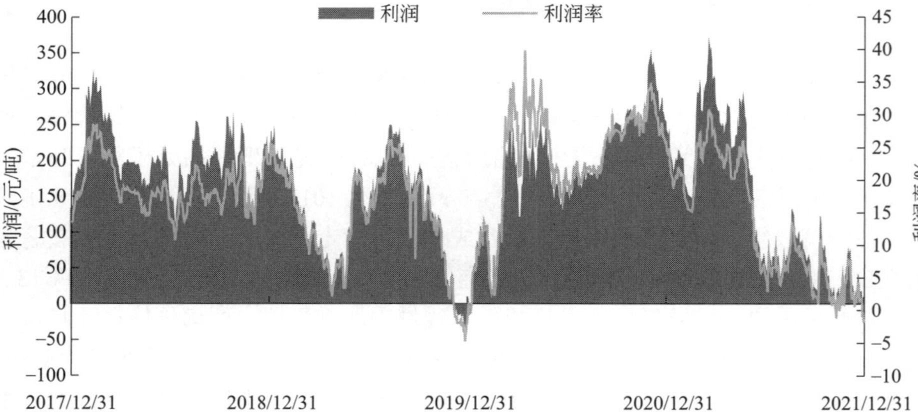

图 5.9 2017—2021 年中国石脑油制丙烯利润走势

PDH（丙烯脱氢）制丙烯盈利近年来一直是三种工艺中盈利保持较好的，2017—2020 年进口丙烷价格处于 2700 ～ 5000 元 / 吨震荡，而丙烯价格 6250 ～ 8575 元 / 吨震荡，两者均保持 2000 元 / 吨以上价差，因此整体盈利空间可观，虽 2020 年受突发新冠肺炎疫情影响出现短暂性利润亏损，但随着丙烯价格的持续走高，盈利空间快速回升。但 2021 年随着国内多套 PDH 装置集中上马，拉涨丙烷价格。而丙烯单体受供应产能释放冲击以及主力下游聚丙烯行情偏弱影响价格难有较大突破，PDH 利润空间收窄明显。尤其 11 月份随着丙烷 CP 价格突破新高，而丙烯价格 7600 ～ 7800 元 / 吨震荡，对该工艺提振有限，利润呈现倒挂走势，虽后市丙烷价格较之前有所回落，但丙烯现货行情难掩弱势，整体盈利改观受限。

2017—2021 年中国 PDH 制丙烯利润走势见图 5.10。

甲醇制丙烯盈利空间波动较大，2017—2018 年整体盈利多处于倒挂状态，一方面煤炭价格上涨，导致煤制烯烃成本增加，另一方面丙烯价格波动较大。直到 2019—2020 年利润走势有所好转，其中 2020 年变化较大，年初受新冠肺炎疫情影响，原油、丙烯以及乙烯价格相对处于偏低水平，整体盈利空间变化有限，但下半年随着国内外经济复苏以及需求带动，丙烯以及乙烯价格回暖，带动盈利空间回升至较高水平。2021 年，煤炭价格涨势较猛，带动甲醇价格一路飙升，同时乙烯因供应缩减，价格亦保持较高水平，甲醇制丙烯盈利处于持续倒挂状态。自 10 月下旬起，甲醇、乙烯价格陆续回归理性水平，丙烯价格亦偏弱整理，甲醇整体成本压力缓解，盈利空间虽仍未回至正值，但较上半年略有改善。

2017—2021 年中国甲醇制丙烯利润走势见图 5.11。

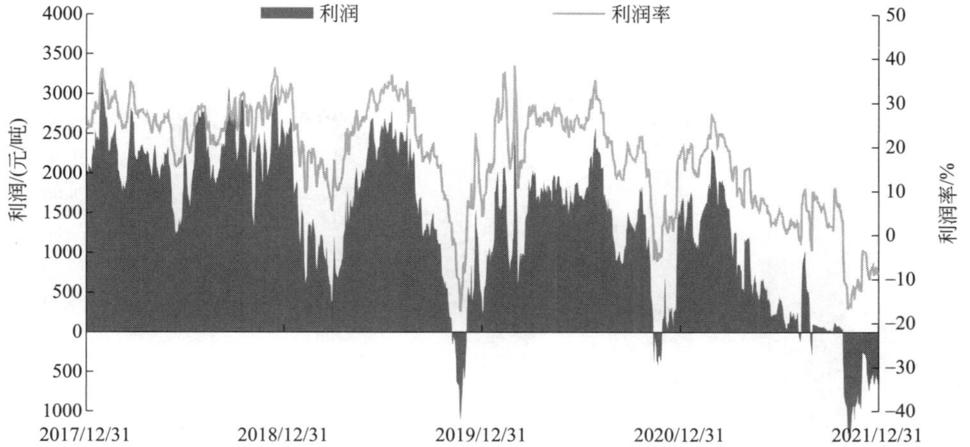

图 5.10　2017—2021 年中国 PDH 制丙烯利润走势

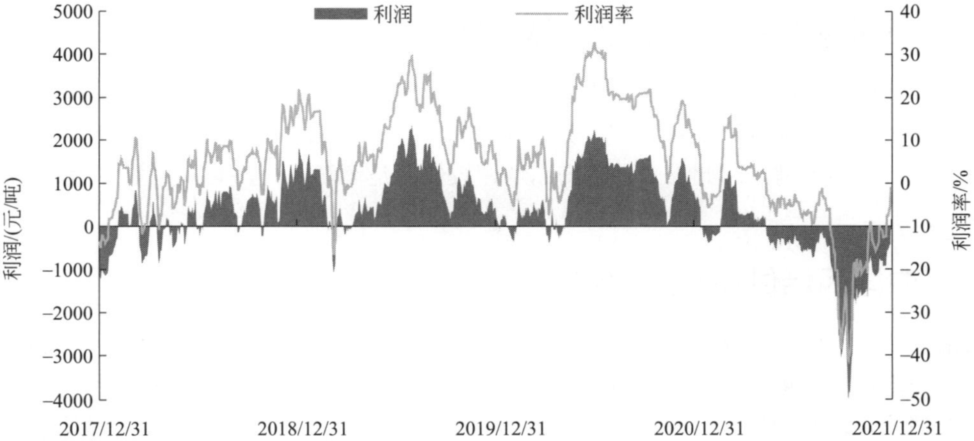

图 5.11　2017—2021 年中国甲醇制丙烯利润走势

5.6　2022—2026 年中国丙烯发展预期

5.6.1　中国丙烯拟建 / 退出产能统计

据不完全统计，未来三年，仍有近 3000 万吨产能处于规划或在建的状态，向上或向下延伸产业链成为未来投产的主流方向。但自 2023 年开始，供需格局逐步从紧平衡向宽松过渡，丙烯产能增速将明显放缓。

5.6.2　中国丙烯供应趋势预测

2022—2026 年国内产能产量将同步大幅度增长，但产量增速不及产能增速。由于原料需求上升导致价格上涨，成本压力增加。未来各工艺之间竞争能力增加，有效产能占比可能会下降，因此预计未来丙烯产业链的景气水平存在下滑的风险。

2022—2026 年中国丙烯供应预测见图 5.12。

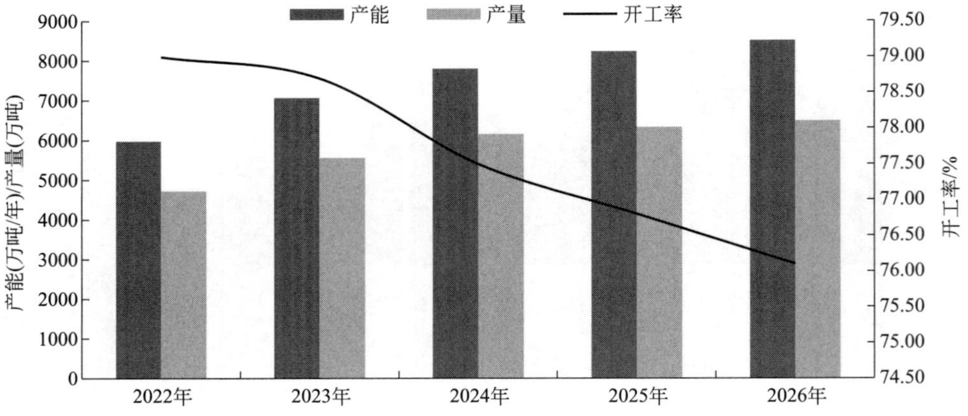

图 5.12 2022—2026 年中国丙烯供应预测

5.6.3 中国丙烯主要下游发展前景预测

丙烯作为化工原料之一，不仅工艺多元化，而且下游产品较多。纵观近几年下游产品盈利表现，可谓盈亏分化明显，其中环氧丙烷、丁辛醇一直保持较丰厚盈利空间，尤其环氧丙烷，可谓下游产品中的黑马，因此未来下游产品增速较快的是环氧丙烷，其次是聚丙烯，其中以聚丙烯粒料为主。

5.6.4 中国丙烯供需格局预测

未来五年，丙烯供应以及需求同步增长，丙烯产业一体化率继续提升。预计未来五年，产能年均复合增长率在 9.2% 左右，产量增长率 8.2%，下游消费增速在 7.7% 左右，产能增速大于产量以及消费量增长速度，未来丙烯货源缺口将明显减少。进口量在未来五年将呈下滑趋势，但由于韩国、日本等丙烯货源处于供大于求的状态，而中国凭借运距以及需求优势，依旧是以上地区出口的首选，因此进口依旧是不可或缺的一部分。东北亚尤其中国地区是未来新增产能的主力地区，供应量增加可能会导致未来东北亚处于全球丙烯价格的洼地，因此亚洲与欧美地区套利空间依旧将阶段性打开，出口量将继续增加。

2022—2026 年中国丙烯市场供需平衡预测见表 5.6。

表 5.6 2022—2026 年中国丙烯市场供需平衡预测

项目	2022 年	2024 年	2026 年
产能 /（万吨 / 年）	5975	7796	8507
开工率 /%	79.00	77.50	76.10
产量 / 万吨	4720.3	6041.9	6473.8
进口量 / 万吨	235	220	190
总供应量 / 万吨	4955.3	6261.9	6663.8
出口量 / 万吨	10.5	12.5	13.6
下游消费量 / 万吨	4944.8	6249.4	6650.2
总需求量 / 万吨	4955.3	6261.9	6663.8

第 6 章 纯苯

2021 年度关键指标一览

类别	项目	2020 年	2021 年	涨跌值	原因概述
价格	华东现货均值 /(元 / 吨)	3989	7149	3160	成本跟随原油上涨。此外，由于炼化一体化装置上下游投产的阶段性差异，2021 年纯苯下游投产进入爆发期，供需不匹配导致价格涨幅较大
	FOB 韩国均价 /（美元 / 吨）	486	915	429	原油复苏带动价格反弹，中、美刚需进一步拉高涨幅
供应	石油苯产能 /（万吨 / 年）	1670	1853	183	浙石化二期部分投产，山东、东北零星小装置新投
	石油苯产量 / 万吨	1260	1452.5	192.5	2020 年末投产的大型炼能副产纯苯在 2021 年开始释放，产量体现在 2021 年
	石油苯开工率 /%	75.4	78.4	3	纯苯需求缺口带来高价格、高利润，行业开工率普遍提升
	加氢苯产能 /（万吨 / 年）	794.5	814.5	20	受制于环保及原料限制，产能难有增长
	加氢苯产量 / 万吨	342	347	5	受制于环保及原料限制，产量难有增长
	加氢苯开工率 /%	43.1	42.6	−0.5	受制于环保及原料限制，开工率难有增长
	港口库存 / 万吨	23.8	17.3	−6.5	需求旺盛致使港口库存下降，进口纯苯消化周期缩短
	进口量 / 万吨	210	296.1	86.1	需求缺口增加导致下游进口提升，纯苯成为全球价格高地，吸引大量进口
需求	出口量 / 万吨	0.3	1.2	0.9	中国纯苯价格高于周边国家及地区，出口窗口期短，2021 年美国、欧洲装置非计划停车增加了国内出口窗口期，出口量小幅增加
	下游消费量 / 万吨	1768.5	2100.4	331.9	新增下游产能对纯苯稳定消耗

6.1 中国纯苯供需平衡分析

2017—2021 年纯苯供需持续增长。据统计，2017—2021 年产量年均增速 12.9%，进口量年均增速 4.3%，下游消费量年均增速 10.5%。

近年来纯苯产能持续增加，一方面炼化一体化企业延伸产业链带来产能的增加，另一方面也有部分独立炼厂进入，国内纯苯供应能力逐步增加。2021 年中国纯苯产能增加至 1853 万吨；产量增加至 1452.5 万吨；同比增长 15.3%。

替代产品加氢苯受原料及政策方面限制，产量增速弱于纯苯，2021 年中国加氢苯产量增加至 347 万吨，同比增长 1.5%。

进出口方面，因 2021 年国内供应缺口较大，国内价格显著高于外盘价格，纯苯进口货源具备价格优势，进口量增加至 296.1 万吨。而由于国内供应量持续不足，国内纯苯出口量较少。

下游消费方面，受益于下游新装置尤其是苯乙烯装置的大量投产，2021 年纯苯消费量显著增加，达到 2100.4 万吨，同比增幅 18.7%。需求增量高于供应增量，致使期末库存低于期初库存，且市场供应全年偏紧。

2017—2021 年中国纯苯供需平衡见表 6.1。

表 6.1 2017—2021 年中国纯苯供需平衡表

项目	2017 年	2018 年	2019 年	2020 年	2021 年
产能 /（万吨 / 年）	1213	1303	1489	1670	1853
开工率 /%	73.80	74.60	73.07	75.45	78.39
产量 / 万吨	895	972	1088	1260	1452.5
进口量 / 万吨	250	257	194	210	296.1
加氢苯产量 / 万吨	295	310	326	342	347
总供应量 / 万吨	1440	1539	1608	1812	2095.6
出口量 / 万吨	3.6	4.1	3.6	0.3	1.2
下游消费量（包括加氢苯）/ 万吨	1409	1519	1613	1768.5	2100.4
总需求量 / 万吨	1412.6	1523.1	1616.6	1769.3	2101.6

6.2 中国纯苯供应现状分析

6.2.1 2021 年中国纯苯国产供应量分析

2017—2021 年，国内纯苯产能增加，2021 年国内总产能达到 1853 万吨，较 2017 年的 1213 万吨相比增加 640 万吨，增幅 52.76%。产能增长的高峰出现于 2019—2021 年。

2017—2018 年，新增产能主要来自于地炼企业与原有装置扩能，主要是上游炼化装置进行产业链延伸，新建重整装置产出纯苯。受“油头化尾”“减油增化”的政策性引导，山东地炼集中投产，新投装置多为催化重整工艺。

2019—2021 年，随着恒力石化、浙石化、威联化学等芳烃联合装置的陆续投产，中国纯苯扩能进入一个高峰期。芳烃联合装置主要的目的是生产对二甲苯（PX），纯苯作为副产品大量产出。

2017—2021 年中国纯苯产能变化趋势见图 6.1。

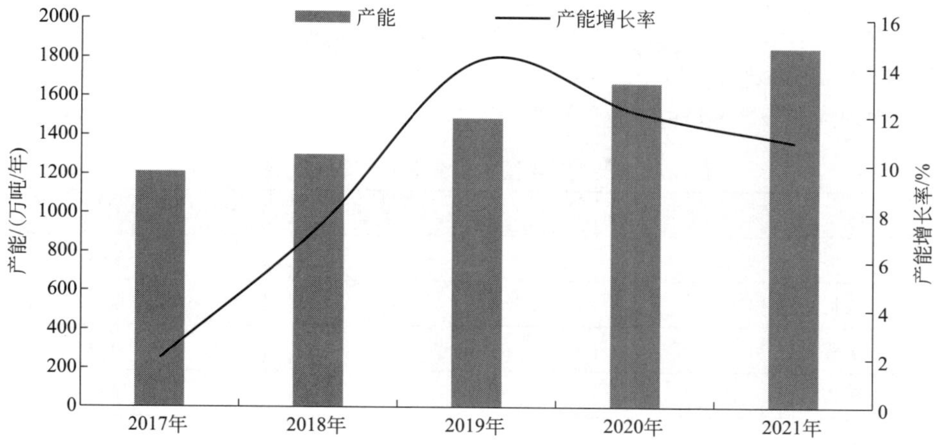

图 6.1 2017—2021 年中国纯苯产能变化趋势

伴随着中国纯苯新增产能的逐步增加，2017—2021 年中国产量持续增长，近五年产量复合增长率 12.9%，保持了强劲的上涨趋势。由于纯苯属于炼油装置副产物，产量增加更多的是取决于炼化装置整体炼油能力的提升，而非下游对纯苯单产品的需求。因此在纯苯利润偏低、供需面偏向充裕的 2019—2020 年间，纯苯的产量增速反而高于利润较高的 2017—2018 周期。不过，在 2021 年，由于下游需求集中投产，纯苯价格大幅上涨。纯苯单产品的高利润，引发了对二甲苯企业采购甲苯增加甲苯歧化的开工率，以求生产出更多的纯苯，反而淡化了装置主产品对二甲苯的盈利考量。这也造成了 2021 年纯苯在保持着高速产量增速的同时，迎来了高速的利润增长。

2017—2021 年中国纯苯产量变化趋势见图 6.2。

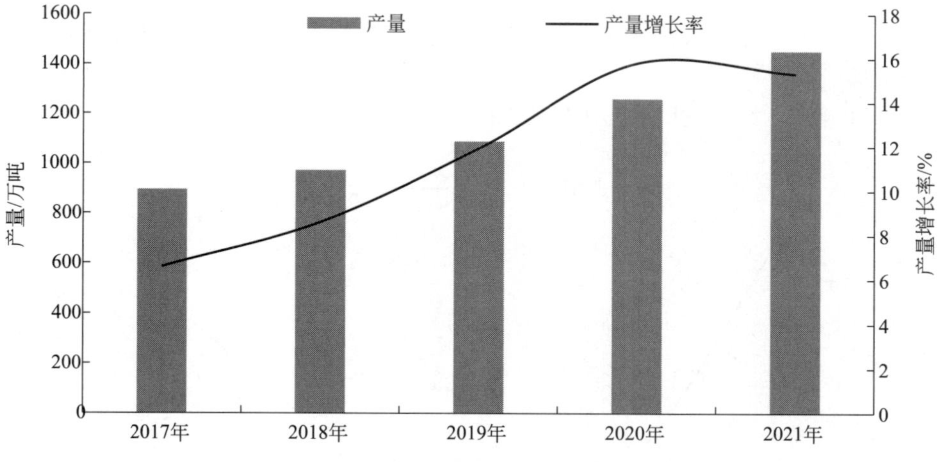

图 6.2 2017—2021 年中国纯苯产量变化趋势

6.2.2 2021 年中国纯苯区域供应结构分析

2017—2021 年间，国内纯苯各区域供应扩能相对均衡，整体增速保持了相对一致。从绝对值来看，华东纯苯产能位居全国首位，该地区也是国内苯的主要消费地，装置贴近下游消费市场。华东地区同样具备良好的水运及陆运条件，便于原料的输入及产品的输出，后续新建一体化项目多数选址华东。因此华东地区是目前及未来的国内纯苯主要分布区域；东北产能位居全国次席。受经济及下游需求结构制约，该地区本地纯苯消费量有限，大量纯苯通过船运输送至华北、华东地区；华南地区纯苯产能位居全国第三。该地区纯苯及下游装置多为大型企业，厂对厂直供比较高，市场流通量较少。

2021 年中国纯苯分区域产能变化统计见表 6.2。

表 6.2 2021 年中国纯苯分区域产能变化统计

区域	产能 /(万吨 / 年)	占比 /%
华东	942.0	50.8
东北	373.1	20.1
华南	197.5	10.7
西北	122.0	6.6
华北	107.3	5.8
西南	53.0	2.9
华中	58.0	3.1

6.2.3 2021 年中国纯苯进口量分析

2017—2021 年，国内纯苯进口量先降后升，主要由国内需求缺口变化决定。2017—2018 年，因环保限产，替代产品加氢苯生产受限，下游对苯的需求致使石油苯进口量再创新高，中国也在 2017 年超越美国成为韩国石油苯第一大出口目的地。2019 年，国内大型芳烃联合装置投产，挤占了部分进口石油苯的资源。而 3 月发生的江苏响水“3·21”特别重大爆炸事故也致使部分下游装置长期离场，意外减少了需求量。2020 年进口量再度增加，主要是海外新冠肺炎疫情影响下游需求，中国纯苯长期居于全球价格高地，进口商谋取进口低价海外纯苯套利，因此进口量再度增加，造成港口库存长期居高不下。2021 年下游集中扩产，需求缺口进一步扩大，致使进口量大幅增加。

2017—2021 年中国纯苯进口量变化趋势见图 6.3。

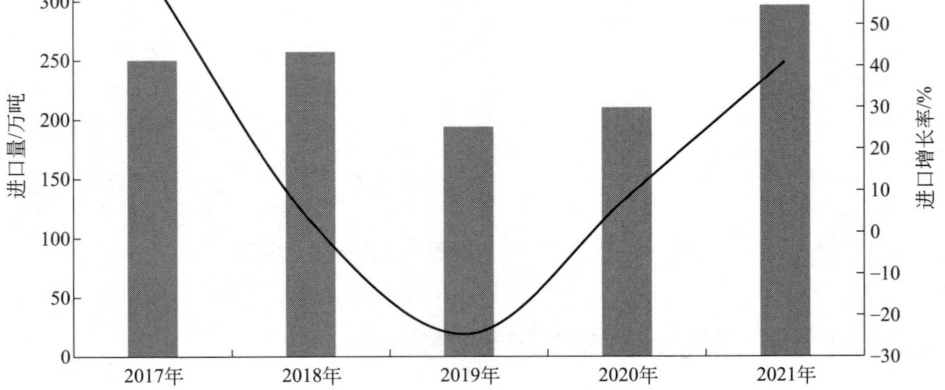

图 6.3 2017—2021 年中国纯苯进口量变化趋势

韩国是全球纯苯最大出口国，中国则是全球最大消费国与进口国，地理优势使得韩国成为中国最主要的进口来源地，韩国连续5年保持进口量第一。

文莱恒逸投产后，主要销售方向为中国的华东、华南地区，文莱在2021年超越泰国，成为中国的第二大进口国。

泰国进口量位居第三，其纯苯的主要出口方向是中国江苏、广东省。近年来至中国的纯苯出口量稳定在20万吨以上，并在2018年由于中国需求爆发，一度攀升至40万吨水平。

日本是中国传统进口方向，中国累计从日本的进口量居于第三位。但近年来由于其自身装置老旧，少有新装置投产，日本产量及出口量逐年下降，中国来自日本的纯苯进口量呈现下降趋势。

其余国家和地区中，东南亚地区凭借便利的地理条件与优惠的关税，成为中国纯苯进口的主要增长点。

2017—2021年中国纯苯主要进口来源及占比情况见表6.3。

表6.3 2017—2021年中国纯苯主要进口来源及占比情况

单位：万吨

来源国及地区	2017年	2018年	2019年	2020年	2021年
韩国	142.2	119.5	109.3	103.9	142.8
泰国	27.6	40.7	19.6	27.0	33.3
文莱	0.0	0.0	0.3	15.4	43.1
印度	8.0	28.2	15.6	12.5	11.5
马来西亚	8.8	17	10.6	8.6	8.4
越南	0.0	6.0	4.8	8.4	6.2
阿曼	1.2	1.6	1.5	7.4	13.2
日本	42.1	31.8	15.7	7.0	10.1
比利时	0.0	0.0	0.0	3.8	0.0
沙特阿拉伯	0.0	1.4	6.7	3.4	3.0
新加坡	5.7	4.2	2.4	3.3	1.8
印度尼西亚	1.2	0.3	2.0	2.5	1.8
巴西	0.0	0.0	1.1	2.1	0.0
荷兰	1.5	0.0	0.0	1.4	0.0
土耳其	0.0	0.0	0.0	0.9	0.0
西班牙	0.0	0.0	0.0	0.7	0.0
菲律宾	2.1	2.1	0.3	0.6	4.9
美国	2.4	0.0	0.0	0.6	4.2
德国	0.0	0.0	0.0	0.5	0.0
法国	0.0	0.0	0.0	0.0	0.3
中国台湾	7.2	0.6	2.0	0.0	7.1
伊朗	0.0	0.0	0.0	0.0	1.1
阿联酋	0.0	3.0	0.0	0.0	0.0

续表

来源国及地区	2017 年	2018 年	2019 年	2020 年	2021 年
科威特	0.0	0.6	2.1	0.0	3.3
合计	250	257	194	210	296.1
前 3 位占比	84.8%	74.7%	74.5%	69.7%	74.0%
韩国占比	56.9%	46.5%	56.3%	49.5%	48.2%
泰国占比	11.0%	15.8%	10.1%	12.9%	11.2%
日本占比	16.8%	12.4%	8.1%	3.3%	3.4%

6.3 中国纯苯消费现状分析

6.3.1 2021 年中国纯苯消费趋势分析

2017—2021 年，纯苯下游消费量持续增长，其中 2017—2019 年为减速期，2020—2021 年为加速期。2018 年之前，新建装置多为独立下游，规模较小。2019 年开始，新建炼化一体化项目陆续投产，纯苯新增需求多为一体化项目配套下游产能，下游行业规模开始朝向大型化发展。

2017—2021 年中国纯苯表观消费量变化趋势见图 6.4。

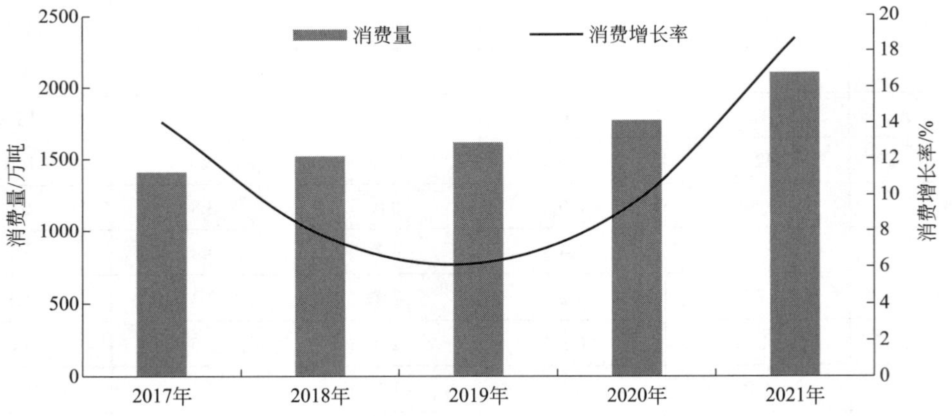

图 6.4 2017—2021 年中国纯苯表观消费量变化趋势

6.3.2 2021 年中国纯苯消费结构分析

2017—2021 周期，苯乙烯作为纯苯最大下游的地位始终没有动摇。而且其消费纯苯的增长速度，也是超过其他下游产品的。苯乙烯广泛应用于下游工程塑料等产品的生产，其终端产品多应用于民生领域，随着国内经济形势的持续发展，对苯乙烯的需求日益增加，促使国内苯乙烯产能逐年扩大。而中国对原产美国、韩国的苯乙烯征收反倾销关税，进一步促进了苯乙烯的国产化率，使其对纯苯的消费量继续增加。

2017—2021 年中国纯苯下游行业需求结构变化趋势见图 6.5。

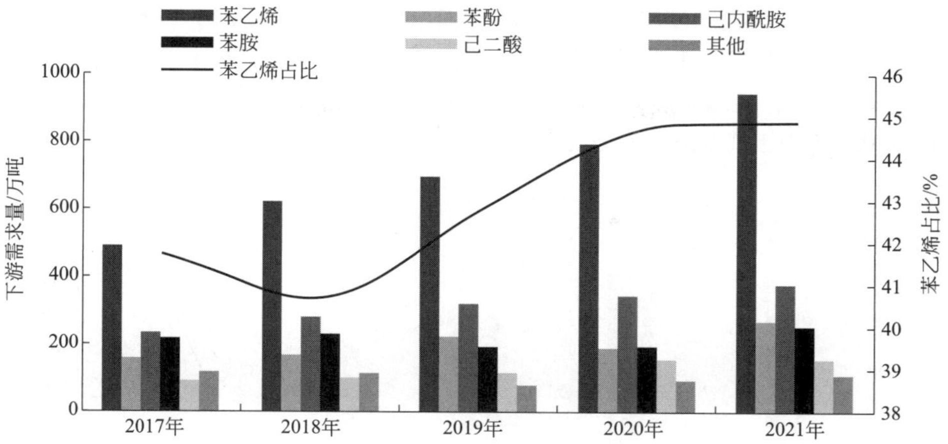

图 6.5 2017—2021 年中国纯苯下游行业需求结构变化趋势

己内酰胺作为纯苯第二大下游，近 5 年来对纯苯消耗量同样保持逐年稳步增加。其下游广泛应用于纺织行业，长期以来是纯苯直接下游中盈利最好的产品。不过随着 2019 年中美贸易摩擦的兴起，己内酰胺下游工厂出口渠道减少，库存长期累积。2020 年新冠肺炎疫情之后，己内酰胺终端产品出口能力下降，也严重影响了己内酰胺的盈利，造成了部分新增装置未能投产，部分老装置长期停车。

苯胺近年来对纯苯的消费量出现反复，原因是山东、河北一带部分落后产能被淘汰。该行业一般被区分为 MDI 苯胺和非 MDI 苯胺，其中 MDI 苯胺即是 MDI 生产工厂自产自用的苯胺。近年来 MDI 苯胺产能扩展迅速，盈利良好。不过部分 MDI 工厂超产苯胺抢占苯胺市场的行为，也致使一些传统苯胺生产企业面临巨大压力，非 MDI 苯胺工厂年开工率远低于 MDI 苯胺工厂。

苯酚近年来发展较为迅速，随着山东利华益、浙石化等新增大型项目的陆续投产，2020 年苯酚超过苯胺，成为纯苯第三大下游。

2021 年中国纯苯下游需求占比见图 6.6。

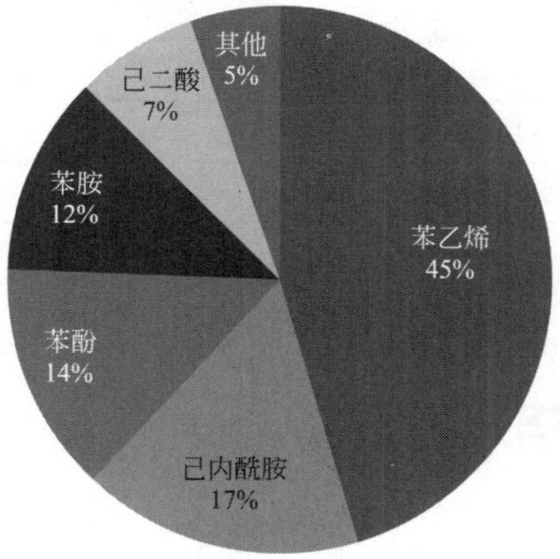

图 6.6 2021 年中国纯苯下游需求占比

6.3.3 2021 年中国纯苯出口量分析

中国纯苯出口量整体呈现减少态势，且近五年数目始终低位徘徊。2017—2021 年纯苯年均出口量仅为 2.6 万吨，约占年均产量的 0.2%。因而出口贸易始终不是国内纯苯的主要消费途径。究其原因，一是国内长期处于供不应求状态，无出口的必要性；二是由于中国需求良好，是全球纯苯价格高地，国内纯苯在价格上缺乏出口优势。

2017—2021 年中国纯苯出口量变化趋势见图 6.7。

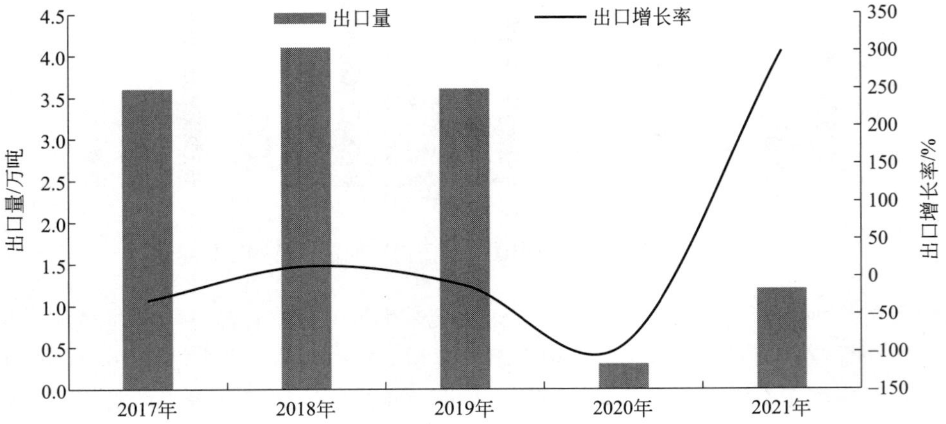

图 6.7　2017—2021 年中国纯苯出口量变化趋势

由于中国纯苯出口长期缺乏优势，2017—2020 年仅有中国台湾一个主要的出口目标地区，且主要出口形式固定为来料加工贸易。2021 年，由于美国、欧洲出现部分装置计划外停车带来的短暂高价，中国纯苯出口获得了价格上的窗口期，对比利时和美国分别展开了试探性的出口以求开拓套利渠道。

2017—2021 年中国纯苯主要出口国及地区见表 6.4。

表 6.4　2017—2021 年中国纯苯主要出口国及地区

单位：万吨

出口国及地区	2017 年	2018 年	2019 年	2020 年	2021 年
中国台湾	3.5	4.1	3.5	0.3	0.3
比利时	0.0	0.0	0.0	0.0	0.5
美国	0.0	0.0	0.0	0.0	0.3
其他	0.1	0.0	0.1	0.0	0.1
合计	3.6	4.1	3.6	0.3	1.2

6.4 中国纯苯价格走势分析

从市场运行情况来看，2017—2021 年纯苯价格先跌后涨，2021 年下半年市场价格已经涨回 2017 年上半年的高位水平。成本及供需是推动价格波动的主要影响因素。

第一阶段由 2017 年 1 月至 2018 年 10 月，期间原油处于涨势，但纯苯由于地炼产能集中投产，供应量短期内大幅增加，压制价格难以跟随原油反弹。不过，在 2017 年初，由于北方雾霾限产，当地纯苯、加氢苯装置集体停车引发的供应紧缺，在短时间内拉涨了价格。

第二阶段由 2018 年 11 月至 2019 年 12 月。期间价格原油经历一波下跌后，维持相对低位盘整。纯苯价格在此期间主要受供需面影响而波动，包括美国装置因飓风导致减产、韩国 PX 副产过剩纯苯低价倾销、江苏响水“3·21”特别重大爆炸事故导致国内部分下游长期关停、新建大炼化投产对市场的冲击等等。阶段内纯苯价格走势与原油偏差较大。

第三阶段自 2020 年 1 月开始，至 2020 年的 10 月结束。周期内新冠肺炎疫情引发原油价格暴跌，纯苯价格跟随下跌至 2450 元 / 吨的 20 年最低位，之后长期在 3000 ～ 3500 元 / 吨区间震荡。周期内前半段纯苯价格跟随原油暴跌，走势一致。而后半段原油价格开始反弹后，纯苯价格反弹速度、幅度明显落后于原油。造成这一现象的主要原因是中国率先走出疫情影响，其下游恢复速度领先周边国家，致使周边国家倾向于将本国因终端降负而无法消耗的纯苯，出口至中国市场套利，超量进口破坏了市场供需平衡，价格长期低位徘徊。

第四阶段自 2020 年 11 月开始，至 2021 年底。周期内布伦特原油价格自 40 美元 / 桶上涨至 87 美元 / 桶，纯苯价格自 3500 元 / 吨上涨至 7000 元 / 吨以上。造成纯苯价格上涨的主要因素是下游新增装置陆续投产远超纯苯的新增装置投产，纯苯在上一周期内积累的庞大库存得以消化，价格得以跟涨原油。且周期内苯乙烯 - 纯苯价差贸易活跃，纯苯市场交易积极性及价格波动幅度较此前均有明显提升。

2017—2021 年中国纯苯华东现货市场价格走势见图 6.8。

图 6.8 2017—2021 年中国纯苯华东现货市场价格走势

6.5 中国纯苯利润走势分析

2017—2021 年纯苯盈利能力先下降后提升。2017—2019 年受到供应增加影响，纯苯利润逐年下行。尤其是 2019 年，受年初韩国纯苯低价倾销、3 月江苏响水“3·21”特别重大爆炸事故引发下游大范围停工、4 月恒力纯苯开始外销影响，纯苯出现短期供需失衡，价格大跌，利润大幅下降，跌入负值区间。2020 年受新冠肺炎疫情影响，上半年原油价格低位，纯苯盈利好转，下半年由于中国率先走出新冠肺炎疫情影响，下游正常采购，中国成为全球纯苯价格高地，吸引进口货大量进入引发供应过剩，价格下跌再次带动盈利进入负值空间。

2021 年纯苯盈利能力陡然上升，年利润 1657 元 / 吨，平均利润率 22%。2020 年及 2021 年投产的下游装置需求集中爆发，引发国内纯苯长期性的供应紧张，价格大涨带动利润大幅增加。

2017—2021 年中国纯苯利润变化趋势见图 6.9。

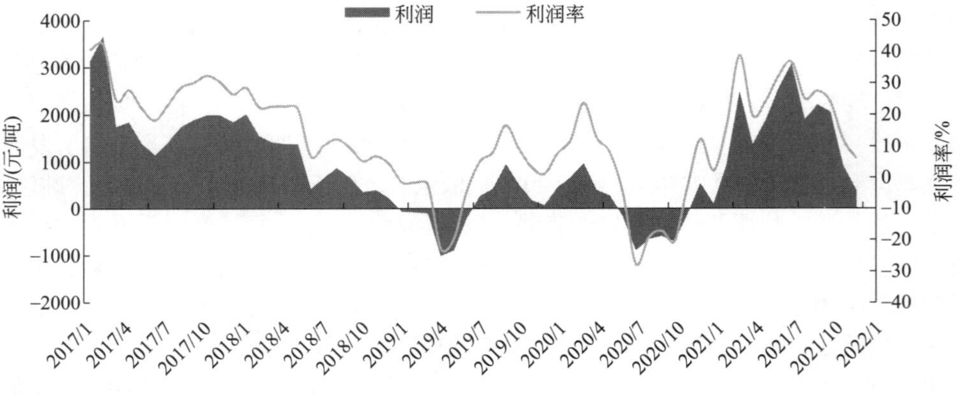

图 6.9 2017—2021 年中国纯苯利润变化趋势

6.6 2022—2026 年中国纯苯发展预期

6.6.1 中国纯苯拟在建 / 退出产能统计

未来五年，纯苯装置扩能增速呈现递减状态，2022—2023 周期新增产能明显多于 2024—2026 周期。新建装置中，以炼化一体化装置居多，纯苯产能普遍较大且自带下游配套装置，因此就长周期来看可供外销量增加有限。新建装置集中于华东地区，少量位于华南地区，其余地区新建产能较少。受国内“双碳”计划影响，对未来国内整体炼油能力扩增设置了上限瓶颈，因此 2023 年后投产的部分装置或将面临取消建设的可能性。

6.6.2 中国纯苯供应趋势预测

预计未来五年纯苯产量复合增长率在 6.4%，加氢苯增长率在 3.7%，进口量增长率在 1.6%。由于纯苯属于副产品，故而产量由预估炼化装置开工率推算，而非根据下游需求计算。同理，加氢苯产量由焦化企业副产粗苯产量推算得出。进口量由预估总消费量与纯苯、加氢苯产量差额计算得出，并考虑了中国主要进口来源地未来产能扩建情况。

2022—2026 年中国纯苯供应预测见图 6.10。

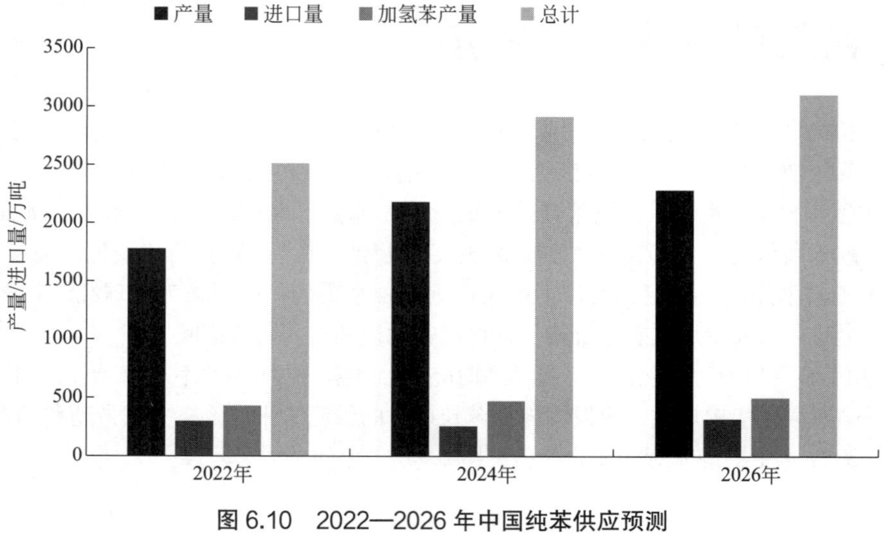

图 6.10 2022—2026 年中国纯苯供应预测

6.6.3 中国纯苯主要下游发展前景预测

2022—2026 年国内纯苯下游消费产品中，苯乙烯产能扩充最多，其次是己内酰胺与苯酚，苯胺和己二酸较少。下游后续新增产能主要位于华东地区，华南、华中、东北、华北、西北地区预计也有少量新增装置。

因而整体来看，未来国内下游消费产品主要聚集地依旧是华东地区，国内各地区富余纯苯向华东地区汇集的现状将继续保持。下游主力消费产品依旧是苯乙烯、己内酰胺与苯酚，其中苯乙烯对纯苯的消费影响力尤其突出。

6.6.4 中国纯苯供需格局预测

未来五年，纯苯下游保持较高的增长速度，对纯苯的消费量预计逐年增加。考虑到纯苯作为副产产品，其开工率更多的是由炼化装置综合利润考量，在国内炼油能力相对充足，且“双碳”排放目标较为严峻的背景下，预计纯苯开工率提升有限。加氢苯作为煤化工产品，其开工率也将受到原料及政策面的双重限制，同样难有明显提升。因此国内的供应缺口将更多地依赖进口进行补充。预计 2022—2026 年中国纯苯进口量将维持在 260 万～ 320 万吨高位，而出口量继续维持低迷状态。

2022—2026 年中国纯苯市场供需平衡预测见表 6.5。

表 6.5 2022—2026 年中国纯苯市场供需平衡预测

项目	2022 年	2024 年	2026 年
产能 /（万吨 / 年）	2241	2719	2790
开工率 /%	79.4	80.2	81.7
产量 / 万吨	1780	2180	2280
加氢苯产量 / 万吨	433	473	500
进口量 / 万吨	300	260	320
总供应量 / 万吨	2513	2913	3100
出口量 / 万吨	3	3	5
下游消费量 / 万吨	2512	2912	3101
总需求量 / 万吨	2515	2915	3106

第 7 章 苯乙烯

2021 年度关键指标一览

类别	项目	2020 年	2021 年	涨跌值	原因概述
价格	华东现货成交价均值 /（元 / 吨）	6083.17	8884.87	2801.7	虽然新冠肺炎疫情抑制需求，但油价、成本攀升，价格上涨
	CFR 中国成交价均值 /（美元 / 吨）	757.63	1178.41	420.78	新冠肺炎疫情影响，油价拉升，成本抬涨强劲，洲际交易增强，整体行情强于 2020 年
供应	产能 /（万吨 / 年）	1204.2	1536.2	332	新增产能释放
	产量 / 万吨	1002.02	1216.88	214.86	新产能释放，带动产量增加
	开工率 /%	83.21	79.21	-4	产销盈利减弱，检修增多，开工率下降
	期初库存 / 万吨	42.67	45.02	2.35	下游盈利良好，需求高于 2020 年，且大装置投产
	港口库存 / 万吨	8.7	5.95	-2.75	港口安全库存提升，四季度低库存，虽 12 月末库存有提升，但仍未能达到安全线
	企业库存 / 万吨	8.8	15.73	6.93	年内新增产能大，且合约签订率较高，企业库存高于往年
	期末库存 / 万吨	45.02	23.54	-21.48	企业盈利不佳，且市场高频宽幅震荡，苯乙烯库存偏低
	进口量 / 万吨	283.04	169.14	-113.9	国产供应提升，加之疫情、国际需求阶段性增量，苯乙烯进口缩减
需求	出口量 / 万吨	2.7	23.48	20.78	国内 SM 依旧进口为主，出口较少，虽部分月份欧美产出缩减，导致出口增量，但苯乙烯依旧是净进口
	下游消费量 / 万吨	1280	1380	100	扩大内需效果显现，终端需求好，下游开工率高于 2020 年，需求量增加

7.1 中国苯乙烯供需平衡分析

2017—2021 年中国苯乙烯市场供需呈稳定增长态势。2017—2021 年中国苯乙烯产量年均增速在 13.09%，消费量年均增速 7.07%。产量的增长主要来自苯乙烯行业产能的扩张以及部分年份开工率的提升，需求的增长主要来自经济发展，内需提升后，下游 PS、ABS、EPS 等行业的跟进扩张推动。2021 年中国新增 7 套苯乙烯装置，行业总产能提升至 1536.20 万吨 / 年，截至 2021 年底，中国苯乙烯产量增长至 1216.88 万吨，同比上涨 21.44%。

进出口方面，目前国内苯乙烯供小于求，仍需要进口资源补充，但伴随国产供应量增加，进口占比萎缩。2021 年中国苯乙烯进口量 169.14 万吨，同比下降 40.24%。2021 年中国苯乙烯消费量增长至 1380 万吨，同比增长 7.81%，主要来自 PS、ABS、EPS 等产能的扩张。

2017—2021 年中国苯乙烯供需平衡见表 7.1。

表 7.1 2017—2021 年中国苯乙烯供需平衡表

单位：万吨

项目	2017 年	2018 年	2019 年	2020 年	2021 年
产量	744	795	864	1002.02	1216.88
进口量	321.22	291.35	324.31	283.04	169.14
总供给量	1094.96	1125.01	1238.1	1327.72	1431.04
国内消费量	1050	1074.7	1190	1280	1380
出口量	6.3	0.52	5.44	2.7	23.48
总需求量	1056.3	1075.22	1195.44	1282.7	1403.48

7.2 中国苯乙烯供应现状分析

7.2.1 2021 年中国苯乙烯国产供应量分析

2021 年中国苯乙烯供应处于高速增长期。截至 2021 年底，中国共计有 57 家苯乙烯生产企业，其中新增 7 套装置，6 家新生产企业。总计产能增至 1536.20 万吨 / 年。2021 年苯乙烯产能增幅约 27.57%，虽然增幅较上年略减 0.24%，但是中国苯乙烯产量在稳步增长。

2017—2021 年中国苯乙烯产能变化趋势见图 7.1。

随着中国苯乙烯新增产能的释放和需求的逐步跟进，2017—2021 年中国苯乙烯产量呈现稳步增长的态势，而苯乙烯需求增速要低于产量增速，苯乙烯企业装置开工率出现了先增后减的走势。数据看，近五年苯乙烯产量复合增长率在 13.09%。2017—2019 年，随着下游需求持续增长，同时企业产销盈利状况较好，苯乙烯产能产量递增的同时，装置开工率也保持高位，且受 2018 年对韩国、中国台湾、美国的苯乙烯实施反倾销影响，中国苯乙烯进口渠道及洲际市场流通量出现重构，国产苯乙烯需求提升，2019 年产能扩增同时随着内需扩大，苯乙烯开工率提升，产量同步增加。

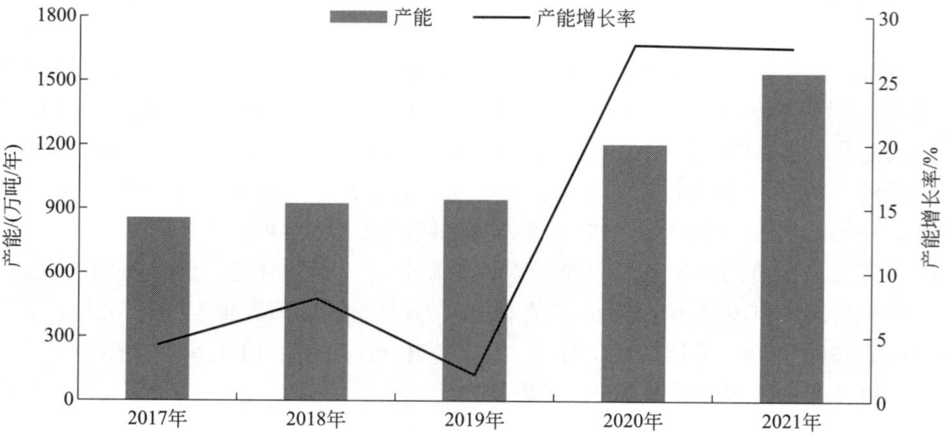

图 7.1 2017—2021 年中国苯乙烯产能变化趋势

2020 年、2021 年随着苯乙烯产能产量增幅进一步提升，需求跟进不足，而且 2021 年原料成本大涨，苯乙烯产销出现长时间亏损，拖累苯乙烯企业整体开工率下降，2021 年苯乙烯平均开工率降至 80% 以下。

2017—2021 年中国苯乙烯产量及开工率变化趋势见图 7.2。

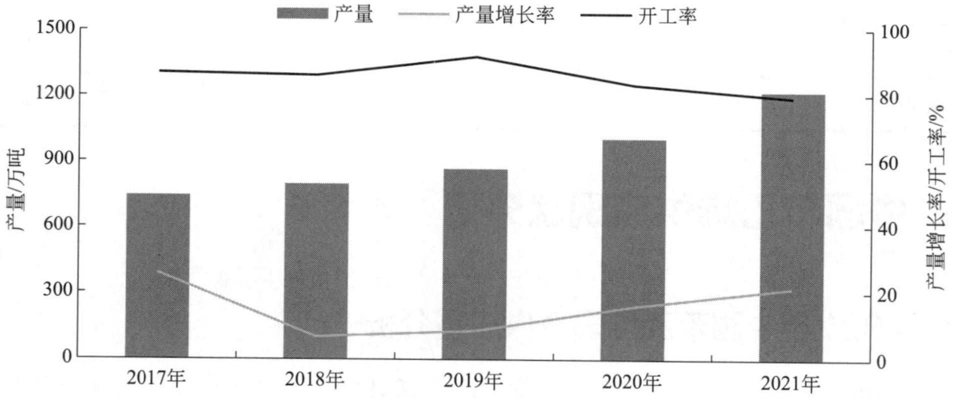

图 7.2 2017—2021 年中国苯乙烯产量及开工率变化趋势

7.2.2 2021 年中国苯乙烯区域供应结构分析

中国苯乙烯装置主要分布在华东、东北、华南、华北、西北地区。其中，东北 9 家，华东 28 家，华南 8 家，华北和西北均 5 家，华中 2 家。从产能分布看，中国苯乙烯产能分布集中在华东地区，从近五年产能变化看，华东一直是产能最集中的区域，也是新增产能最集中的区域。

截至 2021 年，华东苯乙烯产能占比高达 62.47%，东北、华南占比分别在 14.07% 和 12.17%，伴随古雷石化 60 万吨 / 年和中化泉州 45 万吨 / 年苯乙烯装置的投产，福建地区也打破了苯乙烯自产供应的空白。华东、东北、华南地区是苯乙烯的主要输出区域。

中国苯乙烯分区域产能变化统计见表 7.2。

表 7.2　中国苯乙烯分区域产能变化统计

区域		2017 年产能 /（万吨 / 年）	2017 年占比 /%	2021 年产能 /（万吨 / 年）	2021 年占比 /%
华东	浙江	121.5	14.20	291.5	18.98
	江苏	192	22.45	192	12.50
	山东	97	11.34	224	14.58
	安徽	10	1.17	71	4.62
	上海	68	7.95	68	4.43
	江西	8	0.94	8	0.52
	福建	0	0.00	105	6.84
东北	黑龙江	25.5	2.98	25.5	1.66
	吉林	46	5.38	46	2.99
	辽宁	37.7	4.41	144.7	9.42
华北	北京	10.7	1.25	10.7	0.70
	天津	53.5	6.25	53.5	3.48
	河北	0	0.00	38	2.47
华中	湖南	12	1.40	12	0.78
	湖北	0	0.00	2.8	0.18
华南	广东	97	11.34	167	10.87
	海南	20	2.34	20	1.30
西北	陕西	12	1.40	12	0.78
	甘肃	8.5	0.99	8.5	0.55
	新疆	36	4.21	36	2.34

从原料和生产工艺而言，国内苯乙烯生产工艺主要是：乙苯负压脱氢、PO/SM 联产、C_8 抽提。应用最多的是乙苯负压脱氢，而产销盈利效益和市场竞争最占优势的是 PO/SM 联产，C_8 抽提主要是炼化企业深加工副产品的一个渠道。其中乙苯负压脱氢、PO/SM 联产装置产能占总产能的 98%，而这些工艺的主要原料构成是纯苯和乙烯。

2021 年中国苯乙烯装置生产工艺占比见图 7.3。

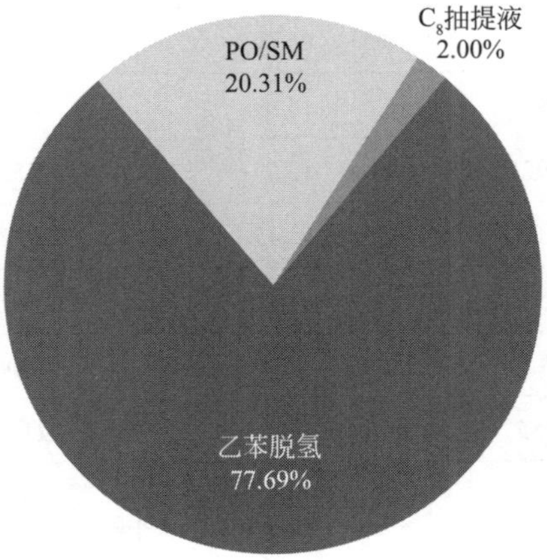

图 7.3　2021 年中国苯乙烯装置生产工艺占比

7.2.3 2021年中国苯乙烯进口量分析

2017—2021年中国苯乙烯进口呈现先降后升再降的走势。2019年进口量324.29万吨，为近5年高点。2017—2019年下游需求逐年递增，而国内苯乙烯扩张速度有部分放缓，虽苯乙烯有反倾销存在，但苯乙烯对外需求保持较高。2020—2021年苯乙烯产能大幅扩增，产量增速扩大，国产自给率逐步提升，再者东南亚及周边市场需求提升，意外不可抗力也导致市场货源出现一定倾斜，如2021年2—3月份欧美极寒天气造成的供应断档、价格偏高也吸引部分亚洲货源，减弱了中国苯乙烯进口，2021年中国苯乙烯进口萎缩约40.24%，对外依存度大幅减弱。

2017—2021年中国苯乙烯进口量变化趋势见图7.4。

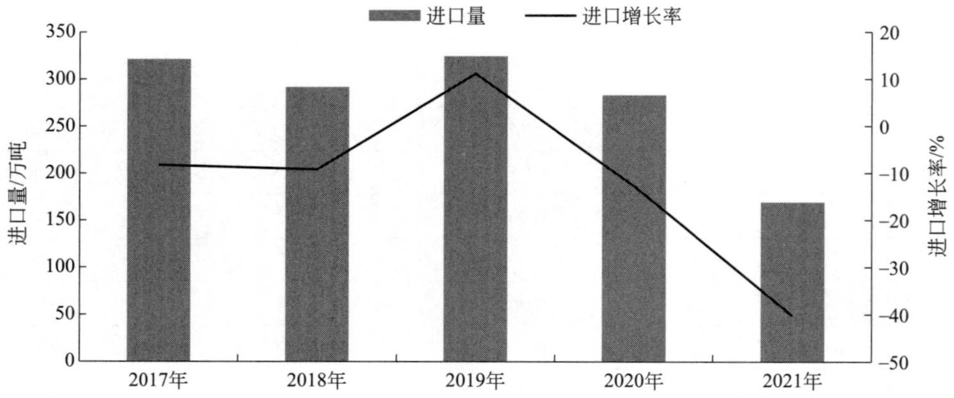

图7.4 2017—2021年中国苯乙烯进口量变化趋势

2021年中国苯乙烯进口相对集中。据海关数据显示，2021年中国苯乙烯进口主要来自沙特阿拉伯、中国台湾、日本、科威特和新加坡，前五位共计占比93.95%，韩国居第六，其中沙特阿拉伯占比45.20%，继2020年之后再度蝉联中国进口来源第一位，占比较2020年增10.17个百分点。

2021年中国苯乙烯进口情况分析见表7.3。

表7.3 2021年中国苯乙烯进口情况分析

来源国及地区	进口量/吨	进口占比/%	进口额/美元	进口均价/（美元/吨）
沙特阿拉伯	764578.034	45.20	900160270	1177.33
中国台湾	265400	15.69	300438715	1132.02
日本	229863.971	13.59	265376984	1154.50
科威特	222008.22	13.13	262206221	1181.07
新加坡	107148.506	6.34	125792946	1174.01
韩国	68946.12	4.08	79066990	1146.79
印度尼西亚	18503.285	1.09	21381266	1155.54
美国	5023.582	0.30	4660925	927.81
荷兰	4750.088	0.28	4442909	935.33

续表

来源国及地区	进口量 / 吨	进口占比 /%	进口额 / 美元	进口均价 /（美元 / 吨）
泰国	2856.967	0.17	3344229	1170.55
法国	2000	0.12	1660000	830.00
西班牙	274.38	0.02	397333	1448.11
马来西亚	3.264	0.00	16483	5049.94
国 (地) 别不详	2.382	0.00	16641	6986.15
英国	0.331	0.00	8524	25752.27
中国	0.079	0.00	4522	57240.51
比利时	0.07	0.00	874	12485.71
印度	0.022	0.00	115	5227.27
意大利	0.014	0.00	189	13500.00
德国	0.006	0.00	169	28166.67

7.3 中国苯乙烯消费现状分析

7.3.1 2021 年中国苯乙烯消费趋势分析

2021 年中国苯乙烯的下游消费集中在 PS、ABS 和 EPS 三大领域，三者占苯乙烯总消费量的 65% 以上。2017—2021 年伴随市场不断完善，内需扩大，主流下游也同步扩能增量，近五年来推动苯乙烯消费逐步增长。目前中国已成为全球苯乙烯消费增长最快的国家。近两年伴随着“一带一路”“新基建”等的发展，苯乙烯及下游再度焕发生机，未来新增产能建成投产。据统计，截至 2021 年，中国苯乙烯表观消费量 1362.54 万吨，2017—2021 年中国苯乙烯表观消费量平均复合增长率在 6.51%。

2017 年苯乙烯消费量呈现两位数增长，主要是因国内大多数苯乙烯生产企业联名提出对源自美国、韩国、中国台湾地区苯乙烯的反倾销调查，国内苯乙烯需求增加，国产明显增多，而进口同步减少。2018 年，2 月苯乙烯反倾销初裁公布，反倾销成立，国产比重提升，而 6 月反倾销仲裁公布实施后，进口进一步减弱，加之中美贸易摩擦加剧，国内企业盈利丰厚，2018 年苯乙烯高开工率，产量保持增长。2019 年，下游合约签订率提升，主流市场刚需支撑稳定，而生产企业产销保持高盈利，支撑苯乙烯生产工厂开工率整体保持在 91.7% 附近，同时随着国际国内供需架构完成重组，中国苯乙烯进口略增，出口增量低于进口增量，苯乙烯表观消费量继续突破提升。2020 年，国内苯乙烯产能大增，而对新冠肺炎疫情控制最佳，苯乙烯产销恢复快，终端国际订单等流入提升需求，且多年扩大内需效果显现，苯乙烯下游产销两旺，苯乙烯需求提升，中国苯乙烯表观消费进一步突破创高。

2021 年新冠肺炎疫情影响有延续，然而苯乙烯产能扩增迅猛，苯乙烯在其产业链话语权减弱，原料成本大增，而苯乙烯销售提价困难，企业产销理论上下半年基本保持亏损，然而下游产销两旺和盈利较高，整体需求稳步跟进，且有新下游装置投产抵消部分苯乙烯投产影响，苯乙烯表观消费量继续攀升，然而增长率减弱。

2017—2021 年中国苯乙烯表观消费量变化趋势见图 7.5。

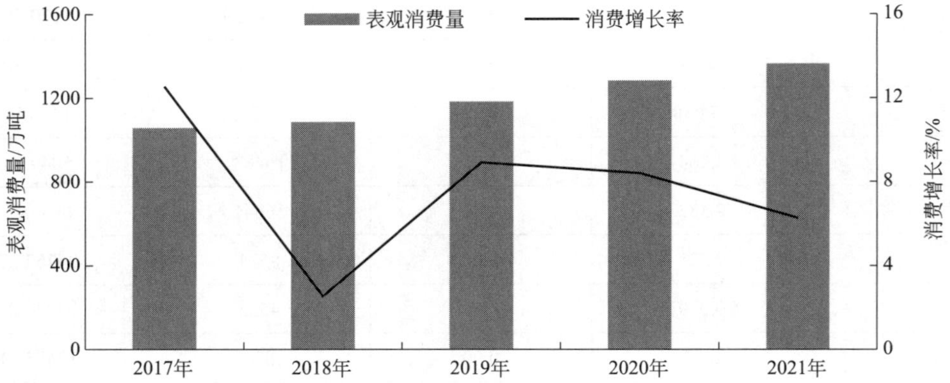

图 7.5 2017—2021 年中国苯乙烯表观消费量变化趋势

7.3.2 2021 年中国苯乙烯消费结构分析

苯乙烯下游行业主要有 PS、ABS、EPS、UPR、SBS、SBR、SBL、SIS、SEBS、苯丙乳液等。其中，PS、ABS、EPS 为传统的苯乙烯三大主体下游，由图 7.6 也可看出，在监测范围内的下游企业中，2017—2021 年苯乙烯下游需求逐年递增，而主流三大下游需求也呈现小幅递增趋势。

2017—2021 年中国苯乙烯下游行业需求结构变化趋势见图 7.6。

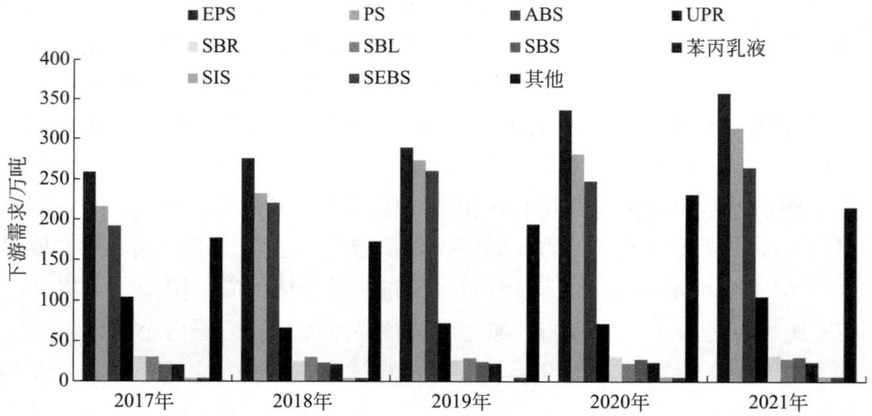

图 7.6 2017—2021 年中国苯乙烯下游行业需求结构变化趋势

据统计，2017—2021 年中国苯乙烯下游对苯乙烯需求增量依旧主要来自 PS、ABS、EPS、UPR、SBR，这五大下游对苯乙烯消耗量基本占年消耗的 75% 以上，PS、ABS、EPS 三大主体下游，近 5 年占苯乙烯年消耗的 63% 以上。截至 2021 年苯乙烯主体下游的占比排序依旧未有改变。

2021 年中国苯乙烯下游需求占比见图 7.7。

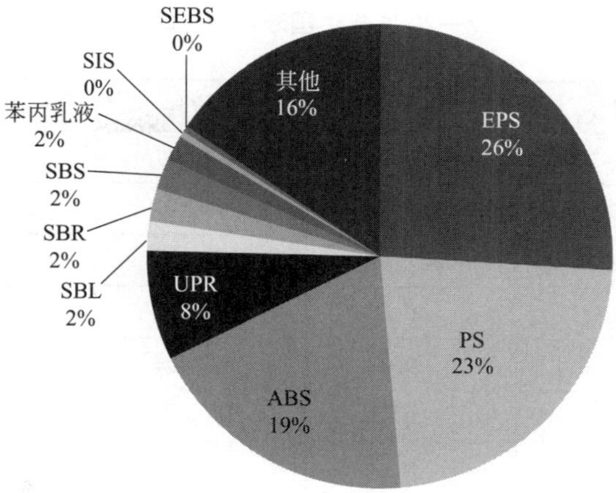

图 7.7 2021 年中国苯乙烯下游需求占比

7.3.3 2021 年中国苯乙烯出口量分析

2017—2021 年中国苯乙烯出口整体呈增长趋势，2021 年出口峰值 23.48 万吨，创历史新高。2016 年出口 0.01 万吨，而 2017 年出口 6.34 万吨，因而增长率出现暴增。另外 2018 年苯乙烯反倾销，内需扩大，出口仅仅 5200 多吨。而 2021 年受国际市场寒流袭击苯乙烯主产区，叠加阶段装置集中检修等影响导致苯乙烯全球供应骤减，而促使中国苯乙烯大量出口，同时为中国苯乙烯出口开始建立部分通道，因而 2021 年苯乙烯出口量大增。

2017—2021 年中国苯乙烯出口量变化趋势见图 7.8。

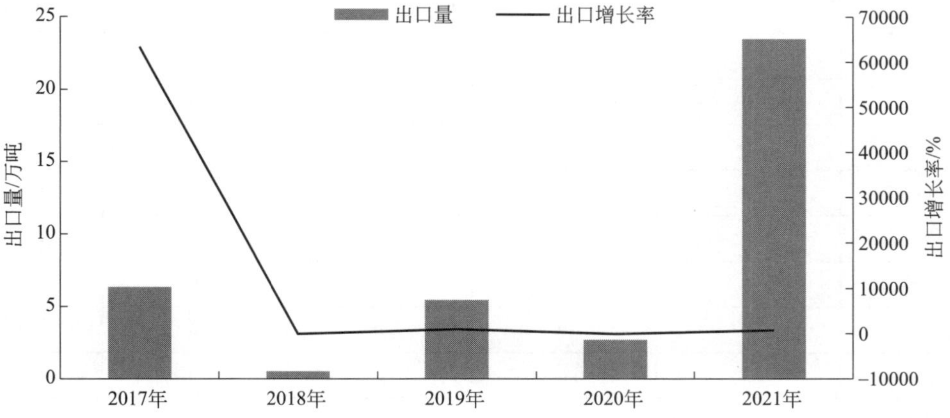

图 7.8 2017—2021 年中国苯乙烯出口量变化趋势

2021 年中国苯乙烯出口总量约 23.48 万吨，同比增长 769.63%。2021 年国内苯乙烯整体供应处于一种较充裕的态势，随着新产能释放，可供出口量提升，再者 2021 年寒流袭击美国苯乙烯主产区，叠加欧洲、日韩部分装置检修，洲际苯乙烯供应明显减量，中国苯乙烯出口增量弥补洲际市场缺口，出口大增。且从数据看 2021 年中国苯乙烯出口，主流区域变化不大，而涉及的范围明显增加。

2017—2021 年中国苯乙烯出口国及地区分析见表 7.4。

表 7.4 2017—2021 年中国苯乙烯出口国及地区分析

单位：吨

出口国及地区	2017 年	2018 年	2019 年	2020 年	2021 年
越南	3093.472	0	10335.27	3898.114	1.62
韩国	41202.88	3127.998	18148.784	23040.31	62775.892
中国香港	6007.965	2047.713	18905.67	0.021	15182.303
中国台湾	11032.522	0	2995.814	0	10055.751
印度	0	0	3999.804	0	49216.996
孟加拉国	0	0	1.8	0	0.612
澳大利亚	0	0	0.18	14.4	86.4
印度尼西亚	0	0	1	0	0
朝鲜	17	0	0	19.98	0
荷兰	2050	0	0	0	0
利比亚	0	0	12.06	3.6	5.4
斯里兰卡	0	0	0	15.12	0
科特迪瓦	0	0	0	14.4	14.4
德国	0	0	0	0.002	0
新西兰	0	0	0	14.4	42
俄罗斯	0	0	0	0	1.065
马耳他	0	0	0	0	0.009
巴基斯坦	0	0	0	0	13618.377
南非	0	0	0	0	249.66
比利时	0	0	0	0	3033.192
委内瑞拉	0	0	0	0	14.4
土耳其	0	0	0	0	56231.156
巴西	0	0	0	0	24043.583
哥斯达黎加	0	0	0	0	43
马来西亚	0	0	0	0	99.78
埃及	0	0	0	0	107.5
厄瓜多尔	0	0	0	0	25.2
合计	63403.839	5175.711	54400.382	27020.347	234848.296

2021 年中国苯乙烯出口量大增，且出口区域增至 22 个国家和地区，较 2020 年增加 12 个国家和地区，出口区域扩大，其中出口最多的是韩国，有 62775.892 吨，占比约 26.73%，2018 年开始对原产自韩国的苯乙烯实施五年反倾销，中国来自韩国的进口减少，同时随着国家市场货源组成的逐渐重组，中国苯乙烯竞争能力的提升，中国开始对周边国家出口增量，对韩国出口量也持续增加。

2021 年中国苯乙烯出口情况分析见表 7.5。

表 7.5 2021 年中国苯乙烯出口情况分析

出口国及地区	出口量 / 吨	出口占比 /%	出口额 / 美元	出口均价 /（美元 / 吨）
韩国	62775.892	26.73	75420932	1201.43
土耳其	56231.156	23.94	72373062	1287.06
印度	49216.996	20.96	57775898	1173.90
巴西	24043.583	10.24	32317584	1344.13
中国香港	15182.303	6.46	17059631	1123.65
巴基斯坦	13618.377	5.80	17032672	1250.71
中国台湾	10055.751	4.28	13350925	1327.69
比利时	3033.192	1.29	3694427	1218.00
南非	249.66	0.11	341325	1367.16
埃及	107.5	0.05	161319	1500.64
马来西亚	99.78	0.04	130913	1312.02
澳大利亚	86.4	0.04	138628	1604.49
哥斯达黎加	43	0.02	62296	1448.74
新西兰	42	0.02	62949	1498.79
厄瓜多尔	25.2	0.01	39862	1581.83
科特迪瓦	14.4	0.01	23440	1627.78
委内瑞拉	14.4	0.01	24446	1697.64
利比亚	5.4	0.00	7705	1426.85
越南	1.62	0.00	5353	3304.32
俄罗斯联邦	1.065	0.00	3361	3155.87
孟加拉国	0.612	0.00	3762	6147.06
马耳他	0.009	0.00	11	1222.22

7.4 中国苯乙烯价格走势分析

2017—2020 年江苏苯乙烯市场价格主要受国际原油走势和市场供需变化等影响，维持宽幅震荡。其中 2018 年价格水平最高，全年市场均价为 10730 元 / 吨，年内高点出现在 6 月份达到 14000 元 / 吨，主要原因是现货供应紧张，主港库存降至极值，众多利好助推下，价格达到近五年的极高值；然而随着 2019 年底苯乙烯产能激增，2020 年全年市场均价仅在 6066 元 / 吨，其中最低点出现在 4 月初的 4300 元 / 吨，受原油价格暴跌以及新冠肺炎疫情影响，宏观及外围低迷拖累苯乙烯市场气氛，叠加码头库存高位不下，进口及国产货源排队卸船，然而终端消耗实际未见明显好转，苯乙烯价格持续下跌至近五年最低点。

2021 年苯乙烯市场再起波澜，产能产量大增，苯乙烯产业链产销运行良好，进口大减而出口大增，库存低而企业产销盈利变差。总体看来，2021 年中国苯乙烯市场波动频繁，市场价格波动区间较大。

2017—2021 年中国苯乙烯江苏市场价格走势见图 7.9。

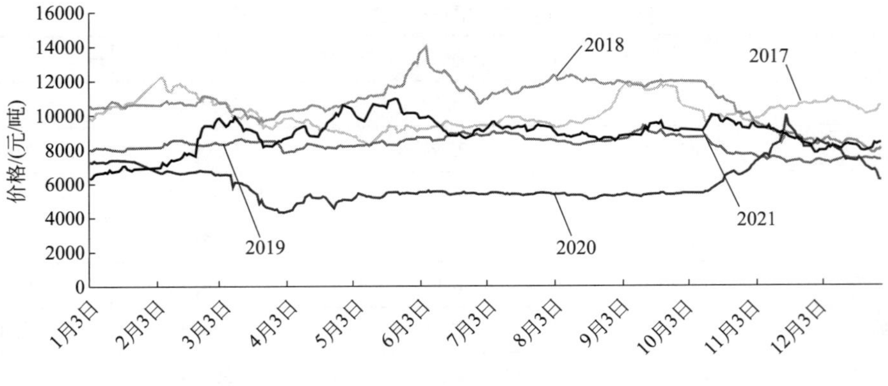

图 7.9 2017—2021 年中国苯乙烯江苏市场价格走势

7.5 中国苯乙烯利润走势分析

2017 年—2021 年 6 月初，中国苯乙烯非一体化生产装置产销盈利状况来看，除少数时间理论上苯乙烯产销有亏损，多数时间均保持盈利态势，且有长时间的“暴利”环节，其中 2018 年 5 月底 6 月初，出现近五年利润高点，主要是因为库存低，供应趋紧，而成本支撑向好，下游积极补货，买涨强劲，苯乙烯价格创阶段新高，苯乙烯价格涨幅远大于原料价格涨幅，导致苯乙烯迅速出现“暴利”创高。而 2019 年 11 月中旬—2020 年 2 月，苯乙烯非一体化生产装置经历了一段漫长的理论数值亏多赢少阶段，主要是因为纯苯强势逼空拉升，乙烯止跌反弹，苯乙烯销售不佳走跌，叠加 2020 年初，受到新冠肺炎疫情影响，一季度下游需求差，苯乙烯产销价格理论上在低位徘徊。

2021 年下半年，随着苯乙烯产能的高速扩张，产能快速增长迅速作用于价格，导致苯乙烯非一体化行业利润开始收窄，而 2021 年原料纯苯整体呈现于供不应求状态，纯苯价格持续上涨，盈利丰厚，然而苯乙烯受自身基本面弱势影响，价格上涨幅度远小于纯苯上涨幅度，2021 年苯乙烯非一体化装置利润持续压缩，2021 均值仅为：148.44 元 / 吨，较 2020 年利润均值下跌 281.56 元 / 吨，较 2019 年下跌 802.56 元 / 吨。随着苯乙烯行业不断扩能，供应增加，利润或将维持下降走势。

2017—2021 年中国苯乙烯利润变化趋势见图 7.10。

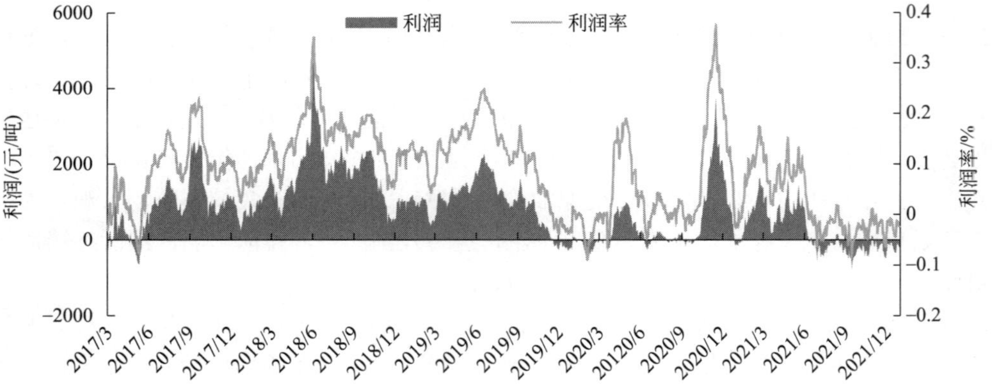

图 7.10 2017—2021 年中国苯乙烯利润变化趋势

7.6　2022—2026 年中国苯乙烯发展预期

7.6.1　中国苯乙烯拟在建 / 退出产能统计

未来五年中国苯乙烯拟在建企业项目 24 个，苯乙烯新建产能将达到 1123 万吨，其中规模在 50 万吨 / 年以上的企业有 11 家，13 条生产线，共计 860 万吨 / 年。新增产能主要分布在华东（768 万吨 / 年）、华南（240 万吨 / 年）地区。而仅仅淘汰常州东昊 20 万吨 / 年苯乙烯装置。另外西南区域将有苯乙烯装置建成，填补其苯乙烯生产的空白。2022—2023 年新增产能集中投放后，中国苯乙烯市场供应格局将发生重大变化，包括进口萎缩、出口增加，以及货源流向也将发生重大改变。考虑后期会有部分新建产能延期和落后产能加速淘汰的可能，预计至 2026 年产能在 2576.2 万吨 / 年。

7.6.2　中国苯乙烯供应趋势预测

2022—2026 年随着中国苯乙烯大型炼化企业陆续投产，将带动苯乙烯产能的继续大幅扩张，国内苯乙烯市场将呈现供应过剩局面。若拟在建装置如期投产，则 2022 年国内苯乙烯产量将在 1580 万吨，2022—2026 年产能复合增长率 4.02%，产量复合增长率 3.94%。预计未来五年中国苯乙烯将从净进口转向出口，行业竞争激烈，国内企业不排除亏损运营可能。随着产能、产量不断扩增，国产苯乙烯要快速进入国际市场，加剧全球苯乙烯市场的竞争格局，产能和产量逐渐进入供应过剩后的优胜劣汰，开始淘汰落后产能。

2022—2026 年中国苯乙烯供应预测见图 7.11。

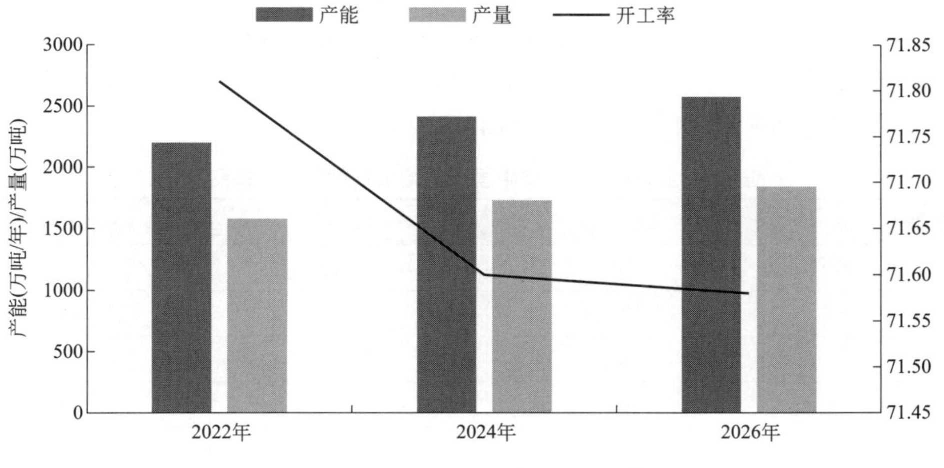

图 7.11　2022—2026 年中国苯乙烯供应预测

7.6.3　中国苯乙烯主要下游发展前景预测

中国苯乙烯主要下游集中在 PS、ABS 和 EPS 领域，占其苯乙烯消费量的 65% 左右，其中 ABS 产品行业伴随国产巨额产销盈利、产业链一体化发展等考虑，产能激增。随国家化工入园、环保、安全生产、淘汰落后小产能等政策推进，产业进一步整合。苯乙烯主流下游优胜劣汰，虽有部分逐渐淘汰，然而新增产能明显大于落后产能，产销盈利可观，而主要原料苯乙烯产能激增，预期成本价格和采购等多方压力将会减弱，而随着疫情得到控制，需求会逐渐恢复或有新增释放下，2022—2026 年苯乙烯主要下游保持大幅增产预期。

预计 2022 年苯乙烯三大主体下游产能增速将有提升，预期其消费占比将增大，或增至总消费的 70% 以上。未来五年，伴随产业一体化发展，下游 PS、ABS 和 EPS 均进入一个产能快速扩张的周期，据不完全统计，2022—2026年国内大概有18套共计476万吨PS装置产能预计投产，16 套共计 724.5 万吨 ABS 装置产能投产，12 套共计 259 万吨 EPS 装置产能投产，届时对苯乙烯的需求量将大幅增加。

2022—2026 年中国苯乙烯三大主流下游产能增长预测见表 7.6。

表 7.6　2022—2026 年中国苯乙烯三大主流下游产能增长预测

单位：万吨 / 年

下游	2022 年	2024 年	2026 年
PS	160	81	0
ABS	291	122.5	60
EPS	162	40	0
UPR	20	0	0
SBR	12	0	3

7.6.4　中国苯乙烯供需格局预测

未来五年，伴随苯乙烯上下游产业链逐步完善，行业一体化趋势愈加明显，中国苯乙烯供需均保持逐年增长趋势，随着终端需求趋缓，苯乙烯有逐渐趋向饱和，甚至过剩的预期，苯乙烯产能增长变化先大增，而后增幅减弱。据数据测算，预计未来五年苯乙烯产能年平均增速在 4.02%，产量年平均增速在 3.94%，下游消费增速在 2.87%，从理论数据看，供应增速高于消费增速，届时行业将进入供过于求周期，进口大幅缩量，出口成为企业谋求未来发展的重要方向。

2022—2026 年中国苯乙烯市场供需平衡预测见表 7.7。

表 7.7　2022—2026 年中国苯乙烯市场供需平衡预测

项目	2022 年	2024 年	2026 年
产能 /（万吨 / 年）	2200.2	2416.2	2576.2
产量 / 万吨	1580	1730	1844
开工率 /%	71.81	71.60	71.58
进口量 / 万吨	100	50	30
总供给量 / 万吨	1703.54	1821.54	1948.02
国内消费量 / 万吨	1600	1741	1792
出口量 / 万吨	30	45	60
总需求量 / 万吨	1630	1786	1852

第 8 章 苯酚

2021 年度关键指标一览

类别	项目	2020 年	2021 年	涨跌值	原因概述
价格	现货成交价均值 /（元 / 吨）	6228.07	8859.10	2631.03	原料纯苯与苯酚价格相关性极高，成本面涨势几度拉动苯酚价格走高，虽然双酚 A 及酚醛树脂均有产能扩增，但多直供或合约采购，对苯酚市场现货流通量影响不大，供需间的较量长线共存，价格冲破 10000 元 / 吨承压，年底终有突破
供应	产能 /（万吨 / 年）	336	336	0	2021 年国内无酚酮新增装置，苯酚产能稳定，2020 年新增的 71 万吨产能有效释放，且 2021 年国内酚酮装置无计划内大修，故产量增速加快，平均开工率走高
	产量 / 万吨	237.02	320.79	83.77	
	开工率 /%	70.54	95.47	24.93	
	进口量 / 万吨	70.99	52.23	-18.76	国内苯酚供应量增速预期下，进口商对进口货物操作适当减量，以合约为主，国内进口量下降
需求	出口量 / 万吨	1.60	13.51	11.91	欧美供应紧缺，印度苯酚向欧美输送导致供应存在缺口，中国苯酚价格偏低优势下，贸易商积极与印度洽谈苯酚交易，2021 年出口量大增，创历史新高
	下游消费量 / 万吨	299.36	351.67	52.31	下游双酚 A 和酚醛树脂均有新增扩能，需求增速加快

8.1 中国苯酚供需平衡分析

2017—2021年，中国苯酚供需呈稳定增长态势。2017—2021年中国苯酚产量年均增速为16.93%，下游消费年均增速为15.99%。苯酚产量增长主要与新增装置投产及产能释放有关，加之国内酚酮装置年内无大修。需求增长主要来自下游双酚A及酚醛树脂行业的快速扩张拉动。

2021年中国苯酚产能稳定在336万吨/年，2020年四季度新增71万吨/年产能得以释放，使得2021年产量大幅提升，同比增长35.34%，达到320.79万吨。在国货占有率提升的同时，进口货物相应减少，多为合约模式。出口方面，由于欧美供应紧张，印度货物向欧美冲击，以致印度供应收紧，中国苯酚贸易商借机出口商谈，2021年出口量同比增长744.38%，创历史新高达到13.51万吨。2021年苯酚主要下游双酚A及酚醛树脂领域均有新增产能，下游消费量快速增长，同比增长17.47%。

2017—2021年中国苯酚供需平衡见表8.1。

表8.1 2017—2021年中国苯酚供需平衡表

项目	2017年	2018年	2019年	2020年	2021年
产能/（万吨/年）	243	265	265	336	336
开工率/%	70.61	67.91	91.11	70.54	95.47
产量/万吨	171.59	179.96	241.44	237.02	320.79
进口量/万吨	36.55	41.87	46.76	70.99	52.23
总供应量/万吨	208.14	221.83	288.2	308.01	373.02
出口量/万吨	5.72	4.40	0.64	1.60	13.51
下游消费量/万吨	194.32	210.74	276.93	299.36	351.67
总需求量/万吨	200.04	215.14	277.57	300.96	365.18

8.2 中国苯酚供应现状分析

8.2.1 2021年中国苯酚国产供应量分析

2017—2021年中国苯酚产能复合增长率在8.44%，产能增长主要集中在2018年和2020年，下游双酚A行业的扩张及石化行业一体化发展战略，是苯酚产能稳步增长的主要推动力。

2017—2021年中国苯酚产能变化趋势见图8.1。

随着中国苯酚新增产能释放及需求增长，2017—2021年中国苯酚产量整体呈增长态势，开工水平起伏较大，近五年产量复合增长率16.93%。2020年，国内新增71万吨苯酚产能多集中于四季度投产，产能释放量不大，拉低企业整体开工水平。2019年和2021年行业开工负荷相对高位，主要原因是前一年的新增产能得以完全释放以及期间检修企业不多，此外需求增长也起到助力。

2017—2021年中国苯酚产量及开工率变化趋势见图8.2。

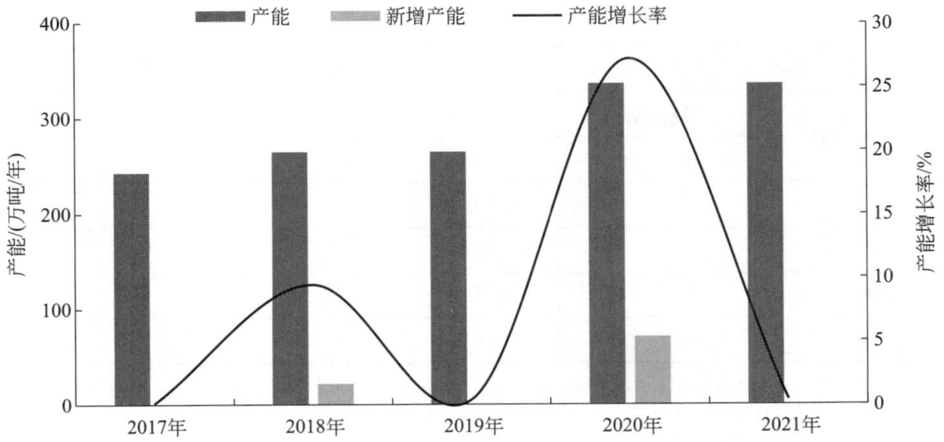

图 8.1 2017—2021 年中国苯酚产能变化趋势

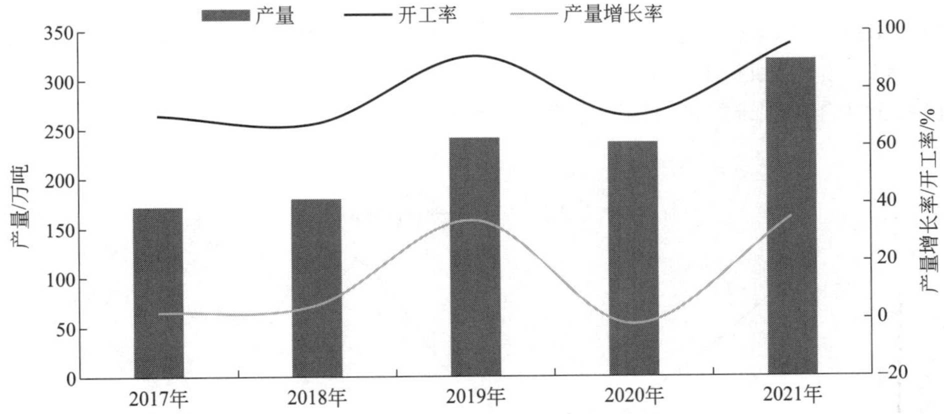

图 8.2 2017—2021 年中国苯酚产量及开工率变化趋势

8.2.2 2021 年中国苯酚区域供应结构分析

从产能分布而言，中国苯酚产能分布集中，从近五年产能变化来看，华东一直是产能最集中区域，新增产能也多集中在该区域。

2021 年，华东地区苯酚产能占比高达 57.73%，华北、华南及东北地区占比分别在 25.01%、11.90% 和 5.36%（见表 8.2）。2020 年利华益维远二期酚酮装置投产后，山东省的话语权明显提升，华东地区苯酚对山东省乃至华北地区的冲击有所下降，但华东仍是苯酚的主要输出区域。

中国苯酚分区域产能变化统计见表 8.2。

表 8.2 中国苯酚分区域产能变化统计

区域		2017 年产能 /（万吨 / 年）	2017 年占比 /%	2021 年产能 /（万吨 / 年）	2021 年占比 /%
华东	上海	65	26.75	65	19.35
	江苏	50	20.58	50	14.88
	浙江	30	12.35	79	23.50

续表

区域		2017 年产能 /（万吨 / 年）	2017 年占比 /%	2021 年产能 /（万吨 / 年）	2021 年占比 /%
华北	山东①	22	9.05	44	13.10
	北京	18	7.41	18	5.36
	天津	22	9.05	22	6.55
华南	广东	18	7.41	40	11.90
东北	吉林	9	3.70	9	2.68
	黑龙江	9	3.70	9	2.68

① 关于本书中不同产品的区域划分说明：由于不同产品之间存在行业习惯的差异，导致产品之间的区域划分存在不一致性，其中区域划分不一致性的特殊省市自治区有山东、内蒙古、福建、江西等。产品之间的区域划分不一致性，不代表本书统计的错误，而是反映出不同行业默认习惯的问题。

8.2.3 2021 年中国苯酚进口量分析

2017—2020 年中国苯酚进口量逐年递增，2020 年尤为突出，进口量高达 70.99 万吨，创历史新高，2021 年则理性回归，2017—2021 年中国苯酚进口量年均增长率为 9.33%。

2017—2021 年中国苯酚进口量变化趋势见图 8.3。

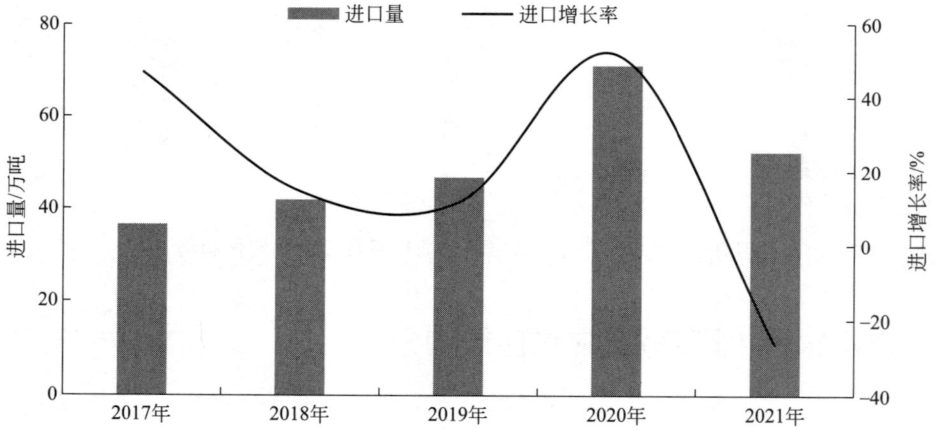

图 8.3 2017—2021 年中国苯酚进口量变化趋势

2020 年 4—6 月国内酚酮生产企业集中检修，国货供应减少预期下，加大进口量操作；此外，国内大型新增酚酮装置投产延期，国外新冠肺炎疫情影响终端需求，中国作为苯酚的重要需求地，多国争相以价格优势介入。

2020 年四季度中国苯酚新增 71 万吨 / 年产能，在 2021 年得以释放，国货话语权提升的同时，进口商对于进口货物的操作趋于理性，主要以合约模式操作，点价货源有限。此外，欧美供应紧缺局势下，国外苯酚货源向欧美出口倾斜，因此 2021 年中国苯酚进口量较 2020 年减少 18.76 万吨，同比下降 26.43%。

近五年以来，国内苯酚来源结构发生明显变化，美国基本退出中国苯酚进口国家及地区的行列，韩国也逐步退出进口前三的位置。

商务部决定自2019年9月6日起，对原产于美国、欧盟、韩国、日本和泰国的进口苯酚征收反倾销税，反倾销税税率为10.6%～287.2%。苯酚反倾销税终裁消息公布后，对原产于美国进口苯酚征收的反倾销税比率加大，自此美国退出中国主要苯酚进口国家及地区的行列，即便有少量进口货物抵达，也多是以核销方式；同时，对原产于欧盟、韩国、日本及泰国进口苯酚征收的反倾销税比率较初步裁定时所定的保证金比率存在不同程度的减少。受此影响，中国苯酚进口国家及地区也发生了明显变化，沙特阿拉伯突破重围，中国台湾进口量也大有提升。

2017—2021年中国苯酚主要进口来源及占比情况见表8.3。

表8.3 2017—2021年中国苯酚主要进口来源及占比情况

单位：万吨

来源国及地区	2017年	2018年	2019年	2020年	2021年
沙特阿拉伯	1.49	7.16	16.26	15.60	19.21
中国台湾	0.70	1.23	4.26	17.43	9.04
泰国	5.30	6.02	6.03	13.03	9.99
韩国	11.31	17.17	11.68	9.06	5.71
新加坡	1.07	1.00	3.32	6.47	3.93
美国	9.63	7.43	0.31	1.72	0.00
其他	7.05	1.86	4.90	7.68	4.35
总进口量	36.55	41.87	46.76	70.99	52.23
沙特阿拉伯占比	4.08%	17.10%	34.77%	21.97%	36.78%
中国台湾占比	1.92%	2.94%	9.11%	24.55%	17.31%
泰国占比	14.50%	14.38%	12.90%	18.35%	19.13%
韩国占比	30.94%	41.01%	24.98%	12.78%	10.93%
美国占比	26.35%	17.75%	0.66%	2.42%	0.00%

中国苯酚进口来源相对集中。据海关进口数据统计显示，2021年中国苯酚进口来源地排名前三位的是沙特阿拉伯、泰国和中国台湾，进口量分别为19.21万吨、9.99万吨和9.04万吨，占比为36.78%、19.13%和17.31%（见表8.3）。与2020年相比，中国台湾进口量大幅减少，同比下降48.14%，2020年长春化工（江苏）和台化兴业（宁波）酚酮装置停车期间，因供应短缺，中国台湾货物优先供应，导致进口量激增。

2021年中国苯酚进口情况分析见表8.4。

表8.4 2021年中国苯酚进口情况分析

来源国及地区	进口量/吨	进口额/美元	进口均价/（美元/吨）
沙特阿拉伯	192122.81	207735737	1081.27
泰国	99921.18	107324763	1074.09
中国台湾	90414.97	104267177	1153.21
韩国	57130.58	62029026	1085.74
新加坡	39304.47	43127536	1097.27
日本	30526.96	30047679	984.30
其他	12902.73	12578037	974.84
总计	522323.70	567109955	1085.74

8.3 中国苯酚消费现状分析

8.3.1 2021年中国苯酚消费趋势分析

中国苯酚下游消费集中在双酚A和酚醛树脂两大领域，两者约占苯酚总消费量的85%以上。双酚A和酚醛树脂行业的快速发展，成为近五年来拉动苯酚消费增长的主要动力，目前中国已成为全球苯酚消费增长最快的国家之一。

2021年，中国苯酚消费量为351.67万吨，较2020年增长17.47%，仍保持高速增长的态势，主要受双酚A及酚醛树脂新产能释放拉动。2017—2021年中国苯酚消费平均复合增长率为15.99%。

2017—2021年中国苯酚表观消费量变化趋势见图8.4。

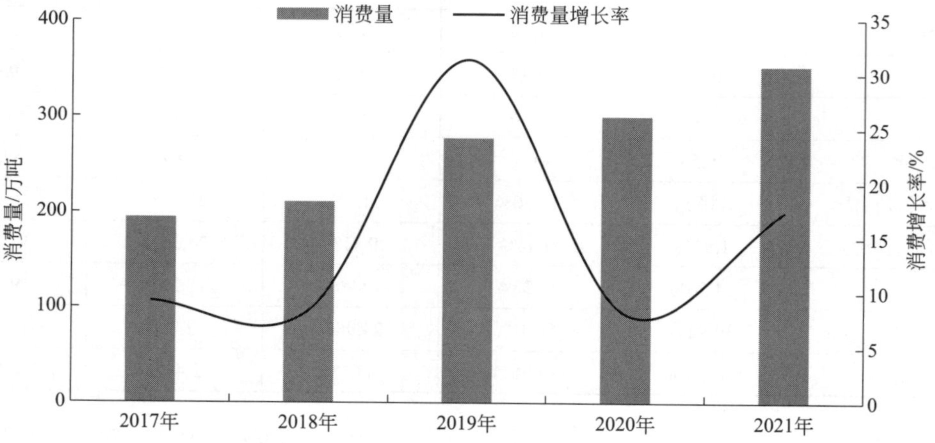

图8.4 2017—2021年中国苯酚表观消费量变化趋势

8.3.2 2021年中国苯酚消费结构分析

中国苯酚下游主要产品是双酚A和酚醛树脂，此外苯酚还可以用于壬基酚、烷基酚、医药中间体、环己酮及其他领域，其中环己酮是2017年新增行业。双酚A行业受下游PC行业的拉动，产能从2017年的144万吨增至2021年的241.5万吨，产能增长超1.5倍。2017年福建申远20万吨/年苯酚制环己酮投产后填补了苯酚下游环己酮领域的空白，但是此领域近几年未有进一步发展。

2017—2021年中国苯酚下游行业需求结构变化趋势见图8.5。

2021年双酚A产量181万吨，折合苯酚消耗量约157.47万吨，年内双酚A装置有两套新增及一套扩能，集中在四季度投产，产能冲击量不大。酚醛树脂领域，大厂扩增步伐加快，2021年新增产能超40万吨/年，对苯酚的需求量稳步增长。2021年苯酚法环己酮开工较2020年略有提升，对苯酚的需求占比同比增长0.57个百分点。

2021年中国苯酚下游需求占比见图8.6。

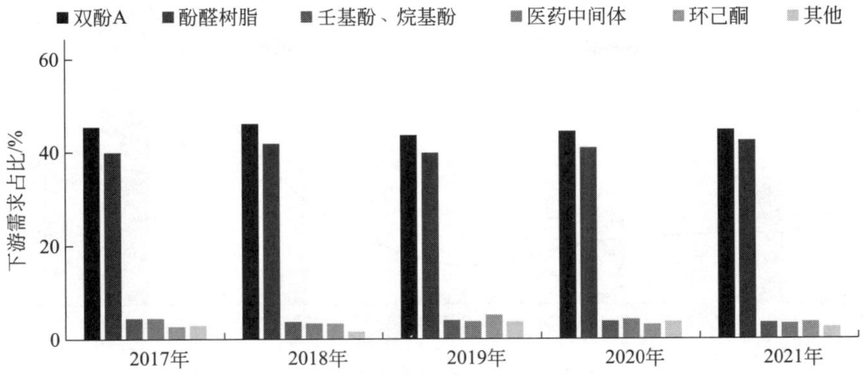

图 8.5 2017—2021 年中国苯酚下游行业需求结构变化趋势

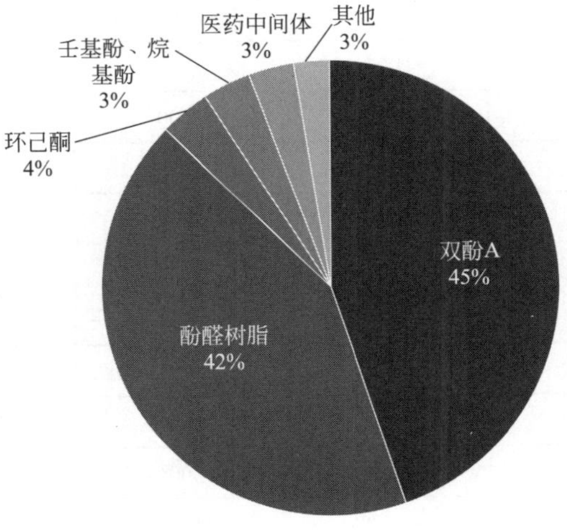

图 8.6 2021 年中国苯酚下游需求占比

8.3.3 2021 年中国苯酚出口量分析

2017—2019 年中国苯酚出口量逐年递减，2020 年开始呈现增长趋势，2021 年出口达到峰值，为 13.51 万吨，创历史新高。2021 年春节假期前后，欧美极寒天气导致苯酚供应面紧缺，国外货源争先转向供应欧美地区，中国虽未直接参与，却间接拉动苯酚出口至印度的货物量大幅提升。

2017—2021 年中国苯酚出口量变化趋势见图 8.7。

2017—2021 年国内苯酚出口国家及地区结构变化明显，2018 年印度迪帕克 32 万吨酚酮装置顺利投产后，从中国进口苯酚的操作明显缩减，2021 年则是大反转，这与欧美供应紧缺直接相关，印度苯酚货物向欧美地区输送，因供应量偏紧及中国苯酚价格低的优势，加大对中国苯酚的进口操作，2021 年中国苯酚至印度的出口量大幅提升，占总出口量的 80% 以上。

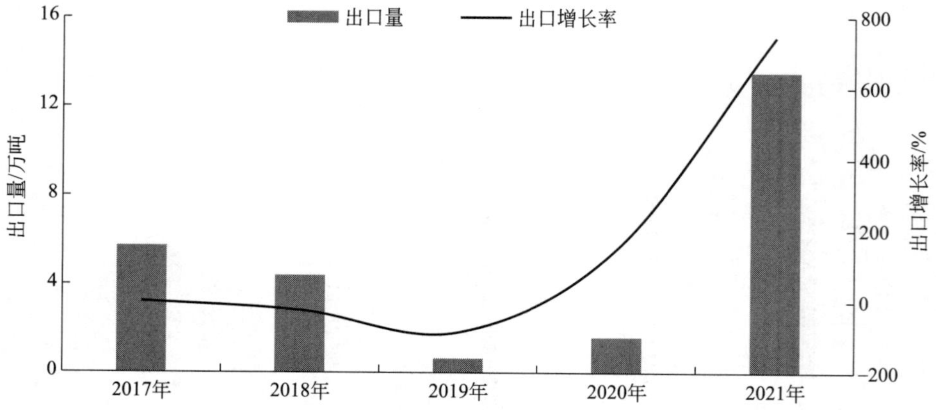

图 8.7 2017—2021 年中国苯酚出口量变化趋势

2017—2021 年中国苯酚主要出口国及地区统计见表 8.5。

表 8.5 2017—2021 年中国苯酚主要出口国及地区统计

单位：万吨

出口国及地区	2017 年	2018 年	2019 年	2020 年	2021 年
印度	3.89	1.27	0.00	0.66	11.15
荷兰	0.00	0.00	0.00	0.00	0.63
日本	0.33	0.89	0.20	0.36	0.63
中国台湾	1.12	1.48	0.00	0.20	0.60
韩国	0.00	0.00	0.20	0.19	0.00
其他	0.38	0.76	0.24	0.19	0.50
总出口量	5.72	4.40	0.64	1.60	13.51
印度占比	68.01%	28.86%	0.00%	41.25%	82.53%
荷兰占比	0.00%	0.00%	0.00%	0.00%	4.66%
日本占比	5.77%	20.23%	31.25%	22.50%	4.66%
中国台湾占比	19.58%	33.64%	0.00%	12.50%	4.44%

中国苯酚出口相对集中，据海关出口数据统计显示，2021 年中国苯酚出口至印度的量高达 11.15 万吨，占出口总量的 82.53%（见表 8.5），主要受欧美地区供应紧张拉动，印度货物向欧美输入，中国苯酚借机冲击印度。

2021 年中国苯酚出口情况分析见表 8.6。

表 8.6 2021 年中国苯酚出口情况分析

出口国及地区	出口量 / 吨	出口额 / 美元	出口均价 /（美元 / 吨）
印度	111516.50	134721905	1208.09
荷兰	6311.81	7930511	1256.46
日本	6285.54	8138433	1294.79
中国台湾	5995.63	5824819	971.51
土耳其	1982.15	2522237	1272.48

续表

出口国及地区	出口量 / 吨	出口额 / 美元	出口均价 /（美元 / 吨）
越南	1231.90	1514693	1229.56
缅甸	917.16	1373037	1497.05
新西兰	350.00	539000	1540.00
印度尼西亚	261.20	342251	1310.30
泰国	136.00	181443	1334.14
尼日利亚	67.68	105824	1563.59
巴基斯坦	4.00	5860	1465.00
美国	0.06	5078	84633.33
总计	135059.63	163205091	1208.39

8.4 中国苯酚价格走势分析

近五年来，中国苯酚产品价格跌宕起伏，2019—2021 年价格一直没有超越 2018 年的高位。2018 年受中美贸易摩擦影响，苯酚反倾销税立案调查，同期国内酚酮装置检修集中，现货紧张带动价格冲高，4 月中旬过后达到 10600 元 / 吨；三季度中海壳牌装置意外停车加剧现货紧张程度，重心涨幅超过 3000 元 / 吨。2019 年在国内外经济形势及全国安全大检查影响下，苯酚市场多处低迷态势，年内价格最高为 9100 元 / 吨，最低为 7000 元 / 吨。2020 年新冠肺炎疫情引发苯酚市场供过于求局面，加之国际原油价格暴跌，苯酚价格一度低至 4500 元 / 吨，后来虽有冲高，但 7000 元 / 吨以上驻足时间不长，四季度 7000 元 / 吨成为难以逾越的点位。2021 年苯酚一改颓势，开年原料纯苯价格率先上涨拉动，苯酚价格迅速冲高至 8000 元 / 吨上方，重心快速推高，终端不乏抵触情绪，短线整理过后，向 9000 元 / 吨冲刺。二季度在原油、成本及需求三方较量下，价格围绕 9000 元 / 吨上下徘徊。10 月上旬成本面涨势利好，苯酚工厂领涨，市场重心推高至 10000 元 / 吨，但终端高价抵触的弊端再次上演，万元点位仅驻足一日。12 月中旬开始，国内现货供应收紧，苯酚生产企业接连领涨操作，重心快速推高，冲破 10000 元 / 吨。

2017—2021 年中国苯酚华东市场价格走势见图 8.8。

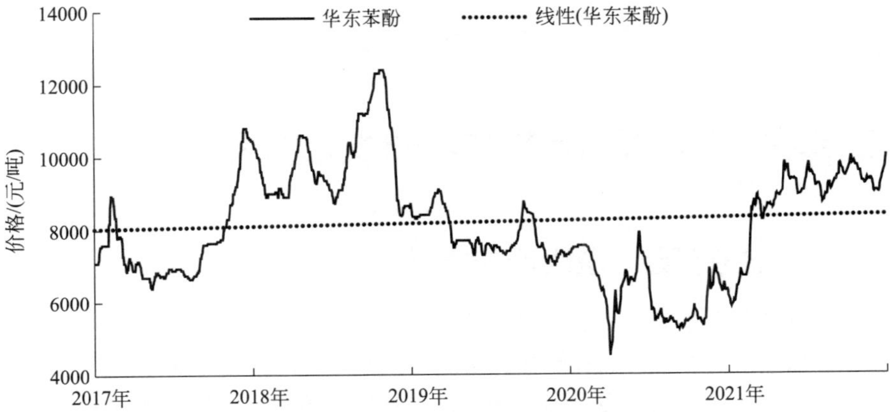

图 8.8 2017—2021 年中国苯酚华东市场价格走势

8.5 中国苯酚利润走势分析

苯酚与丙酮是联产装置，国内酚酮企业主要采用异丙苯生产法，原料为纯苯和丙烯，其中纯苯占比较重。2017—2021 年国内酚酮企业生产成本高低不一，2018 年年均生产成本最高，2020 年最低。酚酮企业利润与成本走势直接相关，2017—2021 年国内酚酮年均生产成本表现不一，多处于盈利状态，2020 年达到近五年来的峰值，见图 8.9。

2017 年酚酮利润并不可观，小幅盈利与亏损并存。2018 年酚酮全年处盈利状态，且利润丰厚，9—11 月初酚酮利润值刷新年内新高，涨至 3000 元 / 吨上方。2019 年酚酮利润除三季度外，基本处盈利状态，年内利润高点出现在 3 月份，苯酚持货商控量推涨，石化企业上调报价，多重利好支撑价格推至年内高点 9100 元 / 吨，酚酮利润值也达到年内顶峰 1900 元 / 吨上方。

2020 年酚酮利润均值为 2205.62 元 / 吨，利润最高值出现在 6 月中旬，达 6422 元 / 吨，最低值出现在 3 月上中旬，为 217.5 元 / 吨。2020 年丙酮价格大幅上涨，酚酮工厂盈利空间得到了极大的提升，一度冲高至 6000 元 / 吨上方。

2021 年酚酮企业利润空间逐步受到挤压，年内原料纯苯价格相对强势，阶段性拉动苯酚上行，一季度利润整体可观，而二季度末三季度初行业处于亏损状态，最大亏损值超过 700 元 / 吨。随后在成本面与酚酮价格的交互影响下，酚酮工厂利润扭亏为盈，但利润向 1000 元 / 吨上方推进承压。年底苯酚价格快速冲高，工厂接连领涨，拉动酚醛利润值冲至 1000 元 / 吨以上。

2017—2021 年中国苯酚成本、利润变化趋势见图 8.9。

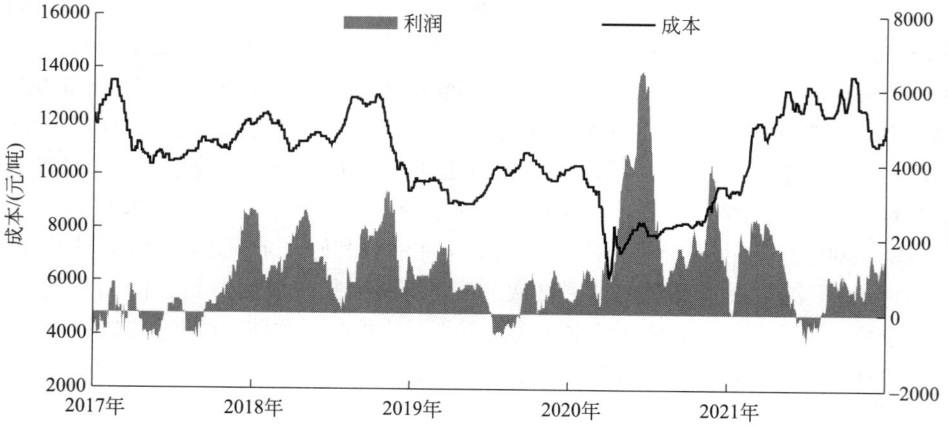

图 8.9 2017—2021 年中国苯酚成本、利润变化趋势

8.6 2022—2026 年中国苯酚发展预期

8.6.1 中国苯酚拟在建 / 退出产能统计

据调研，未来五年苯酚行业拟在建产能将达到 395 万吨 / 年，其中规模在 40 万吨 / 年以上的企业有 6 家，新增装置主要分布在华东、华北、东北及华南地区。2022—2023 年新增产能集中投放后，苯酚市场供应格局将发生重大变化，包括进口萎缩、出口操作常态化，苯酚上下游一体化发展的趋势进一步凸显，此外货源流向也将不断变化与平衡。

2022—2026 年中国苯酚拟在建产能统计见表 8.7。

表 8.7 2022—2026 年中国苯酚拟在建产能统计

区域	企业名称	产能 /（万吨 / 年）	地址	投产计划	下游配套情况
华东	江苏瑞恒新材料科技有限公司	40	江苏连云港	2022 年	双酚 A/48
	盛虹炼化 (连云港) 有限公司	40	江苏连云港	2022 年	
	浙江石油化工有限公司（二期）	40	浙江舟山	2022 年	双酚 A/24
	实友化工 (扬州) 有限公司	27	江苏扬州	2023 年	双酚 A/24
华北	万华化学集团股份有限公司	40	山东烟台	2022 年	双酚 A/48
	青岛海湾集团有限公司	20	山东青岛	2023 年	双酚 A/24
东北	黑龙江省新产业投资集团龙江化工有限公司	22	黑龙江黑河	2024 年	双酚 A/20
	恒力石化（大连）新材料科技有限公司	42	辽宁大连	2024 年	双酚 A/48
	中国石油吉林石化公司	22	吉林吉林	2025 年	双酚 A/24
	吉化集团吉林市星云化工有限公司	18	吉林吉林	2026 年	双酚 A/21
华南	惠州忠信化工有限公司	27	广东惠州	2022 年	双酚 A/24
	广西华谊新材料有限公司	17	广西钦州	2022 年	双酚 A/20
	海南华盛新材料科技有限公司	40	海南东方	2023 年	双酚 A/48

8.6.2 中国苯酚供应趋势预测

伴随一体化装置投产释放，2022—2026 年国内苯酚产能产量同步大幅增长，预计产能复合增长率在 7.87%，产量复合增长率为 13.85%。产能产量预测增长率出现偏差的主要原因是受新增装置投产时间影响，装置利用率并非全年，行业竞争愈发激烈，甚至不排除后续亏本运营，有可能出现降负荷运行状况，预计 2026 年产能达到 731 万吨，产量 583 万吨。

2022—2026 年中国苯酚供应趋势预测见图 8.10。

2022 年约有 6 家新增投产装置，其投产时间、顺利与否及开工等将影响中国苯酚产量的产出，加之综合现有装置或存计划内检修等因素考虑，预计 2022 年中国苯酚产量将达到 347 万吨，同比增长 8.17%。

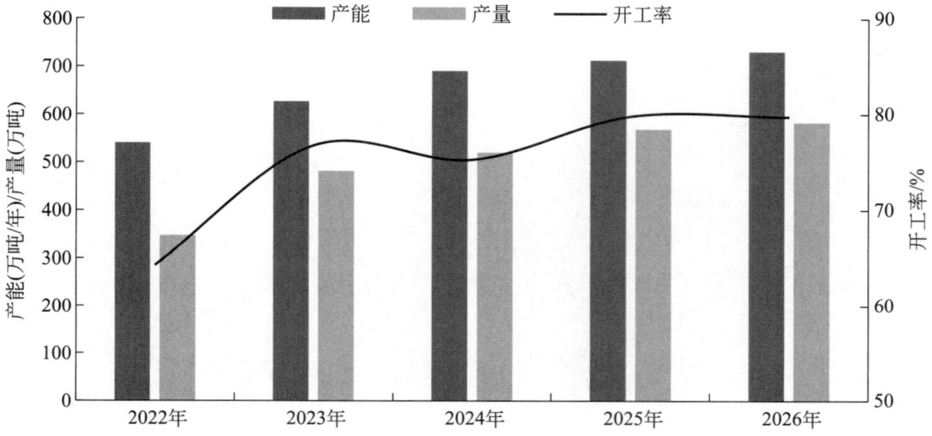

图 8.10 2022—2026 年中国苯酚供应趋势预测

8.6.3 中国苯酚主要下游发展前景预测

近年中国苯酚主要下游集中在双酚A和酚醛树脂领域，约占其总消费量的85%以上。2021年国内双酚A有两套新增装置投产、一套扩能，时间主要集中在四季度，产能增加42万吨/年，2022—2023年苯酚消费将有加速趋势；酚醛树脂中大型企业也在不断扩张的路上，而小型企业则面临被逐步整合的危机。

2022—2025年，伴随着产业链一体化发展，下游双酚A进入产能扩张周期，但对苯酚市场货源流通性影响不大，酚醛树脂的发展将会弥补此影响，两者对苯酚产品需求量逐年增加，未来2～3年增速加快。

8.6.4 中国苯酚供需格局预测

未来五年，伴随苯酚上下游产业链逐步完善，行业一体化趋势愈加明显，中国苯酚供需均呈现大幅增长之势。预计2022—2026年苯酚产能年平均增速在7.87%，产量年平均增速在13.85%，下游消费增速在11.36%，供应增速整体高于消费增速，届时行业将逐步向供过于求局势贴近，进口依存度进一步降低，出口将保持一定常量操作。

2022—2026年中国苯酚市场供需平衡预测见表8.8。

表8.8 2022—2026年中国苯酚市场供需平衡预测

项目	2022年	2024年	2026年
产能/（万吨/年）	540	691	731
开工率/%	64	75	80
产量/万吨	347	520	583
进口量/万吨	51	34	24
总供应量/万吨	398	554	607
出口量/万吨	5	6	5
下游消费量/万吨	385	538	592
总需求量/万吨	390	544	597

第 9 章 丙酮

2021 年度关键指标一览

类别	项目	2020 年	2021 年	涨跌值	原因概述
价格	现货成交价均值 /（元 / 吨）	7028.65	6525.14	−503.51	丙酮价格波动跟供需面有直接关联，供需不平衡会导致价格的波动，其他外围环境也有制约，但关键性指标是供需
供应	产能 /（万吨 / 年）	206	206	0	2021 年国内无新增装置，丙酮产能 206 万吨 / 年，2020 年四季度新增 44 万吨 / 年装置在 2021 年集中释放，且国内装置无计划内大修，年内丙酮产量同比增长 34.58%
	产量 / 万吨	147.24	198.16	50.92	
	开工率 /%	71.48	96.19	24.71	
	进口量 / 万吨	70.70	62.26	−8.44	国产货源供应充裕的情况下，挤压部分进口资源，加之东北亚部分货源优先选择去欧美套利，冲击中国的量有所减少
需求	出口量 / 万吨	0.025	6.62	6.595	欧美供应紧缺，东北亚货源去欧美套利，中国丙酮也积极出口，达到 6.62 万吨的水平，创下历史之最
	下游消费量 / 万吨	211.45	245.02	33.57	下游 MMA、双酚 A、异丙醇均有新增装置，消费量呈现增长之势

9.1 中国丙酮供需平衡分析

2017—2021 年，中国丙酮供需呈稳步增长的态势。据数据统计显示，2017—2021 年中国丙酮产量年均增速为 15.44%，丙酮产量增长主要受新增装置产能释放提振。近五年下游消费年均增速为 13.19%，需求增长主要来自下游双酚 A、MMA、异丙醇装置的不断上马。

2021 年中国丙酮暂无新增产能，丙酮产能稳定在 206 万吨 / 年。2020 年四季度新增 44 万吨 / 年丙酮装置，以上装置在 2021 年集中释放，支撑 2021 年丙酮产量达到 198.16 万吨，同比增长 34.58%。

进口方面，随着国货供应量的不断增加，自给率得以提升，2021 年进口量明显减少，下降至 62.26 万吨，同比下降 11.94%。进口货源多以合约为主，现货交易减少。

出口方面，由于年初欧美极寒天气导致部分酚酮装置不可抗力停车，上半年供应呈现紧张的局面，东北亚货源纷纷去欧美套利，中国也在此行列之中。2021 年出口量大增至 6.62 万吨，同比暴涨 26380%。

2021 年丙酮下游消费量逐年攀升，主要下游双酚 A 及 MMA 扩能较快，对丙酮的需求量增速提升，同比增长 15.88%。

2017—2021 年中国丙酮供需平衡见表 9.1。

表 9.1 2017—2021 年中国丙酮供需平衡表

项目	2017 年	2018 年	2019 年	2020 年	2021 年
产能 /(万吨 / 年)	155	168	168	206	206
开工率 /%	71.98	70.31	89.82	71.48	96.19
产量 / 万吨	111.57	118.12	150.89	147.24	198.16
进口量 / 万吨	49.31	67.77	77.92	70.70	62.26
总供应量 / 万吨	160.88	185.89	228.81	217.94	260.42
出口量 / 万吨	2.25	0.37	0.21	0.025	6.62
下游消费量 / 万吨	149.25	176.24	210.81	211.45	245.02
总需求量 / 万吨	151.5	176.61	211.02	211.48	251.64

9.2 中国丙酮供应现状分析

9.2.1 2021 年中国丙酮国产供应量分析

2017—2021 年中国丙酮产能复合增长率在 7.37%。近五年内丙酮装置扩能主要集中在 2018 年和 2020 年，其中 2018 年中海壳牌石油化工有限公司 13 万吨装置投产，2020 年浙江石油化工有限公司 25 万吨装置、利华益维远化学股份有限公司二期 13 万吨装置、台化兴业（宁波）有限公司 6 万吨装置投产，支撑丙酮产能进一步扩张。

2017—2021 年中国丙酮产能变化趋势见图 9.1。

2017—2021 年中国丙酮产量整体呈现增长态势，装置运行情况延续五年三修的规律，近五年产量复合增长率在 15.44%。尽管中国丙酮新增产能增加，但 2020 年新增的 44 万吨 / 年产能多集中在四季度投产，因此新产能对 2020 年的贡献度有限，加之当年装置大修集中，导致丙酮

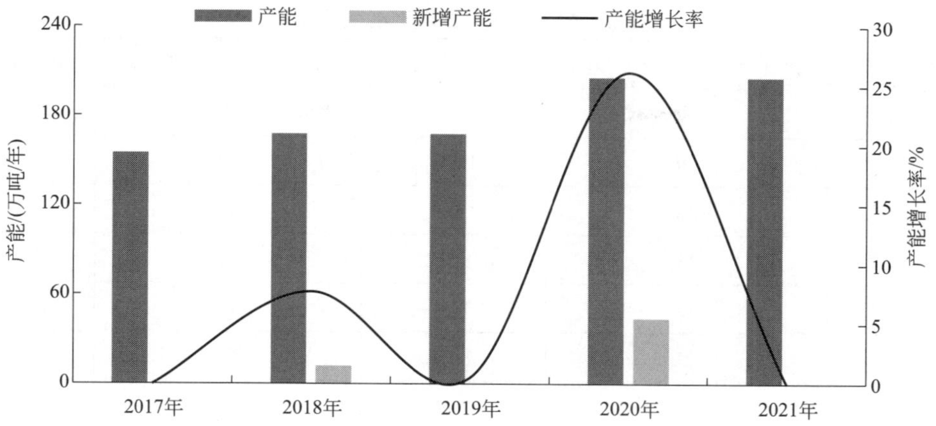

图 9.1　2017—2021 年中国丙酮产能变化趋势

产量略有下降，同比下降 2.42%。2021 年国内装置无计划内大修，且 2020 年新增的 44 万吨 / 年新产能得以释放，支撑丙酮产量增多，但 9 月份受到限电政策的影响，三四季度的丙酮产量较上半年略有减少。2021 年丙酮产量达到 198.16 万吨，同比增长 34.58%。

2017—2021 年中国丙酮产量及开工率变化趋势见图 9.2。

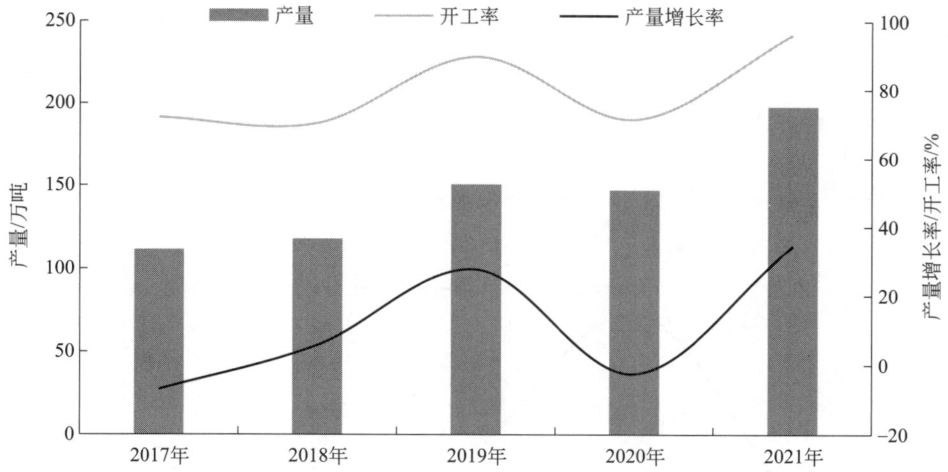

图 9.2　2017—2021 年中国丙酮产量及开工率变化趋势

9.2.2　2021 年中国丙酮区域供应结构分析

从国内产能分布看，中国丙酮产能主要集中在华东、华北、华南、东北地区。从近五年产能变化来看，华东地区一直是最集中区域，也是新增产能较为密集的区域。2021 年华东地区丙酮产能共计 118 万吨 / 年，占比高达 57.28%，居于榜首；华北地区丙酮产能共计 51 万吨 / 年，占比在 24.76%，位居第二；华南地区合计产能在 25 万吨 / 年，占总产能的 12.14%；东北地区有两套 6 万吨 / 年的装置，占比在 5.82%。

中国丙酮分区域产能变化统计见表 9.2。

表 9.2 中国丙酮分区域产能变化统计

区域		2017 年产能 /（万吨 / 年）	2017 年占比 /%	2021 年产能 /（万吨 / 年）	2021 年占比 /%
华东	上海	39	25.16	39	18.93
	江苏	30	19.35	30	14.56
	浙江	18	11.61	49	23.79
华北	山东	13	8.39	26	12.62
	北京	12	7.74	12	5.83
	天津	13	8.39	13	6.31
华南	广东	12	7.74	25	12.14
东北	吉林	9	5.81	6	2.91
	黑龙江	9	5.81	6	2.91

9.2.3 2021 年中国丙酮进口量分析

2017—2021 年中国丙酮进口量年均增长率为6.00%。2017—2019 年中国丙酮进口量逐年递增，在 2019 年达到顶峰 77.92 万吨。从 2020 年开始，丙酮进口量呈现下降的趋势，2021 年自给率大幅提升，挤压部分进口资源，进口量回归至 60 万吨以上，达到 62.26 万吨的水平。

随着国产货源的不断增多，进口商对于进口货物的操作理性回归，多以合约模式进行。另外，年内欧美货源供应趋紧，东北亚部分货源前往欧美套利，来中国的量减少。加之，中国疫情防控导致船只难寻，因此 2021 年中国丙酮进口量较 2020 年减少 8.44 万吨，同比下降 11.94%。

2017—2021 年中国丙酮进口量变化趋势见图 9.3。

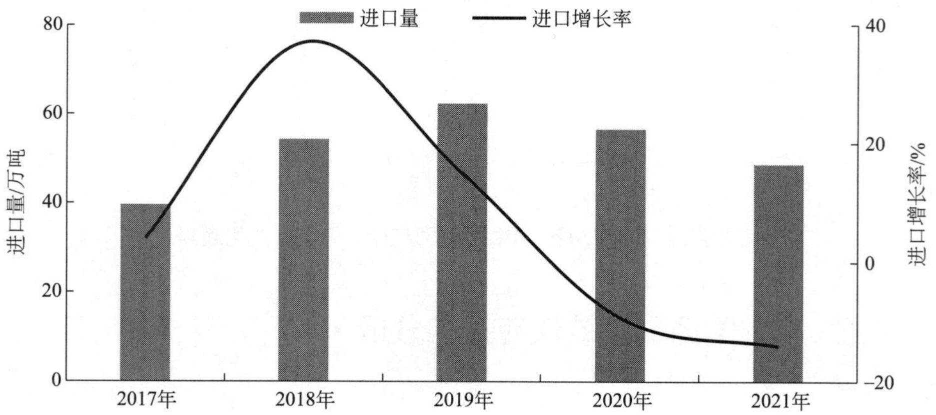

图 9.3 2017—2021 年中国丙酮进口量变化趋势

近五年来，进口丙酮来源结构变化不大，排名前四位的国家及地区依旧是沙特阿拉伯、泰国、韩国、中国台湾。

2017—2021 年中国丙酮主要进口来源及占比见表 9.3。

表 9.3 2017—2021 年中国丙酮主要进口来源及占比情况

单位：万吨

来源国及地区	2017 年	2018 年	2019 年	2020 年	2021 年
沙特阿拉伯	3.92	13.78	16.73	14.67	19.02
泰国	9.63	13.71	15.72	15.02	13.87
韩国	13.76	14.69	17.74	17.27	13.87
中国台湾	14.86	18.46	19.78	18.45	13.51
其他	7.14	7.13	7.95	5.29	1.99
总进口量	49.31	67.77	77.92	70.70	62.26
沙特阿拉伯占比	7.95%	20.33%	21.47%	20.75%	30.55%
泰国占比	19.53%	20.23%	20.17%	21.24%	22.28%
韩国占比	27.91%	21.68%	22.77%	24.43%	22.28%
中国台湾占比	30.14%	27.24%	25.39%	26.10%	21.70%

2021 年中国丙酮进口来源国家及地区的前四位是沙特阿拉伯、泰国、韩国和中国台湾，进口量分别为 19.02 万吨、13.87 万吨、13.87 万吨和 13.51 万吨，占比分别为 30.55%、22.28%、22.28% 和 21.70%。

2021 年沙特阿拉伯进口量排名第一，多以合约供应为主。泰国、韩国和中国台湾货源也源源不断地抵达中国大陆套利。

2021 年中国丙酮进口情况分析见表 9.4。

表 9.4 2021 年中国丙酮进口情况分析

来源国及地区	进口量 / 吨	进口占比 /%	进口额 / 美元	进口均价 / （美元 / 吨）
沙特阿拉伯	190202.34	30.55	163806735	861.22
泰国	138685.63	22.28	127634705	920.32
韩国	138715.45	22.28	120037702	865.35
中国台湾	135082.95	21.70	113164652	837.74
其他	19867.95	3.19	17781795	895.00
总计	622554.32	100.00	542425589	871.29

9.3 中国丙酮消费现状分析

9.3.1 2021 年中国丙酮消费趋势分析

2021 年中国丙酮消费量达到 245.02 万吨，同比增长 15.88%。下游双酚 A 及 MMA 装置的扩能，是丙酮需求量增长的直接驱动力。2017—2021 年中国丙酮消费平均复合增长率在 13.19%。

2017—2021 年中国丙酮消费量变化趋势见图 9.4。

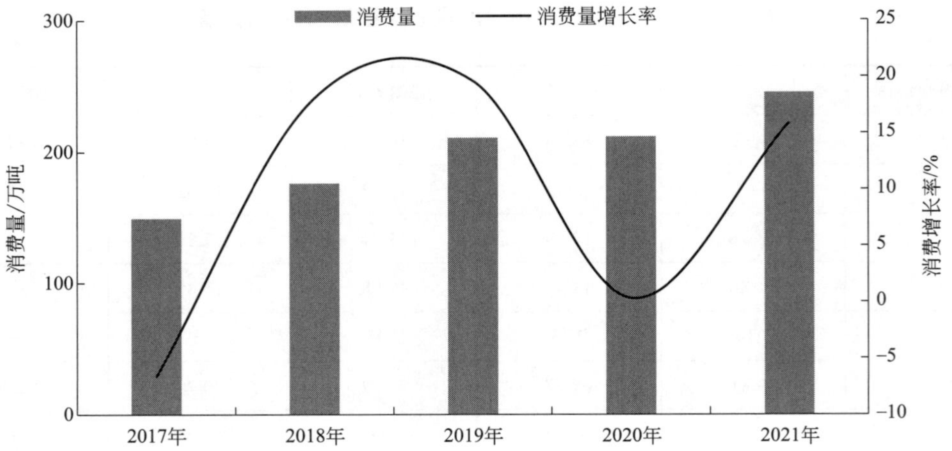

图 9.4　2017—2021 年中国丙酮消费量变化趋势

9.3.2　2021 年中国丙酮消费结构分析

丙酮主要用于生产双酚 A、丙酮氰醇 / 甲基丙烯酸甲酯 (ACH/MMA)、异丙醇、异丙胺，此外还用于生产醛醇化学品 (主要包括甲基异丁基酮、甲基异丁基醇和异佛尔酮) 以及直接用作溶剂和医药中间体等。

2021 年丙酮的总消费量中，溶剂对丙酮的需求量约占丙酮总消费量的 34.22%，较 2020 年变化不大；年内浙石化二期 9 万吨 MMA 装置、利华益炼化 10 万吨 MMA 装置投产，MMA/ 丙酮氰醇对丙酮的需求量增多，同比增长 2.86%，约占总消费量的 21.03%；双酚 A 行业受下游 PC 急速扩张的拉动，产能从 2017 年的 144 万吨扩张至 2021 年的 241.5 万吨，产能增长超 1.5 倍，对丙酮的需求占比提升至 19.95%；异丙醇异丙胺方面约占丙酮消费量的 13.49%；MIBK 方面约占丙酮消费量 4.96%；医药中间体占总消费量的 6.35%，直接用作溶剂上的量仍旧居于榜首，依旧是丙酮最主要的消费领域。

2017—2021 年中国丙酮下游行业需求结构变化趋势见图 9.5。

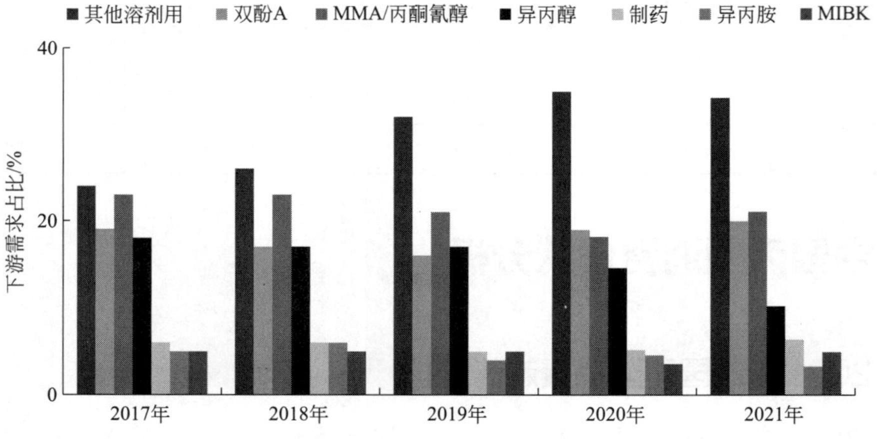

图 9.5　2017—2021 年中国丙酮下游行业需求结构变化趋势

2021 年双酚 A 产量在 181 万吨，折合丙酮消耗量 48.87 万吨，年内两套双酚 A 新增产能及一套扩能投放，但都集中在四季度，产能在当年释放不足。MMA 及丙酮氰醇行业方面，年内丙酮氰醇法 MMA 产量在 69.43 万吨，丙酮氰醇保守估计在 5 万吨附近，对丙酮的折合消耗量在 51.53 万吨。异丙醇行业，由于上半年丙酮加氢法装置开工率偏低，丙酮加氢法异丙醇年内产量在 25 万吨。异丙胺年度内产量在 8 万吨左右，故异丙醇、异丙胺行业对丙酮的整体需求量在 33.06 万吨。MIBK 行业方面，2021 年国内产量在 9.29 万吨，对丙酮的消耗量在 12.16 万吨。

2021 年中国丙酮下游需求占比见图 9.6。

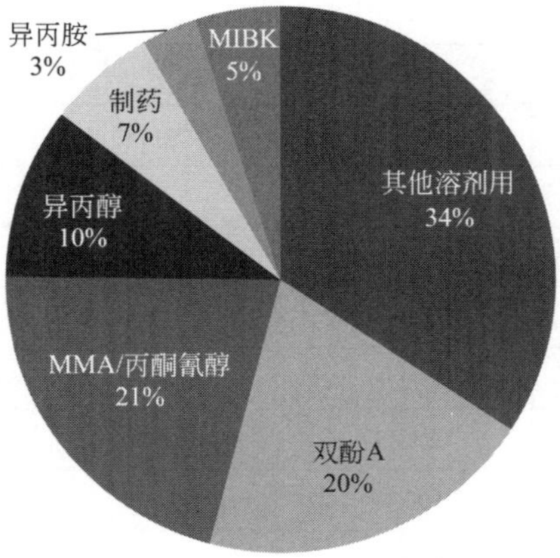

图 9.6 2021 年中国丙酮下游需求占比

9.3.3 2021 年中国丙酮出口量分析

2017—2020 年中国丙酮出口量呈现下降的趋势，2021 年出口量暴增达到顶峰 6.62 万吨，创历史新高。2021 年春节期间，欧美极寒天气导致装置停车供应紧缺，亚洲货源纷纷前往欧美套利，中国也在此行列之中，加快出口的步伐，支撑 2021 年出口量出现跨越式的暴增。

2017—2021 年中国丙酮出口量变化趋势见图 9.7。

图 9.7 2017—2021 年中国丙酮出口量变化趋势

2017—2021 年中国丙酮出口国家及地区发生较大的变化。2018 年印度迪帕克 32 万吨酚酮装置顺利投产后，中国出口至印度的量出现了极度萎缩，然而 2021 年则发生逆转。此现象的改观跟欧美供应紧张有直接的关联，印度丙酮也向欧美补充，因中国丙酮价格偏低存在较大的优势，国外加大对中国丙酮的采购。

2017—2020 年中国丙酮出口至美国的量基本是空白，2021 年丙酮出口至美国的量明显提升，主要因为美国存在较大缺口，中国丙酮出口至美国进行套利。

2017—2021 年中国丙酮主要出口国及地区统计见表 9.5。

表 9.5 2017—2021 年中国丙酮主要出口国及地区统计

单位：吨

出口国及地区	2017 年	2018 年	2019 年	2020 年	2021 年
印度	21756.94	3487.73	1936.52	0	32492.55
美国	0	0	0	0	18506.18
墨西哥	0	0	0	0	5006.44
土耳其	0	0	0	0	3509.35
英国	13.2	0	0	0	2088.65
越南	0	15.25	32.26	38.98	1600.11
其他	720.3	162.97	174.57	208.46	2955.72
总出口量	22490.44	3665.95	2143.35	247.44	66159.00
印度占比	96.74%	95.14%	90.35%	0.00%	49.11%
美国占比	0.00%	0.00%	0.00%	0.00%	27.97%
墨西哥占比	0.00%	0.00%	0.00%	0.00%	7.57%
土耳其占比	0.00%	0.00%	0.00%	0.00%	5.30%
英国占比	0.06%	0.00%	0.00%	0.00%	3.16%
越南占比	0.00%	0.42%	1.51%	15.75%	2.42%

2021 年中国丙酮主要出口至印度和美国，其中出口印度的量高达 32492.55 吨，占出口总量的 49.11%。本年度欧美丙酮装置因不可抗力因素，导致当地供应紧张，外盘价格高涨，受此带动东北亚货源纷纷去欧美套利，印度货物也向欧美倾斜，中国操作者借助机会，加大对印度转口贸易，顺势往欧美进军，支撑年内丙酮出口量大增。

2021 年中国丙酮出口情况分析见表 9.6。

表 9.6 2021 年中国丙酮出口情况分析

出口国及地区	出口量 / 吨	出口占比 /%	出口额 / 美元	出口均价 /（美元 / 吨）
印度	32492.55	49.11	30405968	935.78
美国	18506.18	27.97	20188350	1090.90
墨西哥	5006.44	7.57	5869006	1172.29
土耳其	3509.35	5.30	4241532	1208.64
英国	2088.65	3.16	2651580	1269.52
越南	1600.11	2.42	1321189	825.69
其他	2955.72	4.47	3378830	1143.15
总计	66159.00	100.00	68056455	1028.68

9.4 中国丙酮价格走势分析

2017 年 1 季度在现货资源供应紧张以及原料丙烯走高的支撑下，呈现整体向上的局面，随后受到需求制约，陷入震荡下行的走势。

2018 年国内丙酮行情整体下滑。2018 年 3 月北京危化品运输车禁行，易制毒产品丙酮首当其冲受到影响。第十八次“上海合作组织峰会”于 2018 年 6 月举行，此次会议对于整个化工行业的影响众说纷纭，给市场操作者带来一定的恐慌情绪，对下游需求跟进持质疑态度。除了外围的影响外，国内酚酮产能经历了两年的沉寂后，在 2018 年再添新成员，中海壳牌新上 35 万吨酚酮装置，其中包含年产 22 万吨苯酚和 13 万吨丙酮，供应面上呈现增长的趋势。除此之外，美国宣布 8 月 23 日起对 160 亿美元中国商品征收 25% 关税。其中，丙酮（税则号：29141100）位于加征关税清单之列。受以上因素的制约，丙酮价格在 2018 年进入持续下行的通道。

在经济环境低迷、国际贸易摩擦的压力下，2019 年我国丙酮市场跌至近年来的新低。上半年的最高点在年初 3900 元 / 吨的位置，3 月初跌至上半年最低点 2850 元 / 吨。下半年市场一反常态涨至 6350 元 / 吨后，再度进入下行的轨迹。

2020 年，丙酮价格大幅上涨。3 月份下游异丙醇量价齐飞，受此提振，丙酮开启疯狂上行模式。MIBK 被迫逼停，全军覆没；MMA 连连受挫，深陷亏损的泥潭。6 月上旬丙酮披荆斩棘，冲高到 12500 元 / 吨附近，创下历史高点，下游行业岌岌可危。

2021 年中国丙酮价格振幅不大，下游产品均回归盈利水平。下游双酚 A、MIBK 价格屡创新高，利润丰厚，MMA 及异丙醇也回归盈利的状态。2021 年丙酮价格与原料纯苯、丙烯价格的相关性也有提升，跟随成本面的波动而变化。

2017—2021 年中国丙酮江苏市场价格走势见图 9.8。

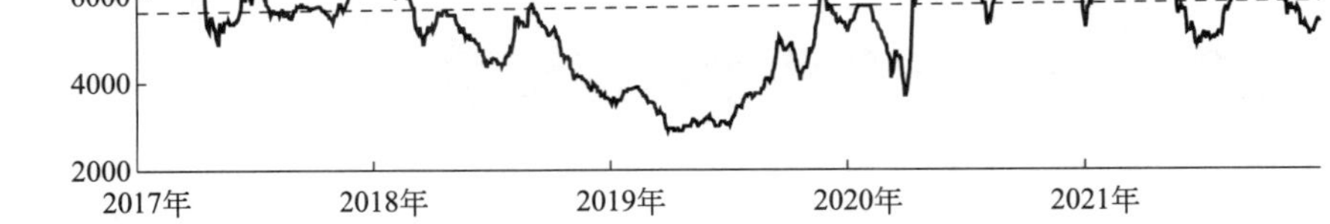

图 9.8 2017—2021 年中国丙酮江苏市场价格走势

9.5 中国丙酮利润走势分析

苯酚与丙酮是联产装置，国内酚酮企业主要采用异丙苯生产法，原料为纯苯和丙烯。2017—2021 年国内酚酮企业生产成本高低不一，2018 年年均生产成本最高，2020 年最低。酚酮企业利润与成本走势直接相关，2017—2021 年国内酚酮生产企业多处于盈利状态，2020 年攀升至近五年来的顶峰。

2017 年酚酮利润并不可观，小幅盈利与亏损并存。2018 年酚酮全年处盈利状态，且利润丰厚，9—11 月初酚酮利润值刷新年内新高，涨至 3000 元 / 吨以上。2019 年酚酮利润除三季度外，基本处盈利状态，年内利润高点出现在 3 月份，苯酚持货商控量推涨，石化企业上调报价，多重利好支撑价格推至年内高点 9100 元 / 吨，酚酮利润值也达到年内顶峰 1900 元 / 吨上方。

2020 年酚酮利润均值为 2205.62 元 / 吨，利润最高值出现在 6 月中旬，达 6422 元 / 吨，最低值出现在 3 月上中旬，为 217.5 元 / 吨。2020 年丙酮价格大幅上涨，酚酮工厂盈利空间得到了极大的提升，一度冲高至 6000 元 / 吨上方。

2021 年酚酮企业利润空间逐步受到挤压，年内纯苯价格相对强势，阶段性拉动苯酚上行，一季度利润整体可观，而二季度末三季度初利润处于亏损状态，最大亏损值超过 700 元 / 吨。随后在成本面与酚酮价格的交互影响下，酚酮工厂利润扭亏为盈，但利润向 1000 元 / 吨推进，年底苯酚价格快速冲高，工厂接连领涨，拉动酚酮利润值冲至 1000 元 / 吨以上。

2017—2021 年中国酚酮成本、利润变化趋势见图 9.9。

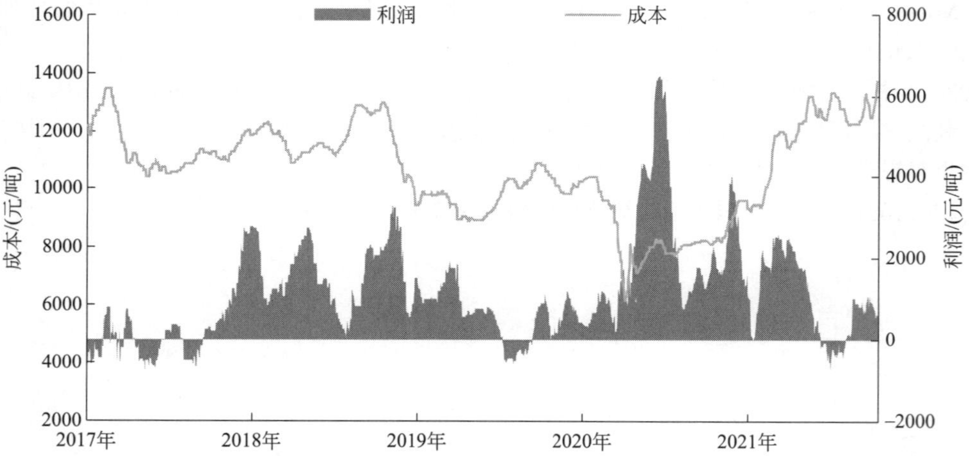

图 9.9 2017—2021 年中国酚酮成本、利润变化趋势

9.6 2022—2026 年中国丙酮发展预期

9.6.1 中国丙酮拟在建 / 退出产能统计

未来五年丙酮行业拟在建产能 248 万吨，其中规模在 25 万吨 / 年以上的企业有 6 家，新增产能主要分布在华东、华南、华北、东北地区。2022—2026 年新增产能集中投放后，丙酮产能翻倍增长，供应格局将发生天翻地覆的变革，国产货供应骤增，进口货源萎缩，出口之路或将打开。市场竞争激烈程度加剧，一体化装置的优越性凸显。

2022—2026 年中国丙酮拟在建产能统计见表 9.7。

表 9.7 2022—2026 年中国丙酮拟在建产能统计

区域	企业名称	产能 /(万吨 / 年)	地址	投产计划	下游配套情况
华东	江苏瑞恒新材料科技有限公司	25	江苏连云港	2022 年	下游双酚 A 装置 48 万吨
	盛虹炼化 (连云港) 有限公司	25	江苏连云港	2022 年	下游 MMA 装置 8.5 万吨
	浙江石油化工有限公司（二期）	25	浙江舟山	2022 年	下游双酚 A 装置 24 万吨
	实友化工 (扬州) 有限公司	18	江苏扬州	2023 年	下游双酚 A 装置 24 万吨
华北	万华化学集团股份有限公司	25	山东烟台	2022 年	下游双酚 A 装置 48 万吨
	青岛海湾集团有限公司	12	山东青岛	2023 年	下游双酚 A 装置 24 万吨
东北	中国石油吉林石化公司	13	吉林吉林	2025 年	下游双酚 A 装置 24 万吨
	吉化集团吉林市星云化工有限公司	12	吉林吉林	2026 年	下游双酚 A 装置 21 万吨
	黑龙江省新产业投资集团龙江化工有限公司	13	黑龙江黑河	2024 年	下游双酚 A 装置 20 万吨
	恒力石化（大连）新材料科技有限公司	26	辽宁大连	2024 年	下游双酚 A 装置 48 万吨
华南	惠州忠信化工有限公司	18	广东惠州	2022 年	下游双酚 A 装置 24 万吨
	广西华谊新材料有限公司	11	广西钦州	2022 年	下游双酚 A 装置 20 万吨
	海南华盛新材料科技有限公司	25	海南东方	2023 年	下游双酚 A 装置 48 万吨

9.6.2 中国丙酮供应趋势预测

2022—2026 年国内丙酮产能产量均呈现增长的态势，未来五年预计产能复合增长率在 7.90%，产量复合增长率为 14.64%。预计 2022—2026 年丙酮开工率维持在 60% ～ 80%；主要考虑到装置的检修情况，酚酮工厂延续五年三修的规律，且考虑到新增装置上马的时间，装置利用率或将延后释放，加之随着产能的不断增加，市场竞争程度愈演愈烈，势必会影响到装置的开工负荷情况。理论上预估 2026 年丙酮产能有望达到 454 万吨，产量在 369.2 万吨。

2022—2026 年中国丙酮供应趋势预测见图 9.10。

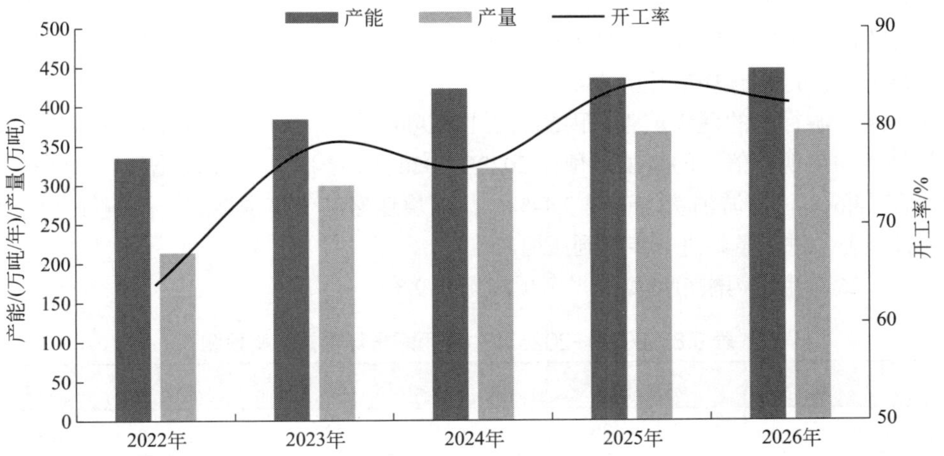

图 9.10 2022—2026 年中国丙酮供应趋势预测

9.6.3 中国丙酮主要下游发展前景预测

未来五年中国丙酮消费量将呈现增长态势，预计复合增长率将达到9.44%。未来五年两大主力下游双酚A及MMA急速扩张，尤其是2022—2024年增速较快。从2025年往后，下游扩张的步伐有所放缓，预计2026年丙酮消费量达368万吨。

2022—2026年中国丙酮消费变化趋势预测见图9.11。

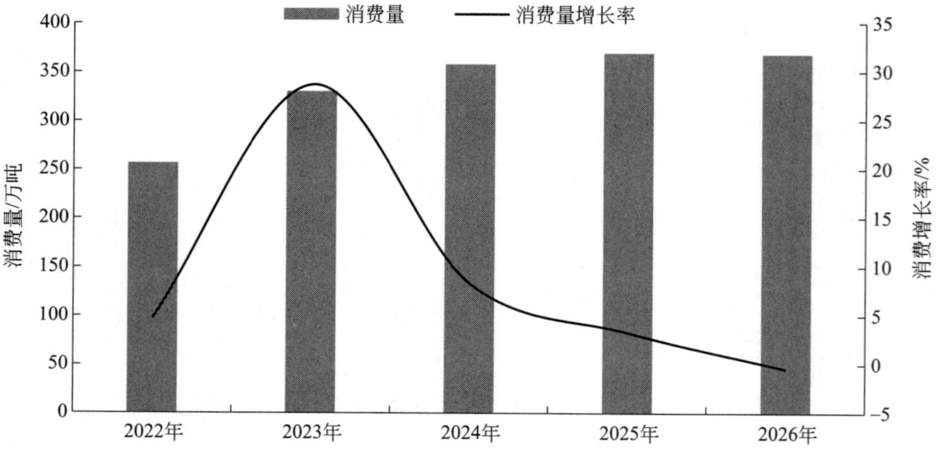

图9.11 2022—2026年中国丙酮消费变化趋势预测

2022年，双酚A和MMA两大下游领域将对丙酮的需求量释放出来，届时独占鳌头的溶剂分量或将受到挤压，并且MMA/丙酮氰醇行业有望抢占丙酮第一下游的领地。

2022年丙酮下游需求结构有望发生逆转，MMA/丙酮氰醇和双酚A行业将碾压其他溶剂领域攀升至第一、第二的位置。MMA/丙酮氰醇行业对丙酮的需求占比将增加至33%的高位；双酚A行业对丙酮的占比将达到28%的水平。

9.6.4 中国丙酮供需格局预测

2021年底国内丙酮产能在206万吨，2022年新增产能预期在129万吨/年。2023—2026年仍有119万吨丙酮装置预期投产，且多配套下游双酚A装置。未来五年，若新增装置均能顺利投产，2026年丙酮产能预期攀升至454万吨。

伴随丙酮下游行业的逐步扩张，丙酮装置也在陆续上马，一体化装置更为抢眼，未来五年中国丙酮供需均呈现翻倍势的增长。预计2022—2026年丙酮产能年平均增速在7.90%，产量年平均增速在14.64%，下游消费增速在9.44%，供应增速略高于需求增速，丙酮行业供应缺口将在五年内被填补，进口量将进一步受到压缩。

2022—2026年中国丙酮市场供需平衡预测见表9.8。

表9.8 2022—2026年中国丙酮市场供需平衡预测

项目	2022年	2024年	2026年
产能/（万吨/年）	335	423	454
开工率/%	64	76	81
产量/万吨	213.78	321.10	369.20

续表

项目	2022 年	2024 年	2026 年
进口量 / 万吨	55	45	40
总供应量 / 万吨	268.78	366.10	409.20
出口量 / 万吨	2.00	1.70	1.30
下游消费量 / 万吨	256.57	357.70	368.00
总需求量 / 万吨	258.57	359.40	369.30

第10章 双酚A

2021年度关键指标一览

类别	项目	2020年	2021年	涨跌值	原因概述
价格	现货成交价均值/(元/吨)	11538	22358	10820	PC、环氧树脂产能扩张及树脂下游电子、风电需求强劲支持，双酚A供不应求，加之外部需求强劲、外盘居高难下，双酚A价格暴涨
供应	产能/(万吨/年)	202.5	241.5	39	行业利润提升，生产企业开工率居高位，加之新增产能投放，国产供应大幅提升
	产量/万吨	154.2	181	26.8	
	开工率/%	76.15	74.95	-1.20	由于新装置投产集中在四季度，导致平均开工率下降
需求	进口量/万吨	59.47	49.64	-9.83	首先新增产能投放，国产供应需求增加，进口萎缩；其次欧美、东南亚市场强劲，进口货源流向有所偏移；再者美元价格偏高，业者警惕风险、谨慎进口
	出口量/万吨	1.34	0.46	-0.88	国产供不应求，航运运力紧张且运费高，抑制出口商谈兴趣

10.1 中国双酚 A 供需平衡分析

2017—2021 年中国双酚 A（BPA）市场供需呈稳定增长态势。2017—2021 年中国双酚 A 产量年均增速在 11.84%，消费量年均增速在 9.85%。产量的增长主要来自双酚 A 行业产能的扩张以及部分年份开工率的提升，需求的增长主要来自下游 PC 行业的快速扩张推动。2021 年中国新增 2 套双酚 A 装置、1 个 5 万吨装置扩能，行业总产能提升至 241.5 万吨，截至 2021 年底，双酚 A 产量增长至 181 万吨，较 2020 年同期上涨 17.38%。

进出口方面，目前国内双酚 A 仍供不应求，仍需要进口资源补充，但伴随国产供应量增加，进口占比萎缩。据海关数据统计显示，2021 年中国双酚 A 进口量 49.64 万吨，同比下降 16.53%。2021 年中国双酚 A 消费增长至 228.60 万吨，同比增长 7.83%，主要来自聚碳酸酯（PC）产能的扩张、上年四季度扩能装置的运行，以及下游环氧树脂需求的强劲增长。据统计，2021 年中国新增 3 套聚碳酸酯装置，合计产能 62 万吨。

2017—2021 年中国双酚 A 供需平衡见表 10.1。

表 10.1 2017—2021 年中国双酚 A 供需平衡表

项目	2017 年	2018 年	2019 年	2020 年	2021 年
产能 /（万吨 / 年）	144.00	144	169.50	202.50	241.50
开工率 /%	80.33	84.72	85.55	76.15	74.95
产量 / 万吨	115.68	122.00	145.00	154.20	181.00
进口量 / 万吨	43.52	46.97	60.62	59.47	49.64
总供应量 / 万吨	161.20	171.97	211.52	215.47	232.64
出口量 / 万吨	0.42	0.15	0.99	1.34	0.46
下游消费量 / 万吨	157.00	166.00	204.00	212.00	228.60
总需求量 / 万吨	157.42	166.15	204.99	213.34	229.06

10.2 中国双酚 A 供应现状分析

10.2.1 2021 年中国双酚 A 国产供应量分析

2017—2021 年中国双酚 A 产能复合增长率在 13.80%，2017、2018 年双酚 A 产能相对稳定，产能增长主要集中在 2019—2021 年，下游 PC 行业的扩张潮以及石化行业一体化发展战略，是双酚 A 产能快速增长的主要推手。

2017—2021 年中国双酚 A 产能变化趋势见图 10.1。

伴随中国双酚 A 新增产能释放及需求增长，2017—2021 年中国双酚 A 产量整体呈增长态势，开工率逐步下降，近五年产量复合增长率在 11.84%。2017—2018 年伴随下游需求持续增长及企业盈利状况好转，行业开工负荷提升，2019—2021 年新增产能投产往往集中在下半年及四季度，一定程度上拉低整体行业开工率。2021 年双酚 A 行业平均开工率约 75%，若抛去新增产能投放时间因素，行业现有装置开工率平均在 80% 之上。

2017—2021 年中国双酚 A 产量及开工率变化趋势见图 10.2。

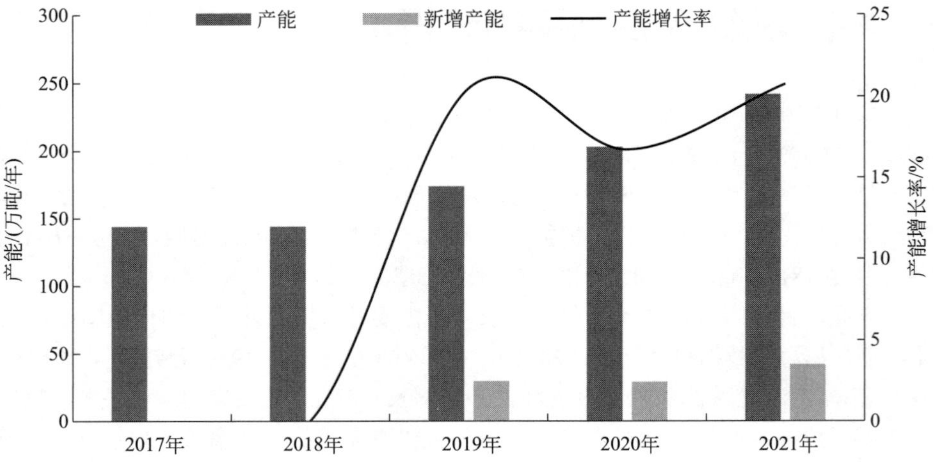

图 10.1 2017—2021 年中国双酚 A 产能变化趋势

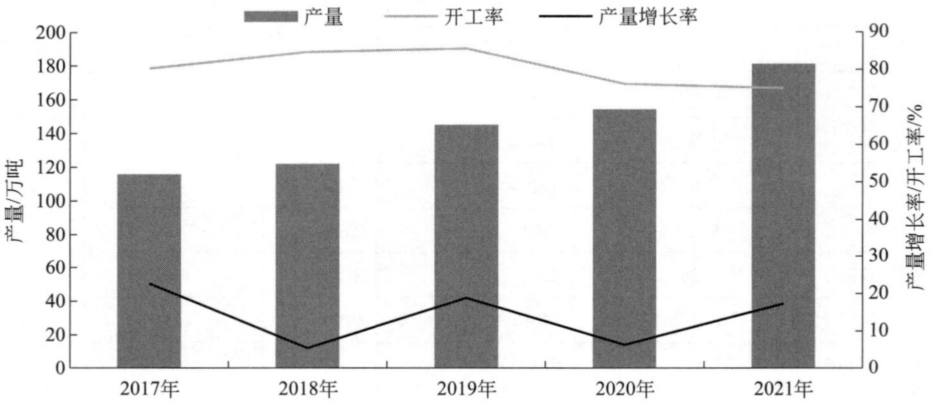

图 10.2 2017—2021 年中国双酚 A 产量及开工率变化趋势

10.2.2 2021 年中国双酚 A 区域供应结构分析

从产能分布而言，中国双酚 A 产能分布集中，从近五年产能变化来看，华东一直是国内双酚 A 产能最集中区域，也是新增产能比较集中的区域。

2021 年，华东双酚 A 产能占比高达近 70%，华北、华南占比分别在 14.69% 和 10.55%，伴随河南平煤神马聚碳材料有限公司 13 万吨 / 年装置投产，华中地区也打破了双酚 A 零供应的空白。华东、华北地区同时也是双酚 A 的主要输出区域。

中国双酚 A 分区域产能变化统计见表 10.2。

表 10.2 中国双酚 A 分区域产能变化统计

区域		2017 年产能 /（万吨 / 年）	2017 年占比 /%	2021 年产能 /（万吨 / 年）	2021 年占比 /%
华东	上海	53	36.81	67	27.74
	江苏	42	29.17	55.5	22.98
	浙江	15	10.42	39	16.15
	山东	12	8.33	24	9.94

续表

区域		2017 年产能 /（万吨 / 年）	2017 年占比 /%	2021 年产能 /（万吨 / 年）	2021 年占比 /%
华北	北京	18	12.50	15	6.21
	天津	0	0.00	24	9.94
华南	惠州	4	2.78	4	1.66
华中	河南	0	0.00	13	5.38

10.2.3　2021 年中国双酚 A 进口量分析

2017—2021 年中国双酚 A 进口先扬后抑，2019 年进口量突破 60 万吨，创历史新高，2017—2019 年下游环氧树脂相对稳定，但 PC 行业快速扩张产能翻倍增长近 80 万吨产能，且上下游配套少，而此间双酚 A 新增产能仅 30 万吨，供不应求矛盾凸显，对进口需求量提升；2020—2021 年双酚 A 国产自给率逐步提升（一方面装置扩瓶颈 + 扩能，另一方面行业利润改观，双酚 A 主力企业开工率提升），再者东南亚及周边市场需求提升，亚太出口方向也出现一定倾斜，如倾向印度市场，2021 年 2—3 月份欧美极寒天气造成的供应断档、价格偏高也吸引部分亚洲货源前往，2021 年中国双酚 A 进口萎缩近 16.53%。

2017—2021 年中国双酚 A 进口量变化趋势见图 10.3。

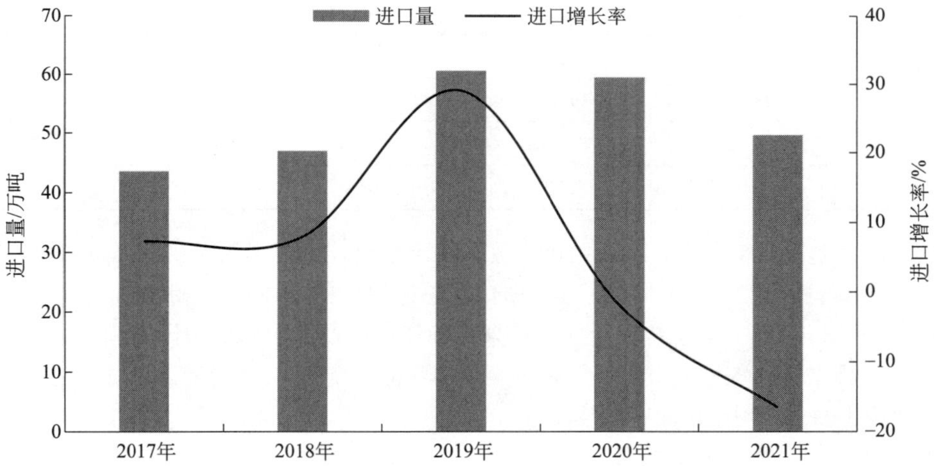

图 10.3　2017—2021 年中国双酚 A 进口量变化趋势

近五年以来，国内双酚 A 来源结构变化不大，主要来自近洋地区的韩国、泰国、新加坡、中国台湾和日本地区，这五地进口量占全年总进口量的 96% ～ 98%。其他进口主要来自荷兰、沙特阿拉伯和美国，占总进口量的 2% ～ 3%。

韩国是中国双酚 A 第一大来源国，主要来源为韩国 LG 和韩国锦湖，2017—2019 年数量明显增长，主要源于装置扩能供应增加，2020 年韩国对中国出口下降近 3 万吨，主要由于本土环氧树脂扩能自耗量提升；泰国双酚 A 对中国出口呈现递减趋势，主要源于东南亚周边需求的提升；新加坡供应相对比较稳定，年均 10 万吨左右；中国台湾对中国大陆出口量呈现递增趋势，一方面源于产能扩张，再者中国消费需求强劲增长，对其有较大吸引力；日本近年对中国出口也呈现增长趋势，主要受下游PC行业需求驱动，进料加工比例明显提升。2021年双酚A前五位进口占比高达98%，其中新加坡进口增量显著，泰国装置检修、故障损失量，加之其出口转向其他国家和地区，出口量下降明显，另外韩国、日本、荷兰均出现下降趋势。

2017—2021年中国双酚A主要进口来源及占比情况见表10.3。

表10.3 2017—2021年中国双酚A主要进口来源及占比情况

单位：吨

来源国及地区	2017年	2018年	2019年	2020年	2021年
韩国	106435.20	137307.49	236642.39	207257.25	154399.90
泰国	155609.00	132516.00	127680.04	117527.50	80331.10
新加坡	104295.00	90865.00	105810.00	100305.00	121410.00
中国台湾	47599.20	80584.01	103687.36	118662.96	102484.00
日本	9935.97	10874.30	22775.56	33983.15	27241.80
荷兰	630.00	9688.00	1160.00	12370.00	6348.00
沙特阿拉伯	7859.60	3420.36	5961.82	1536.74	2211.20
美国	1563.42	1644.51	670.89	468.64	915.50
合计	423874.40	452146.79	596595.35	577735.86	495341.50
总进口量	435703.80	469662.27	606435.91	594731.27	496418.40
前5位占比	97.28%	96.27%	98.38%	97.14%	97.87%
韩国占比	24.43%	29.24%	39.02%	34.85%	31.10%
泰国占比	35.71%	28.22%	21.05%	19.76%	16.18%
新加坡占比	23.94%	19.35%	17.45%	16.87%	24.46%
中国台湾占比	10.92%	17.16%	17.10%	19.95%	20.64%
日本占比	2.28%	2.32%	3.76%	5.71%	5.49%

中国双酚A进口相对集中，据海关进口数据统计显示，2021年我国双酚A进口主要在韩国、新加坡、中国台湾、泰国和日本，这五地进口占总进口量的97.87%。相比2020年，来自泰国进口量明显下降，这与上半年装置检修、意外故障停车以及泰国向周边国家和地区出口转移有一定关系。另外来自新加坡的进口比例提升至近24.46%，新加坡成为我国第二大进口来源，自2020年下半年以来其对中国出口已明显提升。

2021年中国双酚A进口分析见表10.4。

表10.4 2021年中国双酚A进口分析

来源国及地区	进口量/吨	进口占比/%	进口额/美元	进口均价/（美元/吨）
韩国	154399.90	31.10	442948118	2868.84
新加坡	121410.00	24.46	344380513	2836.51
中国台湾	102484.00	20.64	287869225	2808.92
泰国	80331.10	16.18	220207344	2741.25
日本	27241.75	5.49	71555845	2626.70
荷兰	6348.00	1.28	16577002	2611.37
沙特阿拉伯	2211.00	0.45	3667896	1658.80

续表

来源国及地区	进口量 / 吨	进口占比 /%	进口额 / 美元	进口均价 / （美元 / 吨）
巴西	1030.00	0.21	2783276	2702.21
美国	915.48	0.18	1709044	1866.83
西班牙	25.00	0.01	78680	3146.95
比利时	20.00	0.00	78734	3936.70
德国	2.00	0.00	3300	1650.00
瑞士	0.00	0.00	447	—
加拿大	0.00	0.00	1540	—
国 (地) 别不详	0.00	0.00	3	—
总计	496418.45	100	1391860967	2803.81

10.3 中国双酚 A 消费现状分析

10.3.1 2021 年中国双酚 A 消费趋势分析

中国双酚 A 的下游消费集中在环氧树脂和聚碳酸酯两大领域，两者约占双酚 A 总消费量的 90% 以上。近年伴随 PC 行业国产技术的突破和行业的快速发展，成为近五年来推动双酚 A 消费增长的最大动力，目前中国已成为全球双酚 A 消费增长最快的国家之一。近两年伴随风电行业、5G 信息产业、新基建等行业的发展，环氧树脂再度焕发生机，未来新增产能陆续出现。

2021 年中国双酚 A 消费量在 228.60 万吨，较 2020 年增长 7.8%，仍保持高速增长，主要受环氧树脂新产能释放、需求强劲及 PC 新增产能投放推动。双酚 A 年内消费高点集中在 2—4 月份，主要受环氧树脂及 PC 消费双轮驱动，此间风电、电子行业及国际市场（出口）强劲需求，环氧树脂利润高企，特别是液体行业开工负荷维持高位；另一下游 PC 装置可利用产能同比增长（2020 年末沧州大化、万华化学、浙石化投产）。

2017—2021 年中国双酚 A 消费量变化趋势见图 10.4。

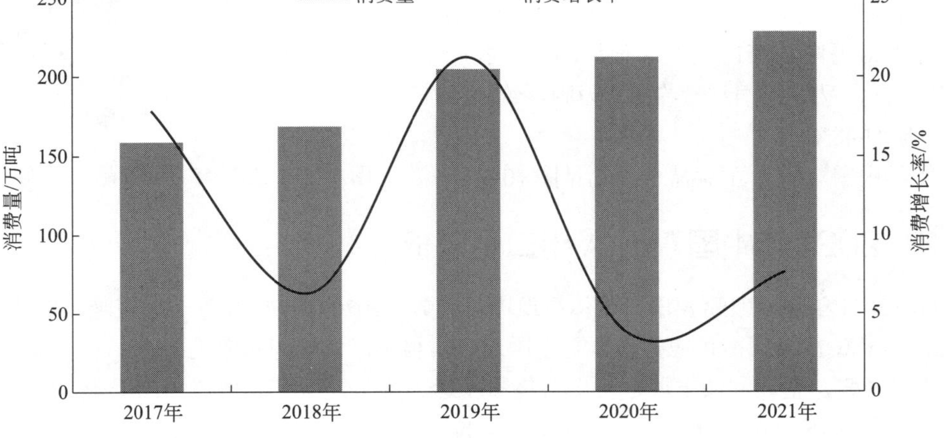

图 10.4 2017—2021 年中国双酚 A 消费量变化趋势

10.3.2 2021年中国双酚A消费结构分析

与全球双酚A下游消费结构类似，中国双酚A主要下游产品也是PC和环氧树脂，2017—2021年PC和环氧树脂行业对双酚A的消费复合增长率分别在17.78%和7.76%，2019年PC首次超过环氧树脂，成为双酚A第一大消费领域，其他领域主要为胶黏剂、阻燃剂等行业。据数据显示，PC产能从2017年的87.5万吨增至2021年的288(上半年221+新增67)万吨，产能增长近3.3倍，环氧树脂产能从230万吨增至2021年的257.8（236+新增23.8）万吨，产能增长12.09%，其对双酚A行业需求贡献高低、增速快慢显而易见。

2017—2021年中国双酚A下游行业需求结构变化趋势见图10.5。

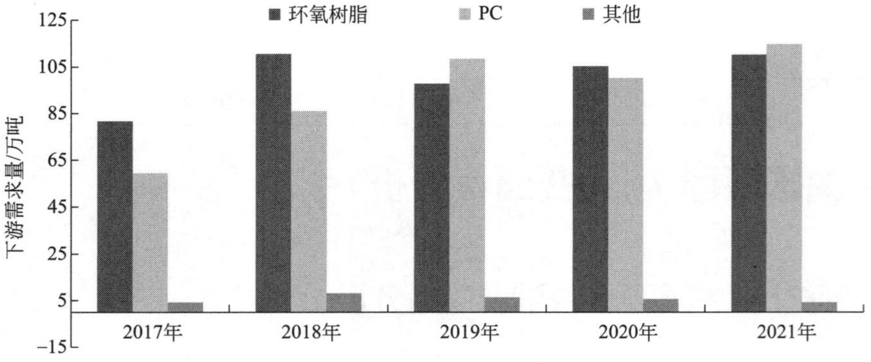

图10.5 2017—2021年中国双酚A下游行业需求结构变化趋势

2020年PC总产量110余万吨，折合双酚A消耗量约100万吨，环氧树脂总产量约152万吨，折合双酚A消耗量105.18万吨。进入2021年，有三套PC新增产能释放，以及2020年末2021年初投产的万华化学（二期）、沧州大化、浙石化商品量释放，2021年PC总产量进一步增长至130万吨，同比增长18.18%，折合双酚A消耗量约114.4万吨，占双酚A总消费量的50%。

另一下游环氧树脂2021年迎来扩张高峰，初步统计将有23.8万吨新产能投产，预计环氧树脂产量161万吨，折合双酚A消耗量约110万吨，约占双酚A总消费量的48%。

2021年中国双酚A下游需求占比见图10.6。

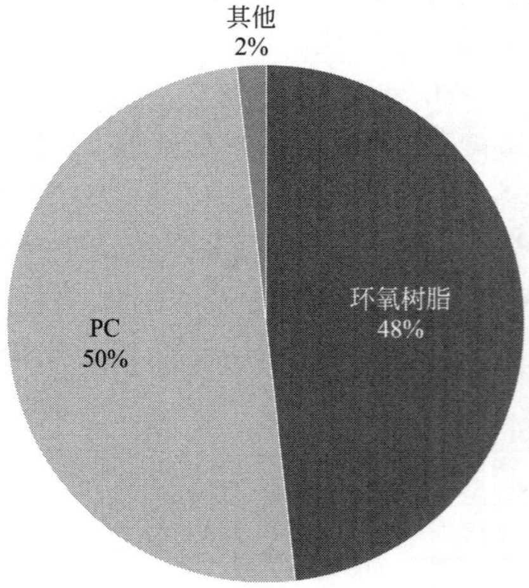

图10.6 2021年中国双酚A下游需求占比

10.3.3 2021年中国双酚A出口量分析

2017—2021年中国双酚A出口整体呈现增长趋势，2020年出口峰值1.34万吨，创历史新高。2019—2020年双酚A国产供应提升，且中国现货价格不高，出口竞争力提升；2021年双酚A国产供应相对紧张，企业利润丰厚，且出口集装箱运力受限，生产商出口意向受限，2021年中国双酚A出口量0.46万吨，较上年同期下降约66%。

2017—2021年中国双酚A出口量变化趋势见图10.7。

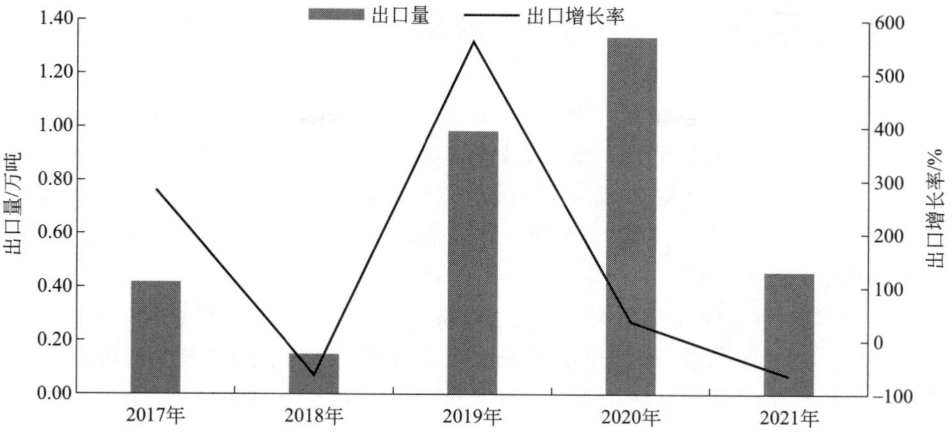

图 10.7 2017—2021 年中国双酚 A 出口量变化趋势

近五年来，中国双酚 A 主要出口方向发生了一些变化，2017、2018 年双酚 A 本身出口量偏低，主要方向为韩国和越南；2019—2021 年，伴随亚洲其他地区需求的崛起，中国双酚 A 出口开始转向马来西亚、伊朗，近两年往中东阿联酋的出口量也明显增加。2021 年，双酚 A 出口总量约 4594 吨，主要出口方向为阿联酋，占总出口量的 87.45%。

2017—2021 年中国双酚 A 出口情况分析见表 10.5。

表 10.5 2017—2021 年中国双酚 A 出口情况分析

单位：吨

出口国及地区	2017 年	2018 年	2019 年	2020 年	2021 年
马来西亚	30.00	32.25	7685.00	7922.0	530.00
伊朗	15.00	41.60	2074.00	2063.50	5.20
印度	0.00	2.25	105.00	0.00	0.00
阿联酋	0.00	15.75	1.80	1635.90	4017.53
韩国	2942.35	1321.42	1.60	1028.80	12.20
沙特阿拉伯	0.00	0.08	0.00	738.00	0.00
中国台湾	0.00	0.00	0.00	0.00	10.21
阿根廷	0.00	0.00	0.00	0.00	5.20
刚果（金）	0.00	0.00	0.00	0.00	3.10
菲律宾	0.00	0.00	0.00	0.00	1.50
泰国	0.00	0.00	0.00	0.00	1.10
立陶宛	0.00	0.00	0.00	0.00	0.03
科特迪瓦	45.60	48.5	0.00	0.00	2.40
中国香港	0.00	0.00	0.00	0.00	0.03
意大利	0.00	0.00	0.00	0.00	0.90
肯尼亚	0.00	0.00	0.00	0.00	1.50
俄罗斯	0.00	0.00	0.00	0.00	1.00
越南	45.60	48.50	0.00	0.00	2.25

10.4 中国双酚A价格走势分析

近五年来，中国双酚A市场跌宕起伏，但2021年绝对是双酚A历史振幅最大年份。2017—2018年三季度，伴随行业供需面的改善以及上游苯酚丙酮成本推动，双酚A市场回暖，价格震荡走高，华东主流市场从低点8600元/吨震荡走高至15100元/吨水平。但从2018年四季度至2019年受全球经济增速放缓，中美贸易摩擦，以及成本面持续走低和双酚A国产供应提升影响，中国双酚A市场重心大幅下挫。

而2020年一季度新冠肺炎疫情暴发，大宗商品价格恐慌性下跌，双酚A价格在4月初降至低点6900元/吨。之后中国疫情率先得到控制，需求复苏，伴随着全球刺激消费的流动性释放，化工品市场演绎报复性反弹价格快速拉升，而期间成本特别是丙酮的强势上涨，环氧树脂下游风电因补贴政策出现抢装潮，成本及供需也对双酚A市场起到推波助澜作用，11月份华东主流市场冲高至2万元/吨。12月份双酚A价格高位不胜寒，业者获利回吐积极出货，双酚A价格12月底快速跌至12600元/吨，社会库存也降至偏低水平。

2021年双酚A现货市场供不应求、国际市场需求强劲价格高企、外围大宗商品市场整体强势等多重利好共振，2021年上半年一直处于紧平衡状态的双酚A市场迎来大牛行情，现货价格、利润均创历史新高，与原料苯酚丙酮价格长时间脱钩成常态。三季度双酚A市场先扬后抑，市场跌宕起伏，下游环氧树脂仍是左右双酚A行情的主要动因，特别是9月份能耗双控影响下游环氧树脂大幅降负荷，双酚A价格从8月高点28200元/吨回调至低点21500元/吨左右；四季度双酚A国内外装置集中检修结束、中国有三套新装置投产在即，使得现货市场承压进一步，截至12月末，华东主流市场商谈在17050元/吨。

2017—2021年中国双酚A现货价格走势见图10.8。

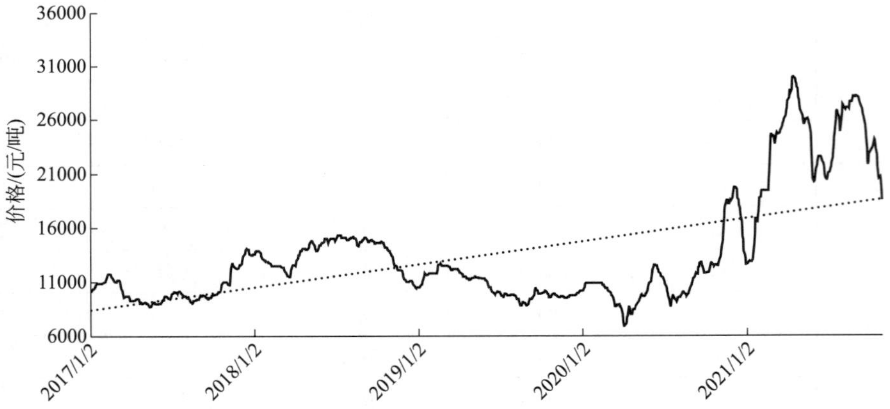

图10.8 2017—2021年中国双酚A现货价格走势

10.5 中国双酚A利润走势分析

2017—2021年中国双酚A行业利润情况改观。2017年和2019年为双酚A平均利润较低年份，2017年原料苯酚受成本推动上行，与双酚A价差不断缩窄；2019年长春化工13.5万吨/年装置和利华益12万吨/年新装置投产，加之科思创5万吨/年双酚A装置扩能，国产供应量大幅提升，双酚 A 市场走“软”，尽管原料苯酚价格整体同步下行，但由于另一下游丙酮终端需求提振价格坚挺上扬，导致双酚 A 成本增加，行业利润萎缩。2017 年和 2019 年在某些时段均出现双酚 A 利润率为负数的情况。2018 年很长一段周期酚酮与双酚 A 逆向运行（特别丙酮供应过剩相对偏弱），导致双酚 A 成本下降，利润提升。

2020 年二季度至 2021 年双酚 A 利润情况大幅改观，2020 年“丙酮强苯酚弱”持续整年，而双酚 A 受供需基本面影响，价格快速拉升，2021 年尤甚，一度与原料酚酮脱节（尽管上半年苯酚上涨幅度超过 60%），行业平均利润飙升至 10000 元 / 吨之上，创历史新高，2021 年 4 月中旬双酚 A 最高利润率达 61%，年初最低利润率 28%。2021 年下半年，双酚 A 行情仍表现强劲，特别是 8 月份市场冲击年内第二轮新高 28200 元 / 吨高位，使得双酚 A 利润率水平接近 60%。10 月份伴随国内新装置投产、下游 PC 需求进一步收缩以及国内装置停车检修陆续结束，双酚 A 价格大幅回落至 20000 元 / 吨附近，利润空间也压缩至万元之下，11—12 月份双酚 A 平均利润率在 30% 附近。

2017—2021 年中国双酚 A 利润变化趋势见图 10.9。

图 10.9 2017—2021 年中国双酚 A 利润变化趋势

10.6 2022—2026 年中国双酚 A 发展预期

10.6.1 中国双酚 A 拟在建 / 退出产能统计

未来五年双酚 A 行业拟在建产能将达到 485 万吨 / 年，其中规模在 20 万吨 / 年以上的企业有 15 家，新增产主要分布在华东、华南、东北地区。2022—2024 年新增产能集中投放后，双酚 A 市场供应格局将发生重大变化，包括进口萎缩、出口增加，以及货源流向也将发生重大改变。但双酚 A 上下游一体化发展的趋势进一步凸显。

2022—2026 年中国双酚 A 拟在建产能统计见表 10.6。

表 10.6 2022—2026 年中国双酚 A 拟在建产能统计

区域	企业名称	产能 /（万吨 / 年）	地址	投产计划
华东	科思创聚合物（中国）有限公司	5	上海化学工业区	2022 年扩能
	南亚塑胶工业（宁波）有限公司	17	浙江宁波	2022 年三季度
	浙江石油化工有限公司 (二期)	24	浙江舟山	2022 年 1 月
	江苏瑞恒新材料科技有限公司	48	江苏连云港	2022 年二季度；2022 年四季度
	实友化工（扬州）有限公司	24	江苏扬州	2022 年
	青岛海湾化学有限公司	24	青岛董家口	2022 年四季度
	万华化学集团股份有限公司	48	山东烟台	2022 年四季度
	鲁西化工	24	山东聊城	2022 年三季度
	南通星辰合成材料有限公司	30	江苏南通	2024 年
华北	沧州大化股份有限公司	20	河北沧州	2022 年二季度
华南	海南华盛新材料科技有限公司	48	海南东方	2022 年二季度；二期 2023 年
	广西华谊新材料有限公司	20	广西钦州	2022 年末
	惠州忠信化工有限公司	24	惠州大亚湾	2023 年三季度
	中海壳牌惠州石化	24	惠州大亚湾	2026 年
东北	黑龙江省新产业投资集团龙江化工有限公司	20	大庆林源	2023 年末
	恒力石化（大连）新材料科技有限公司	48	辽宁大连	2024—2025 年
	中国石油吉林石化公司	24	吉林	2025 年
	营口佳孚石油化工有限公司	13	营口仙人岛	2025 年之后
总计		485		

10.6.2 中国双酚 A 供应趋势预测

伴随一体化装置投产释放，2022—2026 年国内双酚 A 产能和产量同步大幅增长。产能和产量预测增长率可能出现偏差的主要原因：受装置投产时间分布所致，装置利用率并非全年；2022 年之后双酚 A 逐步过剩，行业竞争激烈，甚至不排除后续亏本运营，有可能出现降负荷运行状况。预计 2026 年产能达到 726.5 万吨，产量 450 万吨附近。

2022—2026 年中国双酚 A 供应预测见图 10.10。

10.6.3 中国双酚 A 主要下游发展前景预测

未来五年，伴随产业一体化发展，下游 PC 和环氧树脂均进入一个产能扩张周期，2022—2026 年国内大概有 14 家 230 万吨之上 PC 装置预计投产，20 余家 210 多万吨环氧树脂产能计划投产，届时对双酚 A 需求量将大幅增加。

10.6.4 中国双酚 A 供需格局预测

未来五年，伴随双酚 A 上下游产业链逐步完善，行业一体化趋势愈加明显，中国双酚 A 供

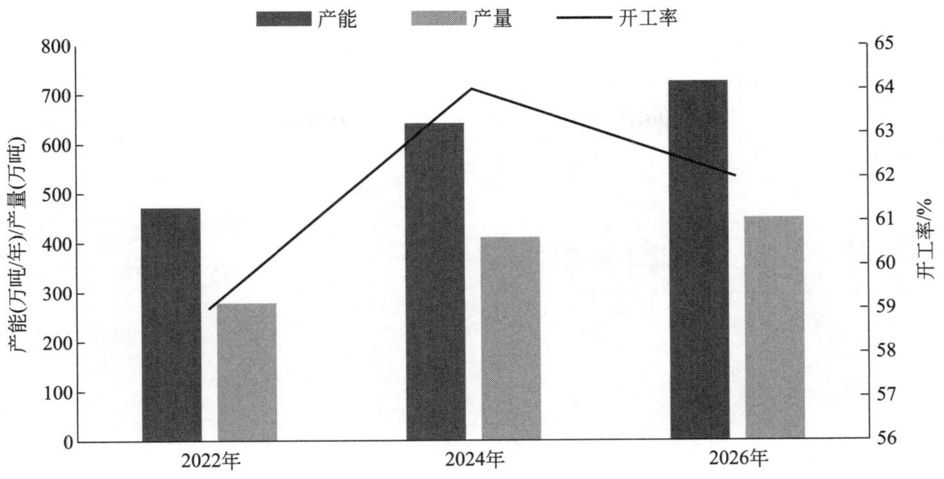

图 10.10 2022—2026 年中国双酚 A 供应预测

需均呈现大幅增长之势。预计未来五年双酚 A 产能年平均增速在 11.41%，产量年平均增速在 12.82%，下游消费增速在 9.93%，供应增速高于消费增速，届时行业将进入供过于求周期，进口将大幅缩量，出口成为企业谋求未来发展的重要方向。

2022—2026 年中国双酚 A 市场供需平衡预测见表 10.7。

表 10.7 2022—2026 年中国双酚 A 市场供需平衡预测

项目	2022 年	2024 年	2026 年
产能 /（万吨 / 年）	471.50	641.50	726.50
开工率 /%	59.00	64.00	62.00
产量 / 万吨	278.00	410.56	450.43
进口量 / 万吨	30.00	7.00	5.00
总供应量 / 万吨	308.00	417.56	455.43
出口量 / 万吨	3.00	38.00	12.00
下游消费量 / 万吨	302.10	374.94	441.10
总需求量 / 万吨	305.10	412.94	453.10

第11章 甲醇

2021年度关键指标一览

类别	项目	2020年	2021年	涨跌值	原因概述
价格	内蒙古均价/（元/吨）	1518.10	2259.24	741.14	煤炭成本面支撑叠加能耗双控，供应端利好凸显，推动价格上涨
	太仓均价/(元/吨）	1875.71	2694.10	818.39	供应受限与煤炭成本支撑逻辑持续支撑期货上涨，带动港口现货价格上行
	CFR中国均价/（美元/吨）	202.55	340.30	137.75	后疫情背景下，全球需求复苏良好，同时油气强势拉涨带动，供需端双向支撑价格上行
供应	产能/（万吨/年）	9343	9674	331	国内产能继续增加，前期批复的甲醇项目陆续投产，其中不乏配套MTO等原料补充的大型甲醇装置投产
	产量/万吨	7217.83	7899.95	682.12	由于整体产能增加，并且开工率好于往年，使得实际产量增加明显
	开工率/%	77.25	81.66	4.41	后疫情背景下，国内全面需求恢复，市场开工率好于往年
	社会库存/万吨	145.58	109.87	−35.71	下游需求同比提升明显，且上涨行情刺激补货热情，社会库存保持同比偏低水平
	港口库存/万吨	111.10	77.54	−33.56	进口量同比有所减少，且需求复苏良好，加之下半年长时间引航缓慢及化工品堵港导致卸货推迟
	企业库存/万吨	48.95	41.43	−7.52	碳中和背景下供需深化改革，供应端原料持续紧张，需求端整体良性互动
	总库存/万吨	160.05	118.97	−41.08	供应面持续发力，且需求方有效配合，年内港口及内地库存基数均保持在相对低水平
	进口量/万吨	1294.48	1119.80	−174.68	全球供应增量不及预期，且美元倒挂影响进口积极性，加之煤气等原料端强势上涨影响下，下游利润承压，故开工转弱
需求	出口量/万吨	12.12	39.30	27.18	全球需求复苏背景下，周边区域供应紧平衡，价格水涨船高，套利空间部分时间打开，提升转出口货源积极性
	下游消费量/万吨	7353.14	8211.41	858.27	虽然双控、环保、限电等政策实施，但疫情稳定、宏观恢复通道下，需求稳步回升

11.1 中国甲醇供需平衡分析

2017—2021年中国甲醇产品市场供需呈稳定增长态势。2017—2021年中国甲醇产品产量年均增速在11.42%，消费量年均增速在11.04%。产量的增长主要来自甲醇行业产能的扩张及部分年份开工率的提升；需求的增长主要来自下游MTO行业的快速推动。2021年中国新增8套甲醇装置，合计产能447万吨，年内淘汰产能116万吨行业总产能提升至9674万吨；甲醇国产量增长至7899.95万吨，较2020年同期增幅9.45%。进出口方面，国内港口市场仍大量依靠进口货源补充供应，但在美元倒挂以及下游经济性影响下，年内进口略有缩减。据海关数据统计显示，2021年中国甲醇进口量1119.80万吨，同比下降13.49%。2021年中国甲醇消费增长至8211.41万吨，同比增长11.67%，主要来自MTO及部分传统下游行业开工的恢复。

2017—2021年中国甲醇供需平衡见表11.1。

表11.1 2017—2021年中国甲醇供需平衡表

项目	2017年	2018年	2019年	2020年	2021年
产能/(万吨/年)	8039	8178	8733	9343	9674
开工率/%	63.76	74.48	78.97	77.25	81.66
产量/万吨	5126.00	6091.00	6896.31	7217.83	7899.95
进口量/万吨	814.38	742.91	1089.57	1294.48	1119.80
总供应量/万吨	5940.38	6833.91	7985.88	8512.31	9019.75
出口量/万吨	12.67	31.60	17.10	12.12	39.30
下游消费量/万吨	5401.99	6366.69	7349.85	7353.14	8211.41
总需求量/万吨	5414.66	6398.29	7366.95	7365.26	8250.71
平衡差/万吨	525.72	435.62	618.93	1147.05	769.04

11.2 中国甲醇供应现状分析

11.2.1 2021年中国甲醇国产供应量分析

2017—2021年中国甲醇产能复合增长率在4.74%，2017、2018年甲醇产品产能相对稳定，产能增长主要集中在2019—2021年，下游行业的扩张以及行业一体化发展战略，是甲醇产能快速增长的主要推手。

伴随中国甲醇新增产能释放及需求增长，2017—2021年中国甲醇产品产量整体呈增长态势，近五年产量复合增长率在11.42%。2017—2019年伴随下游需求持续增长及企业盈利状况好转，行业开工负荷提升；2020年由于新冠肺炎疫情的暴发导致需求低迷，价格大幅向下，尽管下半年有所复苏，但全年开工率仍有一定下降。但进入2021年，随着疫情好转，市场开工率回升至81.66%。

2017—2021年中国甲醇产量变化趋势见图11.1。

2021年甲醇产量为7899.95万吨，月均658.33万吨，其中有7个月时间产量高于平均产量，

5 月产量达到年度最高 722.83 万吨，主要是因为 5 月春检结束，甲醇装置陆续恢复正常开工，中煤鄂尔多斯能化 100 万吨装置投产并满负荷运行，使得市场整体开工率大涨至 80% 以上。9—11 月份，受煤炭供应紧缺、煤价暴涨影响，甲醇企业开工、产量进一步降低，11 月份产量达到年内最低，仅为 604.66 万吨。

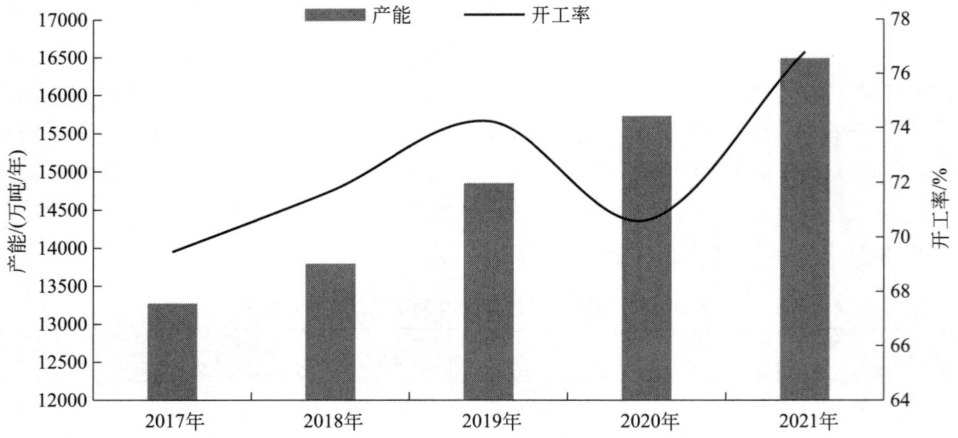

图 11.1 2017—2021 年中国甲醇产量变化趋势

2021 年中国甲醇月度产量变化趋势见图 11.2。

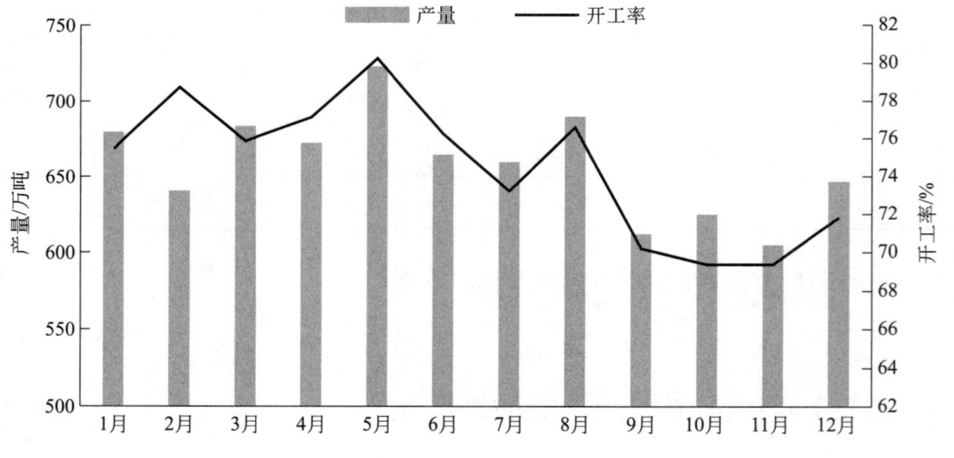

图 11.2 2021 年中国甲醇月度产量变化趋势

11.2.2 2021 年中国甲醇区域供应结构分析

从产能分布而言，中国甲醇产品产能分布集中，2021 年，西北甲醇产品产能为 3394 万吨，占比高达 35.08%；华北甲醇产能占比位列全国第二，占比为 29.15%，甲醇生产能力 2820 万吨；华东甲醇产能 1795 万吨，位居第三位，占比 18.55%，其中，山东产能 876 万吨，同时华东地区消费能力居于全国第一，是西北、华北货物的主要流向；排名第四的为西南 608 万吨；接下来是华中 579 万吨；华南 320 万吨；东北 158 万吨。

2021 年中国甲醇分区域产能变化统计见表 11.2。

表 11.2　2021 年中国甲醇分区域产能变化统计

区域		产能 /(万吨 / 年)	占比 /%	合计产能 / (万吨 / 年)	总占比 /%
西北	甘肃	70	0.73	3394	35.08
	宁夏	866	8.95		
	青海	250	2.58		
	陕西	1726	17.84		
	新疆	482	4.98		
华东	安徽	520	5.38	1795	18.55
	江苏	173	1.79		
	山东	876	9.06		
	上海	100	1.03		
	江西	60	0.63		
	福建	10	0.10		
	浙江	56	0.58		
华北	内蒙古	1881	19.44	2820	29.15
	河北	221	2.28		
	山西	668	6.91		
	天津	50	0.52		
西南	贵州	80	0.83	608	6.28
	四川	169	1.75		
	云南	146	1.52		
	重庆	213	2.20		
华中	河南	469	4.85	579	5.99
	湖北	110	1.14		
东北	黑龙江	108	1.12	158	1.63
	辽宁	50	0.53		
华南	广西	180	1.86	320	3.32
	海南	140	1.45		

2021 年中国甲醇分工艺产能情况统计见表 11.3。

表 11.3　2021 年中国甲醇分工艺产能情况统计

工艺类型	产能 / (万吨 / 年)	占比 /%
煤单醇	6201	64.10
煤联醇	1151	11.90
焦炉气	1226	12.67
天然气	1096	11.33

11.2.3 2021 年中国甲醇进口量分析

2017—2018 年，内地新增产能较多，面对日益饱和的内地需求，西北、西南等货源不断发往沿海区域进行套利，另外港口烯烃工厂的大量需求也引起了内地贸易以及工厂的注意，内地货源在港口异常繁荣，从而导致挤压进口货源，而 2018 年人民币持续贬值，进口成本居高不下，美元倒挂格局也加剧了进口量缩减，另外东南亚等地区的新兴需求持续推高价格，更多的进口货源选择转出口参与国际间套利。2019 年，随着新建外盘装置的不断投产，特别是伊朗地区新增产能增加，工厂迫切需要平衡自身产能，但迫于美国制裁影响，大量货源发往国内进行套利，伊朗亦把中国作为极为有限的销售区域。而后随着汇率上升，美元回归顺挂行情，同时基于港口 MTO 工厂刚需消耗，外盘货源不断发往国内进行套利，伊朗货源亦依靠其成本优势冲击国内市场，2019 年进口量达到 1089.57 万吨，创下阶段新高。2020 年国内进口量依然维持住了继续增长态势，受国际原油价格暴跌以及新冠肺炎疫情的双重压制，在国际需求快速萎缩的背景下，中国甲醇制烯烃需求维持强劲，全球货源在合约以及套利的共同作用下纷纷流入国内，进口量再创新高，达到 1294.48 万吨。

2021 年甲醇进口量为 1119.80 万吨，环比缩减 13.49%。虽进口预期维持较高，但全球需求复苏，美元价格多地进入上行通道，美元的倒挂格局，使得部分商家把货源发往周边价高区域进行套利操作；另外国际新增产能不及预期，伊朗地区部分装置试车后并未对市场形成供应增量影响；此外甲醇下游经济性承压严重，沿海地区 MTO 开工率下降，对于进口货源需求量亦有缩减。三季度开始港口由于引航短缺以及台风等影响，卸货速度极为缓慢，亦压制月均进口数量，虽 11 月船货阶段性卸货速度提升，港口浮仓量逐步缩减，但进入 12 月之后，卸货速度缓慢问题再度加剧，使得年内进口月均量仅在 93.48 万吨，较 2020 年均值下降 11.44%。

2017—2021 年中国甲醇进口量变化趋势见图 11.3。

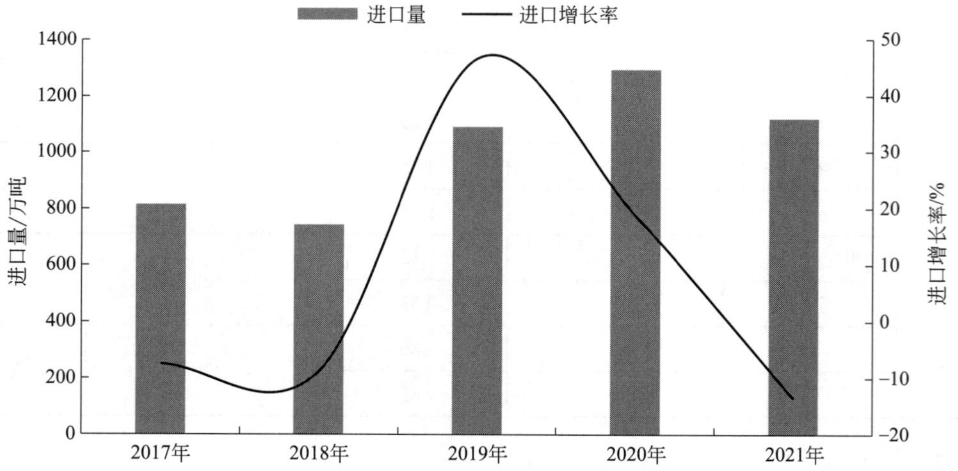

图 11.3 2017—2021 年中国甲醇进口量变化趋势

2017—2021 年主流进口来源国占比整体波动不大，目前仍以中东、南美、东南亚以及新西兰地区货源为主。从海关数据来看，中东伊朗地区进口占比逐步缩减，切换为阿联酋货源进口，近 5 年总量在 32% ～ 43% 之间波动，阿曼以及沙特阿拉伯货源窄幅增量，但卡塔尔货源缩减明显，其货源主要发往周边区域套利；南美地区货源到港略有增长，主要由于美国产能逐年增加，进口国转变为出口国。同时近年来南美地区亦有部分新增产能投入市场，在美洲区域供应过剩之后货源多发往国内进行套利；东南亚以及新西兰货源基本维持平稳状态，合约供应为主，另外个别来源国货量稍有调整，如中东巴林地区货源，近两年以来未有进口至国内货源，目前主要供应周边区域，近两年内未有货源发往国内进行套利。

2017—2021 年中国甲醇主要进口来源及占比情况见表 11.4。

表 11.4 2017—2021 年中国甲醇主要进口来源及占比情况

单位：万吨

来源国及地区	2017 年	2018 年	2019 年	2020 年	2021 年
伊朗	252.33	239.71	305.58	247.45	45.68
新西兰	181.59	152.50	171.46	153.90	120.49
沙特阿拉伯	80.09	79.55	109.79	154.53	116.54
阿曼	73.08	70.07	113.09	214.06	246.28
马来西亚	54.21	34.23	55.72	35.06	28.98
卡塔尔	41.52	18.47	6.76	2.20	1.57
特立尼达和多巴哥	36.84	38.74	117.85	96.25	67.39
委内瑞拉	34.31	7.59	38.85	58.55	66.58
文莱	14.11	29.45	31.67	22.71	8.60
印度尼西亚	13.11	11.41	16.41	11.26	8.53
阿联酋	9.35	36.18	92.82	270.75	397.50
巴林	9.00	12.83	2.04	0.00	0.00
智利	0.00	4.45	22.94	25.27	10.53
其他	14.84	7.73	4.59	2.49	1.13
合计	814.38	742.91	1089.57	1294.48	1119.80

2021 年中国甲醇产品进口依旧维持较高水平，据海关数据统计，2021 年我国甲醇进口主要来源于中东、南美、东南亚以及新西兰等地；进口来源地前三位是阿联酋、阿曼以及新西兰，进口量分别为 397.50 万吨、246.28 万吨、120.49 万吨。

2021 年甲醇进口情况分析见表 11.5。

表 11.5 2021 年甲醇进口情况分析

来源国及地区	进口量 / 万吨	进口占比 /%	进口额 / 美元	进口均价 /（美元 / 吨）
阿联酋	397.50	35.50	1343988971.00	338.11
阿曼	246.28	21.99	860695202.00	349.48
新西兰	120.49	10.76	431340991.00	357.99
沙特阿拉伯	116.54	10.41	395671389.00	339.52
特立尼达和多巴哥	67.39	6.02	226928522.00	336.74
委内瑞拉	66.58	5.95	216479499.00	325.14
伊朗	45.68	4.08	168322036.00	368.48
马来西亚	28.98	2.59	101266269.00	349.44
智利	10.53	0.94	38878473.00	369.22

续表

来源国及地区	进口量 / 万吨	进口占比 /%	进口额 / 美元	进口均价 /（美元 / 吨）
文莱	8.60	0.77	30534688.00	355.05
印度尼西亚	8.53	0.76	30489272.00	357.44
卡塔尔	1.57	0.13	5425332.00	345.56
其他	1.13	0.10	10608954.00	922.52

11.3 中国甲醇消费现状分析

11.3.2 2021 年中国甲醇消费趋势分析

中国甲醇的下游消费主要集中在以 MTO 为首的新型下游消费领域，约占甲醇消费总量的 70% 以上。近年来，随着 MTO 国产技术的突破与创新其行业发展迅速，成为近五年来推动甲醇消费增长的最大动力，目前中国已经成为全球甲醇消费增长最快的国家。

截至 2021 年，中国甲醇消费量 8211.41 万吨，同比增长 11.67%，2017—2021 年复合增长率在 11.04%，2018 年、2019 年甲醇消费量呈现两位数增长，主要也是 MTO 新增产能的投产释放带动（2018—2019 年 MTO 累计新增 340 万吨左右），2021 年甲醇消费增长动能来自 MTO 及甲醛等多个产品开工率的集中提升。

2017—2021 年中国甲醇消费量变化趋势见图 11.4。

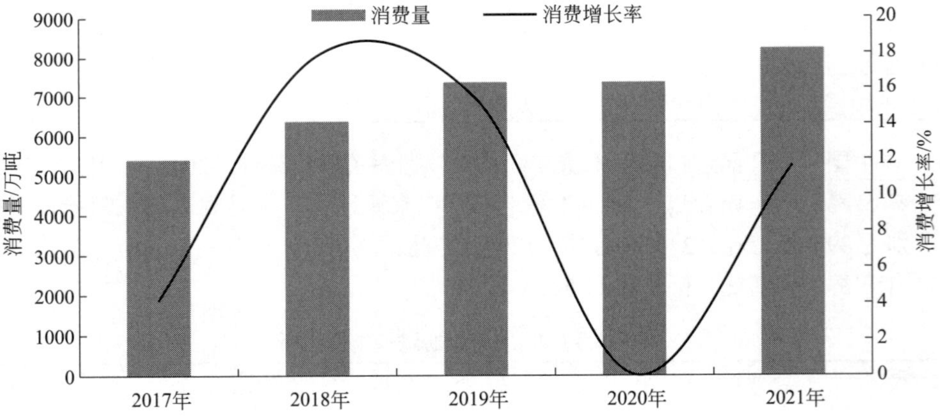

图 11.4 2017—2021 年中国甲醇消费量变化趋势

11.3.2 2021 年中国甲醇消费结构分析

全球甲醇下游行业消费结构主要是以甲醛为主的传统下游产品，而中国甲醇下游行业消费结构已经演变为以 MTO 为首的新型下游产品为主。2017—2021 年 MTO 对甲醇的消费年复合增长率在 15.22%，2014 年 MTO 首次超过甲醛，成为甲醇第一大消费领域，其他领域主要是甲醇燃料、乙酸、MTBE、二甲醚、甲烷氯化物等。MTO 产能从 2017 年的 1136 万吨增至 2021 年的 1599 万吨（剔除山东长期停产或废除的 MTP 装置），产能增长近 1.50 倍，而甲醛等其余产品则未有批量新增产能释放，为此下游行业对甲醇消费贡献孰高孰低，显而易见。

2021 年中国甲醇下游行业消费结构占比见图 11.5。

2021 年 MTO 总产量超 1500 万吨，折合甲醇消费量在 4582 万吨，同比增加 10.14%，占据甲醇年度总消费量的 55.80%，甲醛折合甲醇消费量仅在 534.52 万吨，占比 6.51%。2021 年以 MTO 为主的新型下游甲醇消费量在 5912.22 万吨，同比增加 9.28%，占比 72.00%，而以甲醛为主的传统下游甲醇消费量仅在 2299.19 万吨，同比增加 18.34%（主要因为 2020 年疫情影响较大），占比 28.00%。

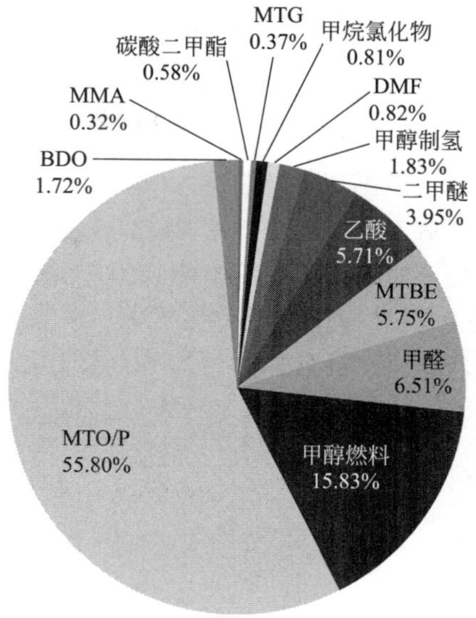

图 11.5 2021 年中国甲醇下游行业消费结构占比

甲醇主要下游行业为 MTO、甲醛、乙酸、MTBE 等，近三年，受环保、安全生产、化工入园等政策实施，甲醛、二甲醚等企业出现部分关停等情况，为此近三年甲醛产能复合增长率为 1.65%，甲醇消费增速在 7.47%，二甲醚产能复合增长率为 0%，消费增速在 −7.70%，DMF 产能复合增长率为 −2.56%，消费增速在 3.44%，其余甲醇传统下游行业产能复合增长多数在 2% ～ 10% 范围内波动，虽然碳酸二甲酯和 MMA 三年复合增长率较高，但其总体对甲醇消耗量有限。

另一下游 MTO 伴随着国产技术的不断突破以及国外技术的引用，久泰 60 万吨 / 年、南京诚志二期 60 万吨 / 年、中安联合 70 万吨 / 年、宁夏宝丰 60 万吨 / 年以及鲁西集团 30 万吨 / 年等国产企业陆续投产，加之一体化装置的投产释放，MTO 产能增加相对明显，近三年复合增长率达到 8.99%，甲醇消费增速在 10.10%，成为拉动近年甲醇消费增长的主力军。

2021 年中国甲醇主要下游行业客户规模统计见表 11.6。

表 11.6 2021 年中国甲醇主要下游行业客户规模统计

下游行业	客户规模 / 万吨			甲醇消费量 / 万吨			三年复合增长率 /%	
	2019 年	2020 年	2021 年	2019 年	2020 年	2021 年	规模	消费
甲醛	3100	2800	3140	462.76	395.60	534.52	0.64	7.47
乙酸	915	900	950	420.03	426.42	469.15	1.89	5.69
二甲醚	1225	1225	1205	380.70	267.90	324.30	−0.82	−7.70
MTBE	1925	2005	2015	424.46	400.00	472.50	2.31	5.51
DMF	99	112	94	63.09	62.82	67.50	−2.56	3.44
氯化物	336	351	407	89.54	85.03	66.71	10.06	−13.68
碳酸二甲酯	64.30	90.30	141.30	25.59	29.15	47.30	48.24	35.96
MMA	126.50	145.50	194.50	16.88	20.74	26.25	24.00	24.70
MTO	1509	1599	1599	3780	4160	4582	2.94	10.10
BDO	212.40	222.40	225.40	106.79	115.48	141.18	3.01	14.98

注：此表非全样本。

11.3.3 2021 年中国甲醇出口量分析

2017—2021 年，中国甲醇年出口量呈现波浪走势。2018 年人民币大幅贬值，国外装置的集中检修以及需求的良好使得外盘价格相对高位，进口货的成本支撑导致中国沿海区域价格优势明显，大量国产货源的涌入压制了进口货市场的人民币价格，从而导致美元货严重倒挂，转出口自然成为进口持货商寻求缓解成本压力的新出路。2021 年出口量达到 5 年最高 39 万吨，全球需求复苏良好，外盘价格的强势使得国内货源转出口商谈积极，尤其是在一、二季度；其中货源主要发往日韩以及东南亚区域，另有部分货源去往印度，少量发至欧美地区。

2017—2021 年中国甲醇出口量变化趋势见图 11.6。

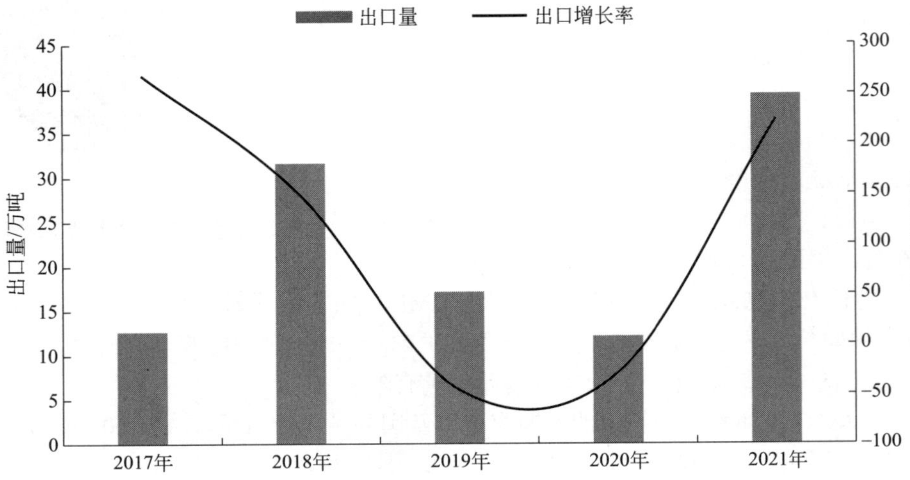

图 11.6 2017—2021 年中国甲醇出口量变化趋势

11.4 中国甲醇价格走势分析

2017—2021 年江苏主流区域价格整体呈“W”形态势波动。不难发现，港口价格走势与美元价格走势大致保持一致。2017 年江苏地区价格先跌后涨，年进口量略有缩减，港口烯烃下游基本维持刚需态势，进口货保持顺挂格局，但三季度开始伴随国际供应缩减支撑美元价格上行，带动港口市场，进口货套利空间收窄。随后 2018 年美元价格逐步进入倒挂格局，上半年中国装置春检等影响缩减供应拉涨价格，套利港口窗口逐步关闭，而进口货源亦较有限，下游不断承压而行，沿海 MTO 等装置陆续进入停车或降负状态，同时伴随内地装置逐步恢复，但需求未有明显好转，价格开始回落。

2019 年一季度在春节备货以及春检等持续影响下，价格震荡上行，但一季度末市场安监全面开展，需求萎缩明显，而港口库存亦处于累库态势，价格进入下行通道，但期间在港口 MTO 重启以及新增需求投产刺激下略有反弹，随后配合原油联动性以及金九银十走出一波涨势，但四季度进口及库存不断增量，升水格局使得货源开始回流，高库存低需求影响下价格偏弱震荡。2020 年新冠肺炎疫情暴发严重影响下游需求，上半年价格不断处于筑底过程，三季度开始伴随疫情逐步被控制以及需求复苏带动，市场止跌反弹，加之西北 MTO 突发性以及新增 MTO 开车前备货外采，此外港口库存触顶后去库也有联动性支撑。

2021 年甲醇价格呈现长时间震荡后快速拉涨态势，年内虽新冠肺炎疫情亦有频发，但国内控制较好，未有大面积影响，需求端维持良好态势，供需矛盾上半年略显僵持，大多维持窄幅震荡走势；三季度中后期能耗双控影响不断加剧，国内多省份出台限电政策，供应以及需求双向影响，同时煤炭等原料端矛盾再度突出，价格呈现快速拉涨，短短一个月时间，江苏地区价格拉涨 1490 元 / 吨，涨幅 55.49%，随后在煤炭快速回调带动下，内地供应存增量预期，贸易商积极出货，市场价格触顶后回调；四季度中后期，逐渐临近春节，内地排库压力持续压制，沿海以及内地价差拉宽，套利重现，但由于港口引航以及天气等多重因素影响，卸货速度持续受限，库存低位波动，支撑港口价格呈震荡走势。

2019—2021 年中国甲醇江苏地区主流区域价格走势见图 11.7。

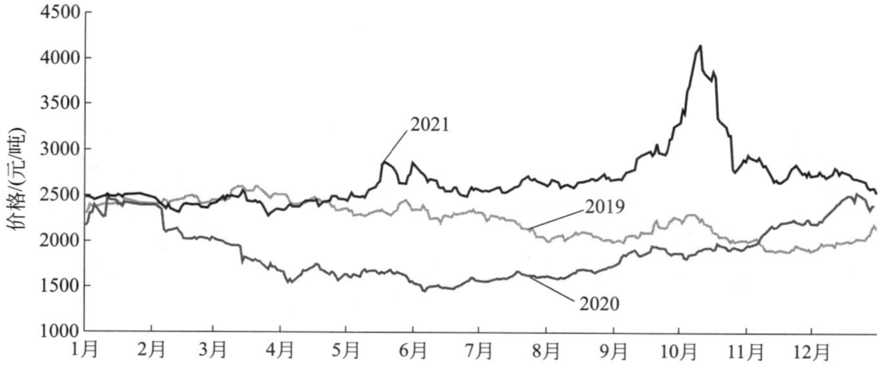

图 11.7 2019—2021 年中国甲醇江苏地区主流区域价格走势

11.5 中国甲醇利润走势分析

2017—2021 年中国煤制甲醇利润呈现逐渐下降状态。以停止进口澳煤为导火索，再加上新能源的快速发展，2021 年国内用电量与煤炭日耗不断上升，煤炭增产的不及预期使其供需矛盾不断激增，煤炭价格大幅上行；与此同时，甲醇价格在成本支撑与供应受限（由煤炭导致的开工问题）的背景下同步上涨，但涨速不及原料煤炭，从而导致了 2021 年煤制甲醇大幅亏损的情况。

2017—2021 年中国煤制甲醇利润变化趋势见图 11.8。

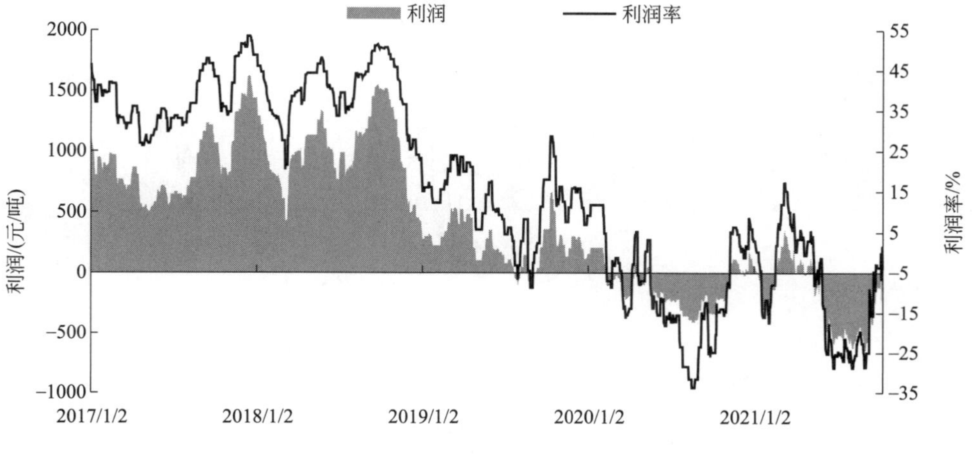

图 11.8 2017—2021 年中国煤制甲醇利润变化趋势

由于天然气价格相对低廉，使得天然气制甲醇利润在所有工艺利润中尤为可观。2017—2021年间天然气制甲醇几乎全部处于盈利状态，其中2019—2020年利润明显低于其他几年，主要因为2019年进口货冲击以及2020年突发的新冠肺炎疫情，使得甲醇价格明显低于其他几年，从而使其利润值徘徊在成本线附近。2021年天然气制甲醇利润突破新高，由于煤价高涨，带动甲醇价格大幅上涨，但天然气制甲醇成本相对较低，利润相当可观，其中2021年天然气制甲醇利润最高点突破2000元/吨大关。

2017—2021年中国天然气制甲醇利润变化趋势见图11.9。

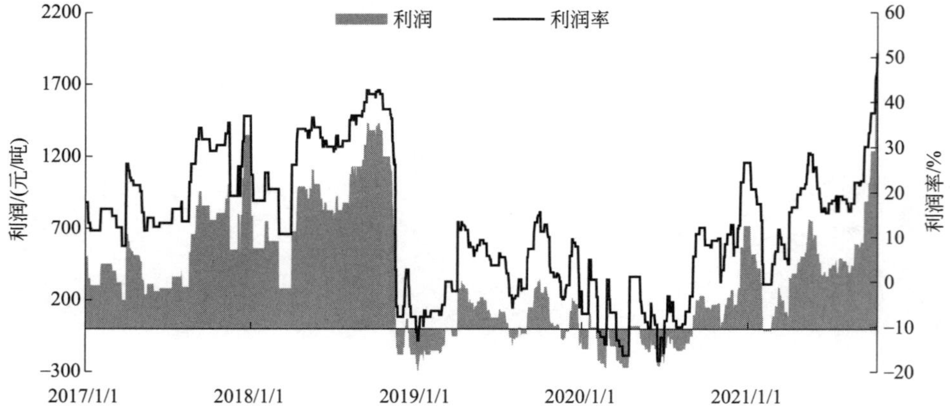

图11.9 2017—2021年中国天然气制甲醇利润变化趋势

焦炉气制甲醇企业利润更多受制于甲醇产品的售价，它属于一种副产原料类型，成本、价格则更为低廉。2020年，各工艺类型的企业在生产成本、人工、水电等方面上较2019年波动都不算太大，而由于新冠肺炎疫情影响，甲醇价格明显低于其他几年，但2020年焦炉气制甲醇全年处于亏损状态。2021年上半年焦炉气制甲醇利润徘徊在成本线附近，进入九月后，随着煤价的大幅上涨，甲醇价格随之走高，焦炉气制甲醇利润迅速冲高，后因国家对煤炭价格管控，甲醇价格回归理性，焦炉气制甲醇利润跟随回落。

2017—2021年中国焦炉气制甲醇利润变化趋势见图11.10。

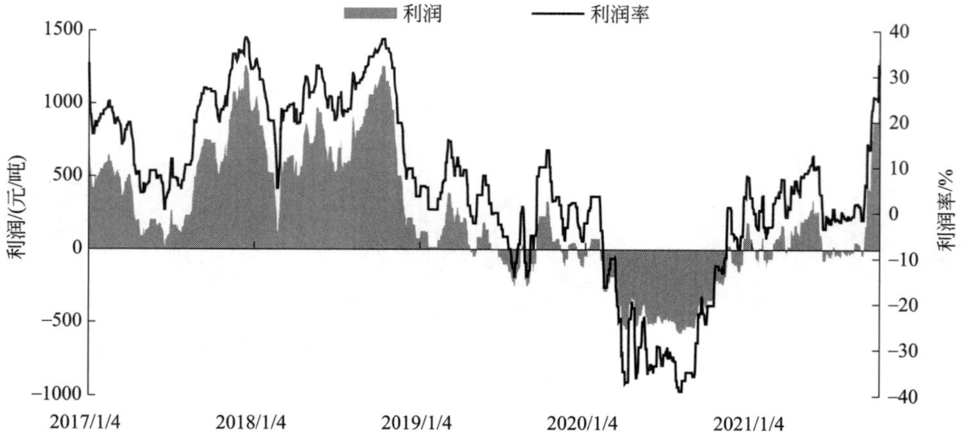

图11.10 2017—2021年中国焦炉气制甲醇利润变化趋势

11.6　2022—2026 年中国甲醇发展预测

11.6.1　中国甲醇供应趋势预测

目前我国甲醇产业仍面临行业集中度较低、规模小、原料结构不合理等问题，随着我国 2020 年正式提出 2030 年前碳达峰、2060 年前碳中和的战略目标，2021 年政府工作报告和“十四五”规划中均提起要制定 2030 年前碳达峰行动方案，锚定努力争取 2060 年前实现碳中和。但我国从达峰到净零排放间隔只有 30 年，相比欧洲多国 70 年的跨度，挑战更大。同时未来高频环保仍将持续影响甲醇开工率及产量，供给侧改革也将持续深度发力，废旧落后产能将进一步淘汰。预计 2022—2026 年国内甲醇产品产能增长缓慢，产能复合增长率 1.00%，产量复合增长率 0.83%。

2022—2026 年中国甲醇供应预测见图 11.11。

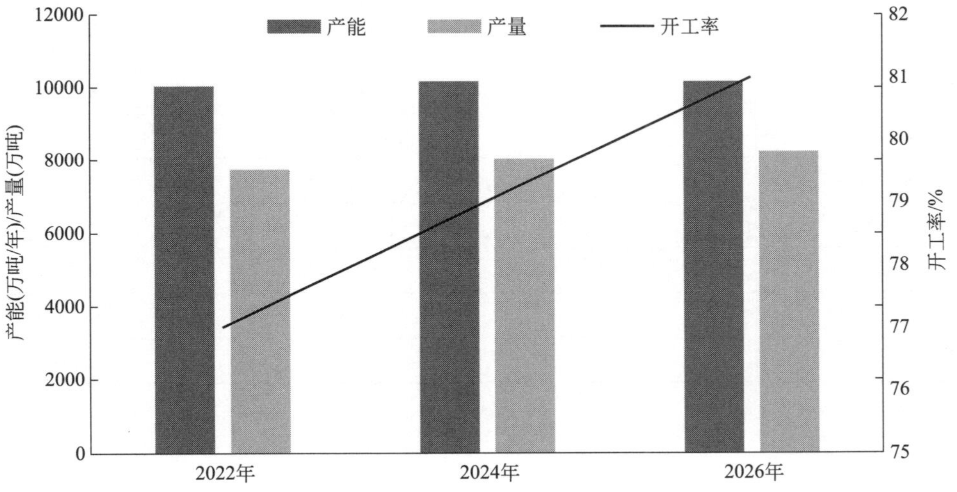

图 11.11　2022—2026 年中国甲醇供应预测

11.6.2　中国甲醇主要下游发展前景预测

近年中国甲醇主要下游集中在 MTO、甲醇燃料、甲醛、MTBE、乙酸及二甲醚领域，约占其总消费量的 92.00% 以上，其中 MTO 行业伴随国产工艺技术的突破、产业链一体化的发展以及国家政策的支持，在 2014 年已经首次超越甲醛成为甲醇第一大下游，而且持续稳居榜首位置至今。另外，随着环保、发展清洁燃料等政策的实施，近年甲醇燃料（甲醇汽车、甲醇汽油、甲醇锅炉等）备受关注，其用量在逐年增加，2021 年工信部在不断推进甲醇燃料的标准和应用，近五年保持了 14.80% 的年复合增长率。

2022 年，预计中国还将有至少三套 MTO/P 装置投产，合计产能 100 万吨左右，虽然其消费甲醇数量增长幅度有限，但 MTO 或仍位居甲醇消费领域首位。而甲醇燃料占比较 2021 年或增加 2 个百分点左右，达到 17% 左右。

未来五年，伴随着国家能耗双控、环保、安监等政策的实施，甲醇下游行业产能很难大幅扩张，但以 MTO、甲醇燃料为主的甲醇新型下游消费领域将继续稳步增加，其对甲醇消费量或逐步逼近 7000 万吨，2022—2026 年复合增长率或在 3% ～ 4% 范围，而以甲醛为主的甲醇传统下游消费领域增速或在 2% 以下。

11.6.3 中国甲醇供需格局预测

未来五年，中国碳达峰、碳中和战略目标稳步推进，甲醇产品上下游产业链逐步完善，行业一体化趋势愈加明显，中国甲醇产品供需均呈现平稳之势。预计未来五年甲醇产品产能年平均增速在 1.00%，产量年平均增速在 0.83%，供应增速略低于消费增速。进出口方面，甲醇未来全球供应增量预期良好，但需求增量有限，同时配合国内沿海烯烃需求，进口仍呈现震荡增量走势，虽出口量寥寥，但区域间套利仍成为影响出口的较大因素。

2022—2026 年中国甲醇市场供需平衡预测见表 11.7。

表 11.7 2022—2026 年中国甲醇市场供需平衡预测

项目	2022 年	2024 年	2026 年
产能 /（万吨 / 年）	10045	10165	10165
开工率 /%	77.00	79.00	81.00
产量 / 万吨	7734.65	8030.35	8233.65
进口量 / 万吨	1250	1430	1500
总供应量 / 万吨	8984.65	9460.35	9733.65
出口量 / 万吨	20	25	13
下游消费量 / 万吨	8910.72	9054.93	9471.62
总需求量 / 万吨	8930.72	9079.93	9484.62
平衡差 / 万吨	53.93	380.42	249.03

第 12 章 乙酸

2021 年度关键指标一览

类别	项目	2020 年	2021 年	涨跌值	原因概述
价格	现货均价/(元/吨)	2709	6576	3867	2021 年中国乙酸市场价格创历史最高点，达到 9500 元/吨
供应	产能/(万吨/年)	910	950	40	广西华谊 50 万吨/年乙酸装置 2021 年 7 月投产
	产量/万吨	775.31	826.42	51.11	随着新产能投入，产量顺势增长
	开工率/%	85.20	86.99	1.79	国内需求稳中有升，出口大幅增长，年均开工率有所提高
	进口量/万吨	5.77	0.03	−5.74	2021 年中国乙酸供应饱和，进口量大幅减少
需求	出口量/万吨	39.99	98.33	58.34	国际市场需求有所提升，中国乙酸出口量大幅增长
	表观消费量/万吨	743.87	745	1.13	下游行业消费量延续增长趋势

12.1 中国乙酸供需平衡分析

2017—2020年，中国乙酸行业基本面平衡为主。

供需方面，受益于聚酯等行业的快速发展，乙酸下游对苯二甲酸（以下简称PTA）行业新增产能不断落地，支撑国内乙酸需求量持续增长；2018年后国外乙酸行业装置故障率逐渐增加，市场供应量减少，推动中国乙酸出口量增加。为满足日益增长的下游消费需求，国内乙酸新建装置相继扩产，2021年国内乙酸产能达到950万吨/年，产量达到826.42万吨。

进出口方面，2018—2019年中国乙酸净出口量激增，主要原因是国外乙酸行业经历多年发展，装置稳定性减弱，且乙酸本身具有腐蚀性，装置意外故障率逐渐增加；且近五年来，美国飓风、北美伊斯曼工厂爆炸、寒潮等不可抗力频发，导致国际市场乙酸供应量大幅下降，推动乙酸出口量大幅增长，2021年中国乙酸出口量达到98.33万吨。

2017—2021年中国乙酸供需平衡见表12.1。

表12.1 2017—2021年中国乙酸供需平衡表

项目	2017年	2018年	2019年	2020年	2021年
产能/（万吨/年）	845	885	925	910	950
开工率/%	75.11	78.15	82.56	85.20	86.99
产量/万吨	634.70	691.63	763.69	775.31	826.42
进口量/万吨	1.57	1.42	0.62	5.77	0.03
总供应量/万吨	636.27	693.05	764.31	781.08	826.45
出口量/万吨	45.73	70.97	63.82	39.99	98.33
下游消费量/万吨	580.35	610.56	688.87	729.08	725
总需求量/万吨	626.08	681.53	752.69	769.07	823.33
平衡差/万吨	10.19	11.52	11.62	12.01	3.12

12.2 中国乙酸供应现状分析

12.2.1 2021年中国乙酸国产供应量分析

2017—2021年中国乙酸产能呈现阶段性增长趋势，年复合增长率2.97%。2018年起全球乙酸现货供应紧张局面逐渐加剧，但随着国内原厂家装置扩产计划陆续落地，乙酸行业产能开启新一轮增长趋势。2019年7月河南义马25万吨/年乙酸装置空分爆炸，截至目前，该厂家装置尚未重启，这也是乙酸行业近五年唯一停车产能。

2017—2021年中国乙酸产能变化趋势见图12.1。

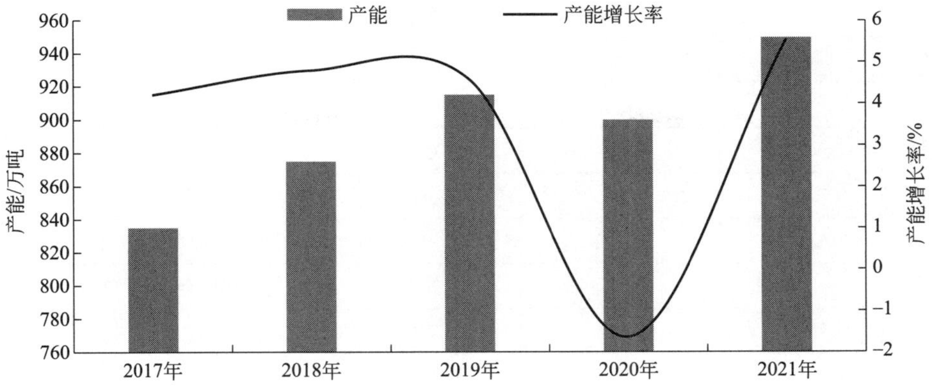

图 12.1 2017—2021 年中国乙酸产能变化趋势

2017—2021 年中国乙酸产量年复合增长率 3.74%。2021 年中国乙酸产量为 826.42 万吨，比 2017 年增加 191.72 万吨，增幅达 30.21%。中国乙酸产量呈现快速增长趋势，主要是受到下游 PTA、乙酸乙酯、乙酸乙烯、醋酐等下游需求和出口需求增加的带动。不过，2020 年国内乙酸产量下滑，主要是因为当年国内乙酸企业装置故障率较高，影响产量。但随着 2021 年新增产能的不断投产，中国乙酸产量恢复快速增长趋势。

2017—2021 年中国乙酸产量及开工率变化趋势见图 12.2。

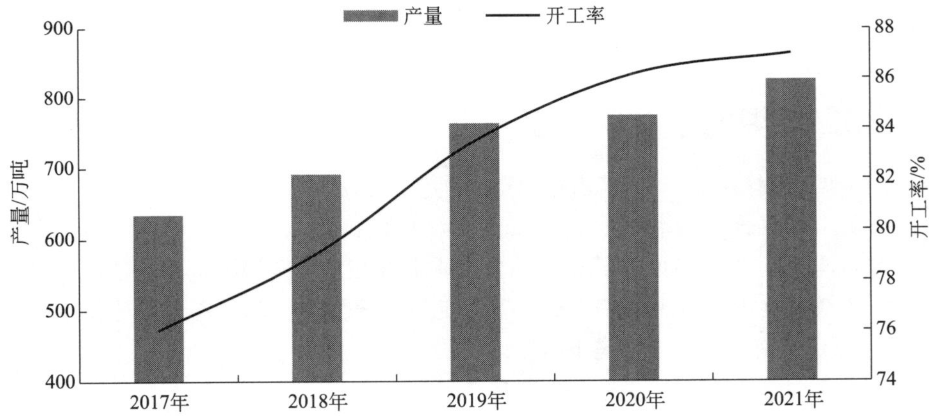

图 12.2 2017—2021 年中国乙酸产量及开工率变化趋势

国内乙酸生产企业 16 家。从中国乙酸装置投产时间来看，有 76.32% 的乙酸装置投产时间超过 10 年，产能约 725 万吨。近十年新建产能只有 225 万吨，占比 23.68%。从中国乙酸行业扩产情况来看，基本都是原厂家扩产以及原集团公司设立的新公司装置。

乙酸行业在中国发展已经 20 多年，作为强腐蚀性产品，大多数乙酸厂家装置的换热器、冷凝器、空分装置以及供气部分有不同情况的损伤，中国乙酸企业生产受机器故障等因素影响较大，2018 年以后中国乙酸行业装置故障率持续增加，2019 年、2020 年、2021 年中国乙酸损失量分别为 73.80 万吨、85.32 万吨、111.51 万吨，损失量占比分别为 9.66%、11.00%、13.49%。

2021 年中国乙酸主要生产企业生产现状统计见表 12.2。

表 12.2 2021 年中国乙酸主要生产企业生产现状统计

企业名称	地址	产能 /（万吨 / 年）	产量 /（万吨）	投产时间
江苏索普	江苏镇江	120	93.85	1 期 1998 年；2 期 2004 年；3 期 2011 年
塞拉尼斯	江苏南京	120	86.02	2007 年
山东兖矿	山东枣庄	100	105.61	2006 年（2018 年扩产 100 万吨）
上海华谊	上海	70	70.46	1 期 1996 年；2 期 2007 年
华鲁恒升	山东德州	60	51.58	2009 年（2018 年扩产 10 万吨）
广西华谊	广西钦州	50	23.79	2021 年 7 月
安徽华谊	安徽芜湖	50	45.86	2012 年
南京英力士	江苏南京	50	41.57	2010 年
河北建滔	河北邢台	50	51.38	2009 年
河南龙宇	河南永城	50	47.25	2016 年（2018 年扩产 10 万吨）
延长石油	陕西榆林	40	41.83	2010 年（2020 年扩产 10 万吨）
长城能化	宁夏银川	40	31.00	2014 年
河南顺达	河南驻马店	40	31.69	2008 年
扬子江乙酰	重庆	40	38.24	1999 年
天津碱厂	天津	35	26.14	2010 年（2018 扩产 10 万吨）
大连恒力	辽宁大连	35	40.15	2019 年
合计		950	826.42	

12.2.2 2021 年中国乙酸进口量分析

中国作为全球乙酸第一生产国，占据全球一半以上的乙酸产能。2017—2021 年中国乙酸进口量大幅度下降，年复合增长率 −62.82%，2021 年中国乙酸进口量仅有 0.03 万吨。中国进口少量乙酸，一方面是塞拉尼斯、BP 国际性质的生产企业存在跨地区调配货源的情况；另一方面特殊时间国内外乙酸价格出现较大价差之后，下游工厂会选择进口部分乙酸货源使用，近五年来只有 2020 年中国台湾有 2 万吨乙酸是下游工厂采购。

2017—2021 年中国乙酸进口量统计见图 12.3。

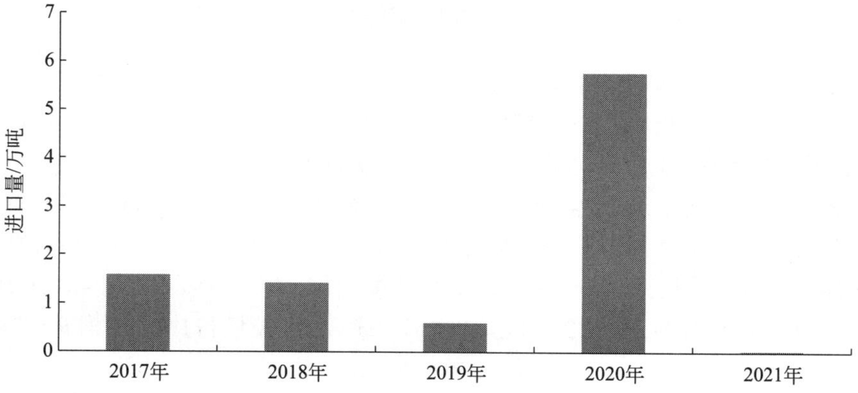

图 12.3 2017—2021 年中国乙酸进口量统计

中国乙酸进口来源国及地区主要集中在新加坡、中国台湾以及马来西亚。中国乙酸进口原因以外资企业调配货源为主，其中主要是新加坡塞拉尼斯以及马来西亚BP生产企业之间调配货源。中国台湾货源在运距短以及价格优势下，吸引华南地区下游生产企业采买。

2017—2021年中国乙酸进口统计见表12.3。

表12.3 2017—2021年中国乙酸进口统计

单位：吨

来源国及地区	2017年	2018年	2019年	2020年	2021年
中国台湾	8033	8086	3131	23110	92
新加坡	4849	1999	0	34553	0
马来西亚	2851	3999	2999	0	0
其他	49	164	76	76	230
合计	15782	14248	6206	57739	322

2021年中国乙酸进口量仅有0.03万吨，是近五年进口量新低。从来源地区来看，进口自中国台湾、日本、美国等国家和地区的乙酸量只有几十吨，多数是与其他进口产品搭配进口，并无实质性供应以及贸易影响。

2021年中国乙酸进口情况统计见表12.4。

表12.4 2021年中国乙酸进口情况统计

来源国及地区	进口量/吨	进口占比/%	进口额/美元	进口均价/（美元/吨）
日本	140	43.48	115765	826.89
中国台湾	92	28.57	198711	2159.90
美国	41	12.73	329460	8035.61
荷兰	20	6.21	123141	6157.05
英国	19	5.90	315867	16624.58
以色列	4	1.24	33568	8392.00
德国	3	0.93	113887	37962.33
韩国	3	0.93	2989	996.33
合计	322	100.00	1233388	3830.40

12.3 中国乙酸消费现状分析

12.3.1 2021年中国乙酸消费趋势分析

2017—2021年中国乙酸消费量呈现明显增长趋势，年复合增长率5.95%。2017年之前，中国乙酸市场处于供应过剩局面，市场基本面波动较窄，消费量增长相对有限。2018年，中国乙酸下游行业新增投产进入爆发式增长，PTA、乙酸酯类新增产能陆续投产，国内乙酸需求量大幅增长。

2017—2021 年中国乙酸消费量变化趋势见图 12.4。

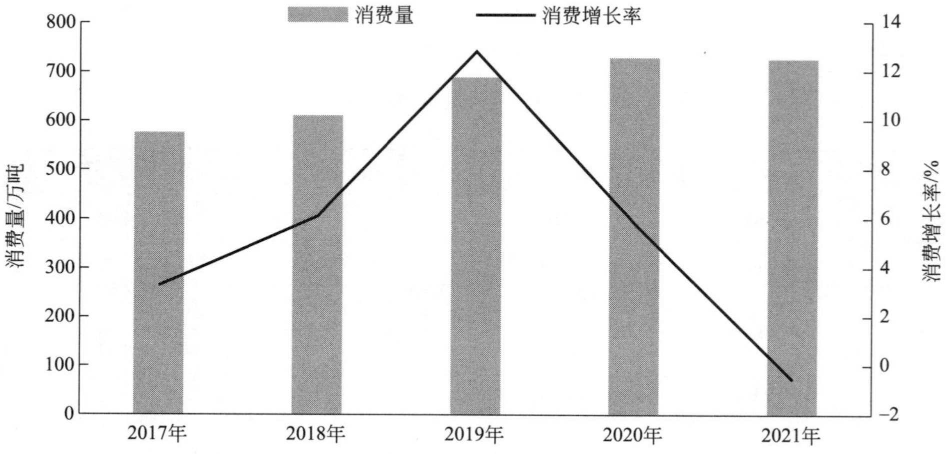

图 12.4 2017—2021 年中国乙酸消费量变化趋势

12.3.2 2021 年中国乙酸消费结构分析

2021 年中国乙酸市场消费结构以 PTA、乙酸酯、乙酸乙烯、醋酐、氯乙酸等产品为主，其中 PTA 行业占比依旧处于首位。2021 年中国 PTA 产能新增约 894 万吨 / 年，累计需求量增加近 36 万吨，加剧了 PTA 在乙酸下游行业占比，并且未来需求发展仍有空间，2021 年 PTA 在乙酸下游行业占比 29%。乙酸酯行业 2021 年发展相对受限，终端涂料、油墨等工厂对于乙酸酯需求减量，主流工厂成本优势下竞争市场份额，导致行业整体开工下降，对于乙酸需求量也相应减少。醋酐、氯乙酸等行业市场份额相对较小，2021 年受到原料成本以及碳排放等影响，氯乙酸、醋酐行业整体开工率并不高，对于乙酸需求量也处于理性位置，在部分时间段限电影响下，对于乙酸需求更少。乙酸乙烯行业 2021 年整体运行较为平稳，乙烯法乙酸乙烯相对生产更为乐观，主要需求来自于下游 EVA 行业发展迅速，支撑乙烯法乙酸乙烯在高成本、限电等压力下依旧维持平稳开工。

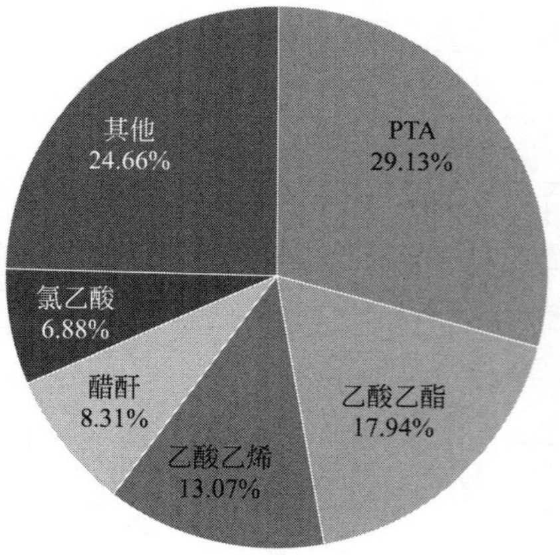

图 12.5 2021 年中国乙酸下游消费结构

2021 年中国乙酸下游消费结构见图 12.5。

12.3.3 2021 年中国乙酸出口量分析

近五年中国乙酸出口量呈现阶段性增长趋势，年复合增长率 21.09%，最高点在 2021 年 98.33 万吨，最低点在 2020 年 39.99 万吨，2017—2021 年中国乙酸年均出口量 63.77 万吨。乙酸出口量增长主要原因一方面是中国乙酸产能陆续新增以及扩产，供应面整体呈现明显增长趋势，出口寻找需求消化；另一方面 2017 年之后美国地区不可抗力事件频繁发生，例如 2017 年底美国飓风造成得克萨斯州乙酸生产企业停车 3 个月之久；2018 年北美伊斯曼生产工厂爆炸，该工厂装置停车 2 个月；2021 年初得克萨斯州寒潮导致当地工厂装置停车 1 月左右，以及偶尔出现的停电等情况，导致国际市场乙酸缺口逐渐加大，中国作为全球乙酸行业第一生产国，出口量相应增加。

2017—2021 年中国乙酸出口量统计见图 12.6。

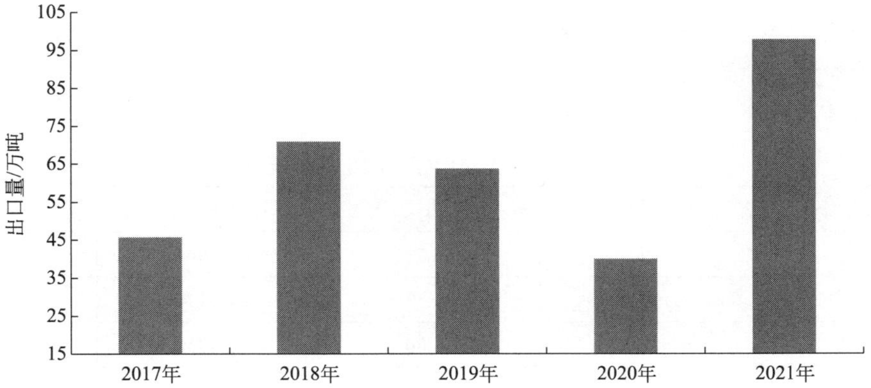

图 12.6　2017—2021 年中国乙酸出口量统计

中国乙酸主要出口到东南亚附近国家和地区，以印度、韩国、日本、中国台湾、新加坡为主，在 2018 年之后，中国出口至比利时占比有明显增加。

中国乙酸出口量半数左右到印度，主要原因是印度只有一套 15 万吨 / 年乙酸装置，并且缺少原料甲醇，所以对于乙酸的进口需求较大，是全球乙酸第一进口国。印度下游主要有乙酸乙酯、醋酐，其中乙酸乙酯出口为主，所以对于乙酸需求量稳定且慢速增加。而 2020 年受到疫情影响，中国出口到印度占比有所减少，短期并无增长趋势，后期中国乙酸出口至印度数量能否恢复前期占比，仍需关注印度疫情恢复情况。

2018 年后中国出口至比利时乙酸占比数量大幅增长并且后期持续至高位，主要原因是美国乙酸行业 2018 年受到飓风影响之后，当地乙酸行业开工率被动降低，原本辐射欧洲地区的数量现由中国塞拉尼斯供应。

近年以来，中国乙酸出口国家数量有所增加，但细分国家分散且小单，暂无明显趋势变动。

2017—2021 年中国乙酸出口统计见表 12.5。

表 12.5　2017—2021 年中国乙酸出口统计

单位：吨

出口国及地区	2017 年	2018 年	2019 年	2020 年	2021 年
印度	300782	389509	356859	163332	478907
比利时	15147	122828	80911	86380	110072
韩国	42830	36881	50641	32543	85225
中国台湾	0	28105	28385	19982	17863
其他	98504	132376	121404	97663	291199
合计	457263	709699	638200	399900	983266

2021 年中国乙酸出口流向与前期基本一致，首要出口国依旧是印度地区，占比 48.71%；比利时、土耳其出口量与前期相比有所增加，占比在 10.00%、11.19%；其他国家出口量占比在

10.00% 以下。

2021 年印度市场需求一般，主要由于当地经济等原因限制了需求，并且中国乙酸 2021 年价格两次高点，印度下游行业成本压力下，采购量与占比相对有所降低，不过依旧占中国乙酸出口总量一半左右。而出口至比利时、土耳其地区乙酸数量有所提升，年初开始欧美地区乙酸装置开工率偏低，并且受到寒潮等影响导致当地现货供应紧张，对于中国乙酸需求量顺势增长，另外美国、欧洲地区当地乙酸装置年限时间较长，近年来装置故障率明显增加，也是中国乙酸大量出口的主要支撑之一。

2021 年中国乙酸出口情况分析见表 12.6。

表 12.6 2021 年中国乙酸出口情况分析

出口国及地区	出口量 / 吨	出口占比 /%	出口额 / 美元	出口均价 /（美元 / 吨）
印度	478907	48.71	393678969	822.04
土耳其	110072	11.19	98931748	898.79
比利时	98317	10.00	47573309	483.88
韩国	85225	8.67	69953645	820.81
日本	63863	6.49	55589602	870.45
新加坡	33908	3.45	27302987	805.21
中国台湾	17847	1.81	14725584	825.10
西班牙	17777	1.81	15320241	861.80
巴西	17435	1.77	15062291	863.91
泰国	16519	1.68	13163364	796.86
巴基斯坦	9821	1.00	8478304	863.28
墨西哥	5926	0.60	6665918	1124.86
南非	4121	0.42	4688704	1137.76
越南	3725	0.38	3863753	1037.25
美国	2837	0.29	2313332	815.41
危地马拉	2515	0.26	2923206	1162.31
秘鲁	2017	0.20	2730082	1353.54
印度尼西亚	1195	0.12	1020674	854.12
菲律宾	1062	0.11	1515420	1426.95
马来西亚	1058	0.11	947087	895.17
尼日利亚	997	0.10	986270	989.24
智利	995	0.10	1119751	1125.38
哥伦比亚	940	0.10	996720	1060.34
俄罗斯	903	0.09	853417	945.09
澳大利亚	757	0.08	713014	941.89
孟加拉国	467	0.05	575033	1231.33
洪都拉斯	383	0.04	457855	1195.44

续表

出口国及地区	出口量 / 吨	出口占比 /%	出口额 / 美元	出口均价 / （美元 / 吨）
尼加拉瓜	362	0.04	420451	1161.47
加拿大	359	0.04	432700	1205.29
阿根廷	355	0.04	392467	1105.54
斯里兰卡	332	0.03	379226	1142.25
荷兰	293	0.03	259976	887.29
毛里求斯	273	0.03	328201	1202.20
柬埔寨	234	0.02	280606	1199.17
多米尼加共和国	172	0.02	201514	1171.59
以色列	165	0.02	194339	1177.81
马达加斯加	151	0.01	181944	1204.93
吉布提	124	0.01	127103	1025.02
萨尔瓦多	116	0.01	118524	1021.76
厄瓜多尔	91	0.01	123261	1354.52
肯尼亚	84	0.01	97451	1160.13
乌克兰	70	0.01	74122	1058.89
埃及	65	0.01	82662	1271.72
约旦	65	0.01	87149	1340.75
塞内加尔	64	0.01	77196	1206.19
阿曼	51	0.01	58560	1148.24
阿联酋	42	0.00	52937	1260.40
巴拿马	42	0.00	56872	1354.10
莫桑比克	22	0.00	23806	1082.09
坦桑尼亚	21	0.00	23230	1106.19
多哥	21	0.00	22240	1059.05
突尼斯	21	0.00	9736	463.62
几内亚	21	0.00	9670	460.48
乌拉圭	21	0.00	22890	1090.00
新西兰	20	0.00	17477	873.85
喀麦隆	20	0.00	4616	230.80
合计	983266	100	796311206	809.86

12.4 中国乙酸价格走势分析

2017—2021 年中国乙酸市场价格走势跌宕起伏。先是，2018 年 5 月乙酸价格涨破十年来价格最高点5500元/吨，而后，2021年4月、9月分别以8400元/吨、9500元/吨陆续创出新高。近五年的最低点出现在2020年3月，价格在1980元/吨。2017—2021年中国乙酸市场价格振幅达到7520元/吨。

2017年是全球乙酸市场新的转折点，中国市场变动尤为明显。与前期相比，近五年全球市场价格波动幅度加大，主要是因为乙酸装置故障率提高，如2017年底美国飓风导致得克萨斯州地区乙酸装置停车为期2个月，中国乙酸现货大量出口补充美国缺口，推动2018年国内乙酸市场价格涨破十年来的最高点。

此后国内乙酸厂家面对市场缺口积极扩产装置，2019—2020年中国乙酸市场价格逐渐恢复理性区间震荡，市场走势相对平缓。

进入2021年美国得克萨斯州地区遇到寒潮，导致当地多数化工装置运行故障，停车时间较长，与此同时，中国乙酸工厂故障频发，市场现货损失量明显增加，加之贸易商积极推涨，推动乙酸市场价格大幅走高后行情坚挺。2021年中广西华谊50万吨/年乙酸装置投产，华南地区也实现乙酸自供，改变了国内原有的供应格局。不过2021年9月起，国内化工行业开启一轮双控检查风潮，各地区乙酸工厂生产受限，推动9月国内涨破新的历史最高点。

2017—2021年中国华东乙酸价格走势见图12.7。

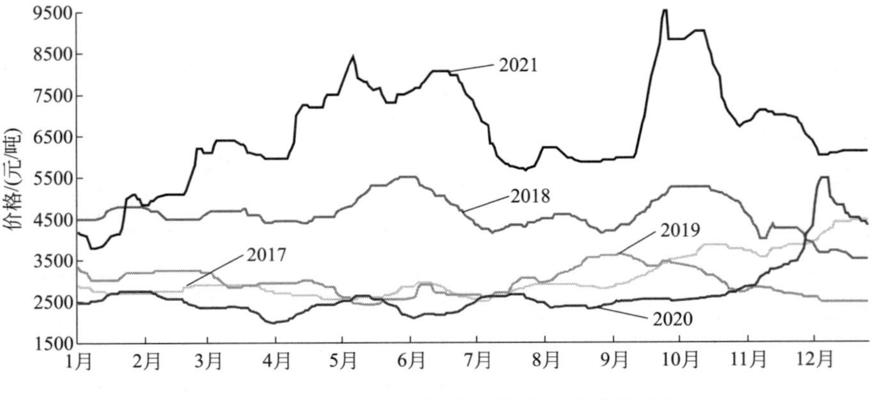

图12.7 2017—2021年中国华东乙酸价格走势

12.5 中国乙酸利润走势分析

乙酸生产成本由甲醇和一氧化碳以及人工成本、装置折旧等其他费用组成，其中甲醇单耗在0.54～0.55，根据各工厂装置细节不同，甲醇单耗稍有差异。一氧化碳单耗普遍在416立方米，不过一氧化碳成本计算不便，工厂成本核算一般把一氧化碳价格和其他成本合并计算。

2017—2021年中国乙酸行业利润相对可观，一方面多数乙酸企业原料甲醇自供，生产成本低于理论计算成本，另一方面2017—2021年乙酸市场货源供应紧张，推动乙酸自身价格陆续上涨，利润也相应增加。其中2018年年均利润1730元/吨，2019年年均利润518元/吨，2020年年均利润492元/吨，2021年年均利润3863元/吨。

2017—2021年中国乙酸利润走势见图12.8。

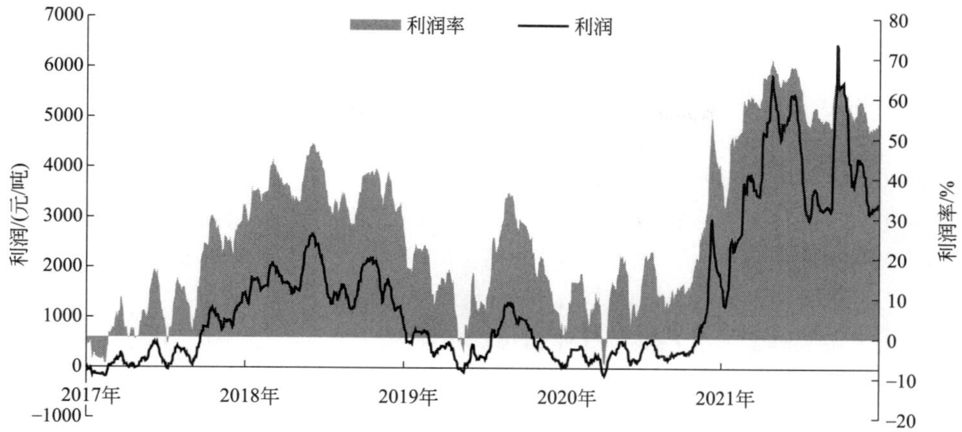

图 12.8 2017—2021 年中国乙酸利润走势

12.6 2022—2026 年中国乙酸发展预期

12.6.1 中国乙酸供应趋势预测

2021—2024 年中国乙酸在建、拟建产能相对较为集中。投产时间相对明确的项目涉及产能 405 万吨。其中，约有 80% 的计划产能为现有行业竞争者扩产，具体为华谊集团、华鲁恒升 (荆州)、恒力石化、河南义马、浙石化（浙石化、英力士合资）; 20% 左右的计划产能为新进入者，具体为新疆中和合众。

虽然目前国内乙酸行业计划项目频出，不过 2021 年起国内碳排放指标限制了乙酸行业新项目的落地，后期各工厂项目具体落地情况仍待考察。

2022—2026 年中国乙酸拟在建项目统计见表 12.7。

表 12.7 2022—2026 年中国乙酸拟在建项目统计

地区	企业名称	新增产能 /（万吨 / 年）	投产时间
华南	钦州华谊二期	70	2022 年 1 月
华中	河南义马开祥	25	2022 年底
西北	榆林恒力	60	2023—2024 年
华东	浙石化	100	2023—2024 年
华中	荆州华鲁恒升	100	2023—2024 年
西北	新疆中和合众	100	待定

12.6.2 中国乙酸主要下游发展前景预测

未来三年 PTA 仍有多套装置面临投产，聚酯行业需求的推进，推动 PTA 行业新增产能仍在陆续落地，同时在技术的不断更新下，新装置的生产成本要远远好于前期老旧装置。PTA 生产企业的产能集中度越来越高，例如恒力、逸盛厂家总产能均超过 1100 万吨 / 年，且后市仍有多套新装置面临投产，一体化配套生产优势也将更加明显，不过目前 PTA 行业已经趋于饱和，并且 2021 年起碳排放、碳中和政策之下新项目投产难度更大，后期项目具体投产以及需求情况仍需观察。

中国乙酸乙烯行业发展处于两极化阶段，电石法乙酸乙烯成本优势明显，但下游产品使用受限，未来并无明显发展空间；乙烯法乙酸乙烯成本及价格虽然偏高，不过产品纯度相对更高，高端下游例如EVA等行业对于乙烯法乙酸乙烯需求量逐年增长，甚至需要进口货源补充。面对国内乙烯法乙酸乙烯供应不足的情况，部分EVA厂家新建配套乙酸乙烯装置，解决了乙烯法乙酸乙烯依赖进口的现状，未来需求发展相对乐观。

醋酐行业近年来发展已经较为饱和，目前虽有新增产能，但醋酐需求主要集中在华东地区，并且原料外采并无成本面优势，预计后期投产后开工率偏低。南京塞拉尼斯醋酐装置扩产虽然优势明显，不过新增产能只有2万吨/年，对应需求增量微弱。

其他乙酸下游乙酸酯、氯乙酸等行业相对发展较为饱和，并无需求支撑带来新增或者扩产等需求，未来需求量相对较为稳定。

12.6.3 中国乙酸供需格局预测

未来五年，从行业总体发展情况看，乙酸供应端增加相对明显，需求端变化相对有限，供需矛盾趋于突出。根据乙酸行业未来投产计划来看，2022—2024年中国乙酸行业新增产能投产最为集中，预计突破1300万吨，下游行业新增趋势预计不能与之匹配，乙酸行业逐步偏向供大于求的局面。

下游方面，PTA下游聚酯行业以及终端服装、软包装等产品作为快销品，需求面支撑较为坚挺，PTA行业未来开工率预计相对维持在高位，不过2016—2021年中国PTA新增产能集中投产，2022年后新产能投产以及需求量增长趋势逐步放缓。下游其他行业乙酸酯类、醋酐、乙酸乙烯等需求近年来发展已经饱和，未来虽有新增，但行业整体开工率预计将会降低，所以实际有效需求增长甚微。

出口方面，未来三年国际市场并未明确有乙酸新增产能释放，2021年美国塞拉尼斯计划新增70万吨/年乙酸装置，但需要关停新加坡60万吨/年乙酸装置做替换，对冲之后国际乙酸市场产能预计增加10万吨/年，但塞拉尼斯装置替换时间一直延迟，后期何时能顺利投产暂不确定。下游方面，塞拉尼斯意向扩产乙酸乙烯以及醋酐装置，不过该行业发展较为饱和，新产能扩产之后有效需求增加相对有限。

结合国内外乙酸下游需求来看，中国依然是需求端主要增长区域，但下游行业在2022年后增长趋势被动放缓，市场供大于求的局面被动加剧。

2022—2026年中国乙酸市场供需平衡预测见表12.8。

表12.8 2022—2026年中国乙酸市场供需平衡预测

项目	2022年	2024年	2026年
产能/（万吨/年）	1020	1300	1400
开工率/%	85	75	73
产量/万吨	867	975	1022
进口量/万吨	0.01	0.01	0.01
总供应量/万吨	867.01	975.01	1022.01
出口量/万吨	80	90	95
下游消费量/万吨	785	845	890
总需求量/万吨	865	935	985
平衡差/万吨	2.01	40.01	37.01

第 13 章 正丁醇

2021 年度关键指标一览

类别	项目	2020 年	2021 年	涨跌值	原因概述
价格	现货成交价均值 /（元 / 吨）	6309	12223	5914	市场长期处于供应偏紧局面
	国际成交价均值 /（美元 / 吨）	771	1710	939	中国价格大幅上行带动国际成交价格上行
供应	产能 /（万吨 / 年）	272	276	4	仅有一套装置建成投产
	产量 / 万吨	191	221	30	行业盈利丰厚，工厂开工积极性较高
	开工率 /%	70	80	9.78	除装置不可抗力因素外，其他时间工厂开工积极
	进口量 / 万吨	27.22	13.09	-14.13	中国台湾地区台塑正丁醇装置在上半年运行不稳定
需求	出口量 / 万吨	0.07	2.80	2.73	国外装置检修，由少量中国货源补充
	表观消费量 / 万吨	218.15	231.29	13.14	下游丙烯酸丁酯需求逐步增长

13.1 中国正丁醇供需平衡分析

2017—2021 年，国内正丁醇产能增加 42.5 万吨，产量增加 45.5 万吨，近五年正丁醇产量年均复合增长率 9.7%。装置开工率从 75% 附近提升至 80% 左右。

2018—2019 年正丁醇进口量在 20 万吨左右；2020 年，因国际需求骤减，导致大量进口货源流入中国；随着国内供应水平的提升，正丁醇进口量下降，2021 年正丁醇进口量下降至 13.09 万吨，国内正丁醇供需矛盾逐步缓解。

2017—2021 年中国正丁醇供需平衡见表 13.1。

表 13.1 2017—2021 年中国正丁醇供需平衡表

项目	2017 年	2018 年	2019 年	2020 年	2021 年
产能 /（万吨 / 年）	234	272	272	272	276
产量 / 万吨	176	183	202	191	221
开工率 /%	75	67	74	70	80
进口量 / 万吨	27.70	19.80	21.55	27.22	13.09
出口量 / 万吨	2.10	0.59	0.26	0.07	2.80
消费量 / 万吨	201.10	202.21	223.29	218.15	231.29

13.2 中国正丁醇供应现状分析

13.2.1 2021 年中国正丁醇国产供应量分析

近五年，正丁醇产能年均复合增长率 5.2%，2021 年中国正丁醇产能 276 万吨。中海壳牌、延安能化、江苏华昌二期装置在 2018 年底建成，并于 2019 年陆续投产。2019—2020 年中国正丁醇无新产能释放 ,2021 年仅有山东诺奥一套 4 万吨 / 年的正丁醇投产。2019—2021 年是正丁醇产能消化期，这也是推动正丁醇价格在 2021 年大幅度上涨的主要因素之一。

2017—2021 年中国正丁醇产能变化趋势见图 13.1。

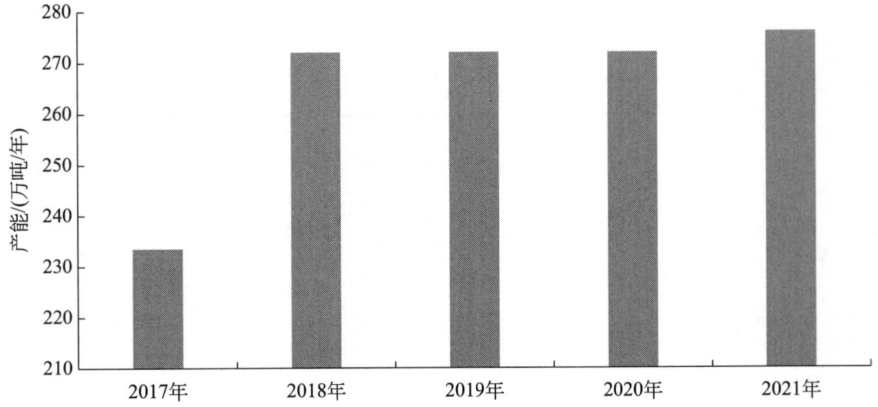

图 13.1 2017—2021 年中国正丁醇产能变化趋势

近五年来，正丁醇产量年均复合增长率在 9.7%。2018 年国内虽然有 3 套装置建成，但产能投放时间在 2019 年，因此 2018 年正丁醇产量较 2017 年同比仅增加 7.5 万吨，2019 年正丁醇产量涨幅较多，较 2018 年增加 19 万吨。2020 年因新冠肺炎疫情影响，2—8 月份国内正丁醇装置减产，拉低 2020 年正丁醇装置开工率及产量。

2021 年正丁醇产量有明显增加，本年度正丁醇盈利丰厚，厂家积极开工，较 2020 年增加 30 万吨，装置开工率提升至 80% 左右。据统计，2021 年正丁醇产量约有 221 万吨。

2017—2021 年国内正丁醇产量及开工率变化趋势见图 13.2。

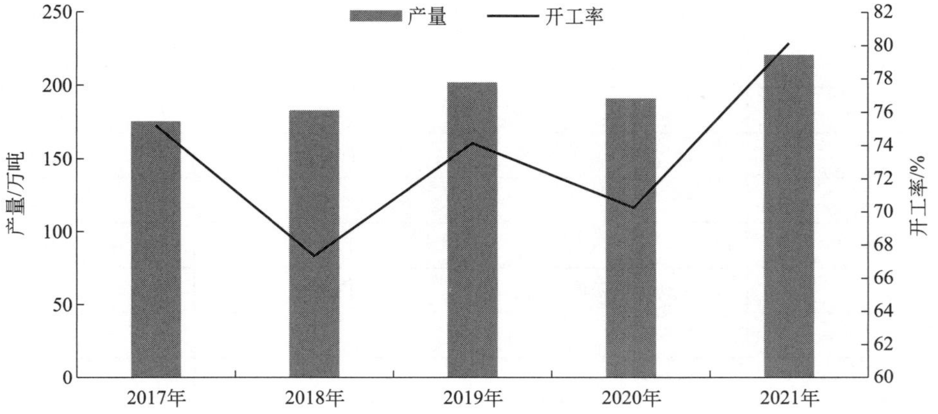

图 13.2 2017—2021 年国内正丁醇产量及开工率变化趋势

13.2.2 2021 年中国正丁醇区域供应结构分析

华东地区是我国正丁醇装置的集中生产地，产能达到 187 万吨 / 年，占全国总产能的 67.75%；其中山东省产能达到 117 万吨 / 年，占全国总产能的 42.39%。随着西北地区正丁醇装置稳定运行，该地区正丁醇在市场影响力加大。

2021 年中国正丁醇产能分布见表 13.2。

表 13.2 2021 年中国正丁醇产能分布

区域	产能 /（万吨 / 年）	占比 /%
东北	20.50	7.43
华北	17.00	6.16
华东	187.00	67.75
华南	10.50	3.80
西南	21.00	7.61
西北	20.00	7.25
合计	276.00	100.00

13.2.3 2021 年中国正丁醇主要生产企业生产状况分析（TOP 企业）

国内正丁醇企业有 18 家，设计产能 276 万吨。以央企、地方性国企为主，民营企业较少。产能分布在东北、华北、华东、华南、西南、西北地区，覆盖了正丁醇主要需求区域。山东省是正丁醇产能最大的省份。其中山东鲁西化工正丁醇产能位居国内首位，该厂正丁醇设计产能占到全国总产能的14.86%。产能在20万吨/年及以上的企业有6家，合计产能159.5万吨，占全国总产能的57.79%。其中，华鲁恒升、南京诚志正丁醇装置常年生产辛醇产品。

2021年中国正丁醇主要生产企业产出统计见表13.3。

表13.3 2021年中国正丁醇主要生产企业产出统计

序号	企业名称	产能/（万吨/年）	占比/%
1	鲁西化工	41.00	14.86
2	万华化学	30.00	10.87
3	扬子巴斯夫	27.50	9.96
4	四川石化	21.00	7.61
5	江苏华昌	20.00	7.25
6	延安能化	20.00	7.25
7	天津渤化永利	17.00	6.16
8	兖矿国泰乙酰化工	13.50	4.89
9	安庆曙光	12.50	4.53
10	吉林石化	12.00	4.35
11	中海壳牌	10.50	3.80
12	华鲁恒升	10.00	3.62
13	南京诚志	10.00	3.62
14	大庆石化	8.50	3.08
15	利华益	8.50	3.08
16	齐鲁石化	5.00	1.81
17	山东建兰	5.00	1.81
18	山东诺奥	4.00	1.45
合计		276.00	100

注：华鲁恒升、南京诚志正丁醇装置常年生产辛醇产品。

13.2.4 2021年中国正丁醇进口量分析

2018—2019年中国正丁醇进口量减少。在这段时间内正丁醇进口量下滑，主要是受中国商务部于2017年底对美国、中国台湾、马来西亚的正丁醇发起反倾销调查影响，自2018年9月4日起，进口经营者在进口原产于这三个国家和地区的正丁醇产品时，依据裁定所确定的各公司倾销幅度（6.0%～139.8%）向中国海关提供相应的保证金。2018年中国正丁醇进口量下滑。对三地区的进口正丁醇反倾销税正式于2018年12月29日开始征收，经过一年的进口调整后，2019年来自于其他国家和地区的正丁醇数量增加。

2020年中国正丁醇进口量27.22万吨，同比增加26.31%，进口水平与2017年相差不大。当年国外新冠肺炎疫情暴发，导致国外需求大幅度下滑，中国作为正丁醇需求大国，吸引了进口货源流入。

2021 年正丁醇进口量在 13.09 万吨左右，当年由于国外装置检修，主要进口地区的中国台湾台塑装置在上半年低负荷运行，导致整体进口水平下滑。

2017—2021 年中国正丁醇进口量变化趋势见图 13.3。

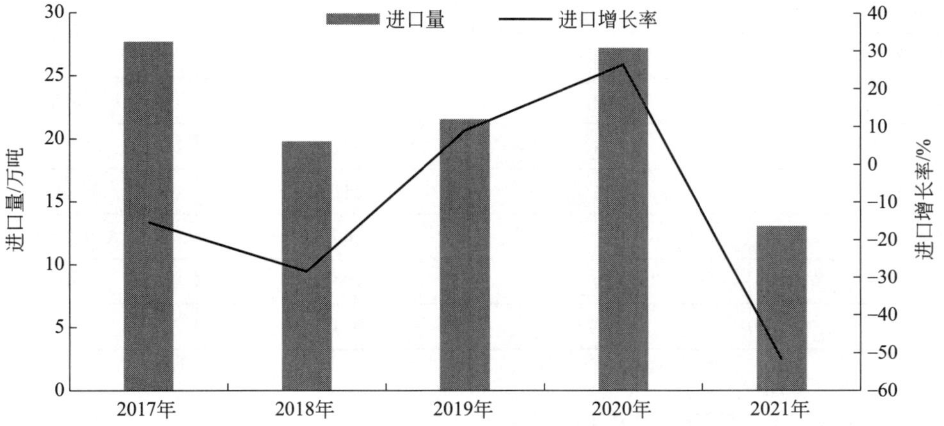

图 13.3　2017—2021 年中国正丁醇进口量变化趋势

近五年以来，正丁醇进口来源地区发生较大变化。2017 年正丁醇主要进口来源地是中国台湾、美国、沙特阿拉伯和马来西亚。

2017 年 12 月 29 日，商务部决定对原产于中国台湾地区、马来西亚和美国的进口正丁醇进行反倾销立案调查。自 2018 年开始，正丁醇来自美国、马来西亚的进口量减少，来自俄罗斯的进口占比增加。主要进口来源地仍然是中国台湾，该地区进口正丁醇主要供应宁波台塑丙烯酸丁酯工厂。2021 年，由于中国台湾地区台塑正丁醇装置在上半年运行不稳定，2021 年来自该地区的正丁醇仅有 8.16 万吨，2021 年来自美国和马来西亚的正丁醇减少。

2017—2021 年中国正丁醇进口来源地统计见表 13.4。

表 13.4　2017—2021 年中国正丁醇进口来源地统计

单位：万吨

产销国及地区	2017 年	2018 年	2019 年	2020 年	2021 年
中国台湾	14.76	11.1	11.62	11.9	8.16
美国	4.29	2.44	1.15	2.31	0.19
沙特阿拉伯	3.36	2.82	2.66	5.89	3.52
马来西亚	2.23	0.73	1.61	3.14	0.34
新加坡	1.2	0.45	0.2	1.36	0.2
南非	1	0.65	2.8	2.27	0.42
俄罗斯	0.55	1.61	1.31	0.34	0.26
德国	0.34	0	0.1	0	0
其他	0.03	0	0.1	0.01	0
总计	27.76	19.8	21.55	27.22	13.09

2021 年中国正丁醇进口量 13.09 万吨左右，其中有 8.16 万吨来自中国台湾，占进口总量的 62.34%，其次是来自沙特阿拉伯地区，占进口总量的 26.89%。

2021年中国正丁醇进口情况分析见表13.5。

表13.5 2021年中国正丁醇进口情况分析

产销国及地区	进口量/万吨	进口额/万美元	进口均价/（美元/吨）
中国台湾	8.16	12335.88	1511.55
沙特阿拉伯	3.52	5930.13	1686.86
南非	0.42	595.08	1433.16
马来西亚	0.34	597.23	1755.01
俄罗斯	0.26	251.91	984.91
新加坡	0.2	240.36	1150.02
其他	0.19	194.83	965.31
合计	13.09	20145.42	1538.99

13.3 中国正丁醇消费现状分析

13.3.1 2021年中国正丁醇消费趋势分析

2017—2019年，正丁醇消费量逐年增长，但消费增长率呈下降趋势，2017—2019年正丁醇消费量复合增长率3.62%，推动正丁醇消费量增长的主要产品是丙烯酸丁酯和DBP。这三年，下游丙烯酸丁酯和DBP装置产能扩产，带动正丁醇需求增长。2020年正丁醇消费量较2019年略低。2020年初，国内外先后发生新冠肺炎疫情，导致下游及终端需求下降，下游丙烯酸丁酯出口订单下滑。

2021年正丁醇消费量约为223万吨，较2020年增长10.45%，近五年中国正丁醇消费复合增长率在4.4%。

2017—2021年中国正丁醇消费量变化趋势见图13.4。

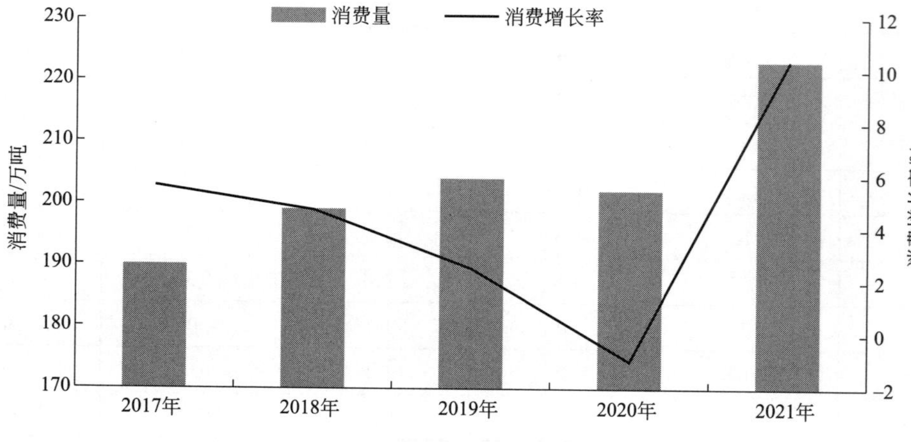

图13.4 2017—2021年中国正丁醇表观消费量变化趋势

13.3.2 2021年中国正丁醇消费结构分析

中国正丁醇下游消费结构变化不大。下游产品主要是丙烯酸丁酯、乙酸丁酯、DBP、乙二醇单丁醚等。丙烯酸丁酯在正丁醇消费量中占50%左右，2020年由于丙烯酸丁酯在1—3季度需求量下滑，该产品在正丁醇下游消费占比下降。2021年由于丙烯酸丁酯出口需求表现强劲，该产品在正丁醇消费中占57.4%。

由于乙酸丁酯盈利水平较低，兖矿国泰15万吨的乙酸丁酯于2019年5月改产乙酸乙酯，行业无新增产能。近五年来，乙酸丁酯对正丁醇需求增速缓慢。2021年由于两种原料均大幅上涨，导致乙酸丁酯开工率下降。2021年乙酸丁酯在正丁醇下游需求占比中减小。

DBP产品在正丁醇消费中排名第三。中国DBP产能过剩，2017—2021年中国DBP产能呈下降趋势，2021年DBP产能减少4万吨/年。2021年度，DBP市场受三季度河南地区雨水天气、局部地区新冠肺炎疫情以及三季度末开始限电影响，DBP产量下降。同时因成本大涨，DBP处于历史高位，替代品回归市场，2021年DBP对正丁醇消费量下降。

2017—2021年中国正丁醇下游行业需求结构变化趋势见图13.5。

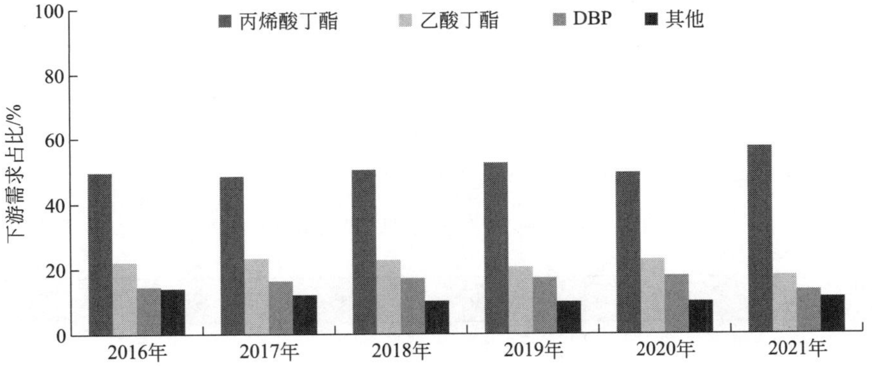

图13.5 2017—2021年中国正丁醇下游行业需求结构变化趋势

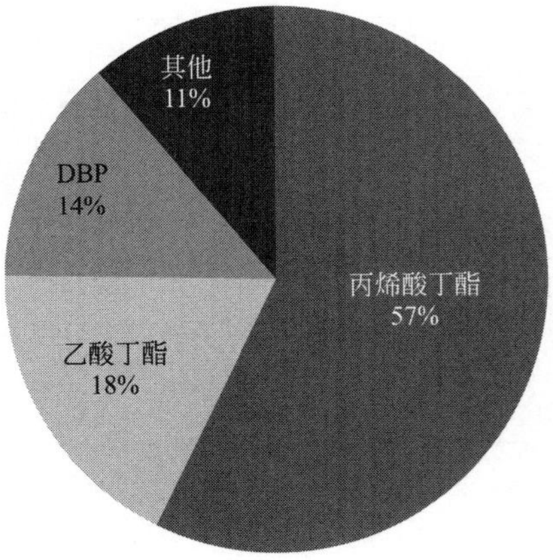

图13.6 2021年中国正丁醇下游需求占比

2021年正丁醇消费量增长主要靠丙烯酸丁酯需求推动，在三大下游产品中，除丙烯酸丁酯消费量增长以外，乙酸丁酯和DBP对正丁醇消费量均缩减。

2021年丙烯酸丁酯消费正丁醇128万吨，较2020年增加28万吨，在正丁醇下游消费中占比57%。乙酸丁酯产量下降，2021年乙酸丁酯消费正丁醇40万吨左右，占比18%。2021年DBP产量下降，消费正丁醇30万吨左右。

2021年，在其他下游产品中，乙二醇单丁醚消耗正丁醇约有4.5万吨。

2021年中国正丁醇下游需求占比见图13.6。

13.3.3 2021年中国正丁醇出口量分析

中国仅有少量产品出口，以优先满足国内需求为主。2020年受新冠肺炎疫情影响，国外正丁醇需求量大幅下滑，需求集中在中国地区，2020 年中国正丁醇仅有 0.07 万吨出口。2021 年中国正丁醇出口量增加，出口 2.8 万吨，9—12 月份，中国正丁醇价格震荡走低，出口套利窗口开启。

2017—2021 年中国正丁醇出口量变化趋势见图 13.7。

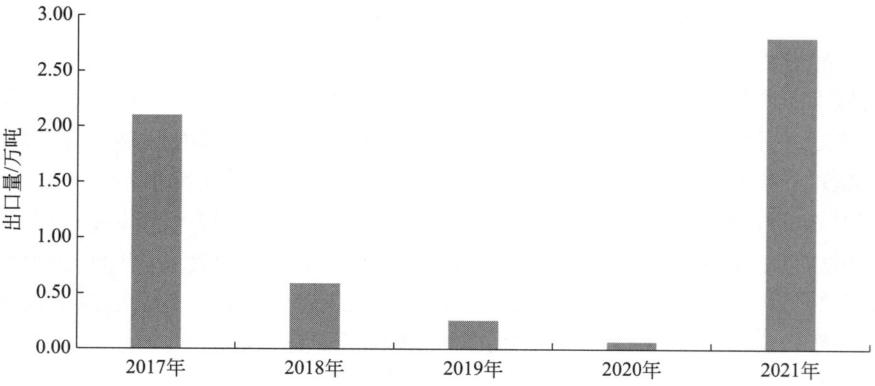

图 13.7 2017—2021 年中国正丁醇出口量变化趋势

2017 年至 2021 年正丁醇出口总量 5.82 万吨，其中 2.3 万吨出口至比利时。欧洲地区整体供应饱和，当欧洲国家装置检修较多时，有少量货源需要从中国地区补充。近五年来，中国地区有 1.16 万吨正丁醇出口至韩国地区，整体出口水平偏低。

2017—2021 年正丁醇出口国及地区统计见表 13.6。

表 13.6 2017—2021 年正丁醇出口国及地区统计

单位：万吨

产销国及地区	2017 年	2018 年	2019 年	2020 年	2021 年
比利时	1.74	0.46	0	0	0.1
巴西	0.2	0	0	0.04	0.26
朝鲜	0.06	0.04	0.04	0.01	0
印度	0.05	0.05	0	0	0.5
韩国	0	0	0.19	0	0.97
中国台湾	0	0	0	0	0.3
印度尼西亚	0	0	0	0	0.13
荷兰	0	0	0	0	0.45
其他	0.05	0.04	0.03	0.02	0.09
总计	2.1	0.59	0.26	0.07	2.8

2021 年正丁醇出口量 2.8 万吨左右，出口至韩国、印度和荷兰等。

2021 年中国正丁醇出口情况分析见表 13.7。

表 13.7 2021 年中国正丁醇出口情况分析

产销国及地区	出口量 / 万吨	出口额 / 万美元	出口均价 / （美元 / 吨）
韩国	0.97	1595.45	1651.94
印度	0.50	665.73	1331.85

续表

产销国及地区	出口量 / 万吨	出口额 / 万美元	出口均价 /（美元 / 吨）
荷兰	0.45	831.85	1841.03
中国台湾	0.30	568.59	1901.12
巴西	0.26	460.45	1781.49
印度尼西亚	0.13	172.94	1378.83
比利时	0.10	113.06	1130.50
墨西哥	0.04	73.79	2089.45
新加坡	0.02	30.91	1426.33
越南	0.02	37.32	1810.68
其他	0.02	128.04	6402.00
合计	2.80	4678.12	1670.76

13.4 中国正丁醇价格走势分析

2017 年正丁醇市场走势受供需层面影响较多。上半年因下游丙烯酸丁酯和乙酸丁酯装置检修较多，需求面减少使得市场价格震荡下行，华鲁、建兰、南京装置切换转产辛醇，下半年多套正丁醇装置轮流检修，供应面利好带动下，正丁醇市场重心上行。

2018 年国内正丁醇市场在 6500 ～ 9000 元 / 吨震荡。2018 年内有三套新增装置建成，但环保以及设备等因素让新装置投产时间一再推迟，2018 年正丁醇装置检修以及意外减产，对正丁醇保持较高的利润空间起到了关键作用。

2019 年延安能化新装置冲击下，正丁醇市场重心再次下滑，而且市场波动空间收窄。进口贸易量对市场影响减小，但国内市场供应水平提升。下游丙烯酸丁酯虽然有多套新建装置，但由于丙烯酸丁酯出口受阻，影响其装置开工，对正丁醇市场需求增量有限。在供需矛盾下，2019 年正丁醇市场跌多涨少。

2020 年受新冠肺炎疫情影响，第一季度正丁醇市场价格下滑至多年来的低位。第二季度新冠肺炎疫情逐步缓解，正丁醇市场重心有所向上回调，并震荡运行。进入 11 月，国内正丁醇市场直线上涨。主要下游丙烯酸丁酯产品出口表现强劲，买盘积极采购原料推动正丁醇市场上涨，相关产品辛醇价格大涨，工厂生产辛醇积极性较高，工厂正丁醇现货供应收紧。同时由于国外正丁醇装置检修，11—12 月进口正丁醇补充大幅下滑，正丁醇涨至近五年高位，行业盈利大幅度增加。

2021 年正丁醇市场重心大区间震荡。近三年，国内正丁醇新增产能 4 万吨，下游丙烯酸丁酯需求逐年增长，叠加 1—2 月受全球通货膨胀，以及国外正丁醇、丙烯酸丁酯装置停车影响，正丁醇市场大幅上行，震荡区间较大。9 月份开始，市场受限电政策影响，下游丁酯装置开工率下滑，第四季度正丁醇市场价格大幅下行。

2017—2021 年中国正丁醇市场价格走势见图 13.8。

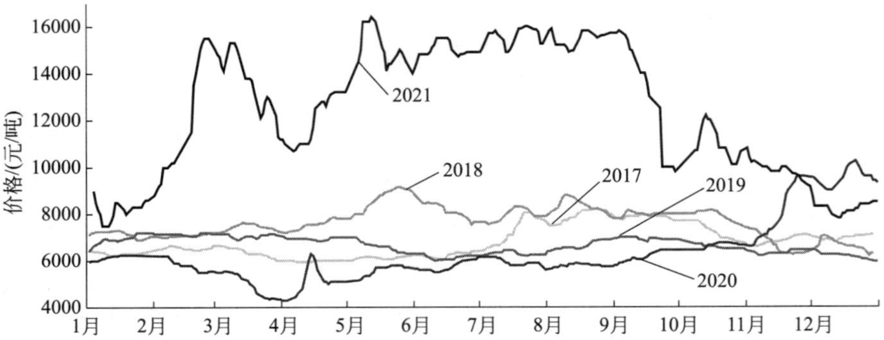

图 13.8 2017—2021 年中国正丁醇市场价格走势

13.5 中国正丁醇利润走势分析

2017—2020 年中国正丁醇市场整体盈利表现平平。在这四年期间，正丁醇理论利润在 400 元 / 吨附近。在部分时间段内，正丁醇处于亏损状态。2017—2018 年国内正丁醇装置轮流大修，阶段性供应收紧状态下，正丁醇市场有相对较好的盈利空间。2019—2020 年正丁醇行业利润下降，2019 年延安能化、中海壳牌装置投放市场，供应格局改变导致工厂话语权下降，行业利润下滑。

2020 年随着新冠肺炎疫情导致的下游需求大幅缩减，行业内不断通过让利以吸引客户，1—9 月份正丁醇基本处于亏损状态。10 月份，随着需求陆续恢复，行业盈利水平开始改善。

2021 年，中国正丁醇开启暴利时代，该产品盈利水平达到多年以来的最高峰。由于 2019—2021 年，中国正丁醇仅有一套 4 万吨的小装置投产，在这段时间内，需求增速高于正丁醇产能增速，整体处于供应偏紧状态。另外，山东大厂在当年取消年度合约，现货活动集中至山东大厂和西北地区以竞价方式购买，在供应紧张的状态下，下游加价幅度更高，使正丁醇长期维持在高位运行。2021 年 1—10 月份，正丁醇平均利润在 6400 元 / 吨左右，其中 7—8 月份正丁醇市场提前消化 9 月装置检修利好，7—8 月正丁醇平均盈利在 9900 元 / 吨附近。

正丁醇的主要原料是丙烯和合成气。丙烯最高价格在 10 月中旬涨至 9700 元 / 吨，多数时间在 7000 ～ 9000 元 / 吨之间震荡，因此丙烯对正丁醇成本走势影响并不大。另一原料合成气是通过煤气化装置制备而来，9 月份煤炭价格大幅上涨，推高正丁醇生产成本。自 9 月下旬开始，正丁醇因需求下降，价格和利润下滑。10 月正丁醇平均盈利降至 3100 元 / 吨左右。

2017—2021 年中国正丁醇成本、利润变化趋势见图 13.9。

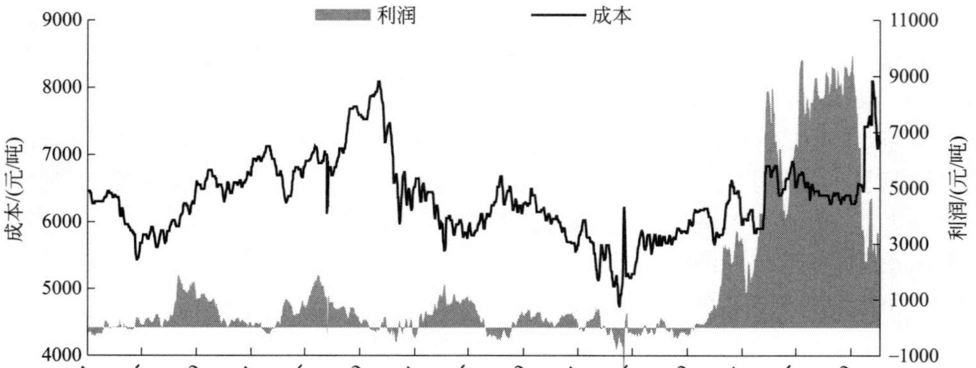

图 13.9 2017—2021 年中国正丁醇成本、利润变化趋势

13.6　2022—2026 年中国正丁醇发展预期

13.6.1　中国正丁醇拟在建 / 退出产能统计

未来五年中国正丁醇在建和拟建产能有 90 万吨，新增产能分布在华东、华南地区。多数为拟建项目，新产能预计在 2024—2025 年陆续投产。新产能释放后，中国正丁醇市场供应格局面临很大转变，货源流向也将发生变化。

2022—2026 年中国正丁醇增拟建产能统计见表 13.8。

表 13.8　2022—2026 年中国正丁醇增拟建产能统计

企业名称	产能 /（万吨 / 年）	地址	投产计划	上下游配套
广西华谊	30	广西	在建，2022 年第四季度	丙烯、丙烯酸丁酯
万华化学	10	福建	拟建，预计 2024 年投产	丙烯、丙烯酸丁酯
万华化学	10	山东	拟建，预计 2024 年投产	丙烯、丙烯酸丁酯
浙江卫星	40	浙江	拟建，预计 2025 年投产	丙烯、丙烯酸丁酯
合计	90			

13.6.2　中国正丁醇供应趋势预测

2022 年第四季度，位于广西地区 30 万吨 / 年的正丁醇装置预计投产，该厂同时配套下游丙烯酸丁酯装置年产能 20 万吨 / 年，预计消耗正丁醇 12 万吨 / 年左右。正丁醇装置的建设周期在 2 年左右，部分拟建装置尚未立项，预计新产能将在 2024—2025 年陆续投产。同时 2024—2025 年将是正丁醇新一轮集中检修周期，预计 2024—2025 年正丁醇产量增长率下降。预计 2026 年正丁醇产量将达到 290 万吨，开工率在 79% 左右。

2022—2026 年中国正丁醇供应预测见图 13.10。

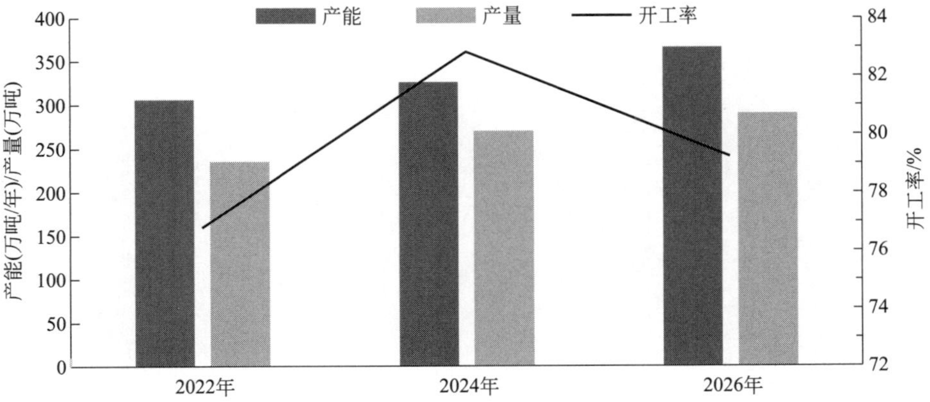

图 13.10　2022—2026 年中国正丁醇供应预测

13.6.3　中国正丁醇主要下游发展前景预测

近年来正丁醇下游消费增长主要体现在丙烯酸丁酯产品上，在正丁醇下游消费中占据重要地位。未来五年丙烯酸丁酯行业拟建产能有 45 万吨，新产能将在 2022—2026 年期间陆续释放。

2022 年乙酸丁酯预计有 15 万吨 / 年新产能投产，该装置位于珠海，工厂已经建成，计划 2022 年初投产。

传统增塑剂 DBP 产能过剩，在正丁醇消费中占比逐年减小，未来五年该产品无新增产能，以消化原有产能为主，该产品对正丁醇需求量小幅增加。

13.6.4 中国正丁醇供需格局预测

未来五年，国内正丁醇供应及消费量呈连续上涨趋势。计划内新建和拟建正丁醇装置均配套有上游丙烯和丙烯酸丁酯产品。预计未来五年，正丁醇产能年均复合增长率在 5.81%，产量年均增速在 5.58%，下游消费增速在 5.02%，正丁醇产能、产量增速略高于需求面增速，正丁醇紧张程度将有所缓解。

2022—2026 年中国正丁醇市场供需平衡预测见表 13.9。

表 13.9 2022—2026 年中国正丁醇市场供需平衡预测

项目	2022 年	2024 年	2026 年
产能 /（万吨 / 年）	306	326	366
产量 / 万吨	235	270	290
开工率 /%	76.80	82.82	79.23
进口量 / 万吨	18	12	10
总供应量 / 万吨	253	282	300
出口量 / 万吨	2	3	5
下游消费量 / 万吨	248	278	285
总需求量 / 万吨	250	281	290

第 14 章 辛醇

2021 年度关键指标一览

类别	项目	2020 年	2021 年	涨跌值	原因概述
价格	现货成交价均值 /（元 / 吨）	7441	14283	6842	国内产能增速小于需求增速，市场现长期处于偏紧状态
	国际成交价均值 /（美元 / 吨）	898	1796	898	受中国市场价格上涨带动
供应	产能 /（万吨 / 年）	235	235	0	近三年来国内无新产能释放
	产量 / 万吨	210	239	29	除装置不可抗力检修外，工厂多保持超负荷生产
	开工率 /%	90.00	102.00	12.64	行业盈利丰厚，吸引工厂超负荷运行
	进口量 / 万吨	26.95	23.15	-3.85	中国台湾地区装置运行不稳定，影响进口量
需求	出口量 / 万吨	0.96	2.83	1.87	欧洲辛醇装置检修，中国作为全球最大的辛醇生产国，少量产品出口补充国际市场
	下游消费量 / 万吨	227	249	22	环保增塑剂需求增加

14.1 中国辛醇供需平衡分析

2017—2021 年，国内辛醇设计产能仅增加 12 万吨，而消费量增加 67 万吨。随着下游消费逐年增长，国内辛醇已呈现供应紧张状态。从辛醇供需层面来看，2021 年中国辛醇供应十分紧张，这为 2021 年辛醇价格大幅上涨提供了充足的动力。

2021 年辛醇装置利用率提升至 102%，由于近五年来辛醇只有一套新增装置，辛醇仍需要进口货源补充，2021 年辛醇进口量 23.15 万吨。出口维持在较低水平，2021 年辛醇出口 2.83 万吨。

2017—2021 年中国辛醇供需平衡见表 14.1。

表 14.1 2017—2021 年中国辛醇供需平衡表

项目	2017 年	2018 年	2019 年	2020 年	2021 年
产能 /（万吨 / 年）	223	235	235	235	235
产量 / 万吨	184	204	216	210	239
开工率 /%	83	87	92	90	102
进口量 / 万吨	15.27	18.76	19.94	26.95	23.15
出口量 / 万吨	3.17	2.4	3	0.96	2.83
消费量 / 万吨	182	211	225	227	249

14.2 中国辛醇供应现状分析

14.2.1 2021 年中国辛醇国产供应量分析

2017—2021 年中国辛醇产能复合增长率仅有 1.32%。自 2018 年华南地区中海壳牌 12 万吨 / 年的辛醇装置投产以后，由于业者对辛醇预期普遍不看好，2019—2021 年中国辛醇无新产能 ,2021 年辛醇设计产能 235 万吨，实际华鲁恒升和南京诚志正丁醇装置在 2021 年度生产辛醇，2021 年辛醇在产产能 255 万吨。

2017—2021 年中国辛醇产能变化趋势见图 14.1。

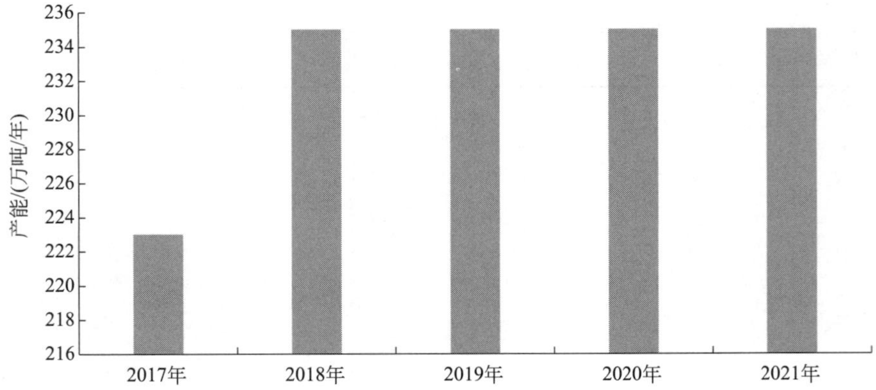

图 14.1 2017—2021 年中国辛醇产能变化趋势

近五年来，辛醇产量年均复合增长率在7.95%。2020年因新冠肺炎疫情影响，拉低辛醇装置开工率及产量。2021年虽有多套辛醇装置停车检修，由于南京诚志、华鲁恒升辛醇装置在本年度均生产辛醇，叠加丰厚利润吸引，除检修时间外，其他时间辛醇装置多数超负荷生产，因此2021年辛醇产量达到近五年最高水平，装置开工率提升至102%。据统计，2021年辛醇产量约有239万吨。

2017—2021年中国辛醇产量及开工率变化趋势见图14.2。

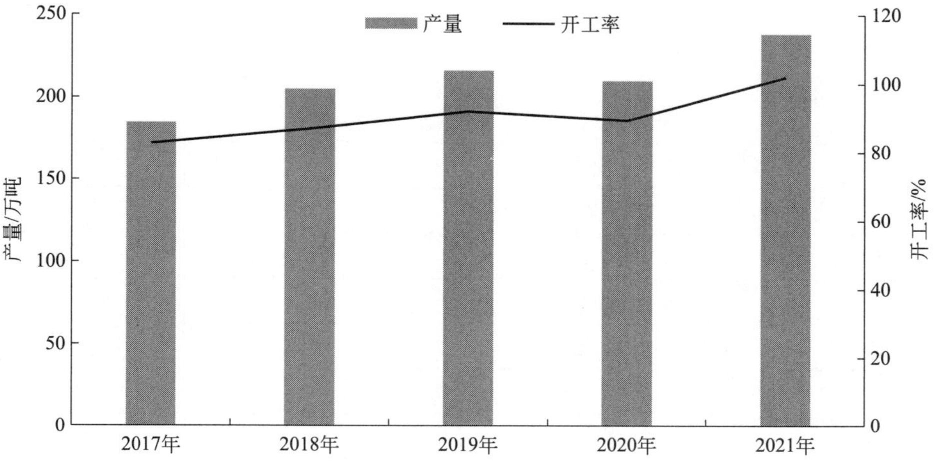

图14.2 2017—2021年中国辛醇产量及开工率变化趋势

14.2.2 2021年中国辛醇区域供应结构分析

华东地区是我国辛醇装置的集中生产地，产能达到162万吨/年，占全国的68.94%，其中山东省辛醇设计产能130.5万吨，占全国总产能的55.53%。华东地区同时是辛醇下游的主要集中地，具备便利的原料来源以及运输条件。

2021年中国辛醇分区域产能变化统计见表14.2。

表14.2 2021年中国辛醇分区域产能变化统计

区域	产能/（万吨/年）	占比/%
华东	162	68.94
华北	28	11.91
东北	25	10.64
华南	12	5.11
西南	8	3.40
合计	235	100.00

14.2.3 2021年中国辛醇主要生产企业生产状况分析

从全国范围来看，国内有15家生产企业有辛醇产品，其中辛醇产能占比最大的是山东鲁西化工，占到全国总产能的16.17%。产能在20万吨/年以上的企业有4家，合计产能91万吨，占全国总产能的38.72%。

2021 年中国辛醇主要生产企业产出统计见表 14.3。

表 14.3 2021 年中国辛醇主要生产企业产出统计

序号	企业名称	产能 /（万吨 / 年）	占比 /%
1	鲁西化工	38	16.17
2	天津渤化永利	28	11.91
3	齐鲁石化	26	10.85
4	建兰股份	21	8.94
5	利华益	14	5.96
6	山东蓝帆	14	5.96
7	大庆石化	13	5.53
8	南京诚志	13	5.32
9	吉林石化	12	5.11
10	中海壳牌	12	5.11
11	安庆曙光	11	4.68
12	菏泽东方	10	4.26
13	华鲁恒升	8	3.40
14	江苏华昌	8	3.40
15	四川石化	8	3.40
	合计	235	100

14.2.4 2021 年中国辛醇进口量分析

2017 年辛醇进口量较 2016 年缩减，2018—2019 年进口量开始提升，一般贸易量下滑，下游以执行年度进口合约为主。2018 年辛醇国内装置集中更换催化剂，导致国内辛醇价格处于高位运行，辛醇进口量较 2017 年增加。2019 年辛醇进口量较 2018 年小幅增加，整体变化不大。2020 年辛醇进口量大幅增加，辛醇进口量 26.95 万吨。2020 年辛醇进口量大幅增长主要受两方面影响：二季度新冠肺炎疫情暴发，导致国外需求大幅度下滑，辛醇外需不畅导致中国进口量增加；国内辛醇与下游装置恢复时间不同步，国内辛醇因供应短缺使价格在二季度大涨，导致下游用户进口国外相对低价辛醇。

2021 年辛醇进口量在 23.15 万吨左右，由于国内需求较好以及价格高位，整体进口水平仍然较高。

2017—2021 年中国辛醇进口量变化趋势见图 14.3。

近五年以来，辛醇进口来源地区变化不大，主要来自印度尼西亚、中国台湾、沙特阿拉伯，这三个地区进口量占总进口量的 80% 以上。仅有少量货物来自韩国、德国、马来西亚等地区。

印度尼西亚是中国辛醇第一大进口国，主要来源为 PON 公司，该公司辛醇年产能为 14 万吨，2018—2021 年，从该地区进口的辛醇年均在 10 万吨附近。2020 年中国台湾对大陆地区辛醇出口量增加，因 2021 年台湾南亚辛醇装置在上半年运行不稳定，以及 11 月份有年度检修计划，2021 年中国台湾地区出口到大陆的辛醇量下降。沙特阿拉伯出口到中国的辛醇数量在 3 万～ 5 万吨 / 年，较为平稳。

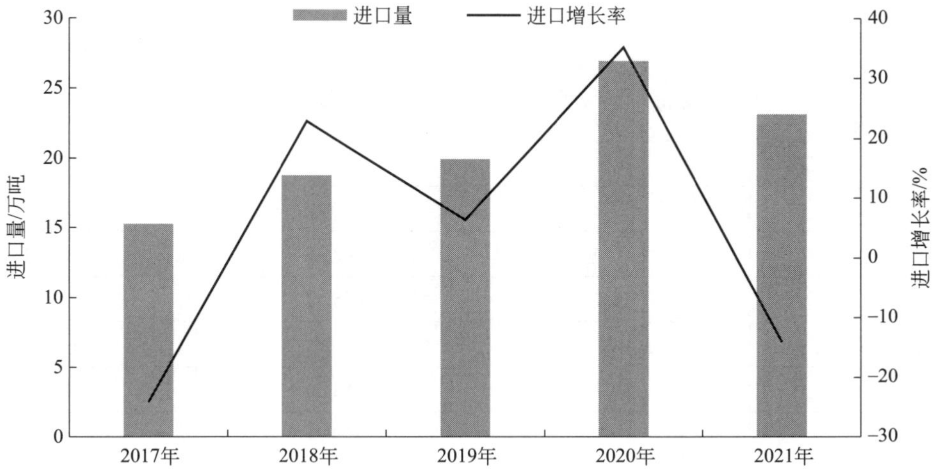

图 14.3 2017—2021 年中国辛醇进口量变化趋势

2017—2021 年辛醇进口来源地统计见表 14.4。

表 14.4 2017—2021 年辛醇进口来源地统计

单位：万吨

来源国及地区	2017 年	2018 年	2019 年	2020 年	2021 年
印度尼西亚	7.40	10.66	10.30	9.13	8.79
中国台湾	1.20	0.90	2.36	7.04	3.84
沙特阿拉伯	3.55	4.25	5.29	4	3.86
韩国	1.64	0.88	0.62	2.28	3.13
德国	0.00	0.40	0.40	1.4	0.2
马来西亚	0.00	0.00	0.20	0.66	0.15
新加坡	0.03	0.01	0.01	0.88	0.34
日本	0.00	0.00	0.00	0.00	1.68
瑞典	0.00	0.00	0.00	0.00	0.47
德国	0.00	0.00	0.00	0.00	0.4
其他	1.45	1.66	0.76	1.54	0.29
合计	15.27	18.76	19.94	26.95	23.15

2021 年，中国辛醇进口量 23.15 万吨左右，其中有 8.79 万吨来自印度尼西亚，占进口总量的 37.97%；其次是沙特阿拉伯，占进口总量的 16.67%。来自中国台湾地区的辛醇数量下降，主要受该地区辛醇装置运行不稳定影响。

2021 年中国辛醇进口情况分析见表 14.5。

表 14.5 2021 年中国辛醇进口情况分析

来源国及地区	进口量 / 万吨	进口额 / 万美元	进口均价 /（美元 / 吨）
印度尼西亚	8.79	17820.21	2026.87
沙特阿拉伯	3.86	7204.12	1868.31

续表

来源国及地区	进口量 / 万吨	进口额 / 万美元	进口均价 / (美元 / 吨)
中国台湾	3.84	6507.54	1693.61
韩国	3.13	5675.71	1813.61
日本	1.68	2467.57	1472.25
瑞典	0.47	702.35	1502.34
德国	0.40	695.43	1733.17
马来西亚	0.34	766.83	2233.01
荷兰	0.28	653.40	2361.73
其他	0.37	579.21	1565.43
合计	23.15	43072.37	1860.58

14.3 中国辛醇消费现状分析

14.3.1 2021年中国辛醇消费趋势分析

中国辛醇下游消费以DOP（邻苯二甲酸二辛酯）和DOTP（对苯二甲酸二辛酯）为主，两种产品占总消费量的85%左右。2021年在疫情持续影响下，DOTP仍有多套装置投产，成为推动近两年辛醇消费增长的主要因素。随着电线电缆、PVC手套的发展，辛醇未来需求仍然有较大发展空间。

2021年，中国辛醇消费量约249万吨，2016—2021年中国辛醇消费复合增长率在6.60%。其中2017—2018年，辛醇年均增长率在16%，主要也是受到DOP和DOTP新装置投产带动。2018年，DOP和DOTP对辛醇年需求量增加约30万吨。2021年辛醇消费增长主要受DOTP产品带动，2021年消费量较2020年增长7.93%。其中DOTP需求量大幅增加，DOP对辛醇需求量缩减。

2017—2021年中国辛醇表观消费量变化趋势见图14.4。

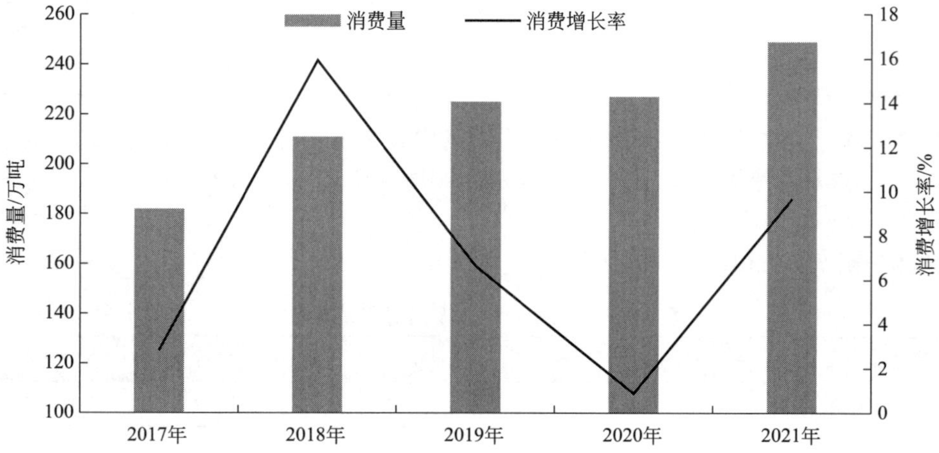

图14.4 2017—2021年中国辛醇表观消费量变化趋势

14.3.2 2021年中国辛醇消费结构分析

中国辛醇下游产品以增塑剂和丙烯酸异辛酯为主。增塑剂中，DOTP在辛醇需求占比逐年增长。2017—2021年，DOP和DOTP对辛醇消费复合增长率分别在11%和14.7%。由于DOTP属于环保增塑剂，在近五年来需求增速较快，2020年开始，精DOTP对辛醇的需求量已超过了DOP，DOTP产能由2017年的168万吨涨至2021年的294万吨。DOP产能近几年减少，2017年DOP产能201.5万吨，2018—2019年DOP产能增加，2020—2021年，部分增塑剂企业将DOP装置改造转产为DOTP，2021年底，DOP产能200万吨，DOP产量较2017年相比，仅增长8万吨左右。

2017—2021年中国辛醇下游行业需求结构变化趋势见图14.5。

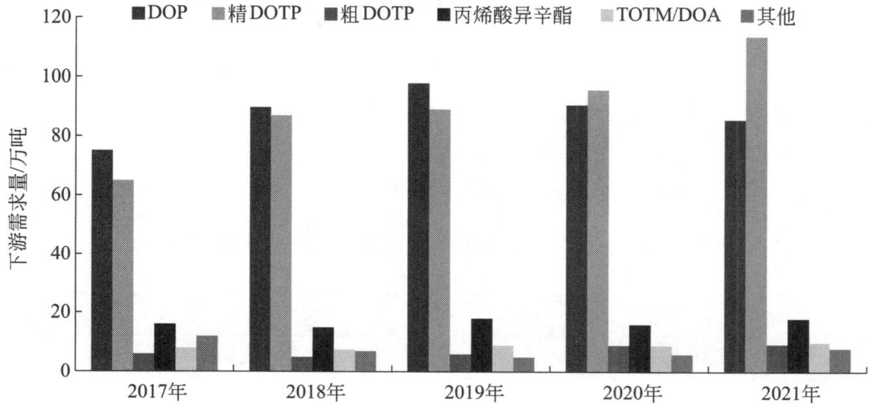

图14.5 2017—2021年中国辛醇下游行业需求结构变化趋势

2020年精DOTP和粗DOTP总产量约有152万吨，折合辛醇消耗量102万吨。DOP产量约134万吨，折合辛醇消耗量90万吨。自2020年第四季度开始，至2021年，国内有多套DOTP装置新产能释放，DOTP产量增长，2021年精DOTP和粗DOTP产量约184万吨，折合辛醇消耗量123万吨，较2020年增长20.59%。2021年DOP产能下降，产量降至128万吨，折合辛醇消耗量86万吨，较2020年下降4.44%。

2021年中国辛醇下游需求占比见图14.6。

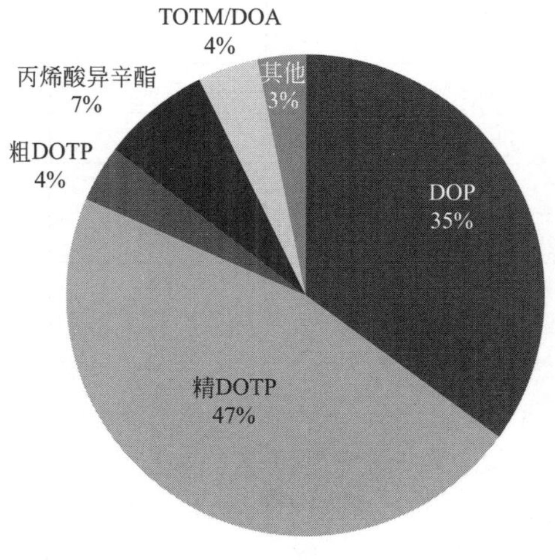

图14.6 2021年中国辛醇下游需求占比

14.3.3 2021年中国辛醇出口量分析

2017—2020年辛醇出口量下降，2020年辛醇出口量降至0.96万吨，主要受国外新冠肺炎疫情影响，国外辛醇需求量下降，需求集中至中国地区。2021年辛醇出口量2.83万吨，主要因国外辛醇装置检修，中国作为全球最大的辛醇生产国，少量产品出口补充国际市场。

2017—2021年中国辛醇出口量变化趋势见图14.7。

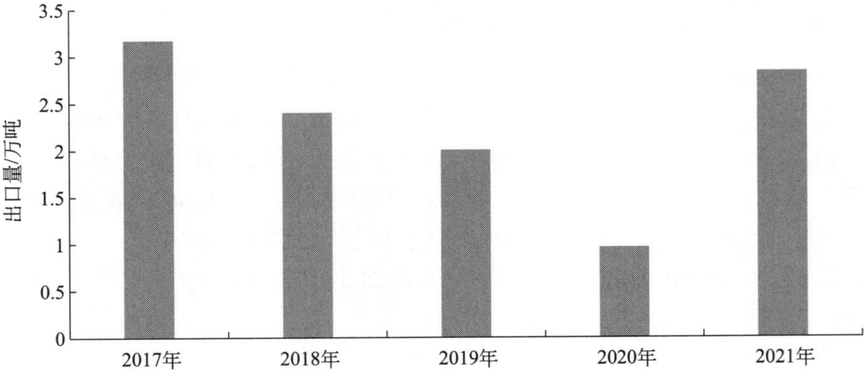

图 14.7 2017—2021 年中国辛醇出口量变化趋势

2017—2021 年中国辛醇出口至韩国为主，近五年辛醇出口总量 11.37 万吨，其中有 4.02 万吨出口至韩国，占出口总量的 35.36%；出口至土耳其 2.61 万吨，占出口总量的 22.96%；少量出口至其他地区。

2017—2021 年中国辛醇出口国及地区统计见表 14.6。

表 14.6 2017—2021 年中国辛醇出口国及地区统计

单位：万吨

出口国及地区	2017 年	2018 年	2019 年	2020 年	2021 年
韩国	0.79	1.77	0.90	0.14	0.42
伊朗	0.13	0.14	0.40	0.18	0.09
美国	0.12	0.13	0.00	0.00	0.12
荷兰	0.08	0.11	0.14	0.16	0.16
巴基斯坦	0.17	0.11	0.00	0.00	0.00
阿联酋	0.00	0.00	0.25	0.00	0.00
印度	0.10	0.00	0.00	0.10	0.00
土耳其	1.12	0.00	0.00	0.00	1.49
俄罗斯	0.00	0.00	0.00	0.00	0.16
中国台湾	0.48	0.00	0.00	0.00	0.02
其他	0.19	0.14	0.31	0.38	0.37
合计	3.18	2.40	2.00	0.96	2.83

2021 年辛醇出口量 2.83 万吨左右，由于欧洲辛醇装置检修，导致欧洲出口至土耳其的货物紧张，中国出口至土耳其 1.49 万吨，占出口总量的 52.65%。上半年韩国辛醇装置检修，中国出口至韩国地区辛醇 0.42 万吨，占出口总量的 14.84%。

2021 年中国辛醇出口情况分析见表 14.7。

表 14.7 2021 年中国辛醇出口情况分析

产销国及地区	出口量 / 万吨	出口额 / 万美元	出口均价 /（美元 / 吨）
土耳其	1.49	2889.77	1940.14
韩国	0.42	462.00	1089.46

续表

产销国及地区	出口量 / 万吨	出口额 / 万美元	出口均价 / （美元 / 吨）
俄罗斯	0.16	316.17	1989.42
荷兰	0.16	294.19	1869.61
秘鲁	0.13	102.65	807.06
美国	0.12	226.33	1921.27
伊朗	0.09	158.87	1838.07
阿根廷	0.07	162.54	2239.13
澳大利亚	0.04	79.92	2073.38
其他	0.16	443.69	2773.06
总计	2.83	5136.13	1693.82

14.4 中国辛醇价格走势分析

2017 年辛醇市场走势主要受供需面影响，辛醇工厂在 2017 年轮流大修和更换催化剂，在检修前和检修期间，市场价格阶段性上涨。2018 年辛醇市场重心开始上行。虽然这段时间仍有新装置扩产，但下游环保增塑剂发展增速使辛醇新产能逐步消化。整体供需面来看，供需矛盾缩小是推动市场上涨的主要因素。前期新产能逐步消化，以及这两年辛醇扩产速度减缓从供应面控制了国内竞争。此时辛醇的第二大下游产品 DOTP 在国内环保政策激励下快速发展，带动原料辛醇市场的反弹。2018 年下半年国际油价暴涨再次推高辛醇市场。2019 年辛醇市场重心较 2018 年走低，主要因全球经济疲软以及中美贸易关系紧张，终端制品国内需求以及出口均下滑，2019 年辛醇市场波动空间收窄。

2020 年国内外先后发生新冠肺炎疫情，国内辛醇行业利润、进口依存度等市场现状发生转变。因疫情导致国内、外需求大幅缩减。上半年辛醇市场经历长时间亏损过后，下半年各企业协同挺价意愿加强，下半年辛醇市场反弹。2021 年辛醇市场整体在高位大幅度震荡。由于 2021 年国内辛醇装置轮流检修，以及三年无新产能投放，辛醇市场整体供应偏紧，市场受宏观经济、国内装置检修、市场炒作等因素影响，重心震荡幅度较大。

2017—2021 年中国辛醇价格走势见图 14.8。

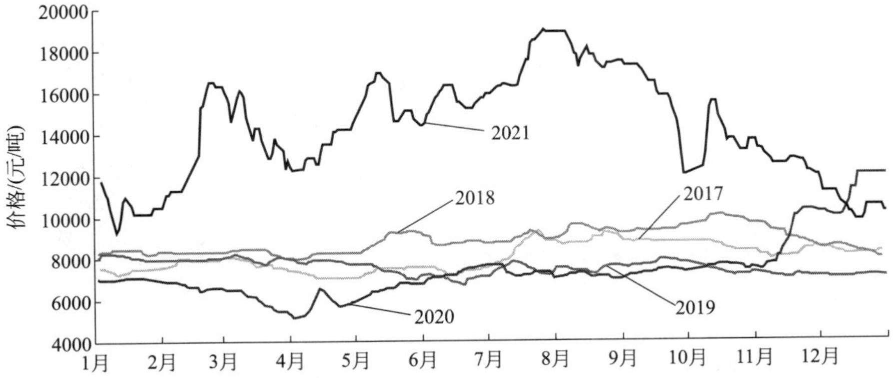

图 14.8 2017—2021 年中国辛醇价格走势

14.5 中国辛醇利润走势分析

2017—2018 年中国辛醇行业利润表现尚可，在这两年期间，由于国内辛醇装置集中大修，供应量收紧的利好下，辛醇市场有较好的盈利空间。2019 年辛醇行业利润大幅度缩减。在宏观经济疲弱以及中美贸易关系紧张下，增塑剂市场内需表现不足，环保增塑剂塑料制品出口订单缩减。传统增塑剂长期在行业成本线边缘，环保增塑剂利润骤减，下游成本压力拖累辛醇利润逐步下滑。从国内供需方面来看，2019 年虽然辛醇国内没有新产能投放，主要下游增塑剂市场需求增速缓慢，国内竞争导致各企业竞价出货，行业利润下滑。2020 年随着新冠肺炎疫情导致的下游需求大幅缩减，行业内不断通过让利以吸引客户，3—4 月辛醇产品严重亏损，4 月下旬开始，辛醇工厂通过减产来减少亏损，行业利润开始得到好转。

2020 年 11 月—2021 年，中国辛醇开启暴利时代，盈利水平达到多年以来的最高峰。行业利润大幅增长主要受以下几方面带动：

三年无新产能释放，而下游需求增长幅度较大，使得 2021 年辛醇整体供应处于偏紧状态，高价格辛醇可以及时向下游增塑剂传导。2021 年第二季度开始，国内辛醇装置陆续停车检修，加剧了今年国内辛醇的紧张程度，对行业维持高利润提供了支撑。

山东大厂在 2021 年取消年度合约，现货活动集中至山东大厂竞价购买方式，在供应紧张的状态下，下游加价幅度更高，使辛醇长期维持在高位运行。

作为辛醇的主要原料丙烯在 2021 年并没有大幅上涨，丙烯最高价格在 10 月中旬涨至 9700 元 / 吨，多数时间在 7000 ～ 9000 元 / 吨之间震荡，因此原料丙烯对辛醇成本走势影响并不大。而辛醇的另一原料合成气成本大幅上涨。国内合成气的主要原料是煤炭，9 月下旬开始，煤炭价格大幅上涨，导致合成气成本上涨，从而推高辛醇的生产成本。

2021 年 7—8 月辛醇利润水平最高，7 月辛醇利润 9600 元 / 吨，8 月辛醇利润高达 10230 元 / 吨。虽然 7—8 月为传统需求淡季，但因 9 月份辛醇有大装置检修，下游工厂担忧 9 月供应紧张，买盘在 8 月份提前储备原料，因此 8 月份辛醇市场价格在高位运行，行业盈利在全年最高。而进入 9 月份以后，煤炭价格大幅上涨推高辛醇生产成本，同时辛醇价格下跌，导致第四季度辛醇盈利水平下降。

2017—2021 年中国辛醇成本及利润变化趋势见图 14.9。

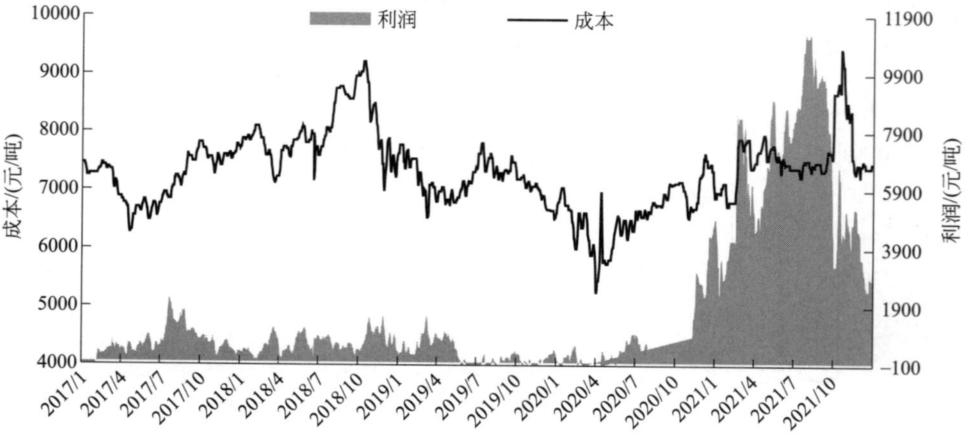

图 14.9 2017—2021 年中国辛醇成本及利润变化趋势

14.6 2022—2026 年中国辛醇发展预期

14.6.1 中国辛醇拟在建 / 退出产能统计

未来五年中国辛醇拟在建产能有 97 万吨 / 年，新增产能主要分布在华东地区。多数为拟建项目，新产能预计在 2023—2025 年陆续投产。新产能释放后，中国辛醇市场供应格局面临很大转变，货源流向也将发生变化。

2022—2026 年中国辛醇增拟建产能统计见表 14.8。

表 14.8 2022—2026 年中国辛醇增拟建产能统计

企业名称	产能 /（万吨 / 年）	地址	投产计划	上下游配套
宁夏百川	7	宁夏	在建	无
安庆曙光	20	安徽	拟建	无
万华化学	30	山东	拟建	丙烯
浙江卫星	40	浙江	拟建	丙烯
合计	97			

14.6.2 中国辛醇供应趋势预测

2022 年辛醇仅有一套 7 万吨 / 年的新装置投产，对原有供应格局并没有太大影响，市场供需面仍然维持偏紧格局。2021 年国内辛醇装置基本检修结束，2022 年辛醇工厂除山东建兰有年度大修计划外，其他厂并无明确检修计划，2022 年辛醇整体供应量预计高于 2021 年。辛醇其他新产能将在 2023—2026 年陆续投放市场，产量也将在这段时间内陆续大幅度增加。预计 2026 年辛醇产量将达到 300 万吨，未来五年辛醇年均复合增长率在 6.3%。

2022—2026 年中国辛醇供应预测见图 14.10。

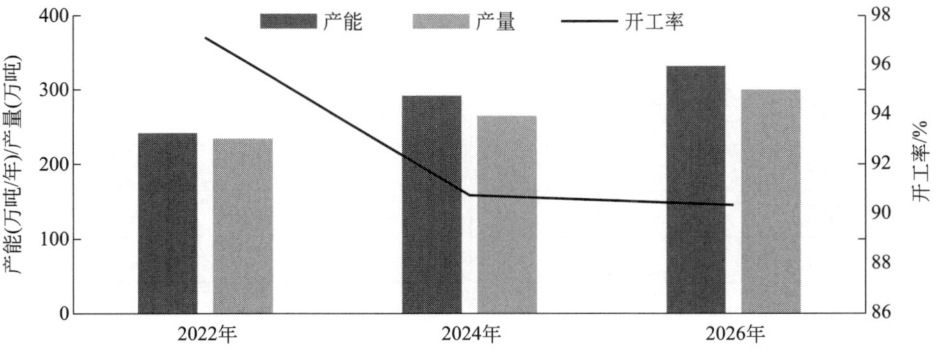

图 14.10 2022—2026 年中国辛醇供应预测

14.6.3 中国辛醇主要下游发展前景预测

近年来辛醇下游主要向环保增塑剂 DOTP 产品发展，2021 年，精 DOTP 和粗 DOTP 辛醇消费量占总消费量的 50.2%，该产品已成为辛醇最大的下游。未来五年 DOTP 行业拟建产能 46 万吨，其中规模多在10万吨以上，新产能将在2022—2023年期间陆续释放，DOTP市场供过于求矛盾形势也将更为严峻。

传统增塑剂DOP在辛醇消费占比逐年减小，未来五年该产品无新增产能，以消化原有产能为主，该产品对辛醇需求量变化不大。

2022年中国辛醇主要下游产品产量预测见表14.9。

表14.9 2022年中国辛醇主要下游产品产量预测

单位：万吨

下游产品	预测产量	预测消费量
DOTP	194	130
DOP	132	88
丙烯酸异辛酯	25	18
其他		15
合计		251

14.6.4 中国辛醇供需格局预测

未来五年，国内辛醇及下游增塑剂呈连续上涨趋势。新增的辛醇装置多配套有上游丙烯，无配套下游增塑剂。预计未来五年，辛醇产能年均复合增长率在8.23%，产量年均增速在6.3%，下游消费增速在2.59%，辛醇产能增速明显高于消费增速，辛醇将逐步进入供过于求的周期，进口量预计缩减，出口量预计增加。

2022—2026年中国辛醇市场供需平衡预测见表14.10。

表14.10 2022—2026年中国辛醇市场供需平衡预测

项目	2022年	2024年	2026年
产能/(万吨/年)	242	292	332
产量/万吨	235	265	300
开工率/%	97.11	90.75	90.36
进口量/万吨	20	12	10
总供应量/万吨	255	277	310
出口量/万吨	4	6	6
下游消费量/万吨	251	264	278
总需求量/万吨	255	270	284

第 15 章　环氧乙烷

2021 年度关键指标一览

类别	项目	2020 年	2021 年	涨跌值	原因概述
价格	现货成交价均值 /（元 / 吨）	7085.00	7770.00	685.00	原料乙烯价格高位运行，外加环氧乙烷现货供应紧张，助推价格上涨
供应	产能 /（万吨 / 年）	512.50	640.00	127.50	新增产能陆续投放，但下游需求增速放缓，导致行业平均开工负荷下滑
	产量 / 万吨	402.00	430.00	28.00	
	开工率 /%	78.44	70.67	-7.77	
	进口量 / 万吨	0.00	0.00	0.00	危化品运输限制，无进口
需求	出口量 / 万吨	0.05	0.06	0.01	出口稀少，可忽略
	下游消费量 / 万吨	401.95	429.94	27.99	下游主力产品聚羧酸减水剂单体行业产能增速放缓

15.1 中国环氧乙烷供需平衡分析

2017—2021 年中国环氧乙烷供需呈现稳步增长态势。2017—2021 年中国环氧乙烷产量年均增速在 9.68%。产量的增长主要来自环氧乙烷行业产能的快速扩张，需求的增长主要来自下游 EOD 装置的新增投产推动。

2021 年中国新增 4 套环氧乙烷装置，外加多套老旧装置扩能，行业总产能提升至 640 万吨 / 年。环氧乙烷产量增长至 430 万吨左右，较 2020 年同期上涨 6.97%。

环氧乙烷因属于危化品，物流难度大、成本高，成为影响该产品进出口的最主要原因。中国环氧乙烷主要满足国内市场需要，进口量为零，出口量一直较少，仅为 0.01 万～ 0.06 万吨。

2017—2021 年中国环氧乙烷供需平衡见表 15.1。

表 15.1 2017—2021 年中国环氧乙烷供需平衡表

单位：万吨

项目	2017 年	2018 年	2019 年	2020 年	2021 年
产量	278.50	316.00	370.00	402.00	430.00
进口量	0.00	0.00	0.00	0.00	0.00
出口量	0.02	0.02	0.02	0.05	0.06
下游消费量	278.48	315.98	369.98	401.95	429.94
供需差	0.00	0.00	0.00	0.00	0.00

15.2 中国环氧乙烷供应现状分析

15.2.1 2021 年中国环氧乙烷国产供应量分析

2017—2021 年中国环氧乙烷产量整体呈增长态势，产量由 278.5 万吨 / 年增长至 430 万吨 / 年。其中 2019 年产量增长相对较多，主要原因是环氧乙烷新增产能释放，且年度检修装置减少，整体开工负荷维持高位。

2021 年，因终端房地产调控政策趋严趋紧，以及能耗双控政策出台，环氧乙烷产量增速受此影响而放缓。2021 年环氧乙烷行业装置集中停车检修，导致损失产量达 40 万吨左右。其中主要生产企业中国石化、中国石油在年内有多套装置停车检修，累计损失产量在 12 万吨之多，平均开工负荷约 8 成左右。

2017—2021 年中国环氧乙烷产量及开工率变化见图 15.1。

15.2.2 2021 年中国环氧乙烷区域供应结构分析

从产能分布而言，中国环氧乙烷产能分布较为集中，从近五年产能变化来看，华东地区一直是主产区，也是新增产能比较集中的区域。我国环氧乙烷行业华东地区以中国石化占主导，其对于国内市场定价话语权较高，同时，该地区也分布着国内大型民营企业如卫星石化、三江化工、江苏斯尔邦、江苏德纳、泰兴金燕等。

2021 年，华东、华南和东北的产能分布分别在 342 万吨 / 年、120 万吨 / 年和 82 万吨 / 年，占比分别约为 53%、19% 和 13%。

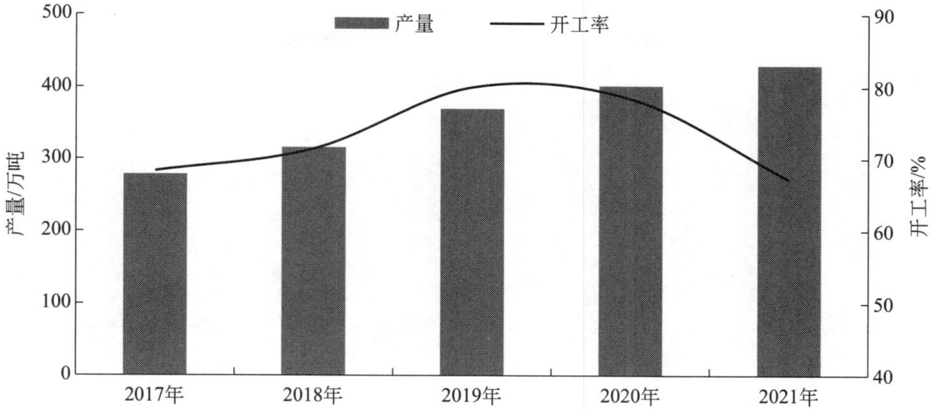

图 15.1 2017—2021 年中国环氧乙烷产量及开工率变化

2021 年中国环氧乙烷区域供应结构见图 15.2。

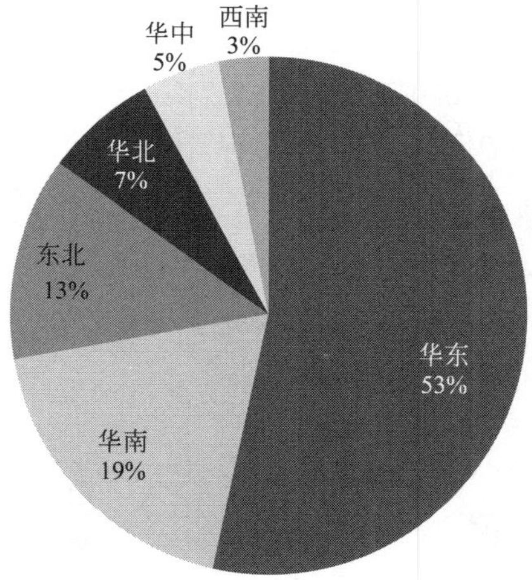

图 15.2 2021 年中国环氧乙烷区域供应结构

15.3 中国环氧乙烷消费现状分析

15.3.1 2021 年中国环氧乙烷消费趋势分析

2017—2021 年环氧乙烷需求量整体呈递增态势，但近两年需求增速逐渐放缓。近五年各地区均有下游新建及扩能装置投产，对环氧乙烷消费量持续增加。但是 2021 年环氧乙烷需求增速明显放缓，最主要原因是聚羧酸减水剂单体仍是环氧乙烷主力下游，而终端房地产调控政策收紧，直接导致其需求释放难及预期。

2017—2021 年中国环氧乙烷表观消费量变化趋势见图 15.3。

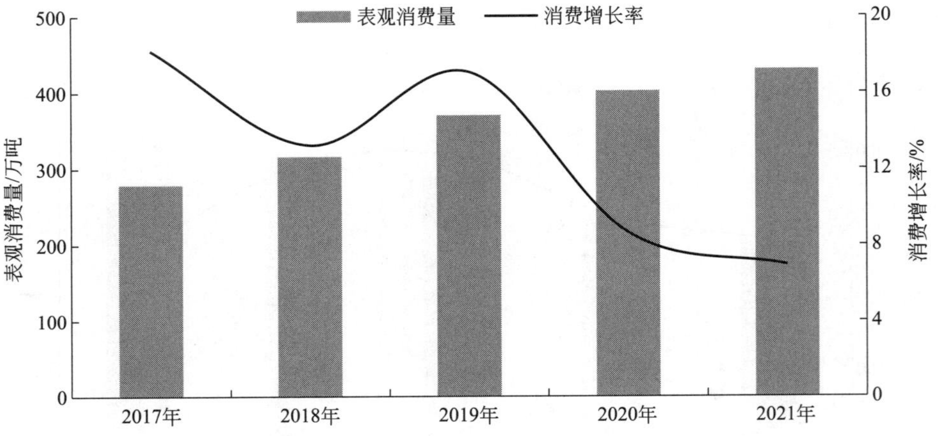

图 15.3 2017—2021 年中国环氧乙烷表观消费量变化趋势

15.3.2 2021 年中国环氧乙烷消费结构分析

中国环氧乙烷下游主要产品有聚羧酸减水剂单体、表面活性剂，以及乙醇胺等。2017—2021 年中国环氧乙烷下游需求重心仍是聚羧酸减水剂单体，2021 年需求结构占比约 55.70%，较 2020 年小幅下滑 2.20%, 较 2017 年增长 10.40%；第二大下游消费领域是表面活性剂，因国内新增装置陆续投产，2021 年需求占比较 2020 年小幅增加 2.43% 至 19.56%，较 2017 年下滑 5.55%。

2017—2021 年中国环氧乙烷下游行业需求结构变化趋势见 15.4。

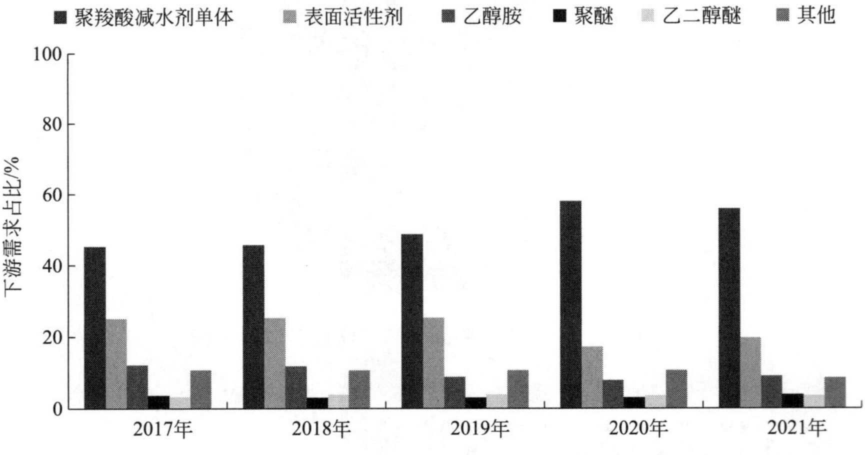

图 15.4 2017—2021 年中国环氧乙烷下游行业需求结构变化趋势

15.4 中国环氧乙烷价格走势分析

2017—2021 年，国内环氧乙烷价格走势呈震荡下行态势。近五年间，环氧乙烷振幅较大，其中历史低点 5800 元 / 吨出现在 2020 年 4 月，主要原因是新冠肺炎疫情致需求全面停滞；期间最高点 11100 元 / 吨出现 2017 年 7 月，主要原因是供需基本面偏强。

2021 年环氧乙烷价格最高点 10000 元 / 吨，价格最低点 6800 元 / 吨，年均价在 7770 元 / 吨，较 2020 年均价同比上涨 8.82%，较 2017 年均价同比下滑 24.25%。随着近几年环氧乙烷新增以及扩产装置陆续投产，供应端形势持续加宽；而下游 EOD 装置扩张速度远不及环氧乙烷产能释放的速度，市场供需矛盾凸显而价格或将呈现弱势向下震荡格局。

2017—2021 年中国环氧乙烷市场价格走势见图 15.5。

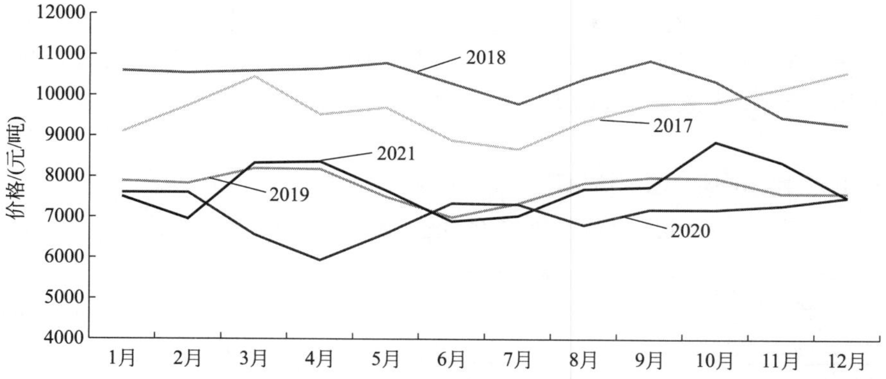

图 15.5 2017—2021 年中国环氧乙烷市场价格走势

15.5 中国环氧乙烷利润走势分析

2017—2021 年环氧乙烷整体盈利空间可观，期间最高利润 2800 元/吨出现在 2018 年 10 月份，其主要动力来自乙二醇价格趋势良好，助推联产装置往乙二醇方向倾斜，环氧乙烷产出比例明显降低，货源供应收紧，环氧乙烷价格上涨；叠加当时乙烯价格冲高后持续回落，从而利润空间随之加大。2020 年环氧乙烷年均利润最高，主要因为原料乙烯长时间维持在低位，有效加宽环氧乙烷利润空间。

2021 年环氧乙烷全年利润均值仅 110 元 / 吨左右，主因是上游乙烯现货供应紧张，东北亚价格较 2020 年高出近 300 美元 / 吨。此外，2021 年度利润最高值 800 元 / 吨，出现在 8 月份，最低值出现在 6 月份，亏损达 600 元 / 吨。

2017—2021 年中国环氧乙烷利润变化趋势见图 15.6。

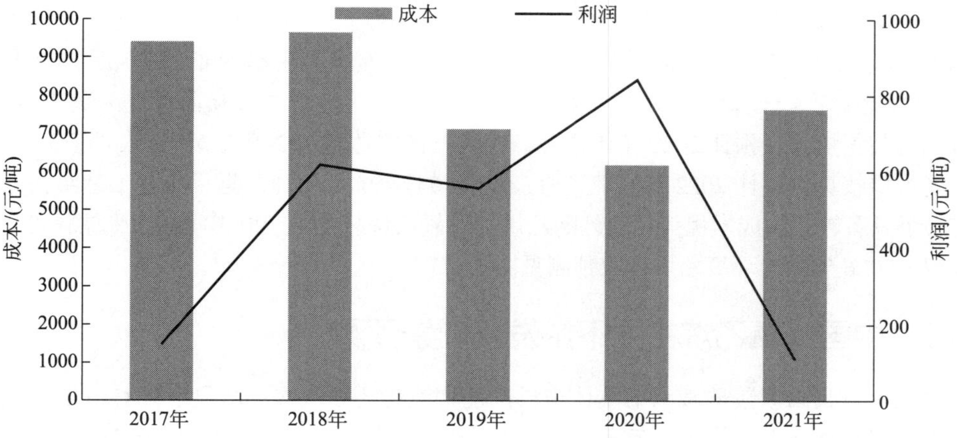

图 15.6 2017—2021 年中国环氧乙烷利润变化趋势

15.6 2022—2026 年中国环氧乙烷发展预期

15.6.1 中国环氧乙烷拟在建/退出产能统计

未来几年环氧乙烷行业拟在建产能将达到 335 万吨，其中规模基本在 20 万吨以上，新增产能主要分布在华东及华南地区。2022—2024 年新增产能集中释放后，环氧乙烷市场供应格局将发生重大变化，上下游配套发展趋势将进一步凸显，而规模较小且产业链较短的产能或将逐渐退出市场。

2022—2026 年中国环氧乙烷增拟建产能统计见表 15.2。

表 15.2 2022—2026 年中国环氧乙烷增拟建产能统计

地区	企业名称	地址	产能 /（万吨 / 年）	工艺类型	投产时间
华东	盛虹炼化 (连云港) 有限公司	江苏连云港	10.00	一体化	2022
	三江化工有限公司	浙江嘉兴	50.00	轻烃裂解	2022
	中国石油化工股份有限公司镇海炼化分公司	浙江宁波	15.00	一体化	2022
	卫星化学股份有限公司	江苏连云港	50.00	乙烷裂解	2022
	浙江石油化工有限公司	浙江舟山	27.00	一体化	2023
华南	福建古雷石化有限公司	福建漳州	17.00	一体化	2022
	巴斯夫一体化基地（广东）有限公司	广东湛江	30.00	一体化	2023
	中国石化海南炼油化工有限公司	海南儋州	20.00	一体化	2023
东北	中国石油天然气股份有限公司吉林石化分公司	吉林吉林	30.00	一体化	2024
华北	山东裕龙石化有限公司	山东烟台	40.00	一体化	2025

15.6.2 中国环氧乙烷供应趋势预测

2022—2026 年，国内环氧乙烷产能产量均呈现增长趋势，但产量增速将远低于产能增速，较 2021 年环氧乙烷产能复合增长率在 8.78%，产量复合增长率在 5.05%。产能产量预测增长率出现偏差的主要原因在，一方面受装置投产时间所致，装置利用率并非全年，另一方面是环氧乙烷 2022 年之后产能过剩明显，行业竞争激烈，不排除运营成本亏损而出现降负或停车状况。根据拟在建装置统计，预计 2022 年国内环氧乙烷产能将达到 782 万吨 / 年左右，但据下游 EOD 新建产能大概核算，预计 2022 年环氧乙烷产量将增长至 460 万吨。据目前各工艺结构分析，一体化装置仍具备较强的成本优势，而外购乙烯的环氧乙烷装置生产成本将继续受原料走势牵制。

2022—2026 年中国环氧乙烷供应预测见图 15.7。

15.6.3 中国环氧乙烷主要下游发展前景预测

未来几年，我国聚羧酸减水剂单体市场产能增速将逐渐放缓。从目前来看市场产能增长过快，但需求端整体表现一般化，未来供大于求局面将更加突出，因此预计 2022—2026 年国内聚羧酸减水剂单体产业发展重心已不再是产能数量的增加，而更应注重产品质量的提升，有针对性的发展，产品差异化发展，才能在众多过剩产能中脱颖而出。

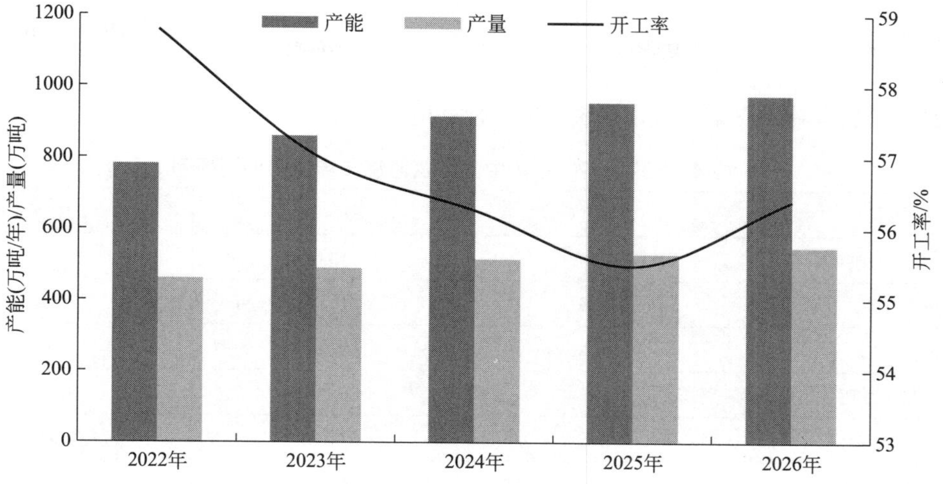

图 15.7　2022—2026 年中国环氧乙烷供应预测

表面活性剂（AEO）是国内环氧乙烷消费的第二大市场，近几年受环保等政策影响，部分地区开工受限，且表面活性剂新增产能也较少。相比较而言，尽管当前一体化装置具备竞争优势，但限于非离子表面活性剂行业产能过剩及各项环保政策影响，预计 2022—2026 年国内非离子表面活性剂市场产能增速将较为有限。

国内乙醇胺生产企业多集中在华东及华南地区，且大部分装置规模较小，因此供应端存在一定缺口。然而随着 2020 年中科炼化 5 万吨装置投产，国内供应形势有所改变。此外，未来部分大型民企也有新建计划，因此预计 2022—2026 年国内乙醇胺行业国产化进程将有望提速。

2022—2026 年中国环氧乙烷下游装置拟新增产能见表 15.3。

表 15.3　2022—2026 年中国环氧乙烷下游装置拟新增产能

产品	区域	企业名称	产能 /（万吨 / 年）	投产时间	备注
聚羧酸减水剂单体	华东	三江化工有限公司	25.00	2022 年	
	华东	佳化化学（连云港）有限公司	30.00	待定	项目搁浅
	东北	中国石油天然气股份有限公司吉林石化分公司	25.00	2024 年	
	华北	山东裕龙石化有限公司	20.00	待定	
	华南	海南奥克化学有限公司	20.00	2023 年	
表面活性剂	华东	佳化化学（连云港）有限公司	20.00	待定	项目搁浅
	华南	巴斯夫一体化基地（广东）有限公司	25.00	2023 年	
乙醇胺	华东	卫星化学股份有限公司	20.00	2022 年	
	东北	恒力石化（大连）炼化有限公司	20.00	待定	

15.6.4　中国环氧乙烷供需格局预测

近几年投产的环氧乙烷装置大部分可与乙二醇切换生产，根据利润空间来平衡环氧乙烷与乙二醇之间的产销，因此，相关产品乙二醇的市场状况直接影响环氧乙烷的市场供需面。

未来五年，随着新建装置的投产和下游消费增长的带动，环氧乙烷行业供需将继续增长，但随着行业饱和度不断增加，业内竞争加剧，产销增速将会明显放缓。预计 2022—2026 年环氧乙烷行业产能年均增速在 5.67%，产量年均增速在 4.57%，供应增速高于消费增速，届时行业将进入供大于求周期，行业开工负荷将随之下滑。

2022—2026 年中国环氧乙烷市场供需平衡预测见图 15.4。

表 15.4 2022—2026 年中国环氧乙烷市场供需平衡预测

项目	2022 年	2024 年	2026 年
产能 /（万吨 / 年）	782.00	915.00	975.00
产量 / 万吨	460.00	515.00	550.00
开工率 /%	58.82	56.28	56.41
进口量 / 万吨	0.00	0.00	0.00
总供应量 / 万吨	460.00	515.00	550.00
出口量 / 万吨	0.02	0.02	0.02
下游消费量 / 万吨	459.98	514.98	549.98
总需求量 / 万吨	460.00	515.00	550.00

第16章 环氧氯丙烷

2021年度关键指标一览

类别	项目	2020年	2021年	涨跌值	原因概述
价格	现货成交价均值/（元/吨）	10520	14515	3995	上半年供应偏紧，下半年甘油价格上涨
供应	产能/（万吨/年）	174.20	135.20	-39.00	长期停车产能列为无效产能，以及新产能投放叠加，产量及开工率增长明显
	产量/万吨	85.10	94	8.90	
	开工率/%	48.85	69.53	20.53	
	进口量/万吨	0.71	0.23	-0.48	
需求	出口量/万吨	2.17	4.68	2.51	国内新装置增加，国外供应紧张，进口量减少明显，出口量大幅增长
	消费量/万吨	80.92	89.66	12.66	下游环氧树脂需求增幅有限，另一下游TGIC新扩能项目较多，需求量增长明显

16.1 中国环氧氯丙烷供需平衡分析

2017—2021年中国环氧氯丙烷市场供需稳步增长。2017—2021年中国环氧氯丙烷产量年均增速在9.58%，消费量年均增速在8.30%，其产量增加的主要原因是环氧氯丙烷产能的释放以及下游需求的增长推动。2020年福建豪邦、江苏扬农、山东民基和淄博飞源等都有扩能和新装置投入运营，共计30.5万吨。2021年中国新增环氧氯丙烷产能有限，为9万吨，但淘汰闲置产能48万吨，截至2021年底，环氧氯丙烷产能为135.20万吨，较2020年同期减少22.39%。

目前国内环氧氯丙烷产能过剩，伴随国产供应量增加，进口逐年减少，据海关数据统计显示，2021年中国环氧氯丙烷进口量仅有0.23万吨，同比下降67.61%。2021年中国环氧氯丙烷消费量接近90万吨，同比增长10.80%，下游需求向好，从而对环氧氯丙烷市场形成有力支撑。

2017—2021年中国环氧氯丙烷供需平衡见表16.1。

表16.1 2017—2021年中国环氧氯丙烷供需平衡表

项目	2017年	2018年	2019年	2020年	2021年
产能/（万吨/年）	116.2	130.7	143.7	174.2	135.2
开工率/%	56.11	51.72	51.13	48.85	69.53
产量/万吨	65.20	67.60	73.47	85.10	94
进口量/万吨	2.20	2.01	1.78	0.71	0.23
总供应量/万吨	67.40	69.61	75.25	85.81	94.23
出口量/万吨	0.05	3.40	0.87	2.17	4.68
下游消费量/万吨	65.17	69.71	73.87	80.92	89.66
总需求量/万吨	65.22	73.11	74.74	83.09	94.34

16.2 中国环氧氯丙烷供应现状分析

16.2.1 2021年中国环氧氯丙烷国产供应量分析

2017—2021年中国环氧氯丙烷产能复合增长率在3.86%，2018—2019年环氧氯丙烷产能相对稳定，产能增长主要集中在2020年，行业利润高及下游环氧树脂行业的扩张，是环氧氯丙烷产能快速增长的主要动力。截至2020年底中国环氧氯丙烷总产能达到174.20万吨，同比增长21.22%。

2017—2021年中国环氧氯丙烷产能变化趋势见图16.1。

随着新增产能不断释放，中国环氧氯丙烷产量逐年增长，近五年产量复合增长率在9.58%。2017—2019年尽管产能增幅有限，但受环保及需求制约，整体开工负荷低位。2020年环氧氯丙烷新产能集中释放，下游终端风电行业在国家补贴政策的推动下，环氧树脂需求表现强劲，在一定程度上拉高环氧氯丙烷行业整体开工水平。2021年新增产能有限，且存在闲置淘汰产能，总产能减少，从而提升开工负荷，行业平均开工负荷在六成以上。

2017—2021年国内环氧氯丙烷产量及开工率变化见图16.2。

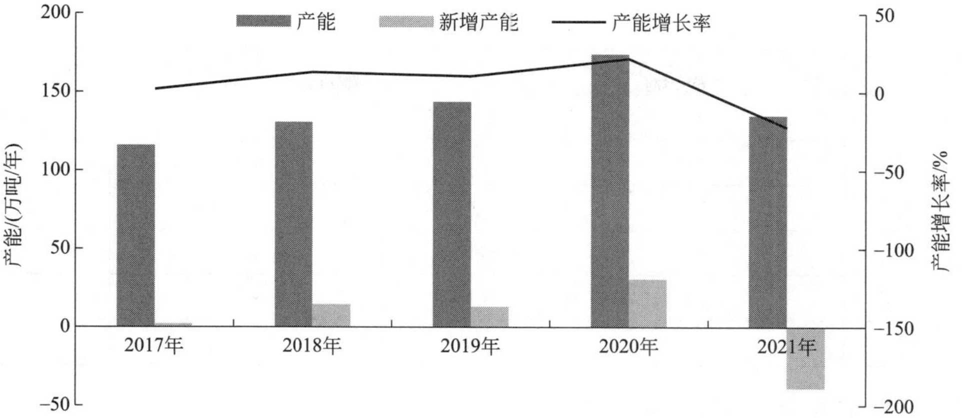

图 16.1　2017—2021 年中国环氧氯丙烷产能变化趋势

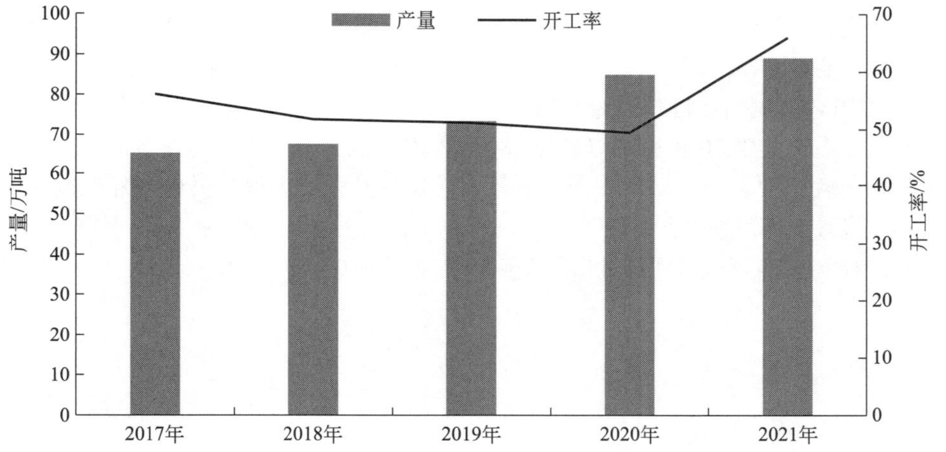

图 16.2　2017—2021 年国内环氧氯丙烷产量及开工率变化

16.2.2　2021 年中国环氧氯丙烷区域供应结构分析

从产能分布而言，中国环氧氯丙烷产能分布集中在华东地区，近五年产能变化看，虽然整体产能在不断增长，然而华东一直是最集中的区域，也是新增产能最集中的区域。

2021 年，华东环氧氯丙烷产能占比高达 80.99%，随着山东海力 32 万吨 / 年丙烯法装置长年停车，导致有效产能略有下降。华中、华南占比分别在 8.29% 和 4.07%，长春化工（盘锦）8 万吨乙酸丙烯酯法装置一直处于关停状态，被列为无效产能行列。

中国环氧氯丙烷分区域产能变化统计见表 16.2。

表 16.2　中国环氧氯丙烷分区域产能变化统计

区域		2020 年产能 /（万吨 / 年）	2020 年占比 /%	2021 年产能 /（万吨 / 年）	2021 年占比 /%
华东	江苏	40.50	23.25	40.50	29.96
	江西	3	1.72	3	2.22
	浙江	16	9.18	19	14.05

续表

区域		2020 年产能 /（万吨 / 年）	2020 年占比 /%	2021 年产能 /（万吨 / 年）	2021 年占比 /%
华东	山东	81	46.50	47	34.76
华中	湖南	8.20	4.71	8.20	6.07
	河南	3	1.72	3	2.22
华北	河北	9	5.17	9	6.66
华南	福建	5.50	3.16	5.50	4.07
东北	辽宁	8	4.59	0	0

16.2.3 2021 年中国环氧氯丙烷进口量分析

2017—2021 年中国环氧氯丙烷进口逐年缩减，2017 年进口量有所增加，为 2.2 万吨，主要是因为 2017 年 6 月 28 日起，终止实施对原产于俄罗斯、韩国、日本和美国的进口环氧氯丙烷所适用的反倾销措施，导致 2017 年进口量增长至近五年来高位，同比增长 11.11%。2020 年以来受新冠肺炎疫情影响，及国内新增产能的不断释放，国内供应充足，导致进口大幅缩减。

2021 年中国环氧氯丙烷进口总量 0.23 万吨，较上年同比下降 67.61% 以上，年内平均单月进口量 189 吨左右，其中 10 月份进口量在 380 吨左右，成为年内进口量最多的一个月份，主要是因为 9 月份能耗双控影响，以及中国环氧氯丙烷供应紧张所导致。另外内外盘倒挂，进口商为规避风险，多减少进口量操作。

2017—2021 年中国环氧氯丙烷进口量变化趋势见图 16.3。

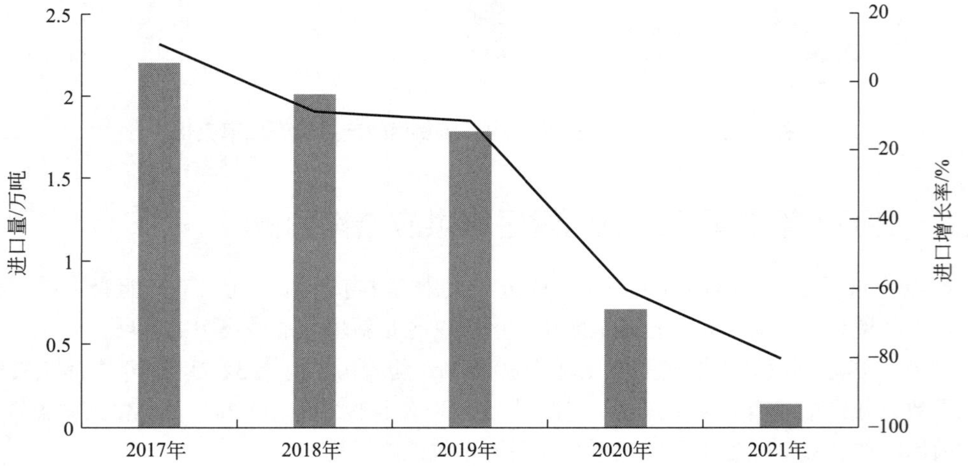

图 16.3 2017—2021 年中国环氧氯丙烷进口量变化趋势

随着中国新产能的不断释放，中国均以内销为主，导致 2017—2021 年中国环氧氯丙烷进口量呈现逐年缩减状态，五年复合增长率减少 43.14%。2021 年中国环氧氯丙烷进口来源排前三名是泰国、中国台湾和韩国，分别占比在 70.42%、14.49% 和 12.88%，三者占总进口量的 97.79%，同比减少 1.01%。

2017—2021 年中国环氧氯丙烷主要进口来源及占比情况见表 16.3。

表 16.3 2017—2021 年中国环氧氯丙烷主要进口来源及占比情况

单位：吨

来源国及地区	2017 年	2018 年	2019 年	2020 年	2021 年
泰国	6853.99	7891.35	5981.66	3332.59	1599.17
韩国	1199.37	2093.17	2103.25	1043.11	292.46
中国台湾	9667.88	3615.38	8087.99	2601.65	329.02
日本	3727.70	493.52	1113.17	84.61	50.03
德国	0.06	0.01	0.12	0	0.06
合计	21449.01	14093.43	17286.20	7061.96	2270.74
总进口量	21671	20088.95	17767.26	7061.96	2270.75
前 5 位占比	98.98%	70.16%	97.29%	100%	100%
泰国占比	31.63%	39.28%	33.67%	47.19%	70.42%
韩国占比	5.53%	10.42%	11.84%	14.77%	12.88%
中国台湾占比	44.61%	18.00%	45.52%	36.84%	14.49%
日本占比	17.20%	2.46%	6.27%	1.20%	2.20%
德国占比	0%	0%	0%	0%	0%

2021 年我国环氧氯丙烷进口主要来自于泰国、中国台湾、韩国、日本和德国，这五地进口占总进口量的 100%，总进口量相比 2020 年大幅减少 67.85%。位居首位的泰国进口量明显下降至 1599.17 吨，较 2020 年减少 1733.42 吨，同比大幅减少 52.01%；位居第二的中国台湾 2021 年进口量在 329.02 吨，同比大幅减少 87.35%；韩国进口量在 292.46 吨，同比减少 71.96%，进口量的缩减与国外疫情严重，以及装置开工负荷较低有莫大关系。

2021 年中国环氧氯丙烷进口情况分析见表 16.4。

表 16.4 2021 年中国环氧氯丙烷进口情况分析

来源国及地区	进口量 / 吨	进口占比 /%	进口额 / 美元	进口均价 /（美元 / 吨）
泰国	1599.17	70.42	3130817	1957.77
中国台湾	329.02	14.49	713995	2170.07
韩国	292.46	12.88	746399	2552.12
日本	50.03	2.20	105481	2108.35
德国	0.06	0	2986	47396.83
捷克	0	0	41	0
合计	2270.75	100.00	4699719	2069.68

16.3 中国环氧氯丙烷消费现状分析

16.3.1 2021 年中国环氧氯丙烷消费趋势分析

中国环氧氯丙烷 90% 以上用于环氧树脂行业。近年环氧树脂行业受风电及电子行业拉动快速发展，成为近五年来推动环氧氯丙烷消费增长的主要动力。后期随着“双碳”政策的执行，风电、覆铜板等行业需求不断放大，环氧树脂将再度焕发生机，未来新增产能将陆续出现。

2021 年中国环氧氯丙烷消费量 89.66 万吨，2017—2021 年中国环氧氯丙烷消费平均复合增长率在 8.30%。2020 年环氧氯丙烷消费量增长明显，主要是受到风电行业带动。2021 年环氧氯丙烷消费增长动力来自环氧树脂及 TGIC（异氰尿酸三缩水甘油酯）行业。

2017—2021 年中国环氧氯丙烷表观消费量变化趋势见图 16.4。

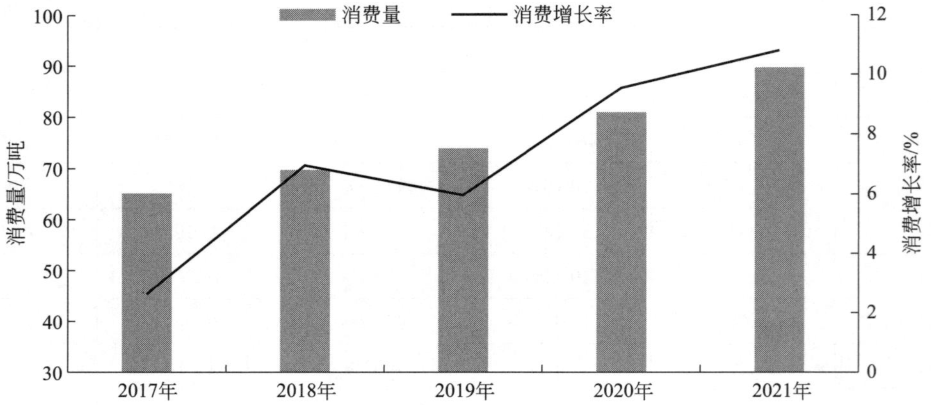

图 16.4　2017—2021 年中国环氧氯丙烷表观消费量变化趋势

中国环氧氯丙烷的主要下游消费是环氧树脂，其占比在 90%，其次为 TGIC 及其他。近年来环氧树脂对环氧氯丙烷行业的发展具有较强的驱动力。随着风电、电子行业及新基建等行业的发展，环氧树脂新产能不断释放，增加了对环氧氯丙烷的需求量。

2017—2021 年中国环氧氯丙烷下游行业需求结构变化趋势见图 16.5。

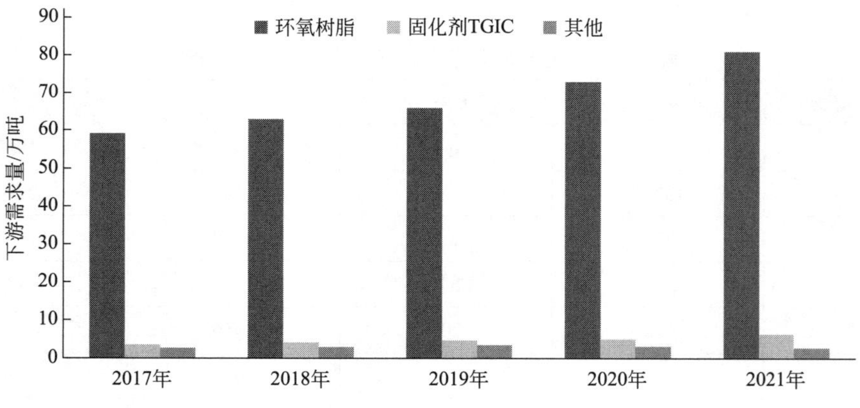

图 16.5　2017—2021 年中国环氧氯丙烷下游行业需求结构变化趋势

16.3.2　2021 年中国环氧氯丙烷出口量分析

2017—2021 年中国环氧氯丙烷出口量明显增加。2017 年中国环氧氯丙烷出口量不足千吨，但 2018 年随着新产能的不断释放，国内供应量充裕，厂商多开发出口渠道，2018 年出口总量大幅增加至 3.4 万吨。2019 年因衡阳建滔、山东鑫岳、山东三岳新装置投产，但山东海力、江苏海兴等两大主力工厂一直处于停车状态，中国处于供不应求状态，从而抑制出口数量，2019 年出口量同比大幅减少 74.40%。2020 年受新冠肺炎疫情影响，部分新装置的投产，以及需求跟进不足等利空制约，导致出口量增加，2020 年环氧氯丙烷出口量在 2.17 万吨，同比增长 149.68%。2021 年以来国外需求强劲，刺激生产商出口意向，出口量大幅增长。

2017—2021 年中国环氧氯丙烷出口量变化趋势见图 16.6。

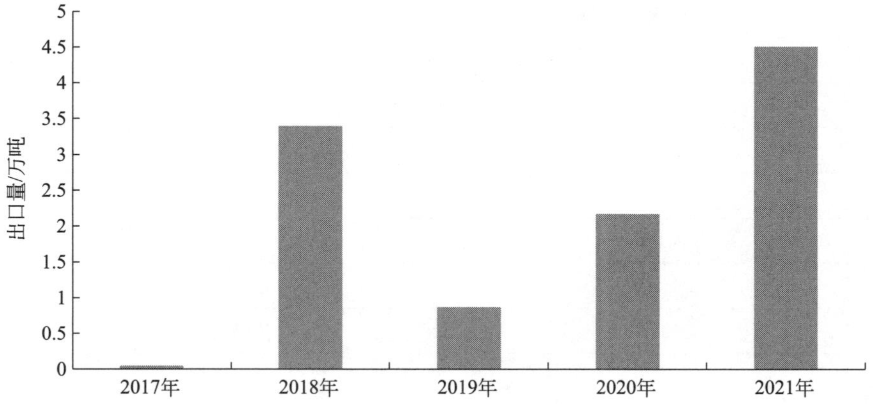

图 16.6 2017—2021 年中国环氧氯丙烷出口量变化趋势

近五年以来，中国环氧氯丙烷出口国家主要有韩国、荷兰及泰国，占中国总出口量的 71.42%，2021 年三地分别占 47.83%、10.24%、13.35%，其他出口主要流向印度、中国台湾和阿联酋。2021 年因国外疫情严重及极寒天气的影响，国外企业开工不足，需进口进行补充，2021 年中国出口量增加到 4.68 万吨以上水平，创历史新高，同比大幅增长 116%。

2017—2021 年中国环氧氯丙烷出口分析见表 16.5。

表 16.5 2017—2021 年中国环氧氯丙烷出口分析

单位：吨

出口国及地区	2017 年	2018 年	2019 年	2020 年	2021 年
韩国	0	17962.17	6428.83	11740.15	22378.47
荷兰	0	500	0	3987.36	4793.23
泰国	0	2476.94	299.44	1147.585	6245.21
印度	5.54	6424.84	0	722.74	4038.46
中国台湾	0	2979.08	0	0	3065.9
阿联酋	0	2990.18	1493.88	3495.03	1241.76
俄罗斯	0	127.44	110.54	173.68	975.94
总出口量	457.45	33954.41	8691	21737.48	46790.38
韩国占比	0%	52.90%	73.97%	54.01%	47.83%
荷兰占比	0%	1.47%	0%	18.34%	10.24%
泰国占比	0%	7.29%	3.45%	5.28%	13.35%

2021 年我国环氧树脂出口地主要是韩国、荷兰、泰国等，出口量分别为 2.24 万吨、0.48 万

吨、0.62万吨，占出口总量的47.83%、10.24%和13.35%。

2021年中国环氧氯丙烷出口情况分析见表16.6。

表16.6 2021年中国环氧氯丙烷出口情况分析

出口国及地区	出口量/吨	出口占比/%	出口额/美元	出口均价/（美元/吨）
韩国	22378.47	47.83	44047022	1968.28
荷兰	4793.23	10.24	10031503	2092.85
泰国	6245.21	13.35	13630650	1986.03
印度	4038.46	8.63	9293543	2015.14
中国台湾	3065.90	6.55	6039446	1546.78
阿联酋	1241.76	2.65	1912354	1543.97
俄罗斯	975.94	2.09	2265037	2177.44
德国	850.00	1.82	2055000	2127.27
日本	599.20	1.28	599.2	2006.74
巴西	741.61	1.58	741.61	2313.13

16.4 中国环氧氯丙烷价格走势分析

近五年来，中国环氧氯丙烷价格跌宕起伏，2021年环氧氯丙烷价格创有史以来新高。由于国外新冠肺炎疫情严重，国际市场需求强劲，及国内现货市场供不应求等多重利好带动，2021年上半年一直处于供应紧张局面，市场现货价格快速涨至16500元/吨，但原料甘油因货紧价高，利润空间有限。三季度环氧氯丙烷先抑后扬，市场起伏波动明显，成本及需求仍是环氧氯丙烷行情的主要动力，特别是9月国内能耗双控政策影响，环氧氯丙烷及下游环氧树脂开工负荷低位，环氧氯丙烷价格涨至21300元/吨左右。四季度因山东、江浙等装置检修，下游原料库存低位，环氧氯丙烷拉涨意向较高，行情整体震荡上扬走势运行。

2017—2021年中国华东市场环氧氯丙烷价格走势见图16.7。

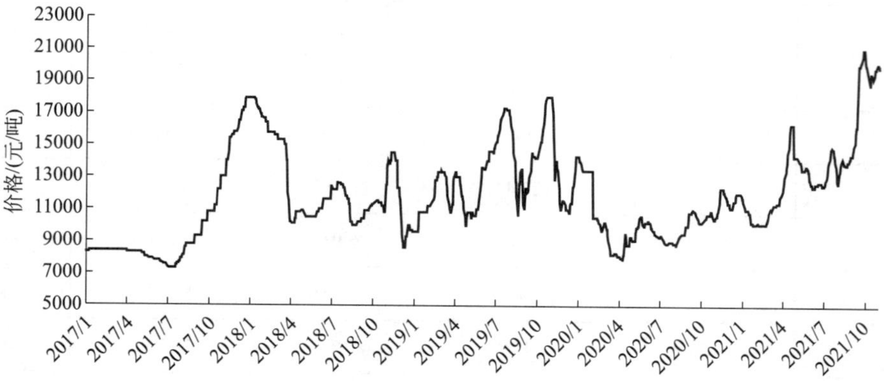

图16.7 2017—2021年中国华东市场环氧氯丙烷价格走势

16.5　中国环氧氯丙烷利润走势分析

2017—2021 年中国丙烯法环氧氯丙烷行业利润整体乐观。2018—2019 年为环氧氯丙烷平均利润较高年份，2018 年初丙烯受上下游利好带动，价格推涨至 8000 元 / 吨上方，环氧氯丙烷受成本及供应紧张支撑，行情高位上扬，利润高达万元以上，随后进入供需拉锯行情。2019 年因环保督查趋严，及主力工厂山东海力和江苏海兴装置长期停车，环氧氯丙烷供应出现严重短缺，从而对环氧氯丙烷的价格上涨起到一定的支撑作用，2019 年 10 月价格一路飙涨至 18500 元 / 吨，利润空间重回万元以上。2020 年受疫情影响，国内化工产品均受到严重影响，原料丙烯震荡回调，环氧氯丙烷因新装置集中投产也逐渐回归理性，行业利润萎缩。

2021 年丙烯持续在低位震荡，而环氧氯丙烷得益于原料甘油高位，对成本形成强势支撑，价格攀涨至 21000 元 / 吨上方，创近五年来新高，2021 年丙烯法平均利润在 3947 元 / 吨。

2017—2021 年中国环氧氯丙烷利润变化趋势见图 16.8。

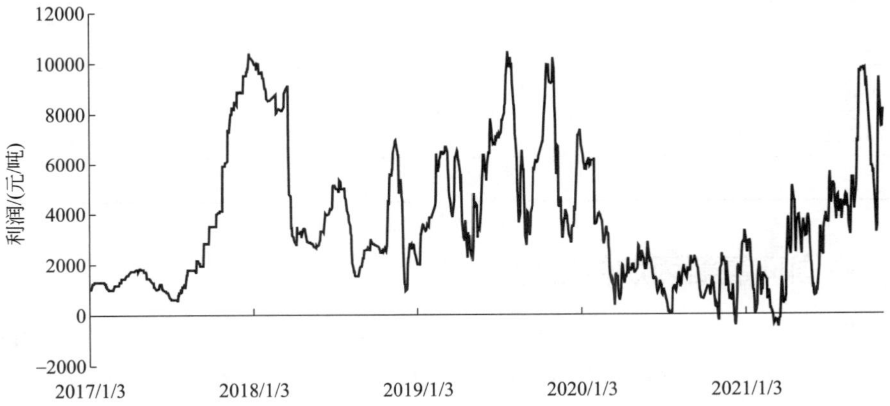

图 16.8　2017—2021 年中国环氧氯丙烷利润变化趋势

16.6　2022—2026 年中国环氧氯丙烷发展预期

16.6.1　中国环氧氯丙烷拟在建 / 退出产能统计

未来五年环氧氯丙烷行业拟在建产能将达到 138 万吨（或更多），其中规模在 10 万吨 / 年以上的企业有 8 家，新增产主要分布在华东、华北地区。2022—2026 年新增产能集中投放后，环氧氯丙烷市场供应格局将发生重大变化，进口量萎缩，将加大出口量，环氧氯丙烷上下游一体化发展的趋势越来越多。

2022—2026 年中国环氧氯丙烷增拟建产能统计见表 16.7。

表 16.7　2022—2026 年中国环氧氯丙烷增拟建产能统计

企业名称	产能 /（万吨 / 年）	地址	投产计划
晟臬科技发展（辽宁）有限公司	3	辽宁省营口	2022 年上半年
江苏瑞恒新材料科技有限公司	15	江苏连云港	2022 年上半年

续表

企业名称	产能 /（万吨 / 年）	地址	投产计划
浙江豪邦化工有限公司	6	浙江衢州	2022 年初
山东海力化工股份有限公司	8	山东淄博	2022 年下半年
山东三岳化工有限公司	6	山东滨州	2022 年上半年
衢州巨化锦纶有限责任公司	10	浙江省衢州	2022/2023 年
河南煤化焦煤集团开元化工	15	河南焦作	2022/2023 年
福州科麟环保科技有限公司	10	福建福州	2022/2023 年
山东新龙集团有限公司	1	寿光市田柳镇	2022/2023 年
河北晋邦新材料有限公司	8	河北沧州	2022/2023 年
湖北民腾新材料科技有限公司	12	湖北荆州	2022/2023 年
东营市联成化工有限责任公司	10	山东东营	2023/2024 年
淄博飞源化工有限	5	山东淄博	2023/2024 年
海湾化学	15（分两期）	山东青岛	2024/2025 年
广西锦泽化工有限公司	10	广西百色市	第一次环评公示
合计	134		

16.6.2 中国环氧氯丙烷供应趋势预测

伴随新装置的陆续投产释放，2022—2026 年国内环氧氯丙烷产能产量将同步增长，产能、产量复合增长率分别在 11.59%、8.77%。尽管可能由于种种因素，各新增装置投产时间存在不确定性，但环氧氯丙烷未来产能过剩局面将加剧的形势是可以预见的，行业竞争激烈，甚至不排除后续亏本运营，有可能出现降负荷运行状况，预计 2026 年产能达到 270 万吨以上，产量 160 万吨以上。

2021—2026 年中国环氧氯丙烷供应预测见图 16.9。

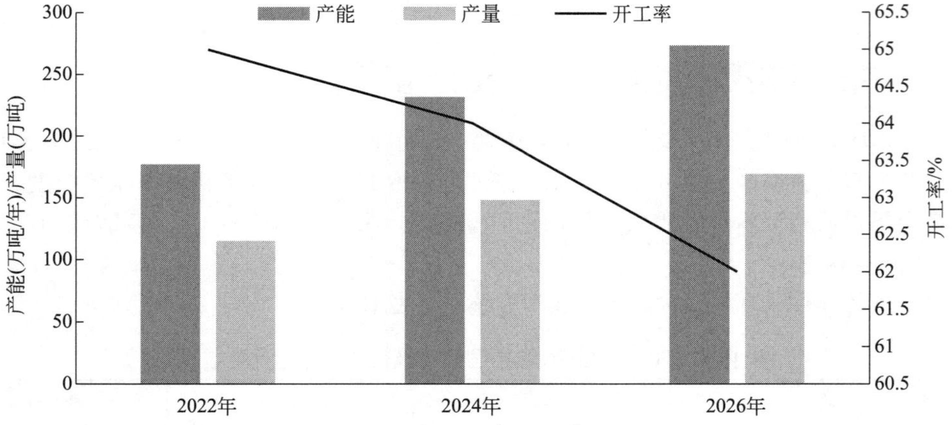

图 16.9 2021—2026 年中国环氧氯丙烷供应预测

16.6.3 中国环氧氯丙烷供需格局预测

未来五年，伴随环氧氯丙烷产业链不断完善，中国环氧氯丙烷供需均呈现增长态势。预计未来五年环氧氯丙烷产能年平均增速在 11.59%，产量年平均增速在 8.77%，下游消费增速在 8.48%，供应增速高于下游消费增速，届时环氧氯丙烷行业供应过剩局面加剧，为缓解国内供应压力，进口大幅缩减，出口成为企业谋求未来发展的重要方向。

2022—2026 年中国环氧氯丙烷市场供需平衡预测见表 16.8。

表 16.8 2022—2026 年中国环氧氯丙烷市场供需平衡预测

项目	2022 年	2024 年	2026 年
产能 /（万吨 / 年）	176.20	231.20	273.20
产量 / 万吨	115.18	138.72	161.19
进口量 / 万吨	0	0	0
总供应量 / 万吨	115.18	138.72	161.19
出口量 / 万吨	8.00	9.00	10.00
下游消费量 / 万吨	106.79	128.97	147.87
总需求量 / 万吨	114.79	137.97	157.87

第 17 章 丙烯酸

2021 年度关键指标一览

类别	项目	2020 年	2021 年	涨跌值	原因概述
价格	丙烯酸均价 /(元 / 吨)	8388.6	11838.6	3450.0	检修集中、频繁，双控、限电等影响开工率偏低，货紧价扬
供应	产能 / (万吨 / 年)	335.5	342.0	6.5	浙江卫星化学二期投产
	产量 / 万吨	212.9	228.5	15.6	新产能投放
	开工率 /%	63.5	66.8	3.3	新产能投放，检修频繁，双控、限电等影响
需求	下游消费量 / 万吨	215.5	232.8	17.3	下游新产能投放，需求增长

17.1 中国丙烯酸供需平衡分析

2017—2019 年中国丙烯酸市场供需呈稳定增长态势。据统计，2017—2019 年中国丙烯酸产量年均增速在 13.75%，总消费量年均增速在 19.17%。产量的增长主要来自丙烯酸行业产能的扩张，需求的增长主要来自下游丙烯酸丁酯行业的扩张。

2021 年中国新增 1 套丙烯酸装置，行业总产能提升至 342 万吨，截至 2021 年底，丙烯酸国内产量增长至228.5万吨，较2020年同期上涨7.33%。进出口方面，目前国内丙烯酸自给率较高，加上下游进口丙烯酸工厂停工未生产，国内进口占比萎缩；相反 2021 年国际丙烯酸装置频繁出现停车现象，国内出口量提升幅度较大。据海关数据统计显示，2021 年中国丙烯酸进口量 3.5 万吨，同比下降 43.55%；2021 年中国丙烯酸出口量 11.2 万吨，同比增长 67.16%。2021 年中国丙烯酸消费增长至 232.8 万吨，同比增长 8.03%，主要来自丙烯酸酯新产能的投放。2021 年中国新增 1 套丙烯酸装置，合计产能 18 万吨。

2017—2021 年中国丙烯酸供需平衡见表 17.1。

表 17.1　2017—2021 年中国丙烯酸供需平衡表

项目	2017 年	2018 年	2019 年	2020 年	2021 年
产能 /(万吨 / 年)	325.5	339.5	335.5	335.5	342.0
开工率 /%	48.2	58.1	60.5	63.5	66.8
产量 / 万吨	156.8	197.2	202.9	212.9	228.5
进口量 / 万吨	4.4	2.6	5.3	6.2	3.5
总供应量 / 万吨	161.2	208.3	220.9	222.9	232.7
出口量 / 万吨	7.5	11.6	10.9	6.7	11.2
下游消费量 / 万吨	145.2	184	206.2	215.5	232.8
总需求量 / 万吨	152.7	195.6	217.1	222.2	244.0

17.2 中国丙烯酸供应现状分析

17.2.1 2021 年中国丙烯酸国产供应量分析

2017—2021 年中国丙烯酸产能五年复合增长率在 1.24%，2017 年丙烯酸丁酯产能稳定在 325.5 万吨，2018 年、2019 年、2021 年丙烯酸均有新产能投放，且部分企业连同下游配套一体化发展，优化利润，延长生产链；其中 2018 年新增 14 万吨产能，分别是山东恒正 6 万吨以及山东诺尔 8 万吨；2019 年虽有新产能投放但产能出现了负增长，新产能是上海华谊 16 万吨装置投放，但江苏裕廊 20 万吨宣布永久停用。2021 年则是浙江卫星的 18 万吨新产能顺利投放。

截至 2021 年，中国丙烯酸年产能达 342 万吨，较 2020 年同比增长 1.9%。2021 年新增产能 1 家，增长 18 万吨。由于吉林石化以及万州石化丙烯酸装置长期停工或注销而剔除，分别是 3.5 万吨 / 年、8 万吨 / 年，共计剔除 11.5 万吨 / 年，合计 2021 年产能增长 6.5 万吨 / 年。

2017—2021 年中国丙烯酸产能变化趋势见图 17.1。

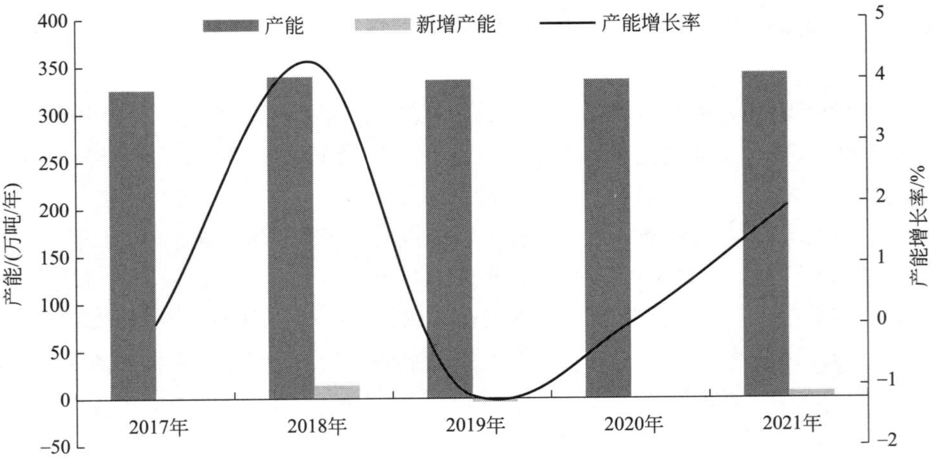

图 17.1 2017—2021 年中国丙烯酸产能变化趋势

伴随中国丙烯酸新增产能释放及需求增长，2017—2021 年中国丙烯酸产量整体呈增长态势，近五年产量年均复合增长率在 9.87%。2018—2019 年随着新产能的投放，行业开工率有所提升，产量也有所增长。2018 年下半年由于装置集中检修，导致产量增长幅度较小；虽然 2019 年上半年由于意外事件导致整体开工率大幅下降，但下半年新增产能全线投产，市场产量提升较为明显。2020 年国内丙烯酸无新产能投放，2019 年底新产能的投放完全体现在 2020 年，但由于新冠肺炎疫情的暴发，导致国内上半年开工低，产量低，为此 2020 年较 2019 年仅增长 10 万吨，增长幅度为 4.93%。2021 年丙烯酸开工率在 61% ～ 71%，开工负荷偏低，据悉部分主流工厂装置以及政策等问题而长时间处在停车阶段，另外中国丙烯酸装置在 5—9 月集中检修，尤其是 9 月除了装置集中检修意外，双控以及限电等问题导致国内开工率大幅降低，一度降至 56.3%。

2017—2021 年中国丙烯酸产量及开工率变化趋势见图 17.2。

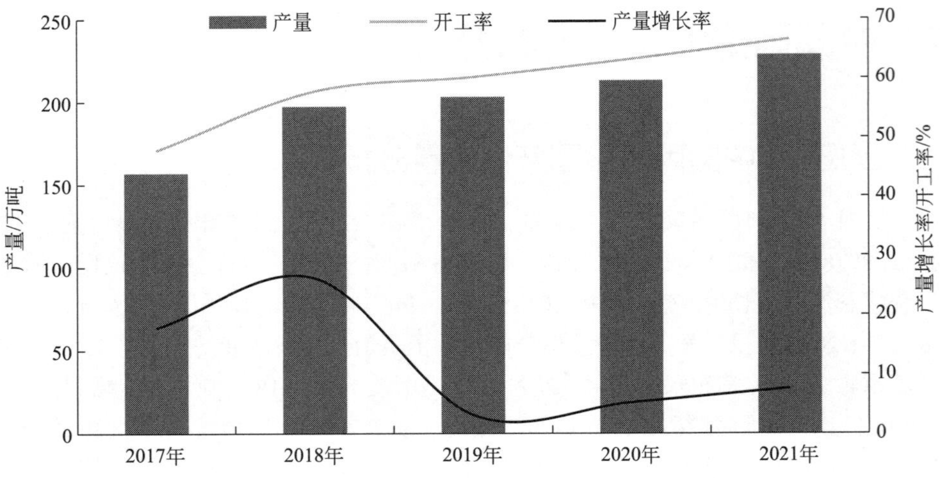

图 17.2 2017—2021 年中国丙烯酸产量及开工率变化趋势

17.2.2 2021年中国丙烯酸区域供应结构分析

中国丙烯酸产能分布集中，从近五年产能变化来看，华东一直是最集中区域，也是新增产能比较集中的区域。近五年来，江苏地区占比从43.3%下降至33%，依旧为国内产能占比第一地区，主要是江苏裕廊20万吨剔除所致，增长比较快的是浙江、上海以及山东地区，该三个地区均有新产能投产，产能占比进一步扩大。而截至2021年，华东丙烯酸产能占比高达71.1%，华北、华南占比分别在18.4%和5.9%。华东、华北地区也是丙烯酸的主要输出区域。

中国丙烯酸分区域产能情况统计见表17.2。

表17.2 中国丙烯酸分区域产能情况统计

区域		2017年产能/（万吨/年）	2017年占比/%	2021年产能/（万吨/年）	2021年占比/%
华东	浙江	80	24.6	98	28.7
	江苏	141	43.3	113	33.0
	上海	16	4.9	32	9.4
华北	山东	49	15.1	63	18.4
东北	吉林	3.5	1.1	0	0.0
	沈阳	8	2.5	8	2.3
西北	兰州	8	2.5	8	2.3
华南	福建	6	1.8	6	1.8
	广东	14	4.3	14	4.1

17.2.3 2021年中国丙烯酸进口量分析

2017—2021年中国丙烯酸进口先抑后扬，2018年下降趋势明显，主要是由于新产能投放，国内自给率提升，2018年进口量较2017年下降1.8万吨，同比下降40.91%；2019年丙烯酸进口量较2018年有明显增幅，主要是由于个别月份国内生产装置集中检修，以及下半年部分装置长期停车，导致部分地区供应紧张，进口量提升；2020年丙烯酸进口总量为6.19万吨，较2019年5.32万吨增长0.87万吨，同比增长16.35%。2021年国内丙烯酸总进口量3.5万吨，较2020年下降2.1万吨，同比下降43.55%，下降主要因素是江门谦信丙烯酸丁酯装置全年处在停车状态，该公司是国内出口主要企业之一。

2021年中国丙烯酸进口总量约3.5万吨，较上年同比下降43.55%，华南某下游主力进口丙烯酸下游工厂停车一年为开工，为此2021年中国丙烯酸进口大量缩减。丙烯酸3—6月份进口量偏低，在0.1万～0.2万吨之间，7—9月份进口量开始回升，8月达到高值，主要由于国内在7—9月整体开工率偏低，国内供应偏弱，进口缓解供应压力。在价格方面，2021年丙烯酸进口均价较2020年同期有所提升，2021年丙烯酸均值最低出现在5月份的1306.5美元/吨，高点出现在6月份的2323美元/吨。市场高低端价差1016.5美元/吨。

2017—2021年中国丙烯酸进口量变化趋势见图17.3。

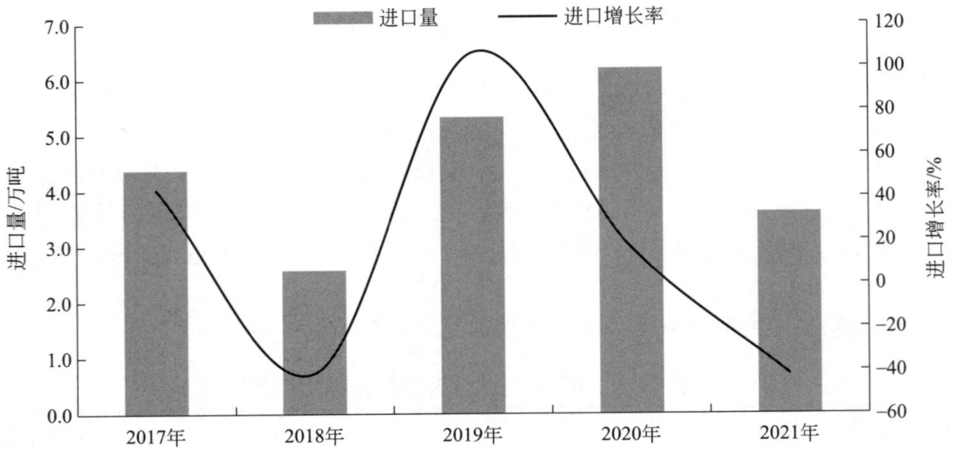

图 17.3 2017—2021 年中国丙烯酸进口量变化趋势

17.3 中国丙烯酸消费现状分析

17.3.1 2021 年中国丙烯酸消费趋势分析

中国丙烯酸的主要下游消费集中在丙烯酸酯，其次是精丙烯酸（以下简称精酸）制 SAP 领域，两者约占丙烯酸总消费量的 85% 以上。2021 年，中国丙烯酸消费量 232.8 万吨，2017—2021 年中国丙烯酸丁酯消费平均复合增长率在 12.53%。2017—2019 年丙烯酸消费量呈现持续增长态势，主要也是丙烯酸酯新产能投产带动，2021 年丙烯酸消费增长动能也来自丙烯酸酯新产能投产。

2017—2021 年中国丙烯酸消费量变化趋势见图 17.4。

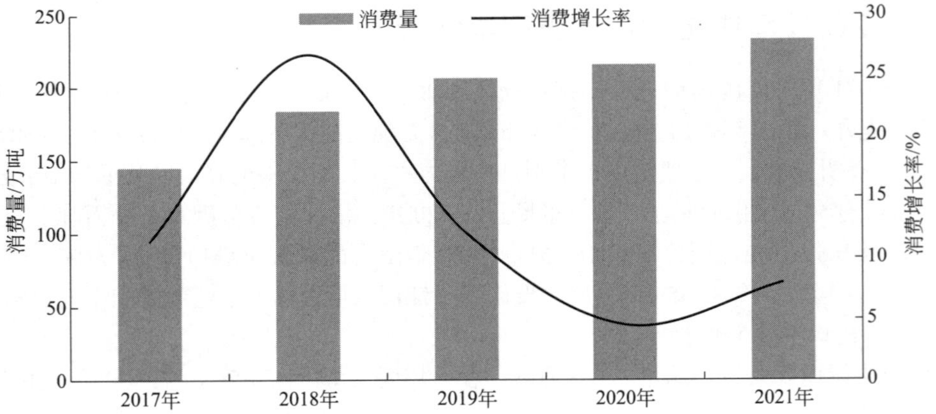

图 17.4 2017—2021 年中国丙烯酸消费量变化趋势

17.3.2 2021 年中国丙烯酸消费结构分析

丙烯酸下游主要产品是丙烯酸酯、SAP 以及减水剂等，下游占比最大的是丙烯酸酯，而丙烯酸酯中占比最大的是丙烯酸丁酯，2017—2020 年中国丙烯酸丁酯消费量整体呈上升趋势，因下游胶黏剂以及涂料行业发展较为稳定，尤其是涂料业，新建装置较多，产能较大。2017—2021年丙烯酸丁酯行业对丙烯酸的消费复合增长率为9.1%，2019年丙烯酸酯消费量127.89万吨，较2018年增长6.97万吨，增长5.76%。2020年丙烯酸酯国内下游产量下降，为此丙烯酸丁酯消费量近几年首次降低，为119.13万吨，较2019年下降8.76万吨，同比下降6.85%。丙烯酸产能从2017年的325.5万吨增至2021年的342（上半年浙江卫星新增18万吨）万吨，产能增长5.1%，丙烯酸丁酯产能从2017年的237万吨增至2021年的284（上半年浙江卫星新增30万吨）万吨，产能增长19.8%。

2017—2021年中国丙烯酸下游行业需求结构变化趋势见图17.5。

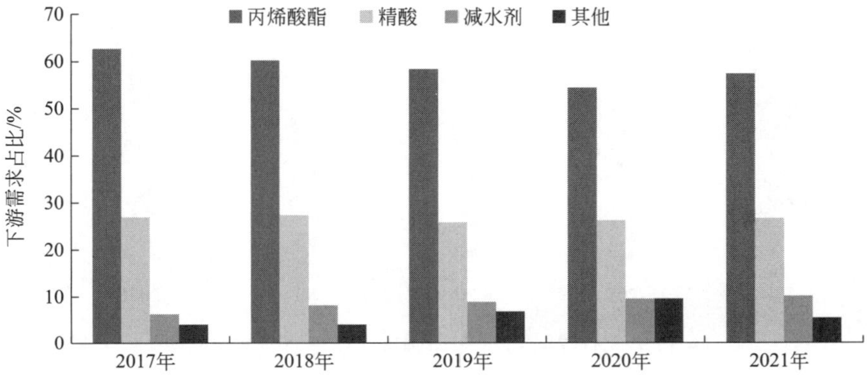

图17.5　2017—2021年中国丙烯酸下游行业需求结构变化趋势

据统计，2020年丙烯酸酯折合丙烯酸消耗量约117.4万吨，精酸折合丙烯酸消耗量56.7万吨，减水剂折合消耗丙烯酸20.1万吨。进入2021年，有一套丙烯酸酯新增产能释放，2021年丙烯酸酯消耗量约133.9万吨，占丙烯酸总消费量的57.5%，较2020年增加3个百分点，五年复合增长率3.8%。另一下游精酸2021年初步统计产量62.4万吨，折合丙烯酸消耗量约62.4万吨，约占丙烯酸总消费量的26.8%，较2020年增长0.5个百分点，五年复合增长率6%。其次是下游水处理及减水剂2021年初步统计折合丙烯酸消耗量约23.7万吨，约占丙烯酸总消费量的10.2%，较2020年增长0.6个百分点，五年复合增长率19.6%。

2021年中国丙烯酸下游需求占比见图17.6。

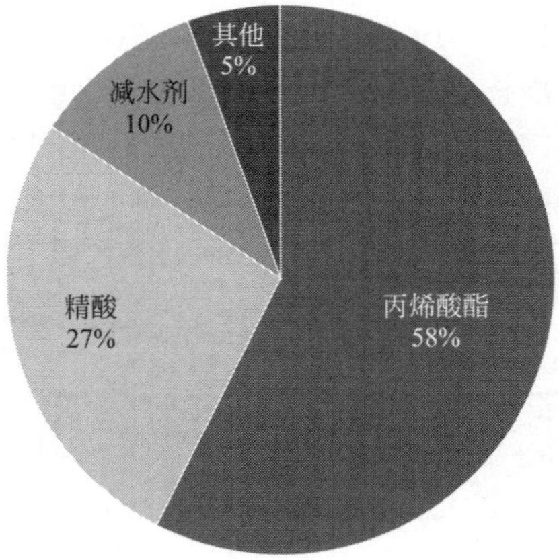

图17.6　2021年中国丙烯酸下游需求占比

17.3.3　2021年中国丙烯酸出口量分析

2017—2019年中国丙烯酸出口呈上升高点开始回落再回升的“N”字形走势，2018年较2017年增加4.1万吨出口量，增速达到54.67%，主要是由于国内装置产能的不断扩大，在国内形成供大于求局面，加速了出口的进度。2019年国内丙烯酸出口量下降，主要在6月、8月及9月较为明显。其中6月国内停车检修装置较为集中，产量明显降低，影响出口量。8月、9月则是受外盘价格偏低，加上国外需求量下降影响。2020年由于新冠肺炎疫情全面暴发，部分国家纷纷封闭国门，以至于丙烯酸出口量年中时候较差，出口量最低值出现在6月，仅0.25万吨。

2021年中国丙烯酸出口总量约11.2万吨，较2020年同比增长67.2%。2021年国内丙烯酸市场现货供应国内丙烯酸工厂装置频繁停车检修、开工负荷偏低而处于一种紧平衡状态，同样国际装置受疫情以及自然灾害等不可抗力因素导致长期停车，需求量转移至国内，国内整体出口量倍增。

2017—2021年中国丙烯酸出口量变化趋势见图17.7。

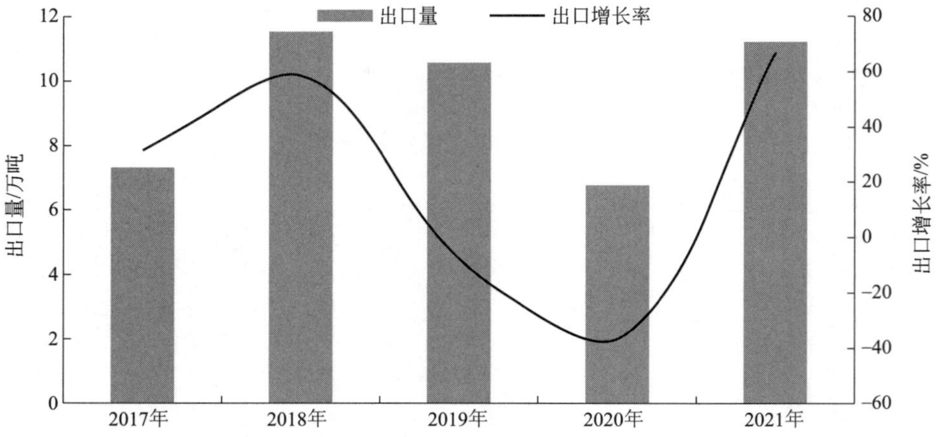

图17.7　2017—2021年中国丙烯酸出口量变化趋势

近五年以来，国内丙烯酸贸易伙伴结构变化不大，主要是印度、中国台湾、韩国、泰国以及美国地区，出口到该五个地区总量占全年总出口量的70.0%～85.0%。

中国台湾是中国大陆丙烯酸出口排名第一的地区，主要源于宁波台塑丙烯酸运往台湾台塑，2018—2019年出口量较高，随后出口量减弱。排在第二的则是印度，2017—2019年出口量呈逐年增长，2020年中国对印度出口量下降，主要是由于2020年上半年疫情全面暴发，印度一度关闭国门，货源无法进入。2021年出口至印度量回升，同时出口至美国量也有大幅的回升，由于国际丙烯酸装置停车频繁，例如美国巴斯夫等，为此印度及美国需求量转移至中国国内。

2017—2021年中国丙烯酸主要出口目的地及占比情况见表17.3。

表17.3　2017—2021年中国丙烯酸主要出口目的地及占比情况

单位：万吨

出口国及地区	2017年	2018年	2019年	2020年	2021年
印度	0.7	1.5	2.2	1.0	2.5
韩国	1.3	1.4	1.3	2.0	1.2
泰国	0.4	0.6	0.8	0.2	0.2
中国台湾	2.6	4.1	4.2	2.5	3.6
美国	1.1	1.5	0.2	0.0	0.7
其他	1.4	2.5	2.2	1.0	3.0
合计	7.5	11.6	10.9	6.7	11.2
印度占比	9.3%	12.9%	20.2%	14.9%	22.3%
韩国占比	17.3%	12.1%	11.9%	29.9%	10.7%
泰国占比	5.3%	5.2%	7.3%	3.0%	1.8%

续表

出口国及地区	2017 年	2018 年	2019 年	2020 年	2021 年
中国台湾占比	34.7%	35.3%	38.5%	37.3%	32.1%
美国占比	14.7%	12.9%	1.8%	0.0%	6.3%
其他占比	18.7%	21.6%	20.2%	14.9%	26.8%

17.4　中国丙烯酸价格走势分析

近五年来，中国丙烯酸市场低位徘徊，触底冲高，2021 年是丙烯酸触底反弹的一年。2017 年，丙烯酸市场开启下跌走势，虽后期因各种因素带动，出现回暖波动，但价格整体呈现稳中下跌的走势。经过 2017 年一年的沉淀，2018 年的丙烯酸市场走势相对沉稳，保持着稳中小幅走高的路线为主，全年下来主要受原料影响较大，原料丙烯价格两次推涨，加上丙烯酸装置集中停车检修等因素，给丙烯酸价格带来了比较明显的提升。2019 年国内丙烯酸市场整体表现不尽人意，一路下滑，价格不断探底。2019 年上半年由于江苏响水“3・21”特别重大爆炸事故的发生，导致严查，装置减产，供应减少，现货紧缺，供小于求局面打开，市场价格大幅拉升。市场价格一路飙升达到顶点后，市场抵触心态增强，伴随着下游减产，需求量明显下降，为此市场价格不断下跌，不断探底。2020 年中国丙烯酸国内市场几经大起大落，首先新冠肺炎疫情的全面暴发，无论是在运输，还是在下游需求上，均给丙烯酸市场带来不小的影响，以至于上半年丙烯酸市场创下全年最低点，其江苏地区市场参考价格 5300 元 / 吨。经过大半年的低迷沉浸，在最后一个季度，国内丙烯酸市场最终开启强势上扬走势，主要是由工厂装置集中停车，另出口逐步增加，工厂库存降至冰点，故而丙烯酸市场价格在 10 月下旬达到当年巅峰，其江苏地区市场参考价格 18900 元 / 吨。

2021 年受以下两点因素影响，价格全年整体呈现上涨趋势。第一，国内丙烯酸装置检修或停产较为频繁，开工率在 61% ～ 71%，工厂库存持续偏低，对其市场现货供应有限；第二，出口订单较多，主流工厂执行出口订单为主，加重市场供小于求局势，从而带动整个市场价格重心的不断提升。

2021 年价格共计出现四次拉涨冲高走势，最后一次上涨后价格直追十年前高点。2021 年，国内丙烯酸丁酯最低点在 1 月初，价格在 7500 元 / 吨，高点在 10 月末，价格在 18900 元 / 吨。

2017—2021 年中国丙烯酸现货价格走势见图 17.8。

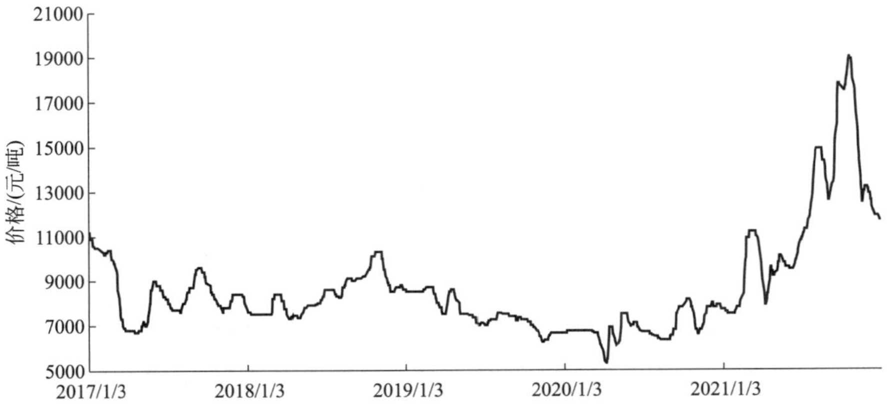

图 17.8　2017—2021 年中国丙烯酸现货价格走势

17.5 中国丙烯酸利润走势分析

2017—2020 年，国内丙烯酸利润相对客观，2016 年及 2017 年之所以增长幅度较大，主要是由于原料丙烯价格偏低，丙烯酸价格涨幅较大，尤其是 2017 年最为突出。2018 年及 2019 年由于原料丙烯市场价格的居高不下，几次大幅度长期拉涨，一度导致丙烯酸利润与成本持平，使得平均利润值开始降低。2020 年原料丙烯受到原油以及下游影响，价格重心处在高位区间，而国内丙烯酸市场整体走势并不乐观，上半年国内外新冠肺炎疫情的全面暴发，使得无论是内销，还是出口均受到影响，工厂库存位偏高，销售压力较大，市场价格持续低位，导致 2020 年整体利润偏低。

2021 年的丙烯酸利润，随着下半年丙烯酸价格的一路飙升，而原料丙烯走势相对沉稳，国内丙烯酸利润一度与原料丙烯脱节，10 月丙烯酸行业利润飙升至 11953.8 元 / 吨之上，创历史新高，利润率高达 63.2%。而 4 月中旬国内丙烯酸行业利润 1308.8 元 / 吨，利润率为 16.6%，为 2021 年全年最低。

2017—2021 年中国丙烯酸成本利润变化趋势见图 17.9。

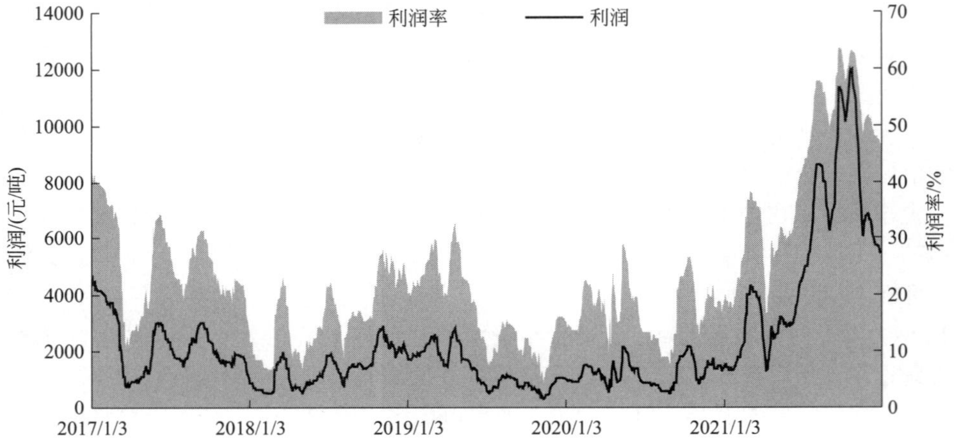

图 17.9 2017—2021 年中国丙烯酸成本利润变化趋势

17.6 2022—2026 年中国丙烯酸发展预期

17.6.1 中国丙烯酸拟在建 / 退出产能统计

据调研，未来五年丙烯酸行业拟在建产能将达到 103.5 万吨 / 年，新增产在华南地区。2022 年新增产能投放后，丙烯酸市场供应格局将发生重大变化，包括进口萎缩、出口增加，以及货源流向也将发生重大改版。

2022—2026 年中国丙烯酸增拟建产能统计见表 17.4。

表 17.4 2022—2026 年中国丙烯酸增拟建产能统计

区域	企业名称	产能 /（万吨 / 年）	地址	投产计划	上下游匹配情况
华南地区	上海华谊集团	40	广西钦州	2022 年 9 月	丙烯酸丁酯

续表

区域	企业名称	产能 /（万吨 / 年）	地址	投产计划	上下游匹配情况
华东地区	浙江卫星	18	平湖	2022 年	—
山东地区	齐翔	8	临淄	2022 年	丙烯酸丁酯
山东地区	万华	16	蓬莱	2025 年	丙烯酸酯
华南地区	巴斯夫	21.5	湛江	2025 年	丙烯酸酯

17.6.2 中国丙烯酸供应趋势预测

伴随上下游一体化装置投产释放，2022—2026 年国内丙烯酸产能、产量同步大幅增长，预计未来五年丙烯酸产品产能复合增量率在 3.13%，产量复合增长率 6.45%。随着新产能的顺利投放，产量也将随之增加，同时随着落后产能的淘汰，现有装置稳定性将逐步提升，开工率也将上行，国内供应量将逐年增加。预计 2026 年产能达到 461.5 万吨，产量 410.3 万吨。

2022—2026 年中国丙烯酸供应预测见图 17.10。

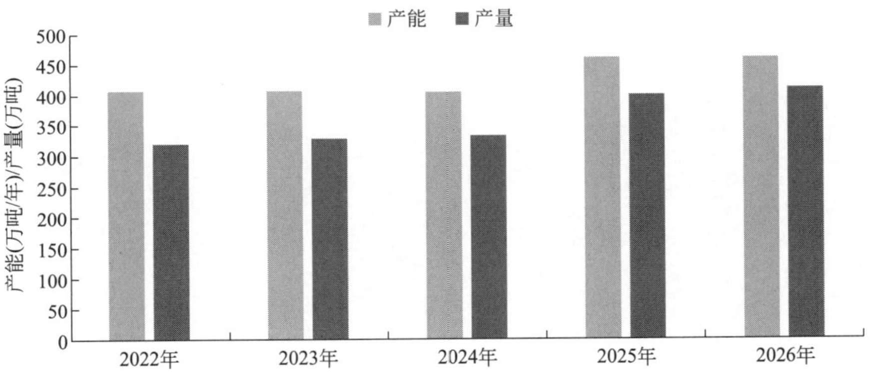

图 17.10 2022—2026 年中国丙烯酸供应预测

17.6.3 中国丙烯酸主要下游发展前景预测

近年中国丙烯酸最大的下游丙烯酸丁酯主要依附于丙烯酸乳液以及母卷领域，其中丙烯酸乳液行业由于涂料行业“十四五”发展总体目标，“十四五”期间，涂料全行业经济总量保持稳步增长，总产值年均增长 4.0% 左右。到 2025 年，涂料行业总产值预计增长到 3700 亿元左右；产量按年均 4% 增长计算，到 2025 年，涂料行业总产量预计增长到 3000 万吨左右。2021 年，国内丙烯酸乳液有一套新装置投产，产能 10 万吨，2021 年丙烯酸乳液消费占比 43.2%。

未来五年，下游丙烯酸酯进入一个产能扩张周期，2022—2026 年国内大概有 5 家约 137.5 万吨产能投放，届时对丙烯酸需求量将增加。

17.6.4 中国丙烯酸供需格局预测

未来五年，伴随丙烯酸上下游产业链逐步完善，行业一体化趋势愈加明显，中国丙烯酸供需均呈现增长态势。预计未来五年丙烯酸产能年均复合增长率在 3.13%，产量年均复合增长率在 6.45%，下游消费增速在 12.36%。

2022—2026 年中国丙烯酸市场供需平衡预测见表 17.5。

表 17.5 2022—2026 年中国丙烯酸市场供需平衡预测

项目	2022 年	2024 年	2026 年
产能 /（万吨 / 年）	408	408	461.5
开工率 /%	78.3	81.4	88.9
产量 / 万吨	319.5	332.1	410.3
进口量 / 万吨	5.3	6.1	6.8
总供应量 / 万吨	324.8	338.2	417.1
出口量 / 万吨	8.1	11.5	13.5
下游需求量 / 万吨	247.3	300.1	394.2
总需求量 / 万吨	255.4	311.6	407.7

第3篇　合成树脂

第 18 章 聚乙烯

2021 年度关键指标一览

类别	项目	2020 年	2021 年	涨跌值	原因概述
价格	国内线型膜料华东成交价 /（元 / 吨）	7322	8582.72	1260.72	由于疫情缓和，需求量增加，原料价格持续上涨，带动市场价格有所上涨
	国际 CFR 远东 LLDPE 试产收盘价 /（美元 / 吨）	840.54	1108.23	267.69	自 2 月份以来，受美国极寒天气影响，全球供应紧张，另有海外需求逐渐恢复，外盘价格持续坚挺
供应	产能 / 万吨	2346	2836	490	新装置投产
	产量 / 万吨	2001.96	2328.73	326.77	新装置投产，带动产量上升
	开工率 /%	87.19	85.11	−2.08	部分装置投产集中在三、四季度，另外装置检修总量高于 2020 年，由于能耗双控政策影响，生产企业部分降负荷，以上因素导致开工率较 2020 年走低
	社会库存 / 万吨	2.81	3.36	0.55	2021 年底期货走势偏强，再加上农膜旺季延后，贸易商积极采购，市场成交较好，库存小幅上涨
	港口库存 / 万吨	27.91	23.34	−4.57	2021 年受海运费上涨，运输困难，再加上国际装置检修较多，且二、三季度中国 PE 价格低位，导致进口量减少，三季度末及四季度初国内港口库存持续处于偏低水平，低于 2020 年同期
	两油库存 / 万吨	21.83	26.01	4.18	石化装置多生产稳定，供应持续稳定；下游开工率下降，刚需采购减弱，库存下降节奏偏缓，库存量高于 2020 年同期

续表

类别	项目	2020 年	2021 年	涨跌值	原因概述
供应	进口量 / 万吨	1853.37	1458.87	-394.49	国际聚乙烯市场因供应紧张而价格走高，中国聚乙烯市场沦为价格洼地，对外围货源吸引有限，另有内外盘价差拉大，套利空间有限，国内贸易商接盘意愿较低
需求	出口量 / 万吨	25.23	51.12	25.89	全球聚乙烯市场价格因美国极寒天气影响的供应紧张而大幅走高，中国聚乙烯市场价格优势明显，另有国内新投产能较多
	表观消费量 / 万吨	3830.1	3736.48	-93.62	2021 年国内聚乙烯总供应量与表观消费量出现供大于求局面，其产能增长维持中高速水平，加之，在未来几年依旧为国内外聚乙烯装置扩能高峰期，以及国际低价货源涌入市场，届时市场供应压力将进一步加大，供需矛盾或有进一步加剧

18.1 中国聚乙烯供需平衡分析

2021 年中国聚乙烯（PE）处于扩能高峰期，产能达到 2836 万吨 / 年，较 2020 年增加 20.88%，新投产装置主要为连云港石化、浙石化二期、海国龙油、华泰盛富、塔里木石化、中韩二期等。

从 2021 年供应及需求数据来看，2021 年中国聚乙烯产量达 2328.73 万吨，同比增加 16.32%；聚乙烯进口量在 1458.87 万吨，同比下降 21.28%；下游消费量在 3882.90 万吨，同比下降 1.02%。整体来看，国内供应增速高于需求增速，进口货源及下游需求较 2020 年有所减弱，主要原因为中东部分工厂开工率有所降低，加之海运费上涨以及欧洲、巴基斯坦等地价格高企影响，业内人士更倾向于将货物销往他处；需求则受能耗双控政策影响，下游开工限电限产，使得工厂开工率不及往年，出现旺季不旺局面。

综合而言，2021 年国内聚乙烯总供应量与表观消费量出现供大于求局面，其产能增长维持中高速水平，加之，在未来几年依旧为国内外聚乙烯装置扩能高峰期，以及国际低价货源涌入市场，届时市场供应压力将进一步加大，供需矛盾或有进一步加剧的可能。

2017—2021 年中国聚乙烯供需平衡见表 18.1。

表 18.1 2017—2021 年中国聚乙烯供需平衡表

项目	2017 年	2018 年	2019 年	2020 年	2021 年
产能 /（万吨 / 年）	1761	1873	1966	2346	2836
开工率 /%	86.05	87.76	92.06	87.19	85.11
产量 / 万吨	1472.4	1599.83	1763.93	2001.96	2328.73
进口量 / 万吨	1179.45	1402.48	1666.44	1853.37	1458.87
总供应量 / 万吨	2726.45	3075.21	3503.37	3925.03	3869.80
出口量 / 万吨	24.45	22.77	28.25	25.23	51.12
下游消费量 / 万吨	2739.65	3078.81	3499.37	3923.13	3882.90
总需求量 / 万吨	2764.1	3101.58	3527.62	3948.36	3934.02

18.2 中国聚乙烯供应现状分析

18.2.1 2021 年中国聚乙烯产能变化趋势分析

中国是聚乙烯的消费大国，2017—2021 年，中国聚乙烯行业产能呈持续增长状态，年均增速在 12.65%。分阶段来看，自 2014 年国内煤化工装置集中投产后，2015—2019 年聚乙烯行业进入调整期，产能增速相对平缓，2020 年随着民营企业兴起，聚乙烯进入新一轮产能集中投放期，产能增速高达 19.33%，2021 年聚乙烯投产装置仍然较多，全年新增产能 490 万吨。

2017—2021 年中国聚乙烯产能变化趋势见图 18.1。

18.2.1.1 2021 年中国聚乙烯分品种产能变化趋势分析

2017—2021 年，中国 HDPE（高密度聚乙烯）行业产能年均增速在 17.21%。2017 年，聚乙烯虽有全密度装置投产，但多以生产 LLDPE（线型低密度聚乙烯）产品为主，因此归类于

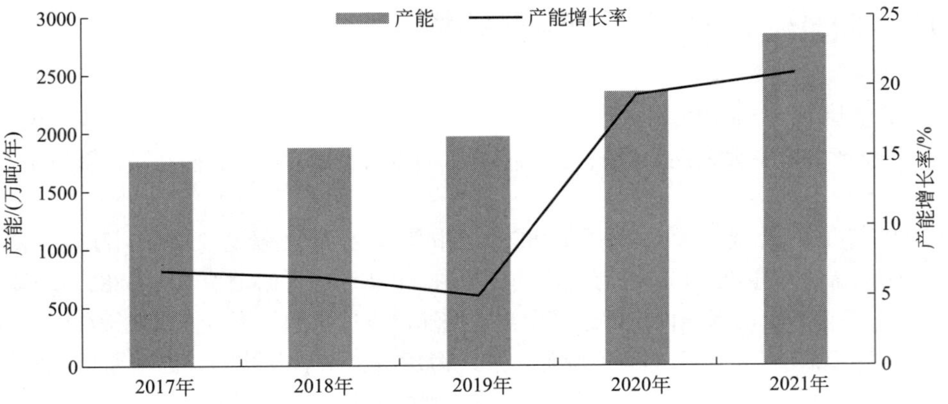

图 18.1 2017—2021 年中国聚乙烯产能变化趋势

LLDPE 行业产能。2017 年之后，国家将基础建设作为重点投资领域，低压管材需求大幅增加，HDPE 品种的生产比例明显提高，由于供应有限，市场价格大幅上涨，因此 HDPE 行业重新掀起投产热情。2018—2019 年，HDPE 装置产能陆续增加，产能增加相对缓慢，2020 年新增产能多以 HDPE 装置为主，新增产能共计 215 万吨，2021 年 HDPE 仍然处于投产高峰期，新增产能共 245 万吨。届时国内 HDPE 总产能达到 1216.5 万吨，较 2020 年增加 25.22%，产能增速仍然处于高位。

2017—2021 年，中国 LDPE（低密度聚乙烯）行业产能年均增速在 5.37%。2016—2017 年，国内煤化工 LDPE 装置集中投产，新增神华新疆和中天合创装置，加之国外 LDPE 装置投产较多，阶段内 LDPE 行业产能宽幅扩增，国内 LDPE 产品供应明显增多，价格于 2017 年初开启一路下滑模式，产品利润明显下降，浇灭了行业的再投产热情。2018—2019 年 LDPE 均无新增产能，2020 年仅增加延长中煤二期 30 万吨 LDPE/EVA 联产装置，但是生产以 EVA 为主，2021 年新增扬子石化、中化泉州和浙石化共 50 万吨 LDPE/EVA 联产装置，届时国内 LDPE 产能达到 423.5 万吨，较 2020 年增加 13.39%。

2017—2021 年，中国 LLDPE 行业产能年均增速在 11.53%。LLDPE 产品应用领域比较广泛，2018 年由于“禁废令”政策的落实，国内 LLDPE 原料需求量明显增加。2019—2021 年 LLDPE 仍处于高速增长期，2021 年国内共新增 195 万吨，分别为榆林化工、塔里木石化、华泰盛富、浙石化二期和鲁清石化，截至 2021 年，中国 LLDPE 产能达到 1196 万吨，较 2020 年增加 19.48%。

2017—2021 年中国聚乙烯分品种产能变化趋势见图 18.2。

18.2.1.2 2021 年中国聚乙烯分工艺产能变化趋势分析

2021 年中国聚乙烯工艺新增轻烃裂解工艺较多，代表企业主要是榆林化工、塔里木石化、连云港石化、华泰盛富等。2021 年油制产能 1793.5 万吨，产能占比 63.24%，占比稳居第一；轻烃产能 455 万吨，产能占比 16.04%，排名上升为第二位；煤制无新增装置，产能共计 449 万吨，产能占比 15.83%，位居第三；甲醇制产能 125 万吨，产能占比 4.41%；乙烯制仅上海金菲一家，产能 13.5 万吨，产能占比 0.48%。随着新型轻烃裂解工艺的发展，中国聚乙烯工艺后期将呈现多元化发展的趋势。

2021 年中国聚乙烯分工艺产能占比见图 18.3。

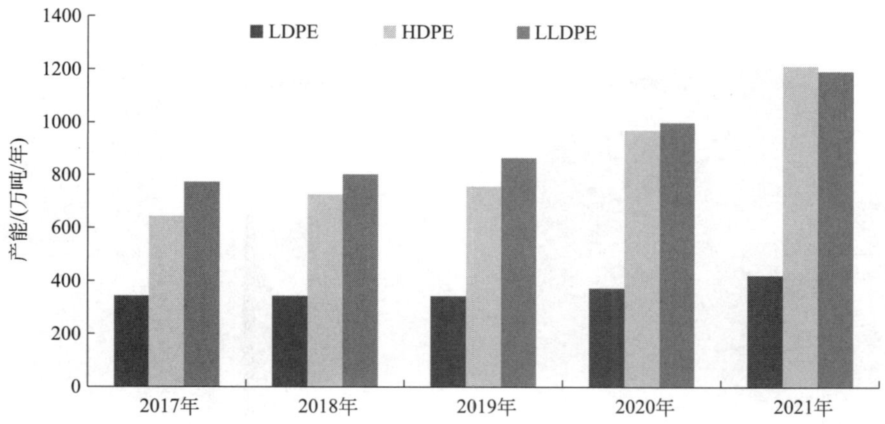

图 18.2 2017—2021 年中国聚乙烯分品种产能变化趋势

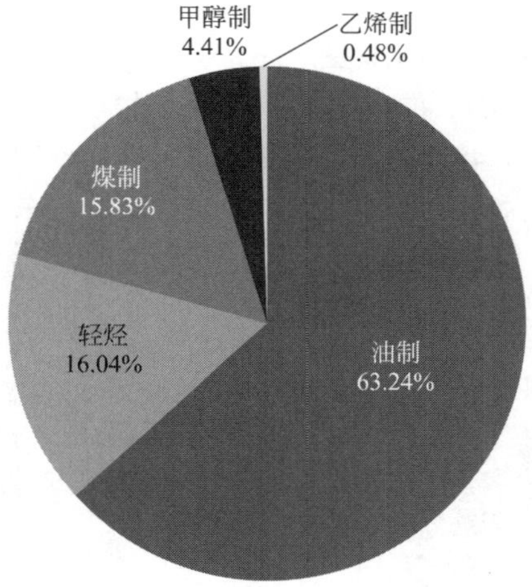

图 18.3 2021 年中国聚乙烯分工艺产能占比

18.2.1.3 2021 年中国聚乙烯分区域产能变化趋势分析

2021 年聚乙烯新增产能共计 490 万吨，其中西北地区新增产能 140 万吨，目前仍是聚乙烯产能最大的区域，占比达 29.44%；华东地区新增产能 195 万吨，产能占比提升为第二位，占比达 20.82%；东北地区新增产能 40 万吨，产能占比 16.98%，排名第三。

2021 年中国聚乙烯分区域产能占比见图 18.4。

2021 年，HDPE 共增加 245 万吨产能。东北地区新增海国龙油 40 万吨全密度装置，由于主产 HDPE，归为 HDPE 产能，此时东北地区的 HDPE 产能达到 294 万吨，产能产比 24.17%，位居第一；西北地区新增榆林化工和塔里木石化，位居第二位，产能占比为 21.62%；华南地区位居第三，产能占比 18.17%。

2021 年中国 HDPE 分区域产能占比见图 18.5。

2021 年新增扬子石化、中化泉州和浙石化共 50 万吨 LDPE/EVA 联产装置，国内 LDPE 产能达到 423.5 万吨，分区域来看，西北地区仍是排名第一，LDPE 产能共计 144 万吨，产能占比 34.00%；华东新投产扬子和浙石化二期共 40 万吨装置，产能占比为 30.70%，排名第二；华南地区 LDPE 产能新增中化泉州 10 万吨的 LDPE/EVA 装置，位居第三位，产能占比在 16.76%。

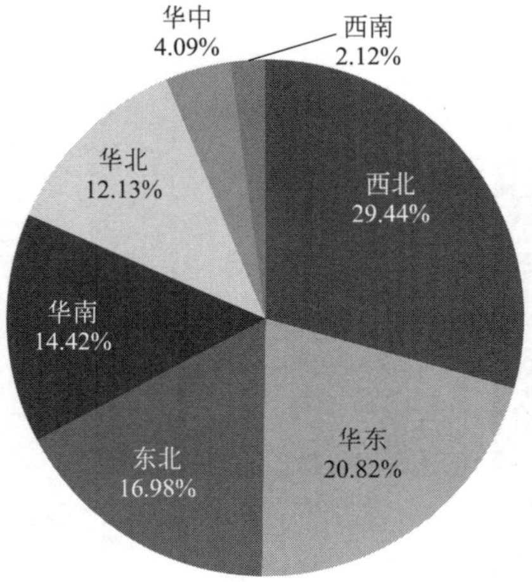

图 18.4 2021 年中国聚乙烯分区域产能占比

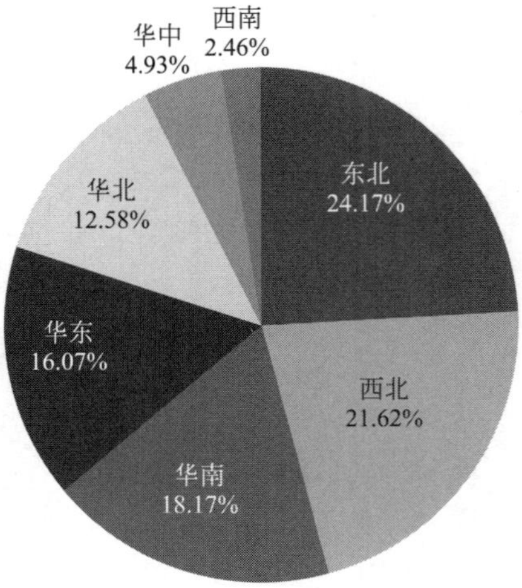

图 18.5 2021 年中国 HDPE 分区域产能占比

2021 年中国 LDPE 分区域产能占比见图 18.6。

2021 年，西北地区仍是 LLDPE 的主产区，新增榆林化工和塔里木石化，产能占比 35.79%，位居第一；华东地区新增浙石化 45 万吨和华泰盛富 40 万吨全密度装置，因为以产 LLDPE 为主，所以归为 LLDPE 装置，产能占比提升到 22.16%，位居第二；东北地区产能占比 13.46%，排名第三。

2021 年中国 LLDPE 分区域产能占比见图 18.7。

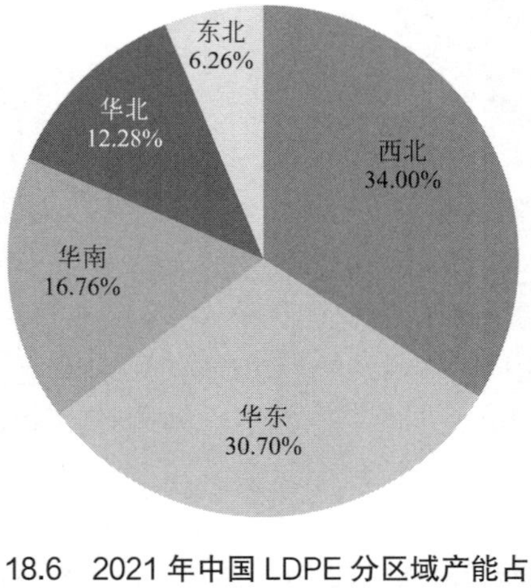

图 18.6 2021 年中国 LDPE 分区域产能占比

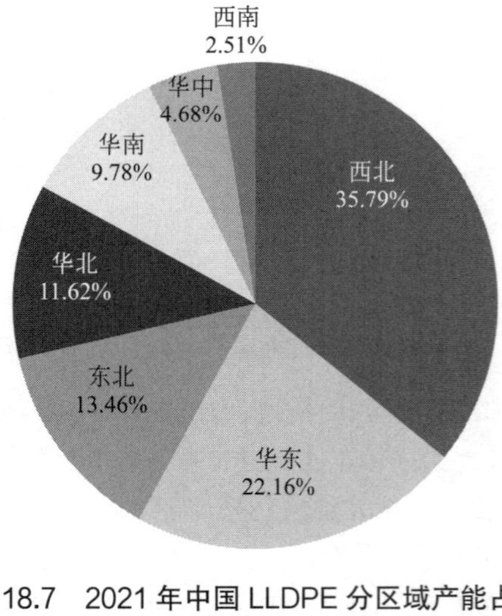

图 18.7 2021 年中国 LLDPE 分区域产能占比

18.2.2 2021 年中国聚乙烯进口趋势分析

截至 2021 年 12 月份，中国聚乙烯进口量 1458.87 万吨，较 2020 年中国聚乙烯进口量减少 21.29%。自 2021 年 2 月份以来，受美国极寒天气影响，全球聚乙烯市场供应偏紧，外盘价格高起，中国市场沦为聚乙烯市场价格洼地，对聚乙烯货源吸引有限。另有海运费高涨以及集装箱短缺问题尚未解决，终端需求疲软，内外盘持续倒挂，国内贸易商接盘积极性受挫，导致 2021 年中国聚乙烯进口量较 2020 年相比出现明显减少。

2017—2021 年中国聚乙烯进口量统计见图 18.8。

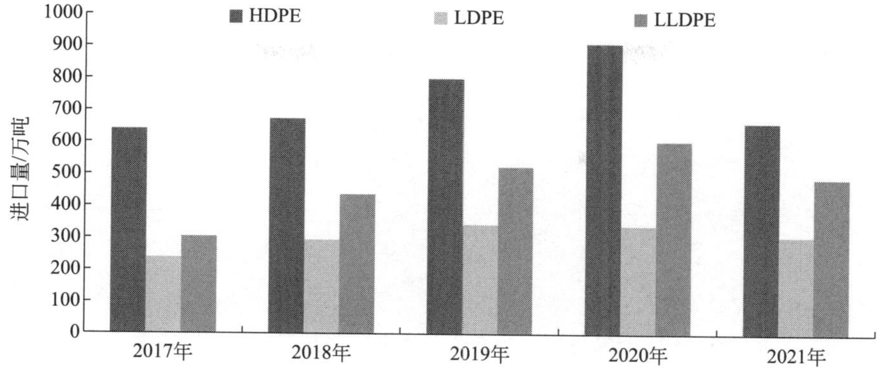

图 18.8 2017—2021 年中国聚乙烯进口量统计

据海关数据统计，2021 年从中国聚乙烯主要进口来源来看，中东地区依旧是中国聚乙烯的集中来源地。截至 2021 年 12 月份，来自沙特阿拉伯的进口量在 266.64 万吨，位居首位；其次是伊朗，进口量在 232.79 万吨；阿联酋位居第三，进口量在 185.56 万吨。中东地区由于油气资源丰富，生产成本较低，价格存在一定优势，另有产品质量优于国内品种，导致来自中东地区的进口量位于前列。排名第四的新加坡地区处于东盟十国免税国，有优越的地理位置，加之 2021 年海运费及集装箱短缺的问题，新加坡贸易商优先选择近洋地区合作，叠加新加坡地区货源在我国对于 LLDPE 以及 MLLDPE 的需求量巨大的影响下，新加坡地区兼具产品价格及质量优势，进口量仅次于中东地区。

2021 年中国聚乙烯进口量按来源国及地区统计见图 18.9。

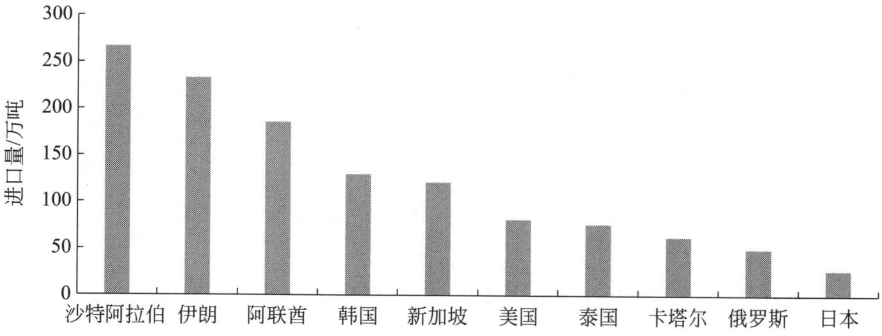

图 18.9 2021 年中国聚乙烯进口量按来源国及地区统计（进口来源前 10）

据海关数据统计，截至 2021 年 12 月份，中国 HDPE 进口量 663.30 万吨。中东地区依旧是 HDPE 的主要供应地区。沙特阿拉伯以 135.06 万吨的供应量位居首位，伊朗以 119.39 万吨的供应量位居次席，阿联酋以 117.92 万吨的供应量位居第三。

2021 年中国 HDPE 进口量按来源国及地区统计见图 18.10。

据海关数据统计，截至 2021 年 12 月份，中国 LDPE 进口量 305.92 万吨。LDPE 进口量最多的国家依旧是伊朗，达 75.51 万吨。自 2020 年 8 月份以来，LDPE 价格一直处于较高水平，而伊朗货源是到港结算，内外盘套利空间较大，较其他国家 LDPE 货源存在一定的价格优势，使中国对伊朗的 LDPE 进口依存度较高。

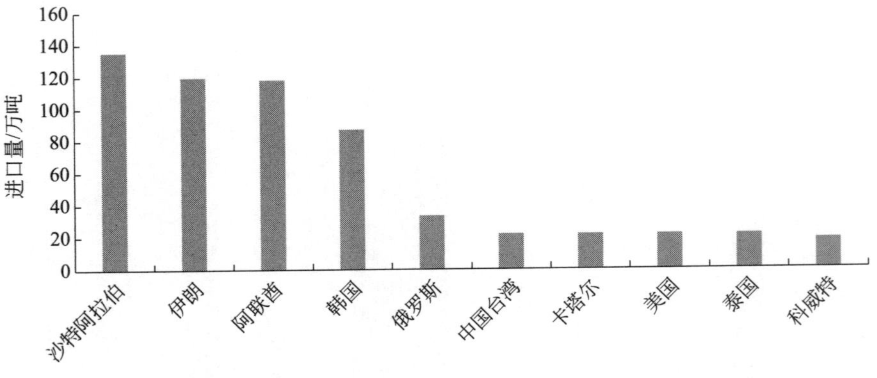

图 18.10 2021 年中国 HDPE 进口量按来源国及地区统计（进口来源前 10）

2021 年中国 LDPE 进口量按来源国及地区统计见图 18.11。

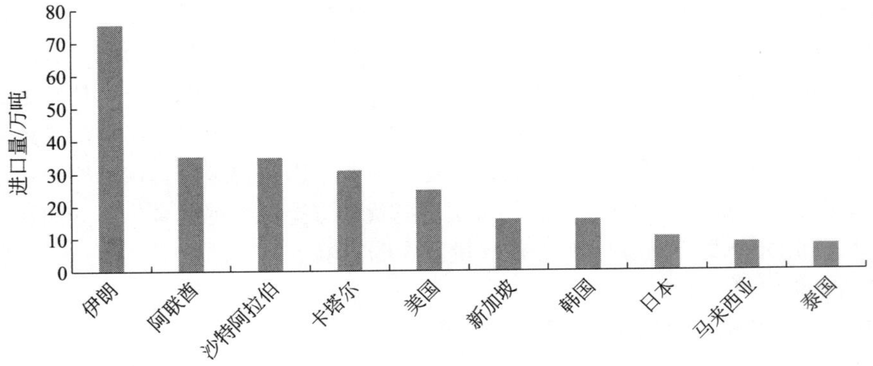

图 18.11 2021 年中国 LDPE 进口量按来源国及地区统计（进口来源前 10）

据海关数据统计，截至 2021 年 12 月份，中国 LLDPE 进口量 489.65 万吨。LLDPE 进口量处于前列的国家依旧是新加坡、沙特阿拉伯、泰国。其中新加坡地区以优越的地理位置以及一定的价格优势，对其进口量超过沙特阿拉伯，位居首位。伊朗地区因受美国制裁影响，使其更多的货源发往中国市场，截至 2021 年 12 月份，中国对伊朗的 LLDPE 进口量达 37.90 万吨，超过美国，上升至第四位。

2021 年中国 LLDPE 进口量按来源国及地区统计见图 18.12。

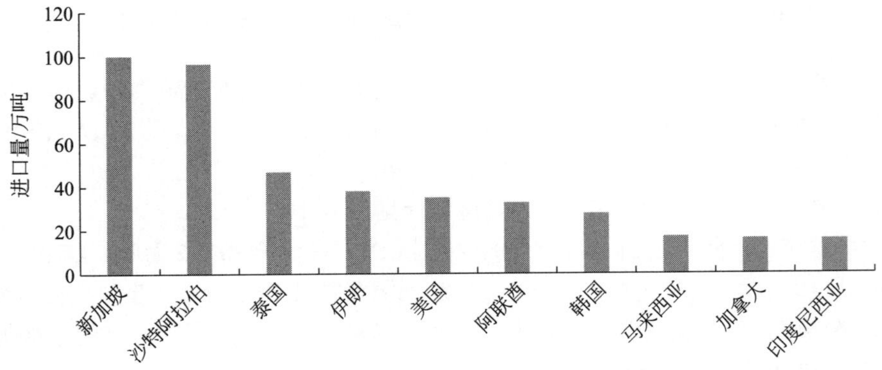

图 18.12 2021 年中国 LLDPE 进口量按来源国及地区统计（进口来源前 10）

18.3　中国聚乙烯消费现状分析

18.3.1　2021 年中国聚乙烯消费趋势分析

2017—2020 年中国聚乙烯表观消费量稳步增长，2021 年中国聚乙烯表观消费量小幅走跌，2021 年中国聚乙烯表观消费量预计在 3736.48 万吨，同比下降 2.44%。2021 年由于国外新冠肺炎疫情依旧严峻，中国聚乙烯进口量大幅减少，环比下降 21.29%。而国内聚乙烯产量受能耗双控政策影响，不乏有生产企业出现降负荷的情况，且由于部分地区执行限电政策等原因，聚乙烯下游工厂出现需求下降的情况。

2017—2021 年中国聚乙烯表观消费量变化趋势见图 18.13。

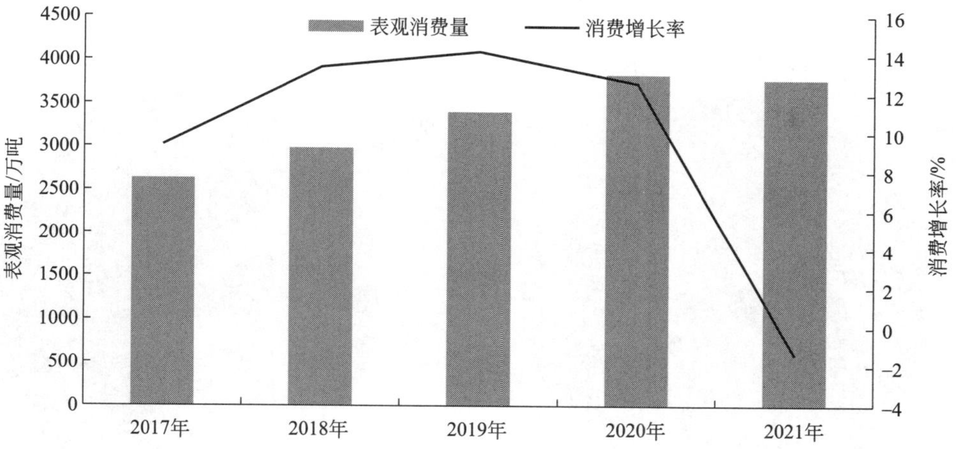

图 18.13　2017—2021 年中国聚乙烯表观消费量变化趋势

18.3.2　2021 年中国聚乙烯分区域消费结构分析

2021 年中国聚乙烯消费以华东、华北和华南三大区为主，三大区域消费占比 80.37%，较 2020 年占比增加 4.59%。其中华东地区消费量一直遥遥领先，占比达到 33.46%，华北地区占比达 24.61%，华南地区占 22.30%。华东、华南地区经济发达，交通便利，华北地区农膜厂生产集中，因此华东、华南及华北地区始终是聚乙烯的主要消费地，货源也多流入这三大地区。

2021 年中国聚乙烯分区域消费结构统计见图 18.14。

18.3.3　2021 年中国聚乙烯下游消费结构分析

2021 年中国聚乙烯下游需求前三位排名分别是薄膜、注塑、管材，占比分别是 48.54%、11.52%、11.11%。分品种来看，受能耗双控以及环保等因素制约，进口订单受限，薄膜制品需求弱于去年。其中华北地区农地膜、管材和包装相对集中，对线型薄膜、管材料、高压膜及低压膜的需求量较大，主要消费地在淄博临淄、日照莒县、潍坊昌乐、沧州东光、保定雄县、廊坊文安等地，年内受环保限产影响，下游企业普遍开工率较低。注塑没有明显淡旺季之分，生产相对稳定，但各领域均有使用，故而排在前列。

管材方面，北京老房改造项目对于 PERT 地暖管需求较好，另外，研究发现，目前国内二型 PERT 管材料尚无法满足其使用要求，二型 PERT 管材主要用于市政地埋供暖，国内生产二型 PERT 管材的工厂最大的当属吉林松江管业，这一领域在未来将保持增长趋势，但地域相对局促，主要集中在华北地区。西北地区市政应用，另外包含给水领域仍存在欠缺。江浙等地管材企业多在西北地区建厂，生产大型排水管道，这使得地域需求有所提升。

中空品类在新冠肺炎疫情影响下，酒精桶、药水瓶等需求良好，开工率上升明显，且备库积极性较高，但行情维持较短，其他中空制品无明显波动，全面来看，同比微幅下降。

聚乙烯的拉丝料主要用于制作渔网、绳索、捆扎带、篷布、草坪等产品，近两年需求有所回升，主要是与雨季、市政绿化、日用相关。

2021 年经济内循环的大环境下，薄膜、中空、滚塑等领域需求均有所下滑，但整体来说，刚需存在支撑，除薄膜降幅较大，其他品类相对处于合理波动区间。

2021 年中国聚乙烯下游需求结构统计见图 18.15。

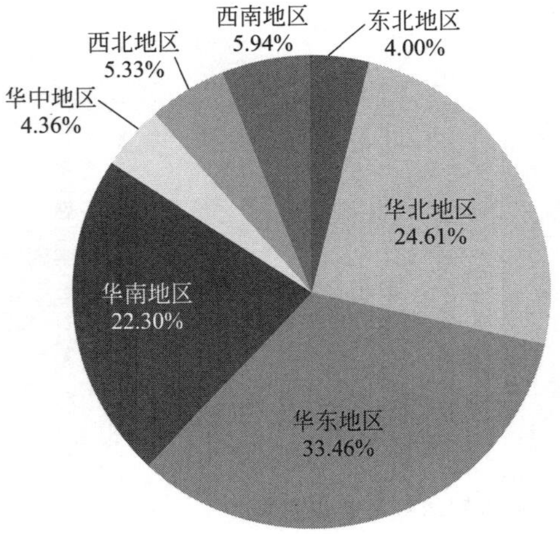

图 18.14 2021 年中国聚乙烯分区域消费结构统计

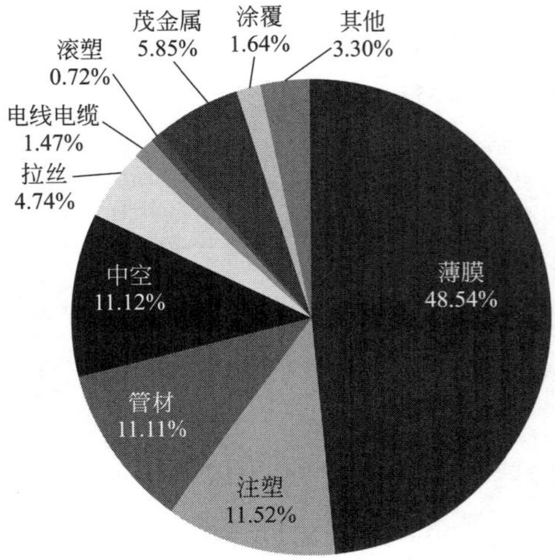

图 18.15 2021 年中国聚乙烯下游需求结构统计

18.3.4 2021 年中国聚乙烯出口量及结构分析

据海关数据统计，2021 年中国聚乙烯出口量在 51.12 万吨左右，同比增加 102.54%。其中 HDPE 出口量 27.84 万吨，同比增加 110.75%；LDPE 出口量 15.37 万吨，同比增加 84.74%；LLDPE 出口量 7.91 万吨，同比增加 113.21%。因 2021 年 2 月份受美国极寒天气的影响，全球聚乙烯市场供应偏紧，外盘价格大涨，中国市场沦为全球聚乙烯价格洼地，内外盘持续倒挂，给予出口一定利好机会，另有 2021 年中国聚乙烯新投产能较多，供应充足，较 2020 年相比，2021 年出口量增加明显。

2017—2021 年中国聚乙烯出口量统计见图 18.16。

据海关数据统计，截至 2021 年 12 月份，中国聚乙烯主要出口地为中国香港，对其出口量在 7.61 万吨，占出口总量的 14.89%。其次是越南，对其出口量在 6.61 万吨，占出口总量的 12.92%。因受美国供应紧张影响，欧美地区聚乙烯市场价格大涨，另有南美洲地区逐渐从新冠肺炎疫情中恢复，终端需求增加，出口到巴西、哥伦比亚地区的聚乙烯量增加明显，巴西地区跃居第三，对其出口量在 2.89 万吨，占出口总量的 5.66%，哥伦比亚地区位居第五，对其出口量在 1.70 万吨，占出口总量的 3.33%。

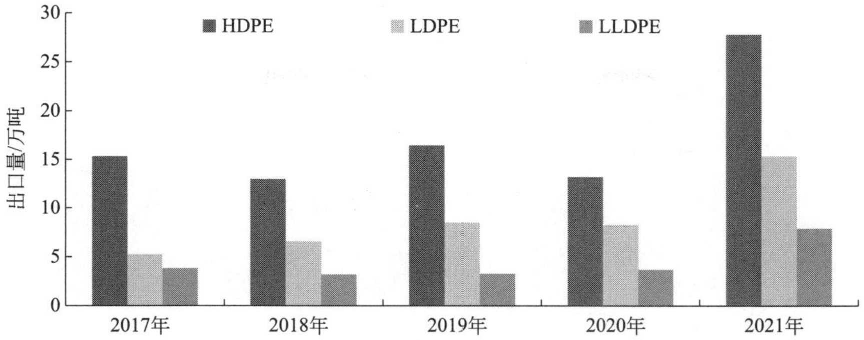

图 18.16 2017—2021 年中国聚乙烯出口量统计

2021 年中国聚乙烯出口量按出口国及地区统计见图 18.17。

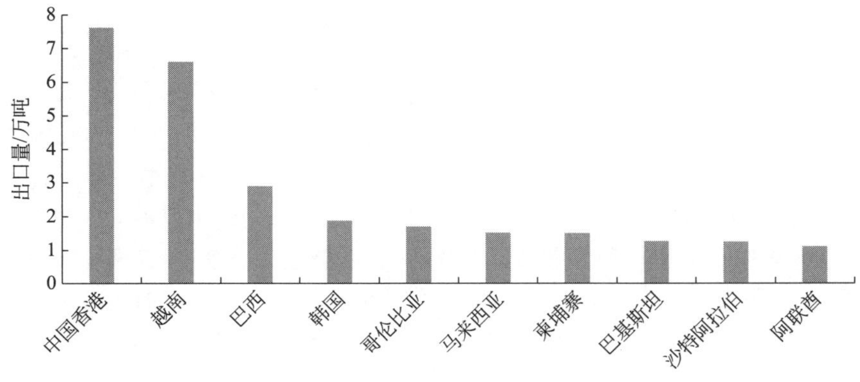

图 18.17 2021 年中国聚乙烯出口量按出口国及地区统计

18.4 中国聚乙烯价格走势分析

2017—2021 年中国聚乙烯价格大致处于先跌后涨的走势，影响价格的因素大致可分为基本面的供需变化、宏观消息面、突发事件、淡旺季等。

一般情况下，聚乙烯春节、国庆等小长假过后经常出现库存偏高的现象，因此春节过后高库存的压力下，市场只能不断下调价格消化库存。二季度迎来国内聚乙烯装置集中检修季，在供应减少支撑下，价格有小幅反弹现象。三季度环保整顿贯穿整个化工行业，需求会略有受限，但仍处于行业旺季阶段，价格相对稳定。四季度多数行情偏弱，盘整为主。

2017—2020 年聚乙烯价格持续走低，一方面是由于聚乙烯装置集中投产较多，市场供过于求的基本面长期主导市场，塑料行情承压下行，令聚乙烯行情回落；另一方面，中美贸易摩擦对终端市场影响较大，出口受阻严重，倒逼国内市场。2020 年又遭遇疫情，下游停工影响市场正常交易，企业库存高企，市场跌至近五年来最低，如 LLDPE 一度跌破 6000 元 / 吨，直至复工后受医用防护需求增加带动，价格逐步上行。

2017—2021 年中国聚乙烯现货市场价格走势见图 18.18。

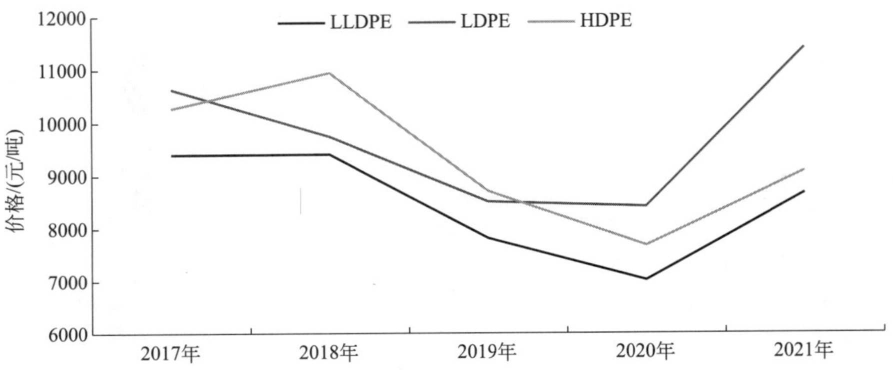

图 18.18 2017—2021 年中国聚乙烯现货市场价格走势

2021 年初，供应趋紧预期增强提振原油，国际油价大幅上涨。春节过后库存累库不及预期，产业链库存偏低。叠加进口货源较为紧俏，市场供应端表现较好，现货价格较为强势。3 月份 LDPE 价格涨至最高点 12350 元 / 吨；HDPE 价格涨至 9250 元 / 吨；线型价格涨至 9200 元 / 吨。二季度聚乙烯价格震荡走弱，受期货市场及宏观政策调控大宗商品等利空因素影响，其中 LDPE 价格跌幅较大，上半年 LDPE 价差达 2900 元 / 吨，由 3 月份的高点 12400 元 / 吨，跌至 6 月份低点 9500 元 / 吨。三季度疫情出现反复，“双焦”焦煤、焦炭上涨带动盘面上涨。榆林地区红头能耗双控文件流出，煤化工相关工业品均大幅上涨。四季度煤炭供应逐渐恢复，盘面大幅回撤，塑料盘面大幅回落，直至 12 月底期货盘面横盘整理居多，现货市场不温不火。

2021 年，随着疫情缓解，原油攀高，国外供应受极端天气影响下滑，国内“双碳”政策落地执行等多重因素接连发酵，将聚乙烯市场推至五年来高点，2021 年 LLDPE 均价 8664 元 / 吨，LDPE 均价 11398 元 / 吨，HDPE 均价 9077 元 / 吨，较 2020 年 LLDPE 均价 7015 元 / 吨，涨幅 23.5%，LDPE 均价在 8412 元 / 吨，涨幅 35.5%，HDPE 均价在 9077 元 / 吨，涨幅 18.28%。

2017—2021 年聚乙烯年均价同比统计见表 18.2。

表 18.2 2017—2021 年聚乙烯年均价同比统计

单位：元 / 吨

年均价同比	2017 年	2018 年	2019 年	2020 年	2021 年
LLDPE 均价	9399	9404	7818	7015	8664
同比	—	0.05%	-16.87%	-10.27%	23.5%
LDPE 均价	10636	9743	8510	8412	11398
同比	—	-8.40%	-12.66%	-1.15%	35.5%
HDPE 均价	10274	10940	8710	7674	9077
同比	—	6.48%	-20.38%	-12.77%	18.28%

18.5 中国聚乙烯利润走势分析

2021 年不同原料聚乙烯生产利润均有下降，由于上游原料价格的持续走高，聚乙烯利润连续受压，煤制、甲醇制聚乙烯生产利润甚至出现负利现象。2021 年油制线型（LLDPE，以下简称线型）利润平均水平在 1694 元 / 吨；煤制及甲醇制线型利润在 10 月份呈“V”字走势，煤制线型年均利润在 121 元 / 吨，甲醇制线型年均利润在 -158 元 / 吨。其中油制与煤制线型生产利润差在 1573 元 / 吨。

2021 年中国不同原料聚乙烯生产利润对比见图 18.19。

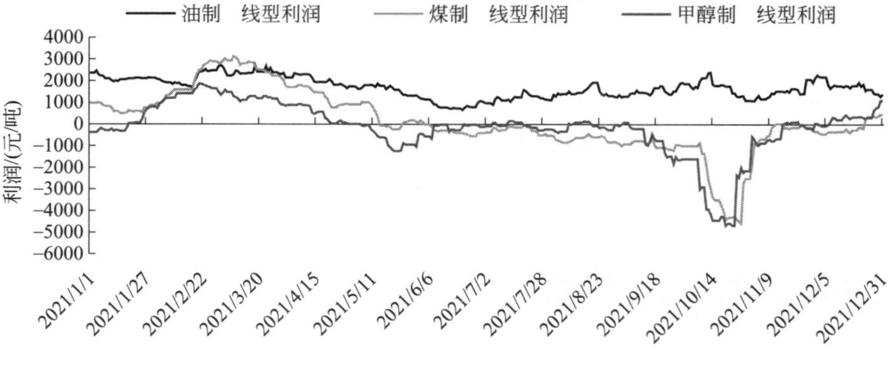

图 18.19 2021 年中国不同原料聚乙烯生产利润对比

18.5.1 油制聚乙烯生产利润

2021 年油制聚乙烯利润平均水平在 1694 元 / 吨，较上年同比下降 17.47%，其利润水平主要与原油价格呈负相关。5 月下旬由于欧美多国管控放松，叠加夏季出行高峰提振燃油需求，国际油价持续走高，至六月中下旬油制聚乙烯利润降至年内最低点，利润在 661 元 / 吨。随后由于疫情反复，抑制全球需求复苏，原油价格走跌，油制聚乙烯利润有所回弹。

2017—2021 年油制聚乙烯生产利润变化趋势对比见图 18.20。

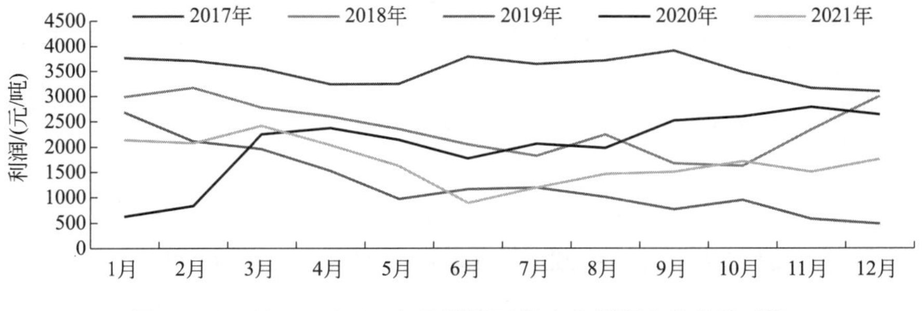

图 18.20 2017—2021 年油制聚乙烯生产利润变化趋势对比

18.5.2 煤制聚乙烯生产利润

2021 年煤制聚乙烯生产利润整体呈下跌趋势，其平均利润水平在 121 元 / 吨，较 2020 年同比下降 90.35%，年内利润差达 7719 元 / 吨，10 月 27 日至年内利润最低点 -4587 元 / 吨，主要由于原料价格上涨压缩利润空间。产地煤矿受环保检查及能耗双控的影响，开工率偏低，供应有所减少，且多地煤矿响应国家号召保供电厂，停止对外销售，市场货源较少，煤炭供应偏紧，支撑原料价格持续上涨，因此致使煤制聚乙烯利润连续缩减。而后随着国家保供稳价相关措施的发布，原料煤价格开始回落，煤制聚乙烯生产利润有所回升。

2017—2021 年煤制聚乙烯生产利润变化趋势对比见图 18.21。

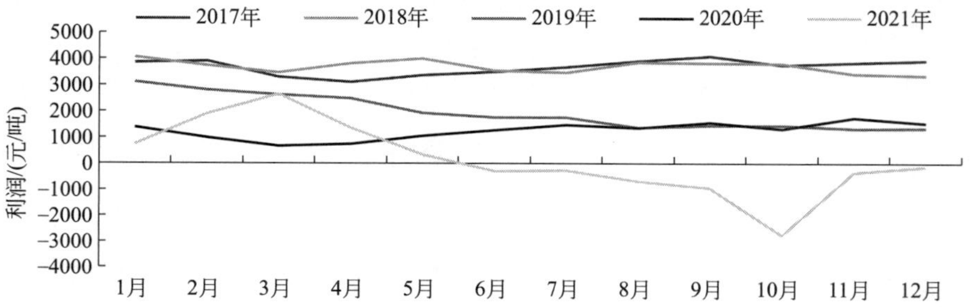

图 18.21 2017—2021 年煤制聚乙烯生产利润变化趋势对比

18.5.3 甲醇制聚乙烯生产利润

2021 年甲醇制聚乙烯生产利润在 1 月至 2 月中下旬前呈增长趋势，主要因为春节前上游企业的排库需求使得甲醇主产区价格不断向下，因此下游利润有所增长。而自 2 月下旬至 10 月中旬，甲醇制聚乙烯生产利润整体呈下跌趋势，特别是自 9 月后利润下跌幅度明显，这主要是因为受能耗双控、环保等政策影响，甲醇供应端有所缩减，且成本面支撑强劲，加之港口进口货船不断推迟到港等因素影响，甲醇价格不断攀升，压缩利润空间。但随后由于内地甲醇销售情况转弱、动力煤价格受限下滑等因素影响，甲醇价格开始走跌，使得甲醇制聚乙烯生产利润不断增加。2021 年甲醇制聚乙烯生产利润年平均水平在 −158 元 / 吨，较上年同比下降 122.46%。

2017—2021 年甲醇制聚乙烯生产利润趋势对比见图 18.22。

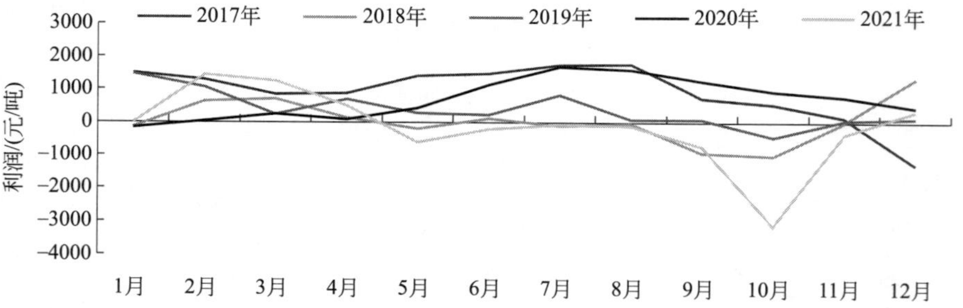

图 18.22 2017—2021 年甲醇制聚乙烯生产利润趋势对比

18.6 2022—2026 年中国聚乙烯发展预期

18.6.1 中国聚乙烯供应趋势预测

2022 年聚乙烯新增产能 405 万吨，投产类型主要集中在低压品类，仅浙石化 1 套主产高压的装置。从 2022—2026 年来看，其中 2022—2024 年属于投产高峰期，国内 PE 新增产能预计达 1869.5 万吨，2024 年国内 PE 总产能将达到 4705.5 万吨。这其中，2024 年是投产峰年，年内共有 25 套聚乙烯生产装置开车，预计新增产能 914.5 万吨，西北仍是主要供应地，2024 年将新增 309.5 万吨，东北新增 275 万吨，华北新增 160 万吨，华南新增 170 万吨。2022—2026 年国内

PE 产能年均复合增长率在 11.92%。

18.6.2 中国聚乙烯产品主要下游发展前景预测

2022—2026 年中国聚乙烯表观消费量呈现逐年递增趋势，预计到 2026 年聚乙烯表观消费量将达到 5960.84 万吨。聚乙烯下游领域多数属于一次性消费品，刚性需求相对稳定，聚乙烯下游需求结构变化不大，依然集中在薄膜、中空和管材、注塑等领域。

18.6.2.1 2022 年农膜行业对原料消费预测

预计 2022 年农膜消费量在 270 万吨左右，较 2021 年小幅增多。由于 2021 年棚膜用量减少明显，大棚膜使用周期延长，同时受农膜价高影响，部分棚膜更换延后，预计 2022 年更换棚膜的概率提升，棚膜需求有增加可能。地膜方面，受地膜污染影响，地膜产品标准提高，使用成本增加，有减少使用的现象存在，预计 2022 年农膜消费量增加有限。

18.6.2.2 2022 年包装膜行业对原料消费预测

预计 2022 年包装膜对 PE 的消费量在 1800 万吨左右，较 2021 年增速在 10% 左右。随着新冠肺炎疫情影响进一步减弱，国内外需求恢复，出口通道顺畅，均有利于包装膜行业需求跟进。随着新版“限塑令”政策的推进落地，部分包装膜对传统原材料的需求向降解原材料转移，例如商超购物袋、外卖包装袋等，届时包装膜行业对传统原材料的消费提升有所减弱。

18.6.2.3 2022 年管材行业对原料消费预测

预计 2022 年中国聚乙烯管材表观消费量将达到 475.57 万吨，同比上涨 11.84%。2021 年受环保、限电等政策影响，加之国内宏观经济和疫情等多方面因素，致使聚乙烯管材部分终端需求或将延期至 2022 年一季度。整体来说，国家仍将基础建设作为重点投资领域，尤其城市管网及新农村的持续建设，使得聚乙烯管材仍将存在较好的发展预期，在化工行业的快速发展的背景下及国家以塑代钢的导向下，聚乙烯管材表观消费量一定程度上仍将保持稳定增长。

18.6.3 中国聚乙烯市场供需平衡预测

2022—2026 年新增装置情况来看，产能增加 2304.5 万吨 / 年，年均复合增长率 13.44%。其中华北、华南新装置增幅较大，且多为炼化一体化企业，区域内竞争势必愈演愈烈，华北区域资源将首先挤占原有煤企市场，继而涌入供需差额小且是主要货源消费地的华东地区。未来国内 GDP 增速放缓，而从各地区 GDP 份额来看，前 12 位地区也是聚乙烯下游制品集中地，其需求储蓄地方较大，考虑到人口红利释放以及消费能力，需求增长主要集中在华北、华东、华南地区。但是随着产能快速投放，需求缺口进一步缩窄。未来五年缺口趋势性缩小，以当前投产趋势来看，若装置均如期释放，通用料供应过剩局面愈演愈烈，行业竞争加剧，市场货源供给多元化进程仍将不断发展。

2022—2026 年中国聚乙烯市场供需平衡预测见表 18.3。

表 18.3 2022—2026 年中国聚乙烯市场供需平衡预测

项目	2022 年	2024 年	2026 年
产能 / （万吨 / 年）	3241	4705.5	5085.5
开工率 /%	81.96	80.23	87.64

续表

项目	2022 年	2024 年	2026 年
产量 / 万吨	2656.24	3775.43	4456.84
进口量 / 万吨	1630	1710	1580
总供应量 / 万吨	4384.94	5590.13	6153.24
出口量 / 万吨	59	69	76
下游需求量 / 万吨	4398.94	5601.63	6175.24
总需求量 / 万吨	4457.94	5670.63	6251.24

第19章 聚丙烯

2021年度关键指标一览

类别	项目	2020年	2021年	涨跌值	原因概述
价格	现货成交价均值/（元/吨）	7748	8699	951	成本高压，被动走高
	国际成交价均值/（美元/吨）	934	1266	332	阶段性供应紧缺及海运费上涨
供应	产能/（万吨/年）	2882	3216	334	新增产能334万吨
	产量/万吨	2581.59	2926.89	345.3	产能大幅增长，开工率亦有所走高
	开工率/%	89.58	91.01	1.43	二季度检修相对集中
	贸易商库存/万吨	6.6	9.13	2.53	成本支撑原料价格高位但下游接受力度偏弱
	港口库存/万吨	5.16	4.32	−0.84	进口量与到港量货物的减少
	企业库存/万吨	35.97	35.72	−0.25	竞争加剧，生产企业清库操作
	总库存/万吨	47.73	49.21	1.48	供应持续释放，库存总量有所增加
	进口量/万吨	655.52	479.81	−175.71	海运费高涨，进口成本增加，利润压缩
需求	出口量/万吨	42.51	139.11	96.6	国内供应量增加且出口利润更佳
	下游消费量/万吨	3183.97	3332.73	148.76	终端需求维持涨势

19.1 中国聚丙烯供需平衡分析

2017—2021 年中国聚丙烯（PP）市场供需呈逐年增长态势。期间中国聚丙烯产能增速在 9.76%，其中 2017—2018 年产能增速有所放缓，2018 年聚丙烯新增产能仅 100 万吨。2020 年中国聚丙烯迎来新一轮的扩能高峰期，全年累计增产 380 万吨。2021 年中国聚丙烯产能维持较高增长率，全年累计新增产能 334 万吨。

随着产能的持续释放，中国聚丙烯产量也随之呈现稳定增长走势。2017—2021 年中国聚丙烯产量增速在 10.32%。2021 年中国聚丙烯产量达 2926.89 万吨，相较 2020 年增加 13.38%。开工方面，2017—2021 年中国聚丙烯开工率始终维持在 85% 以上，2021 年开工率达 91.01%，为五年来最高值。

供应量维持逐年增长的同时，中国聚丙烯下游消费量也呈现较为平稳的增长走势。2017—2021 年，中国聚丙烯总供应量增速在 8.65%，而下游消费增速稍低，为 7.99%。

2017—2021 年中国聚丙烯市场供需平衡见表 19.1。

表 19.1 2017—2021 年中国聚丙烯市场供需平衡表

项目	2017 年	2018 年	2019 年	2020 年	2021 年
产能 /（万吨 / 年）	2200	2300	2502	2882	3216
开工率 /%	87.63	85.08	89.53	89.58	91.01
产量 / 万吨	1927.78	1956.8	2239.99	2581.59	2926.89
进口量 / 万吨	474.49	479.38	522.3	655.52	479.81
总供应量 / 万吨	2409.16	2444.02	2760.49	3235.1	3412.76
出口量 / 万吨	34.29	36	40.46	42.51	139.11
下游消费量 / 万吨	2441.82	2449.93	2730.89	3183.97	3332.73
总需求量 / 万吨	2476.11	2485.93	2771.35	3226.48	3471.84

19.2 中国聚丙烯供应现状分析

19.2.1 2021 年中国聚丙烯产能变化趋势分析

2017—2021 年中国聚丙烯产能呈逐年增长趋势，年复合增长率在 9.76%。其中 2018 年中国聚丙烯产能增长率较低，仅为4.55%。2021 年中国聚丙烯新增产能334 万吨，总产能达3216 万吨，其中新增 8 家，扩能 2 家。

2017—2021 年中国聚丙烯产能变化趋势见图 19.1。

2021 年，国内聚丙烯新增产能 315 万吨 / 年，加上鸿基石化装置改造产能从 2020 年 9 万吨 / 年增加至 20 万吨 / 年，联泓新材料扩能 8 万吨，年内聚丙烯产能共计增加 334 万吨，总产能达到 3216 万吨 / 年，同比增长 11.59%。从新增产能原料来源看，除联泓新材料的扩能外，其余全部为油制和 PDH 制。煤制聚丙烯企业投产受到国家相关政策影响，2021 年暂无新增产能投产。2021 年聚丙烯生产企业新增装置统计见表 19.2。

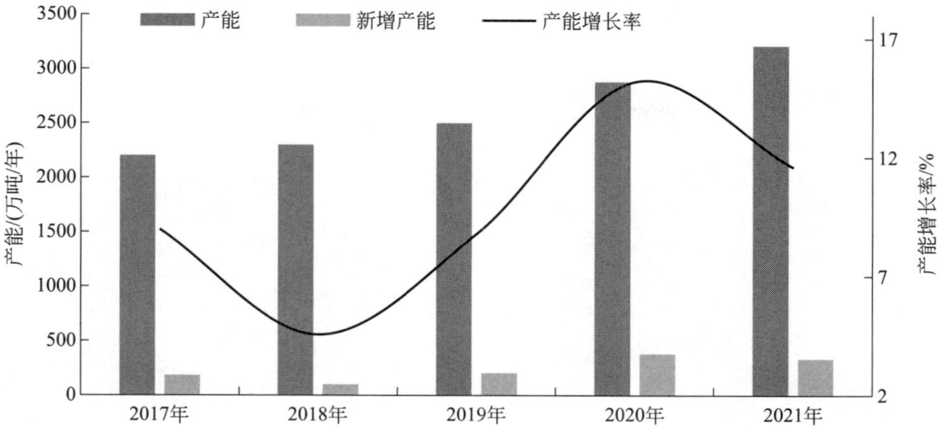

图 19.1　2017—2021 年中国聚丙烯产能变化趋势

表 19.2　2021 年聚丙烯生产企业新增装置统计

企业名称	地址	企业形式	产能 /（万吨 / 年）	工艺类型	投产时间
黑龙江省海国龙油石化股份有限公司	黑龙江	民营	一线 55	油制	2021 年 2 月
山东东明石化集团有限公司	菏泽	民营	一线 20	油制	2021 年 3 月
中国石化股份有限公司天津分公司	天津	国企	一线 20	油制	2021 年 4 月
东华能源（宁波）新材料有限公司	宁波	民营	一线 40	PDH 制	2021 年 5 月
东华能源（宁波）新材料有限公司	宁波	民营	二线 40	PDH 制	2021 年 6 月
中韩（武汉）石油化工有限公司	武汉	合资	三线 30	油制	2021 年 5 月
中国石油天然气股份有限公司辽阳分公司	辽宁	国企	一线 30	油制	2021 年 8 月
福建漳州古雷炼化	漳州	合资	一线 35	油制	2021 年 9 月
金能科技新材料有限公司（一期）	青岛	民营	一期 45	PDH 制	2021 年 10 月

19.2.2　2021 年中国聚丙烯供应结构分析

19.2.2.1　中国聚丙烯分区域供应结构分析

由 2021 年中国聚丙烯区域产量分布数据来看，中国聚丙烯产量多集中分布于西北、华东及华南三个大区。其中西北地区因煤炭资源丰富，煤制企业集中分布于此。2021 年西北地区聚丙烯产量占全国总产量的 27.26%，居首位；华东地区产量占比 20.08%，居第二位；华南地区产量占比 19.50%，居第三位。另外，华北地区近两年产能增速较快，产量占比提高至 14.28%。东北地区近年来产能变化不大，2021 年有辽阳石化 30 万吨 / 年装置投产，占比达 12.64%。华中地区 2021 年有中韩石化三线 30 万吨 / 年装置投产，占比在 4.24%。西南地区产能暂无变化，占比 2.00%。

2021 年中国聚丙烯分区域产量占比见图 19.2。

19.2.2.2　中国聚丙烯分原料来源供应结构分析

中国聚丙烯生产企业按原料来源划分为五大类。2021 年中国聚丙烯各原料来源产量数据来看，油制聚丙烯占比高达 54.83%，居首位；煤制聚丙烯占比 23.44%，居第二位；丙烷脱氢制聚丙烯占比 13.12%，居第三位。外采丙烯及外采甲醇制聚丙烯产量占比较少，分别为 5.23% 和 3.37%。

2021 年中国聚丙烯分原料来源产量占比见图 19.3。

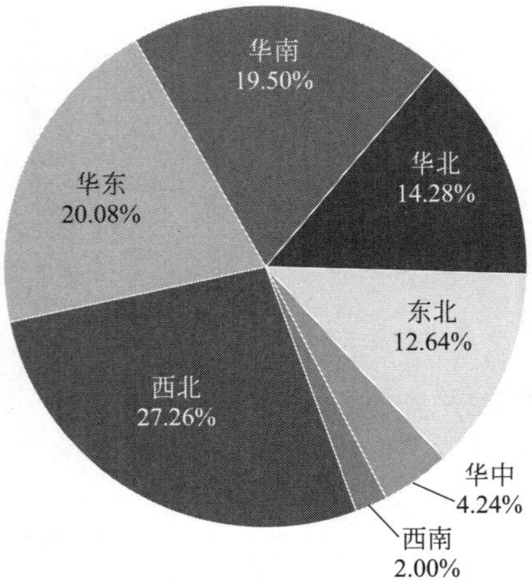

图 19.2 2021 年中国聚丙烯分区域产量占比

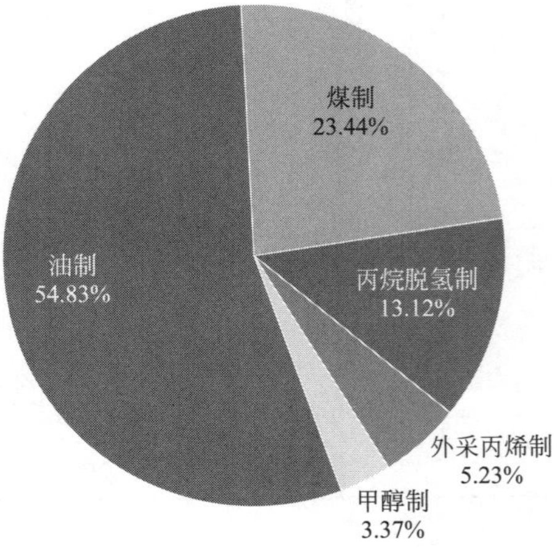

图 19.3 2021 年中国聚丙烯分原料来源产量占比

19.2.3 2021 年中国聚丙烯进口量分析

2017—2021 年中国聚丙烯进口在持续增长后于末年迎来首次下跌。2020 年新冠肺炎疫情全球肆虐，中国作为最早复苏的国家，需求最先恢复，同时 RCEP 协议正式签署，逐步降低相关化工品进口关税，进口成本降低，国内贸易商增加进口，在疫情及 RCEP 协议双重刺激下，2020 年进口量较 2019 年增加 133.22 万吨，涨幅 25.51%，成为近五年中进口量增长最多的一年。2021 年 2—3 月欧美极寒天气造成供应断档，海外 PP 报盘水涨船高，进口利润受到压缩，进口量大幅下降，且年内海运费价格高涨，进口成本增加，国产 PP 更具价格优势，进口窗口长期关闭，2021 年中国聚丙烯进口萎缩 26.8%。2017—2021 年中国聚丙烯进口量变化趋势见表 19.4。

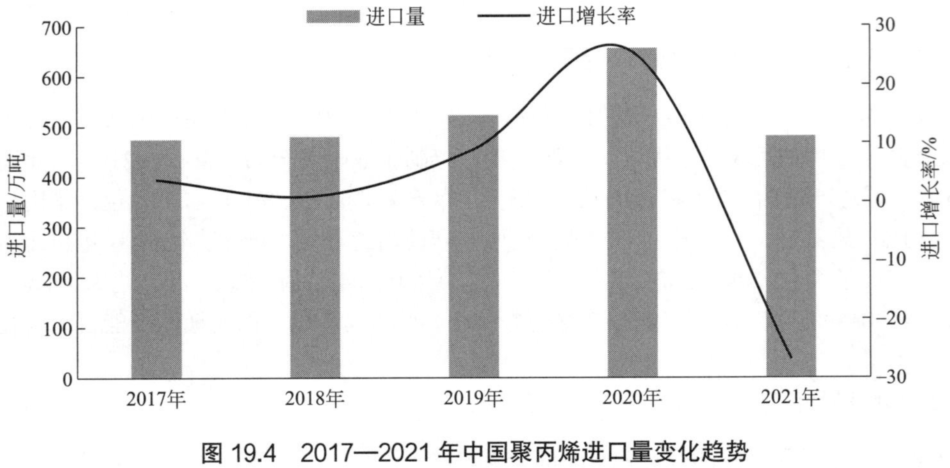

图 19.4 2017—2021 年中国聚丙烯进口量变化趋势

近 5 年以来，国内聚丙烯来源结构变化不大，主要来自近洋地区的韩国、新加坡、中国台湾，以及中东地区沙特阿拉伯、阿联酋国家，这五地进口量占全年总进口量的 62.32% ～ 75.45%

之间，其他进口主要来自泰国、日本和印度，占总进口量的 10.28% ～ 18.37%。2017—2021 年中国聚丙烯主要进口来源及占比情况见表 19.3。

表 19.3 2017—2021 年中国聚丙烯主要进口来源及占比情况

单位：万吨

来源国及地区	2017 年	2018 年	2019 年	2020 年	2021 年
韩国	113.59	104.36	107.12	124.14	113.32
新加坡	79.44	76.32	80.91	80.13	76.64
沙特阿拉伯	62.79	61.81	55.58	64.54	46.48
中国台湾	62.61	68.02	68.63	73.11	60.50
阿联酋	39.58	36.63	49.35	66.55	55.32
泰国	25.31	28.25	37.86	48.22	26.90
日本	15.77	19.74	22.62	30.23	32.07
印度	7.68	13.50	13.14	41.97	6.01
马来西亚	6.74	16.03	22.47	28.96	14.68
比利时	5.74	5.59	6.21	6.01	6.51
越南	13.08	17.84	17.28	30.08	9.91
俄罗斯	5.67	3.79	12.91	13.52	1.90
美国	15.22	4.89	2.23	7.80	3.35
南非	2.45	2.13	2.03	3.25	1.50
德国	2.45	2.25	1.71	2.35	2.03
荷兰	1.90	2.38	1.46	1.74	2.52
乌兹别克斯坦	1.09	0.14	0.00	0.23	0.00
中国	1.39	1.56	0.98	1.25	0.97
阿曼	1.90	2.18	3.61	3.40	9.56
巴西	1.95	0.81	2.45	3.99	0.43
其他	8.16	11.33	13.72	23.91	9.22
合计	474.50	479.54	522.27	655.40	479.83
韩国占比	23.94%	21.76%	20.51%	18.94%	23.62%
新加坡占比	16.74%	15.91%	15.49%	12.23%	15.97%
沙特阿拉伯占比	13.23%	12.89%	10.64%	9.85%	9.69%
中国台湾占比	13.19%	14.18%	13.14%	11.15%	12.61%
阿联酋占比	8.34%	7.64%	9.45%	10.15%	11.53%
泰国占比	5.33%	5.89%	7.25%	7.36%	5.61%
日本占比	3.32%	4.12%	4.33%	4.61%	6.68%
印度占比	1.62%	2.82%	2.52%	6.40%	1.25%

2021 年我国聚丙烯进口来源前三位分别是韩国、新加坡、中国台湾，进口量分别为 113.32 万吨、76.64 万吨、60.5 万吨，分别占总进口量 23.62%、15.97%、12.61%，2020 年聚丙烯进口

来源前三位是韩国、新加坡、中国台湾，与2021年一致，结构稳定。

2021年中国聚丙烯进口情况分析见表19.4。

表19.4 2021年中国聚丙烯进口情况分析

来源国及地区	进口量/万吨	进口占比/%	进口额/万美元	进口均价/（美元/吨）
韩国	113.32	23.62	151593.59	1337.70
新加坡	76.64	15.97	113053.19	1475.16
中国台湾	60.50	12.61	82069.12	1356.51
阿联酋	55.32	11.53	61955.50	1119.88
沙特阿拉伯	46.48	9.69	56167.72	1208.33
日本	32.07	6.68	34413.31	1073.15
泰国	26.90	5.61	35469.23	1318.40
马来西亚	14.68	3.06	12850.45	875.49
越南	9.91	2.07	7963.22	803.46
阿曼	9.56	1.99	11391.23	1190.99
印度	6.01	1.25	6780.88	1129.16
比利时	6.51	1.36	11840.99	1818.87
美国	3.35	0.70	8283.36	2474.01
荷兰	2.52	0.53	5861.57	2323.13
俄罗斯	1.90	0.40	2137.23	1124.75
德国	2.03	0.42	5290.69	2609.75
南非	1.50	0.31	1868.98	1247.68
其他	10.62	2.21	18538.54	1745.43
合计	479.83	100.00	627528.81	1307.82

19.3 中国聚丙烯消费现状分析

19.3.1 2021年中国聚丙烯消费趋势分析

2017—2021年国内聚丙烯表观消费量呈增长趋势，2018年增速最为缓慢，表观消费量基本与2017年持平，2019年和2020年表观消费量增速都在10%以上，2021年中国聚丙烯消费量增速放缓至4.67%。

2017—2021年中国聚丙烯表观消费量平均增速在8.13%；2021年表观消费量在3332.75万吨，同比增加4.67%。海国龙油、金能科技等相继投产后，国内聚丙烯产能较2020年增长334万吨/年。进口量减少，2021年进口量479.81万吨，同比下降26.81%；同时出口量增速显著提高，2021年出口量139.11万吨，同比增长227.24%。

2021年，随着新冠肺炎疫情的有效控制，我国经济逐渐复苏，是在新冠肺炎疫情中最快恢复的国家，内需、出口需求均出现了快速反弹。目前国内聚丙烯仍处于产能扩增周期中。

另外宏观政策面，国家出台限制一次性塑料使用的规定，以可降解材料为代表的高端市场则表现为供不应求，随着禁塑令的不断深入，环保减塑将使聚丙烯再面临新的考验。

2017—2021 年中国聚丙烯消费量变化趋势见图 19.5。

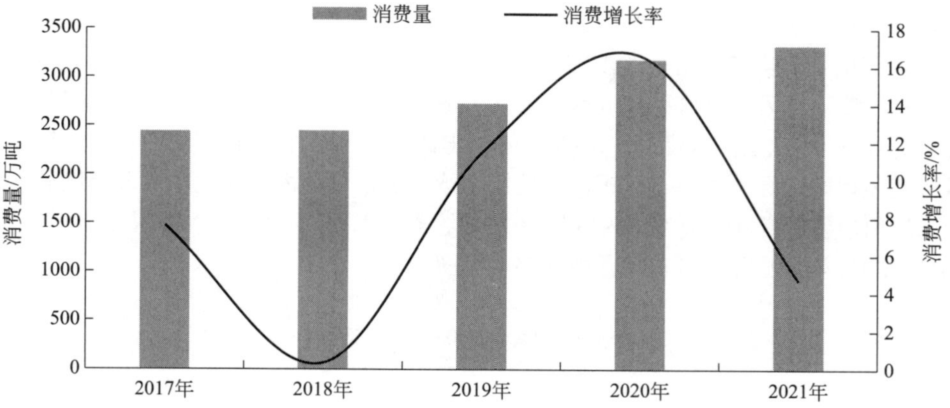

图 19.5　2017—2021 年中国聚丙烯消费量变化趋势

19.3.2　2021 年中国聚丙烯分区域消费结构分析

聚丙烯是近年来世界通用合成树脂中需求增长最快的品种，近几年国内聚丙烯装置迅速投产，中国是全球最主要的聚丙烯生产国之一，我国 PP 产品结构逐步向国际消费结构靠拢。2017—2021 年中国聚丙烯消费结构变化见图 19.6。

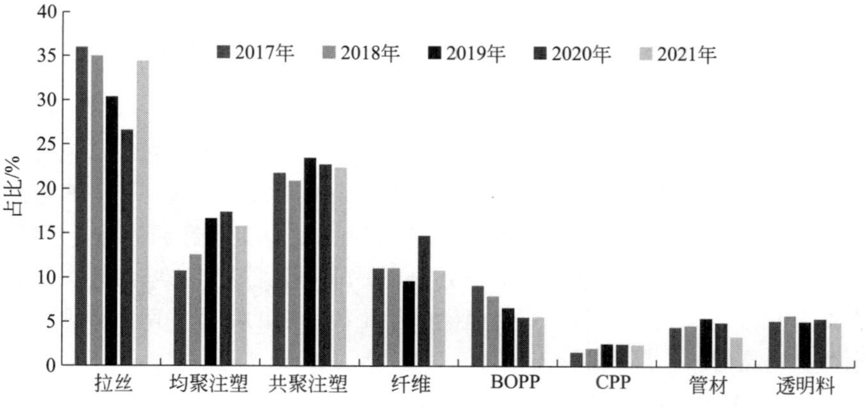

图 19.6　2017—2021 年中国聚丙烯消费结构变化

拉丝、均聚注塑、共聚注塑是聚丙烯最大的消费领域，2021 年占比分别是 34.42%、15.78% 和 22.40%。2021 年新投产聚丙烯装置 334 万吨，新投产企业多生产拉丝、均聚注塑等容易排产的品种，拉丝和均聚注塑产量增多，价格在相对较低水平，需求量增多。

2021 年中国迅速从新冠肺炎疫情中恢复，口罩等卫生用品用量迅速下降，使其主要原料聚丙烯纤维料需求下降。

BOPP（双向拉伸聚丙烯薄膜）行业受限电等政策影响，开工率下降，但是需求较好，新订单充足，BOPP 需求小幅上涨 1%。

19.3.3 2021年中国聚丙烯出口量及结构分析

2017—2021年中国聚丙烯出口整体呈增长趋势，尤其2021年增幅明显，2021年出口量已达139.11万吨，创历史新高。近几年国产聚丙烯产能一直在不断扩大，在此背景下，市场供需压力逐渐凸显，出口市场的打开可以更好地平衡供需端关系，基于此，中国石化、中国石油及大型贸易商一直积极开拓出口渠道，并取得一定成果，另外国家为提高国际竞争力，鼓励出口，制定出口退税制度，聚丙烯出口税款可返还13%，加之中国原产PP相较于韩国、中东等国家，在价格方面更具竞争力，出口套利窗口不时打开，出口量逐年增加；2021年2月，美国突发极寒天气，导致其境内聚烯烃装置被迫关闭，虽后续陆续开启，但场内供应偏少情况持续到10月，为我国聚丙烯出口创造良好机会，国内贸易商纷纷尝试出口，年内出口量大幅增加。

2017—2021年中国聚丙烯出口量变化趋势见图19.7。

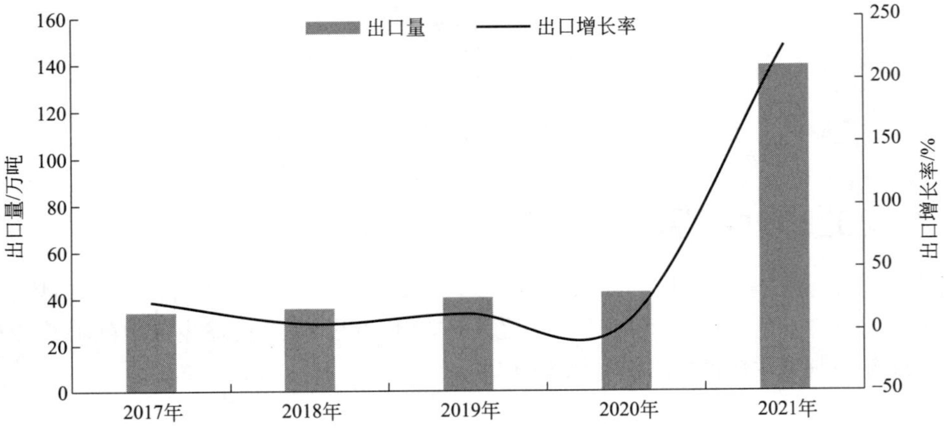

图19.7 2017—2021年中国聚丙烯出口量变化趋势

近五年来，中国聚丙烯主要出口方向发生了一些变化，2017—2020年聚丙烯出口量不高，主要方向为越南、泰国以及中国香港地区，原因在于地理位置更为优越，运输较为便捷，且越南以制造业著称，对原料的需求更为旺盛；2021年开始情况有所不同，一方面越南受新冠肺炎疫情影响，制造业受挫严重，原料接收量减少，而印度、巴基斯坦在新冠肺炎疫情得到控制后，需求维持旺盛，原料接收量大幅增加；另一方面，美国受极端天气影响装置关闭，欧美地区供应减少，在此背景下，国内生产商及贸易商尝试往距离更远的中东、南北美地区出口，至土耳其、美国出口量明显增加。

2017—2021年中国聚丙烯出口情况分析见表19.5。

表19.5 2017—2021年中国聚丙烯出口情况分析

单位：万吨

产销国及地区	2017年	2018年	2019年	2020年	2021年
越南	12.35	10.53	14.12	14.65	23.70
中国香港	6.28	5.49	6.51	6.70	5.09
泰国	2.54	2.57	1.96	1.88	3.36
日本	1.57	3.26	4.01	2.81	3.39
印度尼西亚	1.24	0.67	1.14	1.52	5.93

续表

产销国及地区	2017 年	2018 年	2019 年	2020 年	2021 年
土耳其	0.53	0.07	0.20	0.63	8.21
中国台湾	0.95	0.53	1.39	1.69	2.76
印度	0.89	0.56	0.57	0.34	12.60
马来西亚	0.98	1.21	0.88	1.44	2.00
墨西哥	0.10	0.14	0.17	0.15	2.98
巴基斯坦	0.51	0.53	0.26	0.54	7.61
秘鲁	0.14	3.19	1.01	0.56	4.23
孟加拉国	0.21	0.22	0.26	0.26	9.35
菲律宾	0.38	0.32	0.62	1.03	4.20
其他	5.41	5.78	6.86	8.44	43.69
总出口量	34.19	35.61	40.51	42.51	139.10
越南占比	36.11%	29.57%	34.86%	34.47%	17.04%
中国香港占比	18.36%	15.41%	16.07%	15.76%	3.66%
泰国占比	7.44%	7.21%	4.83%	4.43%	2.41%
日本占比	4.59%	9.16%	9.90%	6.61%	2.44%
印度尼西亚占比	3.63%	1.87%	2.82%	3.57%	4.26%

2021 年中国聚丙烯出口产销地有所改变，据海关出口数据统计显示，2021 年我国聚丙烯出口产销前三位分别是越南、印度、孟加拉国，出口量分别为 23.7 万吨、12.6 万吨、9.35 万吨，分别占总出口量 17.04%、9.06%、6.72%，与 2020 年相比变化较大，2020 年聚丙烯出口产销前三位是越南、中国香港、日本。2021 年突发事件影响下，国际供需格局发生短暂变化，中国获得更大的出口机会，国产聚丙烯产销范围扩大，数量增多。

2021 年中国聚丙烯出口情况分析见表 19.6。

表 19.6 2021 年中国聚丙烯出口情况分析

产销国及地区	出口量 / 万吨	出口占比 /%	出口额 / 美元	出口均价 /（美元 / 吨）
越南	23.70	17.04	36174.57	1526.32
印度	12.60	9.06	16972.21	1346.71
土耳其	8.21	5.91	11221.70	1366.08
巴基斯坦	7.61	5.47	10188.34	1338.89
孟加拉国	9.35	6.72	12191.60	1304.10
巴西	4.97	3.57	6724.54	1354.14
印度尼西亚	5.93	4.26	8619.80	1454.72
中国香港	5.09	3.66	6964.87	1367.95
菲律宾	4.20	3.02	7758.58	1848.77
秘鲁	4.23	3.04	5323.63	1258.47

续表

产销国及地区	出口量 / 万吨	出口占比 /%	出口额 / 美元	出口均价 /（美元 / 吨）
日本	3.39	2.44	4836.47	1426.85
泰国	3.36	2.41	6027.68	1795.30
埃及	2.47	1.77	3605.29	1462.15
墨西哥	2.98	2.15	4266.40	1429.62
肯尼亚	2.81	2.02	3866.20	1373.62
以色列	3.71	2.67	5587.77	1505.86
中国台湾	2.76	1.99	4057.36	1467.91
厄瓜多尔	2.33	1.68	2903.37	1244.47
美国	2.22	1.60	5140.92	2312.75
马来西亚	2.00	1.44	4136.09	2066.08
危地马拉	1.93	1.39	2533.17	1309.32
尼日利亚	1.78	1.28	3250.01	1829.17
加拿大	1.54	1.10	2417.08	1573.15
萨尔瓦多	1.19	0.86	1491.15	1248.98
哥伦比亚	1.18	0.85	1530.32	1297.11
其他	17.55	12.62	29815.33	1698.76
总计	139.10	100.00	207604.46	1492.45

19.4 中国聚丙烯价格走势分析

2017—2021年国内聚丙烯价格震荡起伏，整体呈“N”字型走势，2018年国内投产脚步放缓，结构性供应短缺带动聚丙烯来到近五年来历史最高点，2018 年国内聚丙烯年均价在 9502 元 / 吨；2020 年在国内新冠肺炎疫情影响下，聚丙烯虽在防疫物资带动下成为逆势中的黑马，但出口受限，需求一度降至历史冰点，抑制国内聚丙烯价格涨势，2020 年为近五年来价格最低点，国内聚丙烯年均价在 7748 元 / 吨。

2017—2018 年环保风暴、禁止废塑料进口、中美贸易摩擦等持续影响国内聚丙烯供需格局，影响市场价格走势；2018 年由于高油价的成本支撑叠加检修旺季使得聚丙烯结构性资源短缺，2018 年三季度聚丙烯迎来近五年来市场最高价 11200 元 / 吨。2019 年随着原油价格下跌，中美贸易摩擦加剧，出口受限，使得国内聚丙烯表现疲软；2020 年在新冠肺炎疫情影响下，防疫物资供不应求，聚丙烯纤维料作为口罩原料迎来红利期，2020 年 4 月聚丙烯纤维料一货难求，生产企业纷纷转产纤维料力保防疫物资供应，使得拉丝出现结构性短缺，价格随之暴涨；但 2020 年新冠肺炎疫情同样抑制了国内需求，且继 2014 年以来，2020 年再次迎来投产高峰期，全年 380 万吨 / 年扩能使得聚丙烯供应压力大增，聚丙烯价格在供需压力下维持在近五年来历史低位。2021 年全球能源紧张成为热议话题并持续影响聚丙烯价格走势，在原油、煤炭、丙烷等成本高位支撑下，2021 年聚丙烯年均价格较 2020 年增长 951 元 / 吨，涨幅达到 12.27%。

2017—2021 年中国聚丙烯现货市场价格走势见图 19.8。

图 19.8 2017—2021 年中国聚丙烯现货市场价格走势

19.5 中国聚丙烯利润走势分析

19.5.1 油制聚丙烯行业成本及利润分析

由 2017—2021 年油制聚丙烯行业成本及利润分析数据对比发现，近五年油制成本利润走势呈现“V”字走势。近五年油制 PP 利润最低点出现在 2019 年四季度—2020 年年初，此期间油制 PP 平均成本 7396 元 / 吨，平均利润率在 2.62%。油制 PP 利润最高点则出现在 2020 年 3—5 月，此期间油制 PP 平均成本 2151 元 / 吨，平均利润率在 30.15%。2021 年油制 PP 平均成本 7215 元 / 吨，平均利润 1388 元 / 吨，平均利润率在 10.27%。

2019 年四季度—2020 年年初利润最低点分析，主要是国际油价攀涨，2019 年国际油价成为 2017 年以来三年内最高涨幅，主要因为 OPEC+ 减产导致美国原油库存低位，叠加国际贸易局势好转等因素助推油制 PP 成本快速攀升。而国内 PP 新扩能释放压力打压，同时年底需求进入消费淡季，PP 价格并未及时得到成本传导，故制约其利润进入历史新低状态。油制 PP 利润最高点则出现在 2020 年 3—5 月，主要原因则是受疫情影响，全球化工经济进入暂时停摆状态，受需求低迷制约国际油价呈现坍塌走势，WTI 甚至自上市以来首次呈现负值状态。而国内 PP 装置集中生产医用防护物资，标品拉丝排产量被挤压，因此 PP 标品价格快速攀升，其涨幅与成本跌势形成明显对比，助推油制 PP 利润呈现历史新高状态。进入 2021 年伴随经济生活逐步恢复正常，年初美国极寒天气及全球能源紧缺问题助推 2021 年国际油价逐步攀升至 80 美元 / 桶上方，同时 PP 标品价格在国内能耗双控政策影响下快速拉涨至万元以上，令 2021 年油制 PP 整体利润低于 2020 年平均利润水平。

油制 PP 作为 PP 原料类别中最为重要的一个类别，其产能占全国 PP 总量 55%，因此其成本、利润变化直接影响到整个 PP 行业竞争环境变化；2017 年油制 PP 成本在 6868 元 / 吨，因国际油价维持在 44 ～ 66 美元 / 桶，整体油制利润在 1784 元 / 吨，其利润保持相对稳定，但进入 2018 年后，因产油国减产协议延长至 2018 年底叠加全球地缘政治动荡局势加剧，助推 2018 年国际油价推高至 60 ～ 80 美元 / 桶，直接助推 2018 年油制 PP 平均成本上升至 8045.5 元 / 吨，其平均利润萎缩至 1490 元 / 吨；2019 年油制 PP 平均成本有所回落，平均成本 7579 元 / 吨，主要因为美国页岩油供应量大增，导致油价相对回落，而 PP 价格相对处于高位，2019 年油制 PP 平均利润

1032 元 / 吨；2020 年受疫情影响，全球经济进入停摆状态，国际油价在 2020 年进入历史性低位，低于 20 美元 / 桶，油制 PP 成本进入历史性坍塌状态，2020 年平均成本 5914 元 / 吨，是近五年中成本最低的一年，其利润也扩宽至 1706 元 / 吨。

2017—2021 年中国油制聚丙烯行业成本及利润分析见图 19.9。

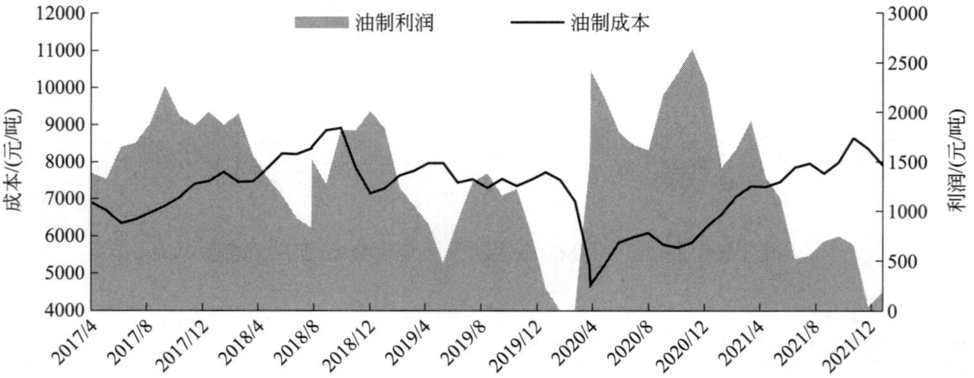

图 19.9 2017—2021 年中国油制聚丙烯行业成本及利润分析

19.5.2 煤制聚丙烯行业成本及利润分析

由 2017—2021 年煤制聚丙烯成本及利润数据对比发现，2021 年 6 月之前煤制 PP 利润整体相对保持良好，2017—2020 年煤制 PP 平均成本 6247 元 / 吨。但伴随 2021 年煤炭价格快速攀升，自 6 月之后煤制 PP 利润萎缩至负值状态。2021 年煤制聚丙烯平均成本 9030 元 / 吨，同比 2020 年同期平均成本（6230 元 / 吨）增幅 44.94%，其平均利润值 -412 元 / 吨，同比 2020 年同期（1380 元 / 吨）降幅 129.86%，煤制 PP 利润萎缩在 2021 年聚丙烯不同类别中最为明显。

2021 年 6 月之后煤炭价格不断攀涨，尤其是在 9 月中下旬后，受能耗双控政策影响，全国范围内煤炭供应偏紧、价格急剧攀升，煤制聚丙烯成本翻倍上涨，10 月煤制 PP 成本 13838 元 / 吨，环比 9 月平均成本（10422 元 / 吨）涨幅 32.78%，而聚丙烯价格也受煤炭价格高位成本支撑快速走高，10 月煤制 PP 平均价格 9692 元 / 吨，环比 9 月（平均值 8731 元 / 吨）涨幅 11.01%，最终成本上涨速度明显超越聚丙烯价格上涨速度，导致其利润呈现明显萎缩甚至倒挂状态。

煤制 PP 作为油制 PP 最为有效的补充产品，在通用市场占有率逐步替代油制产品。目前煤制 PP 产能在整个 PP 中占比 18%，且 2017 年正好是煤制 PP 产能陆续放量年份，导致 2017 年煤制 PP 价格呈现回落趋势。2018 年 10 月煤制 PP 利润达到历史新高点，10 月平均利润 4364 元 / 吨，同比 2020 年平均值（2243 元 / 吨）涨幅 94.56%，主要原因是当时煤炭价格相对低位，2018 年 10 月煤炭平均成本 6375 元 / 吨，同比 2017 年同期（6316 元 / 吨）增幅 0.93%，而 PP 同期价格涨幅明显超越成本涨幅，2018 年 10 月平均价 10739 元 / 吨，同比 2017 年 10 月平均价（8558 元 / 吨）增幅 25.48%，因此当期利润值呈现最大化。

2017—2021 年中国煤制聚丙烯行业成本及利润分析见图 19.10。

19.5.3 甲醇制聚丙烯行业成本及利润分析

由 2017—2021 年甲醇（MTO）制聚丙烯成本及利润数据分析发现，2017—2019 年及 2021 年 10 月之后其利润呈现亏损状态，2019—2021 年 10 月则维持盈利状态。其中 2021 年甲醇制聚丙

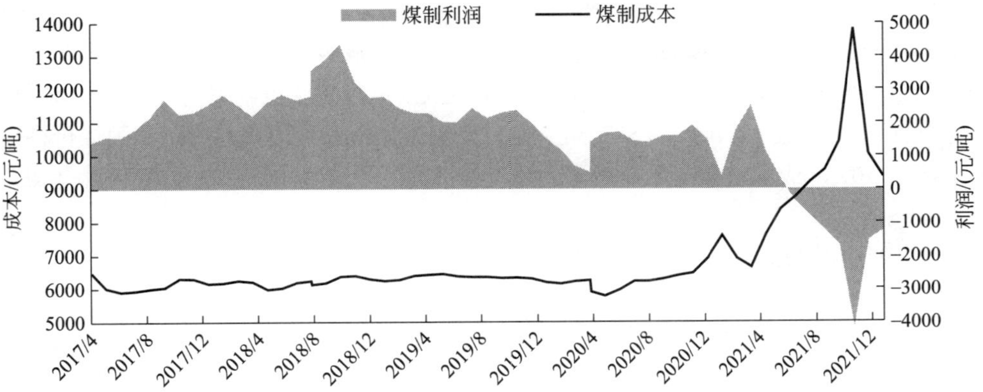

图 19.10 2017—2021 年中国煤制聚丙烯行业成本及利润分析

烯平均利润 -737 元 / 吨，同比 2020 年同期（平均利润 810 元 / 吨）降幅 215.68%，可见 2021 年是甲醇制聚丙烯企业生产经营压力非常严峻的一年。分析其中原因，2021 年全球天然气供应紧缺、价格高位，尤其是三季度伴随国际供应缩减支撑美元价格上行，助推国内甲醇价格高位上行，2021 年甲醇制聚丙烯平均成本 9739 元 / 吨，同比 2020 年同期（平均成本 7041 元 / 吨）增幅 38.32%，而 PP 均价 8802 元 / 吨，同比 2020 年同期（均价 7851 元 / 吨）增幅 12.11%，因此成本高位涨幅明显超于 PP 涨幅，导致 2021 年甲醇制聚丙烯利润呈现严重萎缩现状。

甲醇制聚丙烯产能占国内聚丙烯总产能 5%，由于甲醇价格常年高位，导致国内甲醇制 PP 生产企业利润萎缩明显。而 2019—2021 年 10 月因国内甲醇装置扩能增多，叠加 2020 年疫情影响需求放缓，导致其价格受挤压整体呈现低位，而 PP 价格因受标品拉丝价格跟随期货拉涨呈现高位趋高走势，导致 PP 涨幅明显超越成本增幅，这是此阶段甲醇制聚丙烯盈利的主要原因所在。

2017—2021 年中国甲醇制聚丙烯行业成本及利润分析见图 19.11。

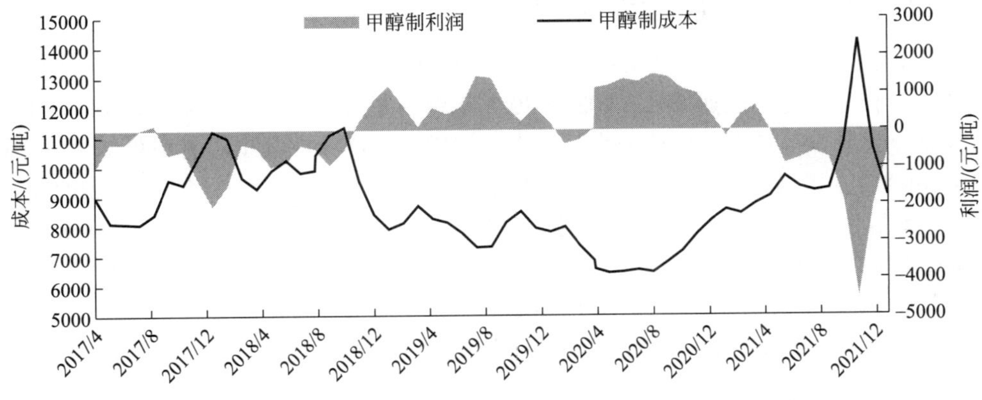

图 19.11 2017—2021 年中国甲醇制聚丙烯行业成本及利润分析

19.5.4 丙烷脱氢制聚丙烯行业成本及利润分析

由 2017—2021 年丙烷脱氢（PDH）制聚丙烯成本利润分析对比发现，2021 年 8 月之前丙烷脱氢制聚丙烯整体是盈利的，自 2021 年 8 月之后，丙烷脱氢制聚丙烯呈现亏损状态。丙烷脱氢制聚丙烯利润是目前五种不同原料类别中保持较好类别。2017—2020 年其平均利润在 1908

元/吨，而2021年平均利润值呈现萎缩至620元/吨，同比2020年同期利润（平均值1944元/吨）跌幅68.11%。分析其中原因，由于2021年丙烷价格受海外天然气紧缺价格高位助推，导致2021年丙烷脱氢制聚丙烯成本明显高于往年同期，2021年丙烷脱氢制聚丙烯平均成本8143元/吨，同比2020年同期成本平均值（5872元/吨）增幅38.68%，而丙烷脱氢制聚丙烯价格较2020年同期增幅12.10%，成本增幅明显超越聚丙烯价格涨幅，导致其利润在2021年下半年呈现萎缩状态。

2017—2021年中国丙烷脱氢制聚丙烯行业成本及利润分析见图19.12。

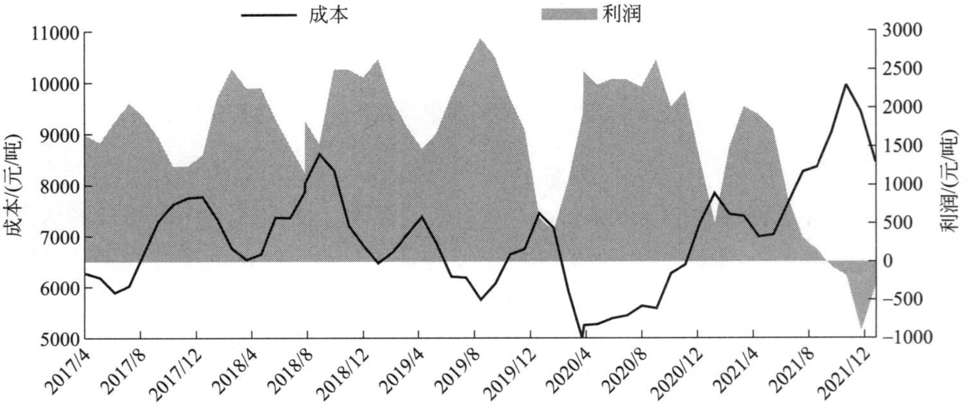

图19.12 2017—2021年中国丙烷脱氢制聚丙烯行业成本及利润分析

19.6 2022—2026年中国聚丙烯发展预期

19.6.1 中国聚丙烯供应趋势预测

未来五年中国聚丙烯产能维持增长走势。2022—2026年，中国聚丙烯产能复合增长率预计高达13.28%，伴随产能的快速增长，2022—2026年中国聚丙烯产量复合增长率预估在12.12%。开工率方面，碳中和背景下，预计未来几年中国聚丙烯生产企业开工率将不可避免受到影响。由2021年四季度中国聚丙烯生产企业的运行情况可以大胆推测，未来几年，尤其西北煤制企业及华东、华南等发达地区生产企业，将受到双控及限电政策的持续影响。加之伴随未来聚丙烯行业竞争逐渐加剧，部分竞争力较弱的生产企业面临较大的生产挑战。因此2022—2026年中国聚丙烯生产企业开工率复合增长率预计为-1.02%。

2022—2026年中国聚丙烯供应趋势预测见图19.13。

19.6.2 中国聚丙烯消费趋势预测

聚丙烯下游与国民经济息息相关，尽管中国经济增速逐渐放缓，但中国市场基数大，且在全球主要经济体中将长期保持领先，因此对于聚丙烯消费增长支撑稳健。未来五年，中国聚丙烯产品消费量将呈现增长态势，预计复合增长率将达到8.49%。一方面，伴随着产业链一体化发展，未来主力下游塑编制品产能过剩，增长率逐渐下降。另一方面，作为聚丙烯另一个下游主力产品注塑制品，其主要应用在小家电、日用品、玩具、汽车等行业，消费趋势有放大迹象。

基于消费不断升级以及消费领域的逐渐外延，未来五年家电、新能源汽车、高端食品及医用品包装原料前景可期。预计到2026年，两大下游产品将带动3026万吨聚丙烯消费量，较2021年增加1299万吨。截至2026年，聚丙烯消费总量4872.53万吨。

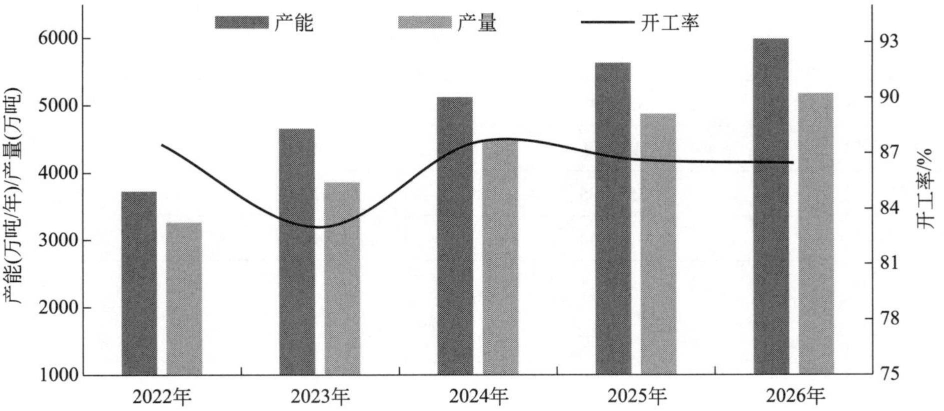

图 19.13 2022—2026 年中国聚丙烯供应趋势预测

2022—2026年中国聚丙烯下游消费预测见图19.14。

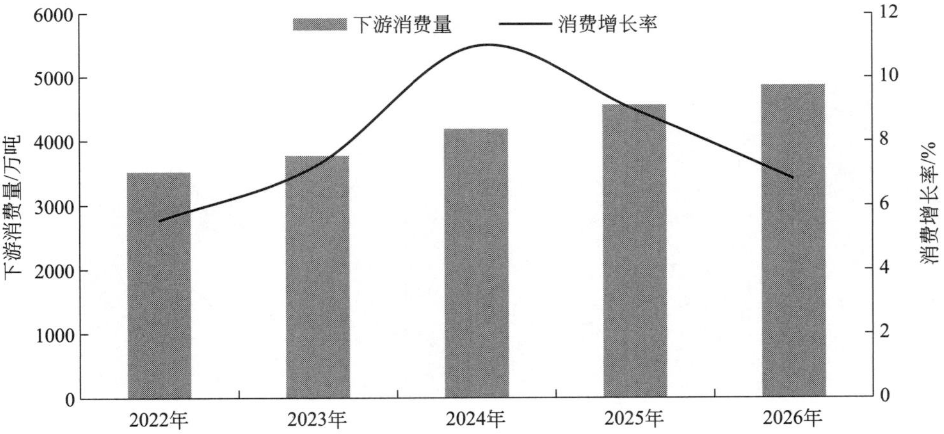

图 19.14 2022—2016 年中国聚丙烯下游消费预测

19.6.3 中国聚丙烯市场供需平衡预测

未来五年，中国聚丙烯仍有大量新增产能投放计划，其中2023年中国聚丙烯新增产能计划高达925万吨。2022—2026年中国聚丙烯产能复合增长率预估高达13.28%。碳中和背景下，未来聚丙烯开工率及扩能执行进度或将受到一定程度的影响，但因新增产能计划基数较大，供应量预期维持增长趋势。需求方面，近年来随着生产技术的不断提高，加之环保等政策影响，聚丙烯下游各行业集中度均有不同幅度的提高，需求量也呈相对稳定增长趋势。但整体来看，下游需求的增速不及供应端。2022—2026年中国聚丙烯市场供需平衡预测见表19.7。

表 19.7 2022—2026 年中国聚丙烯市场供需平衡预测

项目	2022 年	2024 年	2026 年
产能 /（万吨 / 年）	3731	5126	5999
开工率 /%	87.44	87.58	86.46
产量 / 万吨	3262.27	4489.57	5186.45
进口量 / 万吨	401.22	255.86	192.28
总供应量 / 万吨	3663.49	4745.43	5378.73
出口量 / 万吨	198.39	394.69	489.62
下游消费量 / 万吨	3517.05	4185.77	4872.53
总需求量 / 万吨	3715.44	4580.46	5362.15

第 20 章　聚苯乙烯

2021 年度关键指标一览

类别	项目	2020 年	2021 年	涨跌值	原因概述
价格	现货成交价均值 /（元 / 吨）	8428	10304	1876	苯乙烯受纯苯影响价格上涨，导致聚苯乙烯受成本及自身供需面影响价格较大上涨
供应	产能 /（万吨 / 年）	383	455	72	石化行业一体化发展战略推动聚苯乙烯产能快速增长
	产量 / 万吨	283.96	315.84	31.88	聚苯乙烯新增产能释放和传统、新兴需求的增长推动产量上升
	开工率 /%	74.14	69.42	−4.72	新增产能投产主要集中在下半年，拉低整体行业开工率
	进口量 / 万吨	132.28	116.92	−15.36	国产供应量快速增加，进口占比将进一步萎缩
需求	出口量 / 万吨	3.92	6.80	2.88	国产新增产能释放，国产供应提升以及东南亚等地疫情严重影响，出口量转增
	下游消费量 / 万吨	412.32	425.96	13.64	电子电器、日用品、包装、建筑装饰材料等需求量整体增长

20.1 中国聚苯乙烯供需平衡分析

2017—2021 年中国聚苯乙烯市场供需有增长态势。据统计，2017—2021 年中国聚苯乙烯产量年均增速在 9.6%，消费量年均增速在 9.91%。产量增长主要来自中国聚苯乙烯新增产能释放，传统、新兴需求的增长推动。2021 年中国聚苯乙烯年产能提升至 455 万吨，较 2020 年同比增长 18.80%，产量增长至 315.84 万吨，同比增长 11.23%。

进出口方面，目前国内聚苯乙烯产品供需相对平衡，有一定进口资源补充，但伴随国产供应量快速增加，进口占比将进一步萎缩。据海关统计数据显示，2021 年中国聚苯乙烯进口量降至 116.92 万吨，同比下降 11.61%。中国聚苯乙烯消费量 425.96 万吨，同比增长 3.31%，年内消费高点集中在 3—4 月份，二季度需求回落，三季度同样受到限电的不同程度影响，整体呈现前高后低特点。

2017—2021 年中国聚苯乙烯市场供需平衡见表 20.1。

表 20.1　2017—2021 年中国聚苯乙烯市场供需平衡表

项目	2017 年	2018 年	2019 年	2020 年	2021 年
产能 /（万吨 / 年）	353.6	361.0	361.0	383.0	455.0
产量 / 万吨	218.34	234.81	276.49	283.96	315.84
开工率 /%	61.75	65.04	76.59	74.14	69.42
进口量 / 万吨	68.55	106.03	125.05	132.28	116.92
出口量 / 万吨	5.79	4.09	3.80	3.92	6.80
消费量 / 万吨	283.82	336.75	397.59	412.32	425.96

20.2 中国聚苯乙烯供应现状分析

20.2.1 2021 年中国聚苯乙烯产能变化趋势分析

2017—2021 年中国聚苯乙烯产能复合增长率在 4.40%，2017—2019 年产能相对稳定，产能增长主要集中在 2020—2021 年，行业景气度提高以及石化行业一体化发展战略，是聚苯乙烯产能快速增长的主要推手。

2017—2021 年中国聚苯乙烯产能变化趋势见图 20.1。

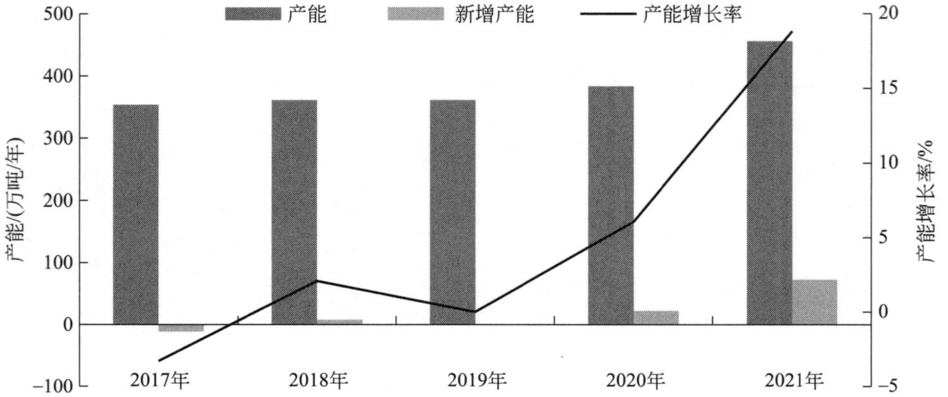

图 20.1　2017—2021 年中国聚苯乙烯产能变化趋势

2021 年中国聚苯乙烯年产能 455 万吨，较 2020 年同比增长 18.80%。2021 年新增产能 4 家，分别为山东道尔、山东玉皇、山东岚化、宁波利万，扩能 1 家（惠州仁信），2 家产能修正（绿安擎峰和惠州仁信 1 期），合计增长 72 万吨。

2020—2021 年中国聚苯乙烯生产企业新增装置统计见表 20.2。

表 20.2 2020—2021 年中国聚苯乙烯生产企业新增装置统计

企业名称	城市	企业形式	产能 /（万吨 / 年）	工艺类型	装置投产时间	上游配套
上海赛科	上海	国企	5	本体法	2020 年 12 月	苯乙烯，扩能
赛宝龙	张家港	民营	10	本体法	2020 年 7 月	无，二期
广西长科	防城港	民营	5	本体法	2020 年 7 月	苯乙烯，切线
独山子石化	克拉玛依	国企	9	本体法	2020 年 12 月	苯乙烯，二期
山东道尔	菏泽	民营	10	本体法	2021 年 9 月	聚苯乙烯
山东玉皇	菏泽	民营	20	本体法	2021 年 10 月、11 月	苯乙烯
山东岚化	日照	民营	10	本体法	2021 年 12 月	无
宁波利万	宁波	民营	20	本体法	2021 年 12 月	苯乙烯
惠州仁信	惠州	民营	18	本体法	2021 年 11 月	无，二期

伴随中国聚苯乙烯新增产能释放、传统、新兴需求的增长，2017—2021 年中国聚苯乙烯产量整体呈增长趋势，开工率则先增后降，近五年产量复合增长率在 9.67%。2018—2021 年传统需求、新兴领域需求、替代需求方面增长，行业盈利状况改善，行业开工负荷提升。不过 2020—2021 年新增产能投产主要集中在下半年，三、四季度，一定程度拉低整体行业开工率，2021 年聚苯乙烯行业平均开工率在 69.42%。

2017—2021 年中国聚苯乙烯产量变化趋势见图 20.2。

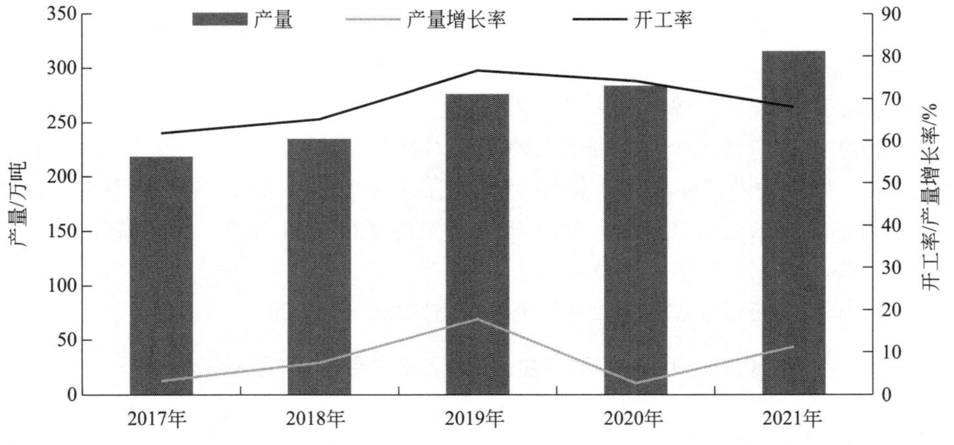

图 20.2 2017—2021 年中国聚苯乙烯产量变化趋势

20.2.2 2021 年中国聚苯乙烯分区域供应结构分析

从产能分布情况来看，中国聚苯乙烯产能分布集中，华东一直是最集中区域，也是新增产能比较集中区域，以浙江、江苏、山东为主，同时华东为聚苯乙烯主要输出区域。截至 2021 年，华东聚苯乙烯产能占比69.01%，华南、华北占比分别在17.8%和6.37%，伴随山东玉皇、山东道尔和山东岚化聚苯乙烯装置投产，打破了山东聚苯乙烯产能的空白。

20.2.3 2021年中国聚苯乙烯进口量分析

2017—2021年中国聚苯乙烯进口先扬后抑，2020年进口量突破130万吨，处在历史高位。2018年中国“禁废令”和苯乙烯反倾销影响，东南亚进口量成倍数级增长，韩国、中国台湾等地增长明显，带动聚苯乙烯进口量大幅增加，2019—2021年聚苯乙烯国产自给率逐步提升，产品结构优化升级，低端料竞争压力下降，特别是2021年国产量陡增，逐渐替代一部分聚苯乙烯进口。2017—2021年中国聚苯乙烯进口量变化趋势见图20.3。

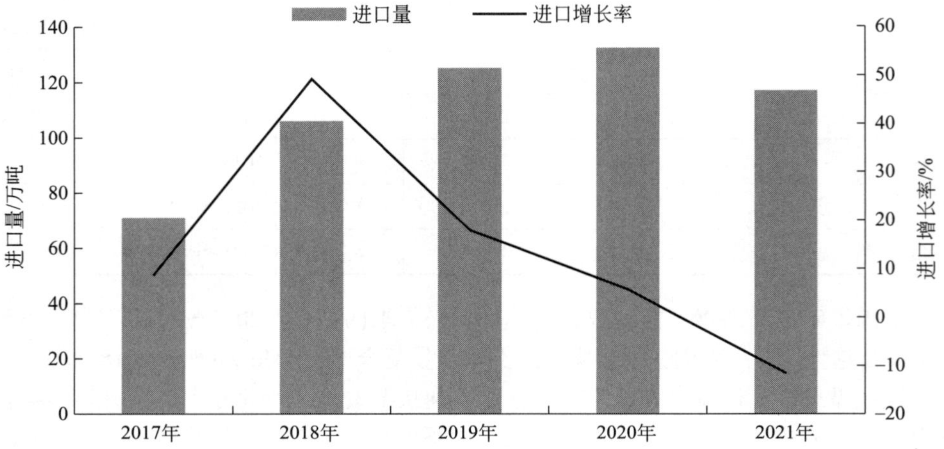

图20.3 2017—2021年中国聚苯乙烯进口量变化趋势

近五年来，国内聚苯乙烯来源结构变化不大，主要来自近洋地区的中国台湾、马来西亚、中国香港、韩国、新加坡，这五个地区进口量占全年总进口量的9.6%～20.2%之间，合计占总进口量的76.5%。

中国台湾是中国聚苯乙烯第一大进口来源地，主要来源台湾台塑、奇美、高福、台达等企业，2017—2021年进口量减少，主要因台湾奇美GPPS装置于2020年停车技改为MS。中国台湾、马来西亚、中国香港、韩国、日本进口量比较稳定，分别在25万吨、22万吨、20万吨、10万吨上下。新加坡聚苯乙烯技改后，2021年进口量锐减至2.66万吨，伊朗供应量非常不稳定，与美国制裁有关。

2017—2021年中国聚苯乙烯主要进口来源及占比统计见表20.3。

表20.3 2017—2021年中国聚苯乙烯主要进口来源及占比统计

单位：千克

来源国及地区	2017年	2018年	2019年	2020年	2021年
中国台湾	286616962	305771105	305433445	299466639	248650693
马来西亚	22717478	138826214	226087580	206042185	220759207
中国香港	96310817	135763525	160803884	177163625	201370531
韩国	91415562	114283416	116652188	131678436	134193570
新加坡	78881769	90043647	96792118	102316539	26627029

续表

来源国及地区	2017 年	2018 年	2019 年	2020 年	2021 年
日本	42744476	65253962	83925359	91779623	110236819
伊朗	0	9626885	43364679	78089095	23040993
泰国	40456117	89874687	78078777	72177907	70274607
越南	4924488	35286084	41219805	40935622	25909966
阿联酋	0	9819134	17869480	29514970	16695678
总进口量	710100000	1060300000	1250500000	1322800000	1169233000
中国台湾占比	40.36%	28.84%	24.42%	22.64%	21.28%
马来西亚占比	3.20%	13.09%	18.08%	15.58%	18.89%
中国香港占比	13.56%	12.80%	12.86%	13.39%	17.23%
韩国占比	12.87%	10.78%	9.33%	9.95%	11.48%
新加坡占比	11.11%	8.49%	7.74%	7.73%	2.28%

2021 年，中国聚苯乙烯维持进口相对集中状态，据海关进口数据统计显示，2021 年我国聚苯乙烯进口主要来源于中国台湾、马来西亚、中国香港、韩国、新加坡，进口量分别为 24.87 万吨、22.08 万吨、20.14 万吨、13.42 万吨，占比分别为 21.28%、18.89%、17.23%、11.48%。

2021 年中国聚苯乙烯主要进口情况分析见表 20.4。

表 20.4　2021 年中国聚苯乙烯主要进口情况分析

来源国及地区	进口量 / 千克	进口占比 /%	进口额 / 美元	进口均价 /（美元 / 吨）
中国台湾	248650693	21.28	391582530	1575
马来西亚	220759207	18.89	219365871	994
中国香港	201370531	17.23	309051043	1535
韩国	134193570	11.48	183729189	1369
日本	110236819	9.43	147111642	1335
泰国	70274607	6.01	85846637	1222
印度尼西亚	33298296	2.85	29864643	897
新加坡	26627029	2.28	34585858	1299
越南	25909966	2.22	27072438	1045
伊朗	23040993	1.97	25728601	1117
阿联酋	16695678	1.43	17723643	1062

20.3　中国聚苯乙烯消费现状分析

20.3.1　2021 年中国聚苯乙烯消费趋势分析

中国聚苯乙烯的下游消费集中在电子电器、日用品、包装容器、建筑装饰材料四大领域，四者约占总消费量的 90% 以上。近年伴随光学材料、家电行业国产技术的突破以及家电、挤塑板行业替代需求的增长，成为近五年来推动聚苯乙烯消费增长的最大动力，目前中国已成为全球聚苯乙烯消费增长最快的国家之一。其中，传统消费领域保持增长，因海外疫情形势严峻以及 2020 年上半年基数低，2021 年电子电器、日用品、包装、建筑装饰材料等需求量整体增长；光学材料（导光板、扩散板）、小家电等领域，高端通用级聚苯乙烯（GPPS）对聚甲基丙烯酸甲酯（PMMA）、高抗冲聚丙乙烯（HIPS）对丙烯腈 - 丁二烯 - 苯乙烯三元共聚物（ABS）替代需求稳定，但因 2021 年 4 季度 GPPS 与再生料价差大幅度收窄，GPPS 对再生料替代需求出现改观。

据统计，2021 年，中国聚苯乙烯消费量 425.96 万吨，同比增长 3.31%，增速继续放缓。2017—2021 年聚苯乙烯消费平均复合增长率在 10.7%。

2017—2021 年中国聚苯乙烯消费量变化趋势见图 20.4。

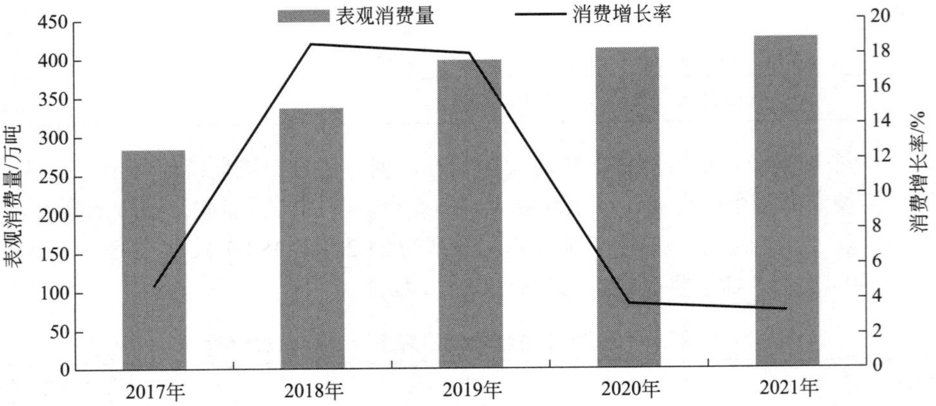

图 20.4 2017—2021 年中国聚苯乙烯消费量变化趋势

2021 年，中国聚苯乙烯消费量 425.96 万吨，同比增长 3.31%，增速继续放缓。年内消费高点集中在 3—4 月份，出口及内需订单较好，下游企业生产积极性强劲，但受货柜紧张、海运费高企、出口订单提价困难、人民币汇率高等因素影响，旺季持续时间不长，加之 5—6 月华南地区“限电”、终端工厂生产成本高因素制约，二季度需求回落，三季度同样受到“限电”的不同程度影响。四季度 GPPS 与再生料价差大幅度收窄，GPPS 对再生料替代需求出现改观。

20.3.2 2021 年中国聚苯乙烯分区域消费结构分析

2021 年聚苯乙烯中国需求结构主要由电子 / 电器、日用品、包装容器、建筑保温及装饰材料组成。其中，电子 / 电器占 50%，主要包括冰箱、空调、电视机、电脑、小家电等上面的注塑件、挤出件及其他电器元件，客户群体主要集中在大家电以及部分小家电的注塑件，行业集中度高，单个客户规模庞大。日用品占 21%，主要包括餐具、衣架、牙刷、文具、饮料杯等日用品，客户群体主要集中在一次性消费品上，行业集中度不高，客户数量庞大。包装容器占 17%，客户群体分散在食品、医疗、日用消费等领域，客户数量较多，单个客户规模小。包括食品包装、医疗品、实验室、化妆品、礼品、CD 盒、电子产品包装等方面。建筑装饰材料占 9%，包括挤塑板、灯具、广告板等材料，客户主要分建筑保温材料和装饰材料行业，其客户数量亦较庞大，行业集中度不高。

2021 年中国聚苯乙烯消费结构见图 20.5。

在中国，聚苯乙烯消费区域分布主要集中在华东、华南，其他地区占比较小。其中华东市场是聚苯乙烯最集中的消费区域，占比 63%，华南占比 25%，两个区域份额合计 88%。2021 年，伴随山东玉皇、道尔、岚化、宁波利万、惠州仁信装置投产，华东和华南地区聚苯乙烯消费占比进一步加强。

2021 年中国聚苯乙烯区域消费分析见图 20.6。

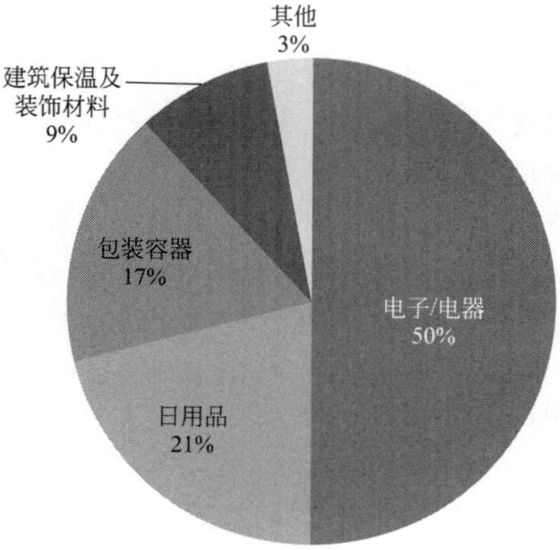

图 20.5 2021 年中国聚苯乙烯消费结构

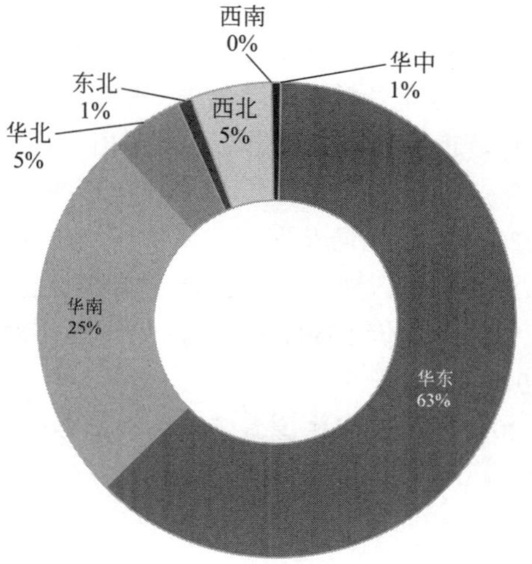

图 20.6 2021 年中国聚苯乙烯区域消费分析

20.3.3 2021 年中国聚苯乙烯出口量及结构分析

2017—2021 年中国聚苯乙烯出口量呈先降后升趋势，2020 年出口量为近 8 年最低。2018—2020 年国内聚苯乙烯供需格局好转，低端产品供应过剩情况改善，出口逐年减少；但 2021 年国产新增产能释放，受国产供应提升以及东南亚等地疫情严重影响，出口量转增，不过整体基数仍然较小。

2017—2021 年中国聚苯乙烯出口量变化趋势见图 20.7。

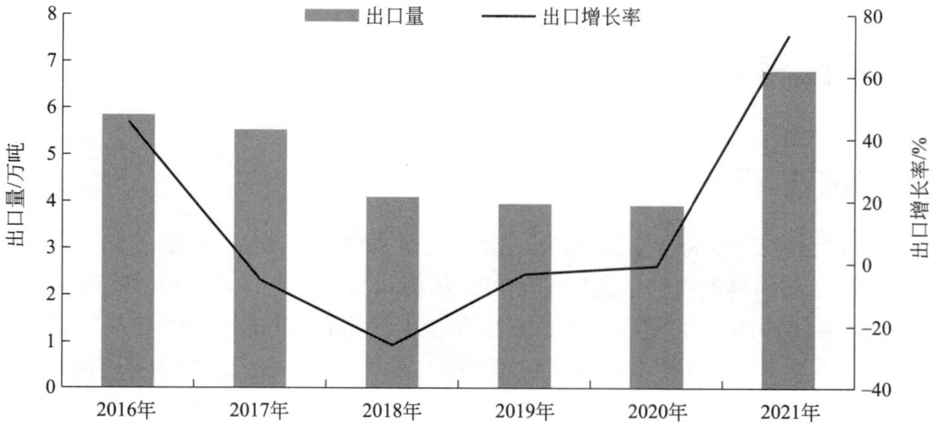

图 20.7 2017—2021 年中国聚苯乙烯出口量变化趋势

20.4 中国聚苯乙烯价格走势分析

近五年来，中国聚苯乙烯市场跌宕起伏。市场供需、成本是推动价格波动的主要影响因素，2017—2018年上半年，上游成本推动以及行业供需面的改善，聚苯乙烯市场震荡攀升至高位；2018年四季度至2019年，受全球经济增速放缓，中美贸易摩擦导致出口需求受影响，国内高产量导致供应压力攀升，以及成本面持续走低影响，聚苯乙烯价格震荡下跌，2019年价格由10800元/吨震荡下跌至9000元/吨；2020年市场先抑后扬，4月市场恐慌下跌至6700元/吨，之后伴随中国市场率先复苏，以及“口罩”热、“一盔一带”、线上直播带货、“618”电商节等热点轮番炒作，市场从底部反弹；下半年出口订单旺盛，以及替代需求支撑，四季度一度反弹至10950元/吨，但11月中旬开始下跌，全年运行区间在6700～10950元/吨。

2021年苯乙烯及聚苯乙烯价格均出现上涨，其中纯苯处于紧平衡状态，价格易涨难跌，苯乙烯成本驱动跟随，聚苯乙烯受成本及自身供需面影响，波动空间不及原料。据统计，2021年聚苯乙烯年均价10304元/吨，处于三年最高水平；聚苯乙烯行业年均利润在808元/吨，仅次于2019年。

2017—2021年中国聚苯乙烯现货市场价格走势见图20.8。

图20.8 2017—2021年中国聚苯乙烯现货市场价格走势

20.5 中国聚苯乙烯利润走势分析

20.5.1 GPPS行业成本及利润分析

2017—2021年中国PS利润整体呈增长趋势，2017—2020年增长幅度较大，且不断刷新纪录，2021年GPPS利润再次收缩。2017年GPPS年均利润388元/吨、2018年利润489元/吨、2019年911元/吨、2020年1745元/吨、2021年791元/吨。2015—2017年在国家供给侧结构性改革背景下，落后产能逐渐出清，行业利润筑底；2017—2018年成本推动、供需面改善，利润底部回升；2019—2020年供需结构明显好转，以及受低成本影响，行业利润飙升；2021年聚苯乙烯受成本宽幅波动以及新产能投放，供应增量明显影响，行业利润再次收缩。

2017—2021年中国GPPS市场成本及利润变化趋势见图20.9。

图 20.9 2017—2021 年中国 GPPS 市场成本及利润变化趋势

20.5.2 HIPS 行业成本及利润分析

2017—2021 年中国聚苯乙烯利润整体呈增长趋势，2017—2020 年增长幅度较大，2021 年 HIPS 利润小幅收缩，仍在 2021 年高位。2017 年 HIPS 年均利润 618 元 / 吨、2018 年 693 元 / 吨、2019 年 1074 元 / 吨、2020 年 2684 元 / 吨、2021 年 2257 元 / 吨。

2015—2021 年中国 HIPS 市场成本及利润变化趋势见图 20.10。

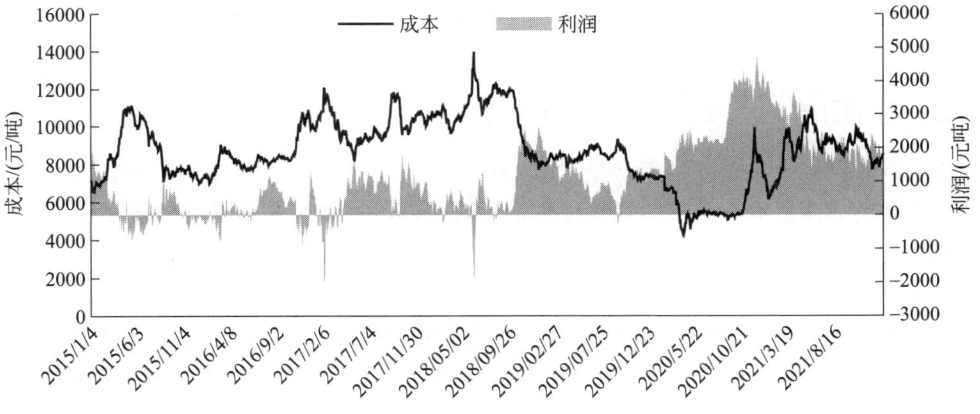

图 20.10 2015—2021 年中国 HIPS 市场成本及利润变化趋势

20.6 2022—2026 年中国聚苯乙烯发展预期

20.6.1 聚苯乙烯拟在建 / 退出项目统计

未来五年聚苯乙烯行业拟在建产能将达到 386 万吨，新增产能主要集中在华东、华南地区。2022—2023 年新增产能集中投放后，聚苯乙烯市场格局将发生重大变化，包括进口萎缩，出口增加，以及货源流向也将发生重大改变，聚苯乙烯跟苯乙烯一体化发展趋势进一步凸显。

20.6.2 中国聚苯乙烯供应趋势预测

伴随聚苯乙烯新增产能陆续释放，2022—2026 年国内聚苯乙烯产能产量同步大幅增长，较之 2017—2021 年产能复合增速 6.6%，产量复合增速 9.8%。产能产量预测增长出现偏差的主要原因有三点：一方面受装置投产时间分布所致，装置利用率并非全年；另一方面聚苯乙烯在 2022 年之后将逐步过剩，行业竞争激烈；甚至不排除后续亏本运营，可能出现降负运行状况。预计 2026 年产能达到 841 万吨，产量 510 万吨。

2022—2026 年中国聚苯乙烯供应预测见图 20.11。

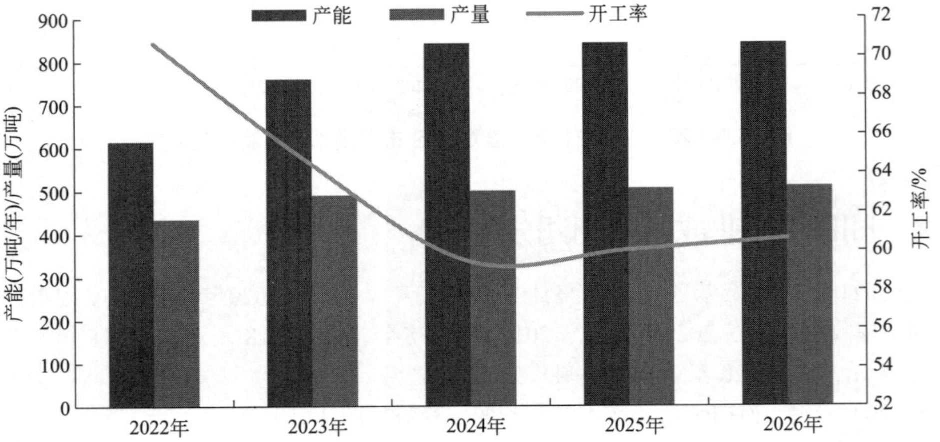

图 20.11 2022—2026 年中国聚苯乙烯供应预测

20.6.3 中国聚苯乙烯消费趋势预测

2022—2026 年中国聚苯乙烯消费量仍有增长空间，但远不及供应增速，并且增长边际压力逐渐显现，更趋于存量博弈，整体或呈现先增后降趋势。主要受传统消费领域增速趋缓，房地产销售增速快速下滑、线上消费增长的边际效应、居民收入增长缓慢等方面影响。据中国家用电器协会预计，中国家电行业内销市场短期难以回暖，中长期仍将呈现徘徊震荡。虽然房地产政策开始松绑，但在“房住不炒”的背景下很难期待较大刺激。小家电行业因基数增加，其高景气度持续性或将受影响；家电产品出口市场的增长压力持续增加，结构性分化局面将呈现，但绝对的产业比较优势对出口基本面依然形成支撑，全球化布局仍将持续加快。

传统领域，如家电行业，2020—2021 年生产、运输等成本压力大幅上升，若成本压力得不到缓解，内销无法明显改善，中长期家电企业产量持续增长压力亦将更加明显，中小下游工厂生存亦面临困境。新兴行业，如小家电行业因基数增加，其高景气度持续性或将受影响；光学材料行业增速趋缓，未来主要在存量博弈阶段。挤塑板行业，GPPS 对再生料进一步替代比例收窄，由于原生料跟再生料价差的弹性空间以及房地产投资增速快速放缓，未来增长持续性将受影响。

未来五年中国聚苯乙烯消费量仍有增长空间，整体或呈现先增后降趋势，与 2021 年相比预计复合增长率 1.99%，电子电器、建筑装饰材料行业增长性或跑赢日用品、包装容器等领域，用于电子电器的聚苯乙烯有一定国产化趋势，比如镇江奇美、赛宝龙、惠州仁信聚苯乙烯产能进一步增长，以抵消用于电子电器的进口量；建筑装饰材料对聚苯乙烯材料应用要求不高，目前新扩能聚苯乙烯装置均可满足其用料需求，对东南亚的进口聚苯乙烯替代效果或逐渐明显。

2022—2026 年中国聚苯乙烯消费量变化趋势预测见图 20.12。

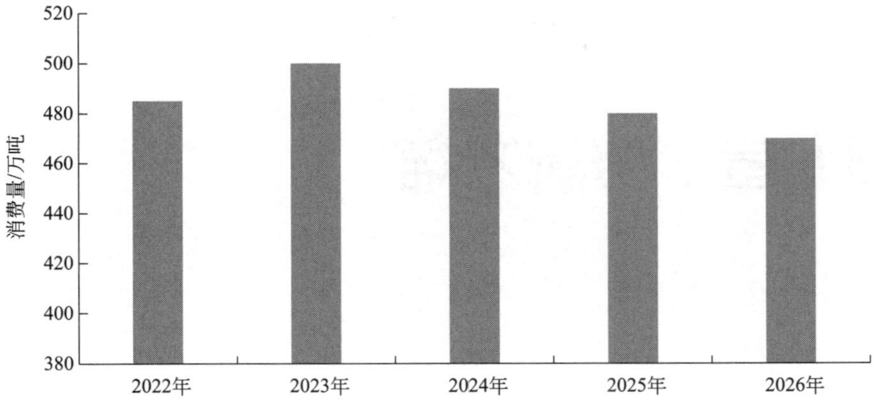

图 20.12　2022—2026 年中国聚苯乙烯消费量变化趋势预测

20.6.4　中国聚苯乙烯市场供需平衡预测

未来 5 年，伴随苯乙烯配套聚苯乙烯装置越来越多，苯乙烯 - 聚苯乙烯产业链一体化趋势愈加明显，供应端将呈现大幅增长之势。预计未来五年聚苯乙烯产能年平均增速在 13.07%，产量年平均增速在 10.06%，下游消费增速在 1.99%，供应增速明显高于消费增速，届时行业将进入供过于求周期，进口大幅缩量，出口成为企业谋求未来发展的重要方向。

2022—2026 年中国聚苯乙烯市场供需平衡预测见表 20.5。

表 20.5　2022—2026 年中国聚苯乙烯市场供需平衡预测

项目	2022 年	2024 年	2026 年
产能 /（万吨 / 年）	615	841	841
开工率 /%	70.73	59.45	60.64
产量 / 万吨	435	500	510
进口量 / 万吨	70	40	30
总供应量 / 万吨	505	540	540
出口量 / 万吨	20	50	70
总需求量 / 万吨	485	490	470

第 21 章 聚氯乙烯

2021 年度关键指标一览

类别	项目	2020 年	2021 年	涨跌值	原因概述
价格	现货成交价均值 /（元 / 吨）	6660	9229	2569	电石价格大幅上涨，成本推高 PVC 价格
供应	产能 /（万吨 / 年）	2537	2587	48	企业检修规模回归正常周期，价格大幅上涨，部分企业利润较好，产能利用率大幅增加
	产量 / 万吨	2073.6	2214.84	141.24	
	开工率 /%	74.38	78.19	3.81	
	进口量 / 万吨	95.09	39.88	-55.21	全球市场供应紧张，价格大涨，进口量锐减
需求	出口量 / 万吨	62.78	175.43	112.65	全球供应紧张，需求偏好，出口大幅增加
	下游消费量 / 万吨	2105.91	2079.29	-26.62	房地产及新冠肺炎疫情等影响国内市场增长速度放缓

21.1 中国聚氯乙烯供需平衡分析

2017—2021 年国内聚氯乙烯（PVC）产量与需求量保持平稳增长，2021 年国内 PVC 总产量达 2214.84 万吨，进口总量在 39.88 万吨，总供应量达 2254.72 万吨；出口总量在 175.43 万吨，表观需求量在 2079.29 万吨。出口大幅增加的主要原因是受美国寒潮、飓风以及欧洲等国家不可抗力因素影响，国外供应紧张，需求较好。表观消费量较上年有所下降，其主要原因是 PVC 价格持续上涨，下游企业成本压力较大，同时受能耗双控、限电等因素制约开工，导致需求下降。

2017—2021 年中国聚氯乙烯市场供需平衡见表 21.1。

表 21.1 2017—2021 年中国聚氯乙烯市场供需平衡表

项目	2017 年	2018 年	2019 年	2020 年	2021 年
产能 /（万吨 / 年）	2220	2451	2508	2537	2587
产量 / 万吨	1790.2	1833.6	1984.54	2073.6	2214.84
进口量 / 万吨	77.16	73.78	66.49	95.09	39.88
出口量 / 万吨	95.67	59.2	50.67	62.78	175.43
表观消费量 / 万吨	1771.69	1848.18	2000.36	2105.91	2079.29
开工率 /%	73.64	68.32	72.26	74.38	78.19

21.2 中国聚氯乙烯供应现状分析

21.2.1 2021 年中国聚氯乙烯国产供应量分析

我国聚氯乙烯经历了淘汰落后产能、供给侧改革及行业自我的优胜劣汰调整与洗牌，产能增速放缓，盲目新增产能得到有效的遏制。2017 年聚氯乙烯产能在 2220 万吨。随着聚氯乙烯市场好转，行业整体利润情况较好，产能再度开始增加，2018 年产能增加较大，增长率达 10.41%，多集中在氯碱一体化企业。随着全球及中国大炼油大炼厂扩增趋势，乙烯法聚氯乙烯产能在 2020 年增加较多，如青岛海湾、烟台万华等。2021 年新增产能有限，甘肃新融化工上半年新增 8 万吨电石法产能，6 月份浙江嘉化能源投产 30 万吨 / 年乙烯法装置。沧州聚隆化工在四季度有 40 万吨 / 年的乙烯法新增计划，但投产时间有所延迟。据统计，2021 年聚氯乙烯产能为 2587 万吨，较 2020 年增长 1.89%。

贸易流向方面，聚氯乙烯的下游主要包括管材、型材、板片材、电缆料及铺地制品等方面，根据下游的分布情况，聚氯乙烯国内贸易流向主要是山东、河北、江苏、浙江、广东等省份。聚氯乙烯出口贸易流向主要集中在印度、中亚以及东南亚地区。“十四五”时期，铁路货运量占比提高 0.5 个百分点，水路货运量年均增速超过 2%。未来运输方式汽运将占比减少，铁路、铁海联运规模将保持增加。

2017—2021 年中国聚氯乙烯产能变化趋势见图 21.1。

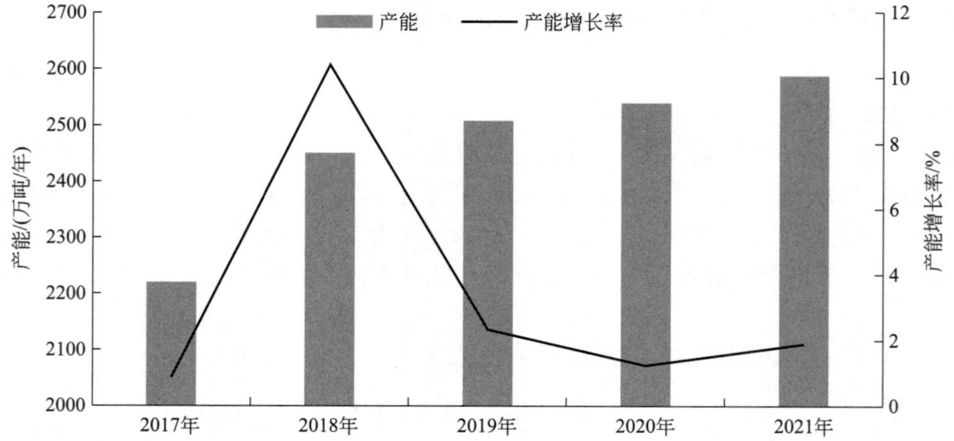

图 21.1 2017—2021 年中国聚氯乙烯产能变化趋势

2017 年经过淘汰落后产能，聚氯乙烯装置开工率得到有效的提升。国家供给侧改革大力实施，聚氯乙烯企业新增投产、扩能较前期有所减少，2018 年企业开工率有所下降，主要受环保、安检严格影响。2019 年，聚氯乙烯行业整体开工情况较好，开工率较 2018 年有所提升。

2020 年国内聚氯乙烯行业虽然受到新冠肺炎疫情影响，但是全年开工率仍保持上涨趋势，国内政策量化宽松，疫情后积极复工复产，在二三季度，多数行业存在赶工期现象，加上 2020 年是脱贫攻坚年，各种基建设施对聚氯乙烯需求较大，从而提升了聚氯乙烯的整体开工率。

2021 年受就地过年、美国寒潮等影响上半年整体需求较好，聚氯乙烯企业利润较好，在高利润的刺激下，企业开工情况较好，但是 2021 年为了碳达峰、碳中和的目标，能耗双控政策逐渐落地，作为聚氯乙烯的原料电石，因为属于高耗能行业，内蒙古等地政策要求，对新上焦炭、电石、铁合金项目等实行能耗量等量或减量置换，不能突破现有能耗上限。同时加强宏观调控，严格落实国家有关电价政策，采取限电和电价上调等措施，致使电石市场货紧价高，外采聚氯乙烯企业电石到货有限，并且成本压力大，导致开工率较低，从而拉低了聚氯乙烯行业的整体开工水平。据统计的数据显示，2021 年全国聚氯乙烯产量在 2214.84 万吨，开工率在 78.19%。

2017—2021 年中国聚氯乙烯产量及开工率变化趋势见图 21.2。

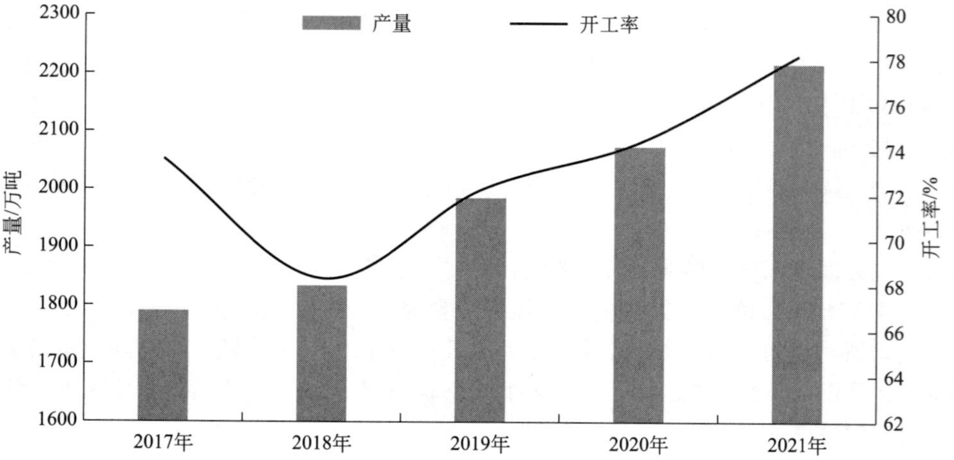

图 21.2 2017—2021 年中国聚氯乙烯产量及开工率变化趋势

21.2.2 2021 年中国聚氯乙烯区域供应结构分析

中国聚氯乙烯的主产区主要集中在西北、华北、华东、华中地区，近 5 年来虽然占比略有变动，但是聚氯乙烯仍集中在资源丰富，交通便利的以上几个地区。但是近几年的新增或扩产产能主要在西北、华北、华东地区。其主要原因是我国是一个多煤少油的国家，并且煤炭主要分布在西北地区，西北依托丰富的煤炭、电石资源，而且企业多为一体化配套设施，所以西北地区聚氯乙烯产能占比较大。华北和华东地区近几年新增产能主要为乙烯法产能，原因是其沿海，交通便利，原料进口及运输便利。

从 2021 年中国 PVC 产能区域分布来看，西北地区的产能在 1348 万吨 / 年，占比在 52.11%；华北地区的产能在 644 万吨 / 年，占比在 24.89%；华东地区的产能在 256 万吨 / 年，占比在 9.90%；华中地区的产能在 162 万吨 / 年，占比在 6.26%。

2017—2021 年中国聚氯乙烯区域供应情况见图 21.3。

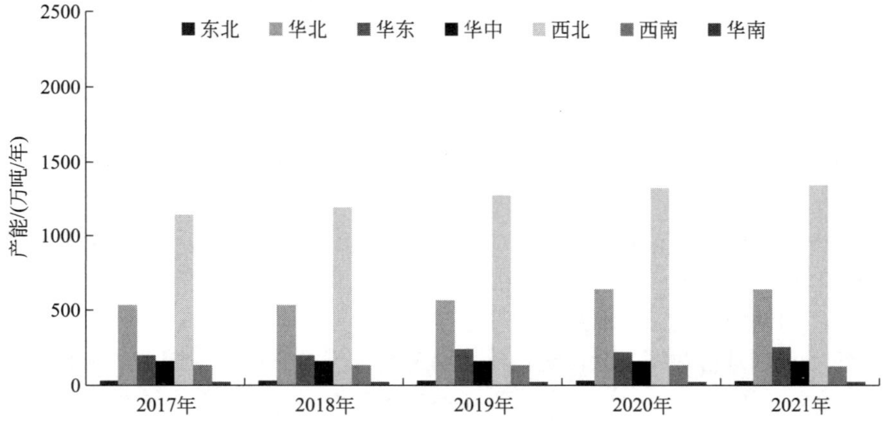

图 21.3 2017—2021 年中国聚氯乙烯区域供应情况

21.2.3 2021 年中国聚氯乙烯进口量分析

2021 年，中国聚氯乙烯进口量在 39.88 万吨，同比 2020 年减少 58.06%；我国聚氯乙烯产能占据全世界总产能的 70%，产量完全满足国内需求，进口依存度相对偏低。而自 2019 年 9 月 29 日起，对原产于美国、韩国、日本和中国台湾的进口聚氯乙烯不再征收反倾销税，进口产品的差异性及产品丰富性，反倾销税的取消将一定程度上给予国外优势、品种丰富的产品以更加优势价格进入中国市场。但 2021 年国外装置停产较多，加之海运涨价，2021 年的进口量基本创新低。国内华东地区乙烯法企业的价格也明显低于国外价格，因此基本没有进口的必要性，后期来看，除了 2020 年因疫情以及国际原油低成本带动，国外聚氯乙烯低价货源进入中国外，其他年份基本没有进口突增的情况，2021 年全球聚氯乙烯供应紧张，往年的进口来源排名第一的美国，今年因为各种不可抗力因素影响，出口量锐减，其他国家货源较中国国内货源也没有价格优势，所以 2021 年进口量维持较低的水平。

2017—2021 年中国聚氯乙烯进口量变化趋势见图 21.4。

2017—2021 年，中国聚氯乙烯进口来源地来看，排名前三位的分别是美国、中国台湾和日本。美国货源由于价格最为优惠，尽管运费最高，但其生产成本低廉仍是市场最为有利的竞争，其次是中国台湾，优势在于其价格灵活且与中国大陆较近；日本货源的最大竞争优势在于品质好，部分高端制品对其需求较大。

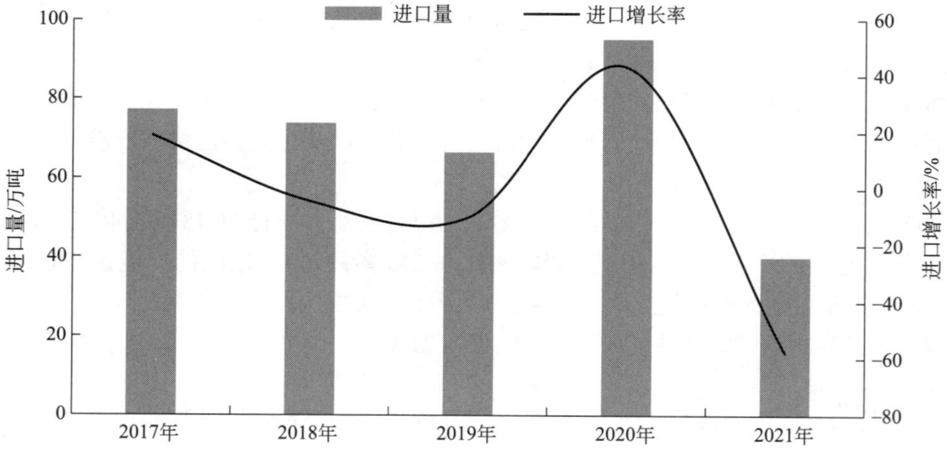

图 21.4 2017—2021 年中国聚氯乙烯进口量变化趋势

2017—2019 年美国进口货源占比在 40% 以上，中国台湾的货源占比在 30% 左右，其次是日本占比在 15% 左右。2020 年全球受新冠肺炎疫情影响，但中国最早控制住疫情，开始复工复产，而国外受疫情影响，下游开工受到影响，对聚氯乙烯需求有限，所以部分低廉货源流入中国市场，抢占市场，使得排名前三的进口来源地占比下降，2020 年美国货源占比在 27%，中国台湾货源占比在 22%，日本货源占比降至 12%。

从 2021 年 1—12 月份数据来看，进口排名前三的依然是美国、中国台湾和日本，但是美国当年突发因素较多，像寒潮、洪水、飓风等，导致 PVC 供应有限，进口量在 3.17 万吨，占比滑落至 8%；中国台湾上升至第一，进口量达 20.27 万吨，占比达 51%；日本货源进口量达 9.38 万吨，占比达 24%。

2017—2021 年中国聚氯乙烯进口地占比趋势见图 21.5。

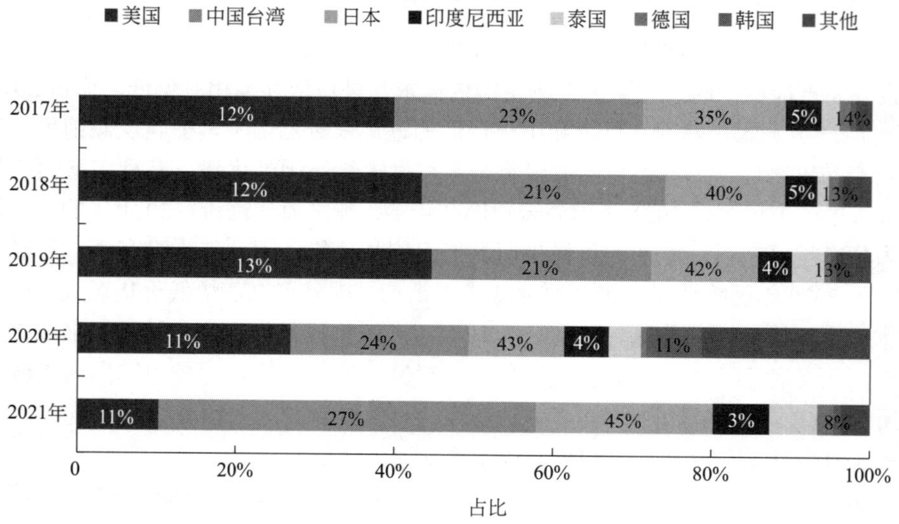

图 21.5 2017—2021 年中国聚氯乙烯进口地占比趋势

21.3 中国聚氯乙烯消费现状分析

21.3.1 2021 年中国聚氯乙烯消费趋势分析

2017—2021 年，中国 PVC 表观消费量总体呈增长趋势，2020 年，中国 PVC 表观消费量为 2105.91 万吨，同比增长 5.28%。2021 年中国 PVC 表观消费量达 2079.29 万吨，同比下降 1.26%。

近年来，聚氯乙烯行业消费量平稳增长，在国内聚氯乙烯产能及进口量不出现大幅增加的条件下，表观消费量呈现的数据增长更多的是供需关系改善后的刚性需求放大带来的结果。2021 年随着国家政策的持续深化，全国商品房销售面积增速将继续下滑，也间接造成了 PVC 行业需求增速下滑。2021 年国内供需情况转差，但全球供应紧张，中国 PVC 出口需求大幅增加，带动中国 PVC 需求在 2021 年呈现正增长。

2017—2021 年中国聚氯乙烯消费变化趋势见图 21.6。

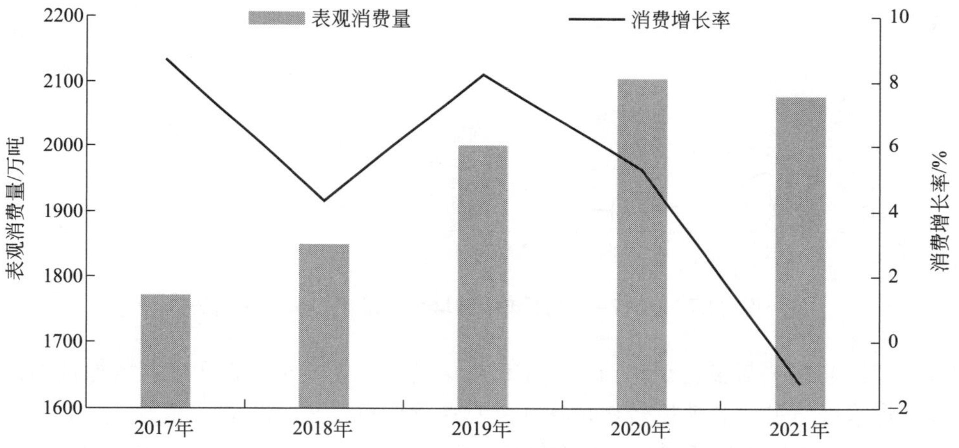

图 21.6 2017—2021 年中国聚氯乙烯消费变化趋势

21.3.2 2021 年中国聚氯乙烯分区域消费结构分析

在中国，PVC 是仅次于聚乙烯的第二大合成树脂，应用十分广泛。传统来说，PVC 消费可分为两大部分：一类是以电线电缆、各种用途的膜 (根据厚度不同可分为压延膜、防水卷材、可折叠门等)、铺地材料、织物涂层、人造革、各类软管、手套、玩具、塑料鞋以及一些专用涂料和密封剂等产品为主的软制品。第二类是以门窗、各种型材和管材、硬片、瓶等产品为代表的硬制品。

近几年，中国 PVC 消费构成变化较大，硬制品比例不断提高，现在中国硬制品比例为 55% 以上，这和全球 PVC 硬制品 64% 的消费比例愈加接近。同时，随着国家建筑业的发展，家装类需求持续稳定的增加，管材管件、型材、家装片材异型材等硬制品消费比例不断提高；软制品则由于加工过程中要添加增塑剂，卫生环保要求愈加严格，各个应用领域面临着其他替代品的竞争，如薄膜领域的 PE，人造革领域的 TPU，电线电缆领域的 PPS 等，预计未来 PVC 软制品消费比例将逐步减少。

21.3.3 2021年中国聚氯乙烯出口量及结构分析

2021年上半年聚氯乙烯纯粉出口量大增，排除掉2020年疫情因素，2021年的出口量也是明显高于2018年、2019年。2021年1—12月份，中国PVC粉出口量在175.43万吨，同比2020年增加幅度达179.44%，其主要就是受到外贸价格的高利润吸引，部分企业积极的拓展外销渠道，也有缩减内销量的措施。国内企业外贸报盘从年初的1000美元涨到最高位的2100美元，出口高价下，市场上出口方面业务增加。

2017—2021年中国聚氯乙烯出口量变化趋势见图21.7。

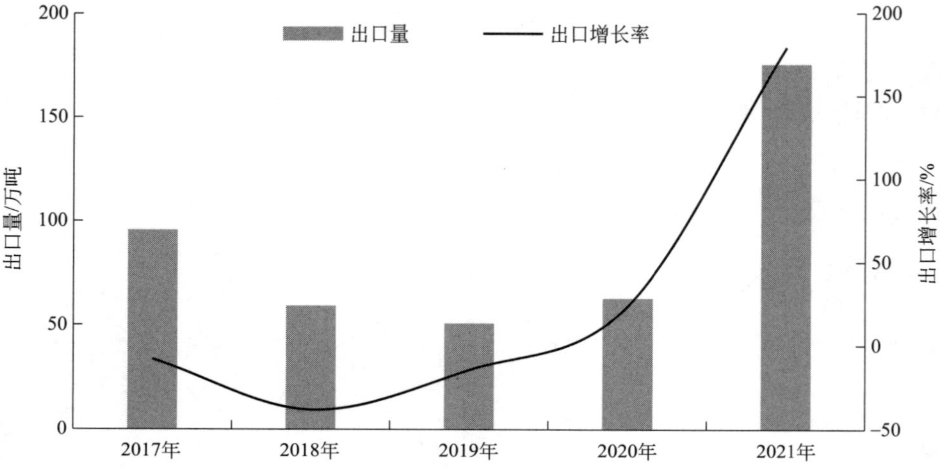

图21.7 2017—2021年中国聚氯乙烯出口量变化趋势

2017—2021年国内聚氯乙烯出口按照出口地区统计，主要集中在印度、孟加拉国、马来西亚等国家。印度经济的增长速度较快，特别是农业管道材料需求旺盛，其国内产能不足，需要大量进口弥补，而中国聚氯乙烯价格相对低廉，近年来成为其最大的聚氯乙烯原料来源地之一；东南亚地区相关国家经济基数较低，人口红利增加，基础设施建设的需求逐步增加，该地区聚氯乙烯产能相对有限，聚氯乙烯原料主要依靠进口，中国拥有距离及价格优势。

2017—2021年我国聚氯乙烯出口占比最大的地区是印度、乌兹别克斯坦以及马来西亚，主要为发展中国家。其主要原因是电石法工艺为我国独有聚氯乙烯工艺，且产能占主导地位，品质相较于乙烯法来说相对较差，所以出口价格较为低廉，被众多发展中国家所青睐。2017—2019年出口印度地区的占比在13%～23%，出口至乌兹别克斯坦的聚氯乙烯量占比达7%～15%，出口至马来西亚的聚氯乙烯量占比达9%～11%。2020年受新冠肺炎疫情影响，印度地区需求减弱，占比仅达7%；而出口至乌兹别克斯坦的占比增加，达11%；出口至马来西亚的占比达8%；出口至孟加拉国的聚氯乙烯量有所增加，占比达9%。

2021年1—12月份出口数据显示，排名前三的地区是印度、越南和孟加拉国，出口量分别在30.41万吨、21.97万吨和16.01万吨，占比达17%、13%和9%。2021年中国最大的竞争者美国因不可抗力因素较大，出口量有限，导致中国出口量增加。

2017—2021年中国聚氯乙烯出口地占比趋势见图21.8。

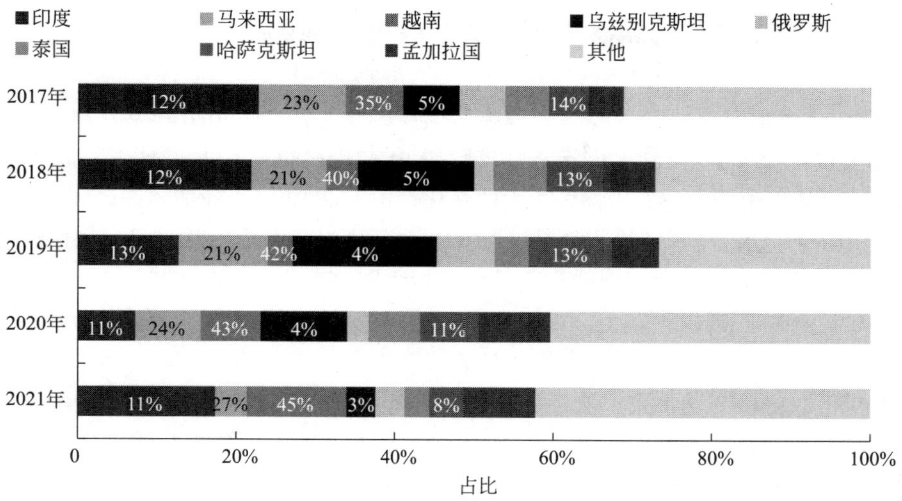

图 21.8 2017—2021 年中国聚氯乙烯出口地占比趋势

21.4 中国聚氯乙烯价格走势分析

2017—2021 年国内 PVC 行情从低位反弹，在 2020 年之前基本维持震荡格局，2020 年大跌 4 月触底后反弹，至 2021 年 10 月中旬达到最高点。

2017—2019 年 PVC 行情区间震荡，最低位在 5550 元 / 吨，最高位在 7770 元 / 吨，整体走势受到供需的影响。低点出现在 2017 年 4 月份，PVC 在前期库存充足、货源供应量稳定背景下，供需矛盾呈现激化态势，实单成交价格下滑。企业因亏损而降负后，市场价格逐步回归，截止到 2019 年 PVC 行情未见大的变动。

2020 年春节突发新冠肺炎疫情导致国内处于封城状态，PVC 价格短期断崖式下跌，2020 年 4 月份跌至新低逼近 5000 元 / 吨。随后疫情后期的经济复苏政策等带动市场需求，PVC 价格一路上行。2021 年全球 PVC 供应紧张，欧美集中检修叠加美国寒潮、飓风影响，中国市场迎来能耗双控、双碳限电政策，成本大幅增加，开工受限，在全球供应紧张的支撑下 PVC 价格在 2021 年 10 月中旬达到近 14300 元 / 吨的历史高价。

2021 年 10 月中旬开始，PVC 市场出现大幅下跌，对煤炭的价格限制成为导火索，期现货参与者均心态偏空，至 11 月底倒挂与降价成为主旋律。11 月后市场进入偏弱整理阶段，出口减弱与国内需求不佳共存，即使有成本支撑也难对现货形成有效带动，阴跌状态至年底。

2017—2021 年中国聚氯乙烯现货市场价格走势分析见图 21.9。

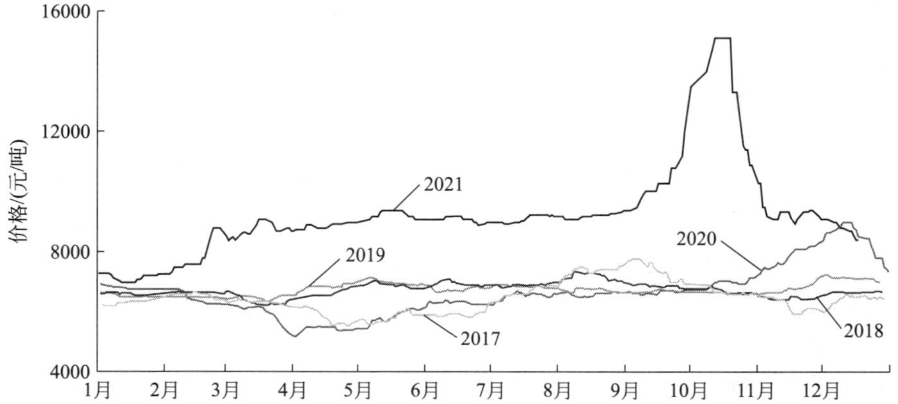

图 21.9 2017—2021 年中国聚氯乙烯现货市场价格走势分析

21.5 中国聚氯乙烯利润走势分析

电石法 PVC 成本变化原因主要是受到电石供应影响。2017—2020 年 9 月电石法 PVC 企业成本维持在 5200 ～ 6000 元 / 吨之间运行，该阶段 PVC 价格也未有大幅波动，即使有阶段性环保政策与限电措施也未能使电石价格发生大的变化，电石法 PVC 企业成本在区间运行。

2020 年 10 月开始，电石价格大涨带动 PVC 成本开始上涨，特别是进入 2021 年后，在考核用电量的大背景下，电石作为高耗能产业受到了极大限制，电石供应减少。3 月份国内 PVC 企业开工率高位，对电石需求量较大，但是 3 月份能耗管控力度加强，河南、山西、山东地区相继出现了受原料电石供应不足影响导致 PVC 装置开工负荷降低的情况。4—6 月 PVC 企业开工率下降，原料电石价格变动不大。从 7 月份开始 PVC 企业开工积极，电石需求增加，电石价格快速上升，PVC 电石法成本再次上涨，至 10 月份突破万元大关后继续上行。电石在能耗双控跟限电的影响下，供应仍处于紧平衡状态，至 10 月中旬，局部地区企业电石送到价至 8000 元 / 吨以上，北方一带外采电石企业成本飙升，个别企业成本高达 15000 元 / 吨以上。11 月下旬开始，PVC 价格因下跌明显导致企业亏损严重，倒逼电石价格回落，电石法 PVC 成本迅速回落，至 11 月中旬，外采电石 PVC 企业成本跌至 8500 元 / 吨附近。随后因 PVC 企业利润修复后部分开工负荷提升，电石价格小涨，故成本出现些许修复反弹。至 12 月 31 日，外采电石 PVC 企业成本仍然较高，加上氯化氢成本，局部地区电石法 PVC 成本仍在 9000 元 / 吨以上。2021 年外采电石聚氯乙烯企业生产成本见图 21.10。

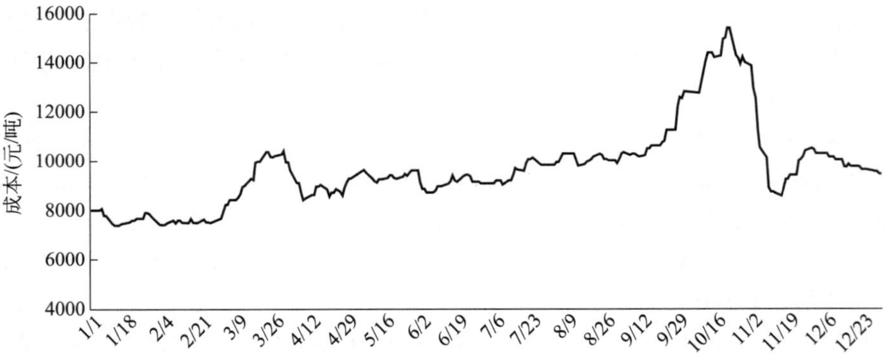

图 21.10 2021 年外采电石聚氯乙烯企业生产成本

乙烯法 PVC 成本变化受到乙烯和氯乙烯价格影响。2017—2020 年 2 月份乙烯法 PVC 企业成本未见明显变动，维持在 5800 ～ 7000 元 / 吨震荡。2020 年 3—4 月在原油价格大跌影响下，乙烯、氯乙烯价格回落，乙烯法 PVC 企业成本最低逼近 4000 元 / 吨，达到近 3 年最低水平。从 2020 年 5 月开始，乙烯、氯乙烯价格受到原油带动逐步上涨，2020 年 11 月底乙烯法 PVC 成本攀至 8000 元 / 吨以上后持续高位，最高成本出现在 2021 年 10 月中下旬，至 14000 万元 / 吨。

从 2020 年 10 月起部分 PVC 企业开始外买氯乙烯，导致氯乙烯的需求量增加，氯乙烯价格居高不下。而亚洲地区氯乙烯装置集中在每年 1—3 月份，所以原料一直处于高位，乙烯法成本压力较大。随着 2021 年 4 月底氯乙烯供应增加，价格开始回落。乙烯法高成本压力得到小幅缓解。在 2021 年上半年，国内外采氯乙烯乙烯法 PVC 成本在 8180 ～ 10300 元 / 吨，远远高于 2020 年同期水平。

2021 年下半年乙烯法 PVC 成本盘整过后在 9 月开始暴涨，10 月份升至新高 14000 元 / 吨。

10 月中下旬开始随着 PVC 价格的回落，原料 VCM 也开始下跌，乙烯法 PVC 成本开始下降，在 11 月上旬跌破万元关口后继续回落，至 12 月 31 日回归至 8805 元 / 吨。2021 年乙烯法聚氯乙烯企业生产成本见图 21.11。

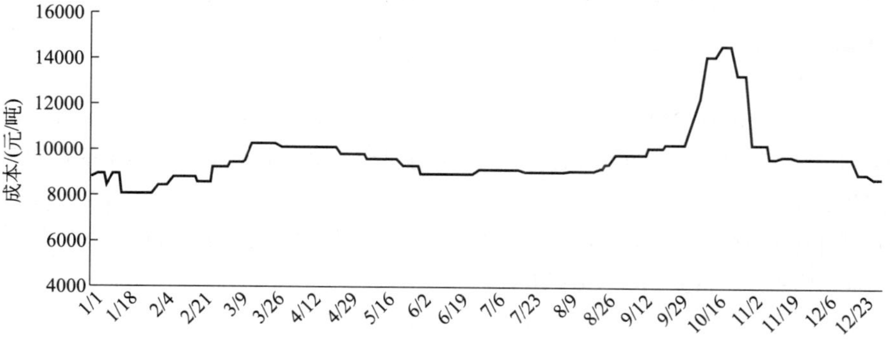

图 21.11　2021 年乙烯法聚氯乙烯企业生产成本

2021 年上半年国内电石法企业利润相对一般，国内 PVC 价格受就地过年、美国寒潮等因素影响，供应紧张，推高 PVC 价格，带来了相应利润，但因 2021 年液氯价格飙至 2000 元 / 吨附近，由于液氯价格上涨使得聚氯乙烯的利润被压缩。

2021 年 1 月初由于河北地区疫情影响，PVC 价格走低，但是电石受能耗双控影响，电石价格高位，导致 1 月份电石法利润不佳，进入 2 月份随着 PVC 价格的一路上行，PVC 企业利润最高点在 1500 元 / 吨附近。随着内蒙古等地能耗双控加剧，电石价高且货紧，导致外采电石法 PVC 企业利润大幅下降，在 3 月中下旬，外采 PVC 企业处于亏损状态，加上液氯成本后最大亏损在 1500 元 / 吨。当时外采电石法企业因此降负，部分企业停车，随后电石开始降价，PVC 企业利润很快开始修复，转变为与电石双赢局面。

2021 年下半年国内电石法企业整体利润不佳，在 7—8 月以及 10 月、12 月出现明显负值。主要因为电石价格飙升而 PVC 售价不高导致。7—8 月 PVC 与电石价差缩窄，加之液氯价格小涨导致 PVC 整体利润小亏。10 月份国内 PVC 价格出现一波明显跌势，不到 20 天时间现货价格跌了将近 4000 元 / 吨，但电石依然受到供应紧张影响而未降价，维持在出厂 8000 元 / 吨附近，电石法 PVC 企业亏损明显，最高峰值亏损达 3186 元 / 吨。12 月，PVC 价格持续阴跌，而电石的跌幅不及 PVC 跌幅，加之液氯方面在 12 月也是有一波小涨，利润核算上 12 月份多数时间外采电石 PVC 企业仍处于亏损状态。2021 年外采电石聚氯乙烯企业利润见图 21.12。

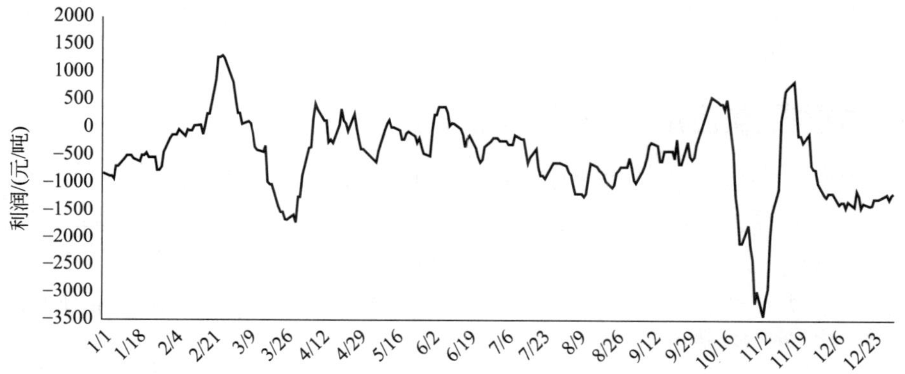

图 21.12　2021 年外采电石聚氯乙烯企业利润

乙烯法 PVC 利润也有较为明显波动。2021 年上半年，外采氯乙烯企业基本处于亏损状态。在 2 月初，由于华东乙烯法预售较好，维持高价，所以乙烯法企业有微弱盈利空间。随后由于氯乙烯供应紧张，价格上涨，乙烯法企业再次处于亏损状态，最高亏损达 884 元 / 吨。直至 5 月中旬，国外氯乙烯装置检修结束，供应增加，VCM 单体价格下滑，外采氯乙烯企业开始转亏为盈，上半年最高盈利在 500 元 / 吨。国内乙烯法企业基本为一体化企业，上半年盈利较好，只有外采氯乙烯企业处于负盈利状态。

2021 年下半年乙烯法 PVC 利润在前期相对较好，但从 9 月底创 2616 元 / 吨的高利后受到市场价格下跌影响利润快速下滑至负值，并且达到了 1544 元 / 吨的亏损。但维持时间较短，随着 VCM 价格的回落，利润得到修复。在 12 月份，乙烯法 PVC 利润再度亏损，PVC 市场阴跌不止，企业降价销售下多数时间有亏损，截至 12 月底，从 VCM 核算，乙烯法 PVC 利润仍在 -105 元 / 吨。2021 年乙烯法聚氯乙烯企业利润见图 21.13。

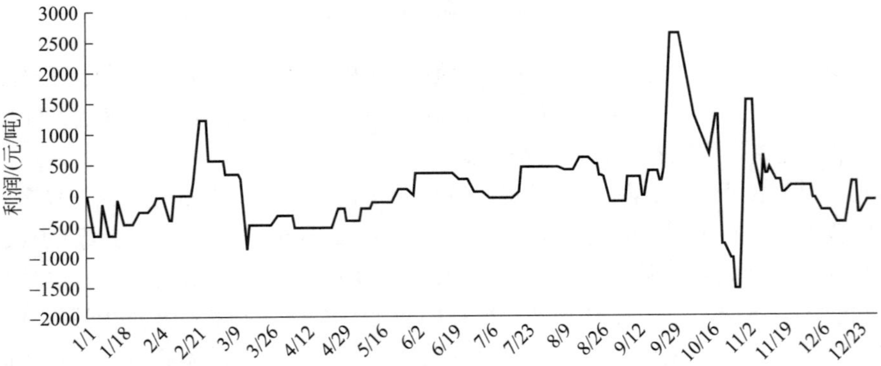

图 21.13 2021 年乙烯法聚氯乙烯企业利润

21.6 2022—2026 年中国聚氯乙烯发展预期

21.6.1 中国聚氯乙烯拟在建 / 退出项目统计

2022—2026 年 PVC 产能将以扩充为主、新建为辅。按目前企业计划投产的时间看，2022—2026 年计划投产的产能在 607 万吨 / 年左右，多集中在西北及华北地区，其中电石法 256 万吨 / 年，乙烯法 351 万吨 / 年。

21.6.2 中国聚氯乙烯中国供应预测

未来 5 年聚氯乙烯扩能，主要集中在华北及西北地区，仍以大型综合一体化项目为主，其有地域、物流、运输、原料、消费及上下游产业链优势。截至 2021 年，西北、华北 PVC 产能占比分别在 52.11% 和 24.89%，华东占比在 9.90%，随着后期新产能的陆续投产，西北地区的产能进一步扩大，产能集中度也进一步提高，而华中、西南地区未来 5 年暂无新投产扩产产能。

2022—2026 年中国聚氯乙烯供应预测见表 21.2。

表 21.2 2022—2026 年中国聚氯乙烯供应预测

单位：万吨

区域	2022 年	2024 年	2026 年
东北	29	29	29
华北	744	764	784
华东	306	336	376
西北	1393	1473	1473
西南	126	126	126
华南	62	62	102
华中	162	162	162

21.6.3 中国聚氯乙烯消费趋势预测

未来几年内，管材及地板类需求预计保持正增长的趋势，其中地板需求增速较快，在 3% ～ 7%；而像薄膜、片材、革类等需求或会逐渐减少。

2022—2026 年中国聚氯乙烯主要下游行业消费占比预测见表 21.3。

表 21.3 2022—2026 年中国聚氯乙烯主要下游行业消费占比预测

单位：%

项目	2022 年	2024 年	2026 年
管材、管件	32.77	33.81	36.04
型材、门窗	20.96	20.29	18.56
硬片、板材及其他型材	5.49	5.31	4.86
硬制品其他	2.99	3.02	3.05
鞋及鞋底材料	2.98	2.99	3.05
人造革	3.93	3.73	3.36
薄膜	10.82	10.26	9.38
电缆料	5.49	5.53	5.70
地板 / 革、壁纸、发泡材料	8.57	9.01	9.79
软制品其他	5.99	6.06	6.22

21.6.4 中国聚氯乙烯市场供需平衡预测

2022—2026 年聚氯乙烯市场供应增速或将放缓。随着能耗双控、碳达峰、碳中和等政策的持续影响，电石成为国家重点管控的产品，电石供应紧缺将限制电石法聚氯乙烯的扩能，而随着中国乙烯工业的快速扩展、乙烯商品量的增加，乙烯法聚氯乙烯生产将会更有经济性且更有发展前景，乙烯法产能增速将快于电石法。预计 2025 年国内聚氯乙烯年产能将突破 3000 万吨，产量将达到 2650 万吨；然国内房地产市场放缓带来国内需求增速放缓，国内聚氯乙烯需求预期在 2580 万吨左右，略低于国内产量，聚氯乙烯将依赖聚氯乙烯原料净出口以消化过多的供应。随着工业、农业、交通、建筑、通信、军工等行业的迅速发展，以及人民群众生活水平的不断提高，塑料制品的需求逐渐增大，推动了塑料加工业新产品、新技术、新材料的加速应用。在聚氯乙烯下游应用方面，除合计占比超过 50% 的型材、管材传统领域外，近两年也出现了聚氯乙烯地板等消费快速增长的行业。

第 22 章 丙烯腈 - 丁二烯 - 苯乙烯三元共聚物（ABS）

2021 年度关键指标一览

类别	项目	2020 年	2021 年	涨跌值	原因概述
价格	现货成交价均值 /（元 / 吨）	12823.5	17174.5	4351	2021 年全年价格高位震荡，均价较 2020 年大幅上涨
供应	产能 /（万吨 / 年）	420.5	475.5	55	漳州奇美 45 万吨 / 年、广西科元 10 万吨 / 年装置投产
	产量 / 万吨	394	412	18	新增产能释放及需求增长推动产量进一步上升
	开工率 /%	93.7	86.6	-7.1	大规模产能的投放拖累全年平均开工率
	进口量 / 万吨	201.7	175.5	-26.2	受国外新冠肺炎疫情和集装箱紧缺影响，部分韩国、中国台湾料进入东南亚地区
需求	出口量 / 万吨	4.8	8.19	3.39	国外需求量增加，部分中国产品流向欧洲以及东南亚地区
	下游消费量 / 万吨	612	606	-6	欧美以及东南亚地区家电订单恢复，导致中国本土市场 ABS 需求量自 2020 年高峰小幅下降

22.1　中国丙烯腈－丁二烯－苯乙烯三元共聚物供需平衡分析

2017—2021 年中国丙烯腈 - 丁二烯 - 苯乙烯三元共聚物（ABS）产品市场供需呈稳定增长态势，2017—2021 年中国丙烯腈 - 丁二烯 - 苯乙烯三元共聚物产品产量年均增速在 2.74%，下游消费量年均增速在 2.86%，产量的增长主要来自家电、小家电等行业带动，2017—2019 年随着房地产市场的带动以及家电外销和内销量的增长，对丙烯腈 - 丁二烯 - 苯乙烯三元共聚物需求量呈现增长态势，丙烯腈 - 丁二烯 - 苯乙烯三元共聚物产量逐年递增。2021 年中国新增漳州奇美 45 万吨 / 年装置和广西科元 10 万吨 / 年的装置，使丙烯腈 - 丁二烯 - 苯乙烯三元共聚物总产能达到 475.5 万吨 / 年。

进出口方面，目前国内丙烯腈 - 丁二烯 - 苯乙烯三元共聚物产品仍供不应求，仍需要进口资源补充，2017—2019 年丙烯腈 - 丁二烯 - 苯乙烯三元共聚物进口量维持在 178.5 ～ 204.5 万吨 / 年左右，逐年递增，2020—2021 年受新冠肺炎疫情影响，国内进口量有所下降，在 175 万吨 / 年左右。出口方面，丙烯腈 - 丁二烯 - 苯乙烯三元共聚物出口量维持在 3.5 ～ 8.19 万吨 / 年左右，出口量较小。

2017—2021 年中国丙烯腈 - 丁二烯 - 苯乙烯三元共聚物市场供需平衡见表 22.1。

表 22.1　2017—2021 年中国丙烯腈－丁二烯－苯乙烯三元共聚物市场供需平衡表

项目	2017 年	2018 年	2019 年	2020 年	2021 年
产能 /（万吨 / 年）	372.3	400.5	420.5	420.5	475.5
产量 / 万吨	359.0	370.0	390.0	394.0	412.0
开工率 /%	96.4	92.4	92.8	93.7	86.6
进口量 / 万吨	178.5	201.3	204.5	201.7	175.5
出口量 / 万吨	3.5	4.5	3.8	4.8	8.19
下游消费量 / 万吨	545	578	610	612	606

22.2　中国丙烯腈－丁二烯－苯乙烯三元共聚物供应现状分析

22.2.1　2021 年中国丙烯腈－丁二烯－苯乙烯三元共聚物国产供应量分析

2017—2021 年中国丙烯腈 - 丁二烯 - 苯乙烯三元共聚物产品产能同比变化率在 7.57%, 增加厂家为江苏盛禧奥和山东海江；2018—2019 年产能增长率在 4.99%，2019—2020 年暂无新增产能。

2021 年有年产 45 万吨的漳州奇美丙烯腈 - 丁二烯 - 苯乙烯三元共聚物装置投产，使丙烯腈 - 丁二烯 - 苯乙烯三元共聚物总产能达到 475.5 万吨，年均复合增长率达到 10.70%。

2017—2021 年中国丙烯腈 - 丁二烯 - 苯乙烯三元共聚物产能变化趋势见图 22.1。

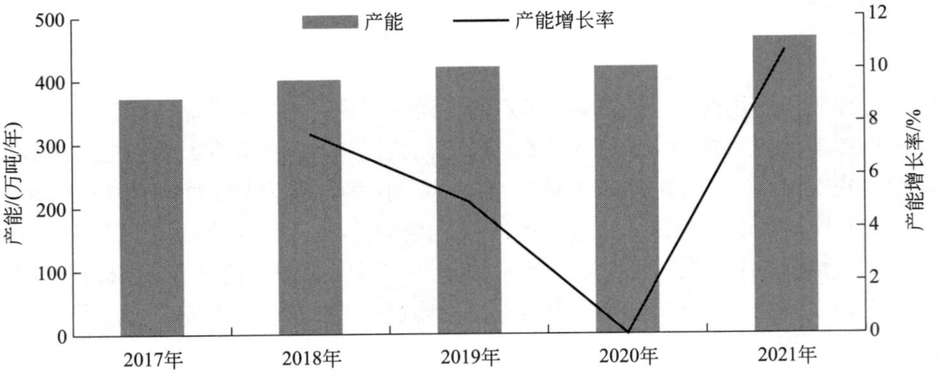

图 22.1 2017—2021 年中国丙烯腈 - 丁二烯 - 苯乙烯三元共聚物产能变化趋势

伴随中国丙烯腈 - 丁二烯 - 苯乙烯三元共聚物产品新增产能释放及需求增长，2017—2021 年中国丙烯腈 - 丁二烯 - 苯乙烯三元共聚物产品产量整体呈现增长态势，开工率逐步上涨，产量复合增长率在 2.7%，2017—2018 年伴随下游需求增长以及企业盈利的好转，行业开工负荷提升。2017—2020 年丙烯腈 - 丁二烯 - 苯乙烯三元共聚物企业开工率维持在 90% 以上。

2017—2021 年中国丙烯腈 - 丁二烯 - 苯乙烯三元共聚物产量及开工率变化趋势见图 22.2。

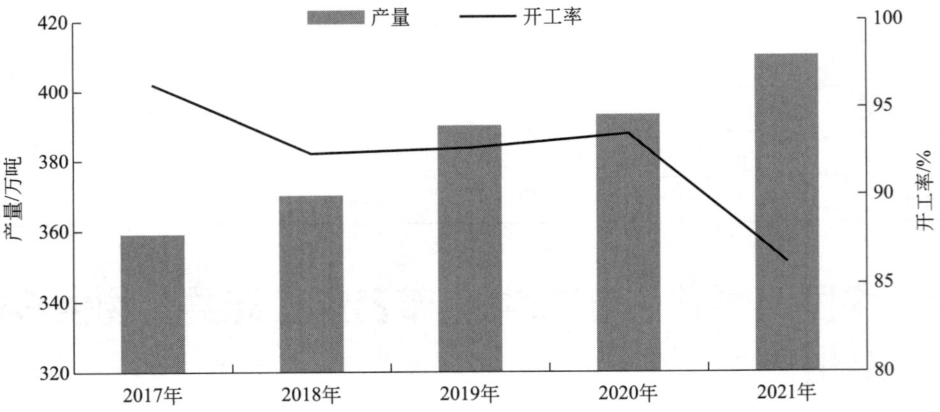

图 22.2 2017—2021 年中国丙烯腈 - 丁二烯 - 苯乙烯三元共聚物产量及开工率变化趋势

22.2.2 2021 年中国丙烯腈 - 丁二烯 - 苯乙烯三元共聚物区域供应结构分析

2021 年，华东地区依旧是丙烯腈 - 丁二烯 - 苯乙烯三元共聚物产能占比最高的地区，高达 65%，较 2017 年提高 6.908%，华北、华南占比分别为 8.6% 和 7.5%，东北地区产能占比在 18.9%。

中国丙烯腈 - 丁二烯 - 苯乙烯三元共聚物区域结构见表 22.2。

表 22.2　中国丙烯腈 - 丁二烯 - 苯乙烯三元共聚物区域结构

区域		2017 年产能 /（万吨 / 年）	2017 年占比 /%	2021 年产能 /（万吨 / 年）	2021 年占比 /%
华东	上海	20.0	5.3	20.0	4.3
	江苏	80.0	21.2	87.5	18.8
	浙江	130.0	34.4	130.0	27.9
	山东	20.0	0.0	20.0	4.3
	福建	0.0	0.0	45.0	9.7
	总计	250.0	60.8	302.5	65
华北	天津	40.0	10.6	40.0	8.6
华南	惠州	20.0	5.3	30.0	6.4
	广西	0.0	0.0	5.0	1.1
东北	黑龙江	8.0	2.7	10.0	2.1
	吉林	58.0	15.3	58.0	12.5
	辽宁	20.0	5.3	20.0	4.3
	总计	86.0	23.3	88.0	18.9

22.2.3　2021 年中国丙烯腈 - 丁二烯 - 苯乙烯三元共聚物进口量分析

2017—2019 年进口量不断增加，由 2017 年的 178.51 万吨增加到 2019 年的 204.45 万吨，2018 年进口量比 2017 年增加了 22 万吨，2019 年进口量依旧维持高位 201 万吨左右，近几年终端家电需求量增加，带动国内丙烯腈 - 丁二烯 - 苯乙烯三元共聚物需求量增加，导致进口量不断增加；但 2020 年进口量较 2019 年小幅减少 2.8 万吨 / 年，主要受新冠肺炎疫情影响，2020 年初进口量出现下滑，拖拽全年进口总量。

2021 年中国丙烯腈 - 丁二烯 - 苯乙烯三元共聚物进口量继续减少，主要由于受国外疫情恢复和集装箱紧缺影响，部分韩国、中国台湾料进入东南亚地区，导致中国大陆进口量出现减少状况。2021 年总进口量为 175.5 万吨，同比上年减少 26.2 万吨，减幅 12.77%，同比 2019 年减少 29 万吨，减幅 14.40%。

2017—2021 年丙烯腈 - 丁二烯 - 苯乙烯三元共聚物进口量变化趋势见图 22.3。

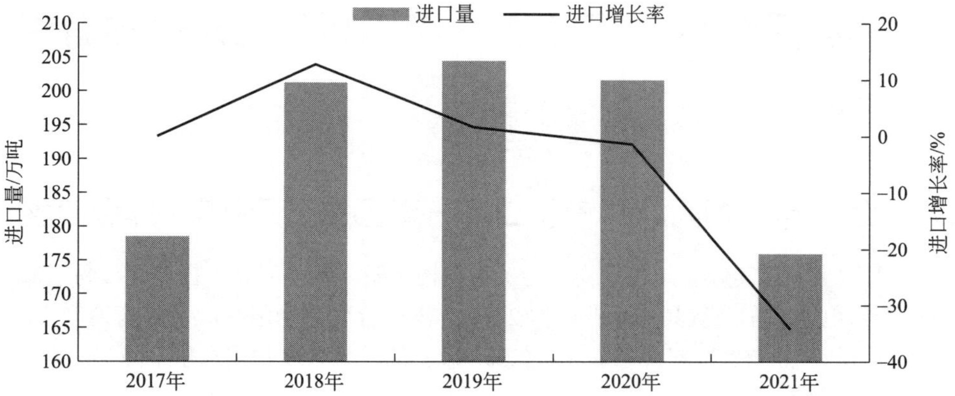

图 22.3　2017—2021 年丙烯腈 - 丁二烯 - 苯乙烯三元共聚物进口量变化趋势

近五年以来，国内丙烯腈-丁二烯-苯乙烯三元共聚物产品结构变化不大，主要来源前五位分别为中国台湾、韩国、马来西亚、日本和泰国，2017—2019年前五位进口量占比在90%以上，2020年受新冠肺炎疫情影响前五位的占比下降至77%附近。主要由于韩国、中国台湾地区有较大的丙烯腈-丁二烯-苯乙烯三元共聚物装置产能且靠近中国大陆，进口方便，中国国内供不以应求，所以导致韩国和中国台湾料大量进口到中国大陆。2021年丙烯腈-丁二烯-苯乙烯三元共聚物按进口来源来看，进口量最多的依旧是中国台湾，其次为韩国，第三位为马来西亚，2021年因国外疫情恢复和集装箱运费大幅上涨影响，导致2021年整体进口量较上年减少约26万吨。

2017—2021年中国丙烯腈-丁二烯-苯乙烯三元共聚物进口来源及占比见表22.3。

表22.3 2017—2021年中国丙烯腈-丁二烯-苯乙烯三元共聚物进口来源及占比

单位：万吨

来源国及地区	2017年	2018年	2019年	2020年	2021年
中国台湾	89.7	89.9	86.4	77.1	72.8
韩国	58.8	60.8	61.1	53.9	52.6
马来西亚	9.6	15.8	20.5	12.9	19.6
日本	5.8	5.9	11.9	4.4	6.5
泰国	7.1	11.9	11.9	7.9	9.9
合计	170.9	184.3	191.8	156.3	161.4
总进口量	178.9	201.3	204.5	201.7	175.5
前5位占比	95.5%	91.5%	93.8%	77.5%	92.0%
中国台湾占比	50.1%	44.6%	42.2%	38.2%	41.5%
韩国占比	32.84%	30.2%	30.0%	26.7%	30.0%
马来西亚占比	5.36%	7.8%	10.0%	6.4%	11.1%
日本占比	3.26%	2.9%	5.8%	2.2%	3.7%
泰国占比	3.95%	5.9%	5.8%	3.9%	5.6%

2021年，丙烯腈-丁二烯-苯乙烯三元共聚物进口量按来源地统计，排名第一的是中国台湾，进口量在72.8万吨，第二名为韩国，进口量在52.6万吨，第三名为马来西亚，进口量为19.6万吨，进口前三名总进口量在145万吨，占总进口量的82.6%。

22.3 中国丙烯腈-丁二烯-苯乙烯三元共聚物消费现状分析

22.3.1 2021年中国丙烯腈-丁二烯-苯乙烯三元共聚物消费趋势分析

丙烯腈-丁二烯-苯乙烯三元共聚物作为一种高档树脂，其强度高、韧性好、易于加工成型，被广泛应用于家电、汽车及玩具等行业。但2019年汽车行业由于限行政策和房地产市场挤压导致居民购买力下降，导致整体对丙烯腈-丁二烯-苯乙烯三元共聚物需求量下降。

从2021年下游需求分布比例来看，家电市场依然是丙烯腈-丁二烯-苯乙烯三元共聚物最大的市场，2019—2021年家电市场整体向好，虽然没有家电下乡的利好政策，但是居民生活品质的提升带动了家电市场的规模扩大和结构升级。以城镇市场来说，洗碗机、智能马桶盖等提升生活品质的家电快速进入居民家中，立体冷柜、冰吧等细分行业产品也不断进入用户家中，不断贴合现代化生活需求。而对于中产阶级家庭来说，兼有保鲜互联功能的冰箱、静音的洗衣机、大吸力油烟机、智能彩电等高端产品进入其“快消品”名单。

中国丙烯腈 - 丁二烯 - 苯乙烯三元共聚物消费趋势见表 22.4。

表 22.4 中国丙烯腈 - 丁二烯 - 苯乙烯三元共聚物消费趋势

消费领域	2020 年	2021 年	涨跌幅
家用电器	58.0%	59.0%	+1%
办公设备（复印件、电话机等）	14.0%	12.0%	-2%
交通（汽车、摩托车、电动车）等	13.0%	14.0%	+1%
轻工业领域（玩具、箱包、日用品等）	8.0%	7.0%	-1%
建材及其他	7.0%	8.0%	+1%

22.3.2 2021 年中国丙烯腈 - 丁二烯 - 苯乙烯三元共聚物消费结构分析

丙烯腈 - 丁二烯 - 苯乙烯三元共聚物下游需求方面，家用电器占比 58%，办公设备占比 14%，交通领域占比 13%，轻工业领域占比 8%，建材及其他占比 7%；家用电器占比最大，未来几年家用电器依旧是丙烯腈 - 丁二烯 - 苯乙烯三元共聚物最大下游消费领域，美的、格力、海尔等家电企业内销外销表现亮眼，另外 2018 年开始汽车行业产销量持续下降，在丙烯腈 - 丁二烯 - 苯乙烯三元共聚物下游消费领域中占比位居第三位，未来汽车行业消费量将受到国家政策的影响。

2021 年中国丙烯腈 - 丁二烯 - 苯乙烯三元共聚物消费结构分析见图 22.4。

22.3.3 2021 年中国丙烯腈 - 丁二烯 - 苯乙烯三元共聚物出口量及结构分析

2017—2021 年丙烯腈 - 丁二烯 - 苯乙烯三元共聚物出口量在 3.5 万～ 8.5 万吨区间，目前丙烯腈 - 丁二烯 - 苯乙烯三元共聚物行业格局供不应求，进口量较大，出口量不多。2021 年新冠肺炎疫情影响，国外需求量增加，部分中国大陆以及中国台湾和韩国料流向欧洲以及东南亚地区，导致 2021 年出口量增幅较大。

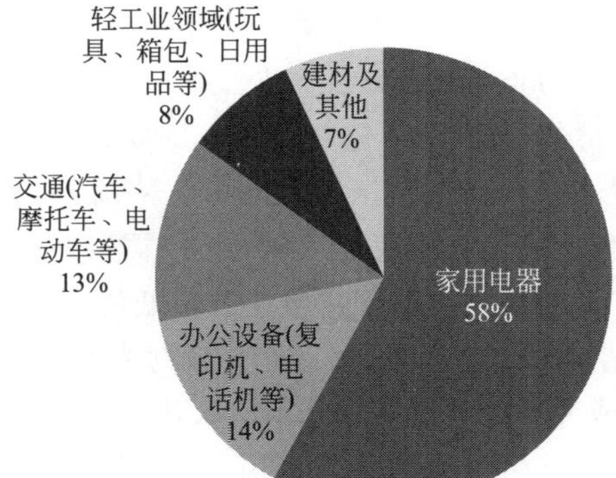

图 22.4 2021 年中国丙烯腈 - 丁二烯 - 苯乙烯三元共聚物消费结构分析

2017—2021 年丙烯腈 - 丁二烯 - 苯乙烯三元共聚物出口量变化趋势见图 22.5。

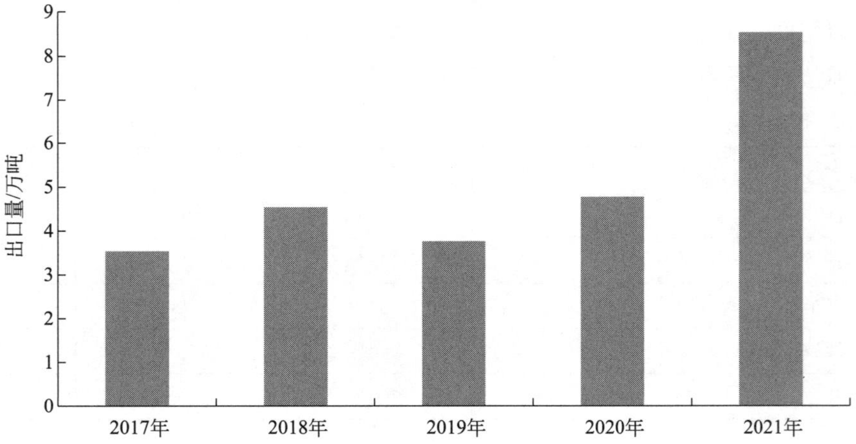

图 22.5 2017—2021 年丙烯腈 – 丁二烯 – 苯乙烯三元共聚物出口量变化趋势

22.4 中国丙烯腈 – 丁二烯 – 苯乙烯三元共聚物价格走势分析

从市场运行情况看，近五年以来中国丙烯腈 - 丁二烯 - 苯乙烯三元共聚物产品行情跌宕起伏：2017 年是丙烯腈 - 丁二烯 - 苯乙烯三元共聚物行业具有历史性意义的一年，供给侧改革的影响下，原材料价格大幅上升，加之环保督查影响，部分厂家生产受限，下游备货积极性增强，场内价格迅速被推高，到达近几年来的最高价格。2018 年国内丙烯腈 - 丁二烯 - 苯乙烯三元共聚物价格区间在 12600 ～ 16200 元 / 吨波动，走势呈现下跌态势。

2018 年 1—6 月份价格区间在 15400 ～ 16000 元 / 吨之间，7—12 月份价格区间在 12600 ～ 15450 元 / 吨之间。2018 年初正值农历春节，下游备货意向较低 , 尽管丙烯腈 - 丁二烯 - 苯乙烯三元共聚物石化厂家控量销售，以限制市场跌幅，然而下游对于节后市场的看跌情绪不减，市场商谈价格震荡下滑，价格区间在 15800 ～ 16300 元 / 吨之间；3 月初至 4 月上旬，原料走势疲乏加之春节下游开工率较低，丙烯腈 - 丁二烯 - 苯乙烯三元共聚物市场价格呈现大跌行情，丙烯腈 - 丁二烯 - 苯乙烯三元共聚物厂商出货乏力，库存逐步攀升至高位，利空消息面蔓延，商家纷纷让利走量，价格区间在 15000 ～ 15600 元 / 吨。

2019 年国内丙烯腈 - 丁二烯 - 苯乙烯三元共聚物市场受宏观经济走势、贸易摩擦、三大原料走势、下游家电等多方面影响，价格波动区间在 11000 ～ 14000 元 / 吨；与往年相比依然带有比较明显的季节性，1—6 月份价格走势平稳，下游维持刚需采购量；7 月中下旬—8 月份家电厂放高温假，丙烯腈 - 丁二烯 - 苯乙烯三元共聚物价格跌至低位；9—10 月份“金九银十”价格开始反弹；11—12 月国内丙烯腈 - 丁二烯 - 苯乙烯三元共聚物整体需求向好，价格稳中小涨，家电 11—12 月份产量增加，市场成交略显火爆；2019 年厂家开工满负荷运行，供应量与往年相比不减，下游家电产量维持小幅增长，市场运行平稳健康，盈利情况虽不如 2017 年，但整体情况好于其他两大硬胶；进口量不减，随着苯乙烯装置的上马以及丙烯腈 - 丁二烯 - 苯乙烯三元共聚物高利润，国内丙烯腈 - 丁二烯 - 苯乙烯三元共聚物新增产能和新增规划产能增多，整体看来 2019 年丙烯腈 - 丁二烯 - 苯乙烯三元共聚物市场平稳健康发展。

2020 年丙烯腈 - 丁二烯 - 苯乙烯三元共聚物国际价格走势呈现“V”字型，2020 年 1—5 月份，国际丙烯腈 - 丁二烯 - 苯乙烯三元共聚物美元价格呈现下跌态势，主要受新冠肺炎疫情影响，交易基本停滞，市场需求量减少，市场价格呈现下跌；2020 年 5 月份以后，丙烯腈 - 丁二烯 - 苯乙烯三元共聚物美元价格开始出现上涨，主要由于中国国内新冠肺炎疫情危机暂时解除，市场交易恢复正常，终端需求量恢复，丙烯腈 - 丁二烯 - 苯乙烯三元共聚物美元价格呈现上涨态势，2020 年 5 月份开始 CFR 东南亚和 CFR 中国价格逐步上行，中国国内终端家电厂美的、格力、海尔、海信、小熊电器等外销和内销表现亮眼，亚洲丙烯腈 - 丁二烯 - 苯乙烯三元共聚物价格持续性上涨，5—12 月份亚洲中国国内丙烯腈 - 丁二烯 - 苯乙烯三元共聚物终端家电厂追赶全年的 KPI 目标，产销量大幅度增加，丙烯腈 - 丁二烯 - 苯乙烯三元共聚物需求量增加，市场价格持续上行，12 月份国内丙烯腈 - 丁二烯 - 苯乙烯三元共聚物终端家电厂因集装箱问题导致库存量上涨，开工率略有下降，丙烯腈 - 丁二烯 - 苯乙烯三元共聚物需求量减少，市场价格下跌，亚洲美元价格下跌。

2021 年国内丙烯腈 - 丁二烯 - 苯乙烯三元共聚物价格分为两个阶段。第一阶段：1—3 月份（价格上涨阶段）：1 月份部分家电厂返工受阻，备货春节期间货源，市场整体成交放量，部分厂家货源超卖到 2 月份；春节假期归来，苯乙烯装置非计划停车导致美元价格暴涨，带动苯乙烯现货价格上涨，进口丙烯腈 - 丁二烯 - 苯乙烯三元共聚物价格上涨 200 美元 / 吨左右 , 丙烯腈 - 丁二烯 - 苯乙烯三元共聚物市场价格出现暴涨；3 月份贸易商有一波补货需求，加之家电厂采购旺季来临，华东慈溪、华南等地区有刚需拿货，导致 3 月底价格出现上涨。4—10 月份国内价格高位震荡阶段，终端需求尚可，加之进口量减少，市场价格处于 17000 ～ 18000 元 / 吨的区间波动。区间波动的时间达 6 个月之久，进入 10 月份受国家双控、限电政策影响，终端需求量大幅度减少，市场价格震荡下行。丙烯腈 - 丁二烯 - 苯乙烯三元共聚物价格在连续高位震荡 7 个月以后，首次出现大幅度走低，四季度从 10 月 15 日开始丙烯腈 - 丁二烯 - 苯乙烯三元共聚物市场价格开始下跌模式，一直下跌至 12 月份，市场跌幅在 3500 ～ 4000 元 / 吨左右，从高位的 18000 元 / 吨跌至目前的 14000 元 / 吨。

2017—2021 年中国丙烯腈 - 丁二烯 - 苯乙烯三元共聚物市场价格走势见图 22.6。

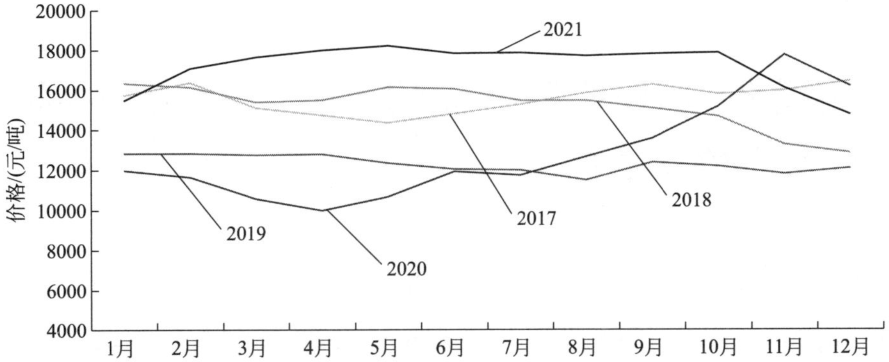

图 22.6 2017-2021 年中国丙烯腈 - 丁二烯 - 苯乙烯三元共聚物市场价格走势

22.5 中国丙烯腈－丁二烯－苯乙烯三元共聚物利润走势分析

2017—2021 年中国丙烯腈 - 丁二烯 - 苯乙烯三元共聚物行业利润情况可观，2017 年行业平均利润 2517 元 / 吨，2017 年受房地产带动以及家电外销订单量的增加，丙烯腈 - 丁二烯 - 苯乙烯三元共聚物需求量增加，加之丁二烯价格的暴涨带动丙烯腈 - 丁二烯 - 苯乙烯三元共聚物现货价格走高，丙烯腈 - 丁二烯 - 苯乙烯三元共聚物行业利润可观；2018—2019 年丙烯腈 - 丁二烯 - 苯乙烯三元共聚物行业年平均利润分别为 1332 元 / 吨和 1168 元 / 吨，行业利润出现缩水，主要受苯乙烯反倾销税的影响，苯乙烯价格高位，丙烯腈 - 丁二烯 - 苯乙烯三元共聚物行业的利润集中在苯乙烯；2020 年以后随着苯乙烯新装置产能的陆续释放，苯乙烯价格下跌，产业链利润又重新回到丙烯腈 - 丁二烯 - 苯乙烯三元共聚物，2020 年整体利润维持在 4151.8 元 / 吨；2021 年丙烯腈 - 丁二烯 - 苯乙烯三元共聚物进口量减少，整体供应偏紧，丙烯腈 - 丁二烯 - 苯乙烯三元共聚物价格连续高位震荡，行业利润继续维持高位。2021 年丙烯腈 - 丁二烯 - 苯乙烯三元共聚物价格维持高位，进口量减少，导致厂家盈利情况可观，2021 年年均盈利在 5315.6 元 / 吨。

2017—2021 年中国丙烯腈 - 丁二烯 - 苯乙烯三元共聚物行业利润分析见图 22.7。

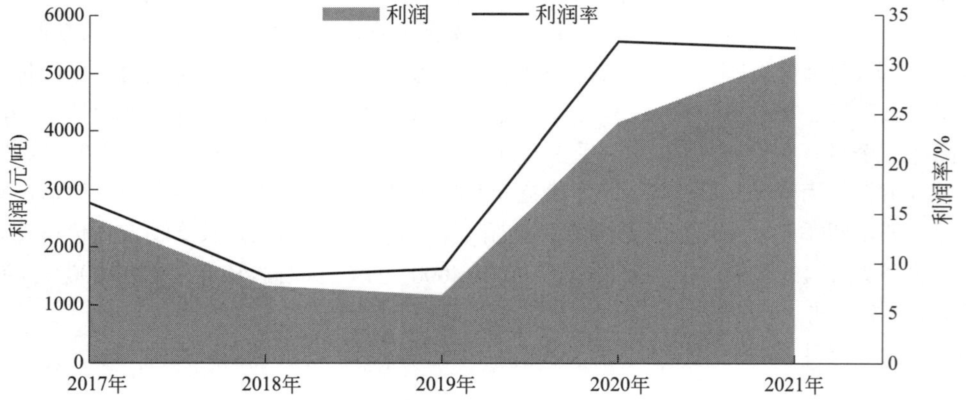

图 22.7 2017—2021 年中国丙烯腈－丁二烯－苯乙烯三元共聚物行业利润分析

22.6 2022—2026 年中国丙烯腈－丁二烯－苯乙烯三元共聚物发展预期

22.6.1 中国丙烯腈－丁二烯－苯乙烯三元共聚物供应预测

目前国内丙烯腈 - 丁二烯 - 苯乙烯三元共聚物开工率较高，整体行业格局处于供不应求，行业高盈利引来装置集中投产，2022—2026 年国内丙烯腈 - 丁二烯 - 苯乙烯三元共聚物产品产能产量同比大幅增长，2022 年以后行业开工率逐年下降，行业竞争激烈，厂家降负荷运行。2022—2026 年中国丙烯腈 - 丁二烯 - 苯乙烯三元共聚物供应趋势预测见图 22.8。

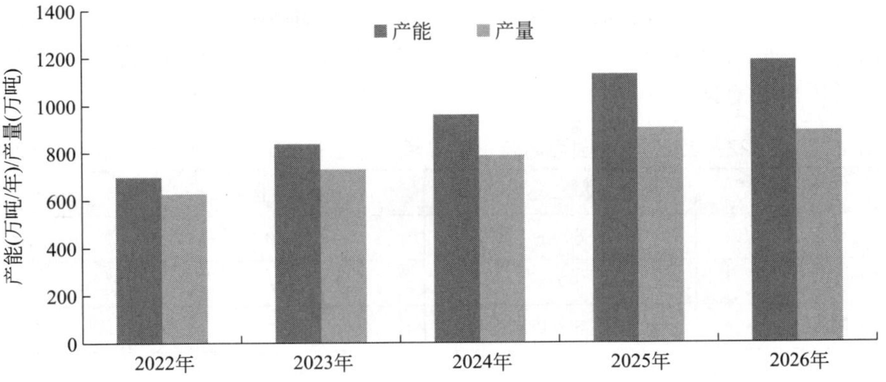

图 22.8 2022—2026 年中国丙烯腈 - 丁二烯 - 苯乙烯三元共聚物供应趋势预测

22.6.2 中国丙烯腈 - 丁二烯 - 苯乙烯三元共聚物行业消费趋势预测

近年中国丙烯腈 - 丁二烯 - 苯乙烯三元共聚物产品主要下游集中在家电行业、改性行业、玩具等产品领域，约占总消费量的 70% 以上，其中家电行业占总消费量的近 60%，家电行业未来的发展将会直接影响丙烯腈 - 丁二烯 - 苯乙烯三元共聚物未来消费量。

在家电领域，2022—2026 年我国家电发展增速预计保持低速增长，主要消费增长驱动为智能家居及绿色家电带来的换新需求，以及家电企业海外市场销售发展，考虑家电保有率以及海外市场需求缺口存在不确定性，预计 2022 年及 2025 年家电产量年均增速在 2.2% 附近。

2021—2030 年小家电领域整体发展趋势向好，是丙烯腈 - 丁二烯 - 苯乙烯三元共聚物家电需求的巨大增长点，当前小家电市场规模增速在 10% 以上，预期 2021—2025 年增速较快，主要受益于战略资本注入厨房小家电，企业海外市场销售趋势向好，行业集中度及品牌影响力增强，年均增长率在 14.8%，2025—2030 年考虑小家电市场刚需有限以及同质化情况，智能家居需求热度下降等因素，预期市场规模年均增长率降至 10.54%。

我国汽车行业自 2018 年起连续三年产销下降，道路拥堵、停车位不足、充电桩有限以及疫情等原因造成汽车内需低迷，但 2020 年汽车产量降幅缓和，新能源汽车市场表现强劲，电动化、智能化汽车发展对 80、90 后为首的消费者吸引力巨大。另外，在汽车用能源变革的大背景下，使用清洁能源、可再生资源是汽车产业是支持绿色环保的重要体现，上述趋势将加速汽车置换需求及吸引汽车购置消费。

另外我国汽车保有量 2020 年已达 2.81 亿辆，位居世界第一，略高于美国汽车保有量水平，但人均保有率明显偏低，潜在增长空间较大。因此在汽车产业转型、新能源汽车推行的政策背景下，预期汽车产业在 2021 年将结束持续下跌趋势，至 2025 年保持稳定增长，年均增速为 3.5%，对应改性企业对基材本体法丙烯腈 - 丁二烯 - 苯乙烯三元共聚物市场需求增长，预期 2021—2025 年本体法丙烯腈 - 丁二烯 - 苯乙烯三元共聚物需求量年均复合增长率在 3.8%，但随着新能源汽车置换需求释放，预期 2026—2030 年汽车需求量增长将有所放缓，但仍将保持增长态势，年均复合增长率在 2%。

22.6.3 中国丙烯腈 - 丁二烯 - 苯乙烯三元共聚物市场供需平衡预测

未来五年，伴随丙烯腈 - 丁二烯 - 苯乙烯三元共聚物产品上下游产业链逐步完善，丙烯腈 - 丁二烯 - 苯乙烯三元共聚物行业供应量呈现大幅增长之势，预计丙烯腈 - 丁二烯 - 苯乙烯三元共聚物产品到2026年总产能将达到千万吨级别，供应增速明显高于消费增速，届时行业将进入供大于求局面，出口成为企业未来发展的重要方向。2022—2026年中国丙烯腈-丁二烯-苯乙烯三元共聚物市场供需平衡预测见表22.5。

表22.5 2022—2026年中国丙烯腈-丁二烯-苯乙烯三元共聚物市场供需平衡预测

项目	2022年	2024年	2026年
产能/（万吨/年）	696.5	960.0	1190.0
开工率/%	90.0	82.0	75.0
产量/万吨	626.9	787.2	892.5
进口量/万吨	190.0	165.0	150.0
总供应量/万吨	816.9	952.2	1042.5
出口量/万吨	5.5	10.0	16.0
下游消费量/万吨	635.0	690.0	720.0
总需求量/万吨	640.5	700.0	736.0

第 23 章 聚碳酸酯

2021 年度关键指标一览

类别	项目	2020 年	2021 年	涨跌值	原因概述
价格	现货成交价均值 /（元 / 吨）	15127.09	25483.80	10356.71	主要原料双酚 A 价格暴涨，聚碳酸酯受供需矛盾制约，价格受成本导向，年内伴随双酚 A 暴涨后高位运行，聚碳酸酯迫于成本压力，整体走势追随原料
供应	产能 /（万吨 / 年）	185	247	62	2020 年底沧州大化 10 万吨 / 年装置投产，2021 年 3 月浙石化 26 万吨 / 年装置投产，12 月中沙天津 26 万吨 / 年单线装置投产，中国聚碳酸酯总产能达到 247 万吨 / 年，但受高成本、低需求因素制约，中国聚碳酸酯行业亏损态势加剧，开工率随之继续下降
	产量 / 万吨	110	130	20	
	开工率 /%	63.77	59.41	-4.36	
	进口量 / 万吨	162.98	150.12	-12.86	2021 年中国聚碳酸酯国产化程度继续提高，市场竞争态势激烈，部分来源地主动减少对华出口，以降低对中国市场的依赖；中国提高部分贸易伙伴的聚碳酸酯关税
需求	出口量 / 万吨	25.13	33.99	8.86	中国聚碳酸酯市场供应过剩，竞争态势激烈，企业积极寻求开拓海外市场；美国极寒天气、海外疫情，国内外资企业进料加工转出口聚碳酸酯数量增加
	下游消费量 / 万吨	230.30	225.80	-4.50	国内聚碳酸酯持续高价，给下游行业带来巨大成本压力，高成本转嫁至终端受阻，下游用户减产或寻求低价替代品，对聚碳酸酯的消费量进而下降

23.1 中国聚碳酸酯供需平衡分析

2017—2021 年中国聚碳酸酯（PC）市场供需均呈稳增态势。据统计，2017—2021 年中国 PC 产量年均增速在 15.23%，下游消费年均增速在 4.87%，产量增长主要受产能扩张推动，而消费的增长主要受终端消费的带动。2021 年，国内继续新增 3 套 PC 装置，行业总产能提升至 247 万吨 / 年，产量也达到 130 万吨，较 2020 年增长 18.18%。进出口方面，由于国内产能的开工不足，目前国内 PC 需求仍需要进口资源补充，但伴随国产供应量增加，进口占比将逐渐萎缩。据海关数据统计显示，2021 年，中国 PC 进口量 150.12 万吨，同比下降 7.89%，而出口量则达到了 33.99 万吨，同比增加 35.26%。2021 年，国内 PC 消费量约为 225.80 万吨，同比减少 1.95%，主要是因为 2021 年 PC 价格持续高位，高成本难以转嫁，下游部分行业减产或寻求替代品。

2017—2021 年中国聚碳酸酯市场供需平衡见表 23.1。

表 23.1 2017—2021 年中国聚碳酸酯市场供需平衡表

项目	2017 年	2018 年	2019 年	2020 年	2021 年
产能 /（万吨 / 年）	87.50	126	166	185	247
开工率 /%	73.14	71.61	70.92	63.77	59.41
产量 / 万吨	64	74.50	100	110	130
进口量 / 万吨	138.49	141.72	159.90	162.98	150.12
出口量 / 万吨	28.84	25.99	25.65	25.13	33.99
下游消费量 / 万吨	178	189	220.40	230.30	225.80
总需求量 / 万吨	206.84	214.99	246.05	255.43	259.79
供需差 / 万吨	-4.35	1.23	13.85	17.55	20.33

23.2 中国聚碳酸酯供应现状分析

23.2.1 2021 年中国聚碳酸酯产能变化趋势分析

2017—2021 年中国 PC 产能复合增长率在 23.07%。2017 年中国无新增 PC 产能，2018 年是中国 PC 产能扩张元年，此后几年里，有多套 PC 装置先后投产；2021 年中国 PC 行业扩能达到最高峰，全年新增产能达到 62 万吨 / 年，国内 PC 产能达到 247 万吨 / 年，同比增幅 33.51%，年内新增 3 套新装置，其中 2 套为产业链配套装置，而未来新增产能中，也多有配套上游原料装置，中国 PC 产业链一体化趋势增强。

2017—2021 年中国聚碳酸酯产能变化趋势见图 23.1。

2021 年，国内新增浙石化、中沙天津 2 家 PC 生产企业，产能合计 52 万吨 / 年，加上 2020 年底宣布投产的沧州大化，年内新增产能达到 62 万吨 / 年，同比增幅 33.51%。2017—2021 年中国新增聚碳酸酯生产企业统计见表 23.2。

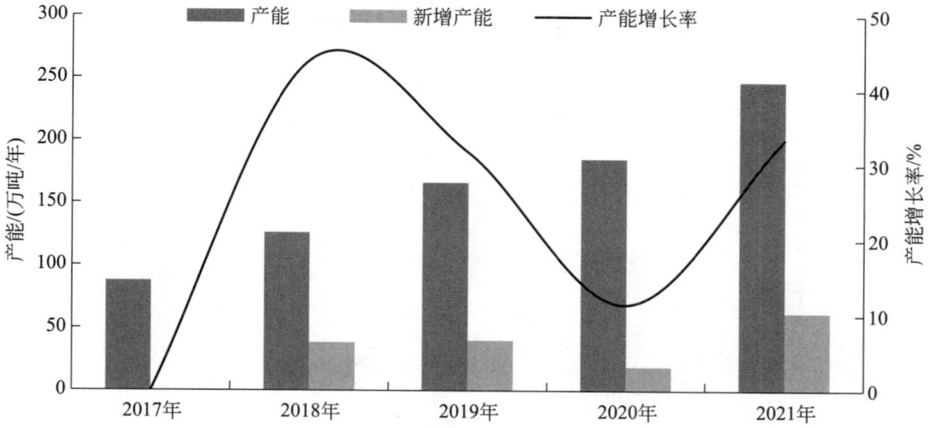

图 23.1　2017—2021 年中国聚碳酸酯产能变化趋势

表 23.2　2017—2021 年中国新增聚碳酸酯生产企业统计

生产企业	地址	企业形式	产能 /（万吨 / 年）	工艺	投产时间	上下游配套
万华化学集团股份有限公司	山东烟台	国企	7+14	界面缩聚光气法	2018 年 1 月	上游酚酮及双酚 A、下游攻性建设中
利华益维远化学股份有限公司	山东东营	民企	13	非光气法	2018 年 7 月	上游酚酮及双酚 A、下游改性建设中
四川中蓝国塑新材料科技有限公司	四川泸州	国企	10	非光气法	2019 年 5 月	无
湖北甘宁石化新材料股份有限公司	湖北宜昌	民企	7	非光气法	2019 年 9 月	无
濮阳市盛通聚源新材料有限公司	河南濮阳	民企	13	非光气法	2019 年 12 月	无
沧州大化集团有限责任公司	河北沧州	国企	10	界面缩聚光气法	2020 年 12 月	上游双酚 A 建设中
浙江石油化工有限公司	浙江宁波	民企	26	非光气法	2021 年 3 月	上游酚酮及双酚 A
中沙天津石化有限公司	天津市	合资	26	非光气法	2021 年底	上游酚酮及双酚 A

23.2.1.1　中国聚碳酸酯产量及开工负荷趋势分析

2017—2021 年，伴随中国 PC 新增产能释放及需求的不断增长，中国 PC 产量也逐年增长，近五年产量复合增长率在 15.23%，但开工率逐步下降。2017 年，尽管中国 PC 行业盈利状况良好，且年内无新增产能，但受上年原有企业扩能后装置运行不稳拖累，年内行业平均开工率仅为 73.14%；2018 年以来，伴随新装置的陆续投产，加之行业利润水平不断下降，因此尽管国内 PC 产量保持较快增长，但行业开工率却持续下滑。

2021 年国内新增产能中，沧州大化、浙石化为一季度投产，中沙天津 26 万吨 / 年 PC 装置 12 月投产，加之年内行业扩损态势严重，因此行业开工率同比继续下滑，全年平均开工率仅在 59.41%，较上年继续下降。

2017—2021 年中国聚碳酸酯行业产量及开工率变化趋势见图 23.2。

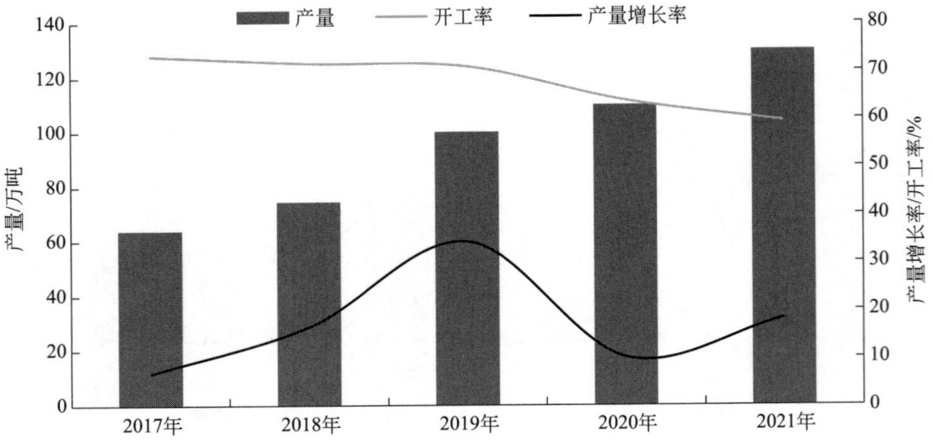

图 23.2 2017—2021 年中国聚碳酸酯行业产量及开工率变化趋势

23.2.1.2 中国聚碳酸酯区域供应结构分析

从产能分布而言，中国聚碳酸酯产能集中度较高，但呈现遍地开花的趋势。从近五年产能变化来看，华东一直是最集中区域，也是新增产能最多的区域，其他国内区域产能逐步涌现。

中国聚碳酸酯分地区产能统计见表 23.3。

表 23.3 中国聚碳酸酯分地区产能统计

区域	企业名称	生产工艺	2017 年产能 / （万吨 / 年）	2017 年占比 /%	2021 年产能 / （万吨 / 年）	2021 年占比 /%
华东	科思创聚合物（中国）有限公司	酯交换法	40	45.71	50	20.24
	帝人聚碳酸酯有限公司	界面缩聚光气法	15	17.14	15	6.07
	菱优工程塑料（上海）有限公司	界面缩聚光气法	10	11.43	10	4.05
	宁波浙铁大风化工有限公司	非光气法	10	11.43	10	4.05
	浙江石油化工有限公司	非光气法	—	—	26	10.53
	聊城鲁西聚碳酸酯有限公司	界面缩聚光气法	6.5	7.43	30	12.15
	万华化学集团股份有限公司	界面缩聚光气法	—	—	21	8.50
	利华益维远化学股份有限公司	非光气法	—	—	13	5.26
华中	湖北甘宁石化新材料股份有限公司	非光气法	—	—	7	2.83
	濮阳市盛通聚源新材料有限公司	非光气法	—	—	13	5.26
华北	北京中石化燕山石化聚碳酸酯有限公司	酯交换法	6	6.86	6	2.43
	沧州大化集团有限责任公司	界面缩聚光气法	—	—	10	4.05
	中沙（天津）石化有限公司	非光气法	—	—	26	10.53
西南	四川中蓝国塑新材料科技有限公司	非光气法	—	—	10	4.05

2021 年，华东 PC 产能占比高达 70.85%，华中、华北、西南占比分别在 8.10%、17% 和 4.05%。年内，华东地区新增浙石化 26 万吨 / 年 PC 装置，区域总产能占国内的绝对主导；12 月

份，伴随中沙天津26万吨/年PC装置的投产，华北地区PC总产能达到42万吨/年，占比也提升至17%，而由于平煤神马、海南华盛PC装置的投产延期，年内华中、华南均无新增产能。

而就下游消费情况来看，华东及华南仍是国内主要的PC消费市场，两者合计消费量占国内的80%以上，华北、华中、西南等其他区域有少量消费。贸易流向来看，尽管华东地区PC消费量居国内首位，但区域内产能分布充沛，因此也是国内最大的PC货源净输出地，主要方向为华南、华中及其他国内区域；华南地区下游消费旺盛，而区域内新增产能严重不足，因此也是国内最大的货源净输入地；2021年，华北地区PC产能大增，区域内供应基本饱和，将由货源净输入转为货源净输出；华中地区PC产能继续增加，而区域内消费保持较快增长态势，考虑区域内企业开工较不稳定，因此仍有部分供应缺口，保持货源净输入态势；2021年，尽管西南地区内PC企业开工率十分不稳，但区域内PC需求也较为有限，因此也是货源净输出地；西北地区有少量PC需求，而无产能分布，也是PC净输入地之一。

2021年中国聚碳酸酯产能区域分布统计见图23.3。

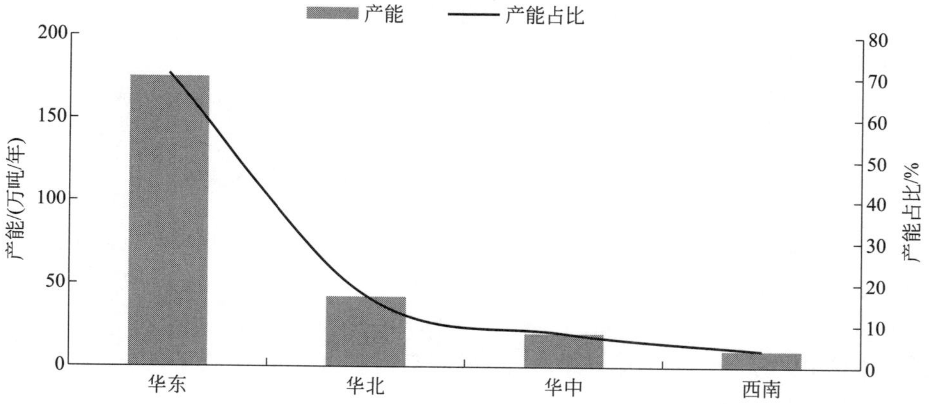

图23.3 2021年中国聚碳酸酯产能区域分布统计

以生产工艺来看，界面缩聚光气法、酯交换法及非光气法是中国PC行业的三大主要生产工艺，也是全球PC的主流生产工艺。由于非光气法在原料成本和车间折旧方面具有一定的优势，且生产中不使用光气，也不涉及二氯甲烷溶剂等有毒挥发性物质，因而在设备腐蚀和环保方面的投入较低。近年来，国内环保督查更加严格，对于光气的使用也进行了高度的控制，非光气法符合环保要求，因此2018年以来国内计划要投产的PC装置多数采用非光气生产工艺，这也成为未来国内PC行业的工艺趋势。

自2015年国内首套非光气生产工艺装置浙铁大风投产后，先后又有5套非光气生产装置投产，截止到2021年底，国内非光气PC装置总产能达到105万吨/年，占国内总产能的42.51%；由于光气的使用受限，近年国内光气法PC产能增长有限，但目前仍然占据国内PC工艺的重要地位，涉及企业总产能86万吨/年，占国内总产能的34.82%，未来伴随非光气装置的继续投产，其占比将继续被动下降；2021年，国内酯交换法PC装置产能56万吨/年，占比22.67%。

23.2.2 2021年中国聚碳酸酯进口量分析

2017—2021年，中国PC进口量整体呈现高位状态，平均进口量150.64万吨。2017—2018年，国内PC行业利润情况良好，下游需求保持平稳增长态势，而国内产能相对不足，对进口料保持较高的依赖度，因此该两年的进口量均超过了130万吨；2019—2020年，尽管国内PC产能继续增加，但行业利润水平大幅下降，加之国内 PC 企业的产业链配套比例极低，减少亏损考虑下，行业开工率持续低下，而由于下游需求较为稳定，国产减少缺口部分由进口料替代，因此对进口料的需求不降反增；2021 年，中国 PC 国产自给率继续大幅提升，加之个别主要进口来源地主动减少对中国市场的依赖，对华出口明显下降，因此 2021 年国内 PC 进口量首次下滑。

2017—2021 年中国聚碳酸酯进口量变化趋势见图 23.4。

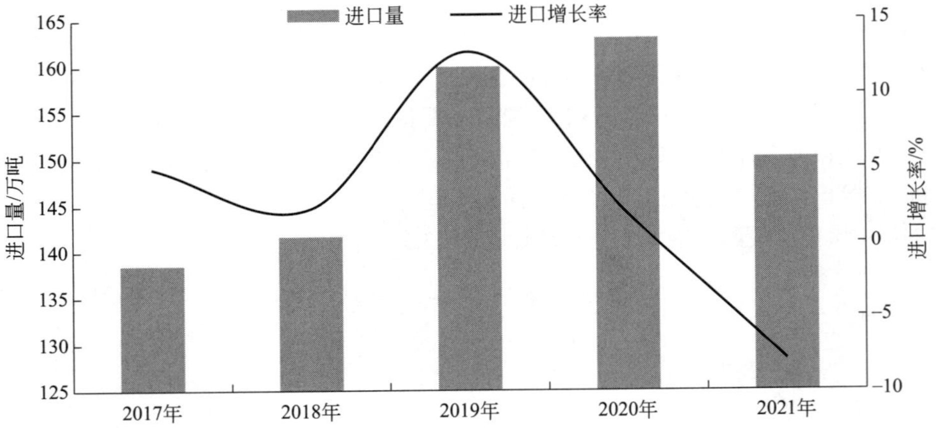

图 23.4 2017—2021 年中国聚碳酸酯进口量变化趋势

从进口来源来看，近五年以来，国内 PC 来源结构变化不大，主要来自近洋地区的韩国、中国台湾和泰国，这三地进口量占全年总进口量的 51% ～ 57%，其他进口主要来自沙特阿拉伯、日本、美国和西欧国家，占总进口量的 29% ～ 33%。

韩国是中国 PC 第一大进口国，2017—2020 年平均进口量为 31.12 万吨 / 年，主要来源企业为乐天化学、乐天尖端及 LG 化学，鉴于中国 PC 国产化程度的大幅提升，及欧洲、美国、印度等其他国家和地区需求较为强劲，2021 年以来，韩国 PC 企业主动调整出口方向，对华 PC 出口量明显减少；中国台湾、泰国至中国大陆的 PC 出口则不断增长，主要原因是中国台湾 PC 供应相对比较稳定，大陆一直是台湾地区最重要的出口依赖市场，东南亚其他国家消费相对有限，另外中国台湾、泰国 PC 出口至中国大陆享受免关税政策；2017—2020 年沙特阿拉伯对华 PC 出口总体较为稳定，但 2021 年以来受中国 PC 关税政策的调整影响，成本优势减弱，因此年内出口量明显下降；美国、日本为重要的高端 PC 供应国家，中国国内市场的中高端 PC 供应仍有缺口，因此近年来对两者的 PC 进口总体保持较为稳定的态势。

2017—2021 年中国聚碳酸酯进口来源及占比情况见表 23.4。

表 23.4 2017—2021 年中国聚碳酸酯进口来源及占比情况

单位：万吨

来源国及地区	2017 年	2018 年	2019 年	2020 年	2021 年
韩国	31.98	28.21	29.67	34.63	29.19
中国台湾	30.80	30.52	32.58	31.64	34.59
泰国	17.38	20.47	20.38	21.02	19.99
沙特阿拉伯	10.92	10.15	18.02	15.13	14.78
美国	10.30	11.35	12.76	12.17	8.40
日本	10.43	9.14	10.24	10.01	9.59

续表

来源国及地区	2017 年	2018 年	2019 年	2020 年	2021 年
合计	111.82	109.84	123.64	124.60	116.54
总进口量	138.49	141.72	159.90	162.98	150.12
韩国占比	23.09%	19.91%	18.56%	21.25%	19.44%
中国台湾占比	22.24%	21.54%	20.38%	19.41%	23.04%
泰国占比	12.55%	14.44%	12.75%	12.90%	13.32%

中国 PC 进口贸易伙伴相对集中。据海关数据显示，2021 年，中国 PC 进口主要集中在中国台湾、韩国、泰国、沙特阿拉伯、日本、美国等，其中前三者的进口量合计占比达到了 57.10%，近年稳居国内 PC 进口前三名，对国内中低端市场影响明显；2021 年以来，伴随中国 PC 国产化进程的加快，韩国 PC 企业主动调整海外出口方向，以减轻对中国市场的过度依赖，因此国内进口于韩国的 PC 数量明显下降，而进口于中国台湾、泰国的 PC 继续享受免关税政策，数量及占比较上年继续保持增长态势。

2021 年中国聚碳酸酯进口情况分析见表 23.5。

表 23.5 2021 年中国聚碳酸酯进口情况分析

来源国及地区	进口量 / 万吨	进口占比 /%	进口额 / 美元	进口均价 /(美元 / 吨)
中国台湾	34.59	23.04	117427.26	3393.85
韩国	29.19	19.44	96221.65	3296.39
泰国	19.99	13.32	52502.83	2626.45
沙特阿拉伯	14.78	9.85	42192.76	2854.72
日本	9.59	6.39	51644.61	5385.26
美国	8.40	5.59	24528.18	2923.50
西班牙	7.13	4.75	18326.04	2570.27
马来西亚	5.91	3.94	10058.56	1701.96
荷兰	4.24	2.82	14372.35	3389.71
越南	1.79	1.19	3052.42	1705.26
其他	14.51	9.67	50323.45	3468.19

23.3 中国聚碳酸酯消费现状分析

23.3.1 2021 年中国聚碳酸酯消费趋势分析

中国 PC 消费整体呈现逐年增长态势，2017—2021 年中国 PC 消费复合增长率在 4.87%，明显高于世界水平。其中，2021 年中国 PC 消费量达到 225.8 万吨，占全球的 45% 以上。中国 PC 的下游消费集中在改性和板材两大领域，两者约占总消费量的 80% 以上。近年伴随新能源汽车相关政策的出台及实施、5G 信息产业、新基建等行业的发展，有望成为推动国内 PC 消费增长的最大动力，中国已成为全球 PC 消费增长最快的国家之一。但近两年来，由于受到全球疫情影响，国内 PC 消费增速同样明显下降。

2017—2021 年中国聚碳酸酯消费趋势分析见图 23.5。

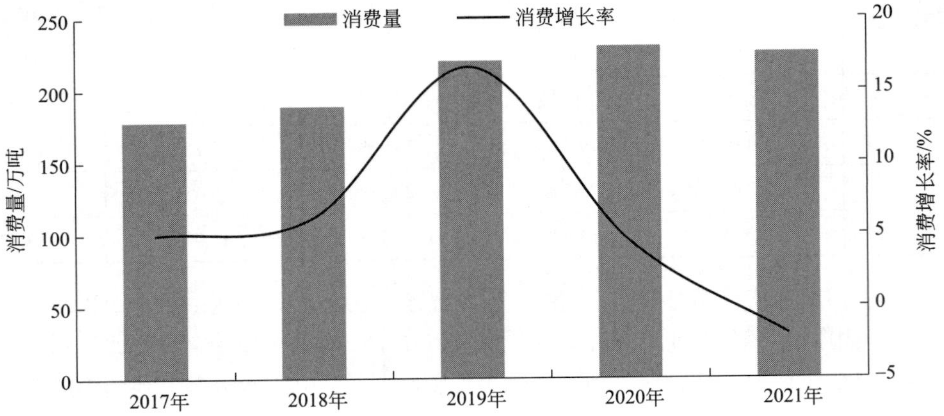

图 23.5 2017—2021 年中国聚碳酸酯消费趋势分析

2021 年，国内 PC 消费首次负增长，同比下降 1.95%，主要是因为国内市场价格持续高位，成本传导至终端受阻。尽管年内国内产能保持增长，行业供应过剩明显，但原料的超高位运行，给 PC 带来较大的成本压力，市场价格同比大幅上涨；但受到全球疫情、“缺芯”、内需不足等一系列因素的影响，终端需求始终处于低迷状态，对下游需求形成明显抑制，PC 高价传导受阻，因此年内消费量未升反降。

23.3.2 2021 年中国聚碳酸酯消费结构分析

与全球下游消费结构类似，中国 PC 下游主要消费行业也是电子电器、板材 / 片材、汽车行业等，近年三者对 PC 的合计消费量占比均在 70% 以上，2021 年的总占比则达到了 77%，环比下降 2 个百分点。其中，电子电器的消费占比较上年继续提升，而板材、汽车行业受 PC 高价、疫情、“缺芯”等因素影响，年内行业开工及产销数据不佳，2021 年中国汽车产销 2608.2 万辆和 2627.5 万辆，同比增长 3.4% 和 3.8%，全年对 PC 的消费比例维持在 11%；运动 / 娱乐、包装、医疗及其他行业的消费量保持平稳增长态势，全年消费占比达到了 21%，较上年提升 2 个百分点。

2017—2021 年中国聚碳酸酯下游需求结构变化趋势统计见表 23.6。

表 23.6 2017—2021 年中国聚碳酸酯下游需求结构变化趋势统计

单位：%

下游行业	2017 年	2018 年	2019 年	2020 年	2021 年
电子 / 电器行业	34	34	34	42	44
板材 / 片材	22	22	22	26	20
汽车行业	18	18	17	11	12
光学媒介	7	5	3	2	2
运动 / 娱乐	5	6	6	4	5
包装	4	5	6	4	5
医疗行业	4	4	5	5	6
其他	6	6	7	6	6

23.3.3 2021年中国聚碳酸酯出口量及结构分析

近年来，国内PC出口量总体保持偏少的态势，在2017年创最高水平后，呈现逐年下降趋势。由于国内PC产能相对不足，且国产PC工厂投产时间相对较短，海外出口门槛较高，因此国内PC出口持续偏少；2017年，部分海外装置因不可抗力因素停车，由于厂商的全球区域保供协议，因此科思创上海工厂对海外市场的PC输出量随之增加，2018年以后，伴随海外停车装置的恢复运行，国内PC出口量明显回落，2018—2020年的平均出口量仅为25.59万吨；2021年，国内PC市场低迷运行，行业竞争态势激烈，而部分海外区域受到疫情及极寒天气等因素的影响，PC装置开工受到影响，考虑到海外市场的开发、降低国内竞争压力以及区域保供等因素，国内PC出口量明显增长，全年累计出口量达到了33.99万吨，同比增长35.26%。2017—2021年中国聚碳酸酯出口量变化趋势见图23.6。

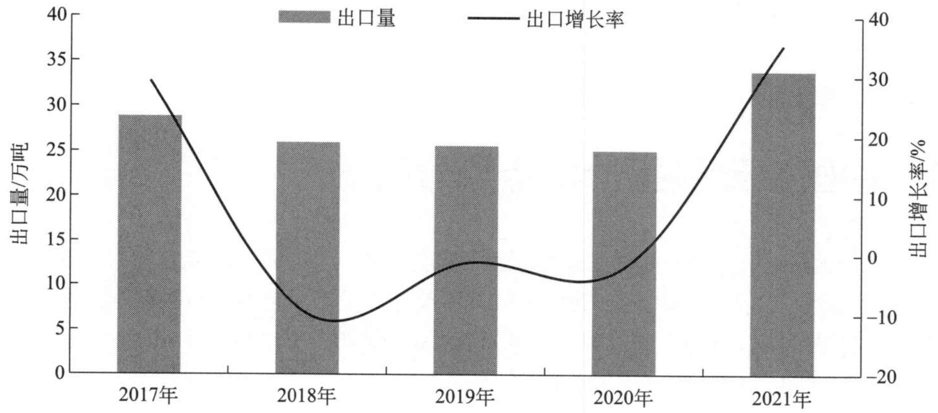

图 23.6 2017—2021年中国聚碳酸酯出口量变化趋势

中国香港、中国台湾、越南、马来西亚、泰国等周边国家和地区是国内PC出口的主要贸易伙伴，近年出口至以上国家和地区的PC数量占国内PC总出口的75%～90%。其中，中国香港、中国台湾稳居PC出口的前两位。香港地区无本土PC企业，下游所需PC主要来自于内地，近年来由于部分下游企业的外迁，因此对PC的需求量随之下降；而台湾地区尽管有2家PC企业分布，但自用量极少，出口大陆为主，因此大陆仍有部分PC销往台湾地区，以满足其下游需求；越南、马来西亚本土无PC工厂，近年伴随其经济及相关制造业的不断发展，对PC的需求量逐年增长，中国对其PC出口量明显增长。

2017—2021年中国聚碳酸酯出口情况分析见表23.7。

表 23.7 2017—2021年中国聚碳酸酯出口情况分析

单位：万吨

出口国及地区	2017年	2018年	2019年	2020年	2021年
中国香港	12.53	11.37	9.29	7.48	7.11
中国台湾	2.74	2.86	3.38	3.42	4.02
越南	1.66	1.83	2.39	2.92	3.74
马来西亚	1.85	2.58	2.85	2.11	2.56
泰国	1.31	1.51	1.30	1.53	2.24
韩国	0.65	0.60	1.06	1.45	1.43

续表

出口国及地区	2017 年	2018 年	2019 年	2020 年	2021 年
日本	1.94	1.55	1.29	1.36	1.66
新加坡	0.48	0.50	0.53	0.62	1.24
印度尼西亚	0.51	0.66	0.43	0.57	1.57
合计	23.67	23.46	22.52	21.46	25.57
总出口量	28.84	25.99	25.65	25.13	33.99
合计占比	82.07%	90.27%	87.80%	85.40%	75.23%

2021 年，中国香港、中国台湾、越南等周边国家和地区仍是中国 PC 出口的主要贸易伙伴，全年三者的出口量分别为 7.11 万吨、4.02 万吨和 3.74 万吨，占中国出口的 20.91%、11.82% 和 11%，其中，出口至中国香港地区的 PC 量同比明显下降，主要因为当地部分下游行业的工厂迁移，而对其他贸易伙伴的出口量多有不同程度增加。

23.4 中国聚碳酸酯价格走势分析

近些年来，中国 PC 市场价格跌宕起伏，整体呈现“M”形走势。2017 年市场大涨，创历史最高纪录，2018 年起步入高位回落通道，2019—2020 年整体低位徘徊震荡，2021 年则持续高位运行。

2021 年，国内进口、国产 PC 均价分别为 25484 元 / 吨、24256 元 / 吨，较 2020 年涨幅分别为 68.46%、71.73%，创 2019 年以来最高纪录。截至 2021 年 12 月 31 日，华东 PC 市场注塑级低端料主流商谈 20700 ～ 21400 元 / 吨，中高端料商谈 20900 ～ 23750 元 / 吨，同比上涨 2150 ～ 4550 元 / 吨，涨幅 11.47% ～ 28.17%，国内高端品牌低于上年。

2017—2021 年中国聚碳酸酯市场价格走势见图 23.7。

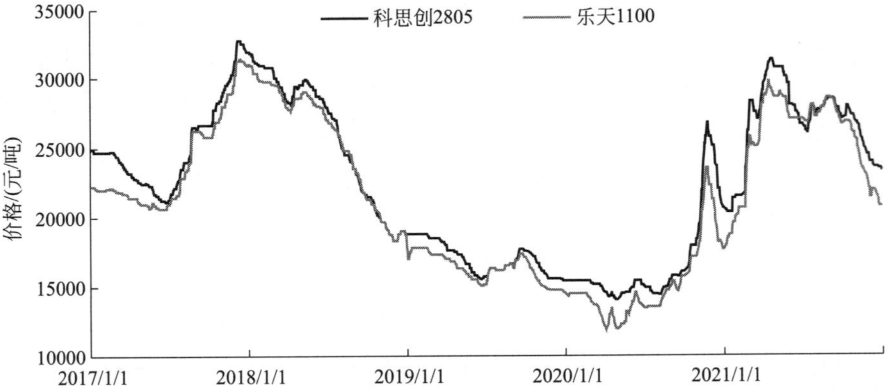

图 23.7 2017—2021 年中国聚碳酸酯市场价格走势

23.5 中国聚碳酸酯利润走势分析

2017—2021 年中国 PC 行业利润水平不断下降。其中，2017—2018 年 PC 与原料双酚 A 的价差较大，平均利润水平高位，2018 年开始，国内 PC 行业进入集中扩能期，国产料供应迅速增长，行业价格不断走低，利润水平也随之迅速下降；2019—2021 年，国内 PC 供需增速失衡带来产能过剩矛盾凸显，而双酚 A 相对新增产能有限，下游需求大增支撑其价格走高，供需矛盾对峙原料高涨，PC 行业微利甚至亏损运行逐步常态化，其中，2021 年 PC 市场价格更是一度低于双酚 A，反映了产能激增带来的不良效应。

2017—2021 年中国聚碳酸酯行业利润统计见图 23.8。

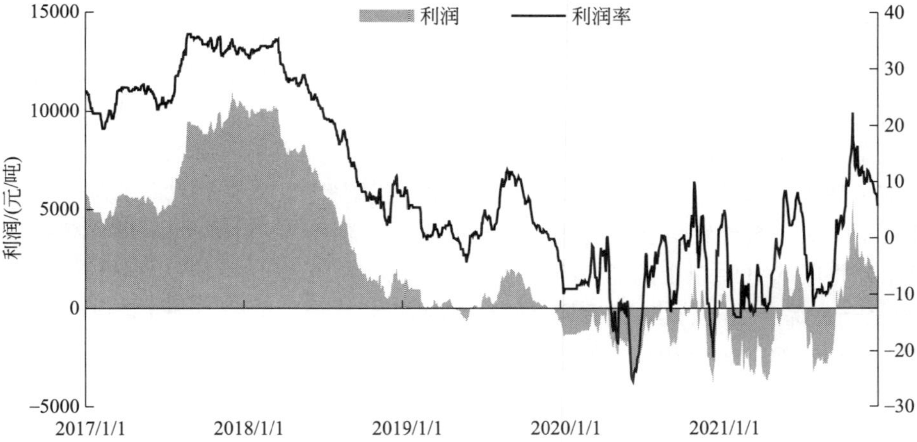

图 23.8 2017—2021 年中国聚碳酸酯行业利润统计

23.6 2022—2026 年中国聚碳酸酯发展预期

23.6.1 中国聚碳酸酯供应趋势预测

未来几年，伴随 PC 一体化装置的不断投产，2022—2026 年国内 PC 产能产量同步大幅增长。产能产量预测增长率出现偏差的主要原因有两点：首先，受装置投产时间分布所致，装置利用率并非全年；其次，国内 PC 产能在 2021 年全面过剩后，未来几年伴随新装置的继续投产，过剩态势严重，行业竞争激烈，甚至不排除后续亏本运营，有可能出现降负荷运行状况，预计 2026 年国内 PC 产能将达到 450 万吨 / 年，产量在 285 万吨。

2022—2026 年中国聚碳酸酯供应预测见图 23.9。

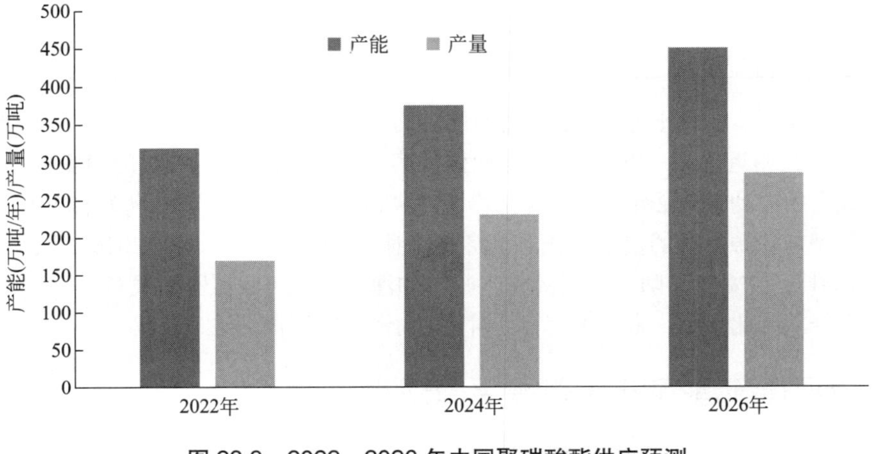

图 23.9 2022—2026 年中国聚碳酸酯供应预测

23.6.2 中国聚碳酸酯消费趋势预测

近年中国 PC 主要下游集中在改性和板材领域，约占其总消费量的 70% 以上，其中改性行业的主要下游为电子电器及汽车，应用领域更加广泛，而板材则直接面对终端消费，与国家的基建政策及房地产行业密切相关。

近年来，得益于全球家电、电脑、电动工具和玩具等产能加速向中国转移，凭借在劳动力以及其他生产要素方面的成本优势，我国已成为这些领域的制造业大国，并借此推动了国内改性塑料行业的发展。消费升级使中国的汽车、建筑等产业进入高速增长期，随着人们对材料性能要求的不断提高，我国正成为全球改性塑料最大的潜在市场和主要需求增长动力。

我国改性塑料行业发展迅猛，2021 年国内改性 PC 的年总需求量约在 100 万吨左右。随着人民生活水平的大幅提升和技术手段的进步，国内“以塑代钢”“以塑代木”将成为一种趋势，作为塑料加工行业大类中发展较快且发展潜力较大的一个子类行业，预计在未来的 5 年，改性 PC 总的市场需求量将保持 10% 以上的增长率。

PC 板材是一种综合性能极佳的工程塑料，具有杰出的物理、机械、电气和热性能，被广泛应用于公用、民用建筑的采光和挡雨棚、通道顶棚、高架路隔声墙、商场顶盖、植物温室，是目前世界上最理想的一种光棚材料。2022 年，伴随全球疫情的逐步稳定，各主要区域经济体均将出台相关政策，促进经济消费的发展，国内外基建的增加及房地产消费的复苏，对 PC 板材的消费也将大幅增加。

未来五年中国 PC 的消费量将保持增长态势，年均增长率仍将在 4% 以上，预计到 2025 年，国内 PC 消费量将超过 300 万吨。

2022—2026 年中国聚碳酸酯下游消费结构占比预测统计见表 23.8。

表 23.8 2022—2026 年中国聚碳酸酯下游消费结构占比预测统计

单位：%

下游行业	2022 年	2023 年	2024 年	2025 年	2026 年
电子 / 电器行业	46	46	46	45	45
板材 / 片材	21	21	21	20	20
汽车行业	10	11	11	12	12
运动 / 娱乐	5	6	6	6	6
包装	5	5	5	5	4
医疗行业	7	7	7	8	9
其他	6	4	4	4	4

未来几年，电子 / 电器作为 PC 下游消费的主力行业的格局将不会改变，预计对 PC 的消费占比将保持在 45% 附近水平；板材 / 片材行业作为第二大消费领域，对 PC 的消费量将继续增加，但消费占比或有所浮动；2022 年以后，伴随全球“缺芯”逐步缓解，国内汽车的产销量也将随之不断回升，另外新能源汽车的快速增长，也将贡献对 PC 的消费量，预计 2026 年汽车行业对 PC 的消费量将提升至 12%；伴随国内老龄化水平的加深，智能可穿戴医疗设备等医疗设施的需求量也将大幅提升，因此预计，未来医疗行业对 PC 的消费比例也将进一步提高。

23.6.3 中国聚碳酸酯市场供需平衡预测

未来五年，伴随 PC 上下游产业链逐步完善，行业一体化趋势愈加明显，中国 PC 供应将呈现快速增长之势。据监测数据测算，预计未来五年 PC 产能年平均增速在 7.12%，产量年平均增速在 10.89%，而表观消费增速预计在 4.08%，供应增速明显高于消费增速，届时行业将进入供过于求周期，进口大幅缩量，出口成为企业谋求未来发展的重要方向。2022—2026 年中国聚碳酸酯市场供需平衡预测见表 23.9。

表 23.9 2022—2026 年中国聚碳酸酯市场供需平衡预测

项目	2022 年	2024 年	2026 年
产能 /（万吨 / 年）	319	375	450
开工率 /%	53.29	61.33	63.33
产量 / 万吨	170	230	285
进口量 / 万吨	130	115	100
出口量 / 万吨	38	50	65
表观消费量 / 万吨	262	295	320

第 24 章 乙烯 - 乙酸乙烯酯共聚物（EVA）

2021 年度关键指标一览

类别	项目	2020 年	2021 年	涨跌值	原因概述
价格	华东现货均值 /（元 / 吨）	12900	20420	7520	下半年光伏需求拉动，供应趋紧推动市场价格上调
供应	产能 /（万吨 / 年）	97.2	177.2	80.0	全年新增产能 80 万吨
	产量 / 万吨	75.55	112.16	36.61	新产能释放，限电影响有限
	开工率 /%	77.73	63.3	-14.43	整体开工稳定，年底新增产能拉低开工
	进口量 / 万吨	117.68	111.67	-6.01	国内新增产能增加，挤压进口增长
需求	出口量 / 万吨	5.36	7.14	1.78	国外市场需求较好，出口优势增加
	下游消费量 / 万吨	187.87	216.69	28.82	主力下游光伏、发泡、线缆需求强劲

24.1 中国乙烯 - 乙酸乙烯酯共聚物供需平衡分析

2017—2020 年中国乙烯 - 乙酸乙烯酯共聚物（EVA）一直处于供不应求的状态，国内产能远远不能满足自身需求，大量依赖进口，进口依存度始终保持在 60% 以上，尤其高端料如光伏和热熔胶的进口依存度高达 70% 以上。2021 年乙烯 - 乙酸乙烯酯共聚物产能大幅增加 80 万吨 / 年，增幅达 80% 以上，国产量达 112.16 万吨，同比增加 48.45%，其主要原因是国内新产能的投放加上原有产能的产量增加。

从进口量来看，2021 年乙烯 - 乙酸乙烯酯共聚物进口量达 111.67 万吨，同比呈现萎缩，乙烯 - 乙酸乙烯酯共聚物进口依存度下降至 51% 左右。进口量下降的主要原因是，国内新产能的投放增加了供应量，尤其是在低含量乙烯 - 乙酸乙烯酯共聚物的供应上大幅增加，高含量乙烯 - 乙酸乙烯酯共聚物的供应有所增加，但因其乙烯 - 乙酸乙烯酯共聚物生产技术对高含量乙烯 - 乙酸乙烯酯共聚物要求较高，因此光伏料的乙烯 - 乙酸乙烯酯共聚物进口量依旧保持较高水平。

需求方面，2021 年乙烯 - 乙酸乙烯酯共聚物表观消费量达 222.55 万吨，同比增长 18.46%。2021 年乙烯 - 乙酸乙烯酯共聚物需求量保持较高的增长，主要原因是下游光伏需求的集中爆发，以及发泡鞋材的需求利好增长，同样下游电线电缆的需求也常年保持稳定增长。2021 年中国乙烯 - 乙酸乙烯酯共聚物行业迎来集中扩能期，带来了供需关系的改变，国产量的快速增加，挤压了乙烯 - 乙酸乙烯酯共聚物进口份额，进口依存度同步下降。

2017—2021 年中国乙烯 - 乙酸乙烯酯共聚物供需平衡见表 24.1。

表 24.1 2017—2021 年中国乙烯 - 乙酸乙烯酯共聚物供需平衡表

项目	2017 年	2018 年	2019 年	2020 年	2021 年
产能 /（万吨 / 年）	97.2	97.2	97.2	97.2	177.2
开工率 /%	52.58	63.49	75.14	77.73	63.3
产量 / 万吨	51.11	61.71	73.04	75.55	112.16
进口量 / 万吨	103.51	120.17	109.62	117.68	111.67
总供应量 / 万吨	154.62	181.88	182.66	193.23	223.83
出口量 / 万吨	6.31	5.24	6.04	5.36	7.14
下游消费量 / 万吨	148.31	176.64	176.62	187.87	216.69
总需求量 / 万吨	167.2	179.32	182.66	191.77	222.55

24.2 中国乙烯 - 乙酸乙烯酯共聚物供应现状分析

24.2.1 2021 年中国乙烯 - 乙酸乙烯酯共聚物国产供应量分析

据统计，2017—2021 年中国乙烯 - 乙酸乙烯酯共聚物产能复合增长率在 16.20%，2017—2019 年产能稳定，2020 年受突发的新冠肺炎疫情影响，新增产能投产多推迟至 2021 年。2021 年新增产能达 80 万吨 / 年，行业景气度提高以及石化行业一体化发展战略，是乙烯 - 乙酸乙烯酯共聚物产能快速增长的主要推手。

2017—2021 年中国乙烯 - 乙酸乙烯酯共聚物产能变化趋势见图 24.1。

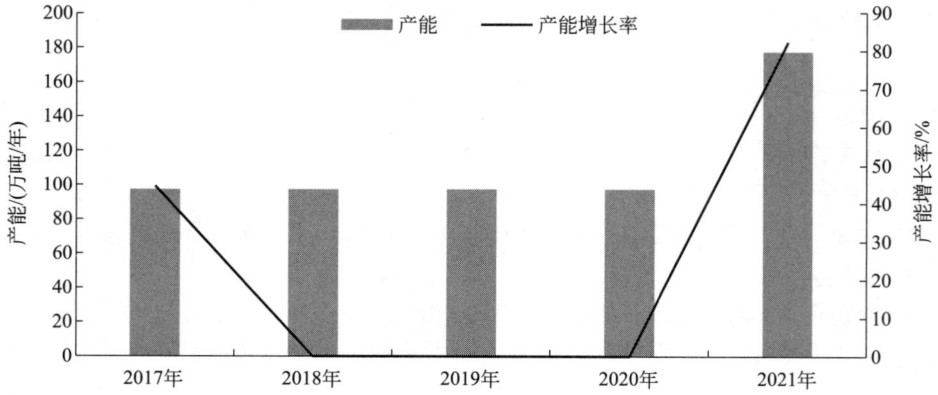

图 24.1 2017—2021 年中国乙烯 - 乙酸乙烯酯共聚物产能变化趋势

2020 年因突发的疫情影响，原本计划投产的乙烯 - 乙酸乙烯酯共聚物装置均推迟至 2021 年。2021 年中国乙烯 - 乙酸乙烯酯共聚物年产能 177.2 万吨，较 2020 年同比增长 82.3%。2021 年新增乙烯 - 乙酸乙烯酯共聚物产能 4 家，延长榆林 30 万吨 / 年、浙石化 30 万吨 / 年、中化泉州 10 万吨 / 年、扬子石化 10 万吨 / 年，合计新投产产能 80 万吨 / 年。

伴随中国乙烯 - 乙酸乙烯酯共聚物新增产能释放，传统、新兴需求的增长，2017—2021 年中国乙烯 - 乙酸乙烯酯共聚物产量整体呈增长趋势，开工率也随之不断上升，近五年产量复合增长率在 20.15%。2018—2021 年传统需求、新兴领域需求、替代需求方面的增长，以及行业盈利状况改善，行业开工负荷提升，2021 年新增产能投产集中，一定程度拉低整体行业开工率，全年开工率在 63.30%，同比减少 14.43%，但全年 EVA 产量大幅增加。

2017—2021 年中国乙烯 - 乙酸乙烯酯共聚物产量变化趋势见图 24.2。

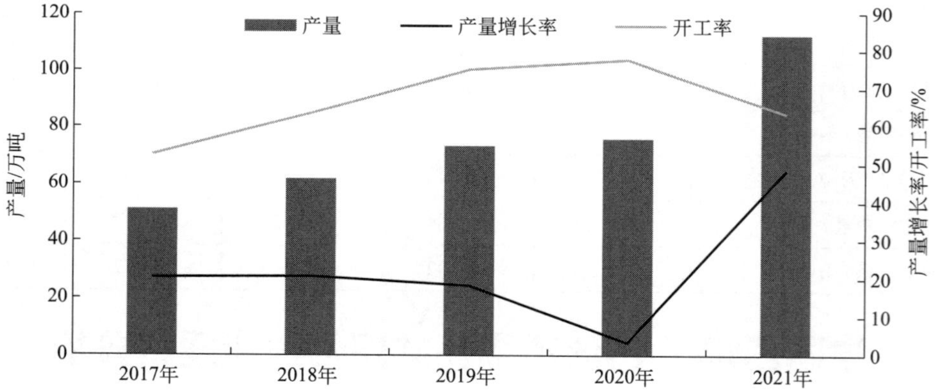

图 24.2 2017—2021 年中国乙烯 - 乙酸乙烯酯共聚物产量变化趋势

2021 年中国乙烯 - 乙酸乙烯酯共聚物产量 112.16 万吨，平均月产量 9.35 万吨，11 月份产量达到 12.36 万吨左右，为当年最高月产量，4 月份产量 5.98 万吨，当年最低产量，5 月份新增产能投产后，下半年每个月多在 10 万～ 12 万吨区间波动。因为行业利润高企，能耗双控、限电以及其他突发因素等引起的装置停车、降负的情况不多，对行业产出影响不大，除了上半年燕山石化为期 45 天的大检修减少供应量外，下半年行业各石化基本例行检修为主，装置多维持高负荷运转，产量产出稳定。

24.2.2 2021 年中国乙烯 - 乙酸乙烯酯区域供应结构分析

中国乙烯 - 乙酸乙烯酯共聚物产能集中度较高，主要集中在华东地区，也是新增产能比较集中区域，浙江、江苏、福建为主。2021 年，华东乙烯 - 乙酸乙烯酯共聚物产能占比高达 66.14%，华北、西北占比分别在 16.93% 和 16.93%，2021 年新投产的延长榆林乙烯 - 乙酸乙烯酯共聚物装置也填补了西北地区乙烯 - 乙酸乙烯酯共聚物产能的空白。华东为乙烯 - 乙酸乙烯酯共聚物主要输出区域。

2021 年中国乙烯 - 乙酸乙烯酯共聚物产能分布见图 24.3。

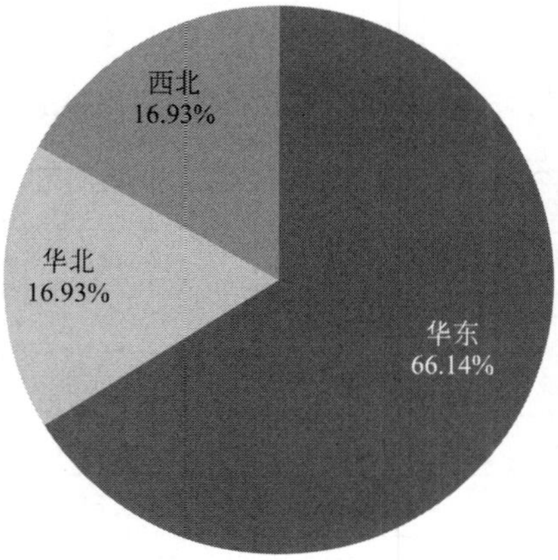

图 24.3 2021 年中国乙烯 - 乙酸乙烯酯共聚物产能分布

24.2.3 2021 年中国乙烯 - 乙酸乙烯酯共聚物进口量分析

据统计，2017—2021 年中国进口乙烯 - 乙酸乙烯酯共聚物量上升后，基本稳定为主。2016—2018 年，中国进口乙烯 - 乙酸乙烯酯共聚物量不断增加，2019 年因国内需求的萧条，进口量有所减少。而到了 2020 年中国乙烯 - 乙酸乙烯酯共聚物进口量约在 117.68 万吨，与 2019 年相比增加 8.06 万吨左右，增幅 7.4%。2021 年因国内多套乙烯 - 乙酸乙烯酯共聚物装置投产，自给力增加，进口量基本无增长，分产品来说，乙烯 - 乙酸乙烯酯共聚物进口量高端料仍维持较高水平，而低端料进口减少。

2017—2021 年中国乙烯 - 乙酸乙烯酯共聚物进口量变化趋势见图 24.4。

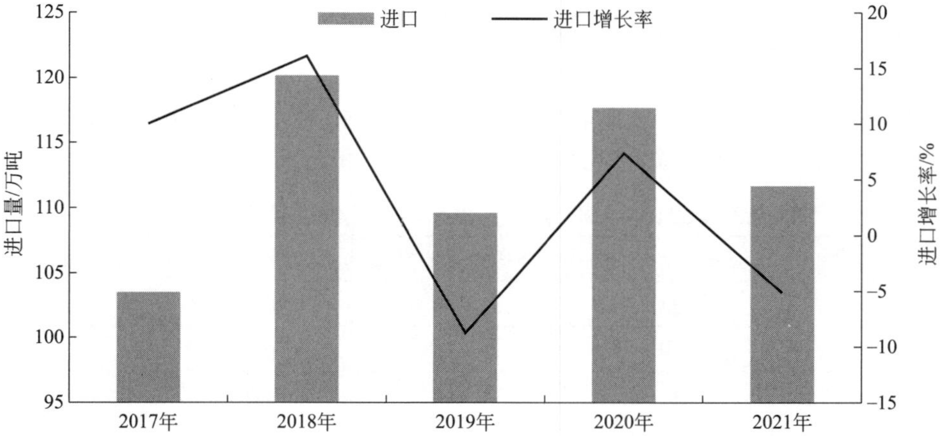

图 24.4 2017—2021 年中国乙烯 - 乙酸乙烯酯共聚物进口量变化趋势

从进口来源地来看，近五年来，国内乙烯 - 乙酸乙烯酯共聚物来源结构变化不大，来自近洋地区的韩国、中国台湾、泰国、新加坡和沙特阿拉伯，这五个地区进口量占全年总进口量的 9.6% ～ 20.2%，合计占总进口量的 76.5%。

韩国是中国乙烯 - 乙酸乙烯酯共聚物第一大进口来源地，主要来源韩国道达尔、韩华、韩国 LG、韩国乐天等企业；中国台湾是大陆地区乙烯 - 乙酸乙烯酯共聚物第二大进口来源地，主要来源于台湾台塑、台聚等企业，2017—2021 年进口量稳定增长为主，伊朗供应量非常不稳定，与美国制裁有关。

2017—2021 年中国乙烯 - 乙酸乙烯酯共聚物主要进口来源及占比统计见表 24.2。

表 24.2　2017—2021 年中国乙烯 – 乙酸乙烯酯共聚物主要进口来源及占比统计

单位：千克

来源国及地区	2017 年	2018 年	2019 年	2020 年	2021 年
韩国	396322365	358636439	366646202	429249717	404724851
中国台湾	239528077	250415834	275450807	286289824	282662798
泰国	71052385	75537360	93389622	102164240	100739672
沙特阿拉伯	84442900	75644755	85068608	85220619	72903787
新加坡	77975618	69984405	74783818	73265859	69783960
日本	47289511	40799005	52960248	63758315	58051185
美国	56680846	47720641	25112023	35370807	51373426
比利时	21067471	19888842	36611674	34885484	22707380
加拿大	24787570	19996975	33923990	29022991	24193781
法国	3632280	3213090	8809290	7858665	10432663
总进口量	1022779023	961837346	1052756282	1147086521	1116713399
韩国占比	6.95%	7.85%	8.87%	8.91%	36.24%
中国台湾占比	23.42%	26.04%	26.16%	24.96%	25.31%
泰国占比	6.95%	7.85%	8.87%	8.91%	9.02%
沙特阿拉伯占比	8.26%	7.86%	8.08%	7.43%	6.53%
新加坡占比	7.62%	7.28%	7.10%	6.39%	6.25%

中国乙烯 - 乙酸乙烯酯共聚物进口相对集中，据海关进口数据统计显示，2021 年我国乙烯 - 乙酸乙烯酯共聚物进口主要来源于韩国、中国台湾、泰国、沙特阿拉伯和新加坡，进口量分别为 40 万吨、28 万吨、10 万吨、7 万吨，占比分别为 36.24%、25.31%、9.02%、6.53%、6.25%。

2021 年中国乙烯 - 乙酸乙烯酯共聚物主要进口来源分析见表 24.3。

表 24.3　2021 年中国乙烯 – 乙酸乙烯酯共聚物主要进口来源分析

来源国及地区	进口量 / 千克	进口占比 /%	进口额 / 美元	进口均价 /（美元 / 吨）
中国香港	499225	0.04	405380	812
印度	610	0.00	9194	15072
印度尼西亚	136140	0.00	556004	4084
日本	58051185	5.20	134079908	2310

续表

来源国及地区	进口量 / 千克	进口占比 /%	进口额 / 美元	进口均价 /（美元 / 吨）
马来西亚	943157	0.08	861468	913
菲律宾	27200	0.00	27405	1008
沙特阿拉伯	72903787	6.53	162485471	2229
新加坡	69783960	6.25	170313424	2441
韩国	404724851	36.24	1043984401	2579
斯里兰卡	365	0.00	701	1921
泰国	100739672	9.02	253238699	2514
土耳其	15595	0.00	86742	5562
越南	4472448	0.40	8655363	1935
中国	13375	0.00	98611	7373
中国台湾	282662798	25.31	735297244	2601
乌兹别克斯坦	30	0.00	67	2233
比利时	22707380	2.03	45507716	2004
英国	483187	0.04	2632833	5449
德国	3204113	0.29	7670479	2394
法国	10432663	0.93	19664206	1885
意大利	798417	0.07	2000566	2506
荷兰	130346	0.01	256789	1970
希腊	43282	0.00	151433	3499
葡萄牙	249275	0.02	496215	1991
西班牙	3393405	0.30	5223581	1539
列支敦士登	0	0.00	97	0
罗马尼亚	50	0.00	420	8400
瑞典	2450	0.00	11974	4887
瑞士	143076	0.01	965557	6749
俄罗斯	125	0.00	1206	9648
捷克	163475	0.01	904523	5533
巴西	4420550	0.40	11641913	2634

24.3　中国乙烯－乙酸乙烯酯共聚物消费现状分析

24.3.1　2021 年中国乙烯－乙酸乙烯酯共聚物消费趋势分析

乙烯 - 乙酸乙烯酯共聚物传统下游行业比较丰富多样，主要有光伏、发泡（鞋材）、电缆、热熔胶、涂覆、农膜等领域。这两年中国乙烯 - 乙酸乙烯酯共聚物下游需求重心持续向新型产业方向发展，其中光伏受国家政策提振，光伏产品作为新能源材料，有更大的发展空间，传统消费领域保持增长。2021 年受周边地区疫情加重影响，海外发泡鞋材订单的回流，对下游鞋材的消费保持较好的增长。另外，高新行业快速发展，表现抢眼。

据统计，截至 2021 年，中国乙烯 - 乙酸乙烯酯共聚物消费量 222.55 万吨，同比增长 18%，消费量增速较快。2017—2021 年乙烯 - 乙酸乙烯酯共聚物消费平均复合增长率在 10.68%。

2017—2021 年中国乙烯 - 乙酸乙烯酯共聚物消费量变化趋势见图 24.5。

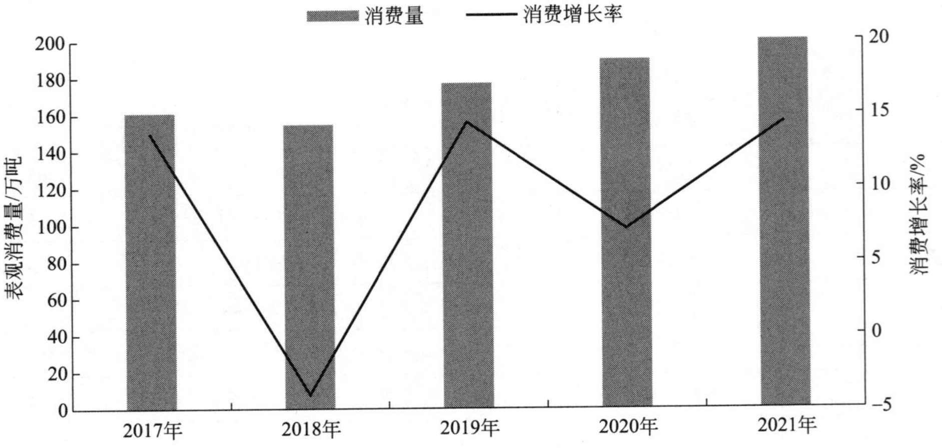

图 24.5 2017—2021 年中国乙烯 – 乙酸乙烯酯共聚物消费量变化趋势

2021 年，中国乙烯 - 乙酸乙烯酯共聚物消费量 222.55 万吨，同比增长 18%，增速保持上升。年内消费高点集中在月 8—10 份，出口及内需订单较好，下游企业生产积极性强劲，尤其是 8 月份下游光伏消费的集中开启，直到 10 月三季度整体需求保持较好。但受货柜紧张、海运费高企、出口订单提价困难、人民币汇率高等因素影响，旺季持续时间不长，受终端工厂生产成本高因素制约，四季度消费增长趋缓。

24.3.2 2021 年中国乙烯 – 乙酸乙烯酯共聚物消费结构分析

2017—2020 年中国乙烯 - 乙酸乙烯酯共聚物下游需求重心持续向新型产业方向发展，主要有电缆、光伏等领域，其中光伏受国家政策提振，作为新能源材料，有更大的发展空间，自 2018 年以来需求增长较快，2021 年需求结构占比已增长至 39% 附近，较 2020 年增加 2% 左右；而传统下游行业正面临着结构性调整，近几年人力成本高，工厂外迁增多，将逐渐在下游市场减少占比，但 2021 年下半年发泡需求因海外订单回流，较 2020 年有所好转。

2017—2021 年中国乙烯 - 乙酸乙烯酯共聚物下游消费结构见图 24.6。

2021 年乙烯 - 乙酸乙烯酯共聚物下游需求量前三的分别是光伏、鞋材、电缆。占比最大的依旧是光伏料，光伏需求约占据乙烯 - 乙酸乙烯酯共聚物下游总消费量的 39%，尤其是在国家政策碳达峰、碳中和的带动下，光伏行业作为重点发展的绿色能源发电领域，近年来保持高速增长，带动乙烯 - 乙酸乙烯酯共聚物光伏料需求增长迅速。第二大下游领域是发泡料，其主要下游为发泡鞋材，其次玩具、箱包、发泡建材等也占据发泡料少量的比例。2021 年国际疫情的影响，也对我国的乙烯 - 乙酸乙烯酯共聚物下游终端发泡行业带来了有利的消费增长。

2021 年乙烯 - 乙酸乙烯酯共聚物下游需求占比见图 24.7。

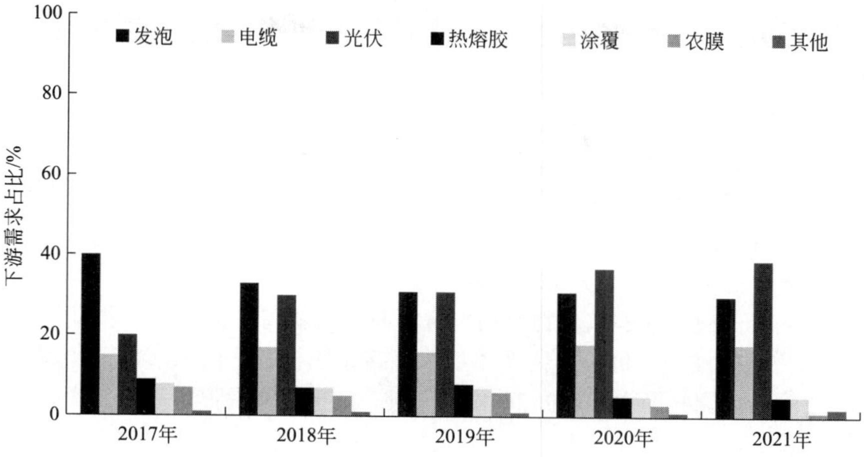

图 24.6　2017—2021 年中国乙烯 - 乙酸乙烯酯共聚物下游消费结构

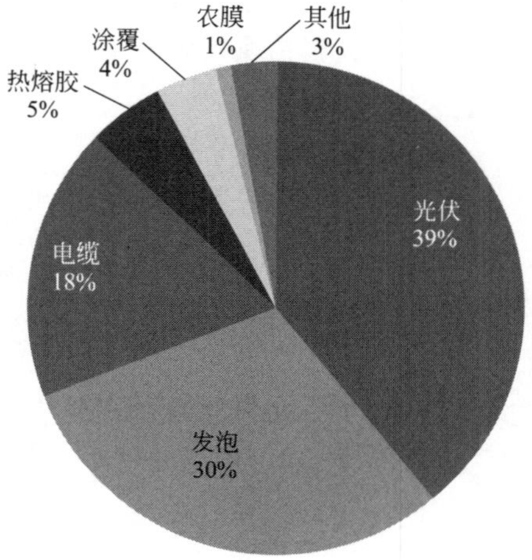

图 24.7　2021 年乙烯 - 乙酸乙烯酯共聚物下游需求占比

24.3.3　2021 年中国乙烯 - 乙酸乙烯酯共聚物出口量及结构分析

2017—2021 年中国乙烯 - 乙酸乙烯酯共聚物出口量呈先降后升趋势，2021 年国产新增产能释放，国产供应提升以及东南亚等地疫情严重影响，出口量转增，不过整体基数仍然较小。

2017—2021 年中国乙烯 - 乙酸乙烯酯共聚物出口量变化趋势见图 24.8。

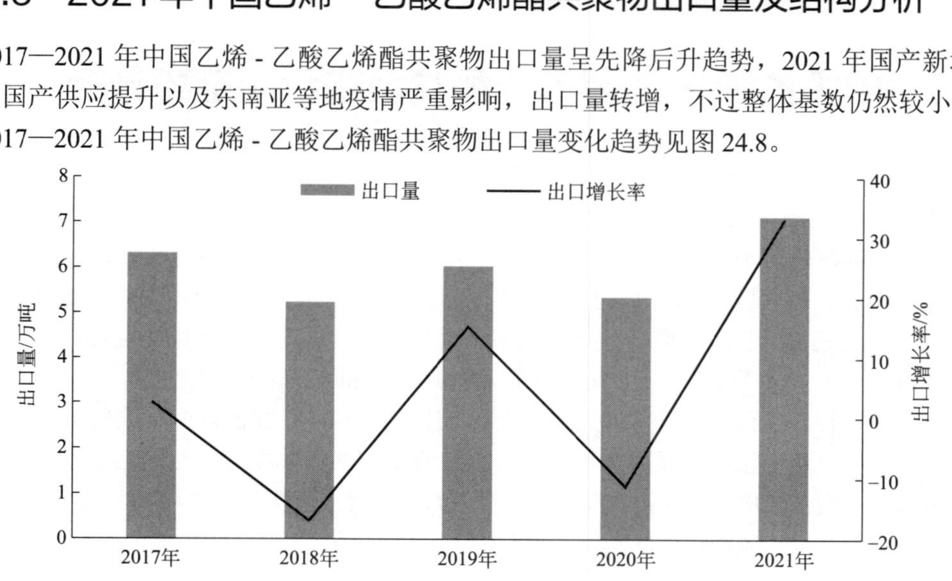

图 24.8　2017—2021 年中国乙烯 - 乙酸乙烯酯共聚物出口量变化趋势

24.4 中国乙烯 - 乙酸乙烯酯共聚物价格走势分析

近五年来，中国乙烯 - 乙酸乙烯酯共聚物市场从平稳走向跌宕起伏。市场供需、成本是推动价格波动的主要影响因素。2017—2019 年国内乙烯 - 乙酸乙烯酯共聚物市场整体处于区间内波动，走势较平稳。2017 年斯尔邦的投产，价格波动较大，2018—2019 年间伴随着市场供需再平衡，价格波动幅度明显收窄。2020 年的乙烯 - 乙酸乙烯酯共聚物市场受突发的新冠肺炎疫情影响，市场较为极端，涨跌空间较大，价格急涨急跌。

2021 年，乙烯 - 乙酸乙烯酯共聚物市场价格不断创出新高，受下游需求的尤其是光伏的强势带动，自身供需面的波动，价格震荡调整后，一路直线拉升。以 18 含量发泡级 5110J 为例，2021 年乙烯 - 乙酸乙烯酯共聚物年均价 20588 元 / 吨，处于历史最高水平；乙烯 - 乙酸乙烯酯共聚物行业年均利润在 8892 元 / 吨，也创乙烯 - 乙酸乙烯酯共聚物历史以来高位。

以 18 含量发泡级 5110J 为例，年内最低点出现在 1 月份达 16200 元 / 吨，最高点出现在 9 月份达 28000 元 / 吨，2021 年均价在 20588 元 / 吨，同比上涨 58.4%。

2017—2021 年中国乙烯 - 乙酸乙烯酯共聚物现货市场价格走势见图 24.9。

图 24.9 2017—2021 年中国乙烯 - 乙酸乙烯酯共聚物现货市场价格走势

24.5 中国乙烯 - 乙酸乙烯酯共聚物利润走势分析

2017—2021 年中国乙烯 - 乙酸乙烯酯共聚物利润整体呈增长趋势，2018 年利润跌落谷底，一度负利润呈现，2019—2020 年供需结构明显好转，增长幅度较大，且不断刷新纪录，2020 年上半年因突发的新冠肺炎疫情影响，国内乙烯 - 乙酸乙烯酯共聚物价格大幅跌落，价格骤降零点，但下半年随着光伏需求强势带动，国内价格大幅反弹，以及低成本影响，行业利润飙升。2021 年随着国内乙烯 - 乙酸乙烯酯共聚物价格大幅拉高，利润再次直线增长。2021 年乙烯 - 乙酸乙烯酯共聚物行业利润大涨，从成本面来看上游乙烯和乙酸乙烯高位运行，其中乙烯相对高位区间震荡运行，然而另一个原料乙酸乙烯主要因为乙烯 - 乙酸乙烯酯共聚物的需求旺盛而供应紧张，价格一路高涨，但是因为乙烯 - 乙酸乙烯酯共聚物生成用的乙酸乙烯添加比例多在 18% ～ 28%，乙酸乙烯成本面的影响相比高昂的乙烯 - 乙酸乙烯酯共聚物利润来说，仍显得微不足道。2017 年乙烯 - 乙酸乙烯酯共聚物年均利润 1943 元 / 吨、2018 年 1029 元 / 吨、2019 年 911

元 / 吨、2020 年 4042 元 / 吨、2021 年 8892 元 / 吨。2021 年乙烯 - 乙酸乙烯酯共聚物受价格的大幅暴涨，行业利润涨至历史高位，同比增长 120%。

2017—2021 年中国乙烯 - 乙酸乙烯酯共聚物行业成本及利润变化趋势见图 24.10。

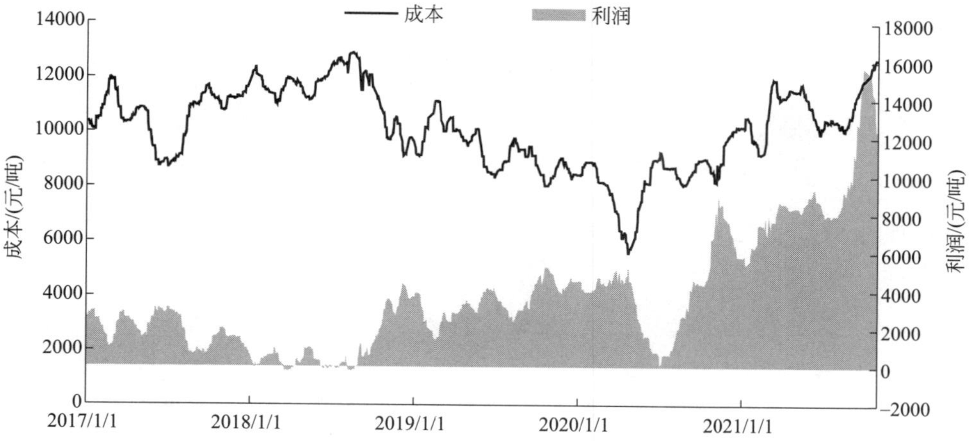

图 24.10　2017—2021 年中国乙烯 - 乙酸乙烯酯共聚物行业成本及利润变化趋势

24.6　2022—2026 年中国乙烯 - 乙酸乙烯酯共聚物发展预期

24.6.1　中国乙烯 - 乙酸乙烯酯共聚物拟在建 / 退出产能统计

未来五年乙烯 - 乙酸乙烯酯共聚物行业拟在建产能将达到 179 万吨，新增产能主要集中在华东、华南、西北地区。2022—2023 年新增产能集中投放后，乙烯 - 乙酸乙烯酯共聚物市场格局将发生重大变化，产品结构呈现多元化趋势，包括进口萎缩，出口增加，以及货源流向也将发生重大改变，高端乙烯 - 乙酸乙烯酯共聚物的供给上将会逐渐稳定增长。

24.6.2　中国乙烯 - 乙酸乙烯酯共聚物供应趋势预测

伴随乙烯 - 乙酸乙烯酯共聚物新增产能陆续释放，2022—2026 年国内乙烯 - 乙酸乙烯酯共聚物产量同步大幅增长，较之 2017—2021 年产能复合增速 6.6%，产量复合增速 9.8%。产能产量预测增长出现偏差的主要原因：受装置投产时间分布所致，装置利用率并非全年；乙烯 - 乙酸乙烯酯共聚物产能在 2023 年之后将逐步过剩，行业竞争激烈，甚至不排除后续亏本运营，可能出现降负运行状况。预计 2026 年产能达到 356 万吨，产量 250 万吨。

2022—2026 年中国乙烯 - 乙酸乙烯酯共聚物供应趋势见图 24.11。

未来五年乙烯 - 乙酸乙烯酯共聚物产品扩能，主要集中在华东和西北区域，上下游一体化发展、产业配套是其扩张的根本原因，另外装置乙烯 - 乙酸乙烯酯共聚物 /LDPE 可相互转换也是其产能扩张的另一重要因素。

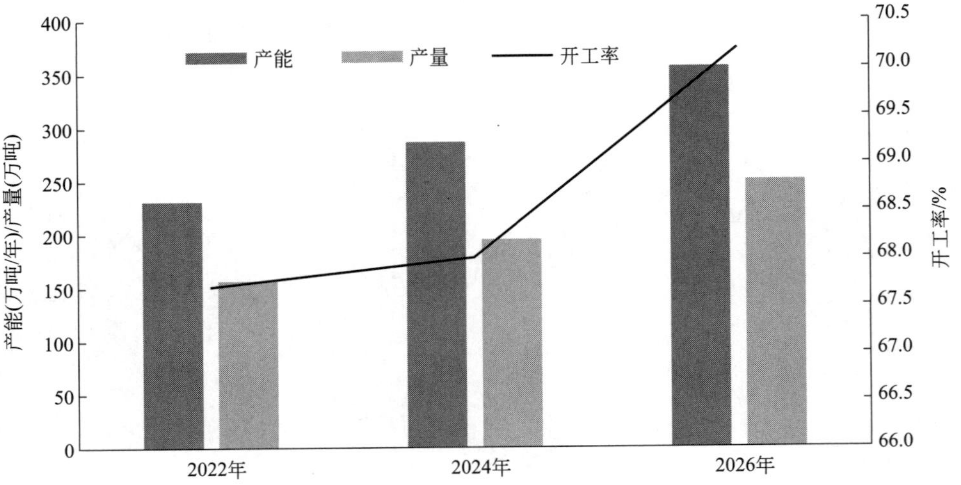

图 24.11　2022—2026 年中国乙烯 - 乙酸乙烯酯共聚物供应趋势

2026 年，预计华东乙烯 - 乙酸乙烯酯共聚物产品产能占比高达 69.4%，西北、华北、华南占比分别在 19.3%、8.42%、2.8%。届时华东、华南地区是 PBT 产品的主要输出区域，华北从 2021 年之后也开始供过于求。

24.6.3　中国乙烯 - 乙酸乙烯酯共聚物消费趋势预测

2022—2026 年中国乙烯 - 乙酸乙烯酯共聚物消费量将继续呈现差异化表现，下游光伏、电缆及膜类等行业或保持高速发展，乙烯 - 乙酸乙烯酯共聚物表观消费量或将继续呈现稳步增长态势。光伏行业将继续作为乙烯 - 乙酸乙烯酯共聚物下游消费增长的“领头羊”，伴随着“十三五”进入尾声，可再生能源发展“十四五”规划进入关键时刻。初步估算，2022 年乙烯 - 乙酸乙烯酯共聚物下游消费继续保持增长态势，消费量或达 262.97 万吨，同比上涨 18.46%。增长空间较大，尤其是下游光伏领域增长将会有卓越表现。其他领域增长边际压力逐渐显现，或更趋于存量博弈。主要受传统消费领域增速趋缓，线上消费增长的边际效应、居民收入增长缓慢等方面影响，其高景气度持续性或将受影响。出口市场全年稳中有升，虽然未来增长压力持续加大，结构性分化局面将呈现，但绝对的产业比较优势对出口基本面依然形成支撑，全球化布局仍将持续加快。

未来五年中国乙烯 - 乙酸乙烯酯共聚物消费量整体呈增长趋势，与 2021 年相比预计复合增长率 8.55%，光伏行业作为“领头羊”增长性或将大幅领先跑赢发泡、电线电缆等领域，用于热熔胶、预涂覆行业的乙烯 - 乙酸乙烯酯共聚物有一定固化趋势，而下游农膜行业消费增长或呈滞缓态势。随着新增产能技术的提高，如浙石化、中化泉州、扬子石化等乙烯 - 乙酸乙烯酯共聚物高含量生产稳定，产量进一步增长，以抵消用部分的进口量；而随着老产能如燕山石化技术研发的推进，在小众乙烯 - 乙酸乙烯酯共聚物产品的投入，对韩国乙烯 - 乙酸乙烯酯共聚物涂覆料的进口替代效果或也将逐渐明显。

2022—2026 年中国乙烯 - 乙酸乙烯酯共聚物消费量变化趋势见图 24.12。

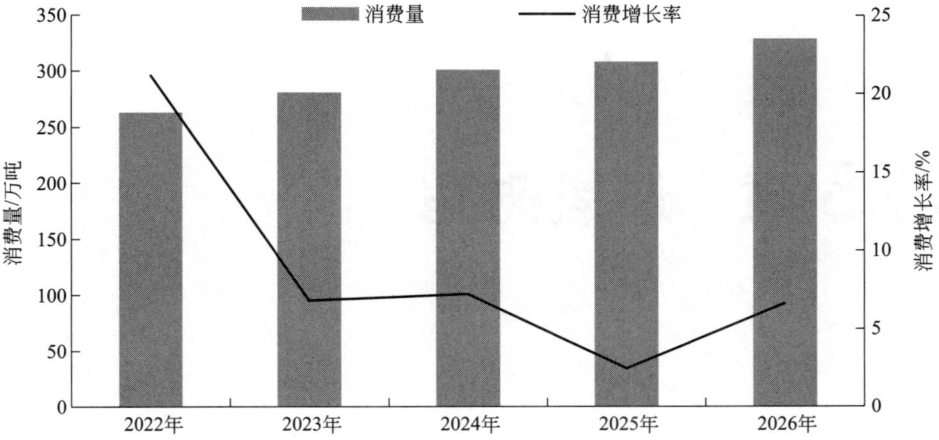

图 24.12 2022—2026 年中国乙烯 - 乙酸乙烯酯共聚物消费量变化趋势

24.6.4 中国乙烯 - 乙酸乙烯酯共聚物市场供需平衡预测

未来五年，伴随乙烯 - 乙酸乙烯酯共聚物上游产业链逐步完善，行业一体化趋势愈加明显，供应端将呈现大幅增长之势。预计未来五年乙烯 - 乙酸乙烯酯共聚物产能年平均增速在 15.1%，产量年平均增速在 9.7%，下游消费增速在 3.3%，供应增速明显高于消费增速，其中高端产品的供需逐渐呈平衡态势，供应过剩速度或慢于其他产品，届时行业将进入供过于求周期，进口大幅缩量，出口成为企业谋求未来发展的重要方向。2022—2026 年中国乙烯 - 乙酸乙烯酯共聚物市场供需平衡预测见表 24.4。

表 24.4 2022—2026 年中国乙烯 - 乙酸乙烯酯共聚物市场供需平衡预测

项目	2022 年	2024 年	2026 年
产能 /(万吨 / 年)	231.2	286.2	356.2
开工率 /%	67.70	73.00	70.20
产量 / 万吨	156.52	208.93	250.05
进口量 / 万吨	113.00	100.00	88.00
总供应量 / 万吨	269.52	308.93	338.05
出口量 / 万吨	6.55	7.80	9.00
总需求量 / 万吨	262.97	301.13	329.05

第 25 章　环氧树脂

2021 年度关键指标一览

类别	项目	2020 年	2021 年	涨跌值	原因概述
价格	现货成交价均值 /（元 / 吨）	20535	30931	10396	成本及电子、风电行业需求强劲带动，价格涨势明显
供应	产能 /(万吨 / 年)	236	257.30	21.3	行业利润提升，新增产能不断释放，国产供应增长，且年内大厂计划内检修及下半年双控政策影响，平均行业开工率难提升
	产量 / 万吨	151.96	161	9.04	
	开工率 /%	64.39	62.57	-1.82	
	进口量 / 万吨	40.48	31.58	-8.9	一方面新增产能投放，国产供应增加，进口萎缩；另一方面欧美东南亚市场强劲，进口货源流向有所偏移；再者美元价格偏高，业者警惕心态明显
需求	出口量 / 万吨	4.72	10.14	5.42	上半年受美欧多地遭遇极寒天气、全球供应吃紧影响，国外纷纷到国内询单，致使国内出口订单增加明显
	下游消费量 / 万吨	183.25	170.20	-13.05	经过 2020 年下游电子“抢装潮”结束，2021 年风电行业需求量处于缩减状态，其他应用领域需求增长有限

25.1 中国环氧树脂供需平衡分析

2017—2021 年中国环氧树脂市场供需稳步增长。2017—2021 年中国环氧树脂产量年均增速在 7.62%，消费量年均增速在 4.22%，其产量增加的主要原因来自环氧树脂产能的释放以及部分年份开工率的提升，下游需求的增长主要来自下游风电及电子行业的扩张。2021 年中国新增 4 套环氧树脂装置，新增产能 33 万吨 / 年，闲置淘汰总产能在 11.2 万吨 / 年。截至 2021 年底，环氧树脂产能增长至 257.30 万吨 / 年，较 2020 年同期上涨 9.03%。

进出口方面，目前国内环氧树脂产能处于过剩局面，但部分高端树脂仍需要进口资源补充，伴随国产供应量增加，进口占比萎缩。据海关数据统计显示，2021 年中国环氧树脂进口量 31.58 万吨，同比下降 21.99%。2021 年中国环氧树脂消费量在 170.20 万吨，同比减少 7.12%，主要因为 2020 年风电抢装结束，导致风电行业需求减弱，另外市场供需面及政策打压，其他应用领域需求也难以提升。

2017—2021 年中国环氧树脂供需平衡见表 25.1。

表 25.1 2017—2021 年中国环氧树脂供需平衡表

项目	2017 年	2018 年	2019 年	2020 年	2021 年
产能 /（万吨 / 年）	230	230	234.5	236	257.30
开工率 /%	52.17	48.70	49.57	64.39	62.57
产量 / 万吨	120	112	116.24	151.96	161
进口量 / 万吨	27.48	26.95	28.88	40.48	31.58
总供应量 / 万吨	147.48	138.95	145.12	192.44	192.85
出口量 / 万吨	7.15	5.78	4.81	4.72	10.14
下游消费量 / 万吨	144.28	137.93	136.1	183.25	170.2

25.2 中国环氧树脂供应现状分析

25.2.1 2021 年中国环氧树脂产能变化趋势分析

2017—2021 年中国环氧树脂产能复合增长率在 2.84%，产能处于缓慢增长状态。产能增长主要集中在 2021 年，下游电子、风电、涂料需求量的不断增加，是环氧树脂产能增长的主要动力。

2017—2021 年中国环氧树脂产能变化趋势见图 25.1。

2021 年新增产能四家，合计增加 33 万吨 / 年，但也有闲置淘汰产能约 11.2 万吨 / 年，截至 2021 年 12 月 31 日，中国环氧树脂产能达 257.30 万吨 / 年，较 2020 年同比增长 9.03%。华东地区是国内化工产品的产销集中地，同时也是环氧树脂产品的集散地，其货源主要以本地区消化为主，另外部分流向华中、华南及华北地区，华北地区环氧树脂企业相对较少，货源主要流向华东、东北地区。

2020—2021 年中国环氧树脂生产企业新增装置统计见表 25.2。

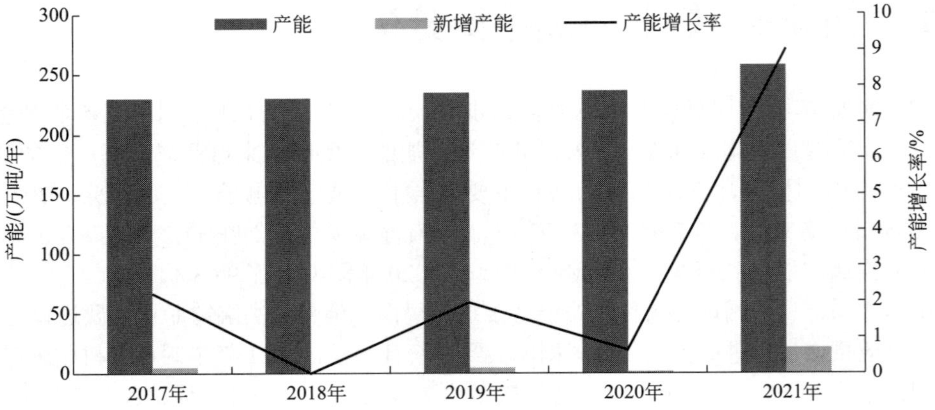

图 25.1 2017—2021 年中国环氧树脂产能变化趋势

表 25.2 2020—2021 年中国环氧树脂生产企业新增装置统计

生产企业	地址	企业形式	产能 /（万吨 / 年）	装置投产时间
河南三木表层材料工业园有限公司	河南焦作	民营	4	2020 年 7 月
山东三木化工有限公司	山东滨州	民营	6（一期）	2020 年 11 月
长春化工（盘锦）有限公司	辽宁盘锦	台资	5	2021 年 4 月
山东三木化工有限公司	山东滨州	民营	6（二期）	2021 年 9 月
山东德源环氧科技有限公司	山东肥城	民营	4	2021 年 4 月
江苏瑞恒新材料科技有限公司	江苏连云港	独资	18	2021 年 12 月

随着新增产能不断释放，近五年来中国环氧树脂产量也是逐年增长，产量复合增长率在7.62%。2017—2019 年因产能过剩，需求增长缓慢，整体开工负荷低位。2020 由于下游风电行业在国家补贴政策的推动下，需求表现强劲，在一定程度上拉高行业整体开工水平。2021 年新增产能多集中在下半年及四季度，另外 9 月份随着“双碳”目标的推进，环氧树脂装置均受到停车或降负影响，从而导致开工负荷难提升，2021 年环氧树脂行业平均开工率在 62.57%。

2017—2021 年中国环氧树脂产量变化趋势见图 25.2。

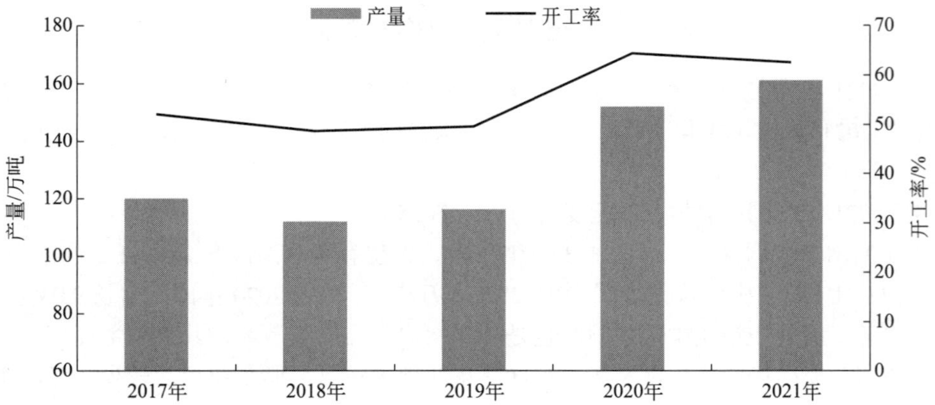

图 25.2 2017—2021 年中国环氧树脂产量变化趋势

25.2.2 2021 年中国环氧树脂区域供应结构分析

中国环氧树脂产能分布集中，从近年产能变化来看，华东一直是最集中区域，也是新增产能比较集中的区域。截至 2021 年，随着江苏瑞恒 18 万吨 / 年装置建成，华东环氧树脂产能占比高达 64.78%，华南、华北占比分别在 10.57% 和 9.67%。

中国环氧树脂分地区产能情况统计见表 25.3。

表 25.3 中国环氧树脂分地区产能情况统计

区域		2020 年产能 /（万吨 / 年）	2020 年占比 /%	2021 年产能 /（万吨 / 年）	2021 年占比 /%
华东	江苏	109.10	46.23	127.00	49.36
	上海	3.60	1.53	4.00	1.55
	安徽	38.40	16.27	35.70	13.87
华北	河北	10.20	4.32	4.40	1.71
	山东	18.20	7.71	19.00	7.38
	天津	1.50	0.64	1.50	0.58
华中	河南	4.00	1.69	4.00	1.55
	湖南	12.50	5.30	14.50	5.64
华南	广东	23.50	9.96	27.20	10.57
东北	辽宁	15.00	6.36	20.00	7.77

25.2.3 2021 年中国环氧树脂进口量分析

2017—2021 年中国环氧树脂进口量先增后减。2017—2018 年平均进口量在 26 万吨左右，自 2018 年之后因国内整体供应面偏紧，导致 2019 年进口量达到 28.87 万吨，较 2018 年增长 6.37%。2020 年受疫情影响较大，国内各大液体树脂工厂开工负荷提升缓慢，但下游风电行业因国内政策补贴出现“抢装潮”，国内货源货紧价高，而中国是第一消费大国，导致进口量处于明显增长状态，2020 年环氧树脂进口总量达到了 40.48 万吨，较 2019 年同期大幅增长 40.21%，刷新历史新高。2021 年 2—3 月份受欧美极寒天气影响，环氧树脂遭遇了极其严重的减产，致使全球市场供应吃紧，造成国外供应断档，2021 年中国环氧树脂进口量在 31.58 万吨，同比萎缩 21.99%。

2017—2021 年中国环氧树脂进口量变化趋势见图 25.3。

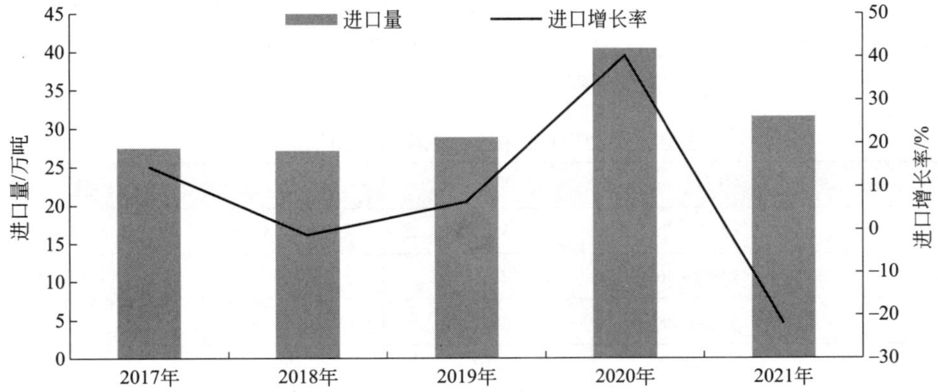

图 25.3 2017—2021 年中国环氧树脂进口量变化趋势

近五年以来，国内环氧树脂来源结构变化不大，主要来自中国台湾、韩国、德国、美国和日本，2017—2020年这五个地区及国家进口量占全年总进口量的83%～88%，2021年虽然总进口量减少，但五个地区及国家集中化更为凸显，其占比达到了98.48%，其他国家占比相对较小。

中国台湾一直是中国环氧树脂第一大进口地，其主要来源为台湾南亚、台湾长春化工等；其次是韩国，主要来源为韩国LG和韩国锦湖；再次是美国。

2017—2021年中国环氧树脂主要进口来源及占比见表25.4。

表25.4 2017—2021年中国环氧树脂主要进口来源及占比情况

单位：吨

来源国及地区	2017年	2018年	2019年	2020年	2021年
中国台湾	98019.53	94367.73	110929.49	147008.81	122445.78
韩国	60625.82	60493.93	70966.54	115721.14	79496.96
德国	24952.98	28727.92	24113.09	29946.67	28745.88
美国	32077.21	23992.75	31167.33	43838.58	31437.72
日本	14165.96	17498.35	16493.72	15775.67	18108.41
泰国	8757.14	7303.91	8746.19	20164.75	12197.24
意大利	9270.19	7892.08	5139.94	6129.96	7519.32
荷兰	7590.81	8134.39	6737.45	11890.39	2474.52
以色列	3892.58	4163.69	3800.42	4567.8	5249.75
瑞士	2945.75	3389.05	2565.88	2204.72	3375.53
合计	262297.97	255963.82	280660.04	397248.48	311051.1
总进口量	276173.12	269303.53	288755.99	404798.17	315838.1
前5位占比	83.22%	83.58%	87.85%	87.03%	98.48%
中国台湾占比	35.49%	35.04%	38.42%	36.32%	25.17%
韩国占比	21.95%	22.46%	24.58%	28.59%	25.17%
德国占比	9.04%	10.67%	8.35%	7.40%	9.10%
美国占比	11.61%	8.91%	10.79%	10.83%	9.95%
日本占比	5.13%	6.50%	5.71%	3.90%	5.73%

2021年我国环氧树脂进口来源地的前三位是中国台湾、韩国、德国，进口量分别为12.24万吨、7.95万吨、2.87万吨，占进口总量的38.77%、25.17%和9.10%。

2021年中国环氧树脂进口情况分析见表25.5。

表25.5 2021年中国环氧树脂进口情况分析

来源国及地区	进口量/吨	进口占比/%	进口额/美元	进口均价/（美元/吨）
中国台湾	122445.78	38.77	549655795	4488.97
韩国	79496.96	25.17	319215216	4015.44
德国	28745.88	9.10	152657930	5310.6
美国	31437.72	9.95	114272558	3634.89
日本	18108.41	5.73	164054924	9059.6

续表

来源国及地区	进口量 / 吨	进口占比 /%	进口额 / 美元	进口均价 /（美元 / 吨）
泰国	12197.24	3.86	47187318	3868.69
意大利	7519.32	2.38	31890380	4241.13
以色列	5249.75	1.66	26313377	5012.31
荷兰	2474.52	0.78	8052695	3254.24
瑞士	3375.529	1.07	22776836	6747.63

25.3 中国环氧树脂消费现状分析

25.3.1 2021 年中国环氧树脂消费趋势分析

中国环氧树脂的下游消费多集中在粉末涂料、电子电器及复合材料三大应用领域，对环氧树脂行业的发展具有较大的牵引和驱动作用。风电行业、5G 信息产业以及新基建等行业的发展，是近年来推环氧树脂消费增长的最大动力，未来新增产能也将会陆续释放。

截至 2021 年中国环氧树脂消费量在 170.20 万吨，2017—2021 年中国环氧树脂消费复合增长率在 4.22%。2018 年、2019 年主要受环保以及国家政策等影响，下游应用领域均受到一定打压，消费量整体提升缓慢。虽然 2020 年受疫情冲击较大，但受益于风电“抢装潮”带来的需求增加，消费量达到 183.25 万吨，同比增长 34.64%。2021 年因国家风电补贴政策结束，供需博弈以及限电限产影响，消费量处于缩减状态，同比减少 7.12%。2017—2021 年中国环氧树脂下游消费量变化趋势见图 25.4。

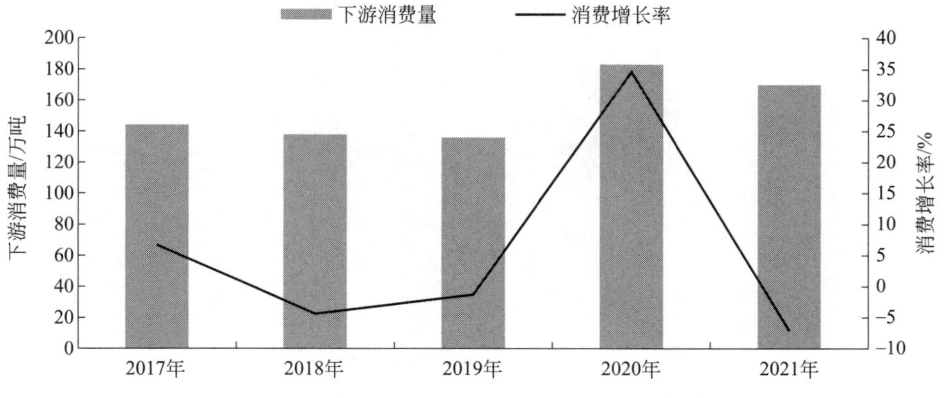

图 25.4 2017—2021 年中国环氧树脂下游消费量变化趋势

25.3.2 2021 年中国环氧树脂消费结构分析

中国环氧树脂下游终端主要是粉末涂料、电子电器及复合材料，2017—2021 年三大应用领域对环氧树脂的消费复合增长率分别在 -6.40%、2.41% 及 10.67%，其中复合材料领域近年增长较明显，主要受到 2020 年国内风电行业需求带动。随着中国碳达峰和碳中和目标的指引，未来中国风力发电市场稳步发展，对环氧树脂需求将不断增加，其复合材料在环氧树脂下游应用占比也将进一步提升。

2017—2021 年中国环氧树脂下游行业需求结构变化趋势见图 25.5。

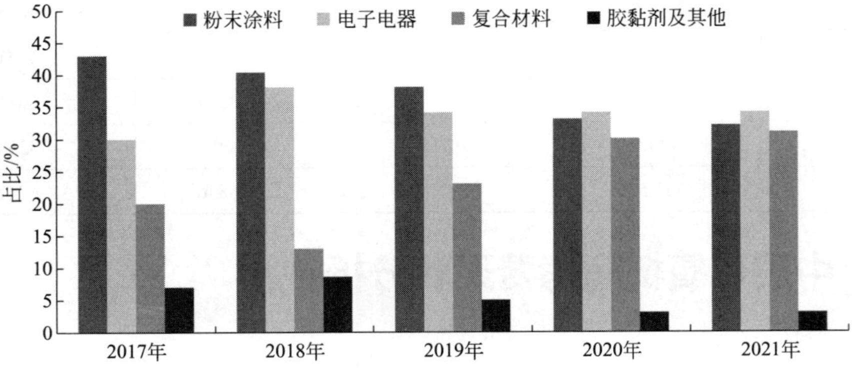

图 25.5 2017—2021 年中国环氧树脂下游行业需求结构变化趋势

2021 年中国环氧树脂下游应用领域占比变化甚微。近年来，随着风电行业的迅速崛起，对环氧树脂的需求明显增长，但 2020 年国家对陆上风电行业补贴政策结束，2021 年减少 1%。粉末涂料因行业竞争压力大，以及环保压力，增长率缩减 1%，电子电器及其他应用领域基本维持稳定。

2021 年环氧树脂下游需求结构见图 25.6。

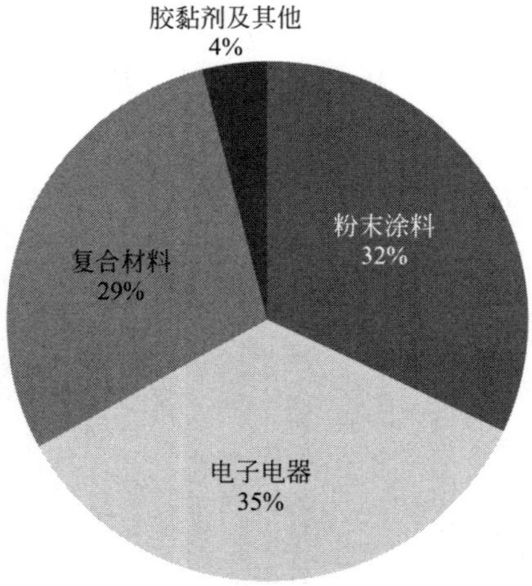

图 25.6 2021 年环氧树脂下游需求结构

25.3.3 2021 年中国环氧树脂出口量及结构分析

2017—2020 年中国环氧树脂出口量呈现逐渐减少状态，平均出口量在 5.91 万吨 / 年。2020 年受新冠肺炎疫情影响，国内下游终端消费量难以提升，导致出口量缩减至 4.72 万吨。2021 年国外因疫情及极寒天气的影响，需求强劲增长，国内出口量明显增加。2021 年中国出口量达到 10.14 万吨，同比增长 114.83%。

2017—2021 年中国环氧树脂出口量变化趋势见图 25.7。

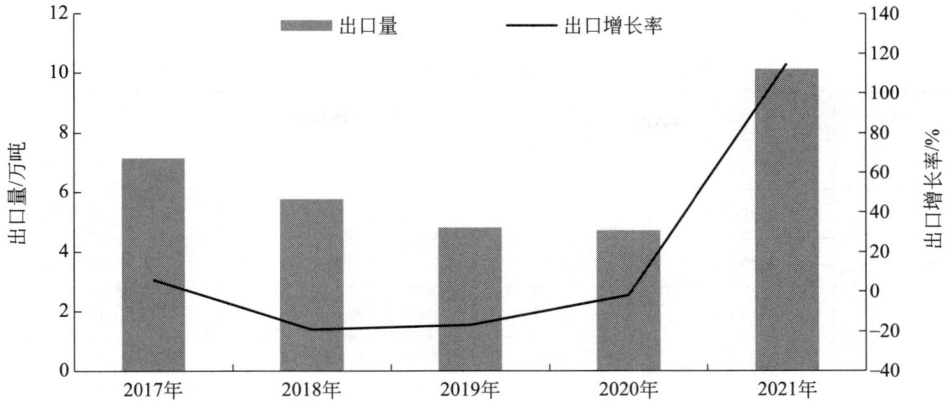

图 25.7 2017—2021 年中国环氧树脂出口量变化趋势

近五年来，中国环氧树脂出口国家及地区结构变化甚微，主要出口至泰国、俄罗斯、阿联酋、韩国、美国，这五地出口量占全年总出口量的 29% ～ 39%。其他出口地为越南、意大利和荷兰，占总出口量的 7% ～ 17%。2017—2020 年出口排前两位的是泰国和俄罗斯，均占比在 10% 左右。2021 年因国外疫情严重，导致泰国、俄罗斯以及阿联酋开工不足，需进口进一步补充，另外阿联酋打破零突破。

2017—2021 年中国环氧树脂出口情况分析见表 25.6。

表 25.6 2017—2021 年中国环氧树脂出口情况分析

单位：吨

出口国及地区	2017 年	2018 年	2019 年	2020 年	2021 年
泰国	8579.56	8482.18	8249.98	8249.98	11149.99
俄罗斯	4765.85	4993.28	4353.30	4353.30	9703.39
阿联酋	0.00	0.00	0.00	0.00	6303.2
韩国	2435.08	2116.06	1648.53	1648.53	6149.2
美国	6710.99	2656.16	0.00	0.00	5859.42
越南	5375.91	5920.00	6074.28	6074.28	6358.45
日本	11349.84	5950.36	2795.15	2795.15	3024.15
意大利	0.00	0.00	0.00	0.00	6102.48
荷兰	0.00	0.00	0.00	0.00	4734.49
巴西	0.00	1489.44	1500.00	1500.00	4078.22
德国	2163.33	2096.48	0.00	0.00	3844.22
土耳其	0.00	0.00	0.00	0.00	3575.07
以色列	0.00	2197.95	1836.78	1836.78	3063.96
中国台湾	2466.95	2061.72	2271.28	2271.28	3132.08

2021 年我国环氧树脂出口国家主要是泰国、俄罗斯、阿联酋等，出口量分别为 1.11 万吨、0.97 万吨、0.63 万吨，占出口总量的 11%、9.57% 和 6.22%。

2021 年中国环氧树脂出口情况分析见表 25.7。

表 25.7 2021 年中国环氧树脂出口情况分析

出口国及地区	出口量 / 吨	出口占比 /%	出口额 / 美元	出口均价 /（美元 / 吨）
泰国	11149.99	11.00	49357661	4426.7
俄罗斯	9703.39	9.57	41550920	4282.11
阿联酋	6303.2	6.22	25291423	4012.48
韩国	6149.2	6.07	29274937	4760.77
美国	5859.42	5.78	22184721	3786.17
越南	6358.45	6.27	25251827	3971.38
意大利	3024.15	2.98	27144344	8975.87
荷兰	6102.48	6.02	20554421	3368.21
巴西	4734.49	4.67	18233263	3851.16
德国	4078.22	4.02	18264845	4478.64
土耳其	3844.22	3.79	15122365	3933.8
以色列	3575.07	3.53	16183486	4526.76
中国台湾	3063.96	3.02	14489252	4728.93
埃及	3132.08	3.09	8911735	2845.31
日本	3024.145	2.98	13989143	4625.82

25.4 中国环氧树脂价格走势分析

近五年来，中国环氧树脂市场此伏彼起，2021 年涨跌幅度较明显。2017 年三季度，伴随行业供需面的改善以及上游 BPA\ECH 成本推动，环氧树脂市场开始回暖，价格震荡走高，华东主流市场从 2017 年初的低点 13900 元 / 吨震荡走高至年底的 28000 元 / 吨。但从 2018 年下半年至 2019 年受全球经济增速放缓、中美贸易摩擦以及成本面持续走低影响，中国环氧树脂市场重心下挫。而 2020 年一季度新冠肺炎疫情暴发，大宗商品价格恐慌性下跌，环氧树脂价格在 4 月初降至低点 14800 元 / 吨。之后随着疫情的好转，中国需求逐渐复苏，化工品市场演绎报复性反弹，价格快速拉升，而期间特别是 BPA 的强势上涨，下游风电因补贴政策出现抢装潮及不可预测的事故发生等，均对环氧树脂市场起到至关重要的推动作用，11 月份华东主流市场冲高至 3 万元 / 吨。12 月份环氧树脂高位不胜寒，业者获利回吐出货，双酚 A 价格 12 月底快速跌至 20500 元 / 吨。

2021 年由于成本居高不下，出口订单明显增加，及国内部分工厂检修，供应量急剧减少的情况下，4 月份华东 E-51 环氧树脂价格涨至 40000 元 / 吨，创五年来新高。自 5 月份开始，成本转嫁不畅，市场获利回吐，价格跌至 25500 元 / 吨。9 月份随着“双控”政策的出台，环氧树脂上下游限产限量，国内环氧树脂价格以震荡调整为主。

2016—2021 年中国环氧树脂现货价格走势见图 25.8。

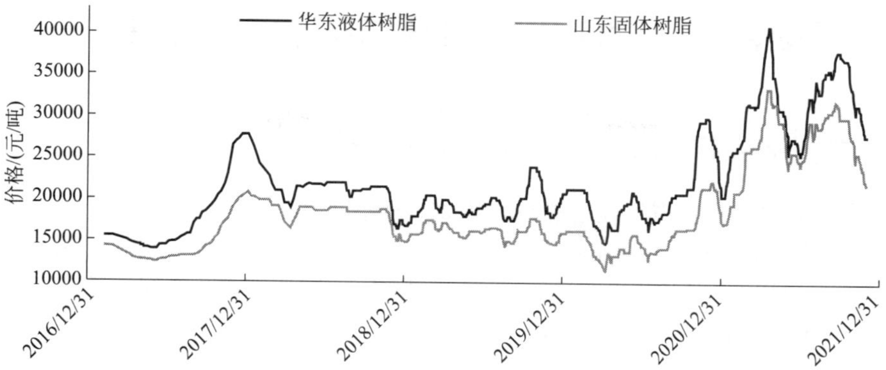

图 25.8　2016—2021 年中国环氧树脂现货价格走势

25.5　中国环氧树脂利润走势分析

2017—2021 年中国环氧树脂行业利润表现乐观。2017 年和 2019 年为环氧树脂平均利润较低年份，2017 年原料 BPA 高成本低需求，另一原料 ECH 处于供大于求状态，环氧树脂价格一直处于低位，导致成本也处于低位，年内平均成本在 14700 元 / 吨。2019 年受到经济环境不景气影响，对中国化工产品价格打压明显，虽然 ECH 因华东某大厂停车，市场由供应过剩转变为供不应求，且成为 2019 年明星产品，但难改低迷状态，年内环氧树脂平均成本下跌至 17009 元 / 吨。经历过了 2019 年的低迷行情，从 2020 年逐渐回归理性。2020—2021 年两大原料价格均处于高位，导致环氧树脂成本增加，且在下游电子、风电行业需求带动下，价格也处于历年来新高，导致行业成本、利润均处于增长状态，2021 年 4 月中旬表现尤为明显，原料 BPA 价格涨至 29950 元 / 吨，且不断刷新年内新高，虽然 BPA 持续大涨对 ECH 形成一定打压，但在供需面支撑下，ECH 价格也不断上涨至 16500 元 / 吨左右，成本强势支撑，环氧树脂价格涨至“4”字头上方，为近五年来新高，呈现成本、利润齐涨，利润大幅提升。2021 年 11 月中旬环氧树脂最高利润率达 23.82%，7 月初最低利润率 4.06%。

2017—2021 年中国环氧树脂利润变化趋势见图 25.9。

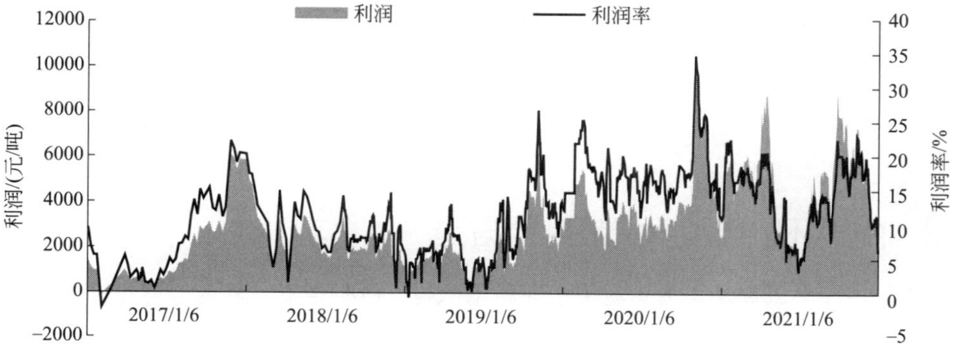

图 25.9　2017—2021 年中国环氧树脂利润变化趋势

25.6 2022—2026 年中国环氧树脂发展预期

25.6.1 中国环氧树脂拟在建 / 退出产能统计

未来五年环氧树脂行业拟在建产能将达到 200 万吨以上，其中规模在 10 万吨 / 年以上的企业有 13 家，新增产能主要分布在华东、华北地区。未来五年随着新增产能的不断释放，环氧树脂市场将处于饱和状态，将导致进口萎缩、出口量加大，货源流向也将发生重大变化。但环氧树脂上下游一体化发展的趋势进一步凸显。

25.6.2 中国环氧树脂供应趋势预测

2022—2026 年中国环氧树脂产能和产量延续增长态势，产能复合增长率在 8.26%，产量复合增长率在 9.73%。产能和产量增长的主要原因为下游需求呈现增长态势，但产能增速大于下游需求增速，环氧树脂供应过剩局面依旧，另外原料 BPA 随着产能的陆续释放，也将逐渐回归理性，环氧树脂行业竞争激烈，价格及利润将处于缩减状态，或将导致平均开工负荷低位运行。另外在“2030 碳达峰、2060 碳中和”目标引领下，未来风力发电行业需求增长速度最快，对环氧树脂形成利好支撑，预计 2026 年产能将达到 440 万吨 / 年或以上，产量预计将在 250 万吨以上水平。

2022—2026 年中国环氧树脂供应预测见图 25.10。

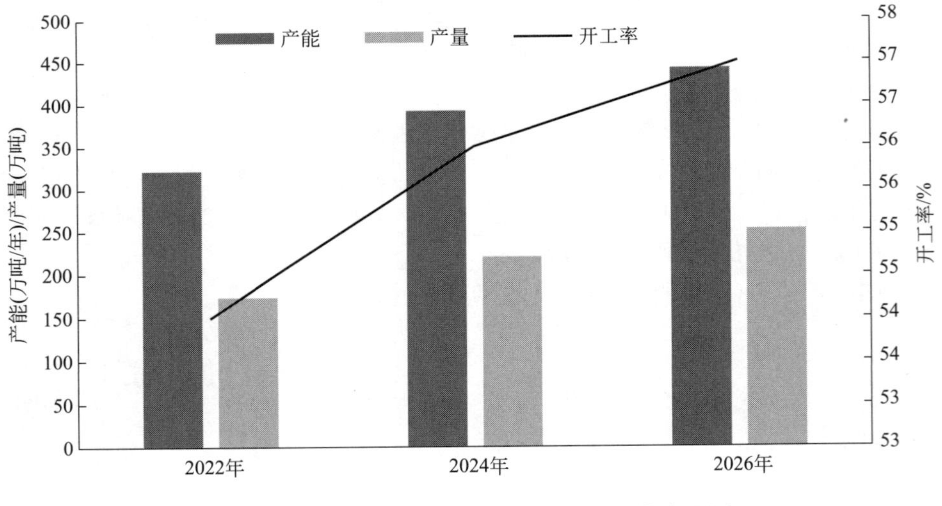

图 25.10 2022—2026 年中国环氧树脂供应预测

25.6.3 中国环氧树脂消费趋势预测

近年来，中国环氧树脂主要下游集中在粉末涂料、电子电器、复合材料三大领域，其三者占总消费量的 90% 以上。

2017—2026 年粉末涂料市场增长情况见图 25.11。

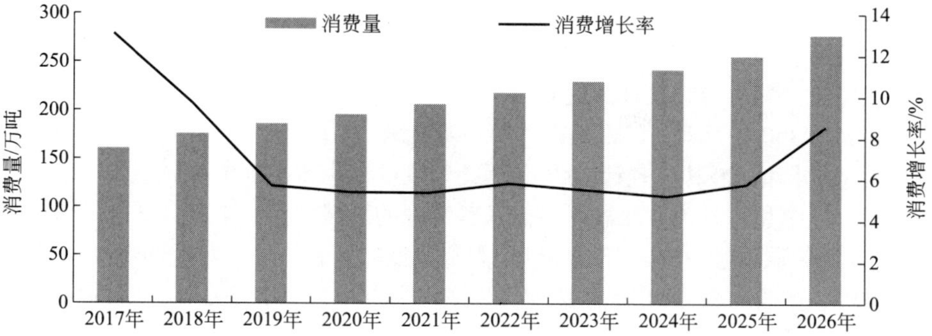

图 25.11 2017—2026 年热固性粉末涂料市场增长情况

2017—2021 年我国粉末涂料销量一直处于稳步增长趋势，年增长率在 9%。近年来，在国家环保及相关政策推动下，我国绿色涂料市场增势比较明显，“漆改粉”趋势加速，2021 年预计销售量将达到 200 万吨以上，2018—2021 年年均增长率将在 6.5%。未来几年销售量小幅稳步增长，在环保压力下会带来一定增长，整个行业的竞争还是非常激烈的，技术资金门槛低，产能将处于过剩局面。2017—2026 年中国刚性覆铜板产量变化见图 25.12。

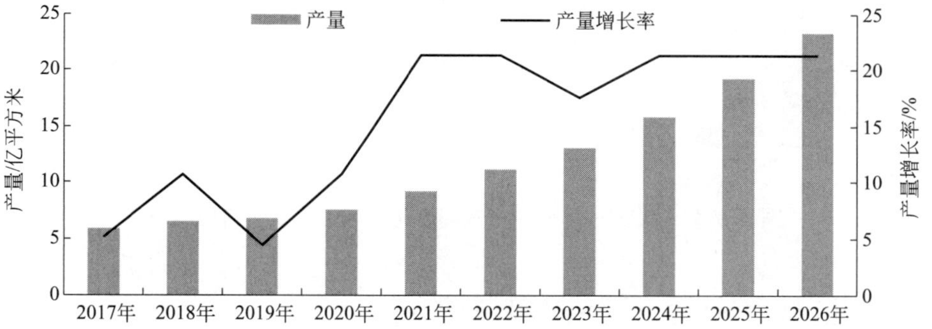

图 25.12 2017—2026 年中国刚性覆铜板产量变化

伴随着电子信息、通信业的发展，覆铜板制造行业具有广阔的发展前景，2017—2021 年产量处于稳步小幅增长状态，其年均增长率在 10% 左右。覆铜板一直受到电子整机产品、半导体制造技术、电子安装技术以及印制电路板制造技术的不断发展所驱动。未来随着汽车电子、绿色基站等电子终端的兴起，覆铜板市场应用最广的刚性覆铜板，需求量将保持稳定增长态势。

2017—2026 年新增装机情况见图 25.13。

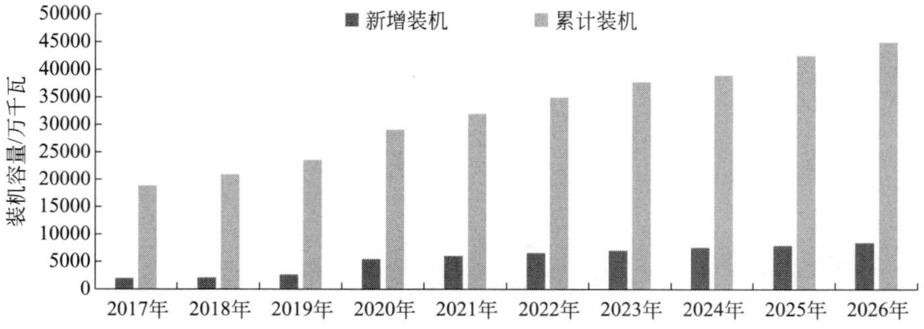

图 25.13 2017—2026 年新增装机情况

近五年来，风电行业新增装机不断增加，风电厂生产规模也在不断扩大，并且累计装置数量也在大幅度增加。2020 年起，国家要求建设清洁低碳、安全高效的能源体系，实现风电、光伏发电高质量发展，并出台政策补贴通知后，风电行业呈现“抢装潮”，因此 2020 年累计装机量较明显，达到近 30000 万千瓦。未来在“2030 碳达峰、2060 碳中和”目标引领下，风力发电行业前景广阔，需求增长较快，预计 2026 年累计装机量将达到 45000 万千瓦。

在碳达峰、碳中和背景下，环氧树脂需求有广阔的发展空间。未来，国家政策鼓励新材料行业发展、“2030 年碳达峰、2060 年碳中和”目标以及国产替代等均对后期形成利好推动作用，但考虑到环氧树脂产能过剩将加剧，将导致开工率难以提升，预计 2026 年环氧树脂下游三大应用领域消费总量将达到 215 万吨，其中粉末涂料消费占比在 32%、电子电器占比在 34%、复合材料占比在 31%。

2022—2026 年中国环氧树脂消费量变化趋势预测见图 25.14。

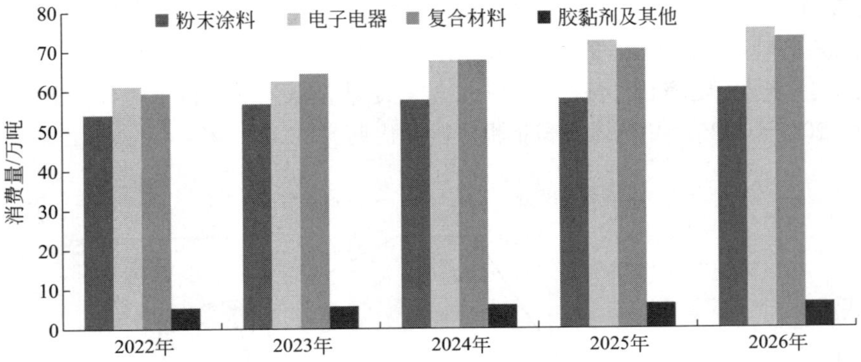

图 25.14 2022—2026 年中国环氧树脂消费量变化趋势预测

25.6.4 中国环氧树脂市场供需平衡预测

未来五年，伴随环氧树脂上下游产业链逐步完善，中国环氧树脂供需均呈现增长态势。预计未来五年环氧树脂产能年平均增速在 8.26%，产量年平均增速在 9.73%，下游消费增速在 4.54%，供应增速高于下游消费增速，届时环氧树脂行业仍将延续供过于求状态，进口量将进一步缩减，平均增速 -5.43%，出口将成为企业谋求未来发展的重要方向。

2022—2026 年中国环氧树脂市场供需平衡预测见表 25.8。

表 25.8 2022—2026 年中国环氧树脂市场供需平衡预测

指标	2022 年	2024 年	2026 年
产能 /（万吨 / 年）	321.4	392	441.5
开工率 /%	54.00	56.00	57.00
产量 / 万吨	173.56	219.52	251.66
进口量 / 万吨	25	23	20
总供应量 / 万吨	198.56	242.52	271.66
出口量 / 万吨	11	13	16
下游消费量 / 万吨	180	198.45	215
总需求量 / 万吨	191	211.45	231

第 26 章　茂金属聚乙烯

2021 年度关键指标一览

类别	项目	2020 年	2021 年	涨跌值	原因概述
价格	华东市场成交价 /（元 / 吨）	8616	10262	1646	由于国外生产企业装置检修及不可抗力自然灾害影响，供应紧缺，外盘价格走高，国内人民币市场价格跟涨
供应	产量 / 万吨	18.93	19.37	0.44	中石化 PERT 茂金属管材料工艺的成熟，外加华东地区地暖管需求增加，扬子石化 PERT 茂金属增幅明显
	进口量 / 万吨	201.84	198.5	−3.34	国外下游企业复工复产，原料需求增加，上游原料供不应求，美元价格不断攀升，中国成为价格洼地，导致进口量减少
需求	出口量 / 万吨	0	0	0	国内茂金属聚乙烯产品的综合指标与国外差距较大，暂不具备出口条件
	表观消费量 / 万吨	220.77	217.87	−2.90	因外盘走高，中间贸易商接盘意愿偏弱，进口随之减少，下游企业出口订单降幅明显，原料消化有限

26.1 中国茂金属聚乙烯供需平衡分析

2021年中国茂金属聚乙烯产量达到19.37万吨，较2020年增加0.44万吨，增幅在2.27%。同比2020年实现产量增加的企业主要为扬子石化、茂名石化，产量减少的为独山子石化。

2021年茂金属聚乙烯进口量达到198.5万吨，较2020年减少1.65%，国外新投产的企业为韩国LG的60万吨/年的LLDPE装置，代表牌号为HP1018BN、HP2018BN、HP3518CN。而同比2020年进口量减少的企业主要是陶氏及三井，陶氏同比减少20%，三井同比减少30%～40%左右。

进口茂金属聚乙烯的减少主要是由于陶氏泰国装置前期开车主产POE为主，美国极寒天气导致多套装置被迫停车，导致产量缩减。另外上半年随着国外疫情不断好转的驱动，欧洲、北美洲、东南亚其他国家茂金属聚乙烯需求量增加，对我国出口量减少。

2021年茂金属聚乙烯表观消费量同比减少，降幅在1.32%，主要是由于进口量的减少，供应减少，导致美元价格不断走高。需求方面，2021年下游需求端也受原料高企、出口运费高、限电等方面因素影响，国内及出口订单量走跌，需求也相较往年走弱。随着茂金属聚乙烯的走高，终端企业一定程度提升了线型的配比，降低了茂金属聚乙烯的添加比例。

2019—2021年中国茂金属聚乙烯供需平衡见表26.1。

表26.1 2019—2021年中国茂金属聚乙烯供需平衡表

项目	2019年	2020年	2021年
产量/万吨	12.97	18.93	19.37
进口量/万吨	173.14	201.84	198.5
出口量/万吨	0.00	0.00	0.00
表观消费量/万吨	186.11	220.77	217.87

26.2 中国茂金属聚乙烯供应现状分析

26.2.1 2021年中国茂金属聚乙烯国产供应量分析

2019—2021年中国茂金属聚乙烯产量年均增速在22.21%，同比2020年增加2.32%，从产量月度对比图可以看出，2021年一季度产量降幅明显，降幅在44.41%，减量企业主要涉及独山子石化、齐鲁石化；其次是三季度，降幅在18.33%，减量企业主要涉及齐鲁石化；二季度增幅明显，在64.18%，增量企业主要涉及齐鲁石化和扬子石化。整体来看2021年中国茂金属聚乙烯产量较2020年小幅增加，主要由于扬子石化增加茂金属管材料的产量，以及宝丰石化、中科炼化、中沙石化的加入。

2019—2021年中国茂金属聚乙烯产量对比见图26.1。

26.2.2 2021年中国茂金属聚乙烯区域供应结构分析

从2021年中国茂金属聚乙烯生产企业区域来看，华北占比最大，为49.79%，其次是华东和西北，占比分别为19.95%、18.28%。华北主要是齐鲁石化和中沙石化的产量，区域流向主要以华北本地为主。西北和华东方面，主要是独山子石化、兰州石化、扬子石化的产量，区域流向以西北、华北、华东为主。东北区域2021年占比最少，在4.22%，主要为沈阳化工，多直销直供户。

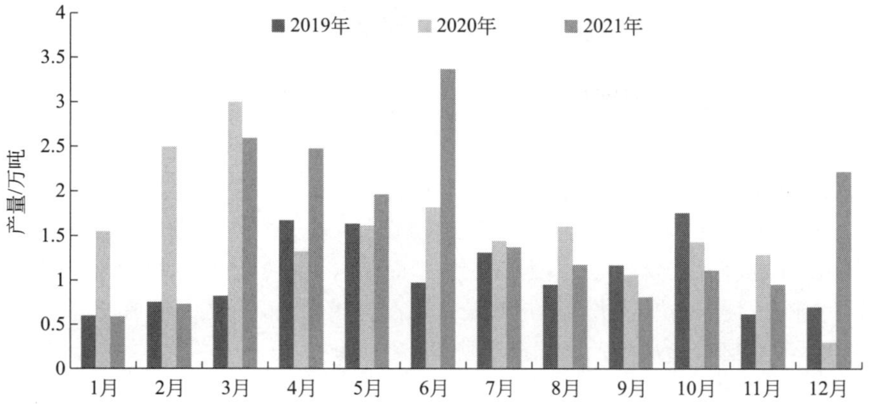

图 26.1 2019—2021 年中国茂金属聚乙烯产量对比

2021 年中国茂金属聚乙烯产量区域分布见表 26.2。

表 26.2 2021 年中国茂金属聚乙烯产量区域分布

单位：万吨

区域	茂金属管材料	线型茂金属料
东北	0.00	0.81
华北	8.46	1.10
华东	1.44	2.39
华南	0.11	1.38
西北	0.74	2.77

26.2.3 2021 年中国茂金属聚乙烯进口量分析

2019—2021 年我国茂金属聚乙烯进口量呈先增后减趋势，2021 年进口量达 198.5 万吨，同比减少 1.65%。主要是由于 2021 年东南亚区域的需求增加，埃克森、陶氏、三井等纷纷加大了对此区域的出口，另外受美国风暴、日本地震等因素影响，埃克森、三井位于新加坡的装置向美国、日本等区域进行补给，加之国内需求减弱、海运费上涨等综合因素，导致国内进口量较少。

2019—2021 年中国茂金属聚乙烯进口量变化趋势对比见图 26.2。

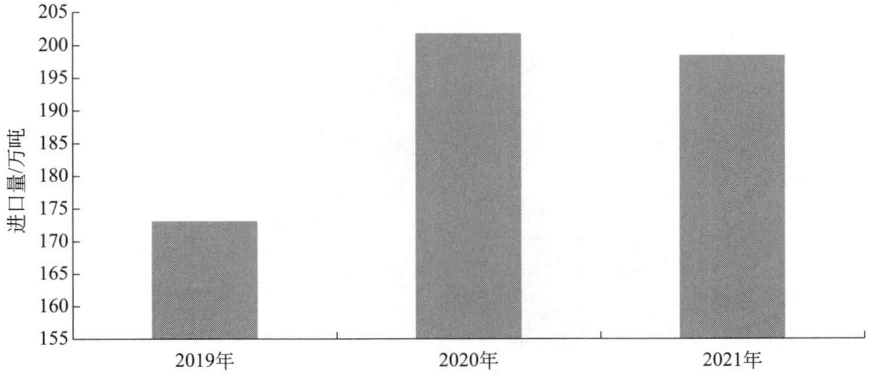

图 26.2 2019—2021 年中国茂金属聚乙烯进口量变化趋势对比

26.3 中国茂金属聚乙烯消费现状分析

26.3.1 2021年中国茂金属聚乙烯消费趋势分析

2019—2021年国内茂金属聚乙烯表观消费量呈现先增后减趋势，2021年降至217.87万吨，同比下降1.31%。2021年国外受茂金属生产国所在地风暴天气及地震、新冠肺炎疫情等影响，中国茂金属聚乙烯进口量减少，同比下降1.65%。而国内受双控政策影响，茂金属聚乙烯下游终端开工也受到影响，且部分地区执行限电政策等，茂金属聚乙烯下游工厂需求下降。

2019—2021年中国茂金属聚乙烯表观消费量对比见图26.3。

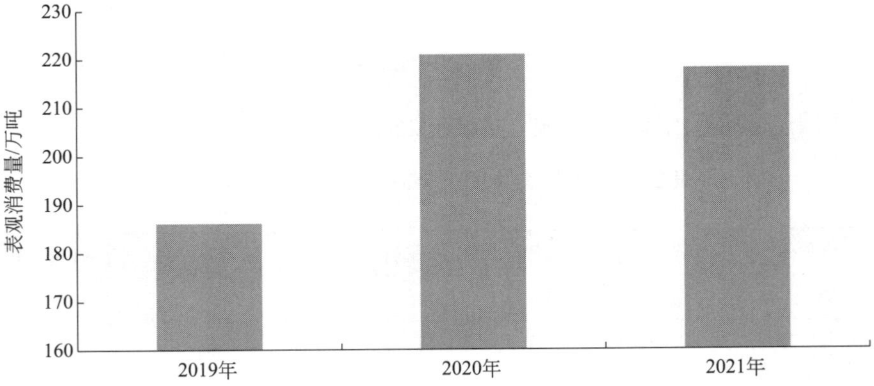

图26.3 2019—2021年中国茂金属聚乙烯表观消费量对比

26.3.2 2021年中国茂金属聚乙烯消费结构分析

目前中国茂金属聚乙烯最大的需求集中在食品包装薄膜领域，占表观消费总量的29.21%；其次是缠绕膜、棚膜等领域。整个薄膜及包装领域对于茂金属聚乙烯消费量占总量的79.89%。管材专用聚乙烯树脂是国内外树脂生产企业进行新产品研发的重点，特别是PERT管材。目前茂金属管材领域的应用占到总量的10.61%；瓶盖、滚塑油箱及电线电缆等其他领域消费量占总量的2.21%，上述领域的茂金属聚乙烯90.11%依赖进口。

2021年中国茂金属聚乙烯下游行业需求结构占比见图26.4。

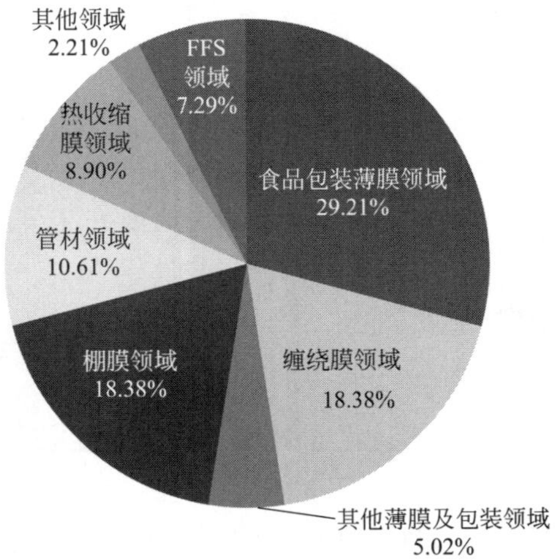

图26.4 2021年中国茂金属聚乙烯下游行业需求结构占比

26.4 中国茂金属聚乙烯价格走势分析

2019—2021 年茂金属聚乙烯行情走势中，2021 年价格涨势明显，呈“N”字形走势，波动幅度较大的为 2021 年 3 月和 2021 年 9 月。2021 年上半年茂金属聚乙烯价格走势先涨后跌，上涨区间集中在 2021 年一季度，二季度价格开始一路下滑。上半年价格波动大主要是两方面原因。供应方面：2021 年一季度陶氏泰国装置开车以后主产 POE；美国因极寒天气多套装置被迫停车；日本地震三井石化装置停车，导致一季度茂金属聚乙烯供应量减少，随着二季度装置运行稳定和排船正常，供应增加，价格一路下滑。需求方面：2021 年一季度包装膜开工率较往年偏高，加上农膜小旺季支撑，价格易涨难跌；二季度棚膜进入淡季，膜料开工降幅明显，需求乏力，价格支撑受限。三季度价格震荡向上，供应方面，位于新加坡的三井石化装置在 9 月中旬进入为期一个月左右的检修期；博禄在中东有两条茂金属聚乙烯生产线，为产能分别是 56 万吨 / 年和 45 万吨 / 年的全密度装置，2021 年 8 月其中一条装置线转产 PERT，2021 年茂金属聚乙烯进口量整体缩减 1.65%。四季度随着己烯产量的紧缺外加原油价格的走高，美元价格外盘拉涨明显，贸易商接货意愿减弱，进口量减少，人民币价格跟涨明显。综合来看，供应减少对 2021 年价格支撑力度较大。需求方面，三季度金九银十下游需求开工旺季，棚膜订单对三季度行情有所支撑，四季度随着农膜旺季结尾，需求支撑减弱，价格小幅下跌，但跌幅有限。

茂金属聚乙烯 1018MA 价格走势见图 26.5。

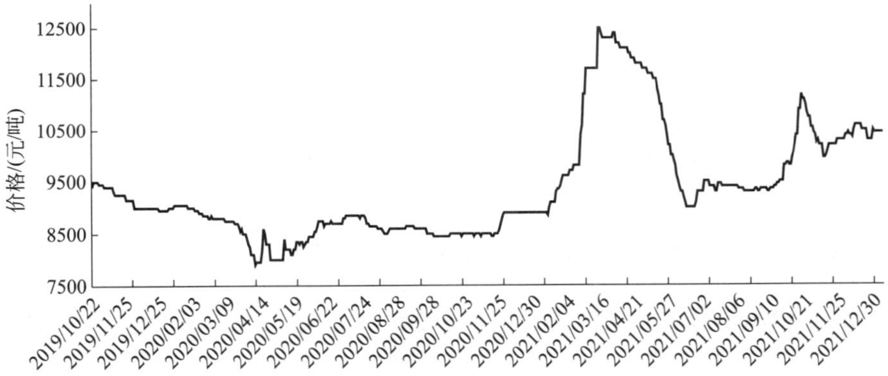

图 26.5 茂金属聚乙烯 1018MA 价格走势

26.5 2022—2024 年中国茂金属聚乙烯发展预期

26.5.1 中国茂金属聚乙烯拟在建 / 退出产能统计

未来茂金属聚乙烯装置投产：一是位于北美的埃克森美孚，其 130 万吨 / 年的装置，供应主要为北美地区；二是位于中国惠州的埃克森美孚 120 万吨 / 年茂金属聚乙烯装置，预计 2024 年一季度投产，届时进口品牌之间的竞争将会愈演愈烈，且对于中国茂金属聚乙烯市场价格预计也会形成较大的冲击。

未来茂金属聚乙烯装置投产计划统计见表 26.3。

表 26.3 未来茂金属聚乙烯装置投产计划统计

企业名称	装置名称	产能 /（万吨 / 年）	地区	时间	备注
埃克森美孚	全密度	130	北美	2022 年一季度	计划投产
埃克森美孚	全密度	120	中国惠州	2024 年一季度	计划投产

26.5.2 中国茂金属聚乙烯供应趋势预测

目前我国茂金属聚乙烯行业由于技术壁垒的限制，发展较为缓慢，但各大生产企业仍在积极探索并提高生产技术，减少与国外生产企业距离。随着埃克森美孚 120 万吨 / 年装置在我国进行独资投产后，2023—2024 年国内茂金属聚乙烯产量将呈现快速增长态势，其年均增速在 100.55% 左右，预计 2024 年国内茂金属聚乙烯装置产量将达到 90.5 万吨左右。

2022—2024 年中国茂金属聚乙烯产量变化趋势预测见图 26.6。

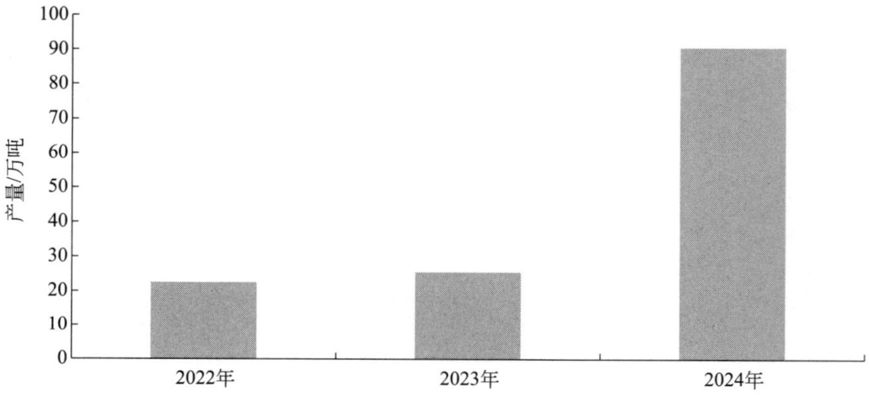

图 26.6 2022—2024 年中国茂金属聚乙烯产量变化趋势预测

26.5.3 中国茂金属聚乙烯行业消费趋势预测

预计 2022 年中国茂金属聚乙烯消费量将达 207.81 万吨，2022—2024 年年均增速 20.33%。2022—2023 年，原油价高支撑美元成本高位，国外茂金属聚乙烯原料多流入价高国家，国内进口量增幅并不明显，外加国产工艺壁垒，生产茂金属聚乙烯的成本较高，制约了其产量；需求方面，国外下游工厂的恢复一定程度影响了国内制品的出口，因此预测这两年需求有所放缓。2024 年惠州埃克森美孚 120 万吨 / 年茂金属聚乙烯装置投产，供应冲击将使茂金属聚乙烯价格竞争激烈，价格合理情况下下游工厂预计增加茂金属聚乙烯的采购量，使用率预计更加广泛。由于茂金属聚乙烯比普通聚乙烯力学性能优异，具有优良的抗冲击性能、耐低温脆裂性以及韧性，因此预计未来需求也会有所增加。

从茂金属聚乙烯各下游自身行业发展增速预期来看，FFS 膜需求增速仍旧较快，预计年均增速 20.79% 左右，PERT 管材料属于预测增速第二的品类，预计年均增速在 18.78% 左右。上述两类在整个茂金属聚乙烯下游仅占比 8.02% 及 11.10% 左右，对整体结构影响有限。另外如食品薄膜领域以及其他薄膜及包装领域中的卫材包装如婴儿纸尿布等占比也将小幅增加，相对稳定的是热收缩膜领域。另外棚膜领域预计有小幅缩减，主要是由于目前生产企业一直在积极研发，提高产品性能，虽减少添加比例却达到同样的效果。

2022—2024 年中国茂金属聚乙烯需求量变化见图 26.7。

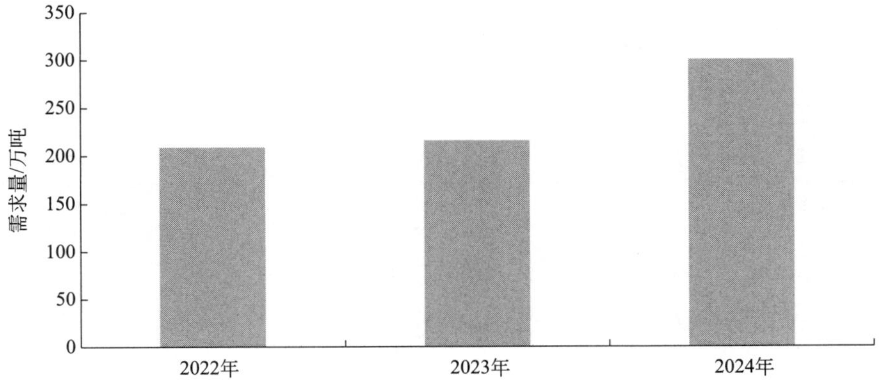

图 26.7　2022—2024 年中国茂金属聚乙烯需求量变化

2024 年中国茂金属聚乙烯需求依旧集中在食品包装薄膜、缠绕膜等领域，预计 2024 年薄膜领域对于中国茂金属聚乙烯消费量占比在 78.63%。

2024 年中国茂金属聚乙烯下游行业需求结构预测见图 26.8。

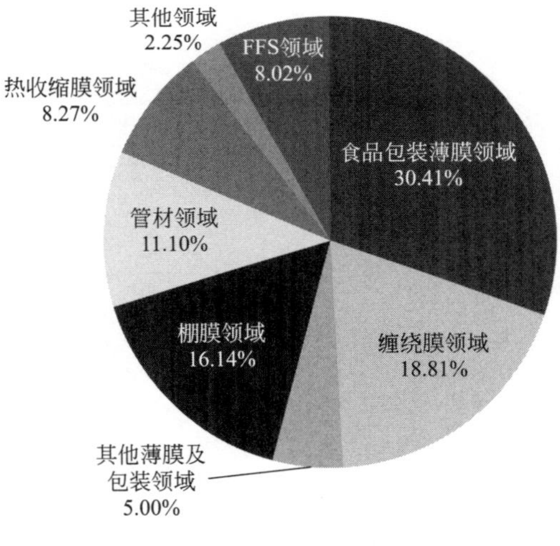

图 26.8　2024 年中国茂金属聚乙烯下游行业需求结构预测

26.5.4　中国茂金属聚乙烯市场供需平衡预测

2022—2024 年新增装置情况来看，产能增加 120 万吨 / 年，预计 2024 年表观消费量增加至 300.87 万吨 / 年，年均复合增长率 23.02%。其中华南新装置增幅较大，位于广东惠州的埃克森美孚将投产 120 万吨 / 年 MLLDPE 装置，主产高端茂金属聚乙烯，届时进口与国内竞争势必增加，而国内方面，华南区域、华东区域对于茂金属聚乙烯的需求将随供应增加，与华北区域缩小差距。未来，华北、华东、华南仍为茂金属聚乙烯主要消费区域，但随着经济发展，装置产能释放，生产技术壁垒的攻克，其他区域也会逐步追赶，市场货源供给多元化进程仍将不断发展。

2022—2024 年中国茂金属聚乙烯供需平衡预测见表 26.4。

表 26.4 2022—2024 年中国茂金属聚乙烯供需平衡预测

单位：万吨

项目	2022 年	2024 年
产量	22.50	90.5
进口量	185.31	210.37
出口量	0.00	0
表观消费量	207.81	300.87

第 4 篇　合成纤维

第27章 对二甲苯(PX)

2021年度关键指标一览

类别	项目	2020年	2021年	涨跌值	原因概述
价格	中国石化月结均价/(元/吨)	4725.83	6438.75	1712.89	原油上涨导致成本支撑；供需矛盾放缓，市场价格反弹
	国际成交价均值/(美元/吨)	579.44	860.78	281.34	原油上涨导致成本支撑；供需矛盾放缓，市场价格反弹
供应	产能/(万吨/年)	2554	3159	605	前期高利润刺激主要企业寻求产业链布局，产能快速扩张
	产量/万吨	2045.5	2160	114.5	产能扩张，需求增长，产量大幅增加
	开工率/%	80.09	68.38	-11.71	浙石化因原料紧缺导致开工率低，拉低行业平均开工率
	社会库存/万吨	381	412	31	年内对二甲苯供需变化不大
需求	进口量/万吨	1386.10	1365.04	-21.06	新增产能未完全释放，国内仍是周边国家和地区，以及中东过剩资源的主要发往目的地
	出口量/万吨	0.005	0.006	0.001	国内对二甲苯严重供不应求
	下游消费量/万吨	3275.17	3492.83	217.66	利润有限，精对苯二甲酸产量增加放缓

27.1 中国对二甲苯产业供需平衡分析

2017—2021 年中国对二甲苯（PX）市场供需呈稳定增长态势。据统计，2017—2021 年中国对二甲苯产量年均增速在 22.32%，消费量年均增速在 10.01%。产量的增长主要来自对二甲苯行业产能的扩张，需求的增长主要来自精对苯二甲酸行业的快速发展推动。2021 年中国新增 2 套对二甲苯装置，分别为浙石化二期 500 万吨 / 年装置和中化泉州 80 万吨 / 年装置，叠加恒力石化装置扩能 25 万吨 / 年，行业总产能提升至 3159 万吨，截至 2021 年底，对二甲苯国产量增长至 2160 万吨，较 2020 年同期上涨 5.60%。

进出口方面，目前国内对二甲苯供不应求，仍需要进口资源补充，但伴随国产供应量增加，进口占比萎缩。据海关数据统计显示，2021 年中国对二甲苯进口量 1365.04 万吨，同比下降 1.52%。2021 年中国对二甲苯消费量增长至 3492.83 万吨，同比增长 6.65%。2021 年下游精对苯二甲酸产量增幅降低，主要原因为年内消耗 2020 年高位库存，叠加年内亏损严重，华彬、汉邦、上海石化、利万、乌鲁木齐石化的长期停机，开工率整体不高。

2017—2021 年中国对二甲苯供需平衡见表 27.1。

表 27.1 2017—2021 年中国对二甲苯供需平衡表

项目	2017 年	2018 年	2019 年	2020 年	2021 年
产能 /（万吨 / 年）	1411	1421	2254	2554	3159
开工率 /%	72.43	79.17	65.22	80.09	68.38
产量 / 万吨	1022	1125	1470	2045.50	2160
进口量 / 万吨	1443.82	1590.33	1493.80	1386.10	1365.04
出口量 / 万吨	3.50	0.22	0.0059	0.005	0.006
下游消费量 / 万吨	2384.60	2719.75	2967.78	3275.17	3492.83

27.2 中国对二甲苯供应现状分析

27.2.1 2021 年中国对二甲苯国产供需分析

2017—2021 年中国对二甲苯产能复合增长率在 22.32%，2017 年、2018 年对二甲苯产能相对稳定，产能增长主要集中在 2019—2021 年，下游聚酯产品的扩张潮以及石化行业一体化发展战略，是对二甲苯产能快速增长的主要推手。

2017—2021 年中国对二甲苯产能变化趋势见图 27.1。

伴随中国对二甲苯新增产能释放及需求增长，2017—2021 年中国对二甲苯产量整体呈现增长态势，近五年产量复合增长率在 20.57%。2019 年开工率最低，为 65.22%，主要是当年新增产能共计 833 万吨 / 年，新装置开机不稳，且部分装置主要集中在四季度投产，使得整体产能利用率降低。2020 年对二甲苯新增产能仅为 300 万吨 / 年，因此开工率提升至 8 成以上，2021 年例行检修的产能较多，且新装置浙石化产量未能如期释放，因此开工率降低至 68.38%。

2017—2021 年中国对二甲苯产量及开工率变化趋势见图 27.2。

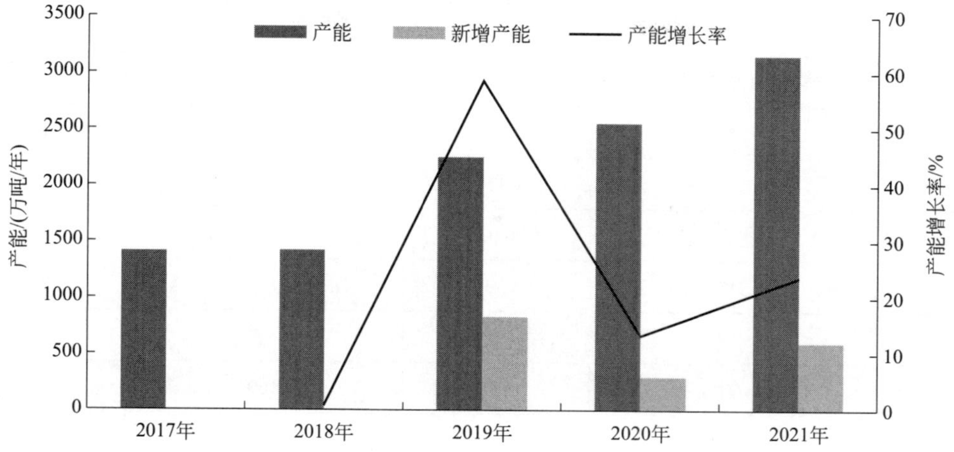

图 27.1 2017—2021 年中国对二甲苯产能变化趋势

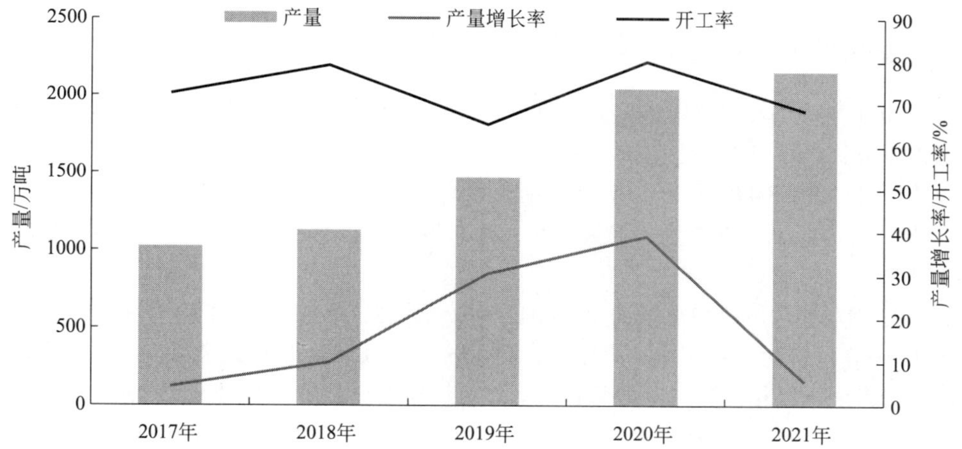

图 27.2 2017—2021 年中国对二甲苯产量及开工率变化趋势

27.2.2 2021 年中国对二甲苯区域供应结构分析

中国对二甲苯产能分布集中，从近五年产能变化来看，华东一直是最集中区域，也是新增产能比较集中的区域。

截至2021年，华东对二甲苯产能占比高达61.84%，东北、华南占比分别在22.63%和8.07%，其他地区产能占比有限。华东、东北、华南合计占比92.55%，且未来行业新增产能主要集中在该区域内，未来产能占比有继续增加的态势。

2021 年中国对二甲苯分区域产能变化统计见表 27.2。

表 27.2 中国对二甲苯分区域产能变化统计

区域		2017 年产能 /（万吨 / 年）	2017 年占比 /%	2021 年产能 /（万吨 / 年）	2021 年占比 /%
华东	浙江	225	15.95	1125	35.61
	山东	109.5	7.76	269.5	8.53
	福建	245	17.36	325	10.29
	江苏	149	10.56	149	4.72
	上海	85	6.02	85	2.69
东北	辽宁	217	15.38	715	22.63
华南	广东	95	6.73	95	3.01
	海南	60	4.25	160	5.06
西北	新疆	100	7.09	100	3.17
西南	四川	65	4.61	75	2.37
华北	天津	39	2.76	39	1.23
华中	河南	21.50	1.52	21.5	0.68

27.2.3 2021 年中国对二甲苯进口量分析

2017—2021 年中国对二甲苯进口先扬后抑，2016—2018 年，对二甲苯市场再无新装置投产，国内需求稳步增长，对二甲苯进口依存度逐年攀升，2018 年进口量高达 1590.33 万吨，创历史新高，进口依存度达到 58.47%。2019 年新增对二甲苯产能共计 833 万吨 / 年，至 2021 年总产能达到 3159 万吨 / 年，仅三年的时间，产能实现 121.31% 增速，对二甲苯进口量逐年降低，进口依存度持续降低。

2021 年中国对二甲苯进口总量约 1365.04 万吨，同比下降 1.52%，平均单月进口量 113.75 万吨。上半年 3—4 月份对二甲苯进口量偏高，在 125 万吨以上，主要受国内对二甲苯装置开机不稳所致，另一方面下游精对苯二甲酸装置节后产量快速增加，带动对二甲苯需求上升。下半年 9 月份和 11 月份对二甲苯进口量偏高，主要原因为 9 月终端旺季带动需求，11 月国内检修装置较多，进口产品予以补充。

在价格方面，2021 年对二甲苯产品进口均价较 2020 年同期飙升，主要受成本端带动以及现货流动性较 2020 年明显偏紧的影响。2021 年对二甲苯进口均值最低出现在 2 月份，为 609.33 美元 / 吨，主要原因为当月国际油价偏低；高点出现在 8 月份，为 926.93 美元 / 吨，具体原因为国际油价上涨以及需求端逸盛新材料精对苯二甲酸装置开机带动。

2017—2021 年中国对二甲苯进口量变化趋势见图 27.3。

2017—2019 年，国内对二甲苯产品来源结构变化不大，主要来自近洋地区的韩国、日本、印度、中国台湾和新加坡，这五地进口量占全年总进口量的 74.20% ～ 84.54%. 其他进口主要来自阿曼、马来西亚、越南、沙特阿拉伯、泰国和伊朗，占总进口量的 15.90% ～ 31.34%。但 2020 年初，恒逸文莱 150 万吨 / 年装置开始量产，该装置对二甲苯主要输入中国，因此 2020 年开始，文莱地区对二甲苯进口排名一跃升到第三。

韩国是中国对二甲苯第一大进口国，主要来源为韩国SK、加德士等企业，2019年开始进口量明显降低，主要因中国对二甲苯扩能，供应增加，较2017年相比，2021年对中国出口下降近120万吨。日本、中国台湾和新加坡同样因中国对二甲苯产能的大幅增加，2021年的进口量相比2017年，下降分别在95.71万吨、30.24万吨和16.72万吨。印度地区进口量不降反增，主要原因为2017年印度信诚工业增加225万吨/年新的对二甲苯装置。

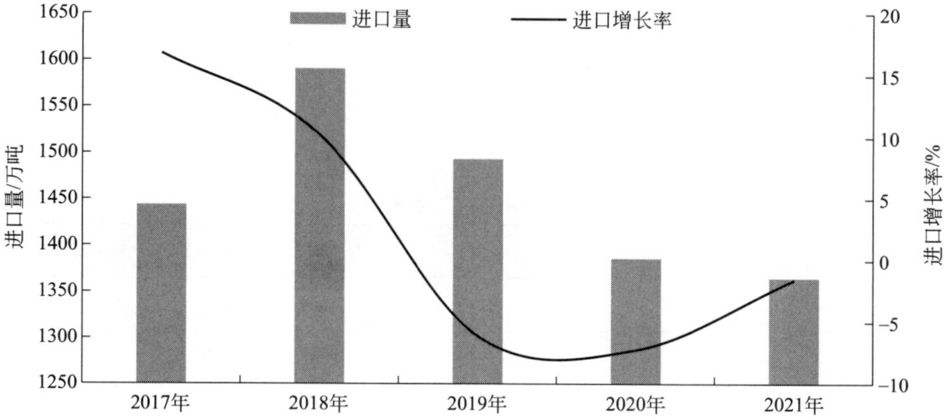

图27.3 2017—2021年中国对二甲苯进口量变化趋势

2017—2021年中国对二甲苯主要进口情况见表27.3。

表27.3 2017—2021年中国对二甲苯主要进口情况

单位：万吨

来源国及地区	2017年	2018年	2019年	2020年	2021年
韩国	659.08	660.50	604.07	509.09	533.72
日本	256.50	243.38	209.72	172.72	160.79
中国台湾	157.17	158.87	99.60	105.07	126.93
印度	80.46	108.30	128.01	128.01	78.01
新加坡	67.44	82.91	67.05	41.96	50.72
阿曼	46.32	50.25	55.06	59.71	48.27
泰国	45.74	85.08	59.84	58.00	44.65
马来西亚	39.95	43.69	37.73	40.82	41.24
科威特	28.23	51.69	39.06	32.67	41.41
美国	25.62	8.13	0.00	0.00	0.00
沙特阿拉伯	24.90	66.45	93.66	35.29	26.56
伊朗	8.94	5.94	22.61	22.65	26.10
越南	0.00	22.07	39.46	43.28	33.92
印度尼西亚	0.00	1.00	24.66	3.04	3.01

续表

来源国及地区	2017年	2018年	2019年	2020年	2021年
文莱	0.00	0.00	5.13	128.63	149.71
其他	29.09	10.20	8.14	5.16	0.00
合计	1443.82	1590.33	1493.80	1386.10	1365.04

2021年中国对二甲苯进口来源地的前三位是韩国、日本和文莱，进口量分别为533.72万吨、160.79万吨和149.71万吨，总占比61.85%。与2020年相比排名无变化。

2021年中国对二甲苯进口情况分析见表27.4。

表27.4 2021年中国对二甲苯进口情况分析

来源国及地区	进口量/万吨	进口占比/%	进口额/美元	进口均价/（美元/吨）
韩国	533.72	39.10	4471141175	837.73
日本	160.79	11.78	1361824683	846.96
文莱	149.71	10.97	1294016033	864.35
中国台湾	126.93	9.30	1095707371	863.24
印度	78.01	5.71	651839004	835.58
新加坡	50.72	3.72	435458010	858.55
阿曼	48.27	3.54	413113068	855.84
泰国	44.65	3.27	379533233	850.02
科威特	41.41	3.03	348811475	842.34
马来西亚	41.24	3.02	348292281	844.55
越南	33.92	2.48	289357556	853.06
伊朗	26.56	1.95	233688266	879.85
沙特阿拉伯	26.10	1.91	222342666	851.89
印度尼西亚	3.01	0.22	26908361	893.97
其他	0.00	0.00	89309	—
合计	1365.04	100.00	11572122491	847.75

27.3 中国对二甲苯消费现状分析

27.3.1 2021年中国对二甲苯消费趋势分析

中国对二甲苯的下游消费集中在精对苯二甲酸，约占对二甲苯总消费量的99%以上。伴随下游精对苯二甲酸行业的快速发展，目前中国已成为全球对二甲苯消费增长最快的国家之一。

据统计，截至 2021 年，中国对二甲苯消费量 3492.83 万吨，2017—2021 年中国对二甲苯消费量复合增长率在 10.01%。2018 年、2019 年和 2020 年对二甲苯消费量呈现两位数增长，主要也是精对苯二甲酸快速发展导致，2021 年对二甲苯产品消费同比增速出现降低，为 6.65%，主要原因为下游精对苯二甲酸年内利润有限，长停装置增多。

2017—2021 年中国对二甲苯消费量变化趋势见图 27.4。

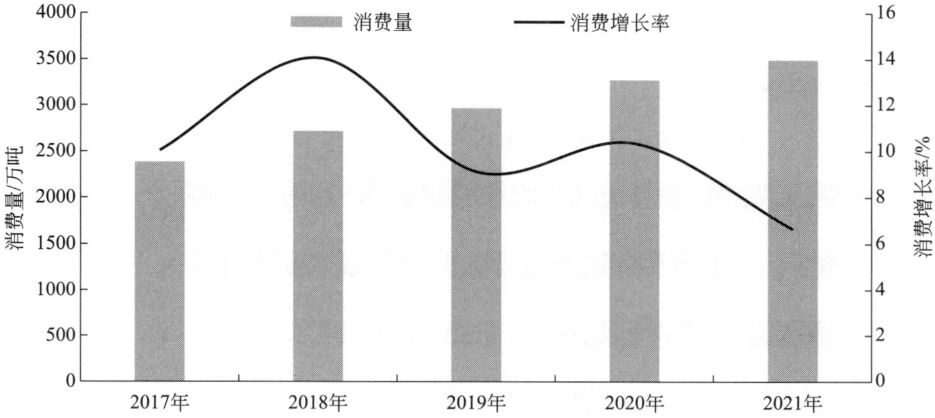

图 27.4　2017—2021 年中国对二甲苯消费量变化趋势

27.3.2　2021 年中国对二甲苯消费结构分析

2021 年，对二甲苯消费量约为 3492.83 万吨，其中精对苯二甲酸消费占比为 99%，共计消耗 3457.9 万吨，对苯二甲酸二甲酯 (DMT) 消费占比为 1%，共计消耗 34.93 万吨。对二甲苯需求相对单一，绝大部分用于生产精对苯二甲酸，极少量用于 DMT 等。而精对苯二甲酸的主要下游为聚酯行业，进而加工服装、饮料瓶等，因贴近民生，对二甲苯的消费量与 GDP 呈正相关，伴随 GDP 的增长，对二甲苯的下游需求量逐年稳步增加。

2021 年中国对二甲苯下游需求结构见图 27.5。

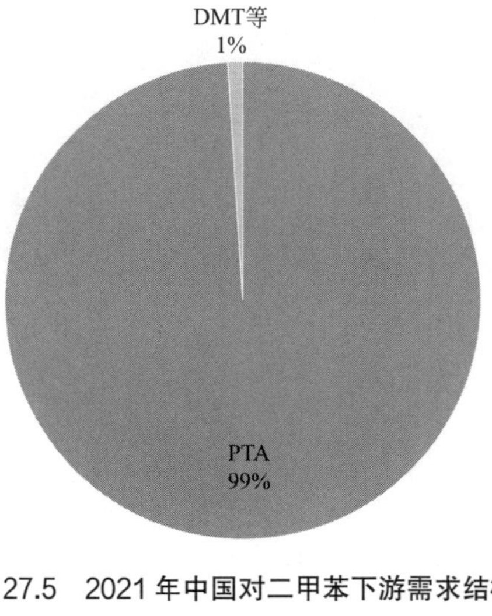

图 27.5　2021 年中国对二甲苯下游需求结构

在中国，对二甲苯下游消费区域较为分散，主要集中在华东、华南、东北等精对苯二甲酸产能聚集区。华东是对二甲苯最集中消费区域，因年内新增的三套精对苯二甲酸装置均在华东地区，因此华东地区消费占比呈现继续上升态势，2018 年、2019 年、2020 年分别占总消费量的57.70%、58.24% 和 53.72%，其中 2020 年略有降低，主要原因为 2020 年东北地区恒力石化两套共计 500 万吨 / 年精对苯二甲酸新装置投产，使得东北地区对二甲苯消费占比大幅提升，2021年华东地区消费占比达到53.91%。因恒力石化两套新精对苯二甲酸装置的投产，自2020年开始，东北地区对二甲苯消费占比提升至 30% 以上，2021 年消费占比在 34.36% 左右。

2018—2021 年中国对二甲苯产品区域消费分析见图 27.6。

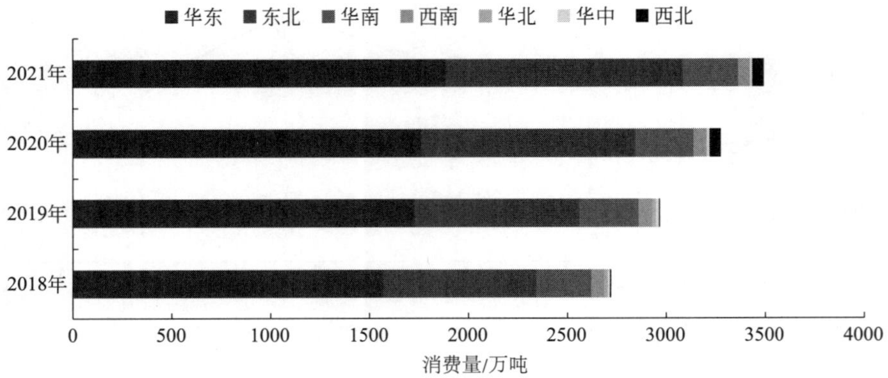

图 27.6 2018—2021 年中国对二甲苯产品区域消费分析

2021 年，伴随华东百宏、虹港、逸盛新材料精对苯二甲酸装置投产，华东地区对二甲苯产品消费占比进一步上升，其他地区消费占比逐步降低，华东、东北、华南、西南、华中、西北地区消费占比分别为 53.91%、34.36%、8.00%、1.72%、0.36%、1.65%。华北地区因天津石化精对苯二甲酸的长停，2021 年未有对二甲苯消费量。

中国对二甲苯下游区域消费占比见图 27.7。

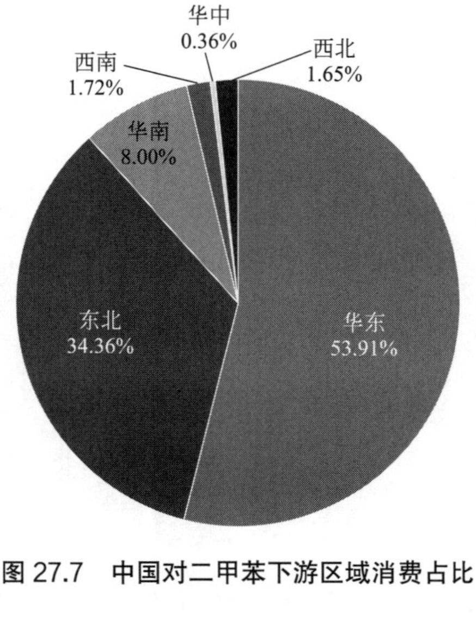

图 27.7 中国对二甲苯下游区域消费占比

27.3.3 2021 年中国对二甲苯出口量分析

2017—2021 年，对二甲苯出口量较小，出口量最高的是 2017 年，也仅为 3.5 万吨，2021 年在 0.006 万吨附近，对市场影响有限。

2017—2021 年中国对二甲苯出口量变化趋势见图 27.8。

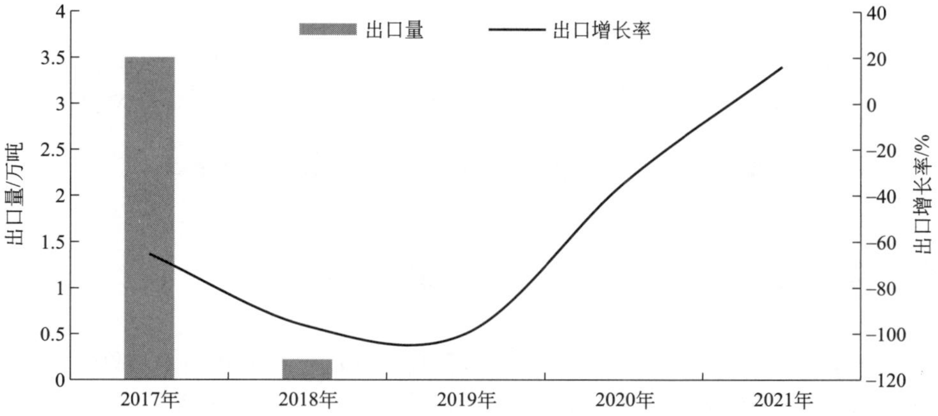

图 27.8 2017—2021 年中国对二甲苯出口量变化趋势

27.4 中国对二甲苯价格走势分析

中石化对二甲苯结算价格主要围绕美元价格进行调整，因此，人民币价格主要跟随美元价格而波动。2018 年 7—10 月，中石化对二甲苯结算价格出现了大幅攀升，经测算，2018 年 10 月中石化对二甲苯结算价格为 10750 元 / 吨，较 2018 年 6 月上涨 3290 元 / 吨，涨幅 44.10%。而受恒力装置投产影响，对二甲苯人民币价格也在 2019 年 3 月开始出现了下跌。经测算，2019 年 6 月，中石化对二甲苯结算价格为 6780 元 / 吨，较 2019 年 3 月下降 1940 元 / 吨，降幅 22.25%。2020 年中石化对二甲苯结算价格出现历史低点，4 月结算价格跌至 3820 元 / 吨，较 2020 年 1 月份下跌 2880 元 / 吨，跌幅高达 42.96%。同美元价格一致，主要是成本端跌幅较大，叠加需求受到抑制。

2021 年中石化结算价格跟随美元价格波动，成本提振，价格呈现逐步抬升的走势，年内低点 1 月结算价格为 5190 元 / 吨，年内高点 7 月为 7100 元 / 吨。一季度对二甲苯美元价格整体呈现上扬的走势，对二甲苯人民币结算价格从 2020 年 12 月份的 4660 元 / 吨，涨至 2021 年 3 月份的 6420 元 / 吨，上涨 1760 元 / 吨，涨幅 37.77%。后跟随成本、供需价格缓慢波动，4—6 月整体在 6360 ～ 6500 元 / 吨区间波动。7 月份开始，布油站上 70 美元 / 桶，同时来自下游逸盛新材料 360 万吨装置的投产，对二甲苯获得强支撑，7 月份中石化对二甲苯结算价格涨至 7100 元 / 吨，环比涨 600 元 / 吨，同比涨 2680 元 / 吨。9 月份虽然部分时间布油已经突破 80 美元 / 桶，但因 8 月份开始，终端聚酯降负荷负反馈至精对苯二甲酸端，精对苯二甲酸开工率降低，对二甲苯价格持续回落，年底油价深度下跌，12 月中石化对二甲苯结算价格跌至 6125 元 / 吨。

2017—2021 年中国石化对二甲苯结算价格走势见图 27.9。

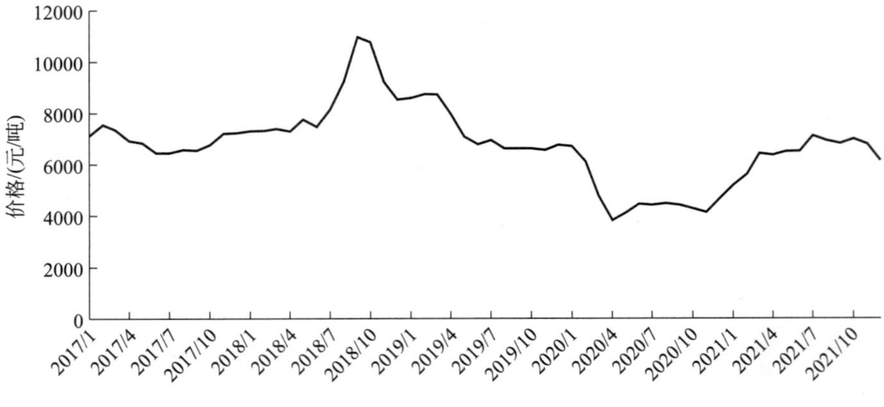

图 27.9 2017—2021 年中国石化对二甲苯结算价格走势

27.5 中国对二甲苯加工费对比分析

2017—2018 年，对二甲苯和石脑油价差整体呈现上行趋势，其中 2018 年价差为五年内最高值。2019—2021 年在产能集中投放的背景下，对二甲苯和石脑油价格快速下滑。

2017—2018 年，对二甲苯和石脑油价差整体呈现震荡上行走势，主要是产能变化的影响，2017—2018 年，新增产能有限，因此 2018 年，对二甲苯和石脑油价差达到 453 美元 / 吨，为 5 年内最高点。而 2019 年开始，对二甲苯进入投产高峰，叠加新冠肺炎疫情抑制下游需求，2020 年对二甲苯和石脑油价差降至 198.88 美元 / 吨，年内个别时间对二甲苯跌至 125 美元 / 吨附近。

2021 年，年内新增产能 605 万吨，但其中的浙石化新装置产量有限，年内对二甲苯和石脑油价差涨至 213.86 美元 / 吨。

2017—2021 年对二甲苯 - 石脑油价差变化趋势见图 27.10。

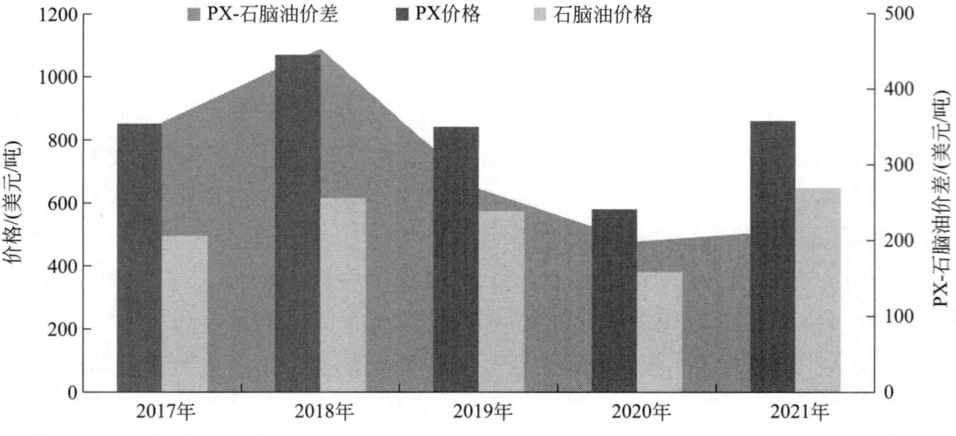

图 27.10 2017—2021 年对二甲苯 – 石脑油价差变化趋势

2017—2021 年，对二甲苯和 MX 价差变化走势中，2018 年为历年高点，达到 237.22 美元 / 吨，而供应大幅增加，2019 年则降至 120.96 美元 / 吨上下，2020 年新冠肺炎疫情导致需求受到抑制，对二甲苯和 MX 价差降至 89.06 美元 / 吨，2021 年，因下游复苏较快，叠加 MX 油品需求差，对二甲苯和 MX 价差涨至 117.84 美元 / 吨。

2017—2018 年，中国对二甲苯新增产能有限，使得对二甲苯和 MX 价差持续扩大，并在 2018 年达到最高值 237.22 美元 / 吨附近。2019 年海南二期对二甲苯项目启动，该项目原料是 MX，叠加 2019 年亚洲迎来对二甲苯投产高峰，导致对二甲苯和 MX 价差跌至 120.96 美元 / 吨。2020 年新冠肺炎疫情导致需求偏差，叠加对二甲苯供过于求明显，与 MX 价差继续降低至 89.06 美元 / 吨。

2021 年对二甲苯市场呈现复苏的态势，与 MX 价差涨至 117.84 美元 / 吨，下面让我们仔细分析 2021 年对二甲苯和 MX 价差走势分析。年内对二甲苯和 MX 价差均值为 117.84 美元 / 吨，高点在 9 月份，为 113.01 美元 / 吨，低点在 5 月份，为 62 美元 / 吨。月内价差波动不大。1—5 月，对二甲苯和 MX 价差呈现下滑走势，主要原因为油品需求较高，同时对二甲苯企业利润丰厚，海内外开工率高，MX 需求增加，6 月份开始，对二甲苯和 MX 价差逐步增加，主要原因为海外装置负荷降低以及国内 MX 油品需求转弱。

2017—2021 年对二甲苯 -MX 价差变化趋势见图 27.11。

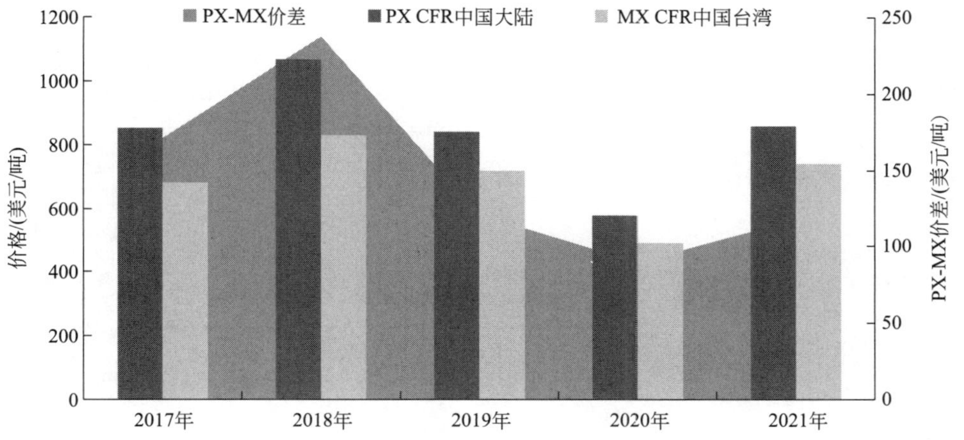

图 27.11 2017—2021 年对二甲苯 -MX 价差变化趋势

27.6 2022—2026 年中国对二甲苯发展预期

27.6.1 中国对二甲苯拟在建 / 退出产能统计

未来五年对二甲苯行业拟在建（扩能）产能将达到 1374 万吨 / 年，其中规模在 200 万吨 / 年以上的企业有 3 家，新增产主要分布在华东、华南地区，产品上下游一体化发展的趋势进一步凸显。新增产能主要在 2022 年集中投放。

2022—2026 年中国对二甲苯增拟建产能统计见表 27.5。

表 27.5 2022—2026 年中国对二甲苯增拟建产能统计

区域	企业名称	产能 / (万吨 / 年)	地址	投产计划
华东	福建联合石油化工有限公司	15	福建泉州	2022 年
华南	中国石油广东石化分公司	260	广东揭阳	2022 年
华东	中国石化九江石化公司	89	江西九江	2022 年
华东	盛虹炼化 (连云港) 有限公司	400	江苏连云港	2022 年

续表

区域	企业名称	产能 /（万吨 / 年）	地址	投产计划
华南	中海石油炼化有限责任公司惠州炼化分公司	150	广东惠州	2022 年
华东	东营威联化学	100	山东东营	2022 年
华东	宁波大榭利万石化有限公司	160	浙江宁波	2022 年
东北	华锦石油化工有限公司	200	辽宁盘锦	2024 年
合计		1374		

27.6.2 中国对二甲苯供应趋势预测

伴随一体化装置投产释放，2022—2026 年中国对二甲苯产能和产量同步大幅增长，较之 2021 年产能复合增长率在 7.49%，产量复合增长率 10.92%。产能和产量预测增长率出现偏差主要是装置投产时间分布所致，2022 年装置利用率并非全年，预计 2026 年产能达到 4533 万吨 / 年，产量 3626.40 万吨。

2022—2026 年中国对二甲苯供应预测见图 27.12。

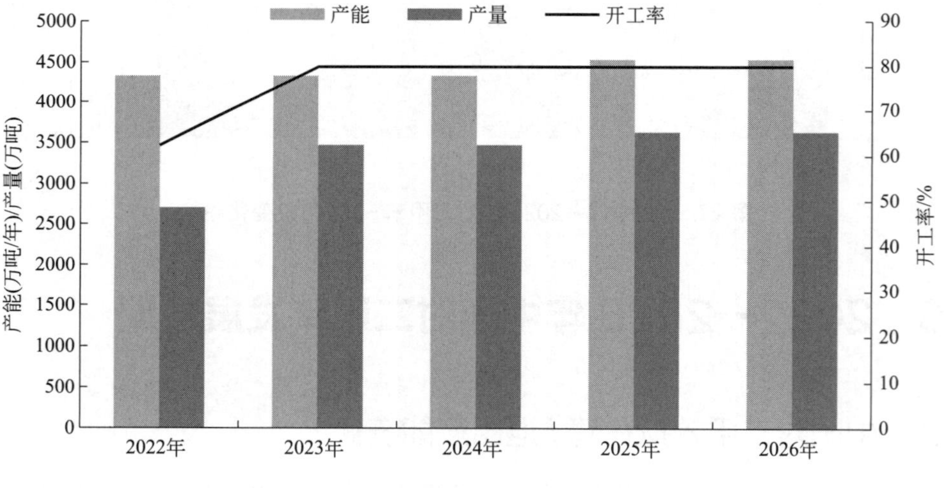

图 27.12 2022—2026 年中国对二甲苯供应预测

27.6.3 中国对二甲苯主要下游发展前景预测

中国对二甲苯有 99% 以上用在精对苯二甲酸领域，下游消费品种单一，下面分析未来五年精对苯二甲酸行业发展情况。

未来五年精对苯二甲酸行业拟在建产能将达到 3330 万吨 / 年，其中规模在 250 万吨 / 年以上的企业有 8 家，新增产能主要分布在华东地区，2022—2023 年新增产能集中投放后，精对苯二甲酸市场供应格局将发生重大变化，包括进口减少、出口增加以及国内炼化一体化的发展趋势将更加凸显。

2022—2026 年中国精对苯二甲酸产品拟在建产能见表 27.6。

表 27.6 2022—2026 年中国精对苯二甲酸产品拟在建产能表

区域	企业名称	产能 /(万吨 / 年)	地址	投产计划
华东	逸盛新材料有限公司	360	浙江	2022 年一季度
	山东东营威联化学有限公司	250	山东	2022 年三、四季度
	台化兴业（宁波）有限公司	150	浙江	2023 年一季度
	江苏嘉通能源有限公司	250	江苏	2023 年
	海伦石化有限公司	320	江苏	2023 年
	浙江独山能源有限公司	250	浙江	2023 年
	仪征化纤股份有限公司	300	江苏	2023 年
	江苏嘉通能源有限公司	250	江苏	2024 年
	远东仪化石化（扬州）有限公司	200	江苏	2024 年
	浙江独山能源有限公司	250	浙江	2024 年
华南	恒力石化（惠州）有限公司	250	广东	2022 年三、四季度
	恒力石化（惠州）有限公司	250	广东	2023 年
	海南逸盛石化有限公司	250	海南	2025 年
合计		3330		

27.6.4 中国对二甲苯市场供需平衡预测

未来五年，中国对二甲苯产能扩张主要集中在 2022 年，后续新增产能有限，预计未来五年对二甲苯产能年均增速在 7.49%，产量年均增速在 10.92%，下游消费量年均增速在 5.67%，供应增速明显高于消费量增速。到 2026 年国内对二甲苯产能基本能满足国内需求，短缺问题将得到有效缓解。

第28章 精对苯二甲酸（PTA）

2021年度关键指标一览

类别	项目	2020年	2021年	涨跌值	原因概述
价格	现货成交价均值/（元/吨）	3622.05	4702.94	1080.89	原油上涨导致成本支撑；供需矛盾放缓，市场价格反弹
	国际成交价均值/（美元/吨）	470.00	664.24	194.24	原油上涨导致成本支撑；供需矛盾放缓，市场价格反弹
供应	产能/（万吨/年）	5709.00	6629.00	920	前期高利润刺激主要企业寻求产业链布局，产能快速扩张
	产量/万吨	4950.26	5279.23	328.97	产能扩张，需求增长，产量大幅增加
	开工率/%	85.99	78.32	-7.67	龙头主动降负避险；下半年新装置投产开工，拉低了行业平均开工率
	进口量/万吨	61.60	7.65	-53.95	国内供应宽松，进口量下跌
需求	出口量/万吨	84.68	257.44	172.76	国内价格有套利空间以及国外装置停车，出口量大幅增长
	下游消费量/万吨	4646.29	5083.18	436.89	聚酯产能快速增加，需求增长

28.1 中国精对苯二甲酸供需平衡分析

2017—2021 年中国精对苯二甲酸（PTA）市场供需由去库走向累库的局面。据统计，2017—2021 年中国精对苯二甲酸产量年均增速在 10.14%，下游消费量年均增速在 8.56%。产量的增长主要是精对苯二甲酸加工费的修复带动产能的加速扩张；需求的增长主要来自下游聚酯端产能的快速扩张推动。2021 年中国新投产三套精对苯二甲酸装置，行业总产能提升至 6629 万吨，截至 2021 年底，中国精对苯二甲酸产量增长至 5279.23 万吨，较 2020 年同期上涨 6.65%。

进出口方面，目前国内精对苯二甲酸产品供大于求，伴随国内供应量的加速增长，进口占比不断萎缩，而供应宽松加大国内竞争压力，引导国内企业寻求出口减压，故出口量呈现增长态势。据海关数据统计显示，2021 年中国精对苯二甲酸进口量 7.65 万吨，同比下降 87.58%。出口量在 257.44 万吨，同比增长 204.02%。

2021 年中国精对苯二甲酸下游消费量增长至 5083.18 万吨，同比增长 9.40%，消费增量主要来自聚酯端产能的扩张，2021 年中国聚酯有 422 万吨 / 年装置投产。

2017—2021 年中国精对苯二甲酸供需平衡见表 28.1。

表 28.1　2017—2021 年中国精对苯二甲酸供需平衡表

项目	2017 年	2018 年	2019 年	2020 年	2021 年
产能 /（万吨 / 年）	4709	4929	4869	5709	6629
开工率 /%	71.18	78.49	83.68	85.99	78.32
产量 / 万吨	3586.86	4047.46	4463.83	4950.26	5279.23
进口量 / 万吨	52.63	75.39	95.48	61.60	7.65
出口量 / 万吨	52.32	84.04	69.17	84.68	257.44
下游消费量 / 万吨	3659.65	4052.21	4417.01	4646.29	5083.18

28.2 中国精对苯二甲酸供应现状分析

28.2.1 2021 年中国精对苯二甲酸国产供需分析

据统计，2017—2021 年中国精对苯二甲酸产能复合增长率在 8.93%。2017—2018 年精对苯二甲酸产能波动不大，产能增长主要集中在 2019—2021 年，终端行业需求复苏，下游聚酯迎来景气周期，聚酯产能迎来扩张潮，是精对苯二甲酸产品近年来产能快速增长的主要推手。

2017—2021 年中国精对苯二甲酸产能变化趋势见图 28.1。

伴随中国精对苯二甲酸新增产能释放以及需求增长，2017—2020 年中国精对苯二甲酸产量整体呈现增长态势，2021 年精对苯二甲酸开工率开始下降，近五年精对苯二甲酸产量复合增长率在 10.14%。2017—2018 年伴随下游需求开始出现好转以及企业利润状况由亏转盈，行业开工负荷提升，2019—2020 年新增产能陆续投产，但在此期间把长期停车 2 年以上的装置剔除有效产能，一定程度上精对苯二甲酸行业开工率仍表现尚可。2021 年由于新产能仍在扩张，产能的增加致使行业整体开工率出现下移。2021 年精对苯二甲酸行业平均开工率在 78% 左右。

2017—2021 年中国精对苯二甲酸产量及开工率变化趋势图见图 28.2。

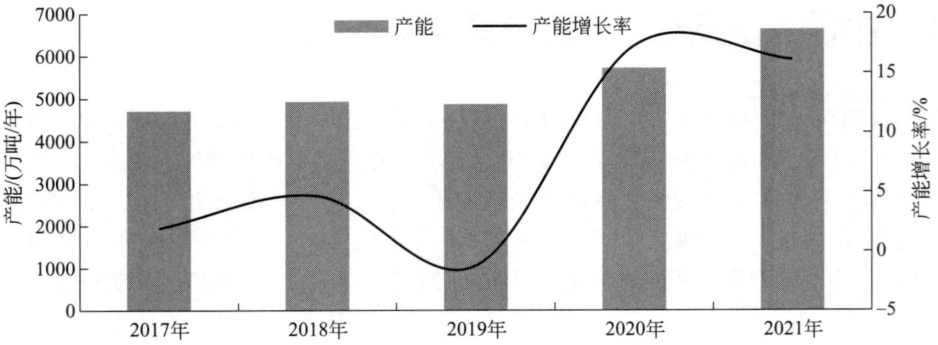

图 28.1 2017—2021 年中国精对苯二甲酸产能变化趋势

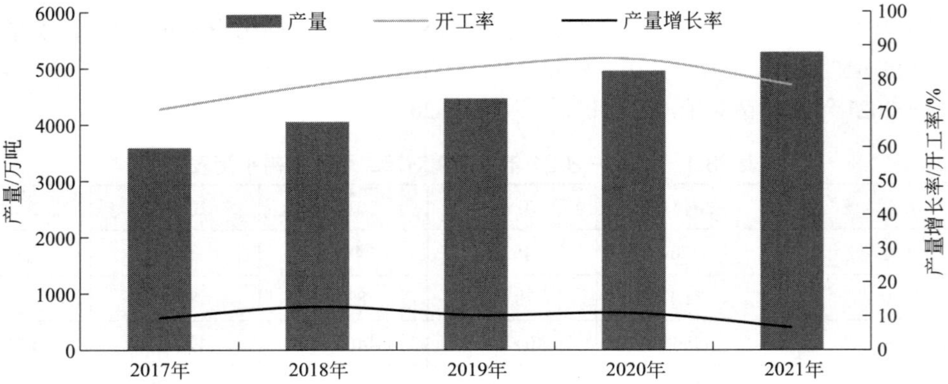

图 28.2 2017—2021 年中国精对苯二甲酸产量及开工率变化趋势

28.2.2 2021 年中国精对苯二甲酸区域供应结构分析

中国精对苯二甲酸产能分布较为集中，主要在华东、东北和华南地区。2021 年三者的产能分别达到 4050 万吨、1760 万吨以及 435 万吨，分别占全国产能的 61.10%、26.55% 和 6.56%。

华东地区是国内聚酯的产业集中地，当地具备得天独厚的资源优势，除了下游聚酯工厂配套精对苯二甲酸装置外，当地还存在部分独立的精对苯二甲酸工厂，数据显示华东地区精对苯二甲酸产能占全国总产能的 61.10%。当地主流企业有逸盛石化、新凤鸣、福海创、虹港石化、嘉兴石化等，占据市场主导地位；东北地区主流企业有恒力石化和逸盛大化，装置产能较大，占全国产能的 26.55%；华南地区主流工厂有海南逸盛、珠海英力士。

中国精对苯二甲酸分区域产能变化统计见表 28.2。

表 28.2 中国精对苯二甲酸分区域产能变化统计

区域	2017 年产能 /（万吨 / 年）	2017 年占比 /%	2021 年产能 /（万吨 / 年）	2021 年占比 /%
华东	2750.00	58.40	4050.00	61.10
东北	1278.00	27.14	1760.00	26.55
华南	455.00	9.66	435.00	6.56
西南	150.00	3.19	190.00	2.87

续表

区域	2017 年产能 /（万吨 / 年）	2017 年占比 /%	2021 年产能 /（万吨 / 年）	2021 年占比 /%
西北	9.50	0.20	127.50	1.92
华北	34.00	0.72	34.00	0.51
华中	32.50	0.69	32.50	0.49
合计	4709.00	100.00	6629.00	100.00

28.2.3　2021 年中国精对苯二甲酸进口量分析

2017—2021 年精对苯二甲酸进口量先扬后抑，2018 年进口量达 95.48 万吨，近两年回落明显。2017—2019 年精对苯二甲酸四大下游中涤纶长丝及聚酯瓶片产能扩张，其中主力下游涤纶长丝 2019 年产能增量较 2017 年上浮 20.29%，而此间精对苯二甲酸增量为 3.40%，精对苯二甲酸供不应求矛盾显现，对进口需求量提升。2020—2021 年精对苯二甲酸为标准扩产年，2021 年产能增量较 2020 年同比增长 16.11%，在国产自给率提升明显下 2021 年中国精对苯二甲酸进口萎缩近 87.58%。

2017—2021 年中国精对苯二甲酸进口量变化趋势见图 28.3。

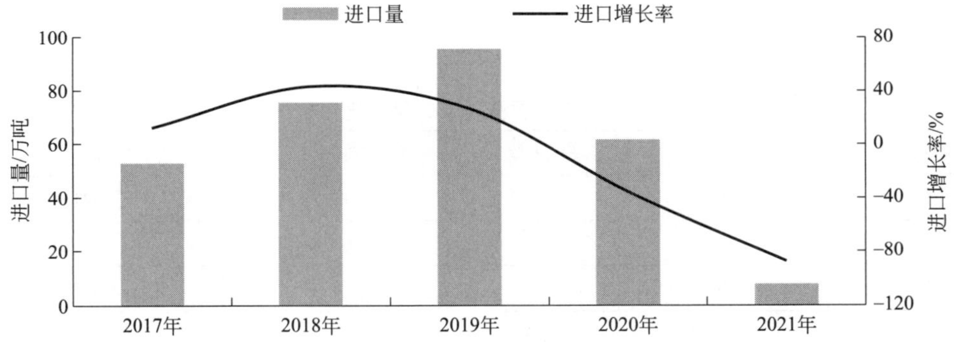

图 28.3　2017—2021 年中国精对苯二甲酸进口量变化趋势

近五年以来，国内精对苯二甲酸来源结构变化不大，主要来自近洋地区的中国台湾、韩国、泰国、印度尼西亚、日本，这五地进口量占全年总进口量的 82% ～ 99%，其他进口主要来自印度、比利时、葡萄牙。2017—2020 年，泰国、中国台湾、泰国、印尼、韩国这四个地区仍是中国的主要进口地，2021 年韩国进口量缩减为 0，日本进口量跃升至第二位。由于中国精对苯二甲酸新产能大量投放，国内自给自足，对外依存度大大减弱，国内新装置技术的发展比国外更加先进，制约了韩国等的进口量。

2017—2021 年中国精对苯二甲酸主要进口来源及占比情况见表 28.3。

表 28.3　2017—2021 年中国精对苯二甲酸主要进口来源及占比情况

单位：万吨

来源国及地区	2017 年	2018 年	2019 年	2020 年	2021 年
中国台湾	9.29	40.31	51.29	33.17	5.60
日本	2.89	1.52	1.99	2.92	1.52
泰国	10.43	5.41	13.44	10.03	0.46

续表

来源国及地区	2017 年	2018 年	2019 年	2020 年	2021 年
印度尼西亚	3.17	0.88	2.19	5.57	0.07
沙特阿拉伯	0.27	0.00	0.00	0.00	0.01
合计	26.05	48.12	68.91	51.69	7.65
总进口量	52.63	75.39	95.48	61.60	7.65
前 5 位占比	49.50%	63.83%	72.17%	83.92%	99.98%
中国台湾占比	17.65%	53.47%	53.72%	53.85%	73.22%
日本占比	5.49%	2.02%	2.08%	4.74%	19.83%
泰国占比	19.82%	7.18%	14.08%	16.28%	5.95%
印度尼西亚占比	6.02%	1.17%	2.29%	9.05%	0.92%
沙特阿拉伯占比	0.52%	0.00%	0.00%	0.00%	0.07%

中国 PTA 进口来源地变化不大，据海关进口数据统计显示，2021 年我国 PTA 进口来源地前三位为中国台湾、日本、泰国，进口量分别为 5.60 万吨、1.52 万吨、0.46 万吨，与 2020 年相比分别下滑 83.11%、48.05%、95.46%。

2021 年中国精对苯二甲酸进口情况分析见表 28.4。

表 28.4　2021 年中国精对苯二甲酸进口情况分析

来源国及地区	进口量 / 万吨	进口占比 /%	进口额 / 万美元	进口均价 /（美元 / 吨）
中国台湾	5.60	73.22	3762.28	671.37
日本	1.52	19.83	869.96	573.30
泰国	0.46	5.95	314.39	690.91
印度尼西亚	0.07	0.92	25.94	369.57
沙特阿拉伯	0.01	0.07	2.55	510.00

28.3 中国精对苯二甲酸消费现状分析

28.3.1 2021 年中国精对苯二甲酸消费趋势分析

近五年，中国精对苯二甲酸的消费量呈现上升趋势。聚酯产品作为精对苯二甲酸行业的需求主力军，在 2017 年受到终端需求的支撑，产能出现扩张，拉动了对精对苯二甲酸的需求。

进入 2021 年，精对苯二甲酸整体消费量仍呈现上涨态势，经过 2020 年的特殊行情影响，2021 年精对苯二甲酸行情逐步回暖，需求增速进一步增加。主要归于上半年聚酯行情回暖，负荷高位，聚酯产能扩张步伐延续，虽然下半年由于双控政策影响，开工负荷受限，整体投产步伐相对推迟。但放眼全年来看，聚酯企业利润稳固，整体需求呈现缓慢增长。

2017—2021 年中国精对苯二甲酸表观消费量变化趋势见图 28.4。

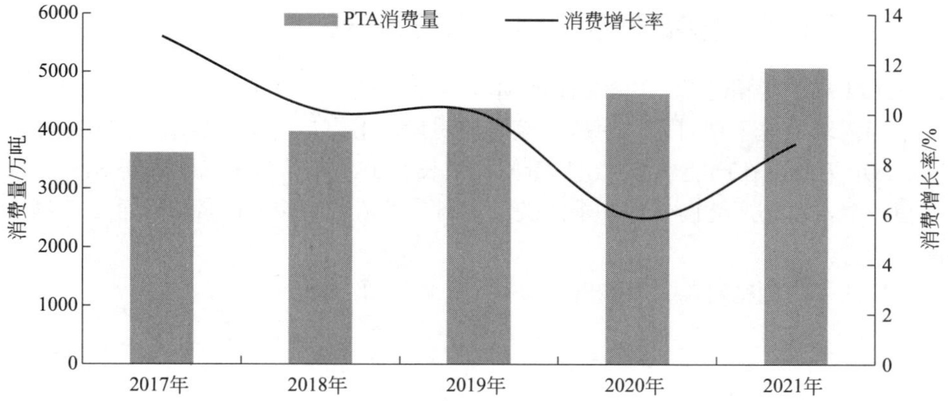

图 28.4　2017—2021 年中国精对苯二甲酸表观消费量变化趋势

28.3.2　2021 年中国精对苯二甲酸消费结构分析

近五年，中国精对苯二甲酸供需格局不断经历新的改革。2016—2017 年，聚酯行业利润开始恢复，终端纺织需求同步提升，聚酯端迎来新一轮扩能，在精对苯二甲酸的需求中占据重要席位。PBT 树脂、PTT 以及对苯型增塑剂整体增速有限，从需求结构来看，仍以聚酯为主。

2021 年，中国 PTA 下游需求绝大多数用于生产聚酯，占 PTA 总消费量 96.14%。而用于生产 DOTP 增塑剂占比在 2.34%；PBT 占比 1.36%；PTT 占比 0.16%，消费结构与 2020 年无明显差异，聚酯仍占据主导。

2021 年精对苯二甲酸下游需求占比见图 28.5。

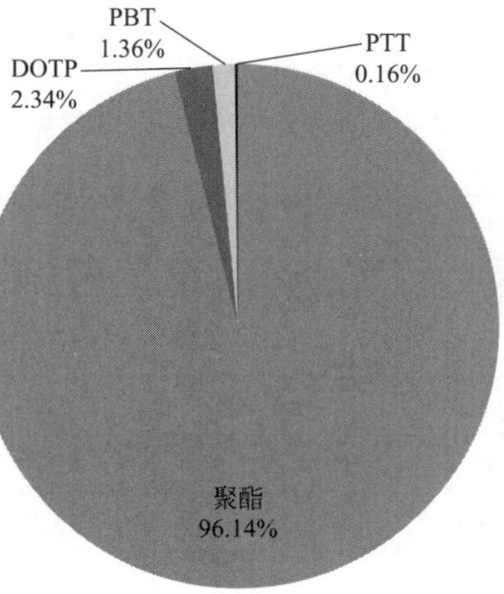

图 28.5　2021 年精对苯二甲酸下游需求占比

我国精对苯二甲酸需求情况并未有明显改变，主要的消费行业仍以聚酯为主。聚酯的主要生产地是华东地区，江苏、浙江、上海更是近几年发展最快的地区，其中恒逸、荣盛、恒力、桐昆以及新凤鸣等工厂在市场中占有主导地位。

2021 年，浙江、江苏两地区聚酯产量达 4415.62 万吨，按照 0.855 的需求计算，需求量高达 3775.36 万吨，占总需求量的 77.12%。

28.3.3 2021年中国精对苯二甲酸出口量分析

2017—2021年中国精对苯二甲酸出口整体呈现增长趋势，2021年出口量257.44万吨。2018年在国内聚酯需求增速下精对苯二甲酸产量增加明显，出口量同步跟随增加；2020年精对苯二甲酸投产近870万吨，在产能增量下出口量同样增长。2021年精对苯二甲酸新增产能920万吨，产能增速超16%，过剩产能向外部寻求突破，中国精对苯二甲酸出口量飙升至257.44万吨，创历史峰值。

2017—2021年中国精对苯二甲酸出口量变化趋势见图28.6。

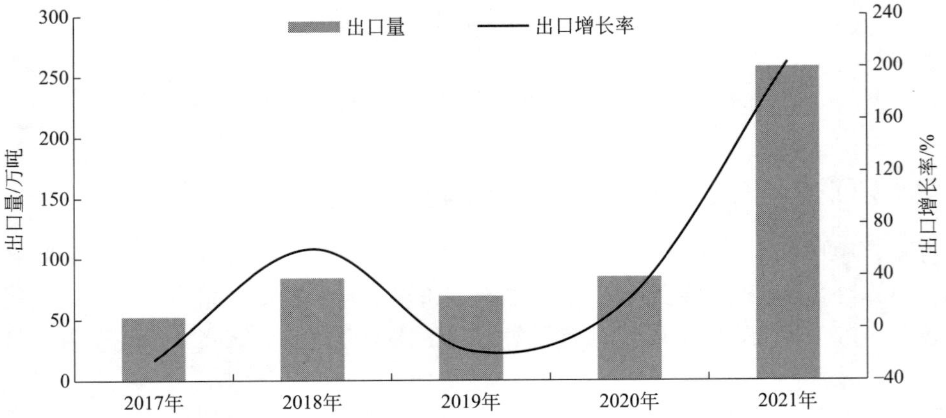

图28.6 2017—2021年中国精对苯二甲酸出口量变化趋势

从出口地区来看，近五年以来，国内精对苯二甲酸出口结构变化不大，主要去往俄罗斯、阿曼、印度、越南、巴基斯坦、埃及等，其中印度、俄罗斯、阿曼常年居出口地前列。值得注意的是，2021年因受疫情影响，中国精对苯二甲酸出口到其他国家的数量有所增加，例如土耳其、沙特阿拉伯等国家的出口量出现相对明显变化。

2017—2021年中国精对苯二甲酸主要出口地及占比情况见表28.5。

表28.5 2017—2021年中国精对苯二甲酸主要出口地及占比情况

单位：万吨

出口国及地区	2017年	2018年	2019年	2020年	2021年
印度	3.70	7.14	4.07	6.89	59.73
土耳其	0.30	1.42	0.00	1.84	34.20
阿曼	21.47	23.60	21.66	19.99	32.53
俄罗斯	8.45	15.61	25.85	29.10	29.08
沙特阿拉伯	0.37	0.00	0.00	4.64	22.81
合计	34.29	47.77	51.57	62.45	178.34
总出口量	52.32	84.04	69.17	84.68	257.44
前5位占比	65.54%	56.84%	74.56%	73.75%	69.28%
印度占比	7.07%	8.50%	5.88%	8.13%	23.20%
土耳其占比	0.57%	1.69%	0.00%	2.17%	13.28%
阿曼占比	41.04%	28.08%	31.31%	23.61%	12.64%

续表

出口国及地区	2017 年	2018 年	2019 年	2020 年	2021 年
俄罗斯占比	16.15%	18.57%	37.37%	34.37%	11.29%
沙特阿拉伯占比	0.71%	0.00%	0.00%	5.47%	8.86%

2021 年我国精对苯二甲酸出口地前三位的是印度、土耳其、阿曼，出口量分别为 59.73 万吨、34.20 万吨、32.53 万吨，占比分别为 23.20%、13.28%、12.64%。

2021 年中国精对苯二甲酸出口情况分析见表 28.6。

表 28.6 2021 年中国精对苯二甲酸出口情况分析

出口国及地区	出口量 / 万吨	出口占比 /%	出口额 / 美元	出口均价 /（美元 / 吨）
印度	59.73	23.20	37078.06	620.79
土耳其	34.20	13.28	22430.50	655.89
阿曼	32.53	12.64	22040.29	677.58
俄罗斯	29.08	11.29	18267.98	628.29
沙特阿拉伯	22.81	8.86	14841.05	650.55

28.4 中国精对苯二甲酸价格走势分析

纵观 2017—2021 年精对苯二甲酸市场，华东市场价格在宏观及供需交互作用下大致呈现倒“V”走势，其中高点出现在 2018 年 9 月的 9300 元 / 吨，低点出现在 2020 年 11 月的 3060 元 / 吨。2017 年在落后产能淘汰初见成效之后，精对苯二甲酸供需格局逐步改善，价格出现起色，最终在 2018 年三季度供需严重错配下刷新近十年新高，之后随着 2019 年下半年新一轮投产周期的开始，精对苯二甲酸供需矛盾再度凸显，加剧市场竞争格局，企业现金流陷入亏损、产能利用率降低，叠加全球经济同步放缓，贸易壁垒及地缘政治紧张局势加剧，终端纺织品出口增速下滑，国内成本压力重重，精对苯二甲酸市场演绎出典型的牛转熊行情。期间影响价格的主要因素有：国内外经济运行环境、国际原油及原料走势、精对苯二甲酸开工意愿及加工区间、新产能投产预期、下游需求、业内人士心态、期货价格等。

2017—2021 年中国精对苯二甲酸现货市场价格走势见图 28.7。

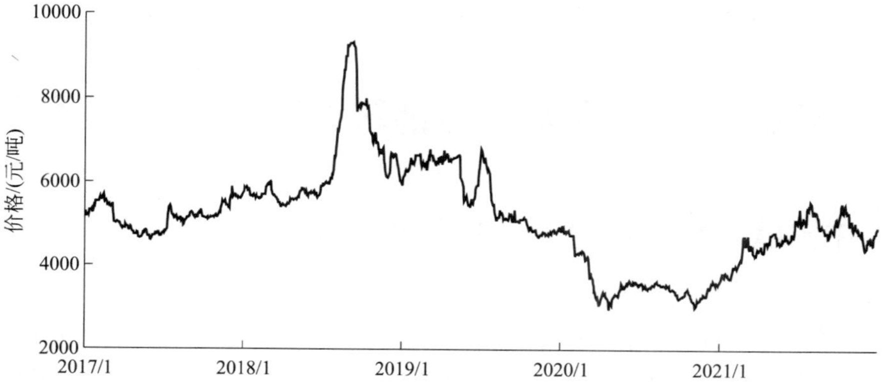

图 28.7 2017—2021 年中国精对苯二甲酸现货市场价格走势

28.5 中国精对苯二甲酸利润走势分析

PX 价格与精对苯二甲酸价格波动息息相关，因此成本端的价格波动将直接影响精对苯二甲酸价格走势。另外，随着精对苯二甲酸生产技术的不断提升，新装置对原料的用量不断优化，新产能的逐步释放，对于成本方面更具有一定优势，新装置先进技术的升级，使得新装置完全成产成本在 320 ～ 350 元 / 吨。截至 2021 年，精对苯二甲酸平均生产成本在 4799.43 元 / 吨，较 2020 年同期的 3608.25 元 / 吨，上涨 39.60%。加工费在 503.47 元 / 吨，较 2020 年同期的 613.80 元 / 吨，下跌 17.97%。

2021 年受国际油价大幅上涨拉动，PX 及精对苯二甲酸价格均出现不同幅度上移。年初伴随福建百宏和虹港石化二期共计 500 万吨 / 年精对苯二甲酸新装置顺利投产，PX 需求呈现明显增加，同时镇海炼化、扬子石化以及中金石化等 PX 装置陆续停车，供应端处于相对低位，因此 PX 端偏于利好，导致精对苯二甲酸加工费被压缩让利给 PX。5 月份之后，由于精对苯二甲酸多套装置释放检修，且部分中小型企业进入长停状态，自身供需延续去库，加工费逐步回归。随后，在精对苯二甲酸成本支撑以及自身供需调节持续向好的支撑下，精对苯二甲酸加工费延续高位震荡。9 月份后，由于能耗双控、限电等政策因素影响，下游开始减产、降负，导致需求呈现疲软，但精对苯二甲酸企业多套装置进入停车状态，供应产能的减量大于需求端，而成本端 PX 负荷略有提升迹象，导致 PX 价格上涨受限，因此精对苯二甲酸加工费再次回归。

2017—2021 年中国精对苯二甲酸成本及加工费对比见图 28.8。

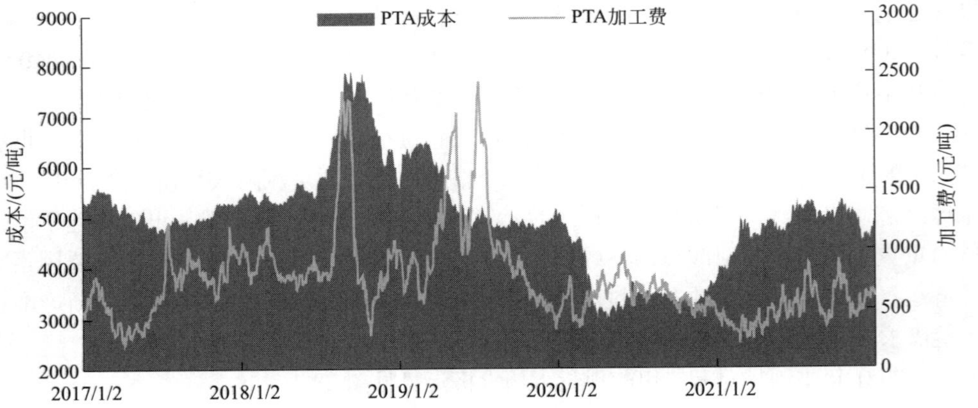

图 28.8 2017—2021 年中国精对苯二甲酸成本及加工费对比

28.6 2022—2026 年中国精对苯二甲酸发展预期

28.6.1 中国精对苯二甲酸拟在建 / 退出产能统计

未来五年精对苯二甲酸产品行业拟在建产能将达到 3330 万吨 / 年，其中规模在 250 万吨 / 年以上的企业有 8 家，新增产能主要分布在华东地区，2022—2023 年新增产能集中投放后，精对苯二甲酸市场供应格局将发生重大变化，包括进口减少、出口增加以及国内炼化一体化的发展趋势将更加凸显。

2022—2026 年中国精对苯二甲酸增拟建产能统计见表 28.7。

表 28.7 2022—2026 年中国精对苯二甲酸增拟建产能统计

区域	企业名称	产能 / （万吨 / 年）	地址	投产计划
华东	逸盛新材料有限公司	360	浙江	2022 年一季度
	山东东营威联化学有限公司	250	山东	2022 年三、四季度
	台化兴业（宁波）有限公司	150	浙江	2023 年一季度
	江苏嘉通能源有限公司	250	江苏	2023 年
	海伦石化有限公司	320	江苏	2023 年
	浙江独山能源有限公司	250	浙江	2023 年
	仪征化纤股份有限公司	300	江苏	2023 年
	江苏嘉通能源有限公司	250	江苏	2024 年
	远东仪化石化 (扬州) 有限公司	200	江苏	2024 年
	浙江独山能源有限公司	250	浙江	2024 年
华南	恒力石化（惠州）有限公司	250	广东	2022 年三、四季度
	恒力石化（惠州）有限公司	250	广东	2023 年
	海南逸盛石化有限公司	250	海南	2025 年
合计		3330		

28.6.2 中国精对苯二甲酸供应趋势预测

伴随着一体化装置投放，2022—2026 年国内精对苯二甲酸产能保持大幅增长，产量却逐步放缓，相较于 2021 年，产能复合增长率在 5.97%，产量复合增产率在 5.6%。产能和产量预测增长率出现偏差的主要原因：受装置投产时间的错配，装置利用率并非全面；精对苯二甲酸在 2022—2023 年仍是投产周期，行业竞争激烈，只有投产周期结束，老旧产能淘汰，行业才有可能焕发生机。预计 2026 年精对苯二甲酸产能在 8860 万吨 / 年，产量 6955.10 万吨。

2022—2026 年中国精对苯二甲酸供应预测见图 28.9。

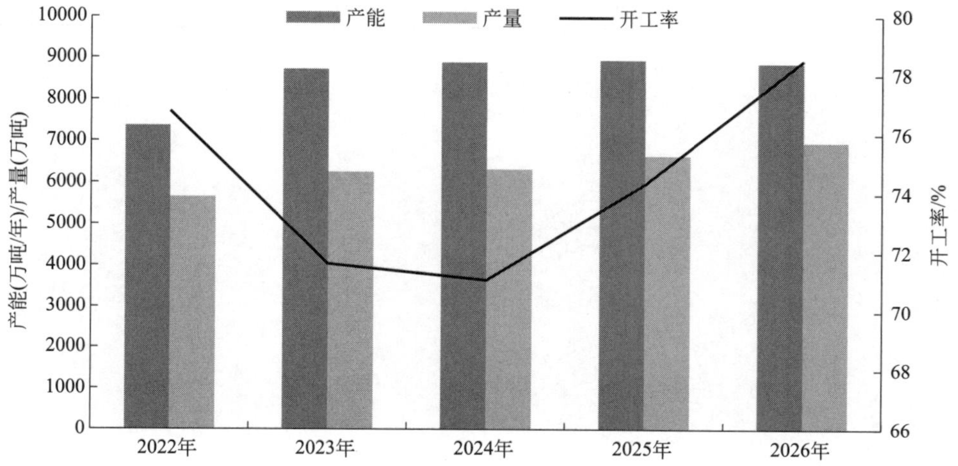

图 28.9 2022—2026 年中国精对苯二甲酸供应预测

28.6.3 中国精对苯二甲酸主要下游发展前景预测

近年中国精对苯二甲酸主要下游集中在聚酯产品当中，约占其总消费量的 95% 以上，伴随聚酯工业的发展，使得我国精对苯二甲酸需求一直保持增长的势头。据统计，2020 年聚酯总产量进一步提升，达到 5265.84 万吨，对精对苯二甲酸的需求量在 4502.29 万吨，2021 年聚酯产能已达到 6674.5 万吨 / 年，因聚酯新产能的投放，2021 年聚酯总产量进一步提升，达到 5725.36 万吨，对精对苯二甲酸的需求量在 4896.89 万吨，占精对苯二甲酸总消费量的 96.14%。

未来五年，伴随着产业一体化发展，下游聚酯、DOTP 增塑剂、PBT 以及 PTT 产品均进入一个产能扩张期。2022—2026 年国内聚酯有 2451 万吨 / 年产能投放，届时对精对苯二甲酸的需求量将大幅增加。

28.6.4 中国精对苯二甲酸市场供需平衡预测

未来五年，伴随着精对苯二甲酸以及聚酯行业的逐步完善和发展，行业一体化确实更加明显。中国精对苯二甲酸产品供需均呈现大幅长之势。预计未来五年精对苯二甲酸产能平均增速在 4.73%，产量年均增速在 4.83%，下游消费增速在 4.83%，供应增速明显高于消费增速，精对苯二甲酸行业持续面临供过于求的局面，而在内需支持不足之际，扩大出口成为未来行业发展的方向。

2022—2026 年中国精对苯二甲酸市场供需平衡预测见表 28.8。

表 28.8 2022—2026 年中国精对苯二甲酸市场供需平衡预测

项目	2022 年	2024 年	2026 年
产能 /（万吨 / 年）	7364.00	8882.50	8860.00
开工率 /%	76.80	71.10	78.5
产量 / 万吨	5655.55	6315.46	6955.10
进口量 / 万吨	3.5	2.00	1.20
总供应量 / 万吨	5659.05	6317.46	6965.30
出口量 / 万吨	300.00	340.00	350.00
下游消费量 / 万吨	5556.58	5981.59	6709.98
总需求量 / 万吨	5856.58	6321.59	7059.98

第 29 章　乙二醇

2021 年度关键指标一览

类别	项目	2020 年	2021 年	涨跌值	原因概述
价格	现货成交价均值 /（元 / 吨）	3827	5243	1416	2021 年乙二醇价格较 2020 年强劲反弹，主要是产能投产不及预期，市场供需重新平衡，供需端累库低于预期，叠加成本端推动，造就乙二醇价格的反弹走强
供应	产能 /（万吨 / 年）	1568.10	2081.10	513	国内产能持续扩充；国外新增装置投产预期推迟，且原料供应不足之下开工负荷稳定性欠佳；叠加上半年欧美市场价格高位，全球货源价格驱使下的流向转移，造成年内进口收缩
	产量 / 万吨	883.81	1197.73	313.92	
	开工率 /%	56.36	57.55	1.19	
	进口量 / 万吨	1054.80	842.64	−212.16	
需求	出口量 / 万吨	6.08	12.36	6.28	国内产能提升且品质好转，出口积极性提振，带动出口总量增长
	下游消费量 / 万吨	1896.89	2050.70	153.81	下游聚酯产品新增释放集中，产能持续扩张之下乙二醇需求强劲上涨

29.1 中国乙二醇供需平衡分析

2017—2021 年中国乙二醇产品市场供需呈现稳定增长态势。据统计，2017—2021 年中国乙二醇产品产量年均增速在 19.70%，消费量年均增速在 8.34%。产量的增长主要得益于近几年国内乙二醇行业产能的快速扩张及部分年份开工率的提升。需求的增长主要受下游聚酯行业的快速扩张推动。2021 年中国乙二醇新增 / 扩产 11 套，行业总产能提升至 2081.1 万吨 / 年，截至 2021 年底，乙二醇产量增长至 1197.73 万吨，较 2020 年同期上涨 33.52%。

进出口方面，目前国内乙二醇整体虽仍供不应求，但随着国内产能的提升，行业自给率也大幅提升，进口占比呈现萎缩态势。据海关数据统计显示，2021 年中国乙二醇进口总量 842.64 万吨，同比下降 20.11%。2021 年中国乙二醇消费增长至 2050.7 万吨，同比增长 8.11%，主要来自下游聚酯产能的扩张，2021 年中国乙二醇主力下游聚酯新增产能 422 万吨。

2017—2021 年中国乙二醇供需平衡见表 29.1。

表 29.1 2017—2021 年中国乙二醇供需平衡表

项目	2017 年	2018 年	2019 年	2020 年	2021 年
产能 /（万吨 / 年）	868.10	1078.10	1103.10	1568.10	2081.1
开工率 /%	67.20	63.16	74.08	56.36	57.55
产量 / 万吨	583.35	680.95	817.16	883.81	1197.73
进口量 / 万吨	874.98	982.24	995.86	1054.80	842.64
出口量 / 万吨	1.81	0.45	1.17	6.08	12.36
下游消费量 / 万吨	1488.41	1633.22	1800.35	1896.89	2050.7

29.2 中国乙二醇供应现状分析

29.2.1 2021 年中国乙二醇国产供应量分析

2017—2021 年中国乙二醇产能复合增长率在 24.43%。阶段性来看，各年度表现不一，2017 年乙二醇产能相对稳定，产能增长主要集中在 2018—2021 年，下游聚酯行业的扩张潮以及石化行业一体化发展战略是乙二醇产能快速增长的主要推力。

2021 年中国乙二醇产能达到 2081.1 万吨 / 年，较 2020 年增长 32.71%。2021 年新增产能有 7 家，扩能有 2 家，合计增长 513 万吨 / 年。

2017—2021 年中国乙二醇产能变化趋势见图 29.1。

伴随中国乙二醇新增产能释放及需求增长，2017—2021 年中国乙二醇产量整体呈上升态势，近五年产量复合增长率在 19.70%。2017—2019 年伴随下游需求持续增长及企业盈利状况好转，行业开工负荷提升，2020—2021 年新增产能释放较多，一定程度上拉低了行业开工率。2021 年乙二醇行业平均开工率为 57.55，若抛去新增产能投放时间因素，行业现有装置开工率平均在 65% 之上。

2021 年乙二醇产量为 1197.73 万吨，环比大幅提升。上半年产量增长相对缓慢，这一时间新增产能刚进入投放期，处于运行稳定性的提升阶段，因此对产量的实际贡献有限，年中之后随着新增装置古雷、卫星等运行的稳定，国内乙二醇产量快速增长，单月产量上涨至 100 万吨以

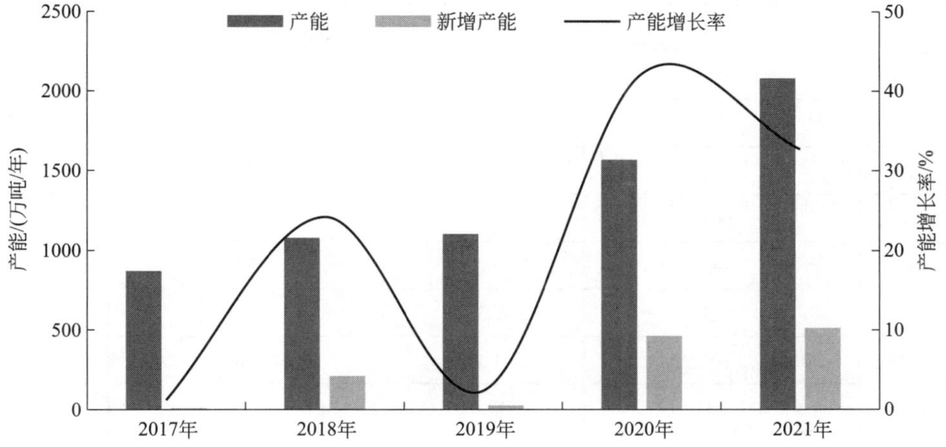

图 29.1 2017—2021 年中国乙二醇产能变化趋势

上。此后的三季度受煤炭价格高企影响，部分企业基于利润考虑开工调整 / 停车等使得国内整体产量有所下滑，但由于产能基数提升，因此产量降低之后仍高于年初水平。年内 12 月产量最高，1 月产量最低，平均月度产量 100 万吨。

2017—2021 年中国乙二醇产量及开工率变化趋势见图 29.2。

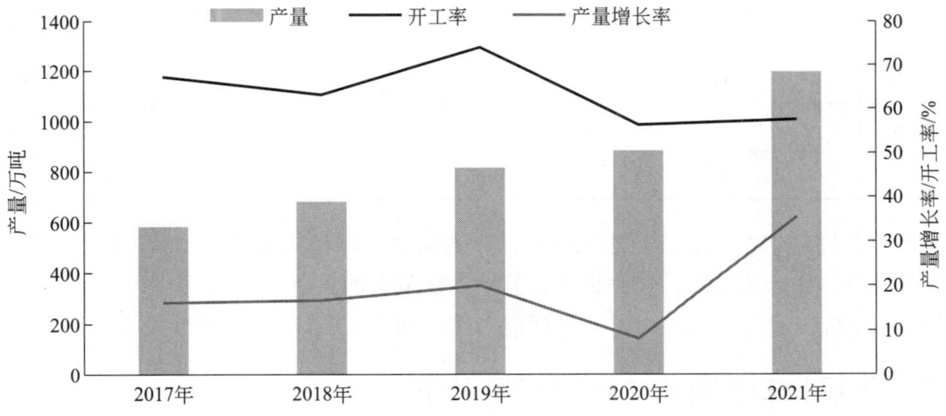

图 29.2 2017—2021 年中国乙二醇产量及开工率变化趋势

29.2.2 2021 年中国乙二醇区域供应结构分析

中国乙二醇产能分布兼具高度集中与分布广泛的特点，从近五年产能变化来看，华东一直是最集中区域，也是新增产能比较集中的区域；华南、西南、西北、东北等区域也都有乙二醇产能的分布。

2021 年，华东乙二醇产能占比高达 38.92%，华北、华南占比分别在 14.23% 和 14.17%，东北、华中地区也是乙二醇的主要输出区域，占比分别在 11.52% 和 10.96%。

中国乙二醇分区域产能变化统计见表 29.2。

表 29.2 中国乙二醇分区域产能变化统计

区域		2017 年产能 /（万吨 / 年）	2017 年占比 /%	2021 年产能 /（万吨 / 年）	2021 年占比 /%
东北	吉林	15.9	1.83	15.9	0.76
	辽宁	44	5.07	224	10.76
华北	北京	8	0.92	8	0.38
	河北			20	0.96
	内蒙古	66	7.60	148	7.11
	山西	44	5.07	74	3.56
	天津	46.2	5.32	46.2	2.22
华东	安徽	10	1.15	70	3.36
	江苏	113	13.02	113	5.43
	上海	61	7.03	61	2.93
	浙江	153	17.62	488	23.45
	山东	5	0.58	78	3.75
华南	福建	12	1.38	132	6.34
	广东	75	8.64	163	7.83
华中	河南	100	11.52	120	5.77
	湖北	48	5.53	108	5.19
西北	陕西			30	1.44
	新疆	31	3.57	116	5.57
西南	贵州			30	1.44
	四川	36	4.15	36	1.73

按生产工艺原料的不同划分，乙二醇可以分为油制、煤制及 MTO 三种，从近五年产能变化来看，油制产能占比一直最大，也是近年来新增产能最多的工艺。

2021 年，油制、煤制及 MTO 乙二醇产能占比分别在 59.21%、36.37% 及 4.42%。

29.2.3 2021 年中国乙二醇进口量分析

2017—2021 年中国乙二醇进口先扬后抑，2020 年进口量突破 1000 万吨，创历史新高。2017—2019 年下游聚酯新增相对稳定，乙二醇行业快速扩张，产能复合增长率达 12.73%，而此间下游聚酯新增产能释放缓慢，供大于求矛盾显现；2020—2021 年中国乙二醇自给率逐步提升，主要来源于企业新增产能释放，2021 年中国乙二醇进口萎缩近 20.11%。

2021 年中国乙二醇进口总量 842.64 万吨，较 2020 年同比下降 20.11%，平均单月进口量 70.22 万吨。下半年乙二醇进口量偏低，在 59.67 万～ 78.68 万吨之间，主要原因是欧美极寒天气导致企业装置检修，新冠肺炎疫情影响船期增加，外轮运费上涨，致使进口货源流向发生转变。

2017—2021 年中国乙二醇进口量变化趋势见图 29.3。

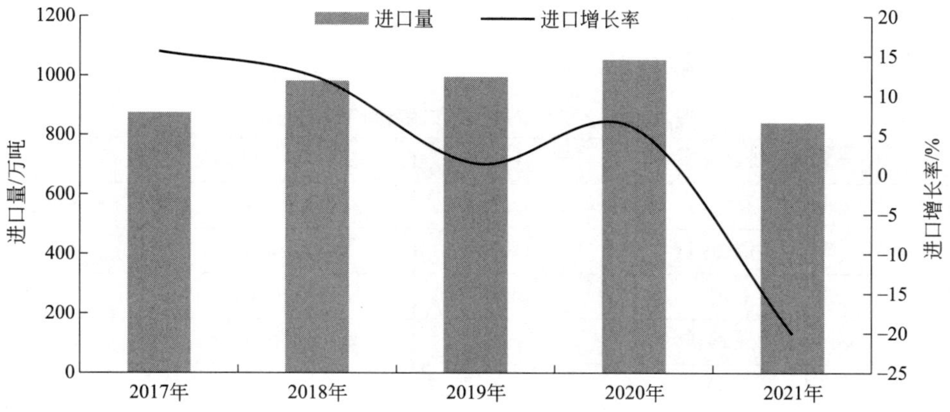

图 29.3 2017—2021 年中国乙二醇进口量变化趋势

近四年以来，国内乙二醇进口来源结构变化不大，主要来自沙特阿拉伯和加拿大，及近洋地区的中国台湾、新加坡、日本、韩国，这六地进口量占全年总进口量的 74% ～ 80%。其他进口主要来自科威特，伊朗和美国等地，占总进口量的 20% ～ 26%。

沙特阿拉伯是中国乙二醇第一大进口国，主要来源为沙特基础工业公司，2018—2021 年先增加后减少，主要源于国内乙二醇企业装置扩能，以及新冠肺炎疫情影响外轮卸货速度，大大延长了船期，运费增加等。

2018—2021 年中国乙二醇主要进口来源及占比情况见表 29.3。

表 29.3 2018—2021 年中国乙二醇主要进口来源及占比情况

单位：万吨

来源国及地区	2018 年	2019 年	2020 年	2021 年
沙特阿拉伯	410.75	452.83	404.56	364.18
中国台湾	127.88	132.07	125.48	106.14
加拿大	90.8	96.73	113.91	92.39
新加坡	75.4	60.13	80.5	69.99
科威特	60.5	51.7	61.24	35.89
合计	765.33	793.46	785.69	668.59
总进口量	982.24	995.86	1054.8	842.64
前 5 位占比	77.92%	79.68%	74.49%	79.34%
沙特阿拉伯占比	41.82%	45.47%	38.35%	43.22%
中国台湾占比	13.02%	13.26%	11.90%	12.60%
加拿大占比	9.24%	9.71%	10.80%	10.96%
新加坡占比	7.68%	6.04%	7.63%	8.31%
科威特占比	6.16%	5.19%	5.81%	4.26%

中国乙二醇进口相对集中，据海关进口数据统计显示，2021 年我国乙二醇进口主要来自沙特阿拉伯、加拿大、中国台湾、新加坡、科威特、伊朗、美国等。来源地前三分别是：沙特阿拉伯，进口量 364.18 万吨，占比 43.22%；中国台湾，进口量 106.14 万吨，占比 12.60%；加拿大，

进口量 92.39 万吨，占比 10.96%。

2021 年中国乙二醇进口情况分析见表 29.4。

表 29.4 2021 年中国乙二醇进口情况分析

来源国及地区	进口量 / 万吨	进口占比 /%	进口额 / 美元	进口均价 /（美元 / 吨）
沙特阿拉伯	364.18	43.22	2484433530.00	682.20
中国台湾	106.14	12.60	716847648.00	675.38
加拿大	92.39	10.96	598681467.00	647.99
新加坡	69.99	8.31	465280319.00	664.78
伊朗	59.95	7.11	396889417.00	662.03
美国	53.87	6.39	342937364.00	636.60
科威特	35.89	4.26	245504346.00	684.05
韩国	18.81	2.23	130004715.00	691.15
日本	18.05	2.14	118978903.00	659.16
阿曼	12.91	1.53	85253709.00	660.37
其他	10.46	1.24	76203801.00	728.53
总计	842.64	100.00	5661015219.00	671.82

29.3 中国乙二醇消费现状分析

29.3.1 2021 年中国乙二醇消费趋势分析

2021 年中国乙二醇消费量在 2050.7 万吨，较 2020 年增长 8.11%，保持稳步增长之势，主要受乙二醇下游需求强劲推动。乙二醇年内消费高点集中在 3—8 月份，主要受下游聚酯新增产能集中释放、春节后集中开工及冬季面料生产影响。全年消费低端集中在 9—11 月份，主要因限电限产影响，下游聚酯整体开工率下降近 15%，导致其消费明显回落。

2017—2021 年中国乙二醇表观消费量变化趋势见图 29.4。

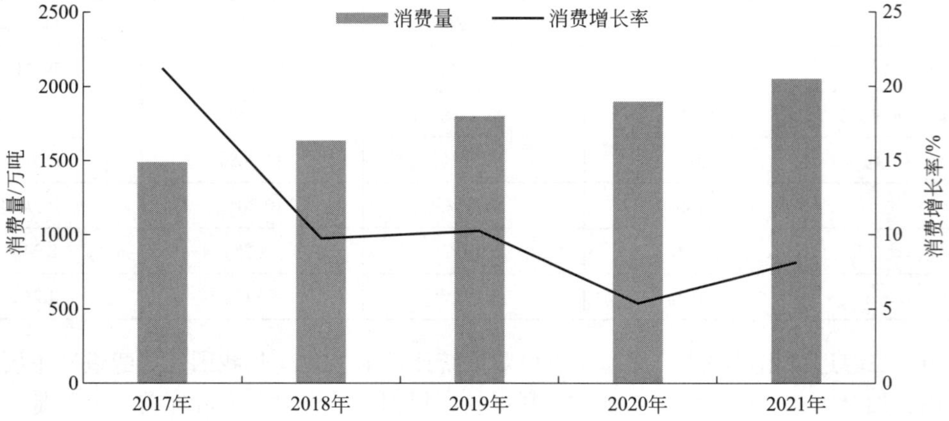

图 29.4 2017—2021 年中国乙二醇表观消费量变化趋势

29.3.2　2021 年中国乙二醇消费结构分析

中国乙二醇下游消费集中在聚酯产品，占据国内乙二醇消费量的 93.9%，其余消费领域为不饱和树脂、聚氨酯及其他领域。伴随着医疗卫生、基建等行业的快速发展，未来聚酯领域消费量将依旧保持强劲的增长势头。

2017 年以来乙二醇需求保持稳健增长，主要也是下游聚酯领域新增产能投产的带动。2021 年聚酯新增产能 422 万吨 / 年，折合乙二醇消费量增长 144.37 万吨 / 年。

2017—2021 年中国乙二醇下游行业需求变化趋势见图 29.5。

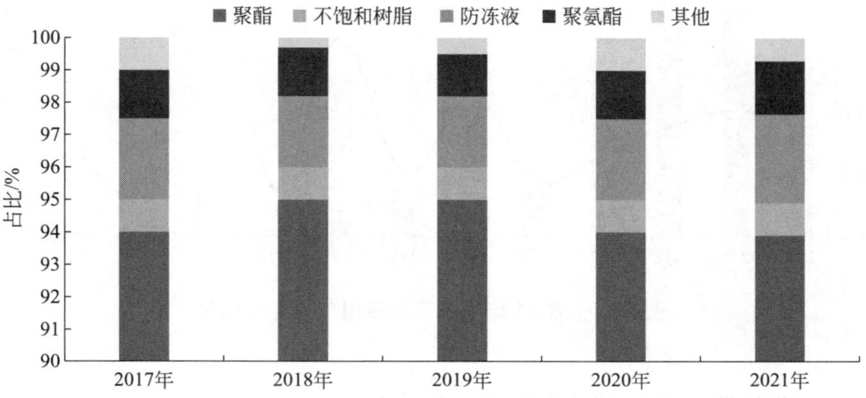

图 29.5　2017—2021 年中国乙二醇下游行业需求变化趋势

29.3.3　2021 年中国乙二醇出口量分析

2017—2021 年中国乙二醇出口整体呈现增长趋势，2021 年出口达 12.36 万吨，较 2020 年同比上涨 103.29%。2020—2021 年乙二醇国产供应提升，且中国现货价格不高，出口周边竞争力提升。

2017—2021 年中国乙二醇出口量变化趋势见图 29.6。

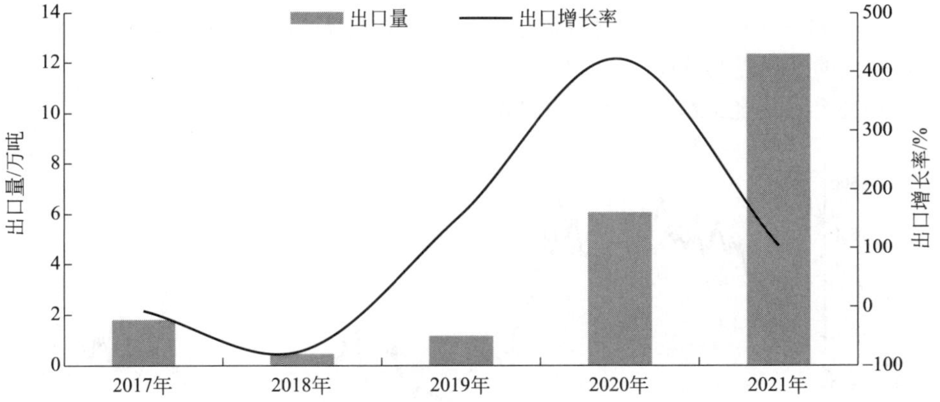

图 29.6　2017—2021 年中国乙二醇出口量变化趋势

2021 年国内乙二醇整体供应处于一种紧平衡状态，可供出口富余量有限，再者 2021 年集装箱、船运运力紧张，且运费高昂，纵然国际出口价格颇具吸引力，运输受限也使得其出口受阻，虽 2021 年乙二醇出口量较前期涨幅明显，但出口总量仍处于低位水平。

在价格方面，2021 年乙二醇出口均价较 2020 年同期略有提升，主要因期间乙二醇内外盘价格均高位，全球供应的短暂不平衡导致价格整体高于 2020 年同期。11 月份 1228.37 美元 / 吨均价，因其出口量偏小，仅 444.02 吨，不具有主流参考性。

2021 年中国乙二醇出口量变化趋势见图 29.7。

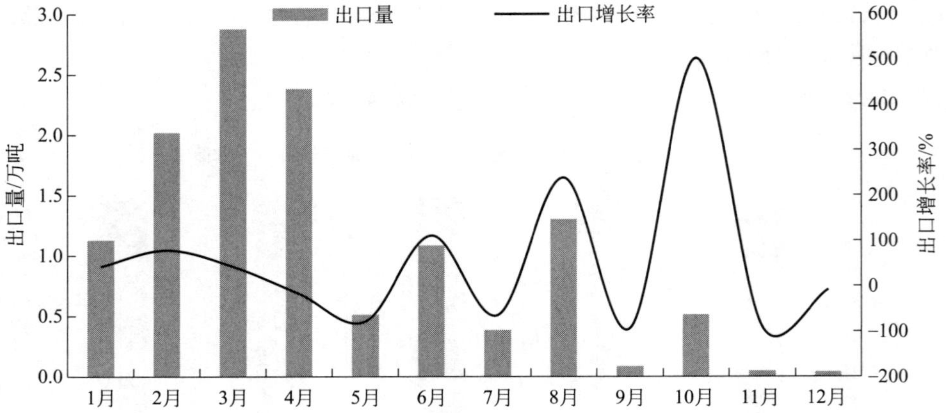

图 29.7　2021 年中国乙二醇出口量变化趋势

29.4　中国乙二醇价格走势分析

近五年来国内乙二醇市场波动剧烈，价格走势可分为三个阶段：第一阶段是 2017—2019 年，维持了箱体震荡的行情，震荡区间在 6000 ～ 8000 元 / 吨，在这一阶段，乙二醇供需相对平衡，大部分时间内市场走势以供需关系和估值水平为主要逻辑；第二阶段是 2019—2020 年上半年，这一阶段，市场主要基调是下跌，其主要逻辑是产能过剩，叠加 2020 年上半年疫情影响，石油崩盘，华东乙二醇价格一度跌至 2900 元 / 吨左右，创出了十几年以来的新低，第三阶段是 2020 年至今，市场出现了一波 V 形反转的走势，随着估值的修复，乙二醇脱离底部的区间，快速上探，重新回到 2017—2019 年形成箱体区间内运行，但是 11 月份以后市场出现一波下跌，又重新回到上半年形成的区间震荡整理。

2017—2021 年中国乙二醇现货市场价格走势见图 29.8。

图 29.8　2017—2021 年中国乙二醇现货市场价格走势

29.5　中国乙二醇利润走势分析

2017—2021 年，乙二醇主要工艺石脑油路线利润呈现逐年下降的走势，2017 年是五年内乙二醇利润最好的一年，五年内月均利润最高值在 2017 年 7 月，利润率达到了 42.31%，但 2018 年以后，乙二醇进入了高速扩产周期，供求关系发生变化，利润水平从 2018 年下滑，到 2019 年利润率降为负值，之后的多数时间内，利润水平始终维持在 -10% ～ 10% 区间，即使出现利润水平增加的时间节点，维持的时间也比较短。

2017—2021 年中国乙二醇利润变化趋势见图 29.9。

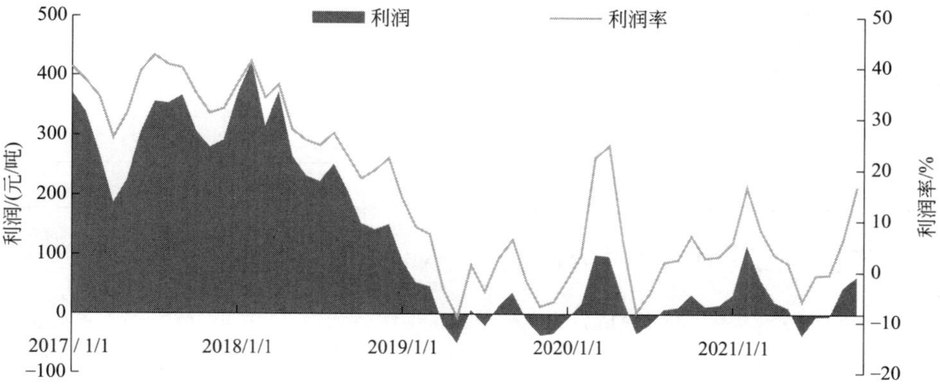

图 29.9　2017—2021 年中国乙二醇利润变化趋势

29.6　2022—2026 年中国乙二醇发展预期

29.6.1　中国乙二醇拟在建 / 退出产能统计

未来五年乙二醇行业国内拟在建产能将达到 940 万吨 / 年，国外有 110 万吨 / 年新增产能规划，共计 1050 万吨 / 年。详细来看，国内新增产能规模上差异明显，其中规模在 50 万吨 / 年以上的企业有 5 家，新增产能主要分布在华东、西北；华东以炼化一体化装置为主，西北以煤化工企业转型升级下的新上马项目为主。2022—2024 年新增产能集中投放之后，乙二醇产品市场供应格局将发生重大变化，包括进口萎缩、出口增加，货源流向也将发生重大变革，乙二醇产品上下游一体化发展的趋势进一步凸显。

2022—2026 年中国乙二醇拟在建产能统计见表 29.5。

表 29.5　2022—2026 年中国乙二醇拟在建产能统计

企业名称	地址	企业形式	产能 /（万吨 / 年）	工艺类型	装置投产时间	下游配套
IOC	印度		40	一体化	2023 年	无
恒逸	文莱	民企	70	一体化	2023 年	无
广西华谊		民企	40	煤制乙二醇	2022 年一季度	无
新疆广汇		民企	40	煤制乙二醇	2022 年一季度	无

续表

企业名称	地址	企业形式	产能 /（万吨 / 年）	工艺类型	装置投产时间	下游配套
浙石化 3#		民企	80	一体化	2022 年二季度	无
镇海炼化	浙江	国企	80	一体化	2022 年一季度	无
盛虹石化	江苏	民企	190	一体化	2022 年三季度	自配聚酯
三江石化	浙江	民企	100	一体化	2022 年三季度	无
山西美锦	山西	民企	30	煤制乙二醇	2022 年一季度	无
山西襄矿	山西	民企	20	煤制乙二醇	2022 年二季度	无
内蒙古久泰	内蒙古	民企	100	煤制乙二醇	2022 年	无
陕西榆能	陕西	国企	40	煤制乙二醇	2022 年	无
陕西榆林化学	陕西	国企	180	煤制乙二醇	2022 年	无
神华榆林	陕西	国企	40	煤制乙二醇	2022 年一季度	无
总计			1050			

29.6.2 中国乙二醇供应趋势预测

伴随着一体化装置集中投产释放，2022—2026 年国内乙二醇产品产能和产量同步增长，产能复合增长率 2.21%，产量复合增长率 7.03%。产能和产量预测增长率出现偏差的主要原因：受装置投产时间分布所致，装置利用率并非全年；乙二醇产品 2020 年之后产能高速扩充且新增产能多以炼化一体化企业为主，行业竞争压力提升，会有落后产能或亏损产能退出市场。预计 2026 年产能达到 2746.1 万吨，产量 2100 万吨。

2022—2026 年中国乙二醇供应预测见图 29.10。

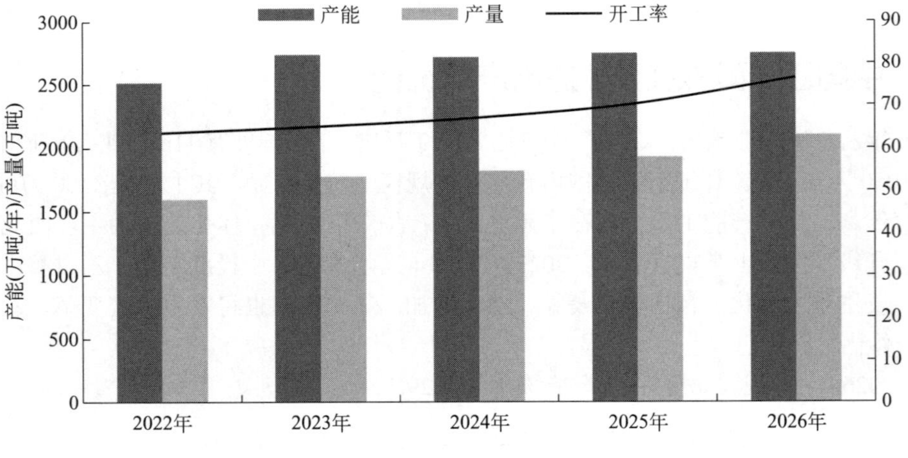

图 29.10 2022—2026 年中国乙二醇供应预测

29.6.3 中国乙二醇主要下游发展前景预测

近年中国乙二醇产品下游主要以聚酯领域为主，消费占比高达 93%，不饱和树脂、聚氨酯、防冻液整体的占比依旧偏少。未来来看，聚酯领域依旧是中国乙二醇主要的消费下游。其他下游不饱和树脂、聚氨酯等领域由于乙二醇用量占比较小，对乙二醇消费的增量贡献较小。

未来五年，伴随着产业一体化发展，下游聚酯将会进入产能扩张周期，2022—2026 年国内聚酯产品仍将保持高速增长，产能增速有望保持在 5.39%，拉动乙二醇需求不断上升。

29.6.4 中国乙二醇市场供需平衡预测

未来五年，伴随乙二醇产品上下游产业链逐步完善，行业一体化趋势愈加明显，中国乙二醇产品供需均呈现稳定增长之势。预计未来五年乙二醇产能年均增速在 2.21%，产量年均增速在 7.03%，下游消费增速在 5.39%。供应增速明显高于消费增速，届时行业将进入供需博弈周期，且未来乙二醇产能方面不排除竞争力弱势的企业有出清的可能，特别是 2024 年之后随着大炼化的顺利投产，规模化优势之下成本比拼成为企业生存制胜的法宝，弱势企业的出清之下，进口量也将会有明显提升，努力探求出口成为企业谋求未来发展的主要方向。

2022—2026 年中国乙二醇市场供需平衡预测见表 29.6。

表 29.6 2022—2026 年中国乙二醇市场供需平衡预测

项目	2022 年	2024 年	2026 年
产能 /（万吨 / 年）	2516.10	2716.10	2746.10
开工率 /%	63.59	67.01	76.47
产量 / 万吨	1600.00	1820.00	2100.00
进口量 / 万吨	850.00	750.00	720.00
总供应量 / 万吨	2450.00	2570.00	2820.00
出口量 / 万吨	15.00	20.00	30.00
下游消费量 / 万吨	2232.74	2397.39	2754.13

第 30 章　己内酰胺

2021 年度关键指标一览

类别	项目	2020 年	2021 年	涨跌值	原因概述
价格	现货成交价均值 /（元 / 吨）	9881	13883	4002	受疫情恢复和全球经济宽松等提振，商品市场价格大涨，己内酰胺跟随原料上涨
供应	产能 /（万吨 / 年）	433	539	106	2021 年新产能集中释放
	产量 / 万吨	352.93	395.87	42.94	新产能释放且上半年需求改善，企业开工处于高位
	开工率 /%	81.51	73.45	−8.06	产能大幅增加，虽然产量增量明显，但是新增产能集中于四季度，整体开工率下降
	进口量 / 万吨	26.78	10.58	−16.20	2021 年外盘价格持续偏高且运费高企，进口货源缺乏优势
需求	出口量 / 万吨	0.05	0.36	0.31	随着国内供应增加和国内外价差扩大，己内酰胺出口量增加
	下游消费量 / 万吨	379.10	410.30	31.20	随着疫情后的需求恢复，下游需求同步增长

30.1　中国己内酰胺供需平衡分析

2017—2021 年中国己内酰胺供需持续增长。据统计，2017—2021 年产量复合增长率 11.24%，下游消费量年均增速 9.95%。

近年来己内酰胺产能持续增加，一方面上下游相关企业延伸产业链带来产能的增加，另一方面也有部分新企业进入，国内己内酰胺供应能力逐步增加。截至 2021 年底，中国己内酰胺产能增加至 539 万吨，产量增加至 395.87 万吨，同比增长 12.17%。

进出口方面，因 2021 年国外装置受到不可抗力影响停车较多，国内供应减少价格高企，己内酰胺进口货源缺乏价格优势，进口量减少。而伴随着国内供应量的增加，国内产品对国外产品的替代量也有所增加。受到己内酰胺运输和存储因素制约，整体出口量依旧较少。

2017—2021 年中国己内酰胺供需平衡见表 30.1。

表 30.1　2017—2021 年中国己内酰胺供需平衡表

项目	2017 年	2018 年	2019 年	2020 年	2021 年
产能 /（万吨 / 年）	332	364	404	433	539
开工率 /%	77.88	83.30	78.86	81.51	73.45
产量 / 万吨	258.55	303.23	318.58	352.93	395.87
进口量 / 万吨	23.74	17.36	20.21	26.78	10.58
出口量 / 万吨	0.49	0.01	0.01	0.05	0.36
下游消费量 / 万吨	280.76	319.23	337.2	379.10	410.3

30.2　中国己内酰胺供应现状分析

30.2.1　2021 年中国己内酰胺国产供需分析

2017—2021 年中国己内酰胺产能复合增长率 12.88%。其中两次产能集中增长为 2017 年和 2021 年。2017 年己内酰胺产能增加 90 万吨，增长率 37.19%。2018—2020 年每年新增产能基本在 30 万～40 万吨 / 年，产能增速 9% 左右。2021 年再次集中增加产能 106 万吨，达到 539 万吨 / 年，较 2020 年同比增长 24.48%。

2017—2021 年中国己内酰胺产能变化趋势见图 30.1。

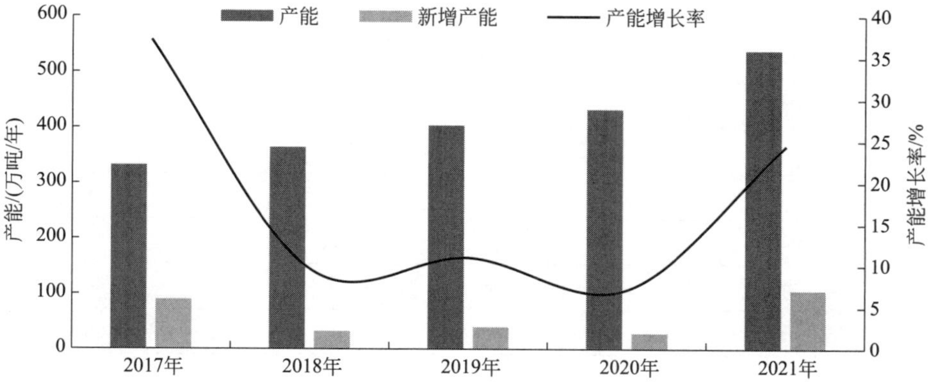

图 30.1　2017—2021 年中国己内酰胺产能变化趋势

伴随着中国己内酰胺新增产能的逐步增加，2017—2021 年中国己内酰胺产量持续增长，不过开工负荷略有波动，产量复合增长率 11.24%。2017—2018 年下游需求增长强劲，己内酰胺利润可观，厂家开工积极性较高，己内酰胺开工率在 78% ～ 84%。2019 年因受到贸易摩擦影响，下游纺织品需求增速放缓，己内酰胺开工率下降至 78%。2020 年己内酰胺产能增加不大，而下游 PA6 聚合产能继续快速增长，己内酰胺处于紧平衡状态，开工负荷提升至 81.51%。2021 年己内酰胺产能增加且产能增加主要在四季度，造成全年开工负荷小幅下降至 73.45%。

2017—2021 年国内己内酰胺产量及开工率变化趋势见图 30.2。

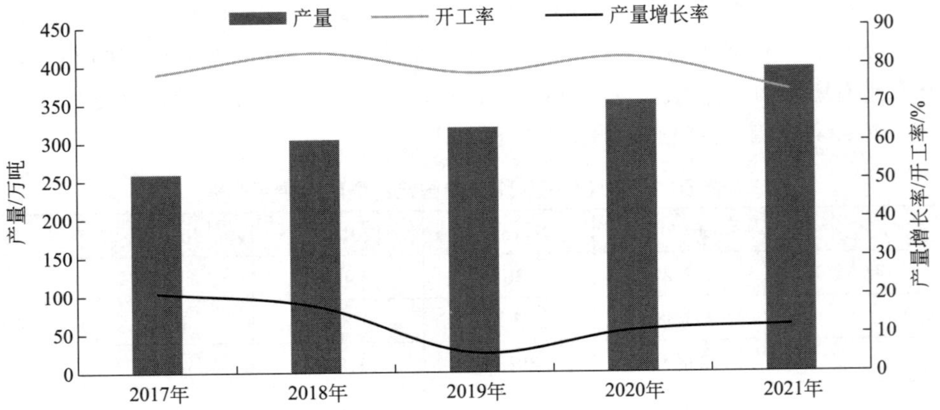

图 30.2　2017—2021 年中国己内酰胺产量及开工率变化趋势

30.2.2　2021 年中国己内酰胺区域供应结构分析

中国己内酰胺产能主要集中在华东地区，至 2021 年底华东地区己内酰胺总产能 378 万吨 / 年，占全国总产能的 70.12%。华北地区产能 69 万吨 / 年，华中地区产能 82 万吨 / 年。2021 年西北地区内蒙古庆华集团装置投产 。

2021 年中国己内酰胺分区域产能变化统计见表 30.2。

表 30.2　2021 年中国己内酰胺分区域产能变化统计

区域		产能 /（万吨 / 年）	占比 /%
华东	山东	140	25.97
	江苏	60	11.13
	浙江	55	10.20
	福建	123	22.82
华北	河北	25	4.64
	山西	44	8.16
华中	河南	38	7.05
	湖南	30	5.57
	湖北	14	2.60
西北	内蒙古	10	1.86

30.2.3 2021 年中国己内酰胺进口量分析

2017—2021 年中国己内酰胺进口量不断变化。2017 年中国己内酰胺进口量 23.74 万吨，进口增长率 7.57%。2018 年国外己内酰胺需求较好，中国己内酰胺进口量减少至 17.36 万吨，较 2017 年减少 26.87%。2019—2020 年中国己内酰胺进口继续恢复增长趋势，至 2020 年进口量达到 26.78 万吨。

2021 年，一方面国内己内酰胺供应持续增加，加之四季度新增产能投产，国内己内酰胺供应趋于充足；另一方面国外价格大多数时间高于国内己内酰胺价格，进口货源缺乏价格优势，己内酰胺进口量明显减少。2021 年中国己内酰胺进口量 10.58 万吨，较 2020 年同期减少 60.49%。

2017—2021 年中国己内酰胺进口量变化趋势见图 30.3。

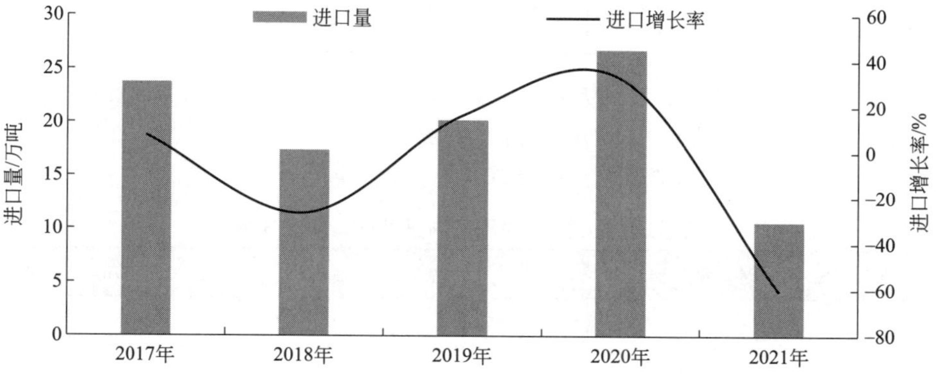

图 30.3 2017—2021 年中国己内酰胺进口量变化趋势

从 2017—2021 年中国己内酰胺进口来源来看，近年来进口来源前三位的一直是俄罗斯、比利时和日本。这三地进口量占全年进口总量的 76% ～ 88%。

俄罗斯为中国己内酰胺进口量最大的国家，2017—2021 年从俄罗斯进口量占总进口量的 39% ～ 58%。比利时是第二大进口来源国，占总进口量的 18% ～ 35%，其中从比利时进口的主要是巴斯夫欧洲工厂，供给巴斯夫上海工厂。进口量第三位的是日本，占总进口量的 5% ～ 16%。

2017—2021 年中国己内酰胺主要进口来源及占比见表 30.3。

表 30.3 2017—2021 年中国己内酰胺主要进口来源及占比

单位：万吨

来源国及地区	2017 年	2018 年	2019 年	2020 年	2021 年
俄罗斯	10.91	6.78	10.71	12.42	6.10
比利时	4.39	6.17	5.14	6.63	2.31
日本	3.88	2.02	1.39	1.39	0.87
波兰	1.45	0.10	0.00	0.00	0.00
墨西哥	0.97	1.30	1.08	0.00	0.19
荷兰	0.89	0.31	0.64	0.51	0.38

续表

来源国及地区	2017 年	2018 年	2019 年	2020 年	2021 年
韩国	0.63	0.31	0.00	1.59	0.15
泰国	0.35	0.16	0.36	0.51	0.28
美国	0.00	0.00	0.71	2.97	0.30
白俄罗斯	0.05	0.17	0.16	0.10	0.00
前 3 位合计	19.18	14.97	17.24	20.44	9.28
总进口量	23.74	17.36	20.21	26.78	10.58
前 3 位占比	80.79%	86.23%	85.30%	76.33%	87.71%
俄罗斯占比	45.96%	39.05%	52.99%	46.38%	57.66%
比利时占比	18.49%	35.54%	25.43%	24.76%	21.83%
日本占比	16.34%	11.64%	6.88%	5.19%	8.22%

2021 年，我国从俄罗斯进口 6.10 万吨己内酰胺，占比 57.66%；从比利时进口量为 2.31 万吨，占比 21.83%；从日本进口量为 0.87 万吨，占比 8.22%。

2021 年中国己内酰胺进口情况分析见表 30.4。

表 30.4　2021 年中国己内酰胺进口情况分析

来源国及地区	进口量 / 万吨	进口占比 /%	进口额 / 万美元	进口均价 /（美元 / 吨）
俄罗斯	6.10	57.66	10257.06	1682.17
比利时	2.31	21.83	3322.13	1440.60
日本	0.87	8.22	1529.34	1761.49
荷兰	0.38	3.59	571.44	1516.56
美国	0.30	2.84	485.01	1603.86
泰国	0.28	2.65	575.40	2043.31
墨西哥	0.19	1.79	371.18	1963.90
韩国	0.15	1.42	321.85	2095.35

30.3　中国己内酰胺消费现状分析

30.3.1　2021 年中国己内酰胺消费趋势分析

中国己内酰胺的下游消费主要集中在 PA6 领域，PA6 应用占比达到 99%，仅有少部分用于直接浇注工程塑料。近五年来，PA6 需求量整体增长，带动己内酰胺消费量增长。

截至 2021 年，中国己内酰胺消费量达到 410.3 万吨，疫情恢复后中国纺织品出口量逐步恢复，且 2021 年下游汽车帘子布行业需求量大增，带动己内酰胺整体需求增长。

2017—2021 年中国己内酰胺消费量变化趋势见图 30.4。

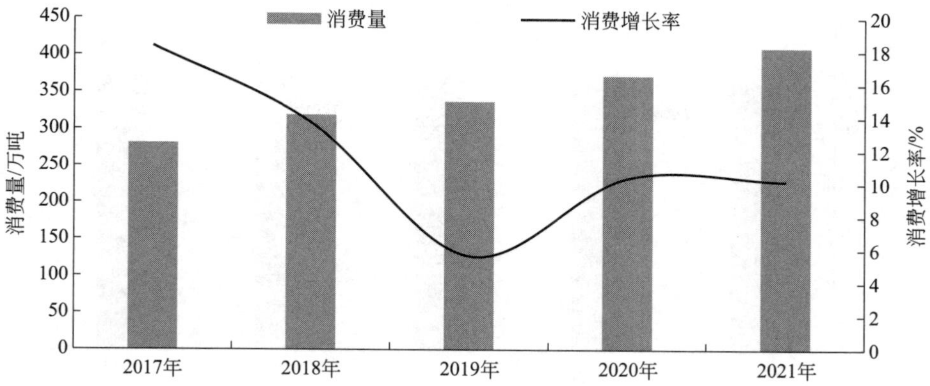

图 30.4 2017—2021 年中国己内酰胺消费量变化趋势

30.3.2 2021 年中国己内酰胺消费结构分析

中国己内酰胺下游主要消费产品是 PA6 切片。2021 年中国 PA6 切片消耗己内酰胺的量，约占己内酰胺消费总量的 99%。

2021 年中国己内酰胺下游行业需求结构见图 30.5。

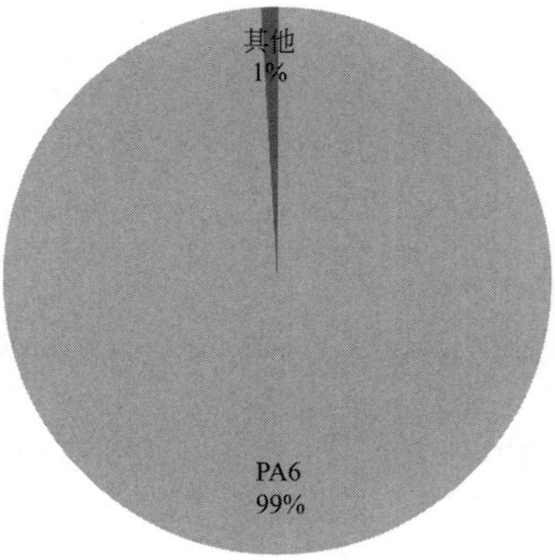

图 30.5 2021 年中国己内酰胺下游行业需求结构

己内酰胺直接下游的主要应用领域单一，一直为 PA6 切片，2017—2021 年变化不大，目前也暂无其他用量大的领域。

2017—2021 年中国己内酰胺下游行业需求结构变化趋势见图 30.6。

2021 年 PA6 切片下游消费前三大领域依旧是锦纶长丝、工程塑料和工业丝三个领域。其中锦纶长丝需求占比 60%、工程塑料需求占比 15%、工业丝需求占比 9%。

30.3.3 2021 年中国己内酰胺出口量分析

己内酰胺出口量较小，2017 年出口量 0.49 万吨，2021 年出口量 0.36 万吨。

我国己内酰胺出口量较小，主要原因有以下几点：中国是己内酰胺最大的供应国和需求国，并且国内的己内酰胺需求仍有少量的缺口，国内货源基本可以内需消耗；己内酰胺液体出口运输不方便，因为液体己内酰胺需要保温储存，因此船运不方便。如果生产成固体，成本会高。

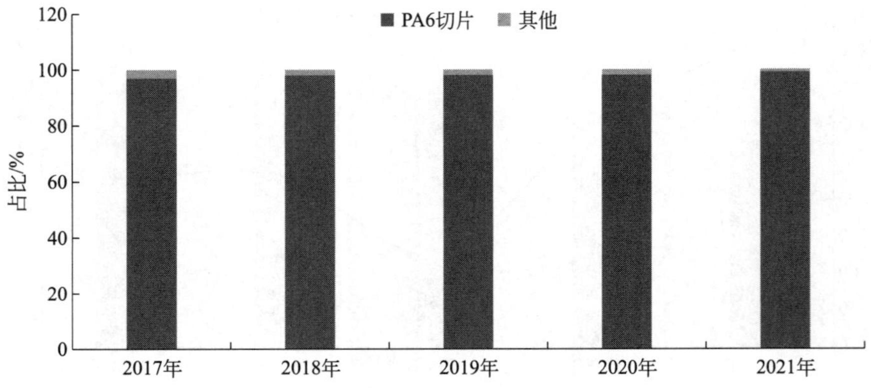

图 30.6 2017—2021 年中国己内酰胺下游行业需求结构变化趋势

2017—2021 年中国己内酰胺出口量变化趋势见图 30.7。

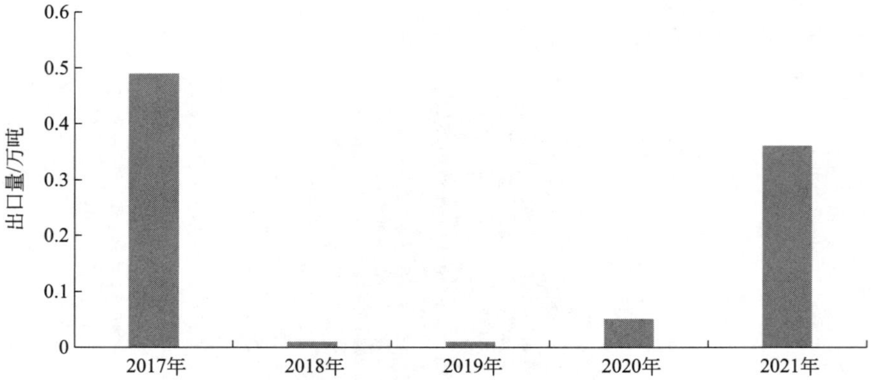

图 30.7 2017—2021 年中国己内酰胺出口量变化趋势

30.4 中国己内酰胺价格走势分析

2017—2021 年中国己内酰胺现货价格基本呈现 V 形走势。2017 年初己内酰胺价格经历了短时间的快速下跌，但后期随着需求恢复和环保影响供应减少，己内酰胺市场价格反弹至 17500 元 / 吨附近。2017 年二季度至 2018 年三季度己内酰胺需求形势较好，己内酰胺供不应求，产品价格和利润均维持在高位。2017 年己内酰胺现货均价 15222 元 / 吨，2018 年现货均价 16252 元 / 吨，为近五年来最高位。2018 年四季度以后，随着国际贸易形势变化，美对中进口产品多次加征关税，下游纺织领域需求受到影响，需求放缓导致己内酰胺价格进入下跌通道，2019 年己内酰胺现货均价跌至 12489 元 / 吨，2020 年一季度受到疫情和原油价格战影响，己内酰胺价格跌至历史低位 7700 元 / 吨。2020 年二季度以后，己内酰胺市场震荡反弹，至 2021 年 10 月底涨至 16300 元 / 吨。

2017—2021 年中国己内酰胺现货价格走势见图 30.8。

图 30.8 2017—2021 年中国己内酰胺现货价格走势

30.5 中国己内酰胺利润走势分析

2017—2021 年己内酰胺盈利能力下降。2017—2018 年受到需求增长支撑，己内酰胺盈利可观。2017 年己内酰胺年均利润涨至 1874 元 / 吨，2018 年继续提高至 3124 元 / 吨。2019 年己内酰胺年均利润下降至 847 元 / 吨。2020 年己内酰胺价格基本围绕成本线波动，以 5500 元 / 吨平均加工成本计算，2020 年己内酰胺平均亏损 360 元 / 吨。

2021 年己内酰胺平均利润 165 元 / 吨，较 2020 年稍有改善。2021 年己内酰胺价格上涨，但己内酰胺涨势远不及上游原辅料涨势，并且 2021 年己内酰胺产能集中释放，己内酰胺和 PA6 供需差缩小，己内酰胺供应趋于充裕，厂家仅能微利保本运营。

2017—2021 年中国己内酰胺利润变化趋势见图 30.9。

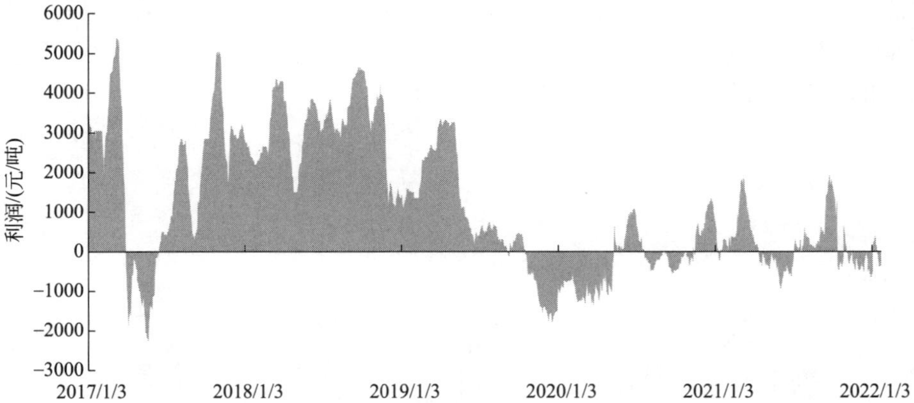

图 30.9 2017—2021 年中国己内酰胺利润变化趋势

30.6 2022—2026 年中国己内酰胺发展预期

30.6.1 中国己内酰胺拟在建 / 退出产能统计

未来五年己内酰胺拟在建产能将达到 294 万吨，其中规模在 30 万吨以上的 6 家。新增产能主要分布在华东、华中和华南地区。2022—2026 年新增产能集中投放后，己内酰胺国内供应格局将发生重大改变。加之后期投产装置多配套下游，未来单一己内酰胺和单一聚合环节竞争力都将下降，己内酰胺行业将以规模化和一体化竞争为主。

2022—2026 年中国己内酰胺拟在建产能统计见表 30.5。

表 30.5　2022—2026 年中国己内酰胺拟在建产能统计

区域	企业名称	产能 /（万吨 / 年）	地址	投产计划	上下游配套情况
华北	石家庄炼化	4	河北石家庄	2022 年 4 月	扩能
西北	内蒙古庆华	10	内蒙古阿拉善盟	2022 年	计划配套 PA6
华北	沧州旭阳	30	河北沧州	2022 年	无下游配套
华中	湖北三宁	40	湖北枝江	2023 年	计划配套 30 万吨 PA6
	巴陵石化	30	湖南岳阳	2023 年（装置在建，建成后老线停产）	下游配套 45 万吨 PA6
华东	鲁西化工	30	山东聊城	2023 年	无下游配套
	永荣科技	30	福建福州	2022 年底—2023 年初	自有下游 PA6
华南	恒逸石化	120	广西钦州	一期 60 万吨计划 2023 年投产 二期 60 万吨计划 2025 年投产	同步配套下游
合计		294			

30.6.2　中国己内酰胺供应趋势预测

预计 2022—2026 年己内酰胺产能平均增速在 8.70%，产量增速在 5.44%。产能和产量预测增长率出现偏差的主要原因：受装置投产时间分布所致，装置利用率并非全年；己内酰胺 2022 年之后逐步过剩，行业竞争激烈，甚至不排除后续亏本运营，有可能出现降负荷运行状况。后期在新产能投放后，一体化装置竞争优势凸显，单一装置产能存在退出预期，因此预计 2026 年产能达到 800 万吨，产量 550 万吨。

2022—2026 年中国己内酰胺供应预测见图 30.10。

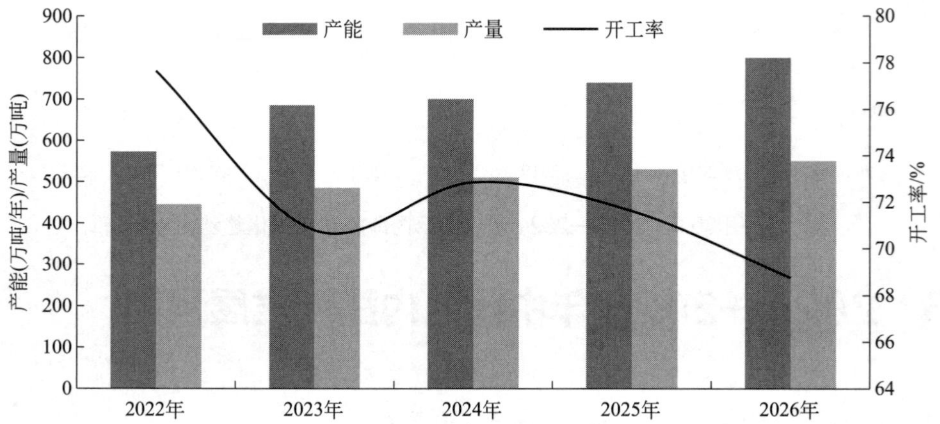

图 30.10　2022—2026 年中国己内酰胺供应预测

30.6.3 中国己内酰胺主要下游发展前景预测

2022 年以后中国 PA6 拟在建产能依旧较多，目前规划产能达到 400 万吨左右，不过由于中国 PA6 供应已经处于过剩局面，预计实际产能释放将有所减少。

2022—2026 年中国 PA6 聚合拟 / 在建产能统计见表 30.6。

表 30.6 2022—2026 年中国 PA6 聚合拟在建产能统计

区域	企业名称	产能 /（万吨 / 年）	省份	投产计划	上下游配套情况
华东	长安高分子	15	江苏	2020 年（已建成未投产）	暂无配备
华东	聚合顺鲁化新材料	18	山东	2022 年投产	配备己内酰胺
华东	华鲁恒升	20	山东	2022 年投产	配备己内酰胺
华东	江苏弘盛	30	江苏	2022 年投产	暂无配备
华东	江苏弘盛	20	江苏	2023 年投产	暂无配备
华中	湖北三宁	30	湖北	2023 年投产	配备己内酰胺
华东	中锦新材料	7	福建	2023 年投产	暂无配备
华中	平煤神马	20	河南	2022 年建设	配备己内酰胺
华中	岳阳石化	30	湖南	2023 年建设	配备己内酰胺
华中	巴陵石化	15	湖南	2023 年建设	配备己内酰胺
华东	恒申集团	20	福建	2023 年建设	配备己内酰胺
华东	鲁西化工	30	山东	2023 年后建设	配备己内酰胺
华东	山东时风	1.5	山东	规划，未建	配备工业丝
西北	内蒙古庆华	20	内蒙古	规划，未建	配备己内酰胺
华南	恒逸石化	120	广西	一期 60 万吨计划 2023 年投产	配备己内酰胺
				二期 60 万吨计划 2025 年投产	配备己内酰胺

30.6.4 中国己内酰胺供需格局预测

未来五年，伴随着己内酰胺上下游产业链逐步完善，行业一体化趋势愈加明显，中国己内酰胺产能供需均呈现增长之势。预计未来五年己内酰胺产能复合增长率在 8.70%，产量增速在 5.44%，需求量增速在 5.19%。供应增速将大于消费增速，届时行业进入供过于求周期。

2022—2026 年中国己内酰胺市场供需平衡预测见表 30.7。

表 30.7 2022—2026 年中国己内酰胺市场供需平衡预测

项目	2022 年	2024 年	2026 年
产能 /（万吨 / 年）	573	700	800
开工率 /%	77.66	72.86	68.75
产量 / 万吨	445	510	550
进口量 / 万吨	10	5	3
总供应量 / 万吨	455	515	553
出口量 / 万吨	0.5	1.2	1.5
下游消费量 / 万吨	450	512	550
总需求量 / 万吨	450.5	513.2	551.5

第 31 章 丙烯腈

2021 年度关键指标一览

<table>
<tr><th>类别</th><th>项目</th><th>2020 年</th><th>2021 年</th><th>涨跌值</th><th>原因概述</th></tr>
<tr><td>均价</td><td>现货成交价均值 /（元 / 吨）</td><td>8892</td><td>14457</td><td>5565</td><td>需求增长，供应量偏紧，同时原料价格上涨</td></tr>
<tr><td rowspan="4">供应</td><td>产能 /（万吨 / 年）</td><td>250.9</td><td>289.9</td><td>39</td><td rowspan="3">行业利润提升刺激生产企业开工高位，加之新增产能投放，国产供应大幅提升</td></tr>
<tr><td>产量 / 万吨</td><td>213.8</td><td>254.7</td><td>40.9</td></tr>
<tr><td>开工率 /%</td><td>85.2</td><td>87.9</td><td>2.7</td></tr>
<tr><td>进口量 / 万吨</td><td>30.7</td><td>20.4</td><td>-10.3</td><td>国内自给率提升</td></tr>
<tr><td rowspan="2">需求</td><td>出口量 / 万吨</td><td>7.3</td><td>21.0</td><td>13.7</td><td>国产供应量增加，富余量需要输出</td></tr>
<tr><td>下游消费量 / 万吨</td><td>237.1</td><td>250.4</td><td>13.3</td><td>ABS、丙烯酰胺需求增长；丁腈胶乳产能释放</td></tr>
</table>

31.1 中国丙烯腈供需平衡分析

2017—2021 年中国丙烯腈市场供需均稳健增长，产量年均增速在 10%，消费量年均增速在 5.8%。其中产量增长主要来自行业产能的扩张，而开工率则有下降表现。消费量的增长则主要受到下游 ABS 行业稳健增长带动。2021 年中国新增 2 套丙烯腈产品装置，行业总产能达到 289.9 万吨，截至 2021 年底，丙烯腈国内总产量达到 254.7 万吨，较 2020 年同期上涨 19.11%。

进出口方面，2017—2020 年国内丙烯腈产品供不应求，需要进口资源补充，但进口量表现下降态势。2021 年则随着国产量进一步增加，进口量大幅下降，与此同时出口量骤增。据海关数据统计显示，2021 年中国丙烯腈进口总量为 20.4 万吨，同比下降 33.48%，而出口量达到 21 万吨，同比增长 187.7%。2021 年中国丙烯腈产品消费量达到 250.4 万吨，同比增长 5.6%，主要来自于下游 ABS、丙烯酰胺以及丁腈胶乳产能的扩张。

2017—2021 年中国丙烯腈供需平衡见表 31.1。

表 31.1 2017—2021 年中国丙烯腈供需平衡表

项目	2017 年	2018 年	2019 年	2020 年	2021 年
产能 /（万吨 / 年）	194.9	198.9	224.9	250.9	289.9
开工率 /%	89.3	84.0	84.8	85.2	87.9
产量 / 万吨	174.0	167.0	190.7	213.8	254.7
进口量 / 万吨	27.1	37.0	30.9	30.7	20.38
总供应量 / 万吨	204.9	207.2	224.4	248.2	278.2
出口量 / 万吨	1.0	0.5	4.3	7.3	21.0
下游消费量 / 万吨	200.1	203.5	217.3	237.1	250.4
总需求量 / 万吨	201.1	204.0	221.6	244.4	271.4

31.2 中国丙烯腈供应现状分析

31.2.1 2021 年中国丙烯腈国产供应量分析

2017—2021 年中国丙烯腈产能复合增长率在 10.4%，2017—2018 年丙烯腈产能变化不大，产能增长主要集中在 2019—2021 年，下游 ABS 行业扩张以及炼化一体项目发展加快，推动丙烯腈产能加速增长。

2021 年底，中国丙烯腈产品年产能达到 289.9 万吨，较 2020 年同比增长 15.5%。2021 年新增产能 1 家，扩能 1 家，合计增长 39 万吨 / 年。其中利华益 26 万吨及斯尔邦三期 26 万吨装置均于 2021 年 12 月底投产，合格品产出在 2022 年初，因此未计入 2021 年总产能。

2017—2021 年中国丙烯腈产能变化趋势见图 31.1。

2017—2021 年中国丙烯腈产量整体呈现增长态势，开工率则有下降表现，近五年产量复合增长率在 10.0%。其中 2019—2021 年产量增长更为迅速，年增速分别达到 14.2%、12.1% 和 19.1%。支撑产量增长的主要因素来自于下游需求的逐年上升。而 2018 年产量减少，主要是当年国内丙烯腈厂家集中大修，国产量减少的同时进口量同比增长。另外从开工率来看，2018—2020 年丙烯腈行业开工率保持在 85% 上下，而 2021 年开工率上升至 87.9%，高利润刺激工厂的生产积极性。

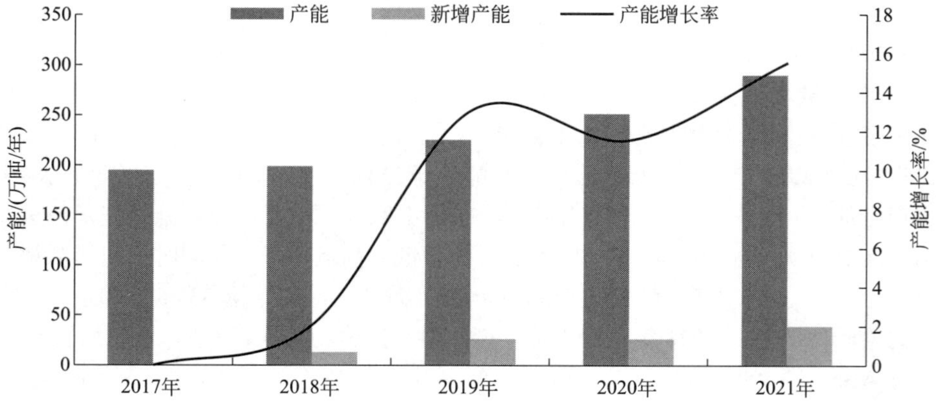

图 31.1 2017—2021 年中国丙烯腈产能变化趋势

2021 年国内丙烯腈产量为 254.7 万吨，其中 6—7 月份产量均不足 20 万吨，期间吉林石化 45.2 万吨/年的装置大修，同时斯尔邦部分生产线计划外检修，导致产量及平均开工率均有下降。下半年新装置陆续投产，但四季度斯尔邦及上海赛科均减半运行，因此较上半年相比产量并未有明显增长，而且开工率降至 85% 附近。年内 12 月份产量最高，6 月产量最低，平均月度产量在 21.2 万吨。

2017—2021 年中国丙烯腈产量及开工率变化趋势见图 31.2。

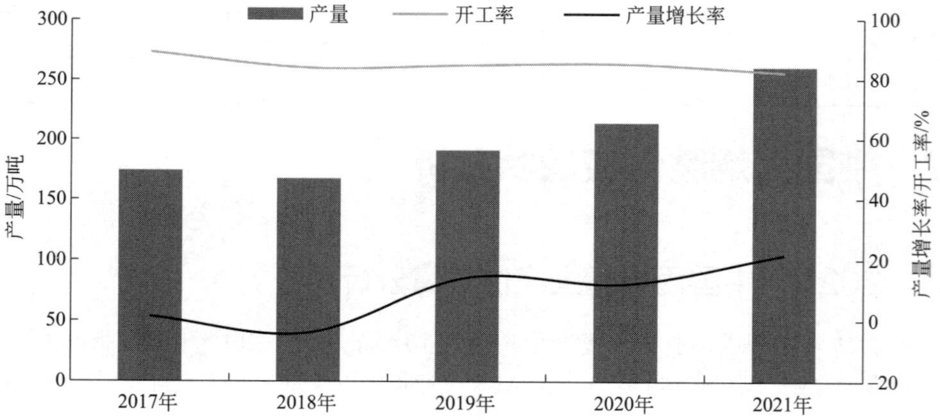

图 31.2 2017—2021 年中国丙烯腈产量及开工率变化趋势

31.2.2 2021 年中国丙烯腈区域供应结构分析

中国丙烯腈产能分布集中，华东和东北一直是最集中区域，其中华东也是新增产能比较集中的区域。

2021 年，华东地区丙烯腈产能占比高达 74.5%，东北、西北占比分别为 24.3% 和 1.2%。近几年除了华东地区外，其他区域内暂无新增产能。华东目前是主要的生产及消费集中区域。

中国丙烯腈分区域产能变化统计见表 31.2。

表 31.2 中国丙烯腈分区域产能变化统计

区域		2017 年产能 /（万吨 / 年）	2017 年占比 /%	2021 年产能 /（万吨 / 年）	2021 年占比 /%
华东	上海	52	26.7	52	17.9
	江苏	26	13.3	52	17.9
	浙江	0	0.0	52	17.9
	山东	22	11.3	39	13.5
	安徽	21	10.8	21	7.2
东北	黑龙江	16	8.2	16	5.5
	辽宁	9.2	4.7	9.2	3.2
	吉林	45.2	23.2	45.2	15.6
西北	甘肃	3.5	1.8	3.5	1.2

31.2.3 2021 年中国丙烯腈进口量分析

2017—2021 年中国丙烯腈进口量呈现上升再下降趋势，其中 2018 年进口量反弹增长则主要是当年国内丙烯腈工厂集中大修，而且齐鲁石化装置关停，导致国产供应量大幅减少所致。2019—2021 年进口量则逐年下降，2021 年降幅达到 33.5 万～20.4 万吨，斯尔邦、浙石化等新产能陆续释放，使得国产供应量明显增长，而海外供应近年来不增反减，因此中国富余量出口获得空间。

2021 年中国丙烯腈进口总量在 20.4 万吨，较 2020 年同比下降 33.5%，平均单月进口量 1.7 万吨。其中 5—7 月份丙烯腈产品进口量偏低，在 0.8 万～1.5 万吨，主要受 2 月份美国寒潮影响，当期装置停车、远洋货供应量减少所致，另一方面中国丙烯腈产量增长，国产自给率提升。

在价格方面，2021 年丙烯腈进口均价较 2020 年同期大幅上涨，主要受全球供应偏紧以及欧美极寒天气导致的丙烯腈产品全球货源流向转变所致。2021 年丙烯腈价格均值最低出现在 1 月份的 1462 美元 / 吨，高点出现在 5 月份的 2535 美元 / 吨。市场高低端价差 1073 美元 / 吨。

2017—2021 年中国丙烯腈进口量变化趋势见图 31.3。

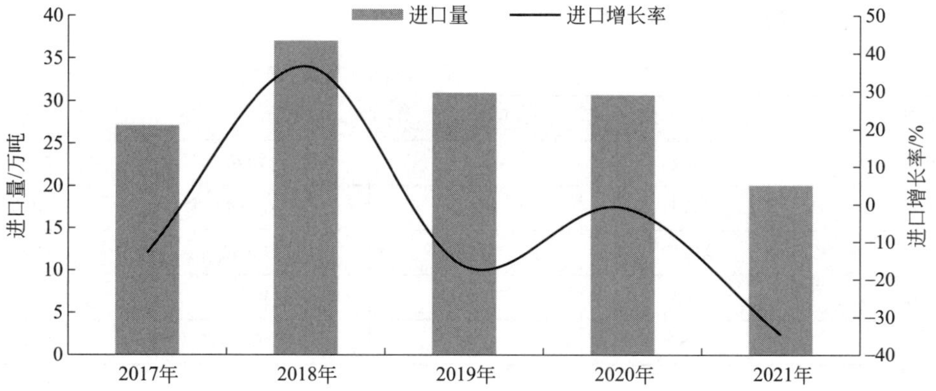

图 31.3 2017—2021 年中国丙烯腈进口量变化趋势

近五年来中国丙烯腈产品进口来源结构变化不大，主要集中在中国台湾、韩国、日本、美国和泰国，这五地进口量占全年总进口量的 95% 以上。其他少量进口来自巴西、英国及土耳其等，占总进口量的不到 5%。

中国台湾是中国大陆丙烯腈第一大进口来源，主要为台塑公司，2018—2019 年数量明显增长，主要源于供应缺口突出；韩国对中国出口呈现递减趋势，主要源于韩国地区需求量增长；日本对中国出口在 2017—2020 年呈现递增趋势，主要源于中国消费需求提升，而 2020 年大幅度下降则是由于中国国产供应量增加。

2017—2021 年中国丙烯腈主要进口来源及占比见表 31.3。

表 31.3 2017—2021 年中国丙烯腈主要进口来源及占比

单位：吨

来源国及地区	2017 年	2018 年	2019 年	2020 年	2021 年
中国台湾	72635	155299	150849	119891	74904
韩国	121269	131324	111937	76591	73025
日本	6995	12005	30769	80050	23739
美国	63232	59898	0	23616	22623
泰国	0	0	5494	3501	9482
合计	264131	358526	299049	303649	203773
总进口量	270778	369972	309098	306635	203773
前 5 位占比	97.6%	96.9%	96.8%	99.0%	100.00%
中国台湾占比	26.8%	42.0%	48.8%	39.1%	36.76%
韩国占比	44.8%	35.5%	36.2%	25.0%	35.84%
日本占比	2.6%	3.2%	10.0%	26.1%	11.65%
美国占比	23.4%	16.2%	0.00%	7.7%	11.10%
泰国占比	0.00%	0.00%	1.8%	1.1%	4.65%

2021 年我国丙烯腈进口主要在韩国、中国台湾、日本、美国和泰国。其中前三位进口量分别为韩国 7.3 万吨，占比 35.84%；中国台湾 7.49 万吨，占比 36.76%；日本 2.37 万吨，占比 11.65%。与 2020 年相比，日本进口量有所下降

2021 年中国丙烯腈进口情况分析见表 31.4。

表 31.4 2021 年中国丙烯腈进口情况分析

来源国及地区	进口量 / 吨	进口占比 /%	进口额 / 美元	进口均价 / （美元 / 吨）
韩国	73025	35.84	152329805	2086
中国台湾	74904	36.76	153865849	2054
日本	23739	11.65	47273640	1991
美国	22623	11.10	43246792	1912
泰国	9482	4.65	16540015	1744

31.3 中国丙烯腈消费现状分析

31.3.1 2021 年中国丙烯腈消费趋势分析

中国丙烯腈下游消费集中在 ABS、腈纶以及丙烯酰胺三大领域，三者合计约占丙烯腈总消

费量的 80% 以上。近年来随着家电及汽车等行业发展，ABS 成为丙烯腈消费增长的最大动力。目前中国已成为全球丙烯腈消费增长最快的国家之一。

截至 2021 年，中国丙烯腈产品消费量达到 250.4 万吨，2017—2021 年中国丙烯腈产品消费平均复合增长率在 5.8%。2019—2021 年丙烯腈消费量增长率在 5% 以上，主要是 ABS 产品需求增加且企业开工率提升，另外丙烯酰胺等领域需求也保持增长态势。

2017—2021 年中国丙烯腈表观消费量变化趋势见图 31.4。

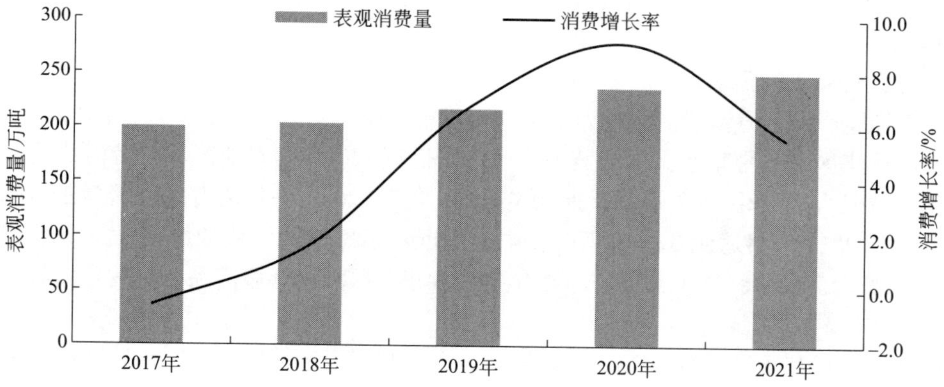

图 31.4 2017—2021 年中国丙烯腈表观消费量变化趋势

31.3.2 2021 年中国丙烯腈消费结构分析

中国丙烯腈下游主要产品集中在 ABS、腈纶及丙烯酰胺三大领域。其中 ABS 作为最大下游产品，得益于汽车工业以及家电消费的增长带动，近年来其消费量也保持上升态势，2021 年消费占比达到 41% 左右。腈纶行业则受到替代品挤压以及成本、自身发展技术等制约，消费量呈现萎缩，其对丙烯腈消费占比从 2017 年的 33% 下降至 2021 年的 18%。丙烯酰胺则主要用作聚丙烯酰胺，其用途集中在油田开采、水处理以及造纸行业，近年来水处理领域的需求表现上升，丙烯酰胺消费占比则保持在 20% 偏上水平。其他下游领域由于消耗比较低，因此增量相对有限，但可以看到消费占比在缓慢提升，但依旧难以撼动前三下游领域。

2017—2021 年中国丙烯腈下游行业需求结构变化趋势见图 31.5。

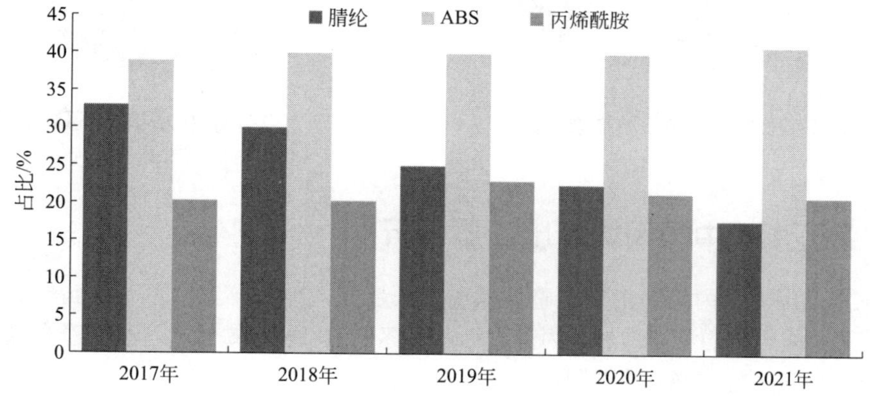

图 31.5 2017—2021 年中国丙烯腈下游行业需求结构变化趋势

2020 年 ABS 产量为 393 万吨，同比增幅 4.2%，对丙烯腈消耗量约 98 万吨，占丙烯腈总消费量的 40%。进入 2021 年，仅有一套 ABS 新增产能释放，2021 年 ABS 总产量进一步增长，达 410 万吨，同比增 4.3%，折合丙烯腈消耗量约 102.5 万吨，占丙烯腈总消费量的 41%，较 2020 年提升 1 个百分点。另一下游丙烯酰胺 2021 年同样有新产能释放，产量达到 67 万吨，同比增长 7.2%，折合丙烯腈消耗量约 52.3 万吨，约占丙烯腈总消费量的 21%，较 2020 年持平。腈纶消费则较 2020 年表现下降，对丙烯腈消耗量达到 45 万吨，占比 18%，下降 5 个百分点。此外，丁腈胶乳随着产能释放，2021 年消费量同比翻番，达到 22 万吨，占比 9.0%，较 2020 年则提升 5 个百分点。

2021 年丙烯腈下游需求占比见图 31.6。

中国丙烯腈产品下游消费区域较为集中，主要集中在华东、东北、华北等 ABS 和腈纶及丙烯酰胺产品聚集区。其中华东是丙烯腈最集中消费区域，但伴随其他区域下游消费的崛起，华东地区消费占比呈现总体下降趋势，2010 年、2015 年、2020 年分别占总消费量的 67%，65% 和 59%，预计 2021 年将达到 57%。华南和华北是近年消费增长较快的区域，主要增长动力来自 ABS 产品新增产能的释放，2015—2021 年华南和华北区域丙烯腈产品消费复合增长率分别为 18.4% 和 17.0%。

2021 年，伴随华南区域内 ABS、丙烯酰胺、聚醚装置投产，华东地区丙烯腈产品消费占比被进一步稀释，华南和华北消费占比逐步提升，分别在 2% 和 6%。

2021 年中国丙烯腈区域需求结构见图 31.7。

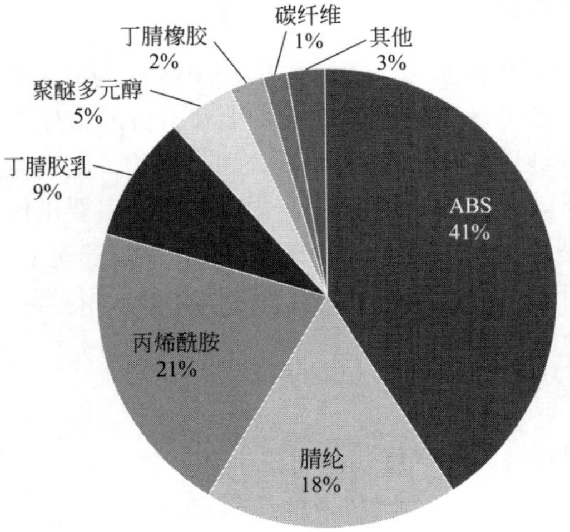

图 31.6 2021 年丙烯腈下游需求占比

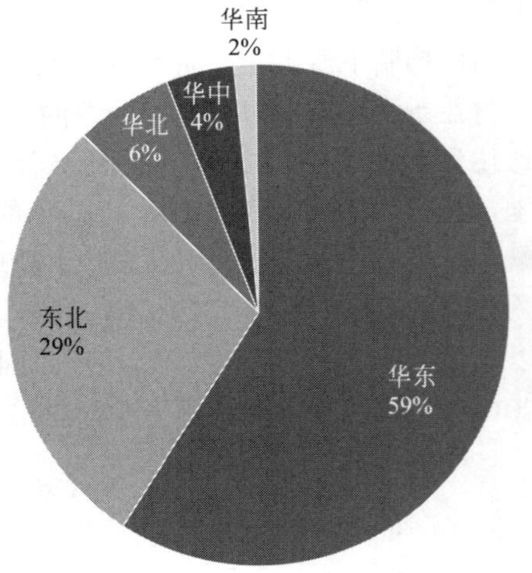

图 31.7 2021 年中国丙烯腈区域需求结构

31.3.3 2021 年中国丙烯腈出口量分析

2017—2021 年中国丙烯腈出口量整体呈现增长趋势，2021 年出口总量达到约 21 万吨，创历史新高。随着国产量的不断增加，丙烯腈行业将逐步由供应紧缺转向宽松，富余量需要输出。2021 年海外供应量大幅缩减，给予国内产品出口机会。

2017—2021 年中国丙烯腈出口量变化趋势见图 31.8。

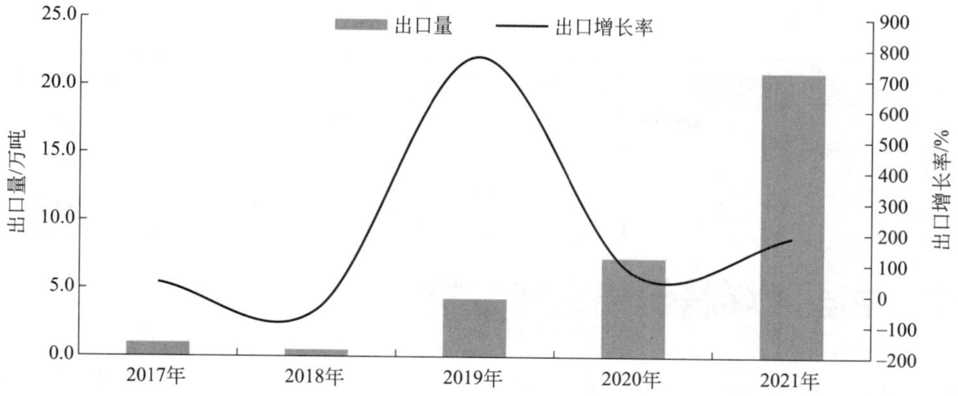

图 31.8 2017—2021 年中国丙烯腈出口量变化趋势

中国丙烯腈出口主要集中在韩国和印度两个地区，多集中在亚洲区域，零星发往欧洲市场。2021 年随着海外供应缩减，丙烯腈出口量加大，且扩大到七个国家及地区。

2017—2021 年中国丙烯腈主要出口地及占比见表 31.5。

表 31.5 2017—2021 年中国丙烯腈主要出口地及占比

单位：吨

出口国及地区	2017 年	2018 年	2019 年	2020 年	2021 年
韩国	2851	0	21748	52601	120016
印度	3050	0	12124	17415	75557
伊朗	1950	0	0	0	0
泰国	1950	0	0	1598	1947
阿联酋	0	4933	4996	1148	0
土耳其	0	0	0	0	7015
中国台湾	0	0	0	0	3667
比利时	0	0	0	0	999
马来西亚	0	0	0	0	998

2021 年中国丙烯腈主要出口至韩国、印度、土耳其以及中国台湾等七个国家及地区，其中韩国和印度占比达到 90% 偏上。韩国主要是当地需求逐年增长而供应并未变化，印度当地供应基本处于空白状态，此前主要依赖远洋货供应，2021 年因海外供应量缩减，印度买家转向亚洲市场采购。

2021 年中国丙烯腈出口情况分析见表 31.6。

表 31.6 2021 年中国丙烯腈出口情况分析

出口国及地区	出口量 / 吨	出口占比 /%	出口额 / 美元	出口均价 /（美元 / 吨）
韩国	120016	57.10	248390677	2070
印度	75557	35.95	159263730	2108
土耳其	7015	3.34	14863788	2119
中国台湾	3667	1.74	9622813	2624

续表

出口国及地区	出口量 / 吨	出口占比 /%	出口额 / 美元	出口均价 /（美元 / 吨）
泰国	1947	0.93	3309069	1700
比利时	999	0.48	2050000	2052
马来西亚	998	0.47	2726407	2732

31.4 中国丙烯腈价格走势分析

2017—2021 年中国丙烯腈价格走势整体表现为跌后回弹。2017—2018 年价格整体表现上涨，期间供应增速偏缓慢，2017 年的环保限制以及 2018 年的企业集中大修，使得丙烯腈市场在供不应求形势下价格持续拉高。但 2019 年开始，随着山东海江以及斯尔邦二期、浙石化等新产能的逐步投放，国内供应增速阶段性加快，呈现饱和态势，导致 2019—2020 年价格逐步下滑。其中 2020 年受疫情影响下游需求减弱，丙烯腈市场呈现供应过剩局面，期间价格降至十年低点 6300 元 / 吨，下半年则随着疫情好转逐步复苏。2021 年一季度开始，需求增长叠加海外供应不足，中国丙烯腈市场价格进一步上涨，3 月份高点达到 16500 元 / 吨，全年大部分时间市场处于紧平衡状态。此外上游原油及丙烯价格上涨也给予成本面推动。之后随着海江装置重启，供应量增加致使价格有所回落，但二、三季度市场基本达到平衡表现，价格也在 14000 ～ 15000 元 / 吨震荡。四季度科鲁尔二期、利华益以及斯尔邦三期陆续投产，但同时浙石化、赛科以及抚顺等企业检修，直至 12 月下旬检修装置恢复同时新产能释放，价格才于高位回落。

2017—2021 年中国丙烯腈现货价格走势见图 31.9。

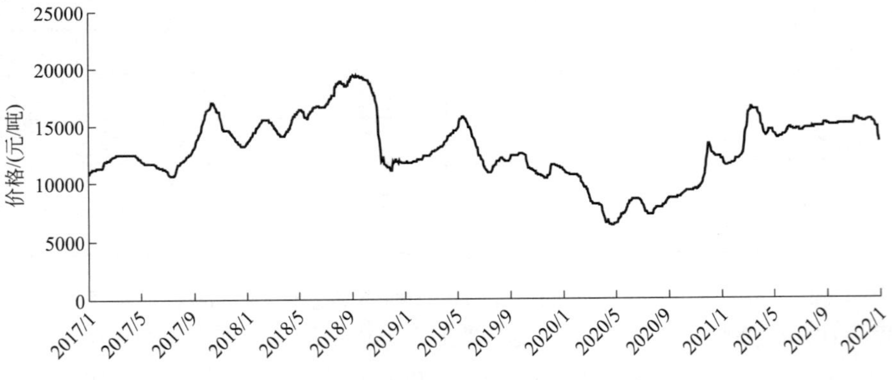

图 31.9 2017—2021 年中国丙烯腈现货价格走势

31.5 中国丙烯腈利润走势分析

2017—2021 年中国丙烯腈行业利润情况较好，但整体呈下降态势。2017—2018 年国内丙烯腈市场处于供不应求状态，推动价格持续上涨，产品利润率也保持在 20% 以上水平。2019 年随着斯尔邦二期新产能投放，国产供应量增加，价格整体有所回落，产品利润率也下降至 10% 左右。2020 年疫情导致国内需求萎缩，丙烯腈行业呈现阶段性过剩局面，价格大幅下滑，也导致其生产盈利萎缩，甚至出现亏损状态，当年利润率出现负数。2021 年随着需求全面复苏，而上半年供应增长有限，产品价格大幅上涨，行业平均利润升至 3000 元 / 吨以上；下半年则随着新产能释放，同时原料丙烯价格上涨，丙烯腈利润再度下降至不足 2000 元 / 吨。2021 年年内产品最高利润率达到 33%，出现在 3 月中旬，年初利润率最低，在 10% 左右。

2017—2021 年中国丙烯腈利润变化趋势见图 31.10。

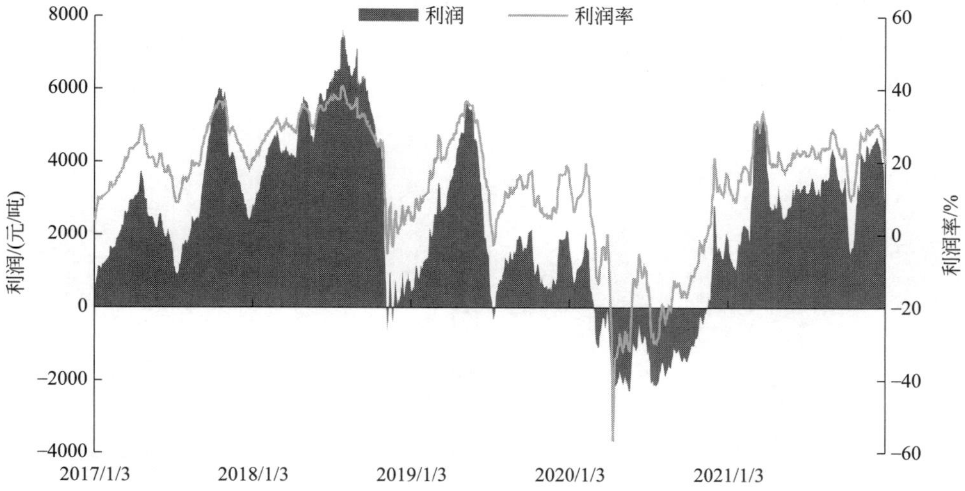

图 31.10　2017—2021 年中国丙烯腈利润变化趋势

31.6　2022—2026 年中国丙烯腈发展预期

31.6.1　中国丙烯腈拟在建 / 退出产能统计

未来五年丙烯腈行业拟在建产能将达到 176 万吨，其中规模在 26 万吨 / 年的企业有 5 家，新增产能主要分布在华东、东北及华南地区。2022—2023 年新增产能集中投放后，丙烯腈市场将转向供应过剩状态，预计出口量将进一步增大，全球货源流向格局也将发生变化。

2022—2026 年中国丙烯腈拟在建产能统计见表 31.7。

表 31.7　2022—2026 年中国丙烯腈拟在建产能统计

区域	企业名称	产能 /（万吨 / 年）	地址	投产计划	上下游配套情况
华东	天辰齐翔新材料有限公司	13	山东淄博	2022 年 2 月	
	江苏嘉宏新材料有限公司	26	江苏连云港	2023 年	
	浙江石油化工有限公司三期	26	浙江舟山	2024 年	
	裕龙岛炼化一体化项目	26	山东烟台	2025 年	
	江苏斯尔邦石化有限公司四期	26	江苏连云港	2025 年	
东北	辽宁宝来新材料有限公司	26	辽宁盘锦	2022 年底	下游 ABS 装置产能 40 万吨
华南	中海油东方石化有限公司	20	海南东方	2022 年四季度	
	中国石油吉林石化（揭阳）分公司	13	广东揭阳	2022 年二季度	下游 ABS 装置 60 万吨
合计		176			

31.6.2 中国丙烯腈供应趋势预测

未来五年随着炼化项目陆续投放，国内丙烯腈产能和产量也同步大幅增长，预计产能及产量平均增速均达到 5% 以上。产能和产量预测增长率出现偏差的主要原因：受装置投产时间分布所致，装置利用率并非全年；丙烯腈产品 2022 年开始将进入过剩阶段，价格存在下滑预期，或导致企业亏损而采取停车或限产措施。预计 2026 年产能达到 517.9 万吨，产量在 385 万吨左右。

2022—2026 年中国丙烯腈供应预测见图 31.11。

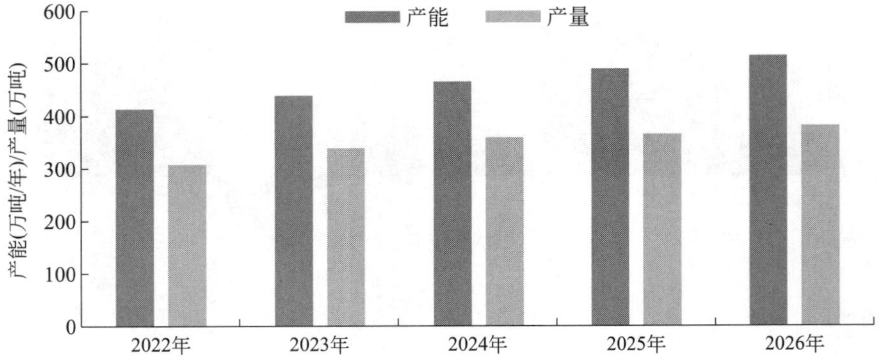

图 31.11　2022—2026 年中国丙烯腈供应预测

31.6.3 中国丙烯腈主要下游发展前景预测

在行业政策和新能源汽车等领域需求的刺激下，高盈利的 ABS 行业吸引更多资本进驻，预计未来其需求量将会呈现递增态势。据统计，2022—2026 年国内 ABS 树脂新增产能达到 724.5 万吨。

国内腈纶行业发展萎缩，未来几年无新产能投产消息，且上海石化南装置 2021 年开始停产改造生产大丝束碳纤维，产能呈现下降态势。

国内丙烯酰胺产品绝大部分用于生产聚丙烯酰胺，终端消费领域集中在石油开采及污水处理。随着国内环保理念更加重视，聚丙烯酰胺在水处理领域的需求保持增长态势，未来几年丙烯酰胺新增产能亦主要集中在华东和华北地区。

31.6.4 中国丙烯腈供需格局预测

未来五年，中国丙烯腈供需量均呈现稳健增长势头。预计未来五年丙烯腈产能年均增速在 5.8%，产量年均增速在 5.6%，下游消费增速在 4.7%，供应增速高于消费增速，届时行业将进入供过于求周期，进口依赖度下降，出口量将逐年增长。

2022—2026 年中国丙烯腈市场供需平衡预测见表 31.8。

表 31.8　2022—2026 年中国丙烯腈市场供需平衡预测

项目	2022 年	2024 年	2026 年
产能 /（万吨 / 年）	413.9	465.9	517.9
开工率 /%	74.9	77.3	74.3
产量 / 万吨	310	360	385

续表

项目	2022 年	2024 年	2026 年
进口量 / 万吨	16	12	8
总供应量 / 万吨	326	372	393
出口量 / 万吨	30	35	40
下游消费量 / 万吨	295	335	355
总需求量 / 万吨	325	370	395

第 32 章 尼龙 6

2021 年度关键指标一览

类别	项目	2020 年	2021 年	涨跌值	原因概述
价格	常规纺现货成交均价 /（元 / 吨）	10986	14590	3604	2021 年市场成本端价格上调，带动市场价格上调
	高速纺现货成交均价 /（元 / 吨）	11448	15298	3850	2021 年价格在成本端价格带动下整体恢复至正常水平
供应	产能 /（万吨 / 年）	528	573	45	2021 年国内产能依旧处于上升状态，因部分切片型号需求好转使整体产量较 2020 年有所增加
	产量 / 万吨	356.55	401.06	44.51	
	开工率 /%	67.53	70.00	2.47	
	进口量 / 万吨	29.44	25.26	-4.18	因国外疫情依旧严峻，加之聚合切片质量与国外质量相差甚小，使切片进口量减少
需求	出口量 / 万吨	12.28	25.59	13.31	国内聚合产能占主导位置且质量越来越好，使切片出口量增加
	下游消费量 / 万吨	370.2	410.3	40.1	聚合下游部分型号产品需求尚可，使整体需求量较 2020 年有所增加

32.1 中国尼龙6供需平衡分析

2017—2020年中国尼龙6切片市场供应稳定，但因聚合整体产能过剩使设备开工率表现不佳。

2021年尼龙6切片产销基本平衡。2021年上半年部分聚合工厂因下游市场需求欠佳，但少量差异化切片型号需求较好，使工厂在2021年上半年转线生产较多，直到下半年市场中的低价切片货源消耗殆尽使下游开始对切片进行采购，但因成本问题切片价格相对高位，市场成交刚需为主，直到11月份因部分地区疫情影响，切片成交好转，开始进入超卖状态。

2017—2021年中国尼龙6切片供需平衡见表32.1。

表32.1 2017—2021年中国尼龙6切片供需平衡表

项目	2017年	2018年	2019年	2020年	2021年
产能/（万吨/年）	377	409	513	528	573
开工率/%	73.15	73.89	64.33	67.53	70.00
产量/万吨	275.76	302.23	326.78	356.55	401.06
进口量/万吨	36.5	37.5	34.32	29.44	25.26
出口量/万吨	10.5	9.98	11.8	12.28	25.59
下游消费量/万吨	299.26	325.04	346.3	370.2	410.3

32.2 中国尼龙6供应现状分析

32.2.1 2021年中国尼龙6国产供需分析

据统计，2021年中国尼龙6切片产能较2020年环比增加8.50%。2017年、2018年尼龙6聚合产能相对稳定，而产能整体增长迅速主要在2019年。虽然2020年、2021年聚合产能依旧有增加，但整体增加较少。且部分聚合产能已经建好，但投放十分谨慎。

2017—2021年中国尼龙6产能变化趋势见图32.1。

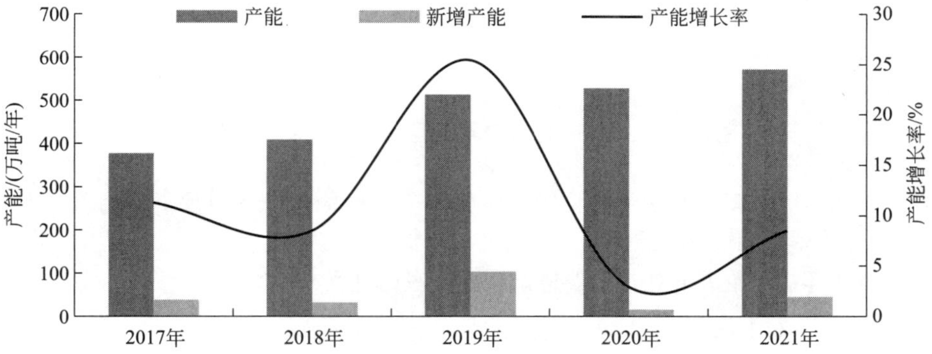

图32.1 2017—2021年中国尼龙6产能变化趋势

2017—2021年尼龙6聚合产能呈现增长趋势，但也因产能增长过快使整体开工率不高，虽然2019年后整体开工率有升高迹象但依旧不高，加之2021年下半年受双限影响使整体开工呈现偏低运行。2020 年整体产量在 356.55 万吨，2021 年产量增加至 401.06 万吨。

2017—2021 年中国尼龙 6 产量及开工率变化趋势见图 32.2。

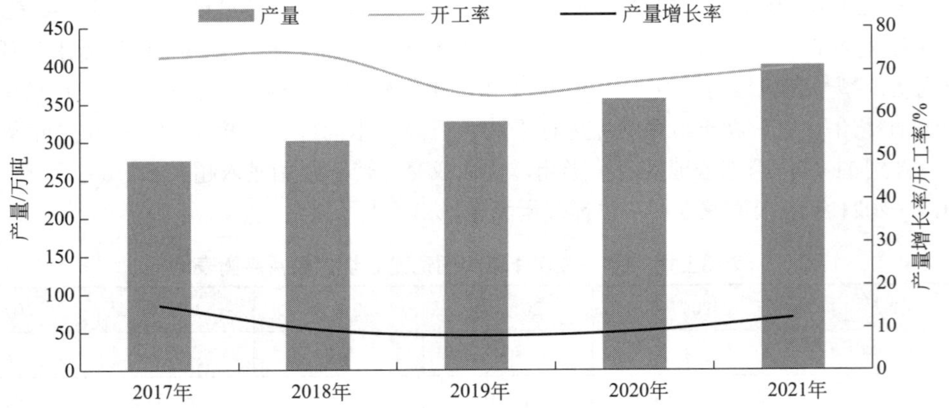

图 32.2 2017—2021 年中国尼龙 6 产量及开工率变化趋势

32.2.2 2021 年中国尼龙 6 进口量分析

2017—2021 年尼龙 6 切片的进口依存度呈现下降趋势，因国内切片近几年品质有所提高，加之国内产能增加，到 2021 年中尼龙 6 切片进口依存度已经下降至 6.16%。

2017—2021 年中国尼龙 6 进口量变化趋势见图 32.3。

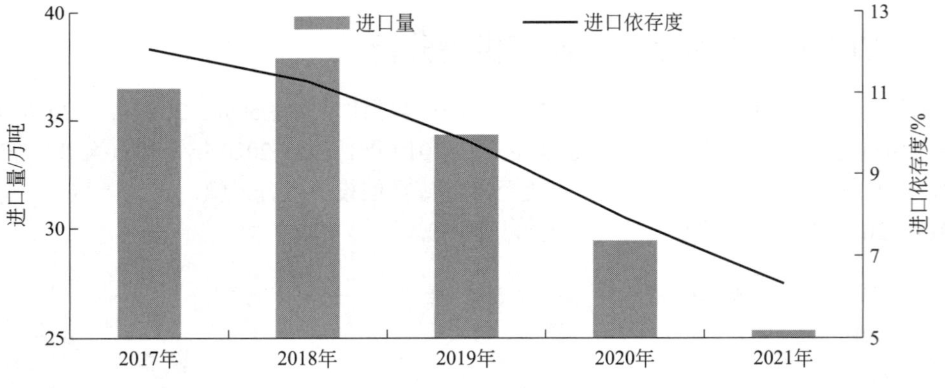

图 32.3 2017—2021 年中国尼龙 6 进口量变化趋势

近五年以来，国内尼龙 6 切片进口结构变化不大，主要来源依旧是中国台湾、泰国、俄罗斯、白俄罗斯、越南等国家及地区。

2017—2021 年中国尼龙 6 切片主要进口来源及占比见表 32.2。

表 32.2 2017—2021 年中国尼龙 6 切片主要进口来源及占比

单位：万吨

来源国及地区	2017 年	来源国及地区	2018 年	来源国及地区	2019 年	来源国及地区	2020 年	来源国及地区	2021 年
中国台湾	16.74	中国台湾	14.13	中国台湾	6.42	中国台湾	5.72	中国台湾	3.95
泰国	3.82	泰国	3.70	泰国	4.60	泰国	3.89	泰国	3.84

续表

来源国及地区	2017 年	来源国及地区	2018 年	来源国及地区	2019 年	来源国及地区	2020 年	来源国及地区	2021 年
俄罗斯	3.22	俄罗斯	3.25	沙特阿拉伯	3.49	俄罗斯	3.22	马来西亚	3.57
白俄罗斯	2.59	越南	3.08	俄罗斯	3.02	越南	3.02	越南	3.16
越南	2.16	沙特阿拉伯	2.72	越南	2.94	马来西亚	2.72	俄罗斯	2.66
其他	7.93	其他	11.05	其他	13.88	其他	10.89	其他	8.08
合计	36.45	合计	37.90	合计	34.35	合计	29.46	合计	25.26
前 5 位占比	78.23%	前 5 位占比	70.90%	前 5 位占比	59.60%	前 5 位占比	63.04%	前 5 位占比	68.01%
中国台湾占比	45.92%	中国台湾占比	37.28%	中国台湾占比	18.70%	中国台湾占比	19.42%	中国台湾占比	15.64%
泰国占比	10.47%	泰国占比	9.76%	泰国占比	13.38%	泰国占比	13.19%	泰国占比	15.02%
俄罗斯占比	8.83%	俄罗斯占比	8.56%	沙特阿拉伯占比	10.15%	俄罗斯占比	10.93%	马来西亚占比	14.13%
白俄罗斯占比	7.09%	越南占比	8.13%	俄罗斯占比	8.80%	越南占比	10.25%	越南占比	12.51%
越南占比	5.92%	沙特阿拉伯占比	7.17%	越南占比	8.57%	马来西亚占比	9.24%	俄罗斯占比	10.53%

从 2021 年尼龙 6 进口来源地来看，与往年情况相同，第一位的为中国台湾，进口量 3.95 万吨，占进口总量的 15.64%，主要供应商为台湾力鹏、展颂、集盛等。第二位的是泰国，进口量 3.84 万吨，占进口总量的 15.20%。第三位的是马来西亚，进口量 3.57 万吨，占进口总量的 14.13%。

2021 年中国尼龙 6 切片进口情况分析见表 32.3。

表 32.3　2021 年中国尼龙 6 切片进口情况分析

来源国及地区	进口量 / 万吨	占比 /%
中国台湾	3.95	15.64
泰国	3.84	15.20
马来西亚	3.57	14.13
越南	3.16	12.51
俄罗斯	2.66	10.53
印度尼西亚	1.43	5.66
中国香港	1.10	4.35
比利时	0.94	3.72
日本	0.66	2.61
孟加拉国	0.63	2.50
其他	3.32	13.15
合计	25.26	100.00

32.3 中国尼龙6消费现状分析

32.3.1 2021年中国尼龙6消费结构分析

2021年尼龙6切片下游消费前三大领域依旧是锦纶长丝、工程塑料和工业丝。其中锦纶长丝需求占比60%、工程塑料需求占比15%、工业丝需求占比9%。

2021年中国尼龙6切片消费结构见图32.4。

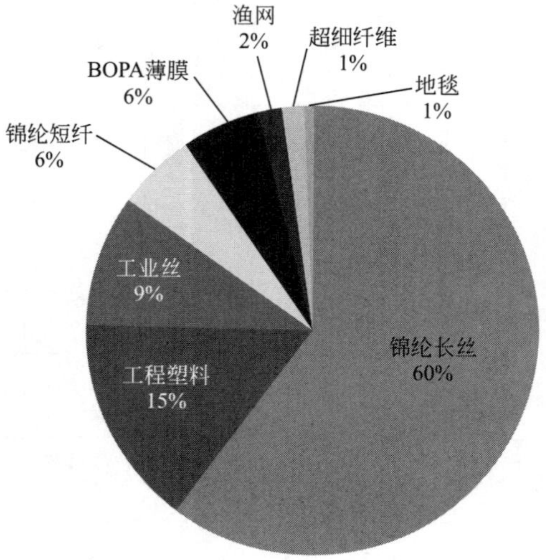

图32.4 2021年中国尼龙6切片消费结构

32.3.2 2021年中国尼龙6出口量分析

2017—2021年中国尼龙6聚合产能增加且与国外切片质量差距逐渐缩小，而2020年因情况特殊使出口受阻，但2021年中尼龙6切片出口明显恢复。2021年尼龙6切片出口量为25.59万吨。出口依存度为6.38%。

2017—2021年中国尼龙6出口量变化趋势见图32.5。

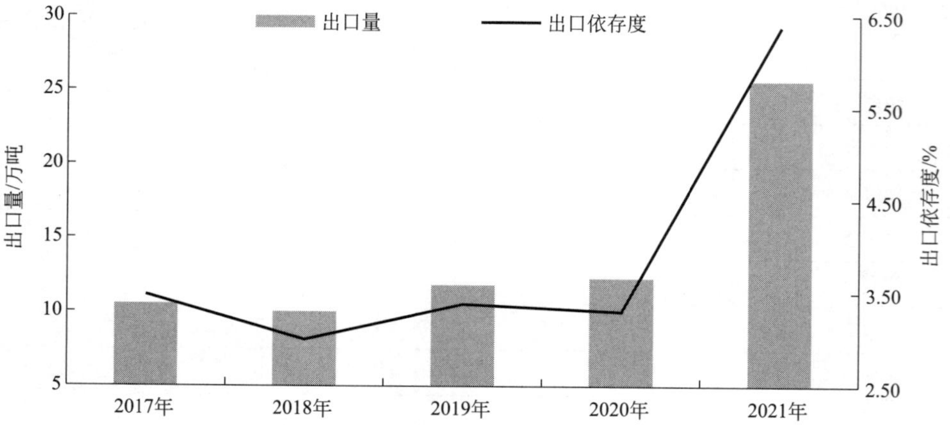

图32.5 2017—2021年中国尼龙6出口量变化趋势

从 2021 年尼龙 6 出口地来看，与往年情况相同，第一位的为印度，出口量 5.72 万吨，占出口总量的22.35%；第二位的是韩国，出口量4.59 万吨，占出口总量的17.94%；第三位的是泰国，出口量 2.35 万吨，占出口总量的 9.18%。

2021 年中国尼龙 6 出口情况分析见表 32.4。

表 32.4 2021 年中国尼龙 6 出口情况分析

出口国及地区	出口量 / 万吨	占比 /%
印度	5.72	22.35
韩国	4.59	17.94
泰国	2.35	9.18
日本	2.28	8.91
越南	1.73	6.76
印度尼西亚	1.66	6.49
中国香港	1.03	4.03
中国台湾	0.86	3.36
巴西	0.83	3.24
马来西亚	0.44	1.72
其他	4.10	16.02
合计	25.59	100.00

32.4 中国尼龙 6 价格走势分析

尼龙 6 切片在 2017 年出现断崖式下跌，直到 2017 年 5 月份切片开始有缓和之态，价格开始上涨。而在 2018 年中国下游需求相对较好，聚合产能偏低使切片价格在 17000 ～ 20000 元 / 吨之间震荡运行。直到 2019 年开始聚合产能扩产迅速加之中美贸易摩擦影响使切片价格逐渐回落。而 2020 年因国内外疫情影响使切片价格继续下跌，甚至跌至近几年最低水平。直到国内外疫情有所控制，市场整体价格开始回暖。2021 年中尼龙 6 切片因成本端支撑价格整体呈现上涨趋势，2021 年 10 月后因己内酰胺产能增加明显使切片受成本端价格拖累开始回落。

2017—2021 年尼龙 6 切片价格走势见图 32.6。

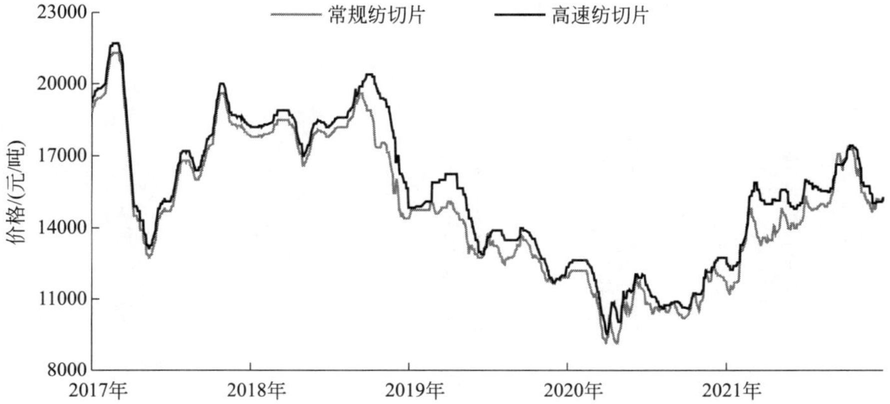

图 32.6 2017—2021 年尼龙 6 切片价格走势

32.5 中国尼龙 6 利润走势分析

2017—2021 年尼龙 6 切片呈现盈利状态且利润水平相对可观，特别是 2017 年切片整体利润水平在 500 ～ 1000 元 / 吨，在高利润的推动下聚合工厂也开始疯狂的扩产直到 2019 年聚合新增产能开始逐渐释放，市场竞争激烈导致切片开始出现亏损的局面。

2021 年上半年因原料端工厂检修较多使供应紧张，价格呈现上涨趋势，而下游部分工厂因双限影响，降负迹象明显，切片整体需求受阻，部分聚合工厂因此将切片价格下调积极出货，但市场成交气氛依旧欠佳。直到 10 月份己内酰胺新增产能投放且开始对己内酰胺现货进行低价销售使聚合逐渐开始盈利。

2017—2021 年中国尼龙 6 常规纺切片利润变化趋势见图 32.7。

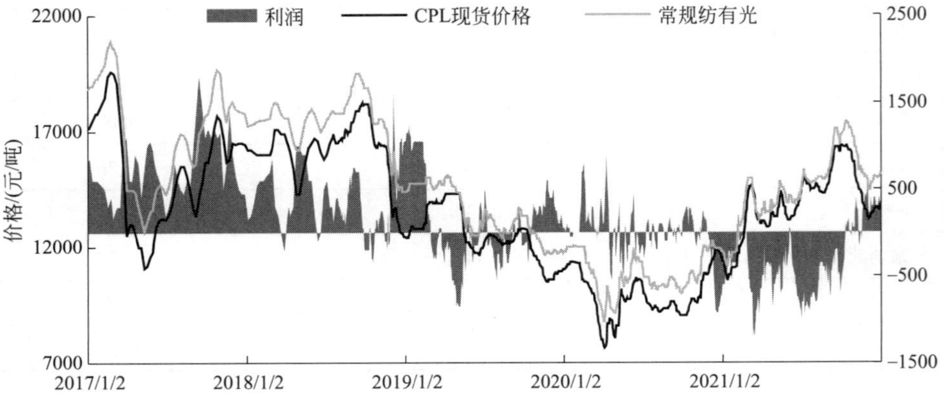

图 32.7 2017—2021 年中国尼龙 6 常规纺切片利润变化趋势

32.6 2022—2026 年中国尼龙 6 发展预期

32.6.1 中国尼龙 6 供应趋势预测

2022—2026 年聚合整体产能依旧处于增长趋势，但产能增加基本为大型设备，小型产线较少。2022—2026 年中国尼龙 6 供应预测见图 32.8。

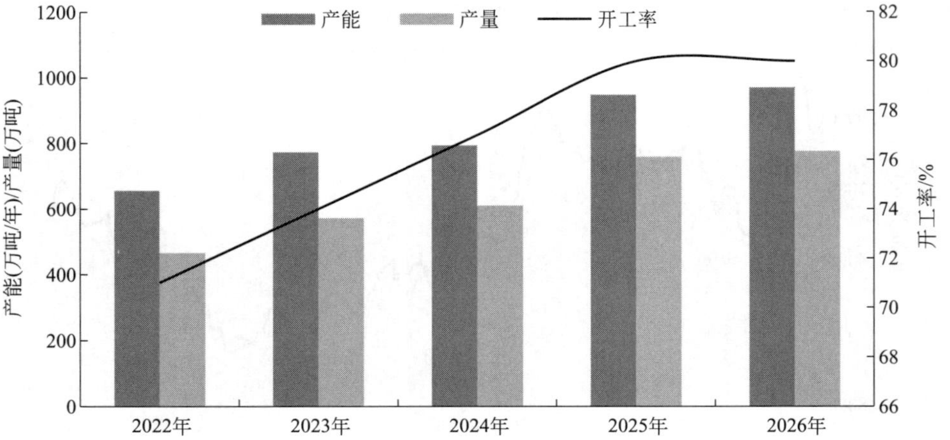

图 32.8 2022—2026 年中国尼龙 6 供应预测

32.6.2　中国尼龙 6 主要下游发展前景预测

国内锦纶产业链扩张多集中在上游 CPL、切片环节，但下游需求目前缺乏新领域突破，存量竞争局面下，行业内竞争将会加剧。加之国内碳达峰方向所带来的行业供需格局调整，预计后期部分下游需求略显弱势。

但 2022 年尼龙 6 需求依旧保持谨慎心态。利好：国内新冠肺炎疫苗接种基本完成，对整体市场大环境起到了积极作用；原油价格处于高位水平，对切片成本起到一定支撑。谨慎在于：下游产本出口情况欠佳，场内成品库存处于高位；尼龙 6 行业供应过剩，后期供需发展不均衡的现象仍存在；尼龙 6 终端行业从高速发展阶段进入平缓增长阶段，后期增速变动不大。

综上来看，预计 2022 年尼龙 6 需求依旧处于缓慢增长趋势中。

32.6.3　中国尼龙 6 供需格局预测

未来 5 年尼龙 6 聚合上下游配套逐渐完善，虽然后期聚合产能增加但增加产能基本为大型产能，小型新增较少且多为配套产能。预计未来五年尼龙 6 产能年均复合增长率在 10.26%，产量年均复合增速在 12.81%，表观消费量增速在 12.95%，出口量远远大于进口量。

2022—2026 年中国尼龙 6 市场供需平衡预测见表 32.5。

表 32.5　2022—2026 年中国尼龙 6 市场供需平衡预测

项目	2022 年	2024 年	2026 年
产能 /（万吨 / 年）	656	763	969.5
开工率 /%	71	80	80
产量 / 万吨	465.76	610.61	775.6
进口量 / 万吨	18	14	8
总供应量 / 万吨	483.76	624.61	783.6
出口量 / 万吨	30	38	45
表观消费量 / 万吨	453.76	586.61	738.6

第 5 篇　合成橡胶

第 33 章 丁苯橡胶

2021 年度关键指标一览

类别	项目	2020 年	2021 年	涨跌值	原因概述
价格	现货成交价均值 /（元 / 吨）	9477.51	13261.60	3784.09	2020 年，受新冠肺炎疫情影响，丁苯橡胶现货成交价格较往年明显下跌；2021 年全球经济需求恢复，大宗商品价格普遍上涨，带动丁苯市场价格走高
供应	产能 /（万吨 / 年）	171.00	171.00	0.00	2021 年丁苯橡胶装置理论生产利润良好，装置开工积极性提升，抵消了大检修年份带来的影响，整体产量较 2020 年小幅提升
	产量 / 万吨	119.55	120.81	1.26	
	开工率 /%	69.91	70.65	0.74	
	进口量 / 万吨	39.21	35.89	-3.32	2021 年外盘丁二烯及丁苯橡胶价格偏高，进口优势不再，进口量有所下降
需求	出口量 / 万吨	4.88	6.70	1.82	国内与外盘丁苯橡胶价差存在，且各大轮胎厂在东南亚地区建厂，出口需求较 2020 年好转
	表观消费量 / 万吨	153.88	150.00	-3.88	受舱位紧张、海运费高涨、汽车芯片紧缺等因素影响，下游消费量略降

33.1 中国丁苯橡胶供需平衡分析

2017—2021 年，我国乳聚丁苯橡胶产能过剩，维持 144 万吨 / 年产能无变化；溶聚丁苯橡胶仅在 2020 年 7 月新增镇江奇美二期 4 万吨 / 年装置一套，产能达到 27 万吨 / 年。截至 2021 年，我国丁苯橡胶总产能在 171 万吨 / 年。

2017—2021 年中国丁苯橡胶供需平衡见表 33.1。

表 33.1 2017—2021 年中国丁苯橡胶供需平衡表

项目	2017 年	2018 年	2019 年	2020 年	2021 年
产能 /（万吨 / 年）	167.00	167.00	167.00	171.00	171.00
开工率 /%	70.77	62.62	65.07	69.91	70.65
期初库存 / 万吨	2.43	11.33	18.40	22.89	25.96
产量 / 万吨	118.19	104.57	108.67	119.55	120.81
进口量 / 万吨	41.10	37.54	37.62	39.21	35.89
总供应量 / 万吨	161.72	153.44	164.69	181.65	182.66
出口量 / 万吨	2.78	2.50	2.21	4.88	6.70
实际消费量 / 万吨	147.61	132.54	137.59	150.81	147.52
总需求量 / 万吨	150.39	135.04	139.80	155.69	154.22
期末库存 / 万吨	11.33	18.4	24.89	25.96	28.44

33.2 中国丁苯橡胶供应现状分析

33.2.1 2021 年中国丁苯橡胶国产供应量分析

2017—2021 年中国丁苯橡胶产能变化趋势见图 33.1。

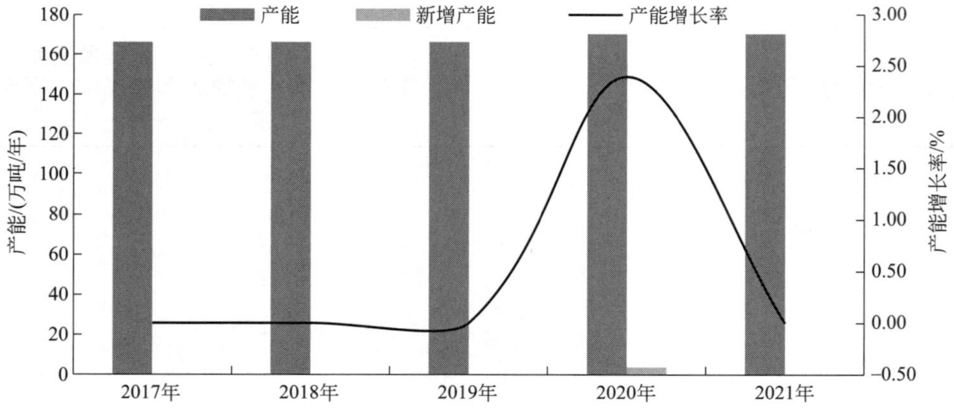

图 33.1 2017—2021 年中国丁苯橡胶产能变化趋势

近年来，中国丁苯橡胶产能变化不大，装置利用率有所提升。2017 年环保严查以来，部分丁苯橡胶装置环保不过关，加之行情弱势等因素影响，2018 年丁苯橡胶产量降至近五年来最低点。2019 年石化行业环保整治，相继完成环保升级改造，加之原料丁二烯供应充足，产量及开工率出现了明显增长。2020 年，随着杭州宜邦丁苯橡胶装置重启，行业产能利用率继续提升。2021 年，虽主流装置多有大检修计划，但因原料丁二烯价格偏低，丁苯行业利润高位，装置开工积极性高，带动产量小幅增长。

2017—2021 年中国丁苯橡胶产量变化趋势见图 33.2。

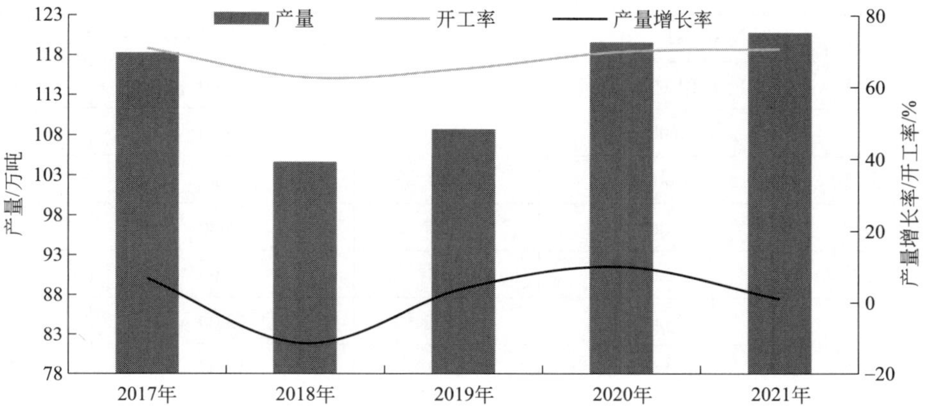

图 33.2　2017—2021 年中国丁苯橡胶产量变化趋势

2017—2021 年，我国乳聚丁苯橡胶产量在 85 万～ 107 万吨 / 年附近。2017—2019 年，原料价格处于相对高位，乳聚丁苯生产企业压力较大，部分产能（福橡化工、天津陆港）处于长期闲置状态，产能利用率不高，实际产量随之减少。后来随着丁苯橡胶原料丁二烯价格低位运行，各生产企业理论利润放大，开工积极性较高，杭州宜邦丁苯装置重启，整体产量及开工率提升。

2017—2021 年中国乳聚丁苯橡胶产量变化趋势见图 33.3。

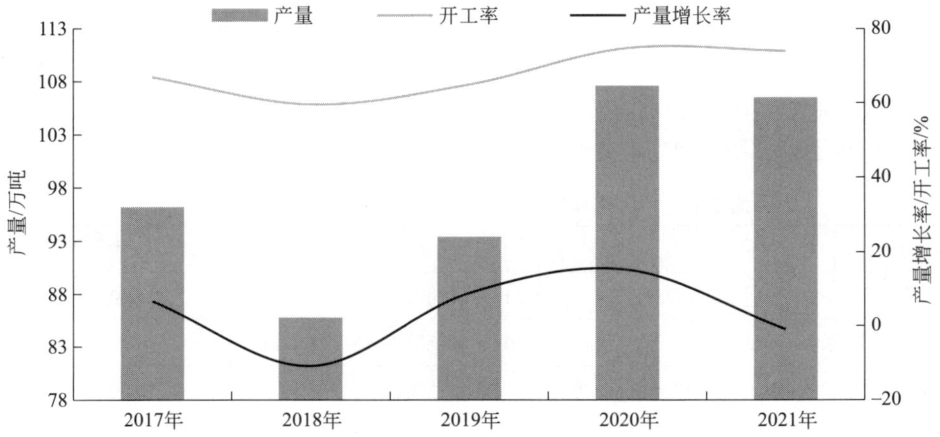

图 33.3　2017—2021 年中国乳聚丁苯橡胶产量变化趋势

32.2.2 2021 年中国丁苯橡胶区域供应结构分析

从产能分布而言，中国丁苯橡胶产能相对集中，近五年华东地区是最集中区域，2020 年新增产能也在华东地区。其次为东北、华北地区。

2021 年，华东丁苯橡胶产能占比高达 34.51%；东北和华北占比分别在 21.64% 和 21.05%。华东地区丁苯橡胶生产企业中，合资及民营企业占比较大；中石油产能多数分布在东北地区；华北地区产能则主要属于中石化企业。

中国丁苯橡胶分地区产能情况统计见表 33.2。

表 33.2 中国丁苯橡胶分地区产能情况统计

区域		2017 年产能 /（万吨 / 年）	2017 年占比 /%	2021 年产能 /（万吨 / 年）	2021 年占比 /%
华东	江苏	31.00	18.56	35.00	20.47
	浙江	20.00	11.98	20.00	11.70
	上海	4.00	2.40	4.00	2.34
东北	辽宁	23.00	13.77	23.00	13.45
	吉林	14.00	8.38	14.00	8.19
华北	山东	23.00	13.77	23.00	13.45
	天津	10.00	5.99	10.00	5.85
	北京	3.00	1.80	3.00	1.75
西北	甘肃	15.00	8.98	15.00	8.77
	新疆	6.00	3.59	6.00	3.51
华南	福建	10.00	5.99	10.00	5.85
	广东	5.00	2.99	5.00	2.92
华中	湖南	3.00	1.80	3.00	1.75

33.2.3 2021 年中国丁苯橡胶主要生产企业生产状况分析

从国内主要几家丁苯橡胶国营生产企业 2021 年产量可以看出，虽年内均有大检修，但整体产量及开工率仍维持高位。造成此现象的主要原因仍在于年度生产利润高位，各装置开工积极性较高，如吉化、兰化等丁苯装置，2021 年之前常年维持降负运行，2021 年起丁苯橡胶利润好转，整体开工负荷较前几年明显提升。

2021 年中国丁苯橡胶主要生产企业产出统计见表 33.3。

表 33.3 2021 年中国丁苯橡胶主要生产企业产出统计

企业名称	地址	集团归属	产能 /（万吨 / 年）	产量 / 万吨
中国石油化工股份有限公司齐鲁分公司	山东省淄博市	中石化	23.00	26.05
中国石油天然气股份有限公司抚顺石化分公司	辽宁省抚顺市	中石油	20.00	13.40
中国石油天然气股份有限公司兰州石化分公司	甘肃省兰州市	中石油	15.00	12.17
中国石油天然气股份有限公司吉林石化分公司	吉林省吉林市	中石油	14.00	10.23

33.2.4 2021年中国丁苯橡胶进口量分析

2017年丁苯橡胶进口量最多，主要是因为当时国内乳聚丁苯橡胶市场货紧价高，套利窗口开启，进口货源增多。而2018年后国内市场需求偏弱，终端厂家大量囤货意向不高，刚需采购，国内市场价格偏低；加上国内市场供应尚可，对国外进口需求减弱，2019年我国乳聚丁苯橡胶进口量继续减少。2020年，受全球新冠肺炎疫情影响，上半年海外需求明显偏弱，美元丁苯橡胶价格低廉，相较国产胶价格优势明显，进口量有所提升。2021年外盘丁二烯及丁苯橡胶价格偏高，进口优势偏弱，整体进口量较2020年下降。

2017—2021年中国丁苯橡胶进口量变化趋势见图33.4。

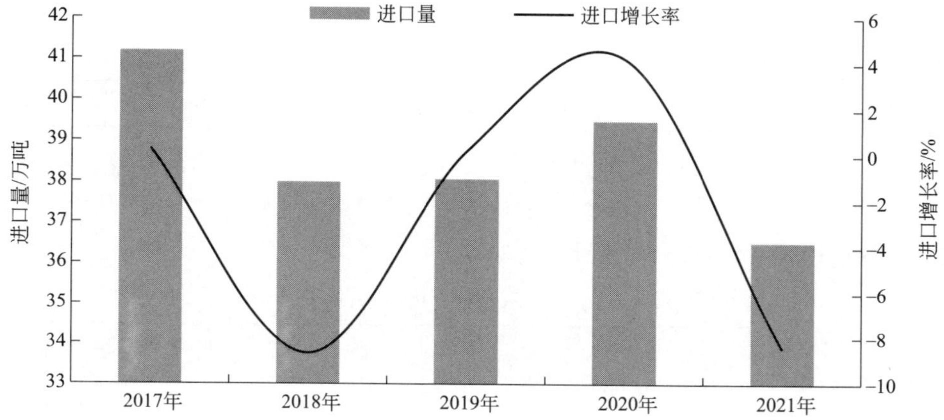

图33.4 2017—2021年中国丁苯橡胶进口量变化趋势

近五年以来，中国丁苯橡胶进口来源结构变化不大，占比前五的基本是韩国、波兰、新加坡、俄罗斯和日本，这五地进口量占全年总进口量的65%～72%；其他进口主要来源于德国、美国、中国台湾等多个国家及地区，占总进口量的29%～35%。而俄罗斯的进口量2021年明显下降，占比跌出前五。主要原因仍在于疫情对海外地区影响转弱，需求逐步恢复，部分货源销往欧美国家。另外2021年上半年，外盘丁二烯价格高位，俄罗斯等国丁苯厂家理论成本偏高，丁苯橡胶价格亦不具备进口优势，年内进口量明显缩减。

韩国是中国丁苯橡胶第一大进口国，主要来源为韩国锦湖及LG化学。2020年韩国对中国丁苯橡胶出口下降近2万吨，主要由于国产品牌产能利用率升高，自耗量提升；波兰对中国丁苯橡胶出口量逐年提升；新加坡供应相对较稳，年均4.2万吨左右；2021年，俄罗斯丁苯橡胶多销往欧洲，中国来源于俄罗斯的丁苯橡胶进口量有所下降；日本近年对中国出口亦表现相对稳定，整体变化不大。

2017—2021年中国丁苯橡胶主要进口来源及占比情况见表33.4。

表33.4 2017—2021年中国丁苯橡胶主要进口来源及占比情况

单位：万吨

来源国及地区	2017年	2018年	2019年	2020年	2021年
韩国	10.94	11.19	12.05	9.86	10.00
波兰	3.71	4.01	4.45	5.58	3.96
新加坡	4.28	4.25	4.35	4.18	4.14

续表

来源国及地区	2017 年	2018 年	2019 年	2020 年	2021 年
俄罗斯	4.36	3.63	3.30	4.99	2.73
日本	3.56	2.95	2.86	2.80	3.06
其他	14.25	11.51	10.61	11.80	12.00
合计	41.10	37.54	37.62	39.21	35.89
韩国占比	26.62%	29.81%	32.03%	25.15%	27.86%
波兰占比	9.03%	10.68%	11.83%	14.23%	11.03%
新加坡占比	10.41%	11.32%	11.56%	10.66%	11.54%
俄罗斯占比	10.61%	9.67%	8.77%	12.73%	7.61%
日本占比	8.66%	7.86%	7.60%	7.14%	8.53%

中国丁苯橡胶进口来源相对集中，据海关进口数据统计显示，2021 年我国丁苯橡胶主要进口来源于韩国、新加坡、波兰、德国及日本。

2021 年中国丁苯橡胶进口情况分析见表 33.5。

表 33.5 2021 年中国丁苯橡胶进口情况分析

来源国及地区	进口量 / 万吨	进口占比 /%	进口额 / 万美元	进口均价 /（美元 / 吨）
韩国	10.00	27.86	19913.25	1991.33
新加坡	4.14	11.54	8373.23	2022.52
波兰	3.96	11.03	6402.65	1616.83
德国	3.62	10.09	7571.39	2091.54
日本	3.06	8.53	7592.08	2481.07
其他	11.11	30.95	24325.66	2189.53
合计	35.89	100.00	74178.26	2066.82

33.3 中国丁苯橡胶消费现状分析

33.3.1 2021 年中国丁苯橡胶消费趋势分析

中国丁苯橡胶的下游消费主要在轮胎、鞋材、胶管胶带、塑改及其他领域，其中轮胎是核心消费领域。近三年中国轮胎行业规模微幅扩张，每年新增半钢轮胎、全钢轮胎企业数量 1 ～ 2 家。截至 2021 年，半钢轮胎企业数量在 87 家左右（按分公司合计），全钢轮胎企业在 97 家左右（按分公司合计）。

2021 年，中国丁苯橡胶表观消费量 150 万吨。2017 年化工等行业阶段性强势反弹，轮胎、管带行业也迎来复苏，丁苯橡胶价格一路攀升，产量、进口量均出现增长。2018—2019 年，天然橡胶价格长期低于丁苯橡胶，下游终端市场减少对丁苯橡胶的采购计划，导致国内丁苯橡胶市场需求减弱。2020 年新冠肺炎疫情导致丁二烯大量流入国内，整体供应充裕，价格创近年新低，下游轮胎等企业内需及出口订单良好，需求量有所增加。2021 年上半年下游需求良好，后受海运费高位、汽车芯片紧缺、丁苯橡胶价格偏高影响，需求转弱，消费量下滑。

2017—2021 年中国丁苯橡胶消费量变化趋势见图 33.5。

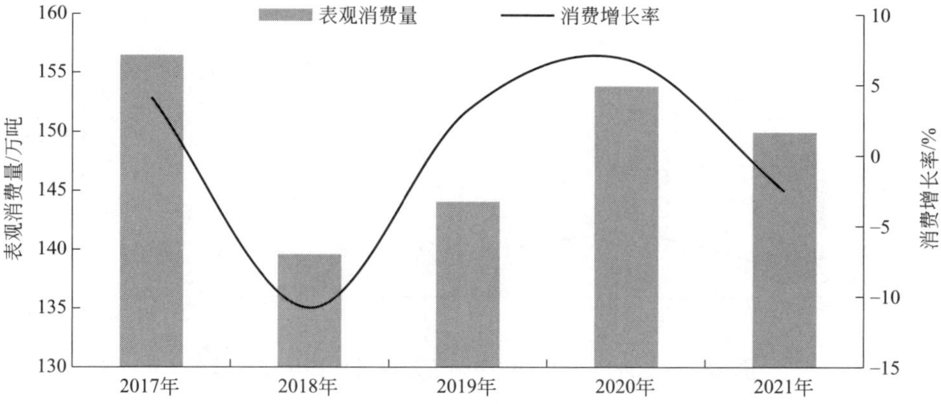

图 33.5　2017—2021 年中国丁苯橡胶消费量变化趋势

33.3.2　2021 年中国丁苯橡胶消费结构分析

中国丁苯橡胶下游消费领域中，轮胎是核心，消耗占比约为 70%。丁苯橡胶在半钢子午线轮胎中使用占比相对较大，在全钢子午线轮胎中使用占比低于天然橡胶。除轮胎外，丁苯橡胶消费领域还包括鞋材和橡胶管带行业，消耗占比均在 9%；塑料改性领域和其他小众领域消耗占比约为 12%。

2021 年中国丁苯橡胶消费结构见图 33.6。

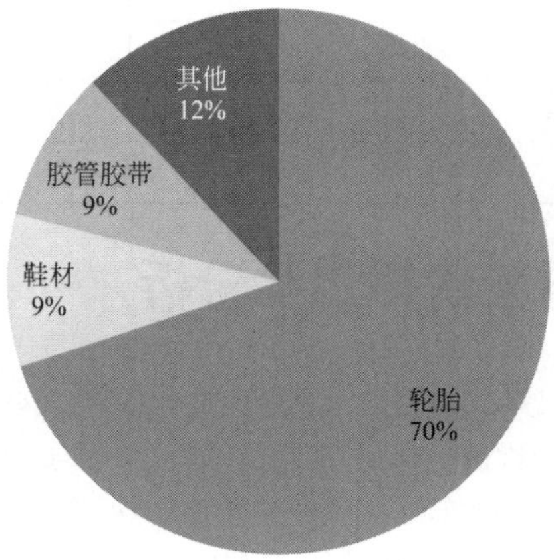

图 33.6　2021 年中国丁苯橡胶消费结构

33.3.3　2021 年中国丁苯橡胶出口量分析

2017—2019 年中国丁苯橡胶出口量维持较低水平。2020 年后随着东南亚地区需求释放，丁苯橡胶美元价格偏高，国内供需矛盾较大，商家通过出口缓解压力，带动近两年国内丁苯橡胶出口量明显增长。

2017—2021 年中国丁苯橡胶出口量变化趋势见图 33.7。

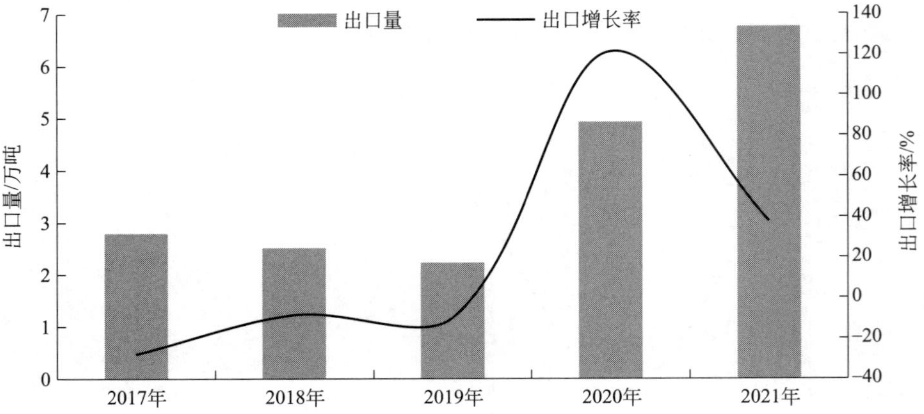

图 33.7 2017—2021 年中国丁苯橡胶出口量变化趋势

中国丁苯橡胶出口相对集中，2021 年我国丁苯橡胶主要出口目的地为泰国、越南、韩国、印度尼西亚和巴基斯坦。

2021 年中国丁苯橡胶出口情况分析见表 33.6。

表 33.6 2021 年中国丁苯橡胶出口情况分析

出口国及地区	出口量 / 万吨	出口占比 /%	出口额 / 万美元	出口均价 /（美元 / 吨）
泰国	2.35	35.07	4151.24	1766.49
越南	1.33	19.85	2485.43	1868.74
韩国	0.74	11.04	1187.75	1605.07
印度尼西亚	0.51	7.61	950.72	1864.16
巴基斯坦	0.31	4.63	562.82	1815.55
其他	1.46	21.79	3164.96	2167.78
合计	6.7	100.00	12502.92	1866.11

33.4 中国丁苯橡胶价格走势分析

2021 年中国丁苯橡胶市场跌宕起伏，价格区间在 11350 ～ 14800 元 / 吨。

首先在 1 月、2 月份，丁苯橡胶价格快速上涨，这主要源于对市场后市供应收紧的预期。其中 1 月 12 日，扬子丁苯装置意外停车，供应面给予市场炒作空间；后参与者提前炒作抚顺、吉化检修消息，叠加下游需求良好、国际油价上涨利好，带动大宗商品价格走高，整体提振业者信心，价格持续拉涨。

三季度起需求成为主导市场的关键。7 月初齐鲁装置检修影响最大，且受成本上涨影响，带动价格进一步走高。但随着山东等地环保严查，下游轮胎等企业开工率明显下降，在需求拖拽下，主流报盘逐步下挫。9 月中下旬，山东地区齐鲁 1502 主流价格跌至 12400 元 / 吨附近。

国庆长假归来后，华东地区部分生产企业受政策影响降负运行，参与者对供应收紧表现出恐慌情绪，中间商补空需求高涨，另外山东地区下游需求尚可，从而带动价格逐步走高。而11月份以后，各地限电政策暂停，高利润驱使下，丁苯橡胶生产企业开工负荷明显提升，供应压力加剧，行情表现承压下挫。12月份则受相关产品顺丁橡胶及天然橡胶高位提振，而基本面延续弱势拖拽，空好交织下，价格表现震荡下行趋势。

2017—2021年中国丁苯橡胶市场价格走势见图33.8。

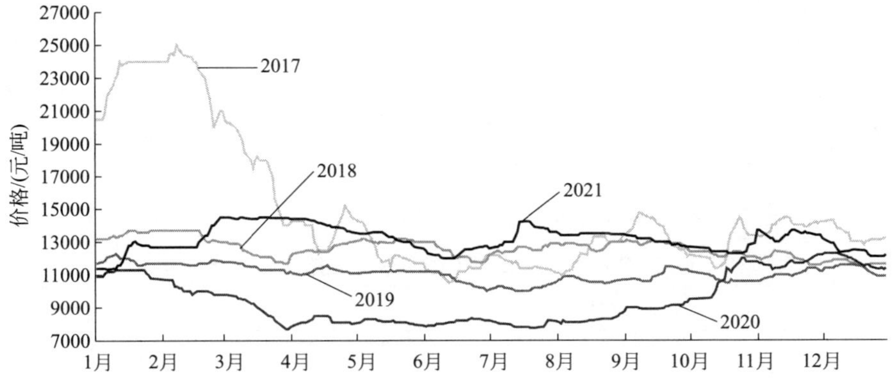

图33.8 2017—2021年中国丁苯橡胶市场价格走势

33.5 中国丁苯橡胶利润走势分析

2017—2019年中国丁苯橡胶行业利润不佳，丁苯橡胶生产企业长时间处于亏损状态，尤其在2018年行业整体低迷，长期亏损状态导致福橡化工、天津陆港和杭州浙晨（现杭州宜邦）纷纷停产。而2020年起，受疫情影响，原料丁二烯跌至近年来新低，丁苯橡胶生产企业利润明显放大，杭州宜邦丁苯装置重启运行，丁苯装置开工积极性高。2021年，随着丁苯橡胶价格上涨，而原料丁二烯产能释放，价格相对偏低，丁苯橡胶理论生产利润更是达到近五年高点。

2017—2021年中国丁苯橡胶利润变化趋势见图33.9。

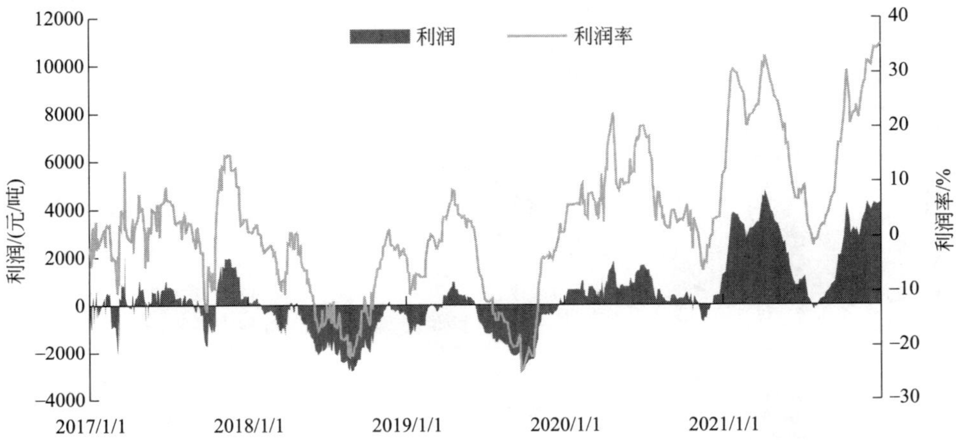

图33.9 2017—2021年中国丁苯橡胶利润变化趋势

33.6 2022—2026 年中国丁苯橡胶发展预期

33.6.1 中国丁苯橡胶拟在建 / 退出产能统计

据统计，未来五年我国丁苯橡胶行业拟在建产能合计为 25 万吨 / 年，其中独山子石化公司新增 6 万吨 / 年溶聚丁苯橡胶装置，计划 2022 年上半年投产，新装置具备生产官能化溶聚丁苯橡胶的能力，如期投产后将打破官能化溶聚丁苯完全依赖进口局面。浙石化溶聚丁苯装置计划 2022 年 7 月份试产，对华东、华北、华南市场都会有所补充。山东裕龙岛炼化一体化项目同样具备原料支持保障，计划建设 3 万吨 / 年集成橡胶（SIBR）项目，采用负离子溶聚聚合方法，生产国内第三代溶聚丁苯橡胶，顺利研发投产后有望进一步挤压高端进口胶的市场份额。

2022—2026 年中国丁苯橡胶拟在建产能统计见表 33.7。

表 33.7 2022—2026 年中国丁苯橡胶拟在建产能统计

区域	企业名称	产能 /（万吨 / 年）	地址	投产计划	上游配套情况
华东	浙江石油化工有限公司	6	浙江省舟山市	2022 年 7 月份	上游丁二烯 / 装置 25 万吨 / 年
西北	中国石油天然气股份有限公司独山子石化分公司	6	新疆维吾尔自治区克拉玛依市	2022 年上半年	无新增上游配套
华北	振华石油化工有限公司（原山东华懋新材料有限公司）	10	山东省东营市	预计 2023 年	无新增上游配套
	山东裕龙石化有限公司	3（集成橡胶）	山东省烟台市	2024—2025 年	上游丁二烯 / 装置 40 万吨 / 年
总计		25			

33.6.2 中国丁苯橡胶供应趋势预测

2022—2026 年，预计我国丁苯橡胶产能增长集中在溶聚丁苯橡胶及第三代溶聚丁苯橡胶。但受制于产品特性，下游终端客户接受时间仍有待观察，故未来五年产量不会出现大幅提升。乳聚丁苯橡胶因产品上下游相对成熟，市场货源流通顺畅，且无新增预投装置，故产量不会出现明显波动。预计 2026 年国内丁苯橡胶产能将达到 196 万吨 / 年，产量为 141.35 万吨。

2022—2026 年中国丁苯橡胶供应预测见图 33.10。

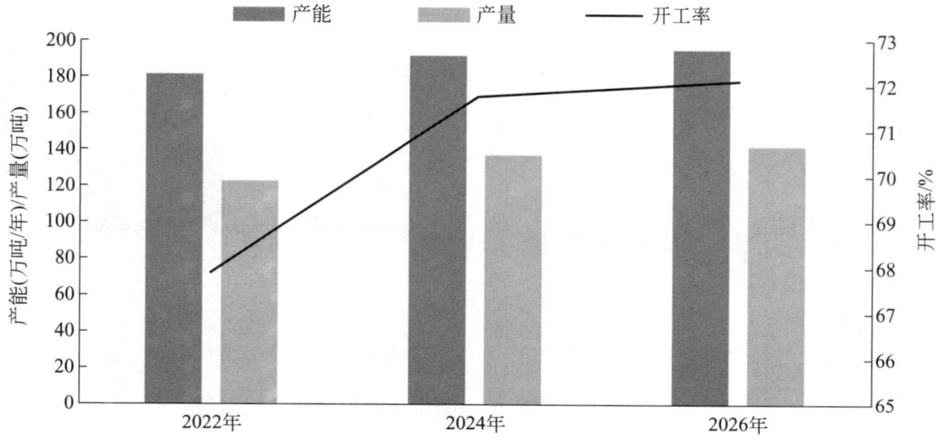

图 33.10 2022—2026 年中国丁苯橡胶供应预测

33.6.3 中国丁苯橡胶主要下游发展前景预测

2019—2020 年在新冠肺炎疫情影响下，我国乘用车轮胎出口、内销势头放缓，出口到欧美市场的半钢胎下滑，间接导致 2020 年我国溶聚丁苯橡胶消费量减少。但 2021 年初商务部印发《商务领域促进汽车消费工作指引》和《部分地方经验做法》的通知，提到推广新能源汽车消费，政策面下半钢胎内销市场可期。另外，新版欧盟轮胎标签法实施，中国轮胎标签法进程加快，未来半钢胎领域对溶聚丁苯橡胶消费潜力巨大。

而国内镇江奇美、高桥石化和戴纳索产品销往塑料改性（HIPS 改性、本体法 ABS）行业稳定，镇江奇美和盘锦北方戴纳索产品集团自用量较大，国内部分鞋材企业对镇江奇美、戴纳索、巴陵石化溶聚丁苯干胶产品认可度也较高，故溶聚丁苯干胶供应缺口相对不大。

在“双碳”目标推动下，乳聚丁苯橡胶行业逐步向环保型产品方向发展，产品相关添加剂能够符合欧盟 REACH 法规。

33.6.4 中国丁苯橡胶供需格局预测

未来五年，中国丁苯橡胶产能增长主要集中在溶聚丁苯橡胶装置，乳聚丁苯橡胶装置暂无新增产能计划。伴随 2021 年欧盟新版轮胎标签法实行，我国轮胎标签法进程加快，2022 年后中国轮胎企业对高性能轮胎的生产加工将维持增势，故对通用性溶聚丁苯及官能化溶聚丁苯橡胶的需求看多。分析认为，2022—2025 年中国丁苯橡胶产量将维持增势，乳聚丁苯橡胶供大于求局面延续。溶聚丁苯橡胶则将呈现供不应求局面，因为受制于高性能产品的特殊性，新投建装置后到被下游逐步接受使用将是一个长期、繁杂的过程。而在国家“双碳”大背景下，轮胎、管带等橡胶制品企业已逐步向绿色、高质量方向发展，下游消费增速预计高于供应增速，故对高性能合成橡胶的消费量继续看涨。从产品逻辑方向考虑，进口丁苯橡胶将逐步减少，出口将成为企业谋求发展的重要方向。

2022—2026 年中国丁苯橡胶市场供需平衡预测见表 33.8。

表 33.8 2022—2026 年中国丁苯橡胶市场供需平衡预测

项目	2022 年	2024 年	2026 年
产能 /（万吨 / 年）	183.00	193.00	196.00
开工率 /%	67.89	71.80	72.12
产量 / 万吨	124.23	138.58	141.35
进口量 / 万吨	40.21	38.12	36.26
总供应量 / 万吨	164.44	176.70	177.61
出口量 / 万吨	5.78	6.95	7.88
下游消费量 / 万吨	149.92	152.55	156.93
总需求量 / 万吨	155.70	159.50	164.81

第 34 章　顺丁橡胶

2021 年度关键指标一览

类别	项目	2020 年	2021 年	涨跌值	原因概述
价格	现货成交价均值 /（元 / 吨）	9211.85	13300	4088.15	顺丁橡胶供应收窄，需求陆续恢复，价格呈现上涨局面
供应	产能 /（万吨 / 年）	156.20	156.20	0.00	顺丁橡胶行业产能未做调整，但因不可抗力，部分装置减产明显，带动供应量持续收窄
	产量 / 万吨	111.05	103.25	−7.8	
	开工率 /%	71.09	66.10	−4.99	
	进口量 / 万吨	28.45	18.79	−9.66	进口顺丁橡胶资源价格高位，套利窗口期较短，套利额度不大，进口量下降
需求	出口量 / 万吨	7.18	9.10	1.92	国产顺丁橡胶产品性价比优势提升，出口套利期内积极拓展，出口量增长
	表观消费量 / 万吨	132.32	112.94	−19.38	产量、进口量大幅下降，拖累表观消费量出现下降趋势

34.1 中国顺丁橡胶供需平衡分析

2017—2021 年，中国顺丁橡胶供需呈现缓慢增长趋势。据统计，2017—2021 年中国顺丁橡胶产量复合增长率为 2.79%，总需求量复合增长率在 1.43%；产量的增长主要来自于部分闲置产能重启，也离不开行业利润值的变化。2021 年中国顺丁橡胶行业无新增产能项目，产能维持在 156.20 万吨 / 年，产量在 103.25 万吨，同比下降 7.02%。

进出口方面，目前国内顺丁橡胶产品供过于求，但仍需要部分进口资源予以补充。伴随着国产顺丁橡胶产品质量逐步提升后，进口量有下降趋势，进口占比亦出现逐年下降。据海关数据统计，2021 年中国顺丁橡胶进口量为 18.79 万吨，同比下降 33.95%。2021 年中国顺丁橡胶总需求量下降至 127.10 万吨，同比下降 7.01%。

2017—2021 年中国顺丁橡胶供需平衡见表 34.1。

表 34.1　2017—2021 年中国顺丁橡胶供需平衡表

项目	2017 年	2018 年	2019 年	2020 年	2021 年
产能 /（万吨 / 年）	161.20	161.20	161.20	156.20	156.20
开工率 /%	57.38	56.22	60.60	71.09	66.10
期初库存 / 万吨	2.73	1.92	2.86	4.92	7.74
产量 / 万吨	92.50	90.62	97.69	111.05	103.25
进口量 / 万吨	26.79	19.41	20.19	28.45	18.79
总供应量 / 万吨	122.02	111.95	120.74	144.42	129.78
出口量 / 万吨	4.22	4.74	4.77	7.18	9.10
下游消费量 / 万吨	115.88	104.35	111.05	129.50	118.00
总需求量 / 万吨	120.10	109.09	115.82	136.68	127.10
期末库存 / 万吨	1.92	2.86	4.92	7.74	2.68

34.2 中国顺丁橡胶供应现状分析

34.2.1 2021 年中国顺丁橡胶国产供应量分析

2017—2021 年中国顺丁橡胶行业产能呈现下降趋势，复合增长率在 −0.78%。2017 年辽宁胜友 4 万吨 / 年高顺顺丁橡胶装置试产进入市场后，中国顺丁橡胶产能略微增长 2.54%，但后续该装置实际运行情况不佳。受到国内产能过剩的影响，新增产能上马速度明显放缓，且部分闲置产能陆续退出顺丁橡胶市场，2020 年中国顺丁橡胶产能下降至 156.2 万吨 / 年。

2017—2021 年中国顺丁橡胶产能变化趋势见图 34.1。

截至 2021 年底，中国顺丁橡胶产能为 156.20 万吨 / 年。2021 年中国顺丁橡胶无新装置投产，产能稳定。

2017—2021 年中国顺丁橡胶产量呈现先增长后下降趋势。2017—2021 年中国顺丁橡胶开工率总体呈现明显增长趋势，从 2017 年的 57.38% 提升至 2021 年的 66.10%，提升幅度 8.72%。受到高成本挤压利润、替代产品价格低位拖拽等因素影响，2018 年中国顺丁橡胶产量下降至

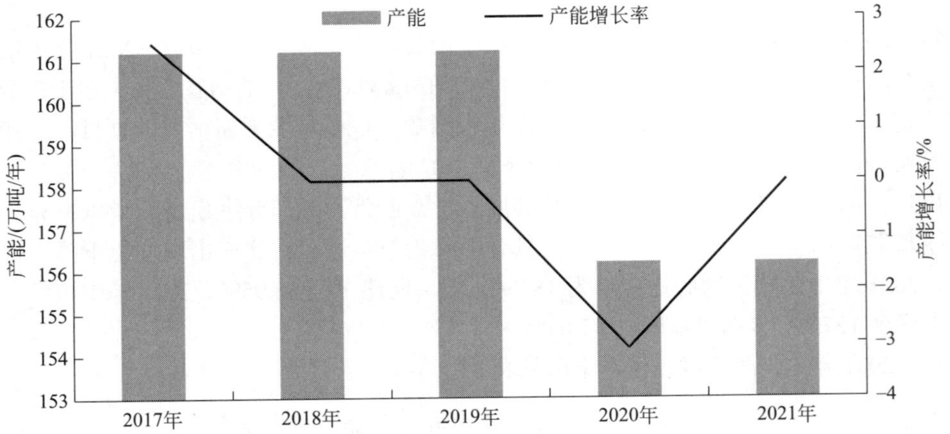

图 34.1 2017—2021 年中国顺丁橡胶产能变化趋势

90.62 万吨。2019—2020 年中国顺丁橡胶行业利润改善，尤其是 2020 年装置开工积极性较高，产量明显增长，顺丁橡胶总产量创近 5 年内最高水平 111.05 万吨，较 2019 年涨幅达 13.68%，开工率亦提升至 71.09%。进入 2021 年后，部分顺丁橡胶装置意外停车，开工率及产量均有下滑，2021 年中国顺丁橡胶产量下降至 103.25 万吨附近，开工率下降至 66.10%。

2017—2021 年中国顺丁橡胶产量及开工率变化趋势见图 34.2。

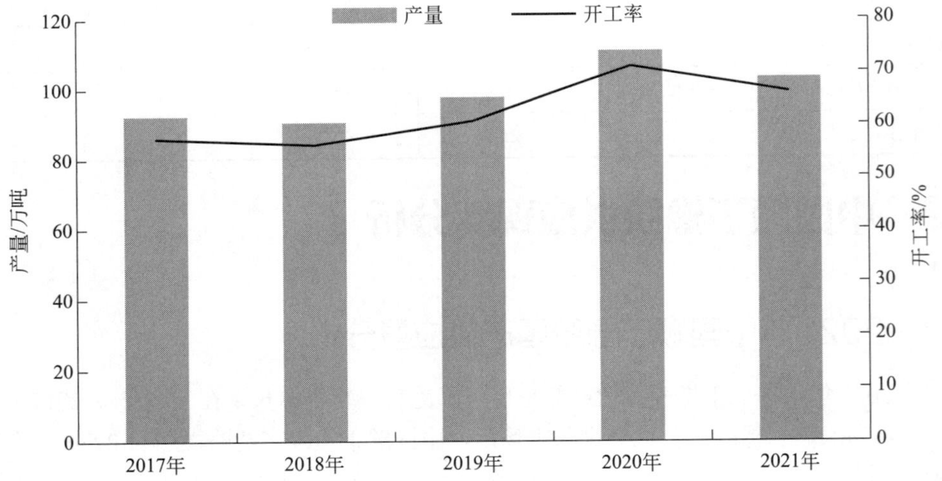

图 34.2 2017—2021 年中国顺丁橡胶产量及开工率变化趋势

34.2.2 2021 年中国顺丁橡胶区域供应结构分析

中国顺丁橡胶生产企业多分布于东部沿海地区，以及西北、西南、东北部等原料集中、需求集中区域。截至 2021 年，华北地区顺丁橡胶产能占比高达 33.93%，华东、东北地区占比分别在 21.25%、16.01%。

中国顺丁橡胶分地区产能情况统计见表 34.2。

表 34.2 中国顺丁橡胶分地区产能情况统计

区域	2017 年产能 /（万吨 / 年）	2017 年占比 /%	2021 年产能 /（万吨 / 年）	2021 年占比 /%
华北	56.00	34.74	53.00	33.93
华东	35.20	21.84	33.20	21.25
东北	25.00	15.51	25.00	16.01
西南	15.00	9.31	15.00	9.60
华南	15.00	9.31	15.00	9.60
西北	12.00	7.44	12.00	7.68
华中	3.00	1.85	3.00	1.93
合计	161.20	100.00	156.20	100.00

34.2.3 2021 年中国顺丁橡胶进口量分析

近 5 年，国内顺丁橡胶的主要进口来源结构变化不大，主要来自近洋地区的韩国、日本、新加坡等，这三地的进口量占全年总进口量的 50% ～ 56%。其他进口主要来自于俄罗斯、阿联酋以及中国台湾等，占比相对小于前三地。

韩国是中国顺丁橡胶的第一大进口国，主要来源为韩国锦湖石油化学公司、韩国 LG 化学有限公司等；2018—2020 年来自于韩国的进口量明显增长，主要源于其产品在中国销售渠道相对稳定，且价格优势凸显，尤其是 2020 年进口量更大，增至 8.91 万吨。来自于日本的进口量近五年内变化不大，基本在 3 万吨附近，其中不乏低顺顺丁类产品。再者来自于新加坡的进口量呈现下降趋势，主要是全球最大的稀土顺丁橡胶供应商（该装置已停车）新加坡阿朗新科 14 万吨 / 年装置，在 2020 年底宣布停产，影响了新加坡对中国的出口。2017—2021 年中国顺丁橡胶进口量变化趋势见图 34.3。

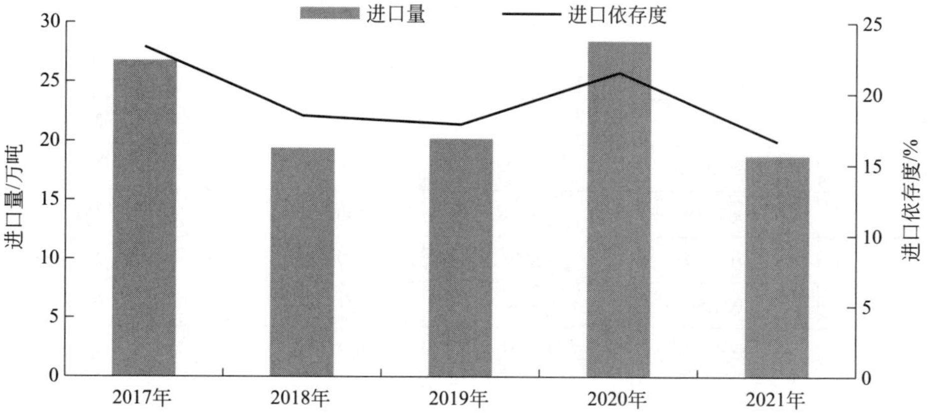

图 34.3 2017—2021 年中国顺丁橡胶进口量变化趋势

2017—2021 年中国顺丁橡胶进口量先扬后抑。随着国产顺丁橡胶质量逐步提升，加之进口资源价格优势不再明显，2017—2019 年间我国顺丁橡胶进口量逐年下降。2020 年全球新冠肺炎疫情影响发酵，美元货源价格偏低位，进口套利额度放大，尤其在下半年进口量出现大幅度增长，带动2020年进口量突破28.45万吨，创历史新高。虽然近年中国顺丁橡胶产品种类有所发展，但在稀土顺丁橡胶、低顺顺丁橡胶领域有持续性需求，且考虑部分时段进口套利价差、关税核销等因素，中国顺丁橡胶仍有进口需求，但进口量出现递减局面。2021年国产顺丁橡胶长期存在价格优势，进口套利窗口仅短暂开启，故预期进口量呈下降局面。

2017—2021年中国顺丁橡胶主要进口来源及占比情况见表34.3。

表34.3 2017—2021年中国顺丁橡胶主要进口来源及占比情况

单位：万吨

来源国及地区	2017年	2018年	2019年	2020年	2021年
韩国	6.10	4.76	4.16	8.91	5.02
日本	3.96	2.78	3.30	3.29	3.40
新加坡	3.74	3.20	2.84	2.49	1.26
前3位合计	13.80	10.74	10.30	14.69	9.68
总进口量	26.75	19.41	20.19	28.45	18.79
前3位占比	51.59%	55.33%	51.02	51.63%	51.52%
韩国占比	22.80%	24.52%	20.60%	31.32%	26.72%
日本占比	14.80%	14.32%	16.34%	11.56%	18.09%
新加坡占比	13.98%	16.49%	14.07%	8.75%	6.71%

2021年中国顺丁橡胶进口主要来自韩国、日本和新加坡，进口量分别为50204.24吨、34040.56吨和12601.44吨。

2021年中国顺丁橡胶进口情况分析见表34.4。

表34.4 2021年中国顺丁橡胶进口情况分析

来源国及地区	进口量/吨	进口占比/%	进口额/美元	进口均价/（美元/吨）
韩国	50204.24	26.71	96685835	1925.85
日本	34040.56	18.11	80486535	2364.43
新加坡	12601.44	6.71	28898633	2293.28
中国台湾	12226.60	6.51	30066231	2459.08
阿联酋	11870.44	6.32	17512242	1475.28
泰国	10671.01	5.68	20093234	1882.97
俄罗斯	10121.92	5.39	15957696	1576.55
法国	9031.50	4.81	19131690	2118.33
沙特阿拉伯	8070.82	4.29	12326002	1527.23
印度	7788.48	4.14	13363633	1715.82
德国	4665.17	2.48	10225372	2191.86
马来西亚	4170.12	2.22	8345970	2001.37
波兰	3588.84	1.91	5996417	1670.85
捷克	2614.89	1.39	5016161	1918.31

续表

来源国及地区	进口量 / 吨	进口占比 /%	进口额 / 美元	进口均价 /（美元 / 吨）
印度尼西亚	2209.02	1.18	4572978	2070.14
美国	962.49	0.51	3063813	3183.23
英国	911.76	0.49	1358939	1490.47
伊朗	882.00	0.47	1147943	1301.52
意大利	542.70	0.29	870104	1603.28
巴西	319.88	0.17	738175	2307.67
其他	431.62	0.22	1353838	3136.5
合计	187925.50	100.00	377211441	2007.24

34.3 中国顺丁橡胶消费现状分析

34.3.1 2021 年中国顺丁橡胶消费趋势分析

中国顺丁橡胶下游消费主要集中在轮胎和其他橡胶制品领域，两者约占顺丁橡胶总消费量 90% 以上。轮胎行业发展，以及技术更新迭代，成为推动近年顺丁橡胶消费变化的主要因素。目前中国仍是全球顺丁橡胶第一消费大国。

据统计，2017—2021 年顺丁橡胶消费量复合增长率在 -0.47%。2018 年表观消费量略微下降。2020 年产量、进口量等较大幅度增长，从而带动顺丁橡胶表观消费量大幅增长至 132.32 万吨。进入 2021 年后，受不可抗力影响，国内顺丁橡胶产量大幅下降，另外在内外盘价差趋势放大后，进口产品优势不再，进口量亦有下降，带动表观消费量出现下降局面。2021 年中国顺丁橡胶表观消费量为 112.94 万吨，同比下降 14.65%。

2017—2021 年中国顺丁橡胶表观消费量变化趋势见图 34.4。

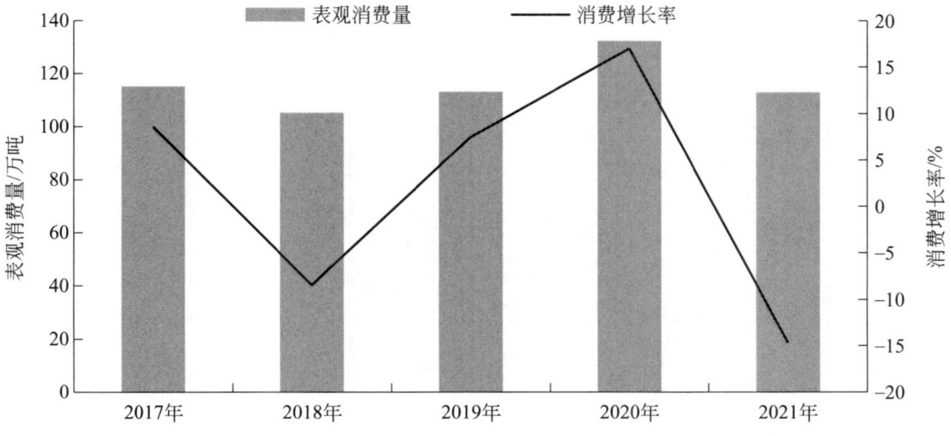

图 34.4 2017—2021 年中国顺丁橡胶表观消费量变化趋势

34.3.2 2021年中国顺丁橡胶消费结构分析

与全球顺丁橡胶下游消费结构类似，中国顺丁橡胶下游主要产品也是轮胎及其他橡胶制品行业，2021年中国轮胎行业在顺丁橡胶下游消费占比约70%，较2020年变化不大；其次为塑料改性行业，近些年来随着HIPS/ABS行业愈发向好后，占比提升至11%，较2020年略微提升1%；另外，在鞋材、管带行业的占比分别为8%、7%，较为稳定。

2021年中国顺丁橡胶下游行业需求结构见图34.5。

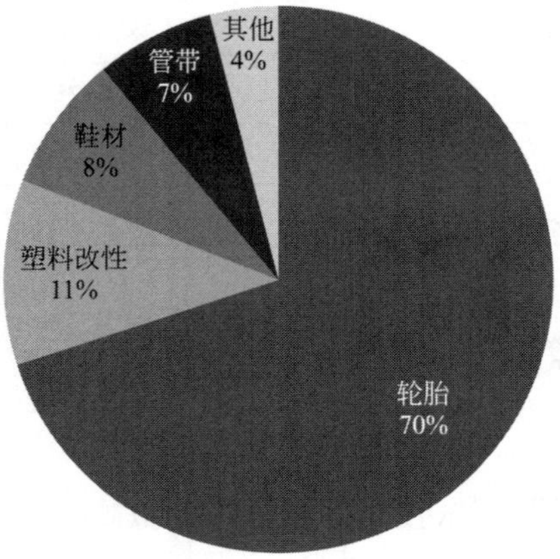

图34.5 2021年中国顺丁橡胶下游行业需求结构

34.3.3 2021年中国顺丁橡胶出口量分析

随着国产顺丁橡胶产品质量不断提升，以及东南亚地区需求支撑，中国顺丁橡胶价格优势凸显后，近年顺丁橡胶出口量一直呈现增长趋势。2020年3月17日，国家财政部财务总局发布了《关于提高部分产品出口退税率的公告》，自2020年3月20日起实施（公告所列货物适用的出口退税率，以出口货物报关单上注明的出口日期界定）。其中初级形状的丁二烯橡胶（40022010）税则号出口退税提升至13%，显著降低了顺丁橡胶出口成本。近年中国顺丁橡胶出口量整体呈现增长趋势，受出口退税政策影响，2021年出口量突破9万吨，创历史新高。

2017—2021年中国顺丁橡胶出口量变化趋势见图34.6。

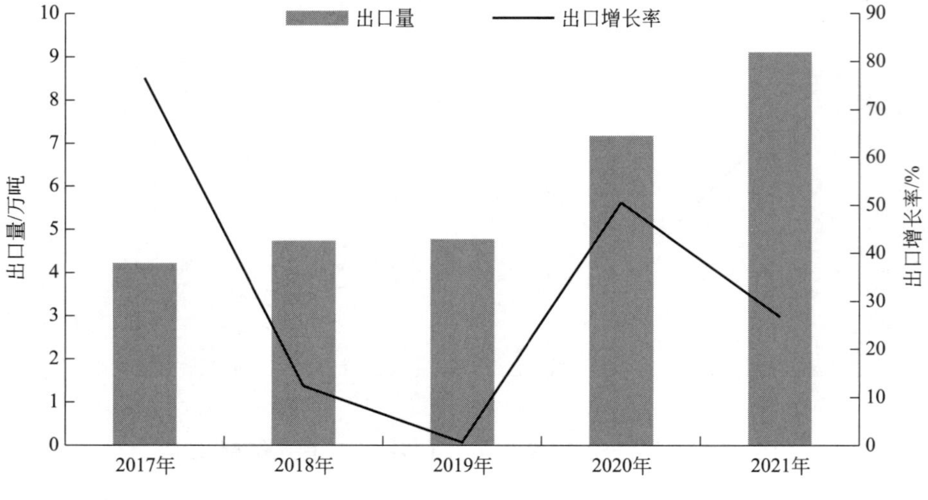

图34.6 2017—2021年中国顺丁橡胶出口量变化趋势

从出口目的地分析，近五年，顺丁橡胶的主要出口目的地结构变化不大，主要还是出口至泰国、越南、印度尼西亚、中国香港以及中国台湾地区，这五地的出口量占全年总出口量的80%左右。出口至韩国、菲律宾、马来西亚等地区的占比相对较小。

泰国和越南是中国顺丁橡胶的主要出口国，2017—2020年东南亚地区净进口量较大的国家为越南、泰国等，其也是中国主要的出口目的国，考虑越南、泰国运费相对具备优势，故优先出口至上述两国。

2017—2021年中国顺丁橡胶主要出口地及占比见表34.5。

表34.5 2017—2021年中国顺丁橡胶主要出口地及占比情况

单位：万吨

出口国及地区	2017年	2018年	2019年	2020年	2021年
泰国	1.23	1.59	1.20	2.49	3.57
越南	1.29	1.15	1.51	2.37	2.81
印度尼西亚	0.14	0.13	0.21	0.30	0.37
中国香港	0.28	0.73	0.51	0.55	0.33
中国台湾	0.29	0.15	0.31	0.43	0.18
合计	3.23	3.75	3.74	6.14	7.26
总出口量	4.22	4.75	4.76	7.18	9.10
前5位占比	76.54%	78.95%	78.57%	85.52%	79.83%
泰国占比	29.15%	33.47%	25.21%	34.68%	39.27%
越南占比	30.57%	24.21%	31.72%	33.01%	30.88%
印度尼西亚占比	3.32%	2.74%	4.41%	4.18%	6.06%
中国香港占比	6.64%	15.37%	10.71%	7.66%	3.62%
中国台湾占比	6.87%	3.16%	6.51%	5.99%	1.95%

中国顺丁橡胶出口目的地相对集中，据海关数据统计显示，2021年中国顺丁橡胶主要出口地是泰国和越南，占比分别为39.27%和30.88%。

2021年中国顺丁橡胶出口情况分析见表34.6。

表34.6 2021年中国顺丁橡胶出口情况分析

出口国及地区	出口量/吨	出口占比/%	出口额/美元	出口均价/（美元/吨）
泰国	35727.17	39.27	61673529	1726.24
越南	28093.88	30.88	47193501	1679.85
韩国	5511.85	6.06	8397698	1523.57
印度尼西亚	3742.71	4.11	6834304	1826.03
中国香港	3294.46	3.62	5509876	1672.47
菲律宾	2948.60	3.24	4503232	1527.24
马来西亚	2831.46	3.11	4625995	1633.79
中国台湾	1775.71	1.95	4002558	2254.06
新加坡	1676.23	1.84	2856425	1704.07

续表

出口国及地区	出口量 / 吨	出口占比 /%	出口额 / 美元	出口均价 / （美元 / 吨）
巴基斯坦	947.68	1.04	1691635	1785.03
比利时	739.20	0.81	1426466	1929.74
缅甸	635.81	0.70	1427415	2245.03
孟加拉国	531.52	0.58	1019420	1917.93
柬埔寨	486.24	0.53	1184752	2436.58
肯尼亚	382.60	0.42	644408	1684.29
尼日利亚	256.30	0.28	445296	1737.40
印度	236.06	0.26	514238	2178.41
斯里兰卡	215.47	0.24	376999	1749.66
墨西哥	141.12	0.16	349359	2475.62
意大利	119.00	0.13	337325	2834.66
塞尔维亚	115.20	0.13	269407	2338.60
巴西	103.20	0.11	211957	2053.85
俄罗斯	102.20	0.11	153729	1504.21
其他	360.22	0.42	1090360	3026.93
合计	90973.89	100.00	156739884	1722.91

34.4 中国顺丁橡胶价格走势分析

近五年来，中国顺丁橡胶市场价格跌宕起伏，尤其是 2017 年价格出现较大幅度下行局面，从年初 25000 元 / 吨跌至年末 12600 元 / 吨；2018—2019 年则呈现为震荡整理趋势，价格基本在 10000 ～ 15000 元 / 吨之间震荡；2020 年受疫情的影响，需求大幅度下滑，拖拽顺丁烯橡胶价格跌至近五年内低位，二季度低点仅在 7000 元 / 吨附近；进入 2021 年，国内市场价格反弹向上，尤其是 2021 年四季度创年内新高水平，达 16200 元 / 吨，同比增长 42.11%。

2017—2021 年中国顺丁橡胶 BR9000 现货市场价格走势见图 34.7。

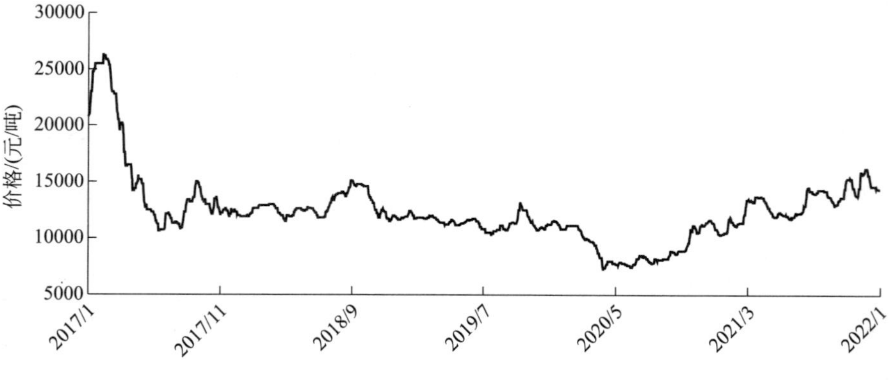

图 34.7 2017—2021 年中国顺丁橡胶 BR9000 现货市场价格走势

34.5 中国顺丁橡胶利润走势分析

从2017—2021年中国顺丁橡胶理论生产成本变化趋势来看，成本走势差较大，成本低点出现在2020年4月份，为6105元/吨；成本高点则为2017年2月份，为27529元/吨。从利润分析来看，2017—2019年间生产利润倒挂为常态局面，但2020—2021年理论利润情况出现了明显改观；近五年内利润最高值出现在2021年12月份，为7632元/吨；利润最低值则出现在2017年2月份，为-3405元/吨。

2017—2021年中国顺丁橡胶理论生产成本及利润变化趋势见图34.8。由图可见，顺丁橡胶行业盈利能力水平整体明显改善。在高成本影响下，2017—2018年呈现亏损状态。2020年后，随着原料来源宽松，采购难度减弱，其价格持续低位运行，顺丁橡胶理论利润较历史数据出现较大改变。2021年后，顺丁橡胶理论利润更是呈现明显盈利局面，甚至在四季度单吨盈利幅度超7000元/吨，创历史新高。

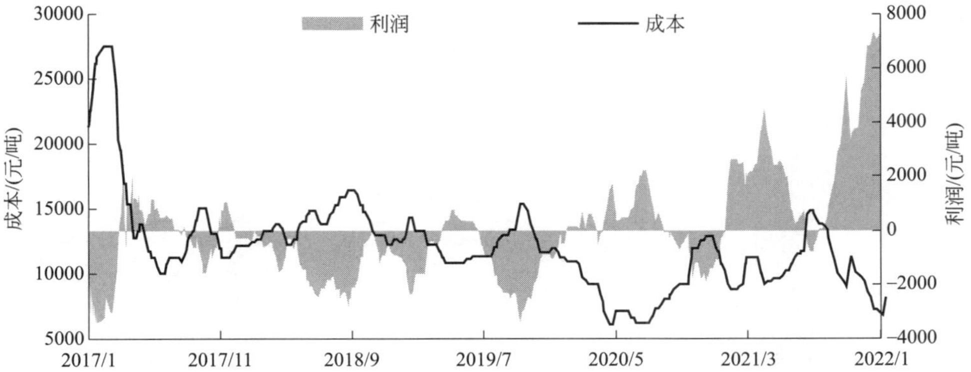

图34.8 2017—2021年中国顺丁橡胶生产成本及利润变化趋势

34.6 2022—2026年中国顺丁橡胶发展预期

34.6.1 中国顺丁橡胶拟在建/退出产能统计

调查显示，未来五年顺丁橡胶行业拟在建产能将达到34万吨/年，其中规模在10万吨/年以上的企业有两家；新增产能主要分布在华东、华北地区。2022年、2025年为新增产能集中投放年份，顺丁橡胶供应格局继续转变，进口量将逐步下降，出口量继续增长。此外，货源流向亦将发生转变。产品发展重心将围绕稀土顺丁橡胶和低顺顺丁橡胶产品展开。

2022—2026年中国顺丁橡胶拟在建项目统计见表34.7。

表34.7 2022—2026年中国顺丁橡胶拟在建项目统计

区域	企业名称	产能/(万吨/年)	地址	投产计划	上下游配套情况
华东	浙江传化合成材料有限公司	5	浙江省嘉兴市	2022年一季度	无上下游配套
	浙江石油化工有限公司	10	浙江省舟山市	2022年5月份	上游丁二烯装置25万吨/年

续表

区域	企业名称	产能 /（万吨 / 年）	地址	投产计划	上下游配套情况
华北	淄博齐翔腾达化工股份有限公司	4	山东省淄博市	2022 年二季度	上游丁二烯有配套
	山东裕龙石化有限公司	15	山东省烟台市	2025 年	上游丁二烯装置 40 万吨 / 年
合计		34			

34.6.2 中国顺丁橡胶供应趋势预测

伴随着一体化装置产能释放，2022—2026 年国内顺丁橡胶产能和产量将同步增长，产能和产量复合增长率预期分别在 1.29% 和 3.88%。产能、产量预期增长率出现偏差的主要原因为：国内顺丁橡胶产能表现为过剩局面，行业竞争愈发激烈后，新增项目减少，产能延续低速增长；顺丁橡胶利润有望延续改善局面，各顺丁橡胶装置开工积极性亦将有所提升，届时其产量将维持增长趋势。

2022—2026 年中国顺丁橡胶供应预测见图 34.9。

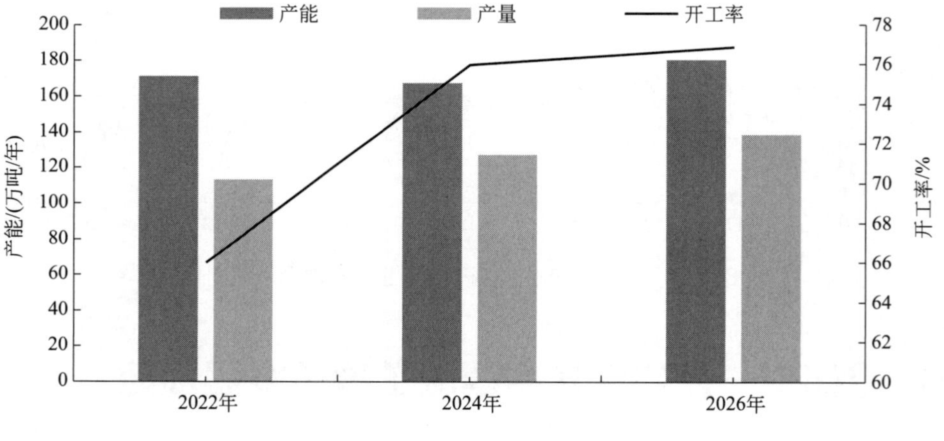

图 34.9 2022—2026 年中国顺丁橡胶供应预测

34.6.3 中国顺丁橡胶主要下游发展前景预测

近年中国顺丁橡胶下游主要集中在轮胎和其他橡胶制品领域，其中轮胎行业集中度低，企业的研发与投入出现同质化现象，资金过度消耗，一些高端产品的制造能力不足，企业竞争力偏低。

2020 年后，受疫情影响，轮胎行业在顺丁橡胶下游消费占比无明显提升。近两年轮胎行业面临挑战的同时，机遇也随之而来，汽车工业为轮胎行业发展提供了巨大的需求动力。2021 年中国轮胎行业新增项目多为扩能项目，实际新增产能不大。

未来五年，下游轮胎以及其他类橡胶制品产能增速或更为减缓，延续洗牌局面，部分小、散、乱、污继续整治，淘汰落后小产能，产业将进一步整合。

2022—2026 年中国顺丁橡胶下游主要行业产能和产量预测见表 34.8。

表 34.8 2022—2026 年中国顺丁橡胶下游主要行业产能和产量预测

产品	2022 年	2024 年	2026 年
全钢轮胎产能 /（万条 / 年）	21600	21900	22500
全钢轮胎产量 / 万条	14256	14783	15188

34.6.4 中国顺丁橡胶供需格局预测

未来五年，伴随着顺丁橡胶上下游产业链逐步完善，行业一体化趋势或更加明显，中国顺丁橡胶供需将维持缓慢增长局面。顺丁橡胶总供应量的复合增长率预期在 4.10%，表观消费量增速预期略低于总供应增速，在 4.06%。届时，行业延续供应过剩局面，进口量或愈发下降，出口亦必然是企业谋求未来发展的重要方向。

2022—2026 年中国顺丁橡胶市场供需平衡预测见表 34.9。

表 34.9 2022—2026 年中国顺丁橡胶市场供需平衡预测

项目	2022 年	2024 年	2026 年
产能 /（万吨 / 年）	171.20	167.20	180.20
开工率 /%	66.00	75.96	76.86
产量 / 万吨	113.00	127.00	138.50
进口量 / 万吨	19.00	17.00	16.50
总供应量 / 万吨	132.00	144.00	155.00
出口量 / 万吨	9.20	10.00	11.00
表观消费量 / 万吨	122.80	134.00	144.00

第 35 章 苯乙烯-丁二烯-苯乙烯嵌段共聚物（SBS）

2021 年度关键指标一览

类别	项目	2020 年	2021 年	涨跌值	原因概述
价格	干胶现货市场价均值 /（元 / 吨）	10975.51	12123.00	1147.49	国内经济逐步恢复、原材料叠加利好，加之苯乙烯-丁二烯-苯乙烯嵌段共聚物产量减少，推涨苯乙烯-丁二烯-苯乙烯嵌段共聚物价格上行
	油胶现货市场价均值 /（元 / 吨）	8832.13	11356.85	2524.72	油胶产量减少，加之需求回升，行业利润好转
	国际市场价均值 /（美元 / 吨）	1357.35	1620.00	262.65	丁二烯外盘大幅上涨，进口成本高位
供应	产能 /（万吨 / 年）	146.00	162.00	16	古雷石化 10 万吨 / 年苯乙烯-丁二烯-苯乙烯嵌段共聚物装置投产及部分民企扩产
	产量 / 万吨	97.75	94.74	-3.01	上半年行业开工高位，但是下半年部分工厂双控影响负荷，并且部分主力供方临停较多，影响产量释放
	开工率 /%	67.41	58.48	-8.93	新增装置年底重启为主，产能增加，但产量释放一般，拉低全年开工
	进口量 / 万吨	5.05	3.86	-1.19	自欧美地区进口受运费暴涨、货柜紧缺及运期不定影响减量，且国内价格偏低影响部分韩日进口转销欧美
需求	出口量 / 万吨	2.20	3.04	0.84	“一带一路”及东欧班列利好，推动我国出口增量
	下游消费量 / 万吨	87.31	91.55	4.24	“十四五”规划第一年道改施工缩量，但下半年防水、胶黏剂及 TPR 鞋材消耗增量

35.1 中国苯乙烯 - 丁二烯 - 苯乙烯嵌段共聚物供需平衡分析

2017—2021 年中国苯乙烯 - 丁二烯 - 苯乙烯嵌段共聚物（SBS）市场供需呈现正相关增量态势。据统计，2017—2021 年中国苯乙烯 - 丁二烯 - 苯乙烯嵌段共聚物产量复合增速在 4.45%，消费量复合增速在 3.19%，相比产量增速略有不及。苯乙烯 - 丁二烯 - 苯乙烯嵌段共聚物产量增长主要是来自新增装置投入运行，及部分老装置提速。近五年中国大陆地区新增装置较多，尤其是 2019 年新增装置产能 27 万吨 / 年，2020 年因为突发新冠肺炎疫情，在“保经济、保生产”要求下，中国石化企业在“百日攻坚创效”活动中维持了满负荷运行，国内供应大幅增量至 97.75 万吨，产量提速明显。2021 年，福建古雷石化有限公司新增 10 万吨 / 年苯乙烯 - 丁二烯 - 苯乙烯嵌段共聚物装置，并且中国石油化工股份有限公司巴陵分公司、华宇橡胶有限责任公司等部分老装置进行改造升级，产能进一步扩大。虽然产量受到双控等因素影响略有下滑，不及 2020 年的高位，但仍高于早先产量释放。但需求增速不及供应。作为“十三五”规划最后一年，2020 年初疫情暴发，苯乙烯 - 丁二烯 - 苯乙烯嵌段共聚物下游终端企业需求延缓，尤其是需求行业主力“道路改性行业”预期工程消耗骤降，仅防水卷材行业略有支撑。2021 年“十四五”规划第一年，国内亦是进入后疫情时代，资金受限。双控政策及原材料价格震荡等多重变量因素导致需求进一步滞缓。

随着苯乙烯 - 丁二烯 - 苯乙烯嵌段共聚物国产化加快，常规来讲进口应逐年减少，出口逐年增加，这一点在 2017—2018 年体现特别明显。但进入 2019 年之后，常规态势被打破。2019—2021 年进口在高位徘徊，但是出口数量逐年下滑，这和中国苯乙烯 - 丁二烯 - 苯乙烯嵌段共聚物进出口格局密切相关。据统计，2021 年苯乙烯 - 丁二烯 - 苯乙烯嵌段共聚物进口数量 3.86 万吨，同比下跌 23.56%；出口数量 3.04 万吨，同比增长 38.18%。供需矛盾加剧，社会库存长期在 15 万吨以上高点徘徊，同质化牌号品种增加，苯乙烯 - 丁二烯 - 苯乙烯嵌段共聚物行业良好的盈利能力受到冲击，工厂负利润生产状态延续，而贸易环节的利润被进一步压缩，供需错位矛盾延展。

2017—2021 年中国苯乙烯 - 丁二烯 - 苯乙烯嵌段共聚物供需平衡见表 35.1。

表 35.1　2017—2021 年中国苯乙烯 - 丁二烯 - 苯乙烯嵌段共聚物供需平衡表

项目	2017 年	2018 年	2019 年	2020 年	2021 年
产能 /（万吨 / 年）	117.80	117.80	141.50	146.00	162.00
开工率 /%	58.51	68.26	59.20	66.95	59.03
产量 / 万吨	68.92	80.41	83.77	97.75	94.74
进口量 / 万吨	4.26	3.55	3.11	5.05	3.86
总供应量 / 万吨	75.93	81.99	87.59	105.32	115.25
出口量 / 万吨	2.67	3.34	3.52	2.20	3.04
下游消费量 / 万吨	75.23	77.94	81.55	87.31	91.55
总需求量 / 万吨	77.90	81.28	85.07	89.51	94.59

35.2 中国苯乙烯－丁二烯－苯乙烯嵌段共聚物供应现状分析

35.2.1 2021 年中国苯乙烯－丁二烯－苯乙烯嵌段共聚物国产供应量分析

据统计，2017—2021 年中国苯乙烯 - 丁二烯 - 苯乙烯嵌段共聚物产能复合增长率 6.92%，保持了一个较快的增速。2017—2018 年中国苯乙烯 - 丁二烯 - 苯乙烯嵌段共聚物产能稳定为 117.80 万吨，产能扩张主要集中在 2018—2019 年，两年间产能大幅增加 23.70 万吨，2020 年苯乙烯 - 丁二烯 - 苯乙烯嵌段共聚物新增装置仅宁波金海晨光化学股份有限公司新增第三条苯乙烯 - 丁二烯 - 苯乙烯嵌段共聚物 /SIS，但燕山石化产能从 9 万吨 / 年调整至 6 万吨 / 年，浙江众立二线苯乙烯 - 丁二烯 - 苯乙烯嵌段共聚物产能启动至 7 万吨 / 年，其他暂无明显变动；2021 年出现了第二个较大幅度的增产，福建古雷石化有限公司 10 万吨 / 年苯乙烯 - 丁二烯 - 苯乙烯嵌段共聚物装置在 10 月份试车，11 月份装置符合生产达到 8 成，华宇橡胶有限责任公司第三条装置年底开车，广东众和化塑股份公司新增的第三条苯乙烯 - 丁二烯 - 苯乙烯嵌段共聚物 /SIS 柔性产线于 12 月底试车。苯乙烯 - 丁二烯 - 苯乙烯嵌段共聚物终端需求领域的扩增及“炼化一体”企业的大量运行是中国苯乙烯 - 丁二烯 - 苯乙烯嵌段共聚物产能持续扩增的主要影响因素。

2017—2021 年中国苯乙烯 - 丁二烯 - 苯乙烯嵌段共聚物产能变化趋势见图 35.1。

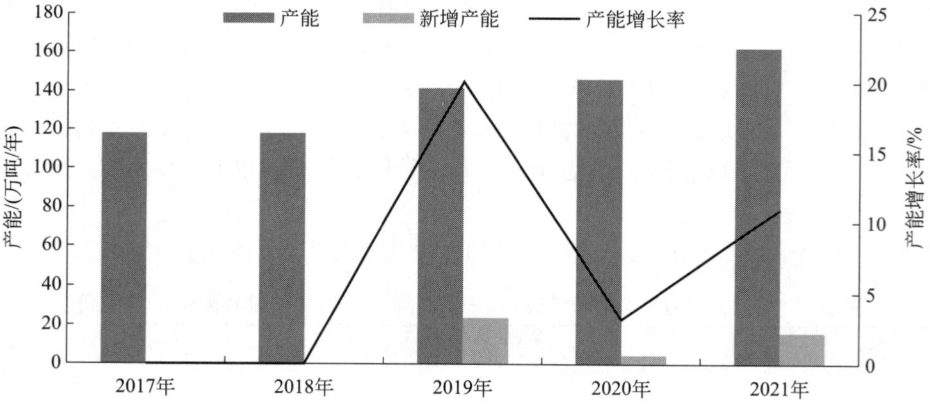

图 35.1 2017—2021 年中国苯乙烯－丁二烯－苯乙烯嵌段共聚物产能变化趋势

随着苯乙烯 - 丁二烯 - 苯乙烯嵌段共聚物产能进一步释放，2017—2021 年，国内苯乙烯 - 丁二烯 - 苯乙烯嵌段共聚物产量呈现增长趋势。但开工率却维持震荡，有涨有跌。尤其是 2020 年，国内部分工厂装置产能再度扩增，但多数新增产能集中在年底试车启动，实际排产量有限。因此 2020 年开工率偏低运行。2017—2021 年中国苯乙烯 - 丁二烯 - 苯乙烯嵌段共聚物产量复合增长率为 4.45%。

2020 年国内苯乙烯 - 丁二烯 - 苯乙烯嵌段共聚物产量为 97.75 万吨，同比增加 16.69%。虽然 2020 年暴发了疫情，但是国内苯乙烯 - 丁二烯 - 苯乙烯嵌段共聚物装置生产并未受到影响，尤其是中国石油化工股份有限公司巴陵分公司作为国内生产主力，3—6 月份开展“百日攻坚”生产计划，产量不降反涨。除此之外，2020 年国内苯乙烯 - 丁二烯 - 苯乙烯嵌段共聚物“两桶油”生产工厂无较大检修情况，“两桶油”工厂基本维持正常生产，仅部分工厂个别时候小检，对产量影响不大。民营及合资工厂方面，2021 年华宇橡胶有限责任公司装置检修较多，8—11 月，连续四个月装置均有一线检修情况，产量减少明显；宁波长鸿高分子科技股份有限公司 5 月下旬到 6 月上旬，检修 25 日左右；天津乐金渤天化学有限责任公司、宁波金海晨光化学股份有限公司及浙江众立合成材料科技股份有限公司均有 10 天左右的小检，产量影响有限。

2021 年苯乙烯 - 丁二烯 - 苯乙烯嵌段共聚物产量 94.74 万吨，虽然产能扩充，但新增装置主要集中在 2021 年底，产量释放有限。上半年产量同比基本持稳，但下半年装置检修力度较大，并且临停企业较多影响装置排产，产量减少明显，开工率明显降低。

2017—2021 年中国苯乙烯 - 丁二烯 - 苯乙烯嵌段共聚物产量变化趋势见图 35.2。

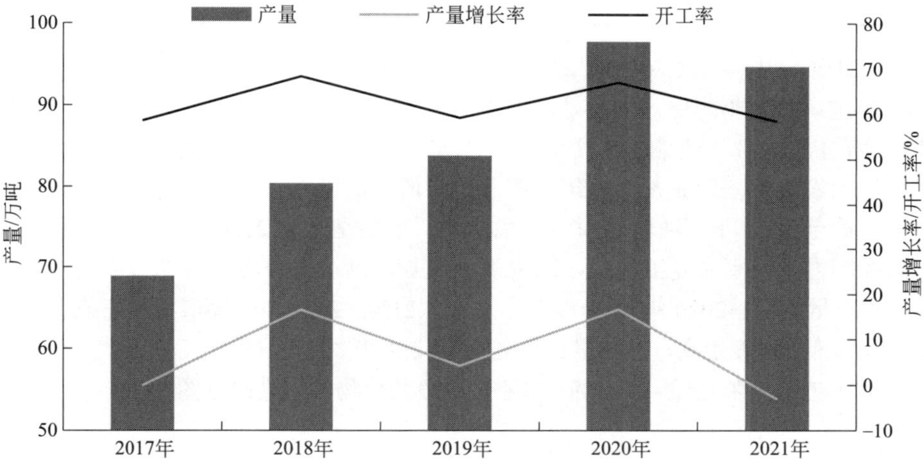

图 35.2　2017—2021 年中国苯乙烯 - 丁二烯 - 苯乙烯嵌段共聚物产量变化趋势

35.2.2　2021 年中国苯乙烯 - 丁二烯 - 苯乙烯嵌段共聚物区域供应结构分析

中国苯乙烯 - 丁二烯 - 苯乙烯嵌段共聚物产能分布相对集中，对照 2017 年及 2021 年产能变化来看，华东及华南地区一直是苯乙烯 - 丁二烯 - 苯乙烯嵌段共聚物行业分布的集中区域，也是近五年新增产能比较多的区域。

截至 2021 年，中国苯乙烯 - 丁二烯 - 苯乙烯嵌段共聚物产能主要集中地在华南及华东地区，其中华南地区产能合计 63.5 万吨 / 年，占全国产能的 39.20%；华东地区产能合计 41.50 万吨 / 年，占全国产能的 25.62%。华北地区也是近五年发展较快的地区之一，随着华宇橡胶有限责任公司三条生产线顺利开车，华北地区产能占比增长至 14.81%，超越了华中地区。华中地区的生产企业一直是中国石油化工股份有限公司巴陵分公司，其苯乙烯 - 丁二烯 - 苯乙烯嵌段共聚物产能为 20 万吨 / 年，随着国内苯乙烯 - 丁二烯 - 苯乙烯嵌段共聚物体量逐步扩大，其在全国占比缩减，但是作为老牌生产企业，并且华中地区本身消耗有限，一直是苯乙烯 - 丁二烯 - 苯乙烯嵌段共聚物产品的主要输出区域之一。

中国苯乙烯 - 丁二烯 - 苯乙烯嵌段共聚物分地区产能情况统计见表 35.2。

表 35.2 中国苯乙烯－丁二烯－苯乙烯嵌段共聚物分地区产能情况统计

区域		2017 年产能 /（万吨 / 年）	2017 年占比 /%	2021 年产能 /（万吨 / 年）	2021 年占比 /%
华南	广东	40.50	34.38	53.50	33.02
	福建	0.00	0.00	10.00	6.17
华东	浙江	21.30	18.08	41.50	25.62
华北	北京	9.00	7.64	6.00	3.70
	天津	6.00	5.09	6.00	3.70
	山东	8.00	6.79	12.00	7.41
华中	湖南	20.00	16.98	20.00	12.35
西北	新疆	8.00	6.79	8.00	4.94
东北	辽宁	5.00	4.25	5.00	3.09

2017—2021 年，中国苯乙烯 - 丁二烯 - 苯乙烯嵌段共聚物油胶进口量走势宽幅震荡。其中 2017—2019 年进口量逐年降低，主要是因为 2018—2019 年国内苯乙烯 - 丁二烯 - 苯乙烯嵌段共聚物产能扩增较快，油胶产量随之增加。但下游鞋材需求受中美贸易摩擦、国内环保政策、人工成本增加等因素影响，行业发展逐年萎缩，供应增加但需求减少，供过于求矛盾加深，因此进口量下滑。截至 2020 年，油胶进口量大幅增加，主要是因为 2020 年全球疫情暴发，需求减少，而中国控制得力，率先复工复产，国内需求恢复，以及部分国外订单转移至国内生产，因此部分节点需求量激增，2020 年较 2019 年增长 121.21%。2021 年，随着疫情常态化，国外需求恢复，进口牌号价格再度走高，进口量也随之小幅减少。

2017—2021 年中国苯乙烯 - 丁二烯 - 苯乙烯嵌段共聚物油胶进口见图 35.3。

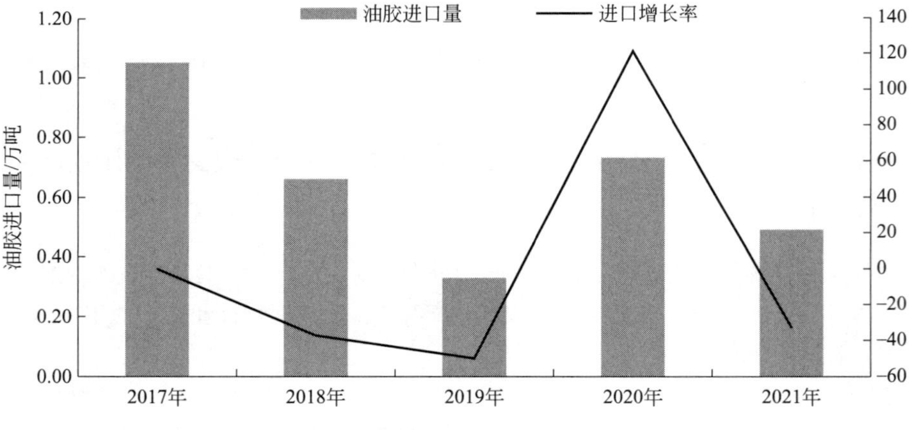

图 35.3 2017—2021 年中国苯乙烯－丁二烯－苯乙烯嵌段共聚物油胶进口

2017—2021 年，苯乙烯 - 丁二烯 - 苯乙烯嵌段共聚物干胶道改进口量变动较大。其中 2017—2019 年进口量持续小幅减少，主要是因国内苯乙烯 - 丁二烯 - 苯乙烯嵌段共聚物新产能释放较多，国内供应量增加，通用牌号基本能满足国内生产需求，仅部分高端牌号还需依赖进口。至 2019 年，进口量跌至五年最低值，仅有 2.76 万吨左右。2020 年进口量激增，主要是受全球疫情影响，一季度全球经济停摆；二季度起，中国国内疫情逐渐好转，需求恢复，部分国外货源转移至国内市场消化。从下半年起，来自俄罗斯 Sibur 的大量低价货源进口至国内，进口价格每吨在五六千元，远低于国内主力牌号，在国内终端沥青改性、鞋材等行业推广尚可。下半年，俄罗斯Sibur总进口量在七八千吨左右，2020年干胶道改进口量大幅上涨56.16%。进入2021年，因全球疫情好转，国外需求恢复，价格回升，进口货源优势降低，进口量随之减少。

2017—2021年中国苯乙烯-丁二烯-苯乙烯嵌段共聚物干胶进口见图35.4。

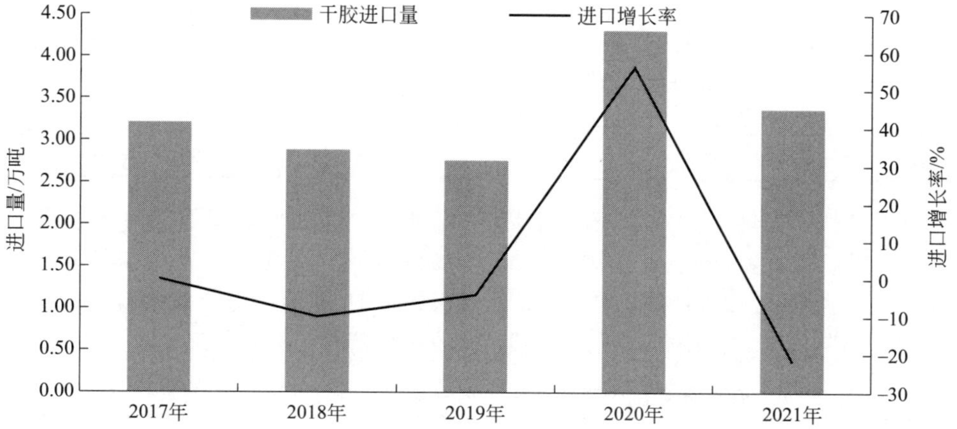

图35.4 2017—2021年中国苯乙烯-丁二烯-苯乙烯嵌段共聚物干胶进口

近五年，SBS进口来源地前三名变动不大，主要是中国台湾、韩国和日本，前五名除了美国外，俄罗斯自2020年下半年起，凭借超低价格挺进中国市场，进口量激增，前五名进口总量占比在85.43%～94.36%，其他国家进口量较少。

中国台湾进口量最多，主要来源企业是台湾李长荣化学工业股份有限公司工厂、台湾台橡、台湾奇美等，其在大陆均有合资工厂以及销售办事处，销路较为稳定，其中2020年进口量最多在1.94万吨，主要是台湾李长荣化学工业股份有限公司SBC生产工厂受新冠肺炎疫情影响较大，原本在欧美等地的需求减少，因此积极发往中国大陆消化，进口量居于榜首；其次是韩国，主要来源企业是韩国锦湖石油化学公司，在国内沥青改性、防水及胶黏剂行业推广使用情况尚可；美国Kraton、旭化成作为老牌的SBS生产企业，产品质量高端，在国内主要是应用于高端的胶黏剂领域，国内暂无产品可以替代，进口为主；俄罗斯自2020年下半年起，进口量增多，主要来源企业是俄罗斯Sibur，受到部分下游道改、防水及鞋材客户的青睐，应用量增加。

2017—2021年中国SBS主要进口来源及占比见表35.3。

表35.3 2017—2021年中国SBS主要进口来源及占比

单位：吨

来源国及地区	2017年	2018年	2019年	2020年	2021年
中国台湾	15395.41	9740.25	7981.09	19447.58	12818.40
韩国	8580.27	9723.31	11195.28	13577.58	12549.70
日本	9373.20	8140.55	6809.06	6027.61	6731.94
俄罗斯	70.03	0.00	0.00	7575.27	2257.16
美国	2921.26	2637.88	1275.72	948.46	1105.07
合计	36340.17	30241.99	27261.15	47576.50	35462.27
总进口量	42535.64	35326.90	30821.13	50421.02	38591.38

续表

来源国及地区	2017 年	2018 年	2019 年	2020 年	2021 年
前 5 位占比	85.43%	85.61%	88.45%	94.36%	91.89%
中国台湾占比	36.19%	27.57%	25.89%	38.57%	33.22%
韩国占比	20.17%	27.52%	36.32%	26.93%	32.52%
日本占比	22.04%	23.04%	22.09%	11.95%	17.44%
俄罗斯占比	0.16%	0.00%	0.00%	15.02%	5.85%
美国占比	6.87%	7.47%	4.14%	1.88%	2.86%

2021 年，中国苯乙烯 - 丁二烯 - 苯乙烯嵌段共聚物主要进口地是中国台湾、韩国、日本、俄罗斯和美国。进口量最多的依然是中国台湾，达 12818.40 吨，占比 33.22%；其次是韩国，进口量 12549.70 吨，占比 32.52%；第三是俄罗斯，进口量 6731.94 吨，均较 2020 年小幅减少。

2021 年中国苯乙烯 - 丁二烯 - 苯乙烯嵌段共聚物进口情况分析见表 35.4。

表 35.4　2021 年中国苯乙烯－丁二烯－苯乙烯嵌段共聚物进口情况分析

来源国及地区	进口量 / 吨	进口占比 /%	进口额 / 美元	进口均价 /（美元 / 吨）
中国台湾	12818.40	33.22	25809415	2013.47
韩国	12549.70	32.52	19748634	1573.63
日本	6731.94	17.44	23974594	3561.32
俄罗斯	2257.16	5.85	1746008	773.54
美国	1105.07	2.86	4630823	4190.52
法国	834.27	2.16	3338203	4001.35
中国香港	574.33	1.49	1882090	3277.02
中国	491.15	1.27	3049667	6209.24
德国	241.27	0.63	772967	3203.74
意大利	200.10	0.52	349591	1747.08
土耳其	198.05	0.51	907295	4581.14
巴西	176.40	0.46	524661	2974.27
新加坡	109.75	0.28	392610	3577.31
马来西亚	99.93	0.26	723065	7235.72
西班牙	93.11	0.24	198866	2135.82
英国	37.13	0.10	144508	3891.95
瑞典	17.37	0.05	166176	9566.84
波兰	14.17	0.04	10848	765.56
越南	14.05	0.04	12805	911.39
其他	28.03	0.07	127493	4548.45

35.3 中国苯乙烯 - 丁二烯 - 苯乙烯嵌段共聚物消费现状分析

35.3.1 2021 年中国苯乙烯 - 丁二烯 - 苯乙烯嵌段共聚物下游消费结构及趋势分析

近年，中国苯乙烯 - 丁二烯 - 苯乙烯嵌段共聚物消费需求持续增量，2017—2021 年消费复合增长率为 3.19%，根本原因在于下游终端领域需求增长。“十三五”规划及“十四五”规划期间，中国对道路及公共设施的重视推动道路改性材料的消耗增加。除此之外，防水卷材作为“黑马”行业突飞猛进的发展为苯乙烯 - 丁二烯 - 苯乙烯嵌段共聚物行业的需求增量贡献了力量。

2021 年作为“十四五”规划第一年，道改行业受到了宏观因素变动影响较大，资金受限、疫情反弹及自然天气等不可抗力因素影响下，道改需求减量明显，部分项目延伸至 2022 年；但是 TPR 鞋材需求反向增长，周边国家受到疫情冲击部分订单回馈国内，并且胶黏剂行业及改性行业积极增量，此消彼长，2021 年整体消费仍有增幅。据统计，截至 2021 年底，中国苯乙烯 - 丁二烯 - 苯乙烯嵌段共聚物消费总量为 91.55 万吨，同比增长 4.86%。

2017—2021 年中国苯乙烯 - 丁二烯 - 苯乙烯嵌段共聚物产品消费量变化趋势见图 35.5。

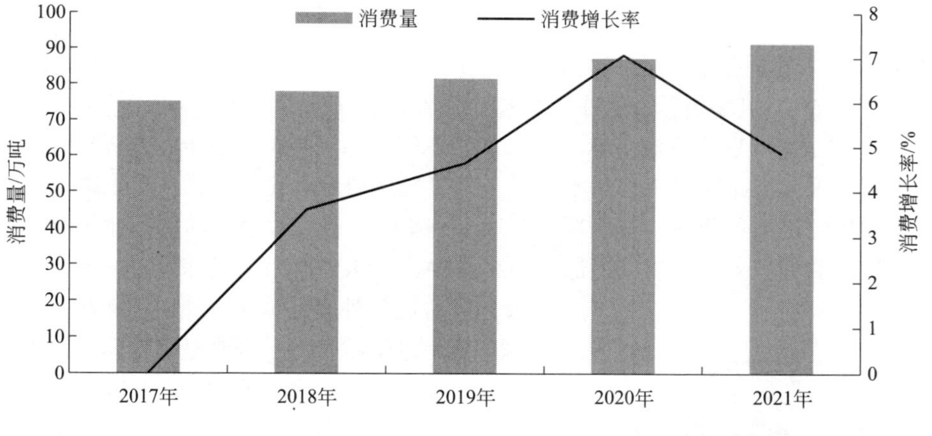

图 35.5 2017—2021 年中国苯乙烯 - 丁二烯 - 苯乙烯嵌段共聚物消费量变化趋势

35.3.2 2021 年中国苯乙烯 - 丁二烯 - 苯乙烯嵌段共聚物下游主要行业消费趋势分析

中国苯乙烯 - 丁二烯 - 苯乙烯嵌段共聚物下游需求主要是道路沥青改性、TPR 鞋材、沥青基防水卷材、胶黏剂及塑料改性五大类，近五年下游需求仍在这五个方面，但是需求占比结构有一定变动；作为一个发展中国家，随着国家对“新材料行业”重视能力增强，并且对于环保要求愈发严格，中国在苯乙烯 - 丁二烯 - 苯乙烯嵌段共聚物下游终端应用有涨有跌，促进了一部分行业的需求消耗，但是亦有部分传统行业受到了一定冲击。

2017—2021 年中国下游需求主要领域在道路沥青改性及 TPR 鞋材行业，近五年这两个行业复合增长率为 5.06% 及 -6.53%，作为行业内最大的两个下游，其发展趋势截然不同。道路改性行业受到中国高速公路飞速发展的带动，道路改性需求逐年递增，仅在2021年略有缩减，截至2021年其行业消费占比占据苯乙烯-丁二烯-苯乙烯嵌段共聚物行业总占比的39.05%；TPR鞋材作为传统行业年需求占比逐年缩减，中国国内人工成本压力增加，并且近两年受到国际地缘政治关系及联动产品影响，需求消耗增长缓慢，发展滞缓。防水行业是近两年发展迅猛的一个行业，年消费需求逐年递增，近五年复合增长率高达8.66%，并且年消费占比接近TPR鞋材行业，正逐步成为苯乙烯-丁二烯-苯乙烯嵌段共聚物下游消费的主力行业。

2017—2021年中国苯乙烯-丁二烯-苯乙烯嵌段共聚物行业需求结构变化趋势见图35.6。

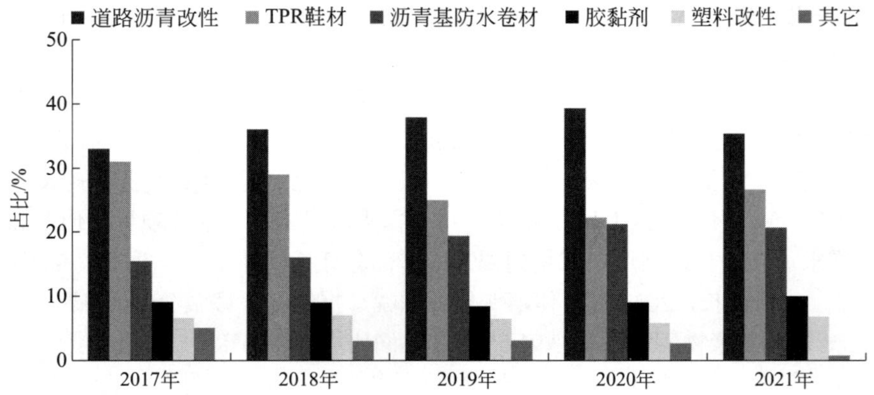

图35.6 2017—2021年中国苯乙烯-丁二烯-苯乙烯嵌段共聚物行业需求结构变化趋势

据统计，2021年苯乙烯-丁二烯-苯乙烯嵌段共聚物下游总消费量为91.55万吨，同比2020年消费量上涨4.86%。其中道改行业作为主要下游消费下滑明显，2021年消费量32.27万吨，占据总消费量的35.25%，同比下滑1.58万吨。需求下降的原因主要是由于2021年作为“十四五”规划开局之年，国内道路建设工程量不及“十三五”规划最后一年，并且当年国内多地疫情反弹加剧导致国内经济发展放缓，多个项目落地受到影响，需求收窄。其他行业相对来讲需求呈现增量，尤其是TPR行业需求转向增加，2020年中国TPR鞋材行业需求疲软，受到越南、泰国及印度等国家外来订单减少冲击，而防水卷材行业受到工程缩减影响尤其是受到越南及印度等国家同行业订单冲击后发展滞缓，但2021年随着全球疫情常态化持续，东南亚地区尤其是鞋材等加工密集行业受到较大冲击，部分全球订单转移至中国，导致国内需求大幅增加，2021年TPR鞋材需求24.33万吨，同比大幅增加5.19万吨；防水卷材行业受到工程缩减影响，整体需求增量有限。作为苯乙烯-丁二烯-苯乙烯嵌段共聚物下游行业的另外两个需求领域，胶黏剂行业及塑料改性行业受到线上购物增量的提振，需求延续增长，叠加提振整个苯乙烯-丁二烯-苯乙烯嵌段共聚物下游消费需求。

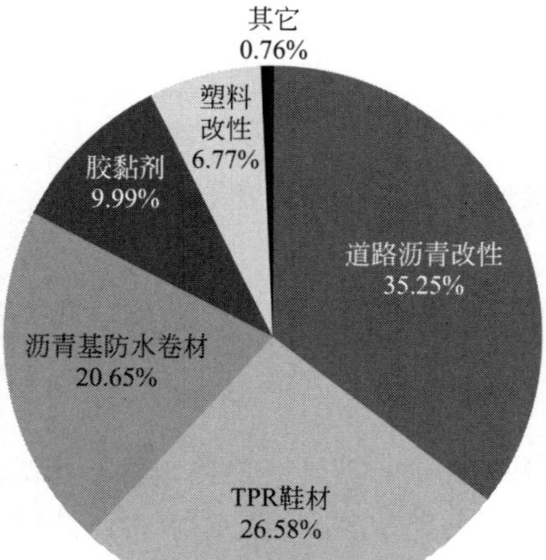

图35.7 2021年苯乙烯-丁二烯-苯乙烯嵌段共聚物下游需求结构

2021年苯乙烯-丁二烯-苯乙烯嵌段共聚物下游需求结构见图35.7。

35.3.3 2021年中国苯乙烯－丁二烯－苯乙烯嵌段共聚物油胶、干胶出口量分析

2017—2021年，中国苯乙烯-丁二烯-苯乙烯嵌段共聚物出口量始终处于偏低水平，其中2018年出口量最多在0.99万吨，其余在0.47万～0.76万吨。中国作为全世界最大的鞋材加工地，对于苯乙烯-丁二烯-苯乙烯嵌段共聚物油胶的使用量最高，国内的主力工厂中国石油化工股份有限公司茂名分公司及中国石油天然气股份有限公司独山子石化分公司油胶产品，基本全部内销为主，每年出口量有限，出口货源以惠州李长荣橡胶有限公司工厂油胶为主。

2017—2021年中国苯乙烯-丁二烯-苯乙烯嵌段共聚物油胶出口见图35.8。

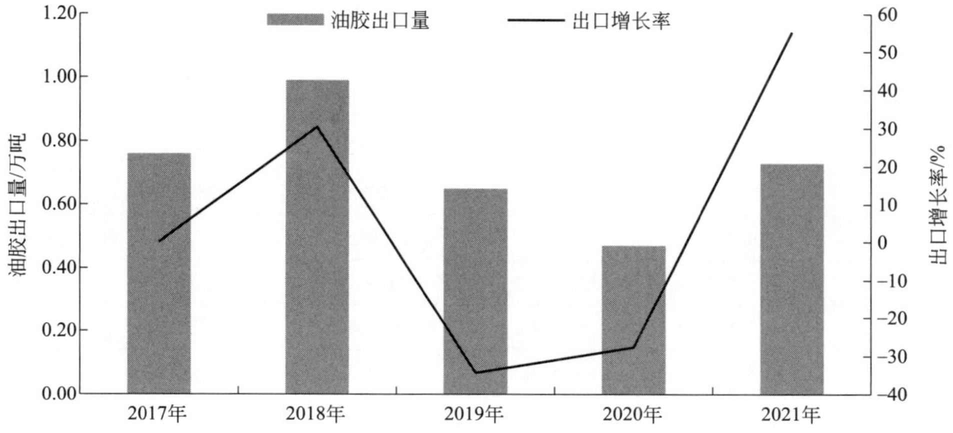

图35.8 2017—2021年中国苯乙烯－丁二烯－苯乙烯嵌段共聚物油胶出口

2017—2021年，中国苯乙烯-丁二烯-苯乙烯嵌段共聚物干胶出口量波动明显，其中2017—2019年出口量持续增加，随着国内产能扩增，产量增加，国内干胶道改供过于求矛盾逐步加深，业者积极拓展出口渠道，缓解内部竞争压力，但2020年出口量最低，降至1.73万吨左右，较2019年跌幅37.99%，主要是因为全球疫情暴发导致需求下滑，但中国国内率先复工复产，因此货源以内部消化为主，且进口量大幅增加，至2021年，全球疫情好转，出口量又再度增加。

2017—2021年中国苯乙烯-丁二烯-苯乙烯嵌段共聚物干胶出口见图35.9。

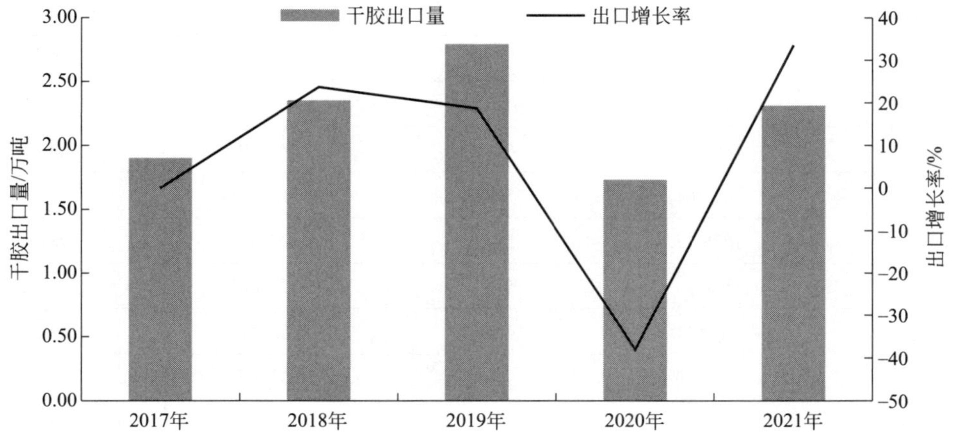

图35.9 2017—2021年中国苯乙烯－丁二烯－苯乙烯嵌段共聚物干胶出口

近五年，中国 SBS 主要出口国存在一定变动，出口量始终在 2 万～ 3 万吨左右，因国内主要是自产自销为主，因此出口量偏低，主要出口方向是欧美和部分东南亚、南亚国家，2020—2021 年出口至欧洲的量有所减少，主要是因为欧洲地区疫情反复，需求一般，美国及东南亚地区需求量稳定。

2017—2021 年中国 SBS 出口情况分析见表 35.5。

表 35.5 2017—2021 年中国 SBS 出口情况分析

单位：吨

出口国及地区	2017 年	2018 年	2019 年	2020 年	2021 年
美国	592.04	4587.01	6167.21	4129.27	4300.30
越南	2227.36	2117.08	2818.85	2280.97	3118.52
泰国	591.30	819.18	690.06	723.66	1619.52
韩国	388.17	686.42	1062.31	1110.40	1665.01
印度	1495.84	1563.43	1760.20	1040.99	1869.55
合计	5294.71	9773.12	12498.63	9285.29	12572.90
总出口量	26679.53	33427.13	34389.54	22020.75	30447.87
前 5 位占比	19.85%	29.24%	36.34%	42.17%	41.29%
美国占比	2.22%	13.72%	17.93%	18.75%	14.12%
越南占比	8.35%	6.33%	8.20%	10.36%	10.24%
泰国占比	2.22%	2.45%	2.01%	3.29%	5.32%
韩国占比	1.45%	2.05%	3.09%	5.04%	5.47%
印度占比	5.61%	4.68%	5.12%	4.73%	6.14%

2021 年中国苯乙烯 - 丁二烯 - 苯乙烯嵌段共聚物主要出口国是美国、越南和印度，美国出口量最多，在 4300.30 吨，占比 14.12%；其次是越南，出口量 3118.52 吨，占比 10.24%；第三是印度，出口量 1869.55 吨，占比 6.14%，整体出口量均不高。

2021 年中国苯乙烯 - 丁二烯 - 苯乙烯嵌段共聚物出口情况分析见表 35.6。

表 35.6 2021 年中国苯乙烯－丁二烯－苯乙烯嵌段共聚物出口情况分析

出口国及地区	出口量 / 吨	出口占比 /%	出口额 / 美元	出口均价 /（美元 / 吨）
美国	4300.30	14.12	4733467	1100.73
越南	3118.52	10.24	10723451	3438.63
印度	1869.55	6.14	2587059	1383.79
韩国	1665.01	5.47	3215635	1931.30
泰国	1619.52	5.32	4827855	2981.04
荷兰	1556.14	5.11	2496048	1604.00
中国台湾	1519.11	4.99	2562371	1686.76
土耳其	1246.40	4.09	2264165	1816.56
马来西亚	1240.63	4.07	2577223	2077.35
柬埔寨	1214.87	3.99	2434735	2004.11

续表

出口国及地区	出口量/吨	出口占比/%	出口额/美元	出口均价/（美元/吨）
巴基斯坦	737.22	2.42	871947	1182.75
日本	732.53	2.41	1885290	2573.67
澳大利亚	719.90	2.36	1413116	1962.93
阿联酋	678.98	2.23	1217969	1793.82
印度尼西亚	655.67	2.15	1393202	2124.85
葡萄牙	644.00	2.12	1106848	1718.71
巴西	627.91	2.06	1064270	1694.94
墨西哥	616.97	2.03	1068145	1731.28
缅甸	606.58	1.99	1070103	1764.16
斯洛文尼亚	525.58	1.73	960120	1826.78
其他	4552.48	14.95	9202560	2021.44

35.4 中国苯乙烯-丁二烯-苯乙烯嵌段共聚物价格走势分析

2017—2021 年，苯乙烯-丁二烯-苯乙烯嵌段共聚物油胶价格走势震荡，2017—2020 年逐年降低，2021 年再度反弹。2017 年均值在 14019.34 元/吨，至 2020 年，跌至 8864.12 元/吨，跌幅 36.77%。2016 年底至 2017 年初，油胶价格涨至高位，当时国内部分供方装置检修，导致油胶货源紧张，价格涨至五年内高点，后随着供应恢复，而下游需求受到国内环保政策影响开工下滑，供需失衡，上半年价格持续下跌至低位。下半年起，在干胶道改的强劲带动下，价格才逐步走高，但涨势放缓。

2018—2019 年，随着国内苯乙烯-丁二烯-苯乙烯嵌段共聚物产能的不断增加，油胶的产量也随之增加，加之 2018 年下半年起，中美贸易摩擦导致下游鞋材行业美单减少，以及人民币贬值、国内劳动力成本增加等因素影响，国内部分鞋材大厂转移至东南亚等劳动力成本更低的地区，导致需求减少，供需矛盾加深，价格也继续走低。2020 年，全球疫情暴发，需求停滞，一季度末二季度初，苯乙烯-丁二烯-苯乙烯嵌段共聚物油胶价格跌至五年内低点，后随着中国国内疫情控制得力，需求逐步恢复，价格也逐步回升。

截至 2021 年，疫情常态化，苯乙烯-丁二烯-苯乙烯嵌段共聚物油胶走势继续向上，各方因素影响加大，价格波动愈发频繁。

2017—2021 年中国苯乙烯-丁二烯-苯乙烯嵌段共聚物油胶现货价格走势见图 35.10。

2017—2021 年中国苯乙烯-丁二烯-苯乙烯嵌段共聚物干胶道改现货整体走势延续震荡下滑，部分节点跌宕起伏变动较大。近五年随着苯乙烯-丁二烯-苯乙烯嵌段共聚物体量增加，苯乙烯-丁二烯-苯乙烯嵌段共聚物国内供需矛盾加剧，并且 2020 年特殊节点受到进口低价产品冲击，且国内干胶道改供应增量明显趋势下，国内价格竞争加剧，行业盈利水平降低。

2017 年国内“史上最大力度检修”及“环保督察”影响了部分装置的开工，供应量为近五年最低的 75.47 万吨，“现货为王”及“成本高位”叠加助推行情至近五年高点 21415.79 元/吨，但

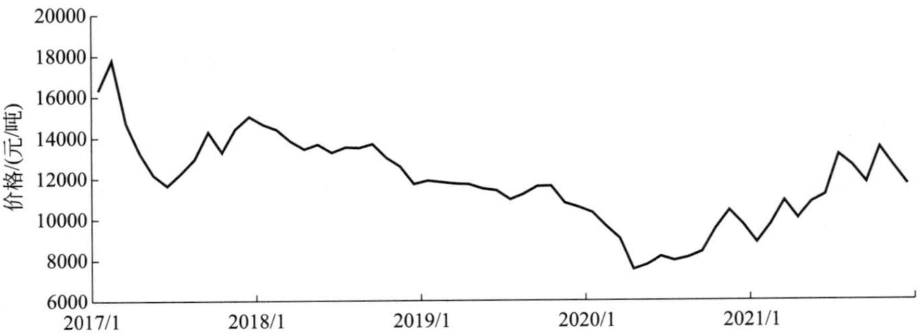

图 35.10 2017—2021 年中国苯乙烯 - 丁二烯 - 苯乙烯嵌段共聚物油胶现货价格走势

是环保及安全检查限制了终端需求释放导致行情短期快速下滑至 14454.55 元 / 吨，2017 年价格触底；2018—2020 年随着国内新增装置增加，国内供应大幅增量，但需求增量不及预期，2018—2019 年行情难以冲至高位，基本在 12500 ～ 14500 元 / 吨徘徊。2020 年初疫情突发，上半年市场停摆，苯乙烯 - 丁二烯 - 苯乙烯嵌段共聚物下游终端企业均延缓复工进度，需求低位叠加大宗原料触底影响下，市场报盘跌至近五年“洼地”9295.45 元 / 吨，部分民营供方供价更是爆出8000元/吨大户商谈价格；下半年随着疫情缓解，尤其是 10—11 月“报复性消费”导致需求爆发，市场报盘回弹至 13418.18 元 / 吨左右。2021 年随着国内外经济逐步步入正轨，干胶道改市场报盘恢复至 11500 ～ 13500 元 / 吨区间震荡为主，但是作为“十四五”规划首年，并且国内外通货膨胀节点多发，宏观及地缘政治等多重外围变量因素影响，国内行情震荡延续，市场难以冲至往年高位，“金九银十”旺季不旺加深业者的消极情绪，成交偏弱。

2017—2021 年中国苯乙烯 - 丁二烯 - 苯乙烯嵌段共聚物干胶道改现货价格走势见图 35.11。

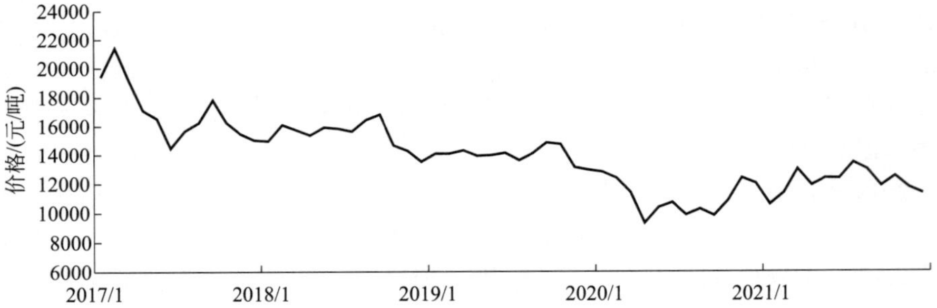

图 35.11 2017—2021 年中国苯乙烯 - 丁二烯 - 苯乙烯嵌段共聚物干胶道改现货价格走势

35.5 中国苯乙烯 - 丁二烯 - 苯乙烯嵌段共聚物利润走势分析

2017 年一季度，因原料丁二烯价格高位，油胶成本处于五年内最高水平，但行情表现一般，生产利润持续倒挂；二季度起，丁二烯价格快速回落，油胶成本降低，同时随着国内工厂装置检修增多，油胶供应逐渐偏紧，价格逐渐走高，在 2017 年底及 2018 年初涨至五年内最高，生产利润可观。2018 年中下旬起，受中美贸易摩擦影响，下游鞋材行业美单需求减少近 30%，同时被其他轻质化产品替代增多，而国内苯乙烯 - 丁二烯 - 苯乙烯嵌段共聚物产能扩增加快，产量增加，供过于求成为常态，油胶低价竞争加剧，2018—2019 年产品利润继续下滑。2020 年，全球新冠肺炎疫情暴发，需求大幅减少导致供需矛盾加深，加之原料价格下跌，苯乙烯 - 丁二烯 - 苯乙烯嵌段共聚物油胶价格一度跌至五年内最低，产品利润继续收窄，远不如干胶道改，受此影响，上游工厂逐步调整生产计划，减产油胶、增产干胶道改，减产效果在 2021 年三季度起逐步显现，供应低位支撑油胶价格大幅走高，生产利润持续上涨，全年平均生产利润在 398.54 元 / 吨。

2017—2021 年中国苯乙烯 - 丁二烯 - 苯乙烯嵌段共聚物油胶成本及利润变化趋势见图 35.12。

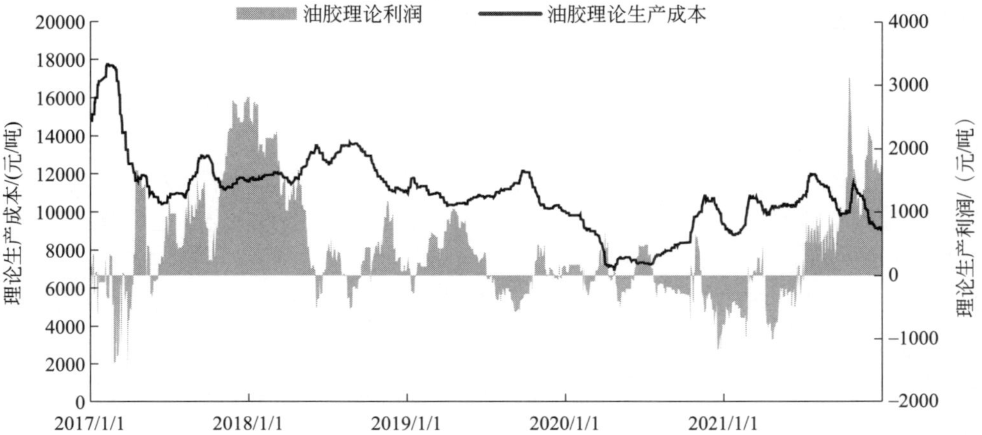

图 35.12 2017—2021 年中国苯乙烯 - 丁二烯 - 苯乙烯嵌段共聚物油胶成本及利润变化趋势

2017—2021 年苯乙烯 - 丁二烯 - 苯乙烯嵌段共聚物干胶利润总体表现尚可，仅 2017 年初出现严重倒挂情况，主要是当时原料丁二烯价格大幅上涨，苯乙烯 - 丁二烯 - 苯乙烯嵌段共聚物生产成本高位，但因下游排斥高价，市场成交重心难以跟随成本走高，因此利润持续倒挂，后随着二季度丁二烯价格逐步回落，苯乙烯 - 丁二烯 - 苯乙烯嵌段共聚物干胶生产利润转正，至 2020 年，疫情暴发，原料价格跌幅过半，苯乙烯 - 丁二烯 - 苯乙烯嵌段共聚物干胶成本随之走低，价格也逐渐下滑至三年低点，但随着疫情好转，复工复产加快，二季度起需求提升较快，支撑干胶道改价格反弹，但原料丁二烯价位偏低，因此生产利润可观。而同时油胶利润持续倒挂，导致上游工厂调整排产计划，减产油胶，增产干胶道改，供应量的增加导致 2021 年干胶道改价格始终处于偏低水平，生产利润收窄。

2017—2021 年中国苯乙烯 - 丁二烯 - 苯乙烯嵌段共聚物干胶成本及利润变化趋势见图 35.13。

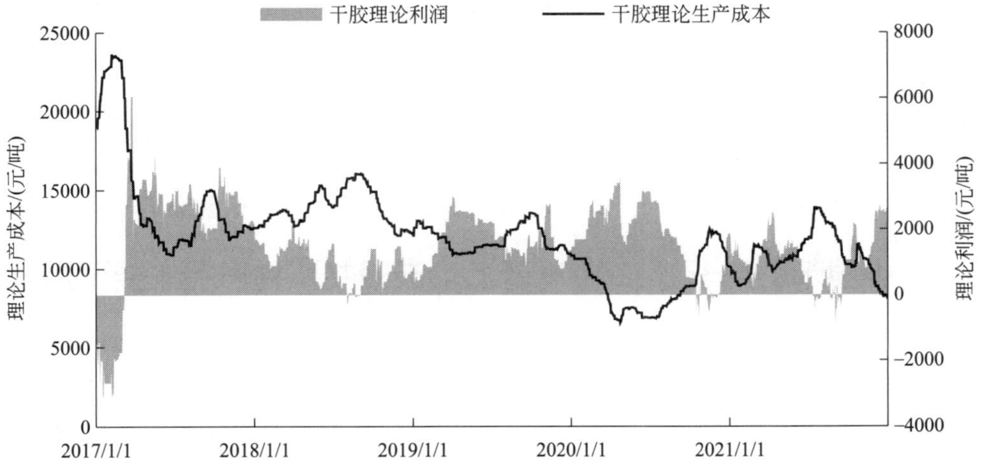

图 35.13 2017—2021 年中国苯乙烯 - 丁二烯 - 苯乙烯嵌段共聚物干胶成本及利润变化趋势

35.6 2022—2026年中国苯乙烯-丁二烯-苯乙烯嵌段共聚物发展预期

35.6.1 中国苯乙烯-丁二烯-苯乙烯嵌段共聚物拟在建/退出产能统计

未来五年苯乙烯-丁二烯-苯乙烯嵌段共聚物行业拟在建产能预计在52.50万吨/年，规模在10万吨/年以上的企业有三家，其中中国石化海南炼油化工有限公司及上海金山巴陵新材料有限公司新增产能均是与中国石油化工股份有限公司巴陵分公司合作新投装置，另外一家是宁波长鸿高分子科技股份有限公司，新建产能集中在华东与华南沿海城市为主，物流交通便利。2022—2025年新增产能投入运行后，国内供应格局将发生较大变化，华南及华东输出区域的位置更为重要，并且随着供过于需态势加剧，沿海地区出口便利优势将会凸显，货源流向亦会发生重大改变。

2022—2026年中国苯乙烯-丁二烯-苯乙烯嵌段共聚物增拟建产能统计见表35.7。

表35.7 2022—2026年中国苯乙烯-丁二烯-苯乙烯嵌段共聚物增拟建产能统计

地区	企业名称	产能/（万吨/年）	地址	投产计划	上下游配套情况
华北	山东海科化工有限公司	2.00	山东	2022年底	无上游配套装置，计划原料外采
华南	中国石化海南炼油化工有限公司	12.00	海南	2022年底	上游配套丁二烯
华东	上海金山巴陵新材料有限公司	14.00	上海	2023—2024年	上游配套丁二烯
	宁波长鸿高分子科技股份有限公司	15.00	浙江	2022—2024年	上游配套苯乙烯
	宁波金海晨光化学股份有限公司	9.50	浙江	2022—2024年	无上游配套装置，计划原料外采
合计		52.50			

35.6.2 中国苯乙烯-丁二烯-苯乙烯嵌段共聚物产品供应趋势预测

国内苯乙烯-丁二烯-苯乙烯嵌段共聚物新投装置主要集中在2021—2024年，随着新投装置产量释放，国内苯乙烯-丁二烯-苯乙烯嵌段共聚物产量将大幅增长，较2021年之前五年复合增长率来比，未来五年产量复合增长率涨至10%，增速加快。但是考虑到新投入苯乙烯-丁二烯-苯乙烯嵌段共聚物装置中有一部分为SBC柔性装置，未来部分节点或者倾向于关联产品SIS、SEBS或者SEPS产品的生产，因此未来苯乙烯-丁二烯-苯乙烯嵌段共聚物产量释放有较大不确定因素。保守估计，截至2026年国内苯乙烯-丁二烯-苯乙烯嵌段共聚物产量合计在152.60万吨。

2022—2026年中国苯乙烯-丁二烯-苯乙烯嵌段共聚物供应预测见图35.14。

35.6.3 中国苯乙烯-丁二烯-苯乙烯嵌段共聚物产品主要下游发展前景预测

2021年作为“十四五”规划的开局之年，下游需求预计增加是大势所趋，但是2021年受到疫情反弹因素影响，部分需求或者延缓至2022年，2022—2025年预期苯乙烯-丁二烯-苯乙

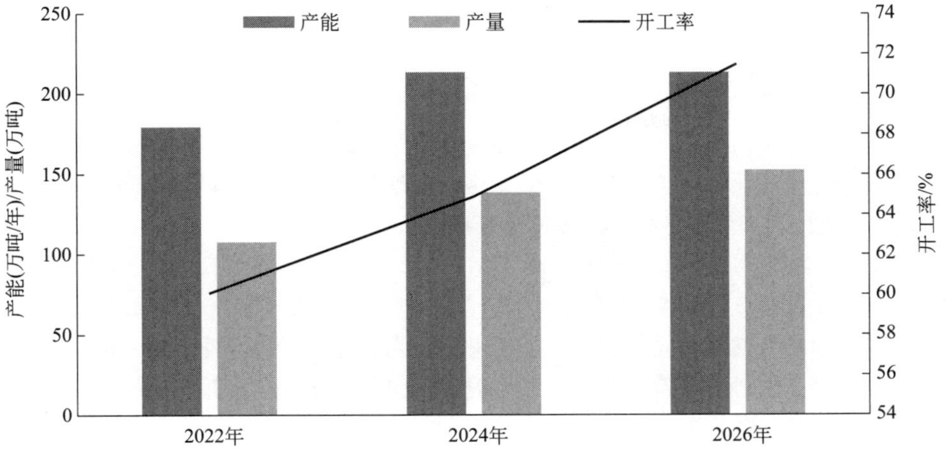

图 35.14 2022—2026 年中国苯乙烯 - 丁二烯 - 苯乙烯嵌段共聚物供应预测

烯嵌段共聚物整体需求呈现增量，尤其是道改需求及防水相关建设项目或者在“十四五”规划第二三年集中落地。原因主要有以下三点。其一，中国西北及西南地区部分高速公路建设工程，预计 2022—2025 年存暴发高峰。其二，卫材及快递物流的长足发展促进了下游消费；中国作为一个老龄化程度较大的国家，成人纸尿裤使用量及覆盖面积逐年增长，并且中国电商发展日新月异，配套的物流快递基数发展巨大，这是苯乙烯 - 丁二烯 - 苯乙烯嵌段共聚物下游增幅较大的终端需求之一。其三，“新老基建”同步发展成为“十四五”规划的核心发展观点，尤其是“新基建”中衍生了相当多的需求，包含了充电桩、汽车配件、轨道交通等，苯乙烯 - 丁二烯 - 苯乙烯嵌段共聚物部分下游应用如塑料改性、胶黏剂、防水卷材等需求或有较大增量；TPR 鞋材行业随着国内苯乙烯 - 丁二烯 - 苯乙烯嵌段共聚物应用牌号的增多，以及产能的扩增，价格上的优势将使其在中低端行业保持良好的发展，同时由于疫情导致此前转移至国外的订单部分再转回国内，且未来中国国内的较好的防疫政策将持续利好鞋材行业发展，因此未来 TPR 鞋材行业或延续小幅增量趋势。

2022 年苯乙烯 - 丁二烯 - 苯乙烯嵌段共聚物下游行业消费预测统计见表 35.8。

表 35.8 2022 年苯乙烯 - 丁二烯 - 苯乙烯嵌段共聚物下游行业消费预测统计

下游行业	苯乙烯 - 丁二烯 - 苯乙烯嵌段共聚物产品消费量 / 万吨
道路沥青改性	35.47
TPR 鞋材	24.37
沥青基防水卷材	20.22
胶黏剂	9.57
塑料改性	5.22
其他	0.90

2022 年预计苯乙烯 - 丁二烯 - 苯乙烯嵌段共聚物下游消费量在 95.75 万吨，较 2021 年消费量上涨 4.59%，主要体现在道路沥青改性行业及沥青基防水卷材行业的增量，2021 年这两个行业受到经济发展滞缓、不可抗力因素多发及双控影响减量，部分工程延缓施工至 2022 年，预计 2022 年道路沥青改性行业需求消耗达到 35.47 万吨左右，沥青基防水卷材消耗增至 20.22 万吨，正在追赶苯乙烯 - 丁二烯 - 苯乙烯嵌段共聚物传统下游行业 TPR 鞋材行业需求；而塑料改性行

业随着中国 GDP 增速逐步恢复常态而略有缩减。

35.6.4 中国苯乙烯 - 丁二烯 - 苯乙烯嵌段共聚物供需格局预测

未来五年，随着国内炼化一体化企业逐步投产，苯乙烯 - 丁二烯 - 苯乙烯嵌段共聚物行业产能进一步扩大，行业炼化一体趋势愈发明显，多数新增装置均具备原料自供能力，未来苯乙烯 - 丁二烯 - 苯乙烯嵌段共聚物行业供需呈现同步扩张模式。

2022—2026 年预计新增产能 52.50 万吨，2026 年，国内苯乙烯 - 丁二烯 - 苯乙烯嵌段共聚物产量预计增长至 152.60 万吨，下游消费量预计 120.11 万吨，五年复合增长率为 5.58%，保守预计消费增速同实际产量增速差异较大，但是要考虑作为柔性装置的特性，苯乙烯 - 丁二烯 - 苯乙烯嵌段共聚物产量变数较大，届时供过于需矛盾进一步“白热化”，并且未来进口将大幅缩量，出口将成为企业谋求发展的重要途径。

2022—2026 年中国苯乙烯 - 丁二烯 - 苯乙烯嵌段共聚物市场供需平衡预测见表 35.9。

表 35.9 2022—2026 年中国苯乙烯 - 丁二烯 - 苯乙烯嵌段共聚物市场供需平衡预测

项目	2022 年	2024 年	2026 年
产能 /（万吨 / 年）	179.50	213.50	213.50
开工率 /%	60.06	64.87	71.48
产量 / 万吨	107.81	138.50	152.60
进口量 / 万吨	4.12	3.44	2.97
总供应量 / 万吨	132.59	177.38	193.56
出口量 / 万吨	3.55	5.59	7.56
下游消费量 / 万吨	95.75	102.55	120.11
总需求量 / 万吨	99.30	108.14	127.67

第 36 章　丁基橡胶

2021 年度关键指标一览

类别	项目	2020 年	2021 年	涨跌值	原因概述
价格	现货成交价均值/（元/吨）	13872	14792	920	2020 年受新冠肺炎疫情影响，丁基橡胶价格跌至近年低点。虽然 2021 年丁基橡胶价格受需求偏弱影响，仍维持偏低水平，但相较 2020 年均价有小幅上涨
供应	产能/（万吨/年）	43.50	50.50	7.00	国内产能仍呈增加趋势，加之盘锦信汇装置恢复正常运行，国内产量增加明显，开工率也呈上涨趋势
	产量/万吨	21.61	28.57	6.96	
	开工率/%	49.68	56.57	6.89	
	进口量/万吨	28.40	21.77	-6.63	国内产量增加，市场竞争日趋激烈，加之国产货源价格相对较低，部分下游改用国产货源代替进口货源，对进口货源的需求量有所下降
需求	出口量/万吨	1.92	3.77	1.85	国内供应持续增加，而下游需求变化有限，国内厂家增加出口量
	下游消费量/万吨	43.73	47.17	3.44	轮胎产量增加，丁基橡胶在轮胎领域需求小幅增加，胶塞行业受疫苗需求增加影响需求尚可，丁基橡胶整体消费量有所增加

36.1 中国丁基橡胶供需平衡分析

2017—2021 年，中国丁基橡胶产量逐年增加，其中 2020 年和 2021 年产量增长幅度较大，这与盘锦信汇装置于 2020 年 8 月重启有关。盘锦装置于 2017 年停产，2020 年 8 月扩能后重启，此后国内丁基橡胶产量大幅增加。

进出口方面，2020 年中国丁基橡胶进口量创近五年最高，主要原因是受疫情影响，国外市场需求低迷，俄罗斯及印度生产商将更多的货物出口至中国市场。2021 年进口量下降，主要是因为国产货源供应增加，国内对进口货源需求量下降。2021 年出口量明显增加，主要是因为国内供应量过剩，生产厂家通过扩大出口来缓解出货压力。

2017—2021 年中国丁基橡胶供需平衡见表 36.1。

表 36.1 2017—2021 年中国丁基橡胶供需平衡表

指标	2017 年	2018 年	2019 年	2020 年	2021 年
产能 /（万吨 / 年）	39.50	39.50	39.50	43.50	50.50
开工率 /%	38.33	42.03	43.92	49.68	56.57
产量 / 万吨	15.14	16.60	17.35	21.61	28.57
进口量 / 万吨	27.55	25.09	24.81	28.40	21.77
出口量 / 万吨	1.66	0.95	1.76	1.92	3.77
下游消费量 / 万吨	40.88	41.21	39.66	43.73	47.17

36.2 中国丁基橡胶供应现状分析

36.2.1 2021 年中国丁基橡胶国产供需分析

2017—2019 年中国丁基橡胶产能稳定在 39.50 万吨 / 年，2020 年随着盘锦装置的扩产，国内产能增加至 43.50 万吨 / 年。2021 年，京博中聚二期 7 万吨 / 年装置投产，国内丁基橡胶产能达到 50.50 万吨 / 年。

2017—2021 年中国丁基橡胶产能变化趋势见图 36.1。

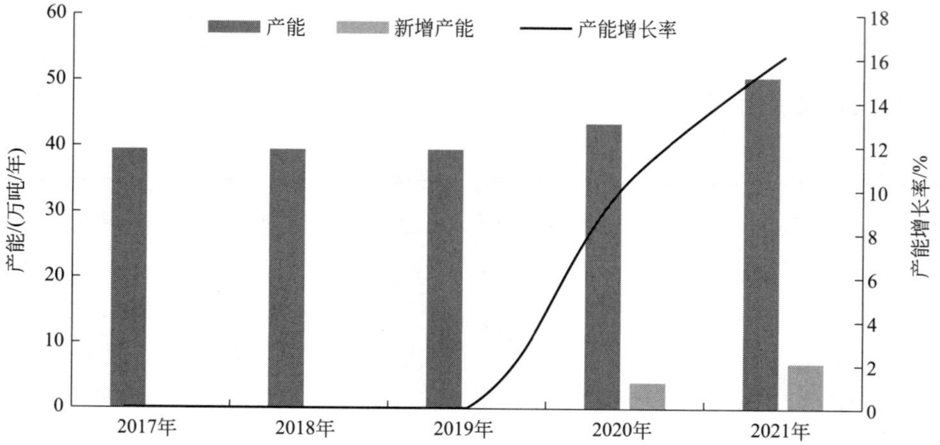

图 36.1 2017—2021 年中国丁基橡胶产能变化趋势

伴随中国丁基橡胶新增产能释放及需求增长，2017—2021 年中国丁基橡胶产量呈逐年递增趋势，开工率不断上涨，近五年产量复合增长率在 16.72%。2017—2019 年产量增速较慢，2020—2021 年随着盘锦装置的重启，丁基橡胶产量明显增加。2021 年信汇及京博装置开工率维持较高水平。

2017—2021 年中国丁基橡胶产量变化趋势见图 36.2。

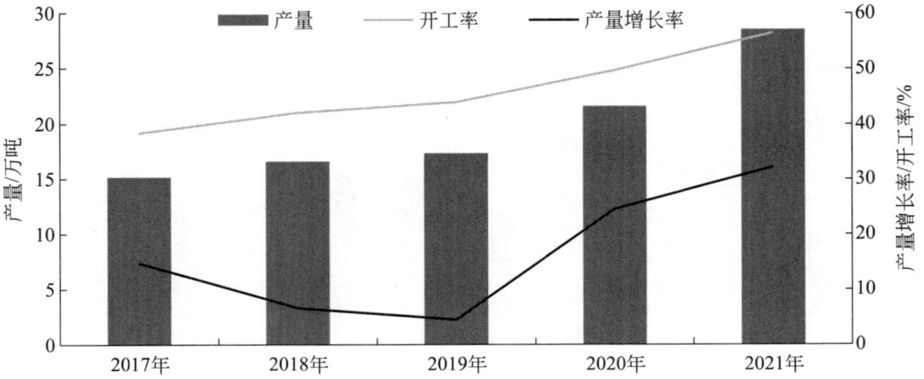

图 36.2 2017—2021 年中国丁基橡胶产量变化趋势

36.2.2 2021 年中国丁基橡胶区域供应结构分析

中国丁基橡胶产能主要分布在华东、华北和东北地区，其中华东地区占比最高，达到 53.46%。华东地区的企业包括浙江信汇、宁波台塑及京博中聚，其中宁波台塑 5 万吨 / 年的装置自 2017 年起停车，目前无重启计划。

中国丁基橡胶分地区产能情况统计见表 36.2。

表 36.2 中国丁基橡胶分地区产能情况统计

区域		2017 年产能 /（万吨 / 年）	2017 年占比 /%	2021 年产能 /（万吨 / 年）	2021 年占比 /%
华东	浙江	15.00	37.97	15.00	29.70
华东	山东	5.00	12.66	12.00	23.76
华北	北京	13.50	34.18	13.50	26.73
东北	辽宁	6.00	15.19	10.00	19.81

36.2.3 2021 年中国丁基橡胶进口量分析

2017—2021 年中国普通丁基橡胶进口量呈先增后降的趋势，其中 2020 年进口量最多，达到 11.66 万吨。2018 年开始，受进口卤化丁基橡胶反倾销政策的影响，国内生产厂家纷纷增加卤化丁基橡胶的产量，国产普通丁基橡胶产量减少，对进口普通丁基橡胶的需求量增加。2020 年受到疫情的影响，国外市场需求低迷，国外生产商将更多产品出口至中国，中国普通丁基橡胶进口量创历史最高。2021 年，因盘锦信汇装置重启，国内普通丁基橡胶产量增加，加之国内市场价格偏低，抑制了进口商的积极性，普通丁基橡胶进口量明显下降。

2017—2021 年，中国卤化丁基橡胶进口量整体呈现下降趋势。一方面，我国 2018 年开始决定对原产于美国、欧盟、新加坡的卤化丁基橡胶加征反倾销税，导致进口自上述地区的卤化丁基橡胶数量减少；另一方面，国内生产厂家增加卤化丁基橡胶产量，因国产货源价格有一定优势，下游企业对国产货源需求量逐渐增加，国内对进口卤化丁基橡胶的需求量减少。

2017—2021 年中国丁基橡胶进口量变化趋势见图 36.3。

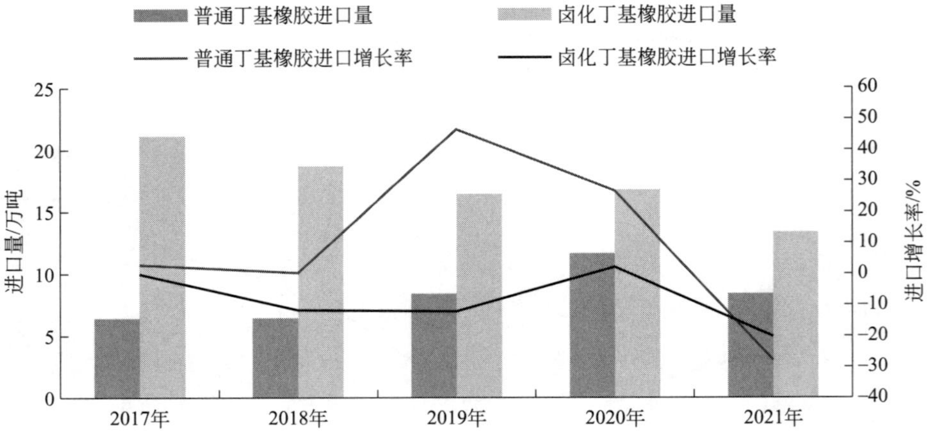

图 36.3 2017—2021 年中国丁基橡胶进口量变化趋势

近五年来，国内进口丁基橡胶主要来自俄罗斯、沙特阿拉伯、加拿大、新加坡和美国等地，这五地进口量占全年总进口量的 79.75% ～ 85.48%，其他地区进口量占比较少。

俄罗斯是中国丁基橡胶第一大进口国，主要是因为地理位置及价格方面具有一定优势。2020 年俄罗斯对中国出口量大幅增加，主要是受到疫情影响，其他地区需求较差，厂家将更多货物销往中国。因 2018 年起对美国、新加坡和欧盟产卤化丁基橡胶实施反倾销，美国、新加坡货源的占比下降，相应的沙特阿拉伯和加拿大货源占比增加。

2017—2021 年中国丁基橡胶主要进口来源及占比情况见表 36.3。

表 36.3 2017—2021 年中国丁基橡胶主要进口来源及占比情况（包含普通丁基橡胶和卤化丁基橡胶）

单位：万吨

进口国及地区	2017 年	2018 年	2019 年	2020 年	2021 年
俄罗斯	5.71	5.40	7.12	10.40	6.27
沙特阿拉伯	1.53	3.61	4.69	5.42	4.66
加拿大	2.68	3.92	4.63	2.72	2.49
新加坡	5.60	3.34	3.71	2.75	2.86
美国	6.71	3.74	1.06	2.19	1.53
日本	1.74	1.72	2.21	2.10	1.86
印度	0.00	0.00	0	1.47	0.82
比利时	2.34	2.57	0.88	0.93	0.61
英国	1.01	0.62	0.22	0.21	0.25
合计	27.32	24.92	24.52	28.19	21.35
总进口量	27.55	25.09	24.81	28.40	21.77
前 5 位占比	80.70%	79.75%	85.48%	82.67%	81.82%
俄罗斯占比	20.73%	21.52%	28.70%	36.62%	28.81%

续表

进口国及地区	2017 年	2018 年	2019 年	2020 年	2021 年
沙特阿拉伯占比	5.55%	14.39%	18.90%	19.08%	21.40%
加拿大占比	9.73%	15.62%	18.66%	9.58%	11.42%
新加坡占比	20.33%	13.31%	14.95%	9.68%	13.13%
美国占比	24.36%	14.91%	4.27%	7.71%	7.03%

2021 年中国丁基橡胶（包括普通丁基橡胶和卤化丁基橡胶）主要来源为俄罗斯、沙特阿拉伯和新加坡。

2021 年中国丁基橡胶进口统计见表 36.4。

表 36.4 2021 年中国丁基橡胶进口统计

来源国及地区	进口量 / 吨	进口占比 /%	进口额 / 美元	进口均价 /（美元 / 吨）
俄罗斯	62728.17	28.81	114404312	1823.81
沙特阿拉伯	46594.18	21.40	103612519	2223.72
新加坡	28579.46	13.13	61918775	2166.55
加拿大	24863.01	11.42	58413701	2349.42
日本	18621.53	8.55	52525141	2820.67
美国	15304.89	7.03	33784922	2207.46
印度	8161.12	3.75	13956012	1710.06
比利时	6137.34	2.82	16104702	2624.05
其他	6726.04	3.09	15716239	2336.63
合计	217715.74	100.00	470436323	2160.78

36.3 中国丁基橡胶消费现状分析

36.3.1 2021 年中国丁基橡胶消费趋势分析

我国丁基橡胶的下游消费主要集中在轮胎和医药瓶塞两个领域，两者占丁基橡胶总消费量的 95.00%。2017—2021 年，中国丁基橡胶平均年消费量在 42.53 万吨，其中 2020—2021 年消费量明显增加，主要是因为疫苗需求增加导致丁基橡胶在医药胶塞领域的需求量增加。据统计，2021 年中国丁基橡胶消费量为 47.17 万吨，2017—2021 年中国丁基橡胶消费复合增长率在 4.21%。

2017—2021 年中国丁基橡胶产品消费量变化趋势见图 36.4。

36.3.2 2021 年中国丁基橡胶消费结构分析

2021 年丁基橡胶应用量最大的依旧是轮胎领域，占比达 84%；其次是医药瓶塞领域，占比 11%。2021 年轮胎行业产能维持稳定，产量较 2020 年有所增加，对丁基橡胶需求增加。对于医药胶塞行业，受疫情影响，疫苗需求量显著增加，拉动医药瓶塞行业消费量增长。

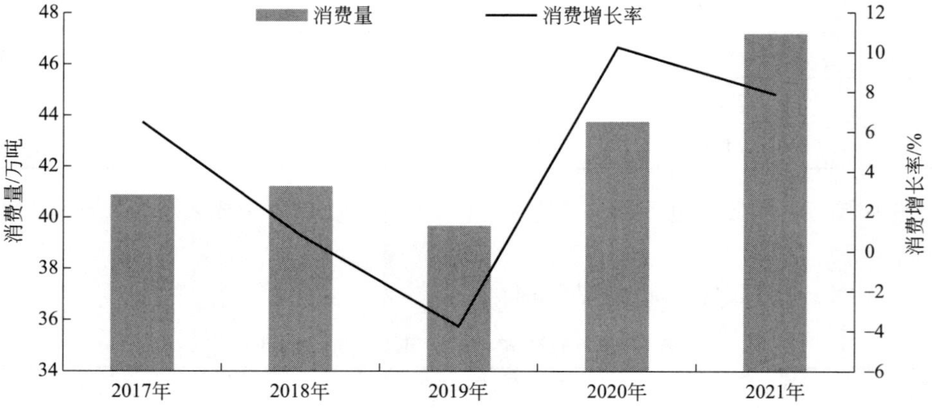

图 36.4 2017—2021 年中国丁基橡胶产品消费量变化趋势

2021 年中国丁基橡胶下游需求占比见图 36.5。

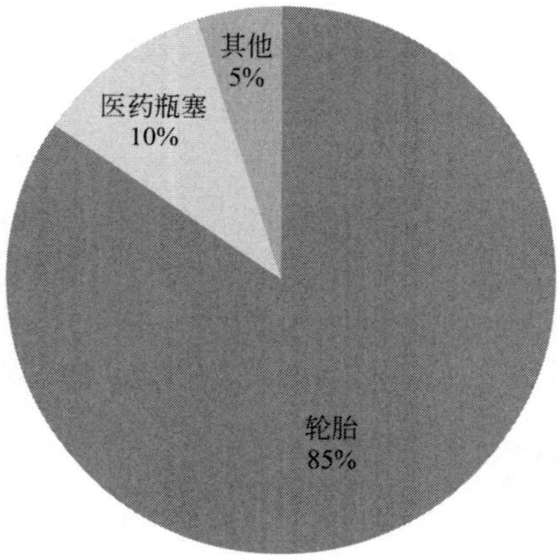

图 36.5 2021 年中国丁基橡胶下游需求占比

36.3.3 2021 年中国丁基橡胶出口量分析

2017—2020 年中国丁基橡胶出口量维持偏低水平。而 2021 年中国丁基橡胶出口量大幅增加，主要原因是 2021 年国产货源供应量明显增加，而下游需求无明显好转，国内市场竞争激烈，生产厂家增加出口量以缓解出货压力。

2017—2021 年中国丁基橡胶出口量变化趋势见图 36.6。

2021 年丁基橡胶出口地众多，其中排名前三位的为泰国、巴基斯坦和越南。因为这些国家无丁基橡胶生产装置，其需求全部依赖进口。此外，这些国家是中国轮胎企业在海外建厂较为集中的地区，部分厂家对中国产丁基橡胶需求量较大。

2021 年中国丁基橡胶出口统计见表 36.5。

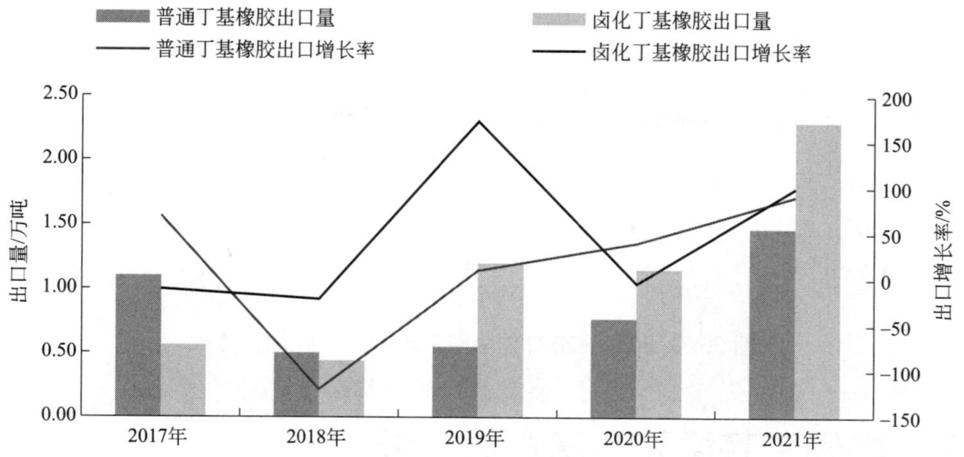

图 36.6 2017—2021 年中国丁基橡胶出口量变化趋势

表 36.5 2021 年中国丁基橡胶出口统计

出口国及地区	出口量 / 吨	出口占比 /%	出口额 / 美元	出口均价（美元 / 吨）
泰国	8293.89	22.01	17629540	2125.61
巴基斯坦	4532.41	12.03	6741781	1487.46
越南	3788.06	10.05	8019094	2116.94
印度尼西亚	3426.91	9.09	6832611	1993.81
韩国	3175.78	8.43	6632011	2088.31
中国香港	2550.14	6.77	5541655	2173.08
加拿大	2463.49	6.54	4845682	1967.00
日本	1571.77	4.17	3910997	2488.28
马来西亚	1345.29	3.57	3163919	2351.85
中国台湾	1261.02	3.34	2628505	2084.43
阿联酋	1118.92	2.96	2515121	2247.81
其他	4162.43	11.04	8775387	2108.24
合计	37690.11	100.00	77236303	2049.25

36.4 中国丁基橡胶价格走势分析

近五年来，中国丁基橡胶市场走势跌宕起伏，价格整体呈现震荡走低的趋势。低谷出现在 2020 年，主要是受到全球新冠肺炎疫情的影响，国外需求骤减，大量货源流入国内；加之国产货源供应量也有增加，国内市场供应严重过剩，市场价格跌破历史低点。最高点出现在 2017 年 2 月，主要是受到原料价格大幅走高，以及国内供应减少支撑，国内现货市场价格涨至高位。

2017—2021 年中国丁基橡胶现货价格走势见图 36.7。

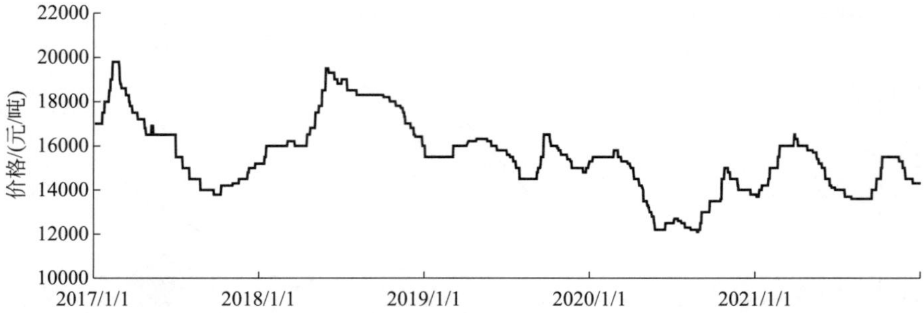

图 36.7 2017—2021 年中国丁基橡胶现货价格走势

36.5 中国丁基橡胶利润走势分析

2017—2021 年，中国丁基橡胶理论生产利润在 -1101 ～ 5480 元 / 吨之间震荡，最低点出现在 2019 年 9 月，最高点出现在 2020 年 3 月。整体来看，2020 年厂家利润较好，主要原因是当时原料异丁烯价格较低，厂家生产成本偏低。2021 年厂家利润偏低，因受原油价格上涨支撑，异丁烯价格走高，而国内丁基橡胶市场需求偏弱影响，价格维持偏低位运行，厂家生产利润偏低，甚至出现负利润的情况。2021 年我国丁基橡胶年平均利润在 1246 元 / 吨左右。

2017—2021 年中国丁基橡胶理论成本和利润变化趋势见图 36.8。

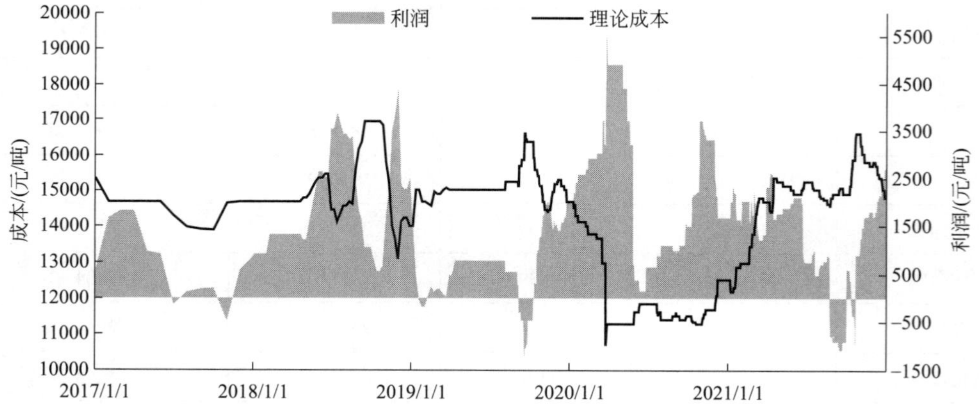

图 36.8 2017—2021 年中国丁基橡胶理论成本和利润变化趋势

36.6 2022—2026 年中国丁基橡胶发展预期

36.6.1 中国丁基橡胶拟在建 / 退出产能统计

调查显示，未来五年我国丁基橡胶行业拟在建项目集中在华东地区，为浙江信汇 15 万吨 / 年丁基橡胶装置。新装置投产后，国内产能将达到 65.50 万吨 / 年。届时，产品市场供应格局将发生重大变化，进口量将大幅减少，出口量将大幅增加。

2022—2026 年中国丁基橡胶拟在建产能统计见表 36.6。

表 36.6 2022—2026 年中国丁基橡胶拟在建产能统计

区域	企业名称	产能 /（万吨 / 年）	地址	投产计划	上下游配套情况
华东	浙江信汇新材料股份有限公司	15	浙江省嘉兴市	2023 年	无配套

36.6.2 中国丁基橡胶供应趋势预测

随着国内产能的增加，2022—2026 年国内丁基橡胶产量将大幅增加，较 2021 年复合增长率为 11.84%。因下游需求增速相对较慢，或对丁基橡胶生产负荷增长形成拖拽，预计未来开工负荷呈缓慢增长趋势。

2022—2026 年中国丁基橡胶供应预测见图 36.9。

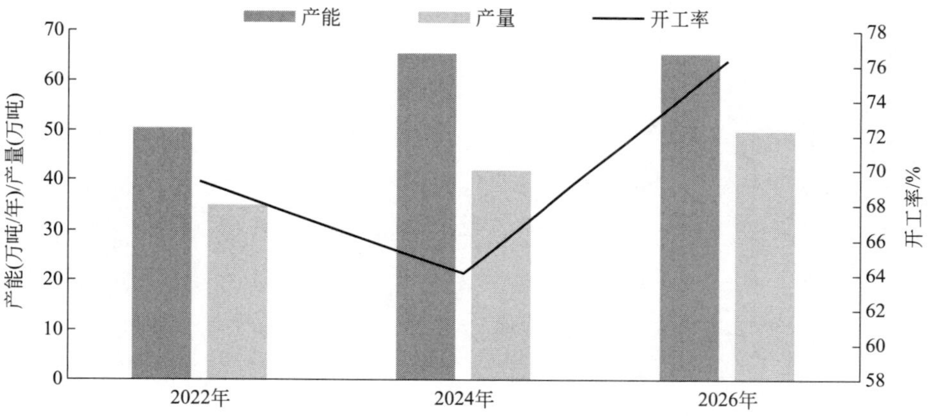

图 36.9 2022—2026 年中国丁基橡胶供应预测

36.6.3 中国丁基橡胶产品主要下游发展前景预测

近年中国丁基橡胶主要下游集中在轮胎和医药胶塞行业，其占比在 95% 左右。其中轮胎行业预计将维持缓慢增长的趋势，至 2026 年全钢胎产能将增加 6.81% 左右，半钢胎产能将增加 2.65% 左右。医药胶塞行业短期受新冠疫苗需求量大增支撑，预计需求量将呈增加趋势。但从长期来看，随着国内限抗令等政策的实施，丁基胶塞需求受到抑制。在国家发改委发布的《产业结构调整指导目录》中，新建、改扩建药用丁基胶塞被归为限制类。因而，预计未来医药胶塞行业将基本稳定。

36.6.4 中国丁基橡胶供需格局预测

未来五年，预计丁基橡胶供需将呈现缓慢增长趋势。据测算，未来五年丁基橡胶产能平均增速将为 5.34%，产量平均增速在 11.84%, 下游消费平均增速在 1.17%。供应增速大于消费增速，生产厂家将继续增加出口量，而进口量将进一步下降。

2022—2026 年中国丁基橡胶市场供需平衡预测见表 36.7。

表 36.7 2022—2026 年中国丁基橡胶市场供需平衡预测

项目	2022 年	2024 年	2026 年
产能 /（万吨 / 年）	50.50	65.50	65.50
开工率 /%	69.31	64.12	76.34
产量 / 万吨	35.00	42.00	50.00
进口量 / 万吨	16.00	13.00	10.00
出口量 / 万吨	6.00	8.00	10.00
下游消费量 / 万吨	48.00	49.00	50.00

第37章 三元乙丙橡胶

2021年度关键指标一览

类别	项目	2020年	2021年	涨跌值	原因概述
价格	现货市场价均值/（元/吨）	14556.28	25123.84	10567.56	进口货源骤减，同时外盘价格走高，国内供方出货顺畅，推动市场价格走高
	国际市场价均值/（美元/吨）	1750.00	2516.86	766.86	国外装置关停影响显现，欧美及东南亚部分地区需求强劲，套利窗口开启，流向我国的货源价格抬升
供应	产能/（万吨/年）	39.50	39.50	0.00	2021年我国无新增装置投产
	产量/万吨	20.21	29.18	8.97	2020年利润可观，阿朗新科提升开工负荷，全年产量明显增加
	开工率/%	51.16	73.87	22.71	厂家提升开工负荷，整体开工率提升明显
	进口量/万吨	18.90	16.86	-2.04	海外陆续有装置永久性关停，沙特阿拉伯等地区货源流向欧美等地，我国进口量明显减少
需求	出口量/万吨	1.36	3.17	1.81	欧美套利窗口打开，我国出口量增加
	下游消费量/万吨	37.75	42.87	5.12	汽车产销量较2020年同比窄幅增加，下游需求表现转好

37.1 中国三元乙丙橡胶供需平衡分析

2017—2021年中国三元乙丙橡胶供需基本平衡。2017—2021年中国三元乙丙橡胶产量复合增长率在15.80%，消费量复合增长率在4.42%。产量增长主要来自于三元乙丙橡胶行业产能的扩张，以及进口货源减少带来的国产装置利用率的提升，2021年中国无新增三元乙丙橡胶装置，行业总产能稳定在39.50万吨/年。截至2021年底，三元乙丙橡胶产量增长至29.18万吨，较2020年同期上涨44.38%。

进出口方面，目前国内三元乙丙橡胶产能尚未完全释放，其产量尚不满足国内需求，仍需少量进口资源补充，伴随着国产供应量的增加，进口占比将进一步萎缩。据海关数据统计显示，2021年中国三元乙丙橡胶进口量16.86万吨，同比下降10.79%，2021年中国三元乙丙橡胶消费增长至42.87万吨，同比增加13.56%。

2017—2021年中国三元乙丙橡胶供需平衡见表37.1。

表37.1 2017—2021年中国三元乙丙橡胶供需平衡表

项目	2017年	2018年	2019年	2020年	2021年
产能/（万吨/年）	37.00	37.00	39.50	39.50	39.50
开工率/%	43.86	55.19	54.43	51.16	73.87
产量/万吨	16.23	20.42	21.50	20.21	29.18
进口量/万吨	20.7	23.37	23.42	18.90	16.86
出口量/万吨	1.32	1.28	1.21	1.36	3.17
表观消费量/万吨	36.06	42.53	43.66	37.75	42.87
总需求量/万吨	37.38	43.81	44.87	39.11	46.04

37.2 中国三元乙丙橡胶供应现状分析

37.2.1 中国三元乙丙橡胶供应分析

2017—2021年，我国仅于2018年新增一套三元乙丙橡胶装置，即陕西延长石油延安能源化工有限责任公司2.5万吨/年的三元乙丙橡胶装置，随后产能保持稳定。中国三元乙丙橡胶五家主流生产企业主要满足国内下游企业需求，于2020年开始出口量稳步增加，2021年出口量达到3.17万吨，同比增长133.09%。后期随着国外装置关停或减产，全球货源流向持续变化，我国产能利用率提升保供国内用户的同时或继续增加出口量。

2017—2021年中国三元乙丙橡胶产能变化趋势见图37.1。

2017—2018年，伴随着下游需求扩张，三元乙丙橡胶产量呈增长态势；而2020年受新冠肺炎疫情影响，下游需求持续疲软，厂家被动累库，产量随之下降。2021年，伴随着中国三元乙丙橡胶企业负荷提升，以及进口量的萎缩，国内企业利润增加，中国三元乙丙橡胶产量呈现大幅增长态势，开工率逐步上升，近五年产量复合增长率在15.80%。

2017—2021年我国三元乙丙橡胶产量变化趋势见图37.2。

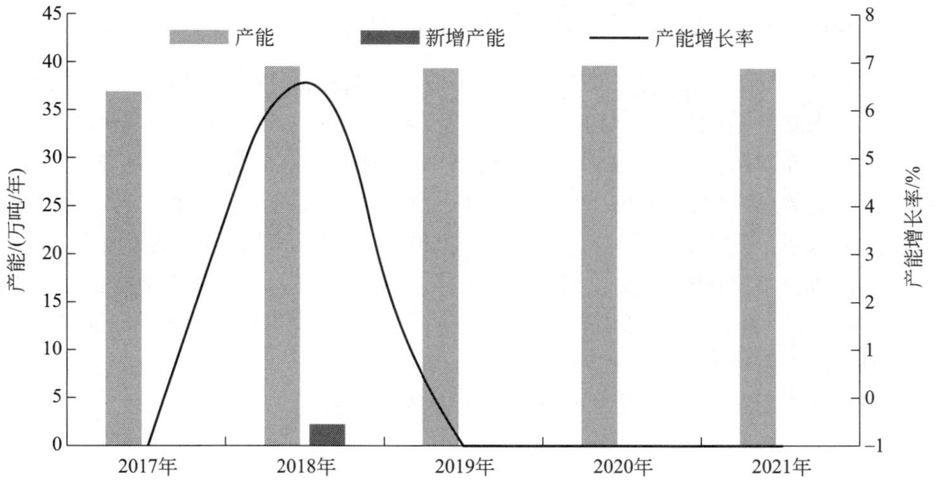

图 37.1 2017—2021 年中国三元乙丙橡胶产能变化趋势

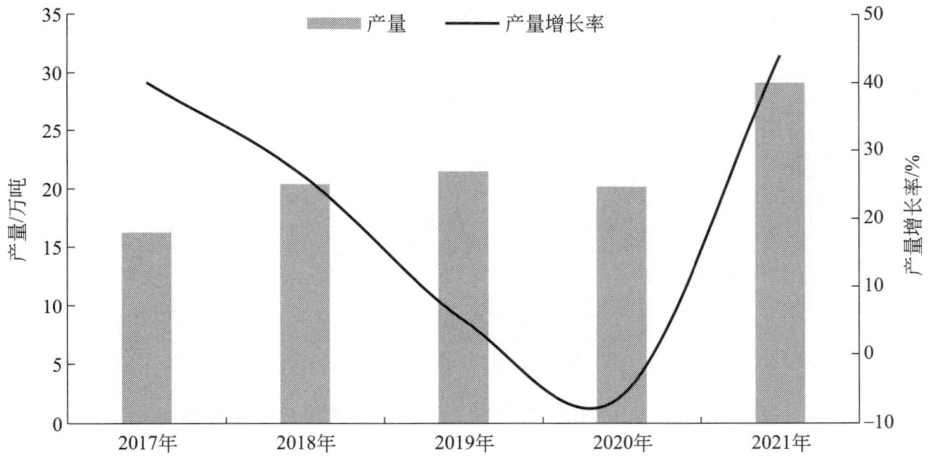

图 37.2 2017—2021 年我国三元乙丙橡胶产量变化趋势

37.2.2 2021 年中国三元乙丙橡胶区域供应结构分析

中国三元乙丙橡胶产能分布集中，近五年来华东一直是最集中地区，西北为新增产能地区。截至 2021 年，华东地区三元乙丙橡胶产能占比高达 72.15%，东北地区占比为 21.52%，西北地区打破了三元乙丙橡胶供应的空白。同时，华东也是三元乙丙橡胶的主要输出区域。

中国三元乙丙橡胶分地区产能情况统计见表 37.2。

表 37.2 中国三元乙丙橡胶分地区产能情况统计

区域		2017 年产能 /（万吨 / 年）	2017 年占比 /%	2021 年产能 /（万吨 / 年）	2021 年占比 /%
华东	江苏	16.00	43.25	16.00	40.50
	上海	7.50	20.27	7.50	18.99
	浙江	5.00	13.51	5.00	12.66
东北	吉林	8.50	22.97	8.50	21.52
西北	陕西	0.00	0.00	2.50	6.33

37.2.3 2021年中国三元乙丙橡胶进口量分析

2017—2021年中国三元乙丙橡胶进口量上下波动，其中2019年进口量达到高点，为23.42万吨。主要原因为是沙特阿拉伯于2018年集中投产多套装置，其中有拉比格石化7.50万吨/年的乙丙橡胶装置，韩国乐天与意大利Versalis合资10万吨/年的乙丙橡胶装置等。其中拉比格石化货源以低成本优势进入中国市场，2019年我国三元乙丙橡胶进口量达到最高。而2021年进口量达到五年来最低点，为16.86万吨，主要因为2020年10月反倾销初裁结果发布，对美国进口的三元乙丙橡胶加征222.00%的反倾销税，导致美国进口三元乙丙橡胶货源骤减。同时，随着全球三元乙丙橡胶产能的关停等变化，沙特阿拉伯货源流向发生转变，部分流向东南亚及欧美等地区，我国三元乙丙橡胶进口量达到五年来低点。

2017—2021年中国三元乙丙橡胶进口量变化趋势见图37.3。

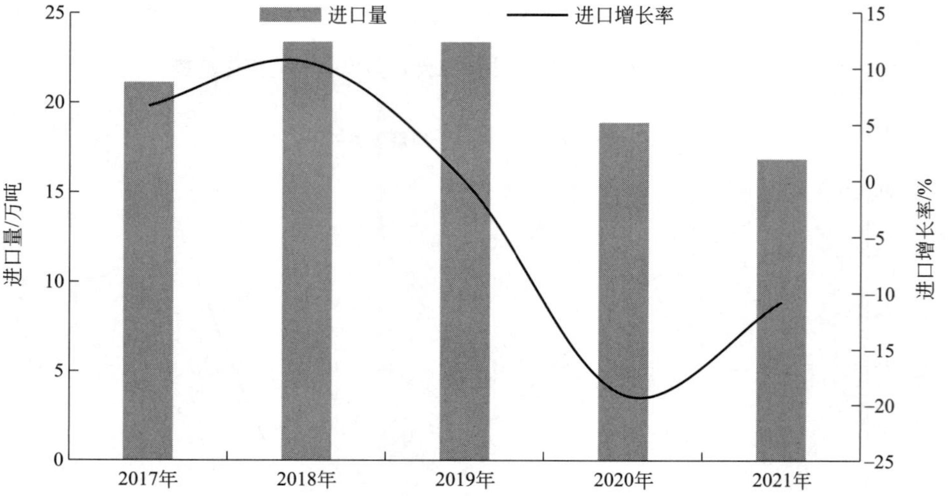

图37.3 2017—2021年中国三元乙丙橡胶进口量变化趋势

近五年国内三元乙丙橡胶进口来源结构变化明显，由于2020年10月反倾销调查初裁结果公布，2021年美国进口量骤减，中国三元乙丙橡胶第一进口来源由美国变为韩国。2021年，进口前三名的国家分别是韩国、沙特阿拉伯、日本。

其中沙特阿拉伯地区三元乙丙橡胶产能集中，原料成本低，进口无反倾销关税，在进口三元乙丙橡胶中优势明显，因此进口量居高不下。中韩自贸协定以及韩国本身产能集中等使得韩国进口三元乙丙橡胶在中国市场也占据一定优势，因此其进口量一直保持稳定。其次日本，日本产品高端，可替代性较低，因此在我国进口三元乙丙橡胶中也占据一席之地，进口量占比为12.87%。

2017—2021年中国三元乙丙橡胶主要进口来源及占比情况见表37.3。

表37.3 2017—2021年中国三元乙丙橡胶主要进口来源及占比情况

单位：吨

来源国及地区	2017年	2018年	2019年	2020年	2021年
韩国	45064.17	53413.57	52406.91	42496.85	59388.13
沙特阿拉伯	17071.93	17153.4	57809.79	52943.41	48195.76
日本	26531.57	24573.56	21569.03	20725.3	21689.35

续表

来源国及地区	2017 年	2018 年	2019 年	2020 年	2021 年
荷兰	12142.88	11734.19	9598.373	7349.82	6807.01
美国	77018.21	105797.3	71302.88	46770.77	3684.47
其他	29158.4	21031.45	21490.52	18729.02	28793.07
总进口量	206987.16	233703.47	234177.5	189015	168557.8
前 5 位占比	88.40%	91.00%	90.82%	94.08%	82.92%
沙特阿拉伯占比	8.25%	7.34%	24.69%	9.03%	28.59%
美国占比	37.21%	45.27%	30.45%	40.75%	2.19%
韩国占比	21.77%	22.86%	22.38%	23.84%	35.23%
日本占比	12.82%	10.51%	9.21%	14.04%	12.87%
荷兰占比	5.87%	5.02%	4.10%	6.42%	4.04%

2021 年中国三元乙丙橡胶进口情况分析见表 37.4。

表 37.4 2021 年中国三元乙丙橡胶进口情况分析

来源国及地区	进口量 / 吨	进口占比 /%	进口额 / 美元	进口均价 /（美元 / 吨）
韩国	59388.13	35.23	150264120.00	2530.20
沙特阿拉伯	48195.76	28.59	109334329.00	2268.55
日本	21689.35	12.87	60527498.00	2790.66
意大利	7592.16	4.50	15842849.00	2086.74
荷兰	6807.01	4.04	17358698.00	2550.12
泰国	4852.82	2.88	9077814.00	1870.63
中国台湾	4774.08	2.83	9670086.00	2025.54
美国	3684.47	2.19	11142882.00	3024.28
马来西亚	3244.43	1.92	5796800.00	1786.69
巴西	1855.99	1.10	5174772.00	2788.15
中国香港	1774.38	1.05	3329978.00	1876.71
法国	1728.68	1.03	3762830.00	2176.71
土耳其	1673.28	0.99	4409474.00	2635.23
阿联酋	561.60	0.33	1269792.00	2261.03
越南	491.68	0.30	1011622.00	2057.48
中国	243.98	0.15	1738173.00	7124.24
总计	168557.80	100.00	409711717.00	2430.69

37.3 中国三元乙丙橡胶消费现状分析

37.3.1 2021年中国三元乙丙橡胶消费趋势分析

2021年我国三元乙丙橡胶消费量在42.87万吨，同比增加13.56%，主要由于下游汽车市场表现转好，对三元乙丙橡胶的采购需求增加。三元乙丙橡胶年内消费高点集中在3—4月及8—9月。

2020—2021年中国三元乙丙橡胶消费量变化趋势见图37.4。

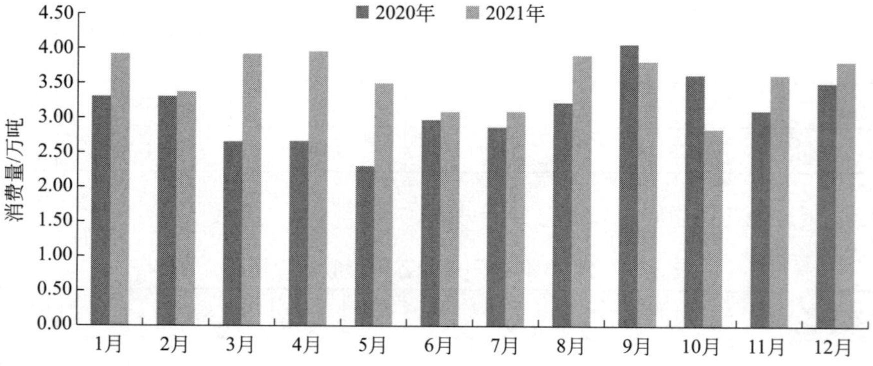

图37.4 2020—2021年中国三元乙丙橡胶消费量变化趋势

37.3.2 2021年中国三元乙丙橡胶消费结构分析

近五年，中国三元乙丙橡胶下游消费结构变化不大，主要集中在汽车部件、聚合物改性、建筑材料、电线电缆、润滑油添加剂及塑胶跑道等方面。其中汽车部件占国内乙丙胶消费市场的绝对优势，占比在45%左右。近年，由于乙丙橡胶具有饱和主链和低不饱和侧链结构，除了直接应用于制品外，与塑料或其他橡胶采用共混、动态硫化等改性技术，可制造出许多具有优异性能的新型合成材料，聚合物改性消费领域占比达到10%。

2017—2021年中国三元乙丙橡胶下游行业需求结构变化趋势见图37.5。

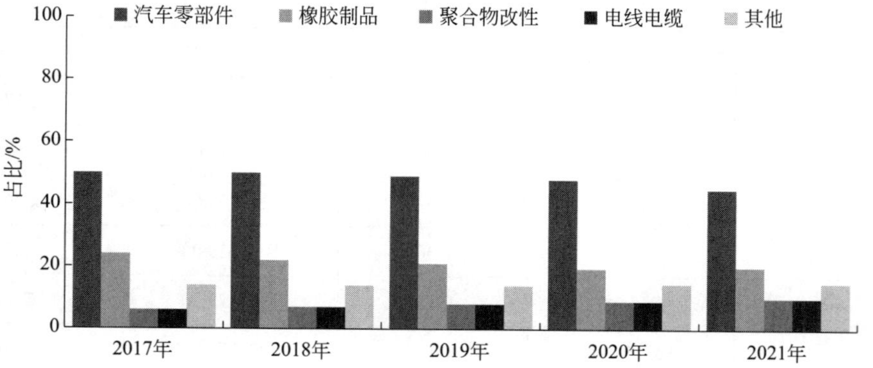

图37.5 2017—2021年中国三元乙丙橡胶下游行业需求结构变化趋势

37.3.3　2021 年中国三元乙丙橡胶出口量分析

2017—2019 年，中国三元乙丙橡胶出口量逐年下滑，但波动幅度较窄。2020—2021 年，中国三元乙丙橡胶出口量增长速度较快，尤其是 2021 年，中国三元乙丙橡胶出口总量为 3.17 万吨，同比增加 133.09%，攀至五年新高。

目前中国在全球三元乙丙橡胶产能分布占比中排名第三，是主要的三元乙丙橡胶生产基地，随着全球部分装置永久性关停，以及尚存装置开工的不稳定性，预计我国出口量或进一步增加。

2017—2021 年中国三元乙丙橡胶出口量变化趋势见图 37.6。

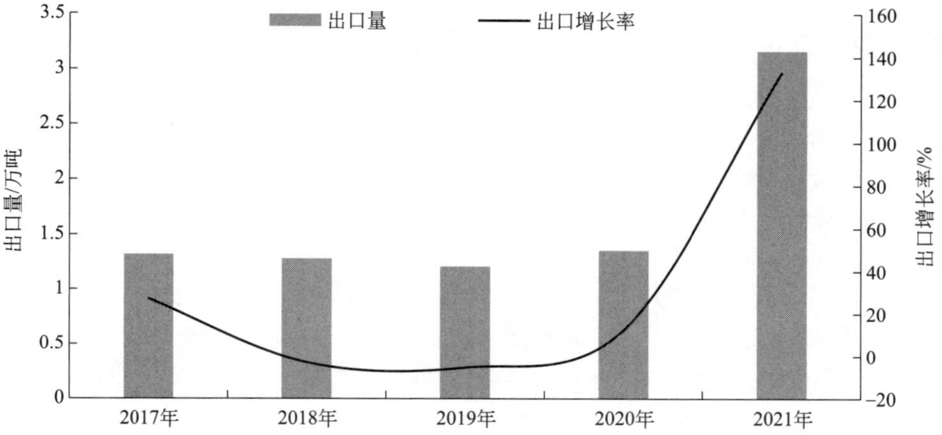

图 37.6　2017—2021 年中国三元乙丙橡胶出口量变化趋势

全球三元乙丙橡胶产能较为集中，主要集中在美国、日本等国家，2018 年中国产能增加，同时反倾销仲裁落地，中国三元乙丙橡胶进口依存度逐年降低，恰逢国外存在装置关停情况，韩国蔚山、法国埃克森美孚及美国阿朗新科弹性体共计 19 万吨 / 年的三元乙丙橡胶装置陆续关停，我国三元乙丙橡胶供需格局发生变化，出口量明显增加成为行业一大特点。2021 年，中国三元乙丙橡胶出口量为 3.17 万吨，主要出口地为韩国，一方面，韩国蔚山 sk 工厂 4 万吨 / 年的装置已永久性关停，同时 2021 年 6—7 月韩国锦湖 22 万吨 / 年的乙丙橡胶装置停车检修，检修历时较长，或导致其市场供应不足。另一方面，我国出口至韩国均价为 2858.95 美元 / 吨，出口商家利润空间较大。未来我国乙丙橡胶出口量或继续增加。

2021 年中国三元乙丙橡胶出口情况分析见表 37.5。

表 37.5　2021 年中国三元乙丙橡胶出口情况分析

出口国及地区	出口量 / 吨	出口占比 /%	出口额 / 美元	出口均价 / （美元 / 吨）
韩国	8808.00	27.76	25181656.00	2858.95
新加坡	3834.86	12.09	8879918.00	2315.58
中国台湾	3775.20	11.90	7659342.00	2028.86
泰国	2696.46	8.50	6273356.00	2326.52
日本	2608.11	8.22	8262639.00	3168.06
印度尼西亚	2198.07	6.93	5140319.00	2338.56
印度	1640.48	5.17	4238848.00	2583.91

续表

出口国及地区	出口量 / 吨	出口占比 /%	出口额 / 美元	出口均价 / （美元 / 吨）
越南	1078.32	3.40	3549245.00	3291.46
南非	1010.26	3.18	1564694.00	1548.80
阿联酋	680.82	2.15	1824712.00	2680.17
其他	3398.67	10.70	10869258.00	3198.09
合计	31729.25	100.00	83443987.00	2629.88

37.4 中国三元乙丙橡胶价格走势分析

2017—2021 年中国三元乙丙橡胶市场走势震荡整理，2017—2018 年价格上扬，主要是 2017 年进口胶货源紧张以及国内生产厂家控量放货等原因，乙丙橡胶价格处于上升渠道，以吉林石化 4045 为例，市场主流价格报 17500 ～ 17700 元 / 吨，为 2017 年该牌号的价格最高点，2017 年 10 月初，沙特埃克森与 SABIC 合资的乙丙橡胶工厂进行为期两个月的检修，此后，市场在供应面支撑下保持强势运行。2018—2020 年，中国三元乙丙橡胶价格持续下行，主要原因为美国陶氏新产线投产，进口货源增加，陶氏 4570 由 23500 元 / 吨跌至 19500 元 / 吨，跌幅达 4000 元 / 吨。2019 年底，沙特阿拉伯货源以低成本优势大量流入中国市场，拖拽市场价格大幅走低，直至 2020 年 10 月，反倾销调查初裁结果落地，12 月 20 日起正式对美国执行征收 222% 反倾销税政策，该消息利好提前释放，三元乙丙橡胶价格由 2020 年 8 月开启上行通道，至 2021 年 4 月底左右涨至五年内价格第一个高点，某主流牌号价格在 26700 元 / 吨左右，随后进入传统行业淡季，7、8 月厂家库存压力初显，部分业者让利出货，拖拽行情短暂下行。9 月底，随着限电等政策出台，行业开工率明显下滑，同时由于进口胶量降价涨，市场价格反弹。四季度，各牌号现货资源陆续增加，而下游需求在环保等因素影响下表现疲软，市场买盘气氛不佳，不乏商家让利出货现象，三元乙丙橡胶行情走软，某主流牌号年底收盘价格在 26800 元 / 吨。

2017—2021 年中国三元乙丙橡胶现货市场价格走势见图 37.7。

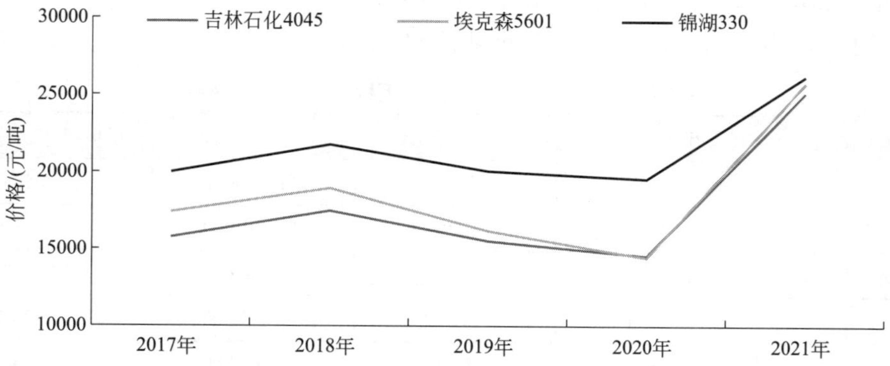

图 37.7　2017—2021 年中国三元乙丙橡胶现货市场价格走势

37.5 中国三元乙丙橡胶利润走势分析

2018—2020 年，中国三元乙丙橡胶行业利润维持低位。主要因为中国三元乙丙橡胶市场在进口产品的量价冲击下疲软运行，同时国内装置运行平稳，货源供应充足，因而其利润表现不佳。而 2021 年，因进口胶量减价高，同时国产三元乙丙橡胶无出货压力，商家乐观挺市，出厂及市场报盘均高位坚挺，因此虽然原料价格高位运行，但三元乙丙橡胶行业利润尚可。

2017—2021 年中国三元乙丙橡胶成本及利润变化趋势见图 37.8。

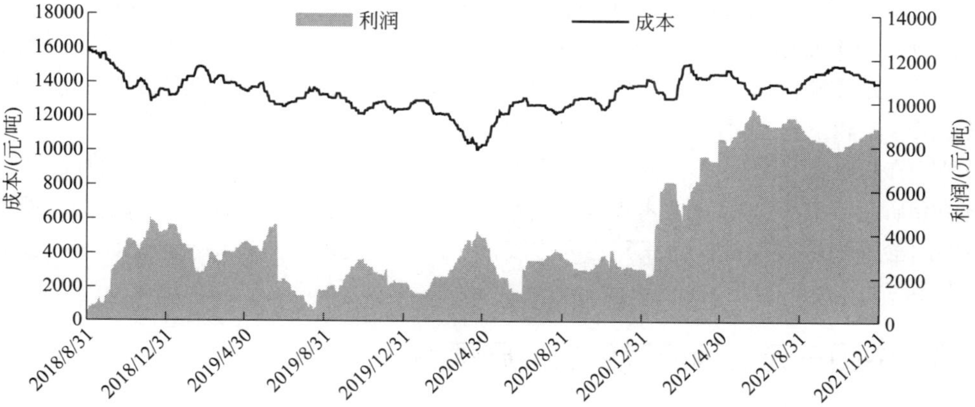

图 37.8　2017—2021 年中国三元乙丙橡胶成本及利润变化趋势

37.6 2022—2026 年中国三元乙丙橡胶发展预期

37.6.1 中国三元乙丙橡胶供应趋势预测

未来五年，我国三元乙丙橡胶产能扩增较慢。三元乙丙橡胶产能主要集中于华东地区，但其中东辰控股集团有限公司子公司山东统洲化工有限公司的年产 5 万吨三元乙丙橡胶在建项目处于停工状态，复工日期存在一定不确定性。东北和西北等其他地区也无新增产能。

2022—2026 年三元乙丙橡胶国内供应结构预测见表 37.6。

表 37.6　2022—2026 年三元乙丙橡胶国内供应结构预测

单位：万吨

区域		2022 年	2024 年	2026 年
华东	江苏	16.00	16.00	16.00
	上海	7.50	7.50	7.50
	浙江	5.00	5.00	5.00
	山东	0.00	2.50	2.50
东北	吉林	8.50	8.50	8.50
西北	陕西	2.50	2.50	2.50

37.6.2 中国三元乙丙橡胶主要下游发展前景预测

中国三元乙丙橡胶主要下游应用集中于汽车零部件和橡胶制品领域，约占总消费量的65%以上。随着我国经济总量的提升，作为支柱产业的汽车工业持续快速发展，未来一段时期仍是三元乙丙橡胶行业的快速发展期；加上城市基建、高铁、轨道交通建设等不断发展，中国三元乙丙橡胶市场需求将稳步提升。

汽车轻量化是节能减排的重要手段，对汽车工业向好发展具有重要意义，目前三元乙丙橡胶已广泛应用于汽车市场，未来5～10年三元乙丙橡胶应用市场还是以汽车为重点。改性材料是第二大消费领域，油品添加剂和塑胶跑道、电线电缆等其他市场是第三大领域。虽然三元乙丙橡胶材料性能不断提升，但仍然无法满足一些高附加值领域的应用，未来三元乙丙橡胶改性技术方向重点是高硫化速率三元乙丙橡胶专用料、高阻燃三元乙丙橡胶专用料、三元乙丙橡胶/氯化聚乙烯合金和三元乙丙橡胶/聚丙烯合金等。

另外，在橡胶接头行业，三元乙丙橡胶也被广泛应用。在为管道选择合适的橡胶接头时，若管道中介质温度大于80℃就要考虑使用耐高温橡胶接头，如果介质中有酸碱腐蚀就要考虑使用相应的耐酸碱的橡胶接头。而三元乙丙橡胶接头同时满足以上两种特性，因此三元乙丙橡胶接头在市场应用广泛，前景大好。

37.6.3 中国三元乙丙橡胶供需格局预测

未来五年，伴随着上下游产业链逐步完善，中国三元乙丙橡胶供需均进入稳定局面。据预测，未来五年三元乙丙橡胶产能年平均增速缓慢，在6.33%左右；产量年平均增速相对较快；下游消费增速在0.87%。随着需求增加以及供应稳步增长行业继续保持供需平衡，进口大幅缩量，出口量则呈增加趋势。

2022—2026年中国三元乙丙橡胶市场供需平衡预测见表37.7。

表37.7 2022—2026年中国三元乙丙橡胶市场供需平衡预测

项目	2022年	2024年	2026年
产能/（万吨/年）	39.50	42.00	42.00
开工率/%	63.29	64.29	69.05
产量/万吨	25.00	27.00	29.00
进口量/万吨	15.50	14.80	14.30
总供应量/万吨	40.50	41.80	43.30
出口量/万吨	3.50	4.20	5.00
下游消费量/万吨	37.00	37.50	38.30
总需求量/万吨	40.50	41.70	43.30

第 38 章 丁腈橡胶

2021 年度关键指标一览

类别	指标	2020 年	2021 年	涨跌值	原因概述
价格	3305E 出厂价均值 /（元 / 吨）	13882.24	20243.84	6361.6	国内产量减少，供应支撑均价上涨
供应	产能 /（万吨 / 年）	24.00	24.00	0.00	兰化装置年内存在转产军工产品；羧基丁腈胶乳市场需求量依旧较强，影响丁腈橡胶产量；华东地区丁腈橡胶装置因环保、限电、限产等，开工率下滑
	产量 / 万吨	21.59	19.92	-1.67	
	开工率	89.96	83.00	-6.96	
	进口量 / 万吨	9.55	8.94	-0.61	欧美市场需求年内有所好转，导致欧美地区价格偏高，多数货源流通到欧美地区，影响中国进口量
需求	出口量 / 万吨	1.21	0.92	-0.29	国内丁腈橡胶供应紧张，价格较 2020 年走高明显，从供应量以及内外盘价差等看出口无优势，出口量减少
	表观消费量 / 万吨	29.93	27.94	-1.99	新冠肺炎疫情以及汽车“芯片”短缺等因素影响；房地产以及管带市场表现不佳；丁腈橡胶消费减少

38.1 中国丁腈橡胶供需平衡分析

近五年，中国丁腈橡胶产能稳定在24万吨/年。2021年兰州石化3.50万吨/年丁腈橡胶装置如期建设，预计2022年二季度投料试车，2022年产能预计增加。

产量方面，2017—2020年丁腈橡胶产量缓慢增加，主要受下游需求持续增长带动，2020年丁腈橡胶产量达到五年内峰值，为21.59万吨，其中兰州石化丁腈橡胶产量增加明显。2021年丁腈橡胶产量开始下降，主要因为：宁波顺泽一条丁腈橡胶产线技改为柔性装置，以生产丁腈胶乳为主，导致其2021年产量减少；阿朗台橡2021年受环保因素影响产量减少。2021年丁腈橡胶产量为19.92万吨，较2020年减少7.74%。

进出口方面，2018年中国丁腈橡胶进口量创近五年新低，为7.97万吨。主要因为2018年中国对来自日本和韩国的丁腈橡胶执行反倾销税，导致丁腈橡胶进口量减少。2019—2020年，进口量逐步恢复。2021年，进口量再次出现走低态势，主要因为欧美地区需求较好，导致丁腈橡胶价格高位，多数货源流通到欧美地区，影响中国丁腈橡胶进口量。2021年丁腈橡胶进口量为8.94万吨，较2020年减少6.39%。

下游消费方面，2017—2020年中国丁腈橡胶下游消费呈现递增态势，2021年出现降低。主要因为2021年原材料涨势明显，导致下游需求成本面承压，部分中小型企业开工负荷偏低。且国外疫情冲击出口，胶管等行业出口订单减少明显。

2017—2021年中国丁腈橡胶供需平衡见表38.1。

表38.1 2017—2021年中国丁腈橡胶供需平衡表

项目	2017年	2018年	2019年	2020年	2021年
产能/（万吨/年）	24.00	24.00	24.00	24.00	24.00
开工率/%	61.58	75.71	87.29	89.96	83.00
期初库存/万吨	1.12	1.46	1.09	1.12	0.71
产量/万吨	14.78	18.17	20.95	21.59	19.92
进口量/万吨	9.14	7.97	8.40	9.55	8.94
总供应量/万吨	25.04	27.60	30.44	32.26	29.57
出口量/万吨	0.72	1.18	1.33	1.21	0.92
下游消费量/万吨	22.86	25.33	27.99	30.34	28.01
总需求量/万吨	23.58	26.51	29.32	31.55	28.93
期末库存/万吨	1.46	1.09	1.12	0.71	0.64

38.2 中国丁腈橡胶供应现状分析

38.2.1 2021年中国丁腈橡胶国产供应量分析

2017—2020年中国丁腈橡胶开工率呈现上涨趋势，主要是受下游需求持续增长带动。胶管以及橡塑发泡行业有新装置投产，丁腈橡胶消费量增加，提高了丁腈橡胶开工率。

2021年，受部分装置柔性生产丁腈胶乳以及环保、限电等因素影响，丁腈橡胶产量减少。2021年丁腈橡胶产量约为19.92万吨，开工率约为83%，较2020年下降6.96%。

2021 年丁腈橡胶产量在 19.92 万吨，其中 1—8 月份整体产量维持在较高水平。9 月份以后，受双控、限电等因素影响，对华东地区丁腈橡胶装置开工率存在较大的影响，非计划内的停车次数增加，限产成为一种常态，导致丁腈橡胶开工率出现了明显的走低，其也是造成 2021 年丁腈橡胶产量减少的原因之一。

2017—2021 年中国丁腈橡胶产量和开工率变化趋势见图 38.1。

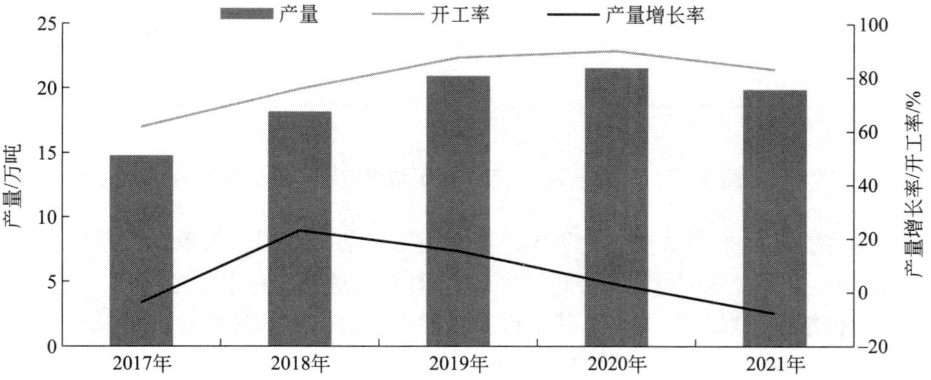

图 38.1 2017—2021 年中国丁腈橡胶产量和开工率变化趋势

38.2.2 2021 年中国丁腈橡胶区域供应结构分析

中国丁腈橡胶产能分布较为集中，主要分布在华东及西北地区。2021 年两个地区的产能分别为 17.50 万吨 / 年和 6.50 万吨 / 年，占国内总产能的 72.92% 和 27.08%。华东地区主要生产企业有宁波顺泽、金浦英萨、镇江南帝、阿朗台橡；西北地区仅有中国石油兰州石化 6.50 万吨 / 年产能，由中国石油西北销售公司统一销售，2022 年兰州石化 3.5 万吨 / 年新装置投产，西北地区供应占比将扩大。

中国丁腈橡胶分地区产能情况统计见表 38.2。

表 38.2 中国丁腈橡胶分地区产能情况统计

区域		2017 年产能 /（万吨 / 年）	2017 年占比 /%	2021 年产能 /（万吨 / 年）	2021 年占比 /%
华东	江苏	11.00	45.84	11.00	45.84
	浙江	6.50	27.08	6.50	27.08
西北	甘肃	6.50	27.08	6.50	27.08

38.2.3 2021 年中国丁腈橡胶进口量分析

2017—2021 年中国丁腈橡胶进口量表现不一。2020 年进口量达到五年内最高点，为 9.55 万吨，2018 年进口量最低，仅为 7.97 万吨。2018 年中国对韩国、日本丁腈橡胶提出反倾销，导致丁腈橡胶在 2018 年进口量锐减。2020 年，受欧美新冠肺炎疫情的影响，韩国丁腈橡胶欧美销售受阻，低价吸引中国买方，从而导致中国市场的进口量增加。

2021 年，由于欧美市场价格以及消费均表现较好，韩国 LG 化学公司主要销售方向转为欧美地区，且 2021 年 7 月份韩国 LG 化学宣布暂定 2022 年退出丁腈橡胶生产，导致其美元价格偏高，进口量减少。截至 2021 年，中国丁腈橡胶进口量为 8.94 万吨，较 2020 年减少 6.39%。

2017—2021 年中国丁腈橡胶进口量变化趋势见图 38.2。

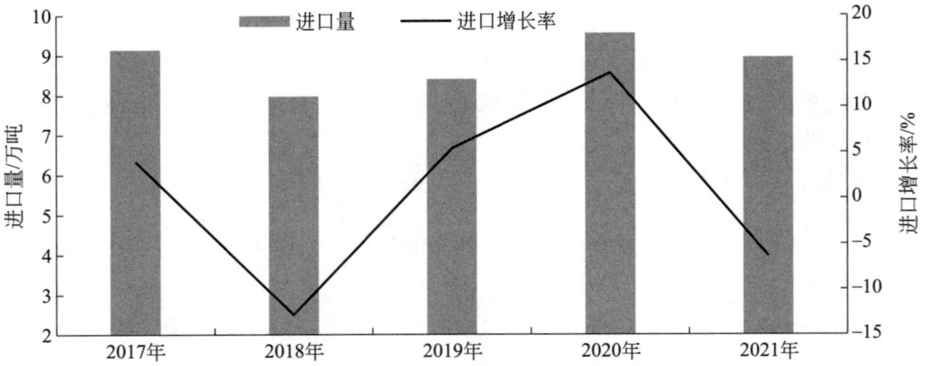

图 38.2 2017—2021 年中国丁腈橡胶进口量变化趋势

中国丁腈橡胶产品来源结构变化不大，排名前四位的为韩国、俄罗斯、日本、法国。其他进口来源为波兰、美国、意大利、墨西哥等，部分数量为进口特种丁腈橡胶。

韩国作为传统的丁腈产能大国，其出口量自然也较大，尤其是针对需求量较大的中国，由于地理位置上的优势，出口至中国的丁腈也较多，始终位居首位。2020 年，其进口量增加较为明显，高达 4.58 万吨，占比 47.96%。而 2021 年其进口量呈现下滑趋势，主要是由于欧美地区需求较好，拉动了韩国 LG 丁腈橡胶销往该区域的数量，且 2021 年 7 月份，韩国 LG 化学宣布计划 2022 年退出丁腈橡胶市场，故其下半年丁腈橡胶美元价格处于较高位置，国内接盘减少明显。2021 年，韩国丁腈橡胶进口占比为 44.41%，较 2020 年下跌。

其次是日本，2021 年丁腈橡胶进口量排名再次提升为第二名。由于 2018 年中国对来自于日本、韩国的丁腈橡胶进行反倾销税加征之后，日本丁腈橡胶进口占比呈现下滑趋势，2019 年，其占比仅为 16.55%。日本丁腈橡胶主要进口的牌号为日本 JSR 丁腈橡胶和日本瑞翁丁腈橡胶。2021 年日本丁腈橡胶进口量占比为 18.57%，年内受日本瑞翁装置检修以及日本 JSR 公司限量等因素影响，导致日本丁腈橡胶进口量出现了一定的下滑。且随着国内丁腈橡胶产品品质的提升，日本 JSR 的部分终端进行了牌号替换，但多数老客户对其延续刚需配方使用，日本丁腈橡胶性能优势依旧明显。

进口量占比排名第三的为俄罗斯，2017—2018 年，俄罗斯丁腈橡胶进口量排名第三，而 2019 年其进口量占比为第二。俄罗斯丁腈橡胶为中石化华东统销。由于欧美地区丁腈橡胶美元价格相对高位，导致俄罗斯丁腈橡胶四季度一直处于紧缺状态，进口量减少明显。四季度由于新冠肺炎疫情，导致满洲里海关进口的俄罗斯丁腈橡胶减少。

2017—2021 年中国丁腈橡胶主要进口来源及占比情况见表 38.3。

表 38.3 2017—2021 年中国丁腈橡胶主要进口来源及占比情况

单位：万吨

来源国及地区	2017 年	2018 年	2019 年	2020 年	2021 年
韩国	3.9	3.31	3.41	4.58	3.97
俄罗斯	1.64	1.5	2.1	1.97	1.55
日本	1.99	1.76	1.39	1.51	1.66
法国	0.81	0.63	0.61	0.6	0.7
合计	8.34	7.2	7.51	8.66	7.88
其他	0.8	0.77	0.89	0.89	1.06

续表

来源国及地区	2017 年	2018 年	2019 年	2020 年	2021 年
总进口量	9.14	7.97	8.4	9.55	8.94
前 4 位占比	91.25%	90.34%	89.40%	90.68%	88.14%
韩国占比	42.67%	41.53%	40.60%	47.96%	44.44%
俄罗斯占比	17.94%	18.82%	25.00%	20.63%	17.38%
日本占比	21.77%	22.08%	16.55%	15.81%	18.60%
法国占比	8.86%	7.90%	7.26%	6.28%	7.87%

2021 年中国丁腈橡胶进口来源前三位依旧为韩国、日本和俄罗斯，其中俄罗斯和日本排名较 2020 年有所调整。2021 年，进口量分别为 39728.586 吨、16628.713 吨以及 15535.74 吨，占比分别为 44.44%、18.60% 和 17.38%。其中韩国占比有所下降，主要是由于欧美地区美元价格以及需求相对较好，拉动了韩国 LG 公司丁腈橡胶销售量；且美国商务部对来自于法国、墨西哥和韩国的丁腈橡胶执行反倾销税调查，在最终结果尚未落槌之前，加大当地对进口丁腈橡胶的需求，导致中国丁腈橡胶进口量存在缩减预期。

2021 年中国丁腈橡胶进口情况分析见表 38.4。

表 38.4　2021 年中国丁腈橡胶进口情况分析

来源国及地区	进口量 / 吨	进口占比 /%	进口额 / 美元	进口均价 /（美元 / 吨）
韩国	39728.586	44.44	92820508	2336.37
日本	16628.713	18.60	51254418	3082.28
俄罗斯	15535.740	17.38	35656410	2295.12
法国	7036.395	7.87	24843753	3530.75
意大利	3599.483	4.03	8690896	2414.48
中国台湾	3586.802	4.01	13939212	3886.25
美国	1234.007	1.38	10603017	8592.35
波兰	756.551	0.85	1400068	1850.59
墨西哥	380.828	0.43	772569	2028.66
德国	244.256	0.27	4857118	19885.36
巴西	212.499	0.24	687061	3233.24
马来西亚	195.212	0.22	214942	1101.07
其他	256.117	0.28	1921283	7501.58
总计	89395.189	100.00	247661255	2770.41

38.3　中国丁腈橡胶消费现状分析

38.3.1　2021 年中国丁腈橡胶消费趋势分析

2017—2020 年中国丁腈橡胶表观消费量呈现上涨趋势，2021 年降低。截至 2021 年，中国丁腈橡胶表观消费量为27.94万吨左右，较2020年减少6.65%。

2017—2020年中国丁腈橡胶表观消费量呈现上涨趋势，主要受下游需求持续增加带动。2020年，中国丁腈橡胶表观消费量达到近五年峰值，为29.93万吨。虽然2020年新冠肺炎疫情对整个丁腈橡胶产业链有一定的影响，但中国市场恢复速度较快，带动2020年丁腈橡胶表观消费量增加至五年内新高。2021年，由于丁腈橡胶下游市场表现较差，胶管以及发泡行业处于供应过剩局面，部分外贸出口订单受阻，且2021年丁腈橡胶下游工厂生产成本承压，中小型企业开工降低明显。2021年中国丁腈橡胶消费量降低。

2017—2021年中国丁腈橡胶表观消费量变化趋势见图38.3。

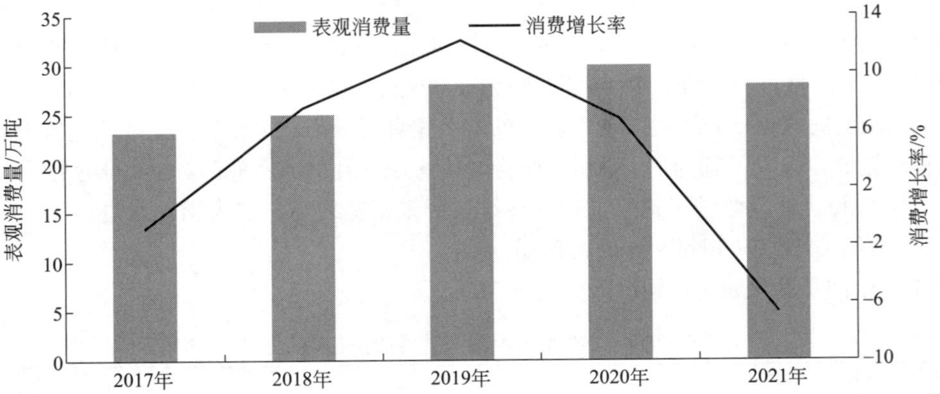

图38.3 2017—2021年中国丁腈橡胶表观消费量变化趋势

38.3.2 2021年中国丁腈橡胶消费结构分析

从2017—2021年中国丁腈橡胶需求结构来看，排名前三名的依旧为发泡、胶管胶带以及密封材料三大应用领域。随着近几年房地产以及空调等行业的发展，新型保温材料的研发以及投入，丁腈橡胶发泡行业依旧占据首位。

2017—2021年中国丁腈橡胶下游行业需求结构变化趋势见图38.4。

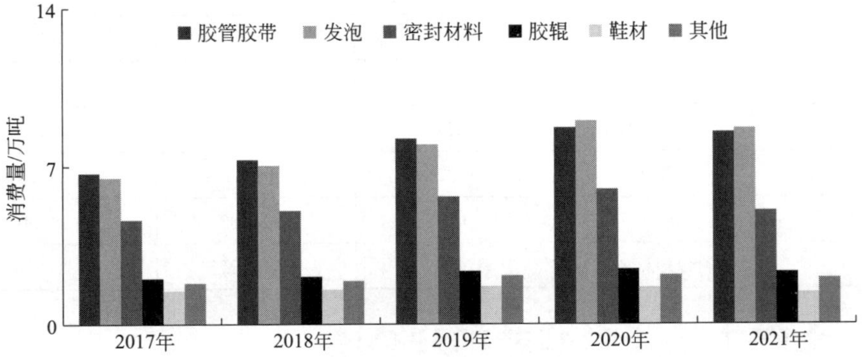

图38.4 2017—2021年中国丁腈橡胶下游行业需求结构变化趋势

按照消费占比来看，发泡制品消费占比约为31%左右，较2020年略有提升，而胶管胶带消费占比也有所提升，虽然市场存在一定的拉动，但其成品价格拉涨速度远不及原材料涨幅，导致多数企业成本承压严重，对部分订单持谨慎心态。其中密封材料以及鞋材行业占比下降较为明显，主要是受区域因素影响以及汽车产销量因素影响较大。从 2021 年数据来看，发泡制品行业消费量约为 8.66 万吨，且随着新型橡塑保温行业的发展与投入，该行业发展依旧具有较好的前景。胶管胶带行业消费量约为 8.49 万吨左右，随着国外经济环境以及疫情、出口运费的缓解，预计胶管胶带行业消费存在回温。

2021 年中国丁腈橡胶下游需求占比见图 38.5。

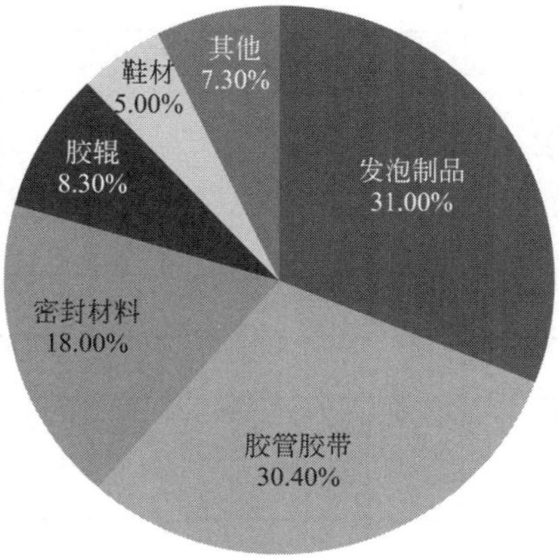

图 38.5　2021 年中国丁腈橡胶下游需求占比

38.3.3　2021 年中国丁腈橡胶出口量分析

2017—2021 年，中国丁腈橡胶出口均值约为 1.07 万吨，远低于进口量，主要是中国丁腈橡胶国内产量远远不能满足国内需求量，所以出口较少。2019 年出口出现峰值，为 1.33 万吨，随着近几年来中国丁腈橡胶产量的提升，国内丁腈橡胶生产商以及经销商积极发展对外出口业务。2017—2019 年，中国丁腈橡胶出口量开始逐步提升。随后出口量进入走低态势，主要是由于国内丁腈橡胶受丁腈胶乳需求量的扩增因素影响，丁腈橡胶装置发生技改以及以生产胶乳为主，导致丁腈橡胶产量减少，多以满足国内需求为主。截至 2021 年，中国丁腈橡胶出口量在 0.92 万吨左右，较 2020 年减少 23.97%。

2017—2021 年中国丁腈橡胶进口量变化趋势见图 38.6。

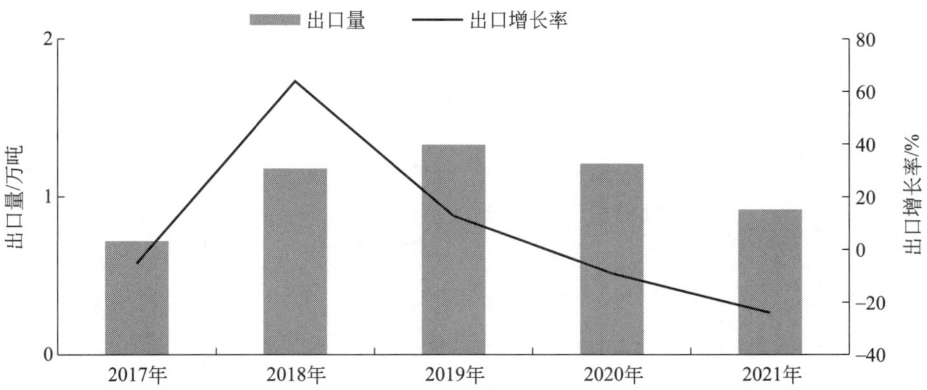

图 38.6　2017—2021 年中国丁腈橡胶进口量变化趋势

中国丁腈橡胶出口量极少，且出口地众多，从 2021 年数据来看，出口最多的为中国台湾，占比为 22.83%；其次是越南，占比为 20.65%；排名第三的为马来西亚，占比为 6.52%。目前国产丁腈橡胶品质上有所提升，但丁腈橡胶往欧美等国家出口仍无优势，欧美市场多数以韩国丁腈橡胶为主。

2017—2021 年中国丁腈橡胶主要出口情况见表 38.5。

表 38.5 2017—2021 年中国丁腈橡胶主要出口情况

单位：万吨

出口国及地区	2017 年	2018 年	2019 年	2020 年	2021 年
中国台湾	0.03	0.17	0.16	0.16	0.21
越南	0.04	0.11	0.1	0.13	0.19
波兰	0.12	0.24	0.12	0.1	0.04
马来西亚	0.01	0.09	0.11	0.07	0.06
印度	0.06	0.16	0.37	0.27	0.04
其他	0.46	0.41	0.47	0.48	0.38
总计	0.72	1.18	1.33	1.21	0.92

38.4 中国丁腈橡胶价格走势分析

2017—2021 年，以兰化 3305E 出厂价格为例，中国丁腈橡胶价格最低点出现在 2020 年 4 月份和 7 月份的 11900 元 / 吨，最高点为 2017 年 2 月份的 26500 元 / 吨。在 2017 年春节前期，由于当时原材料丁二烯价格高位，成本面带动较为明显，部分贸易商以及终端工厂进行节前原材料的备货，拉动场内询盘，价格不断推高，其价格创近五年新高。2020 年，国内丁腈橡胶市场受疫情影响较大，4 月份，原料丁二烯以及丙烯腈价格跌势难止，丁腈橡胶成本面不断向下。受疫情影响，韩国丁腈橡胶向其他区域流通骤减，中国作为主要的消费区域，国内丁腈橡胶的美元价格降低明显，吸引部分操盘者进行采购，进口量的增加导致国内丁腈橡胶价格竞争较为激烈，走低局势下创近五年价格新低。而 7 月份需求面表现相对偏弱，制品行业出口订单受阻，在需求面的拖拽下，丁腈橡胶价格再次探及历史新低。2020 年四季度，随着需求面的陆续恢复，以及丁腈橡胶产量的减少，中国丁腈橡胶价格开始呈现震荡走高态势。尤其是 2021 年，中国丁腈橡胶产量以及进口量均出现下滑态势，导致丁腈橡胶供应面主导话语权，对市场存在强势支撑。

2017—2021 年中国丁腈橡胶价格走势见图 38.6。

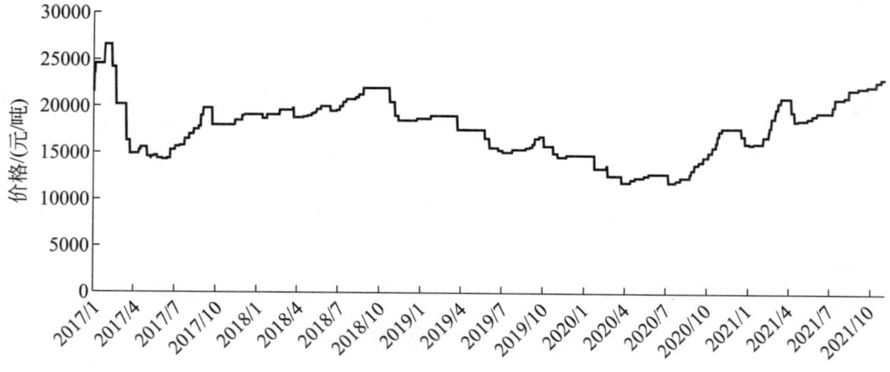

图 38.7 2017—2021 年中国丁腈橡胶价格走势

38.5 中国丁腈橡胶利润走势分析

2017—2021 年中国丁腈橡胶行业利润维持较高水平，2019 年丁腈橡胶利润最低，主要是由于 2019 年，针对丁腈橡胶产业链而言，丁二烯以及丙烯腈价格偏高为主，而丁腈橡胶价格下跌，且国内丁腈橡胶价格竞争较为激烈，下游需求增速较慢，为了市场份额的竞争，2019 年丁腈橡胶生产企业“去库存”“低库存”等方面的操作，以及韩国胶进口美元价格相对低位等因素的影响，丁腈橡胶利润创近五年低位。2021 年，中国丁腈橡胶利润创近五年新高，由于丁腈橡胶供应量减少，导致其市场竞争激烈程度减弱，市场价格不断攀高，溢价空间也相对拉大，且原材料丁二烯在供应充裕的前提下，价格处于偏低位置，使丁腈橡胶全年生产利润处于较高位置。

2017—2021 年中国丁腈橡胶成本及利润变化趋势见图 38.7。

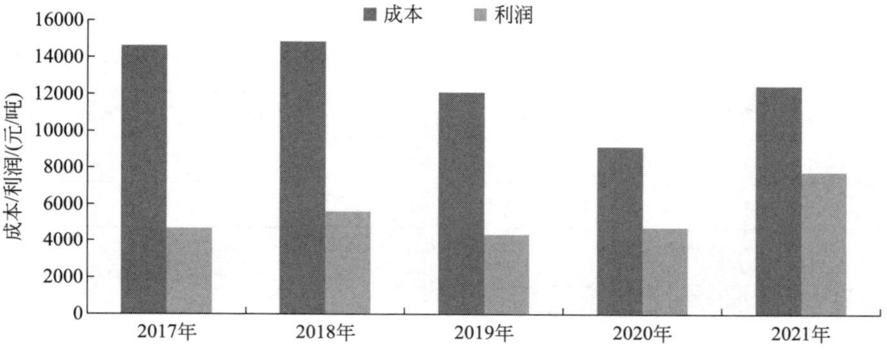

图 38.8 2017—2021 年中国丁腈橡胶成本及利润变化趋势

38.6 2022—2026 年中国丁腈橡胶发展预期

38.6.1 中国丁腈橡胶拟在建 / 退出产能统计

未来五年中国丁腈橡胶行业拟在建产能将达到 12.50 万吨 / 年，新增产能主要集中在西北和华东地区，为在产企业的扩建。产能释放之后国内丁腈橡胶供应量增加明显，供需格局自 2022 年将发生一定的变化，且美国针对丁腈橡胶存在反倾销税的加征，2022 年全球丁腈橡胶乃至中国丁腈橡胶贸易流向将发生一定的变革，中国丁腈橡胶进口增加并不明显，出口增加格局将在近几年内发生变化。

兰州石化 3.50 万吨 / 年扩增装置划分为 2.50 万吨 / 年的连续性生产装置，主要以生产主流牌号为主，预计 2022 年二季度投产。1.00 万吨 / 年的丁腈橡胶装置为特种丁腈橡胶装置，用于生产军工用产品以及特殊牌号产品。

响应当地政府对长江沿岸生态环境保护的倡议，阿朗新科和台橡公司宣布将其合资企业——阿朗台橡（南通）化学工业有限公司工厂从江苏省南通经济技术开发区（NETDA）化工园区北区迁至南区，同时将新厂丁腈橡胶（NBR）的设计年产能从 3 万吨 / 年增至 4 万吨 / 年，以强化全球丁腈橡胶供应，满足本地市场不断增长的需求。新装置计划在 2022 年年中开始进行建设。

金浦英萨二期 3 万吨 / 年装置目前暂无最新进展，具体投产时间以及产品划分等问题尚未明确公示。

中石化 - 西布尔装置情况：早在 2012 年中国石化和西布尔讨论了将在上海设立合资企业生产丁腈橡胶（5 万吨 / 年）的项目可能性，双方持股比例为 74.9 ：25.1；该项目于 2014 年进行环评公示，完成了该项目的设计并获得了工艺技术，但由于市场发展不如预期，随后此项目搁浅，由中石化华东统一进口俄罗斯丁腈并在国内销售。2019 年 9 月 17 日，中国石油化工股份有限公司与西布尔控股股份公司在圣彼得堡签署了丁腈橡胶（NBR）项目合作谅解备忘录。按照协议，中国石化与西布尔将在中国合资新建一套产能 5 万吨 / 年丁腈橡胶装置，双方股比为 60 ：40。预计其建成时间约在 2023 年底，集中释放在 2024 年。

2022—2026 年中国丁腈橡胶拟在建产能统计见表 38.7。

表 38.6 2022—2026 年中国丁腈橡胶拟在建产能统计

区域	企业名称	产能 /（万吨 / 年）	地址	投产时间	上游配套装置
西北	兰州石化分公司	3.50	甘肃兰州	2022 年二季度	丁二烯 / 丙烯腈部分外采
华东	阿朗台橡（南通）化学工业有限公司	1.00	江苏南通	2023 年中	外采
待定	中石化 - 西布尔橡胶公司	5.00	待定	2023 年底	外采
华东	金浦英萨合成橡胶有限公司	3.00	江苏南京	待定	外采
合计		12.50			

38.6.2 中国丁腈橡胶供应趋势预测

2022 年丁腈橡胶产能、产量均存在一定的释放，虽然 2022 年为兰州石化丁腈橡胶装置大修年份，但其新装置的投入将延续产量增加态势。由于羧基丁腈胶乳市场表现偏弱，行业存在洗牌。顺泽、南帝产量增加，韩国 LG 化学的退出取消，国内进口量窄幅增加，中国丁腈橡胶供应面增加明显，丁腈橡胶市场将处于重新划分的一年，为了保证下游配方多样化发展的供应连续性，国内丁腈橡胶产量以及开工率将出现明显的提升。随着 2022—2023 年下游胶管等制品行业出口订单的陆续恢复，预计 2023 年丁腈橡胶产量以及开工率将出现上涨。丁腈橡胶 2024 年产能依旧存在投入预期，其国内竞争激烈程度再次展现，开工率将出现短期下滑态势。预计 2026 年丁腈橡胶产能达到 36.50 万吨 / 年，产量 32.80 万吨。

2022—2026 年中国丁腈橡胶供应预测见图 38.9。

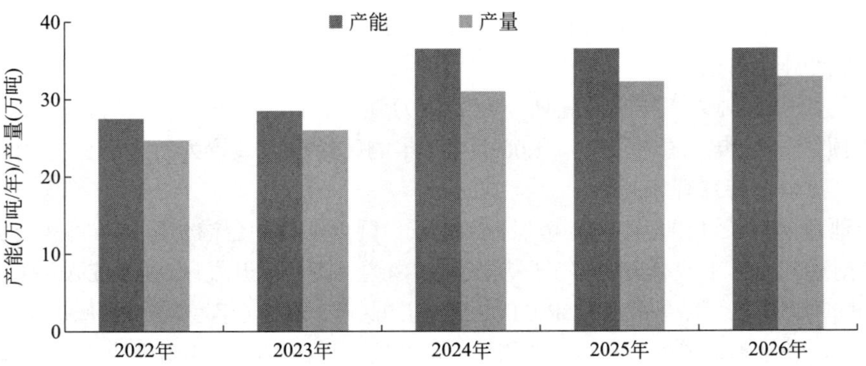

图 38.9 2022—2026 年中国丁腈橡胶供应预测

38.6.3　中国丁腈橡胶产品主要下游发展前景预测

2022 年丁腈橡胶以三大主力下游消费增长为主，发泡制品以及胶管胶带依旧占据前两位位置。随着出口订单的陆续恢复，预计其两大行业恢复较为明显。尤其是胶管胶带行业，部分企业外贸订单较多，出口拉动该行业进行一定的提升。但由于丁腈橡胶下游行业多数面临着行业自身整合问题，以及在国家政策因素刺激下，预计中大型企业发展前景较好。

2022—2026 年中国丁腈橡胶消费量变化趋势预测见图 38.10。

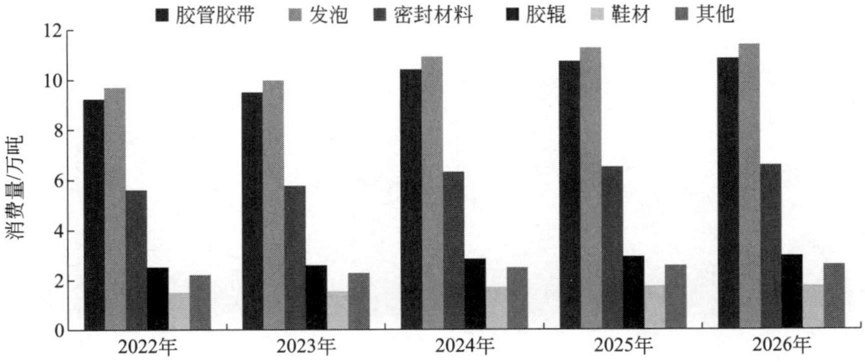

图 38.10　2022—2026 年中国丁腈橡胶消费量变化趋势预测

38.6.4　中国丁腈橡胶供需格局预测

未来五年，伴随着新产能的释放，中国丁腈橡胶供应面将呈现增加趋势。但由于国内丁腈橡胶产品品质因素的影响，依旧需要依赖部分进口。预计未来五年，丁腈橡胶产能复合增长率为 7.33%，产量复合增长率为 7.35%，产能利用率有所提升。下游消费复合增长率为 3.45%。供应增速明显高于消费增速，届时行业将进入供过于求周期，进口量将出现缩减预期，企业在满足国内需求的前提下，将发展出口贸易。2022 年美国或将对来自于韩国、墨西哥、法国三地的丁腈橡胶征收反倾销税，那么全球丁腈橡胶将面临新的货源流向，也将刺激中国丁腈橡胶未来的出口发展方向，以及部分国家对中国市场的转出口等趋势，或将拉动丁腈橡胶出口量的预期。但中国国内丁腈橡胶供应竞争压力较大，韩国锦湖进口量计划略有提升，国产丁腈橡胶产量增加明显，且韩国 LG 暂停退出丁腈橡胶市场，丁腈橡胶将面临供应面的增加预期。

2022—2026 年中国丁腈橡胶市场供需平衡预测见表 38.7。

表 38.7　2022—2026 年中国丁腈橡胶市场供需平衡预测

项目	2022 年	2024 年	2026 年
产能 /（万吨 / 年）	27.50	36.50	36.50
开工率 /%	89.82	84.93	89.86
产量 / 万吨	24.70	31.00	32.80
进口量 / 万吨	9.00	6.00	6.00
总供应量 / 万吨	33.70	37.00	38.80
出口量 / 万吨	1.40	2.50	2.60
下游消费量 / 万吨	31.00	33.50	35.50
总需求量 / 万吨	32.40	36.00	38.10

第6篇　聚氨酯

第39章　环氧丙烷

2021年度关键指标一览

类别	项目	2020年	2021年	涨跌值	原因概述
价格	现货成交价均值/（元/吨）	11928.77	16497.26	4568.49	2021年承接高位，年内受节假日、政策、恶劣天气等影响，供需格局偏紧局面仍存，价格区间偏高
供应	产能/（万吨/年）	334.7	411.70	77	增：鑫岳、三岳环氧氯丙烷装置技改成环氧丙烷，中化泉州20万吨/年PO/SM装置，中海壳牌30万吨/年PO/SM装置，江苏富强10万吨/年HPPO装置，烟台万华30万吨/年PO/SM装置 减：2020年12月31日金浦锦湖8万吨/年环氧丙烷装置关停，2021年8月3日天津大沽15万吨/年氯醇法环氧丙烷装置关停，2021年10月9日福建湄洲湾5万吨/年氯醇法装置关停
	产量/万吨	291.50	369.40	77.9	年内环氧丙烷行业盈利水平始终保持较佳水平，除检修外，场内装置基本正常高负荷生产运行，加之多家新增产能投产，全年产量提升明显
	开工率/%	87.09	89.73	2.64	年内产能陆续投放，但需求增量，整体开工率略升
	进口量/万吨	47.05	43.38	-3.67	主力进口货源装置均有检修，上半年美国、中东均有不可抗力事件，但中国作为聚氨酯最大产销国加之价格较高进口量依然保持较高水平
需求	出口量/万吨	0.41	0.26	-0.15	有转港货物，实际出口量仍极低
	下游消费量/万吨	357.02	415.80	58.78	下游消费量增量仍主要依靠聚醚行业，年内聚醚行业部分新增装置投产，上半年出口红利仍存

39.1 中国环氧丙烷供需平衡分析

2017—2021 年中国环氧丙烷市场供需呈现稳定增长态势，产量年均增速在 8.22%，消费量年均增速在 9.95%。产量的增长以 2021 年最为明显，主要来自环氧丙烷行业年内产能的扩张以及高利润下开工负荷的提升，需求的增长主要来自于下游聚醚行业的扩张。

进出口方面，2021 年国内环氧丙烷多数时间仍显供需偏紧格局，进口货源流入补充，伴随国产供应量的增加，进口依存度先升后降。据海关数据统计，2021 年中国环氧丙烷进口量 43.38 万吨，同比下降 7.80%。2021 年中国环氧丙烷消费增长至 415.80 万吨，同比增长 16.46%，主要来自聚醚产能的扩张、上半年出口红利的支撑。2021 年中国环氧丙烷产能达到 411.70 万吨。从供需平衡来看，近五年国内环氧丙烷平衡差经历由正值到负值的过程，2021 年新增产能投放，但需求同时放量，全年仍维持供需紧张局面。

2017—2021 年中国环氧丙烷供需平衡见表 39.1。

表 39.1 2017—2021 年中国环氧丙烷供需平衡表

项目	2017 年	2018 年	2019 年	2020 年	2021 年
产能 /（万吨 / 年）	327.70	331.70	331.70	334.70	411.70
开工率 /%	82.19	86.46	87.10	87.09	89.73
产量 / 万吨	269.35	286.80	288.90	291.50	369.40
进口量 / 万吨	23.25	28.19	47.39	47.05	43.38
总供应量 / 万吨	312.68	342.75	359.28	361.15	416.50
出口量 / 万吨	0.36	3.16	0.18	0.41	0.26
下游消费量 / 万吨	284.56	316.60	340.20	357.02	415.80
总需求量 / 万吨	284.92	319.76	340.38	357.43	416.06

39.2 中国环氧丙烷供应现状分析

39.2.1 2021 年中国环氧丙烷国产供需分析

2017—2021 年中国环氧丙烷产能复合增长率在 5.87%，2017—2019 年国内环氧丙烷产能相对稳定，产能增长主要集中在 2020—2021 年，石化行业一体化发展战略以及行业高利润吸引众多企业新增装置，是产能快速增长的主要推手。

2017—2021 年中国环氧丙烷产能变化趋势见图 39.1。

2017—2021 年中国环氧丙烷行业产量逐年增加，开工率基本保持在 80%～90% 的偏高水平。

近五年，行业开工率低位出现在 2017 年，主要是由于亨斯迈 24 万吨 / 年装置当年 7 月份投产，且经历了 8—9 月的短暂调整期；另蓝星东大 8 万吨 / 年装置亦自 8 月份以后停工，共同拖累当年开工率。2020 年上半年疫情全面暴发、原油大暴跌拖累各行各业，环氧丙烷全行业承压、亏损，2—4 月全行业多有降负保价措施，万华、亨斯迈等大产能装置年度检修；但下半年环氧丙烷价利冲高，各家装置下半年基本满开甚至超负荷生产运行，前期停车的吉神装置也于 10 月份顺利重启，迅速弥补上半年缺口，最终表现依旧稳中略增。2021 年全国环氧丙烷产量在

369.40 万吨左右，开工率仍呈上行态势。

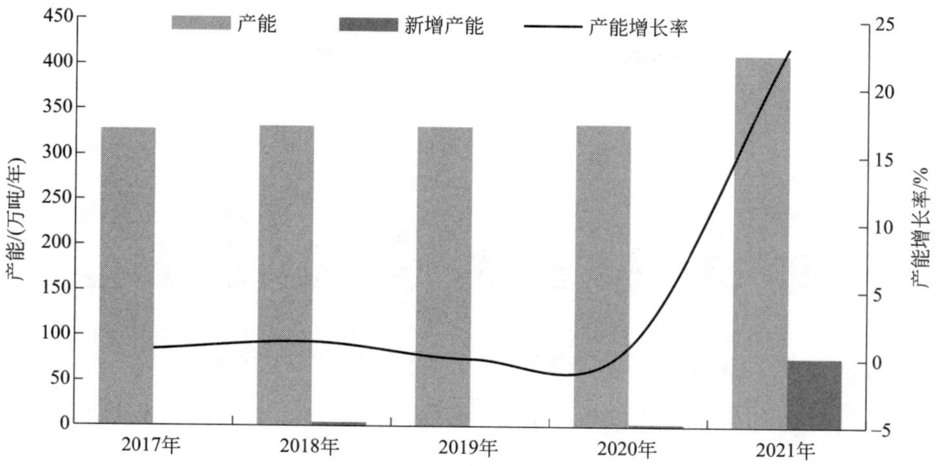

图 39.1　2017—2021 年中国环氧丙烷产能变化趋势

2017—2021 年中国环氧丙烷产量变化趋势见图 39.2。

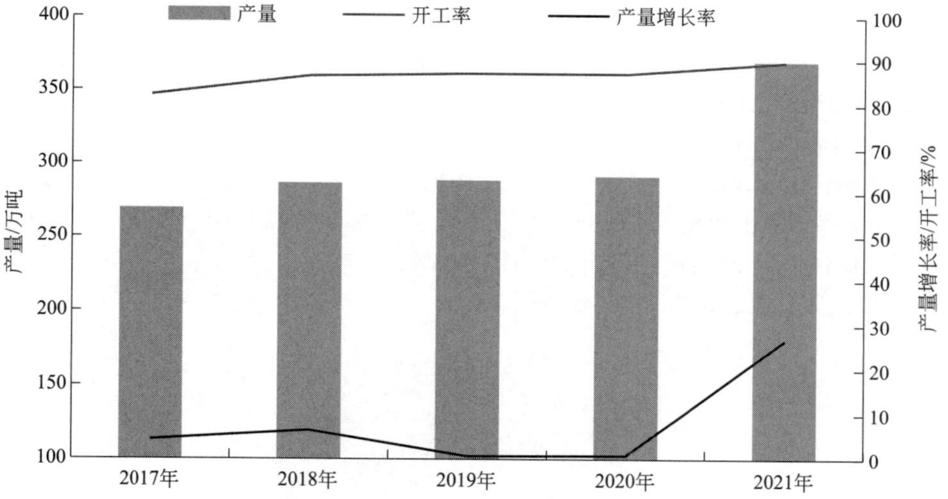

图 39.2　2017—2021 年中国环氧丙烷产量变化趋势

39.2.2　2021 年中国环氧丙烷区域供应结构分析

2017—2020 年中国环氧丙烷产能变化主要体现在山东及华东地区（除山东，该章下同），其中装置淘汰（氯醇法）的有山东地区蓝星东大和华东地区金浦锦湖，新投产（新工艺）的有华东地区金陵亨斯迈和红宝丽。经过淘汰和新增后，华东地区产能及区域占比扩大后略收缩，而山东地区虽略缩但整体仍占据近半壁江山。

2017—2021 年中国环氧丙烷产能地区分布见图 39.3。

国内产能分布不均衡仍是我国环氧丙烷市场的主要特征。2021 年国内环氧丙烷产能变化明显增多。截至年底，山东地区鑫岳、三岳装置通过技改产能扩大，万华新增二期 PO-SM 装置；华东地区新增江苏富强 10 万吨 / 年 HPPO 装置；华南地区新增中海壳牌、中化泉州两大装置，产能一举跃居第二位；曾经相对稳定的南北平衡被打破。

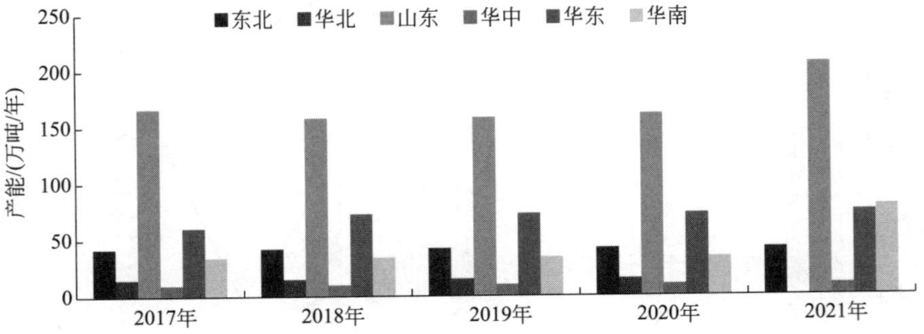

图 39.3 2017—2021 年中国环氧丙烷产能地区分布

2021 年，我国环氧丙烷体现出产能分布不均衡的现状，山东是环氧丙烷的最主要产区，现有总产能 206.20 万吨，占比达到 50.09%。华南地区今年新增中海壳牌（二期 30 万吨 / 年）及中化泉州（20 万吨 / 年）两家大产能装置，虽福建湄洲湾 5 万吨 / 年氯醇法装置因厂区位置存安全隐患于 2021 年 10 月关停，但整体产能依旧赶超华东地区，占比 19.19%，跃居全国第二位。华东地区今年仅新增江苏富强 10 万吨 / 年装置，市场仍为净流入区，企业主要有镇海炼化（28 万吨 / 年）、金陵亨斯迈（24 万吨 / 年）、红宝丽（12 万吨 / 年），当前总产能 74.50 万吨，占比 18.10%，位居第三位。区域排名第四位的是东北地区，近年来产能稳定，总产能 42.00 万吨，占比 10.20%，企业有吉神（30 万吨 / 年）和航锦（12 万吨 / 年），其中航锦是国内老牌环氧丙烷企业，而吉神在停车近两年后于 2020 年 10 月成功重启。华北地区原有天津大沽化 15 万吨 / 年氯醇法产能，但由于环保因素已于 8 月 3 日关停，其新装置 20 万吨 / 年建设在天津南港工业园，采用 PO/SM 工艺，暂计划于 2022 年一季度投产；华中地区目前仅中石化长岭炼化产能 10 万吨 / 年，区域占比 2.43%。

2021 年中国环氧丙烷产能地区占比见图 39.4。

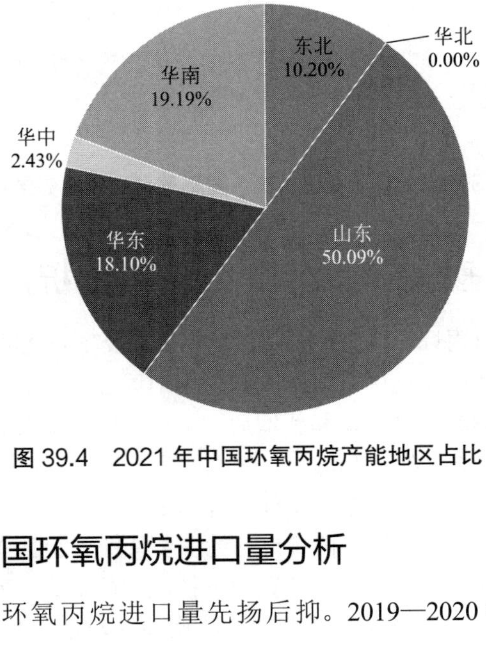

图 39.4 2021 年中国环氧丙烷产能地区占比

39.2.3 2021 年中国环氧丙烷进口量分析

2017—2021 年，国内环氧丙烷进口量先扬后抑。2019—2020 年，由于国内需求增加较快，而环氧丙烷产能增长不匹配，因此进口量大幅增加。2021 年国内环氧丙烷产能有较大增加，挤占部分进口市场，加之泰国装置阶段性检修，进口量减少至 43.38 万吨，进口依存度降至 10.43%。

国外市场多处于供大于求状态，新增产能多投向于供应量不足、套利空间较大的中国地区，后续中国作为亚太地区聚氨酯内需量最大国，其它国外 PO 供应商仍不断加深对中国 PO 投放率，在此背景下预估未来环氧丙烷进口市场将维持偏高水平。

2017—2021 年中国环氧丙烷进口量变化趋势见图 39.5。

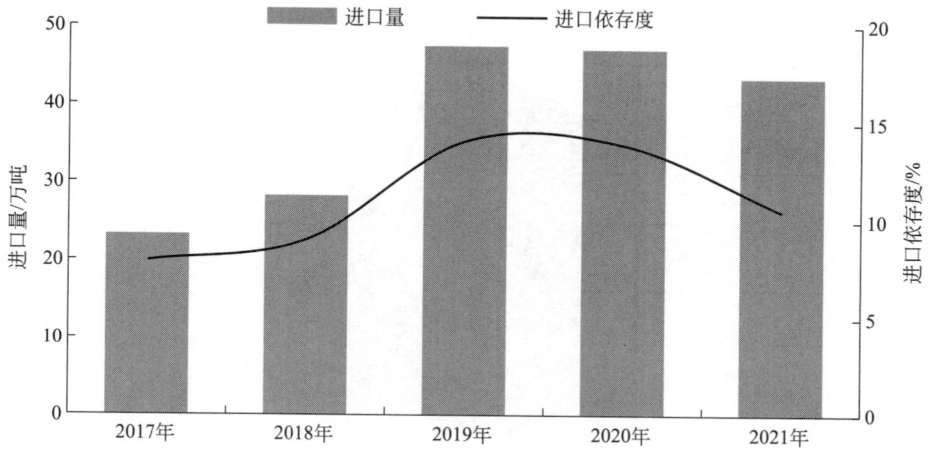

图 39.5　2017—2021 年中国环氧丙烷进口量变化趋势

近年来看，我国环氧丙烷进口来源结构变化不大，始终以沙特阿拉伯、泰国、日本、韩国、美国及新加坡为主，包揽 90% 以上进口货源。2021 年泰国 PTT 装置投产后，稳定向我国输出货源，跃居第二位；沙特阿拉伯上半年受不可抗力影响，进口量有缩减，下半年追平差距，仍居首位；韩国进口数量相对稳定，保持第三顺位；日本、美国、新加坡 2021 年出口至中国数量则均有缩减。中国环氧丙烷进口结构呈更加集中趋势。

2017—2021 年中国环氧丙烷进口来源对比见图 39.6。

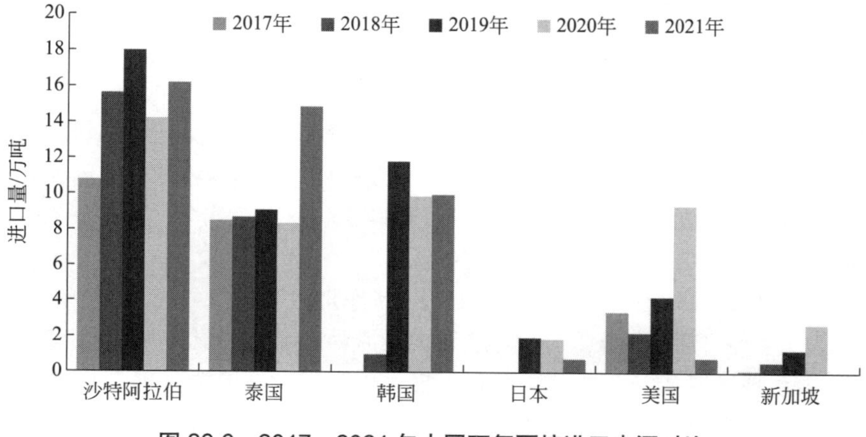

图 39.6　2017—2021 年中国环氧丙烷进口来源对比

2021 年中国环氧丙烷总进口量 43.38 万吨，较 2020 年缩减 7.80%。就进口来源来看，泰国 PTT 装置稳定运行，货源输入中国，年内多数月份单月进口货源量均在万吨之上，总量达到 14.87 万吨，占比 34.28%，跃居第二顺位；沙特阿拉伯上半年受不可抗力及检修影响，4、5、8 三个月份进口数量寥寥，下半年增量补足，仍居首位，占比 37.35%；韩国进口量退居第三位，总进口量 9.98 万吨，占比 23.02%；而美国货源由于上半年不可抗力影响较大，持续时间较长，1—9 月进口货量仅 0.82 万吨，占比 1.89%，排名第四位；日本进口量 0.77 万吨，占比 1.78%，位居第五位。

2021 年中国环氧丙烷进口占比见图 39.7。

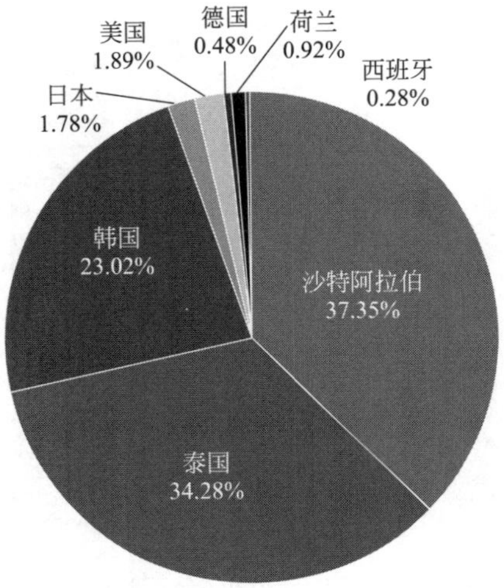

图 39.7 2021 年中国环氧丙烷进口占比

39.3 中国环氧丙烷消费现状分析

39.3.1 2021 年中国环氧丙烷消费趋势分析

中国环氧丙烷的下游消费集中在聚醚行业，据统计，2021 年中国环氧丙烷消费量为 415.80 万吨，其中聚醚消费占比达到 81.82%，近年伴随聚醚产能持续投放，其主导地位仍将持续。

39.3.2 2021 年中国环氧丙烷消费结构分析

2021 年环氧丙烷下游消费仍以聚醚为主，占比稳中增加，达到 81.82%；丙二醇、碳酸二甲酯近几年暂无以 PO 为原料的新增产能，产量较 2020 年相差不大，占比略有缩减；小产品多受到疫情影响，全年产量较 2020 年均略有缩量，占比略降。

2021 年中国环氧丙烷下游消费占比见图 39.8。

中国环氧丙烷下游消费区域相对集中，山东、华东地区是环氧丙烷最集中的消费区域。伴随山东地区主力军聚醚产能陆续投产释放，华东地区消费占比被稀释，略有下行。

2021 年，山东地区隆华、东大聚醚装置扩能，山东地区环氧丙烷消费量增长，占比达到 41.6%。华东地区占比至 34.67%，其余华北、东北、华南地区下游产能较为稳定，消费量变化不大，占比分别缩减至 6.07%、3.20%、14.45%。

2021 年中国环氧丙烷下游区域需求占比见图 39.9。

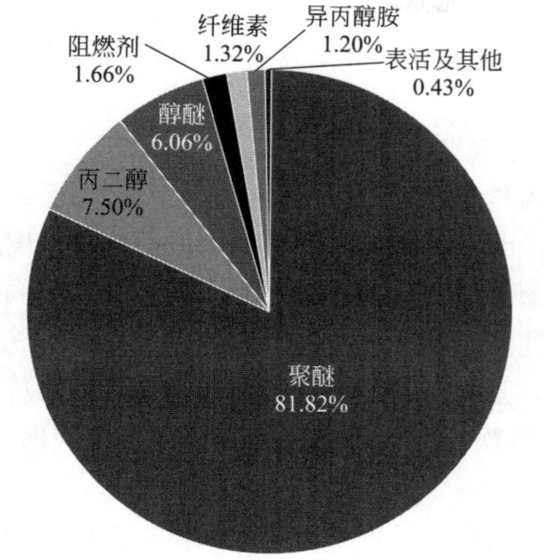

图 39.8 2021 年中国环氧丙烷下游消费占比

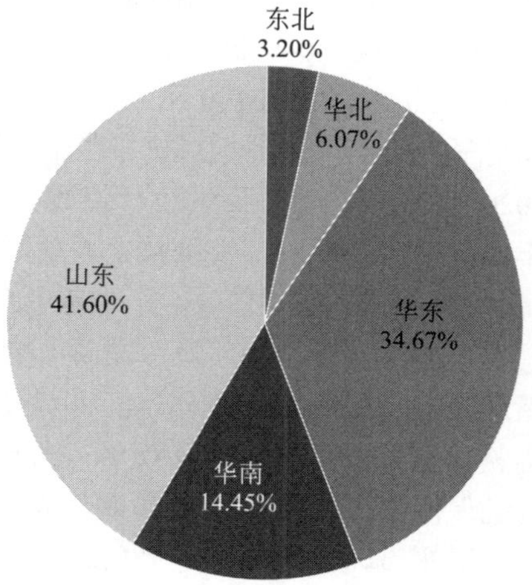

图 39.9 2021 年中国环氧丙烷下游区域需求占比

39.3.3 2021 年中国环氧丙烷出口量分析

近五年，中国环氧丙烷整体出口量保持在低水平，供需紧平衡以及前期只允许 HPPO 工艺环氧丙烷出口且无出口鼓励政策是主要原因，2018 年的出口也多是进口货物转港。

具体来看，目前国内 HPPO 工艺企业只有吉神、长岭及富强三家，而吉神自 2018 年 8 月份停车以后至 2020 年 10 月份才得以重启，长岭方面则因工艺问题 2019 年底运行至相对稳定状态，同时长岭方面以配套周边企业及合约户为主，少量现货销售，江苏富强装置于 2021 年 4 月投产，10 月意外停车，期间负荷低，多供园区下游企业。整体国内供需格局偏紧，货源基本供给国内市场，无余量外销。未来则需要重点关注工艺进展对国内新产能投建的带动，以及政策鼓励支持程度。

2017—2021 年中国环氧丙烷出口量变化趋势见图 39.10。

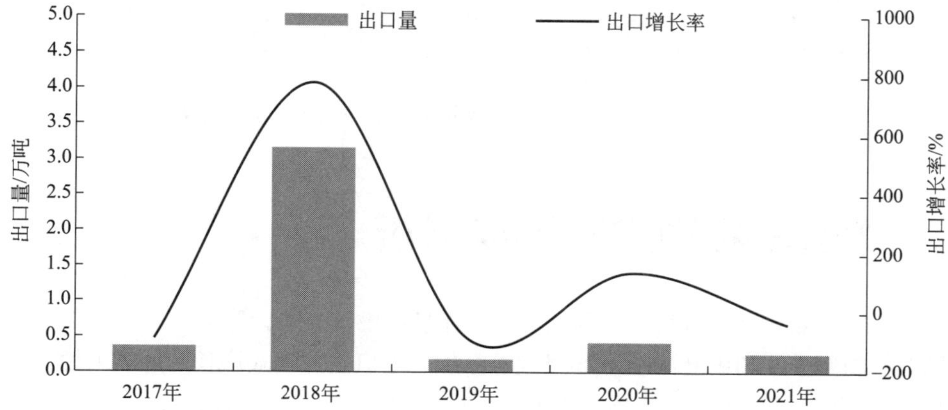

图 39.10 2017—2021 年中国环氧丙烷出口量变化趋势

39.4 中国环氧丙烷价格走势分析

纵观2017—2020年国内环氧丙烷价格运行，整体波动区间较大，最低点出现于2020年上半年疫情后，山东现汇出厂价低至6400元/吨，最高点出现于2021年3月，山东现汇出厂价19500元/吨，二者价差高达13100元/吨。

2017—2019年，环氧丙烷价格多围绕万元左右上下震荡。

2020年起，受疫情及原油行情等影响，环氧丙烷价格走势突破常规，呈现大起大落态势，年内价格急涨急跌，持续频繁波动，周期缩短，上半年整体需求端受挫，低价曾一度到达6400元/吨（山东现汇出厂），下半年则在供需不平衡支撑下呈现单边上行走势，一路飙高到达18700元/吨（山东现汇出厂），刷新十余年高点。且如此态势在2021年仍有一定延续，并在3月刷新新高点，到达19500元/吨（山东现汇出厂），后续伴随华东及华南新增产能的投放，市场供需格局紧张局面逐步有所缓解，价格出现几次急跌行情，但整体仍然偏高位区间内波动，环氧丙烷保持价利均高，“暴涨急跌”成为常态。

分地区来看，各地价格走势相对一致，国内环氧丙烷市场价格走势一般以主力产区山东地区为主导，其余地区价格被动跟随山东地区价格波动调整，并始终存在一定价差。但近年来，伴随华东地区产能的崛起及货源流入量的进一步加大，山东与华东地区价差呈现逐渐缩小趋势，偶尔出现华东现金送到价格低于山东现汇出厂价格的情况，南北贸易原有的平衡格局已有转变，华东市场对全国的牵制及主导能力在逐步上升。

2017—2021年中国环氧丙烷现货市场价格走势见图39.11。

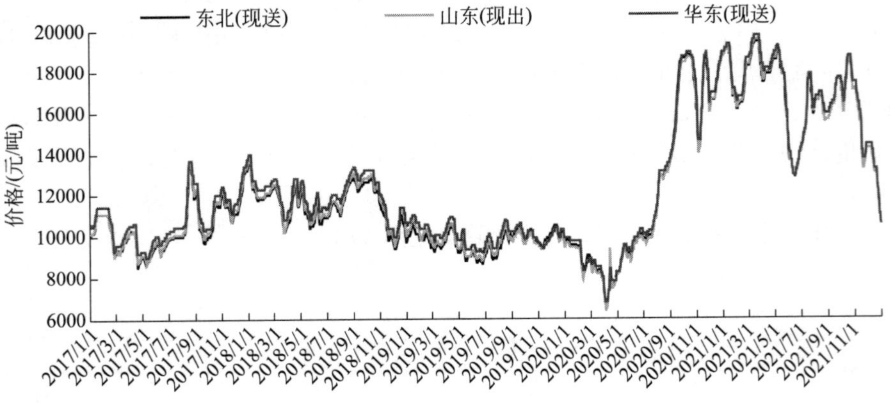

图39.11 2017—2021年中国环氧丙烷现货市场价格走势

39.5 中国环氧丙烷利润走势分析

2017—2021年中国环氧丙烷行业利润情况整体呈现增长态势。五年中，2019年为环氧丙烷平均利润偏低的年份，2019年宏观大环境较差，加之进口量井喷式增长，环氧丙烷价格难以支撑，利润多数时间内在千元附近徘徊；2020年上半年，受疫情冲击，需求端惨淡，环氧丙烷价格利润双双跌至低点，厂方一度亏损，4月中旬最低利润率-10.58%，但下半年开始，国内疫情率先得到控制，加之下游出口红利、供需格局紧张等因素推动下，环氧丙烷价格一路冲高，一度与原料脱节，2021 年 1 月中旬环氧丙烷最高利润率达到 53.04%，持续价利双高模式。

2017—2021 年中国环氧丙烷利润变化趋势见图 39.12。

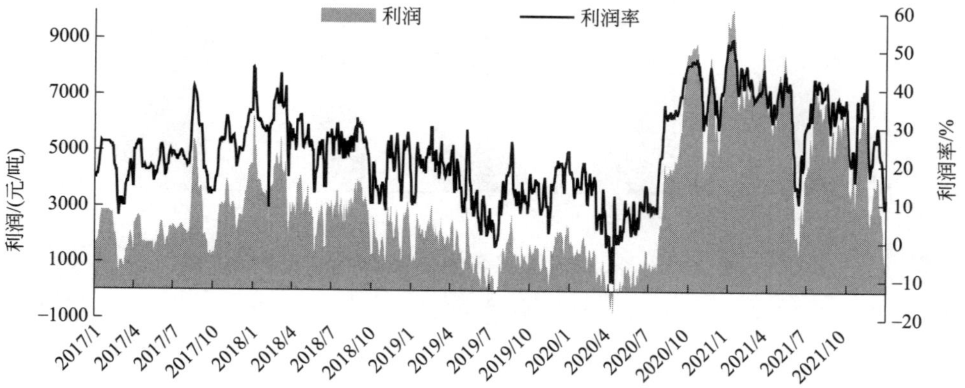

图 39.12 2017—2021 年中国环氧丙烷利润变化趋势

39.6 2022—2026 年中国环氧丙烷发展预期

39.6.1 中国环氧丙烷拟在建 / 退出产能统计

未来五年环氧丙烷行业拟在建产能将达到 528 万吨 / 年，其中规模在 20 万吨 / 年及以上的企业有 16 家，新增产能主要分布在山东、华东其他地区。伴随环氧丙烷新增产能集中投放，市场供应格局将发生重大变化，包括进口萎缩、出口增加，以及货源流向也将发生重大改变，华东地区产能占比逐渐加大下，地区话语权影响加大，同时华东地区货源有望流入其他地区，环氧丙烷上下游一体化发展的趋势也还将进一步凸显。

39.6.2 中国环氧丙烷供应趋势预测

伴随一体化装置投产释放，2022—2026 年国内环氧丙烷产能和产量同步大幅增长，较之 2021 年产能复合增量率在 18.94%，产量复合增长率 10.91%，开工负荷则显下行趋势。主要原因：受装置投产时间分布所致，装置并非全年开工；伴随后续产能陆续投产，市场存过剩风险，行业竞争激烈，有可能出现降负荷运行状况。预计 2026 年产能达到 980 万吨，开工率降至 60% ～ 70%。

2022—2026 年中国环氧丙烷供应预测见图 39.13。

39.6.3 中国环氧丙烷主要下游发展前景预测

近年中国环氧丙烷主要下游集中在聚醚领域，约占其总消费量的 80% 以上，未来下游新增产能仍主要依靠聚醚行业的投放。聚醚行业目前存在结构性问题，未来普通种类聚醚扩能较少，高活性聚醚、聚合物类聚醚及特种聚醚类成为未来扩能的主方向。

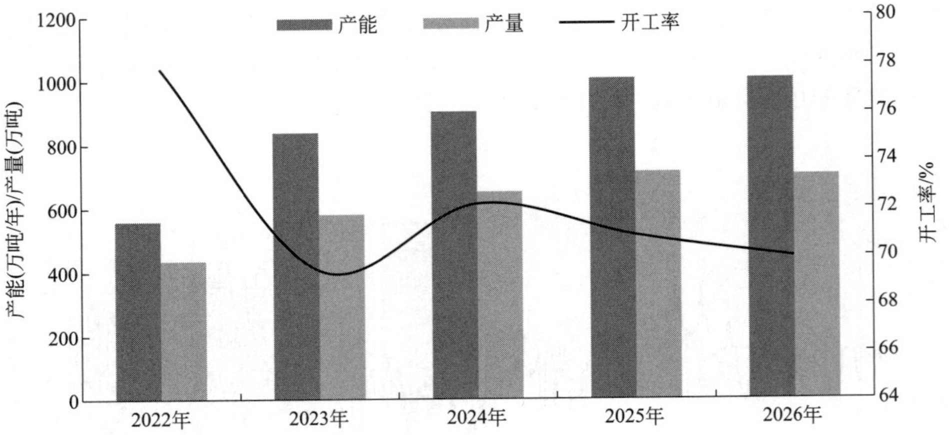

图 39.13 2022—2026 年中国环氧丙烷供应预测

2022—2026 年国内有 19 家约 418.25 万吨聚醚装置预计投产，届时对环氧丙烷需求量还将继续增加。

2022—2026 年中国聚醚拟新增产能见表 39.2。

表 39.2 2022—2026 年中国聚醚拟新增产能

区域	企业名称	新增产能 /（万吨 / 年）	计划投产时间
天津市	天津石化分公司	4.50	2022 年
浙江省宁波市	国都化工有限公司	20.00	2022 年 3—4 月
浙江省宁波市	万华化学集团股份有限公司	10.00	2022 年二季度
山东省烟台市	万华化学集团股份有限公司	5.00	2022 年 4 月
山东省淄博市	淄博尚正新材料科技有限公司	10.00	2022 年三季度
山东省淄博市	山东亿博润新材料科技有限公司	10.00	2022—2023 年
江苏省泰兴市	红宝丽集团股份有限公司	12.00	2022—2023 年
湖南省岳阳市	岳阳昌德新材料有限公司	5.00	2023 年
江苏省连云港市	佳化化学股份有限公司	24.00	2023 年
山东省烟台市	万华化学集团股份有限公司	85.00	2023—2024 年
山东省滨州市	滨化集团股份有限公司	30.00	规划中
浙江省舟山市	浙江石化有限公司一期	38.00	2022 年 6 月 30 日计划中交
浙江省舟山市	浙江石化有限公司二期	38.00	规划中
福建省漳州市	福建古雷石化有限公司	20.00	规划中
江苏省南京市	江苏钟山化工有限公司	15.00	规划中
江苏省南京市	南京金栖化工集团有限公司	3.00	规划中
河北省沧州市	河北亚东化工集团有限公司	20.00	规划中
江苏省常州市	江苏蓝色星球环保新材料有限公司	40.00	规划中
山东省淄博市	山东凯柏特新材料有限公司	15.00	规划中
江苏省连云港市	江苏虹威化工有限公司	13.75	规划中
总计		418.25	

2021—2026 年中国醇醚拟在建产能见表 39.3。

表 39.3　2021—2026 年中国醇醚拟在建产能

区域	企业名称	产能 /（万吨 / 年）	计划投产时间
广东省茂名市	德纳新材料（茂名）有限公司	1.80	2021 年底（搬迁）

39.6.4　中国环氧丙烷供需格局预期

未来几年，国内环氧丙烷产能还将继续不断扩增，但伴随产能继续扩大，加之国外进口货源的输入，供需格局预计由紧张向宽松过渡，国内开工率降至 70% 左右。而考虑到后续新增产能基本为 HPPO 及共氧化法工艺，利于出口，未来环氧丙烷有望逐步打开出口市场。

2022—2026 年中国环氧丙烷市场供需平衡预测见表 39.4。

表 39.4　2022—2026 年中国环氧丙烷市场供需平衡预测

项目	2022 年	2024 年	2026 年
产能 /（万吨 / 年）	545	877	980
产量 / 万吨	420	596	620
进口量 / 万吨	40	38	34
出口量 / 万吨	3.2	10.5	16.8
表观消费量 / 万吨	456.8	623.5	637.2
开工率 /%	77.06	67.96	63.27

第 40 章 聚醚多元醇

2021 年度关键指标一览

类别	项目	2020 年	2021 年	涨跌值	原因概述
价格（软泡）	现货成交价均值 /（元 / 吨）	12536	16722.0	4186	内贸消费稳步增长，外贸聚醚及下游制品出口创新高，年内聚醚新增产量消化得当，价格保持高位区间运行
供应	产能 /（万吨 / 年）	616.3	703.1	86.8	新增产能投放，国产供应大幅增长；行业利润及需求提升，生产企业开工高位
	产量 / 万吨	353.0	423.0	70	
	开工率 /%	57.3	60.2	2.9	
	进口量 / 万吨	58.4	61.1	2.72	极端天气利好，下游制品出口，传统供应商大多保持稳定份额。此外，东南亚疫情影响需求减量，泰国、韩国及新加坡等聚醚出口至中国增量消化
需求	出口量 / 万吨	80.2	114.4	34.2	受海外极寒天气影响，供应缺口长存，且美元价格偏强刺激，国内新增产能释放，出口成为消化新方向
	下游消费量 / 万吨	335.0	364.0	29	下游行业内需消耗稳步运行，部分制品出口保持增量

40.1 中国聚醚多元醇供需平衡分析

2017—2021 年，中国聚醚多元醇市场供需均稳健增长。据统计，近五年中国聚醚多元醇产量年均增速在 9.5%，消费量年均增速在 6.9%。其中产量增长主要来自行业产能的扩张，消费量的增长则主要受到下游海绵、冰箱、跑道和管道保温等行业的稳健增长带动。2021 年中国新增 7 套聚醚多元醇装置，行业总产能达到 703.1 万吨 / 年。截至 2021 年底，聚醚多元醇国内总产量达到 423 万吨，同比上涨 19.8%。

进出口方面，2017—2021 年国内聚醚多元醇产量增长虽然较快，但仍需要一定量的进口资源补充，整体进口量相对平稳，在 52 万～ 62 万吨的区间内波动运行。不过，在此期间，国内聚醚多元醇出口量持续增长，从 50.2 万吨涨至 114.4 万吨左右，年均增速在 16.9%。据海关数据统计显示，2021 年中国聚醚多元醇进口总量为 61.1 万吨，同比增长 4.6%；而出口量达到 114.4 万吨，同比增长 42.6%。2021 年中国聚醚多元醇消费量达到 364 万吨，同比增长 8.7%，主要来自于下游海绵及冰箱等制品内需的稳定增长，以及外贸出口红利的继续扩张。

2017—2021 年中国聚醚多元醇供需平衡见表 40.1。

表 40.1 2017—2021 年中国聚醚多元醇供需平衡表

项目	2017 年	2018 年	2019 年	2020 年	2021 年
产能 /（万吨 / 年）	579.5	574.8	544.1	616.3	703.1
开工率 /%	47.0	53.6	59.0	57.3	60.2
产量 / 万吨	272.5	308.0	321.0	353.0	423.0
进口量 / 万吨	52.9	60.3	60.9	58.4	61.1
总供应量 / 万吨	337.3	377.0	393.4	417.6	486.5
出口量 / 万吨	50.2	54.5	75.2	80.2	114.4
下游消费量 / 万吨	278.4	311.0	312.0	335.0	364.0
总需求量 / 万吨	328.6	365.5	387.2	415.2	478.4

40.2 中国聚醚多元醇供应现状分析

40.2.1 2021 年中国聚醚多元醇国产供应量分析

2017—2021 年中国聚醚多元醇产能复合增长率在 5.6%，2018—2019 年聚醚多元醇产能变化呈现下降趋势，受国内环保安全等政策影响，部分中小产能搬迁或关停，而产能增长主要集中在 2020—2021 年，全球疫情影响下资源错配严重，中国是主力的聚醚输出国，推动聚醚多元醇产能加速增长。

2017—2021 年中国聚醚多元醇产能变化趋势见图 40.1。

2017—2021 年，中国聚醚多元醇产量整体呈现增长态势，开工率也有明显提升，近五年产量复合增长率在 9.5%。其中 2020 年、2021 年产量增长更为迅速，年增速分别达到 10.0% 和 19.8%。支撑产量增长的主要因素来自于下游需求的逐年上升。从开工率来看，2017—2021 年聚醚多元醇行业开工率从 47.0% 增长至 60.2%，增幅达 13.2 个百分点，产能利用率得到大幅提升。

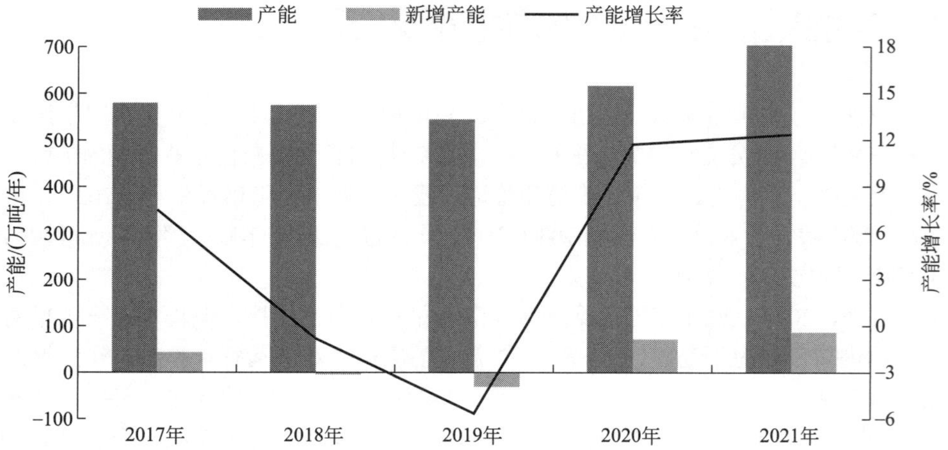

图 40.1 2017—2021 年中国聚醚多元醇产能变化趋势

2017—2021 年中国聚醚多元醇产量变化趋势见图 40.2。

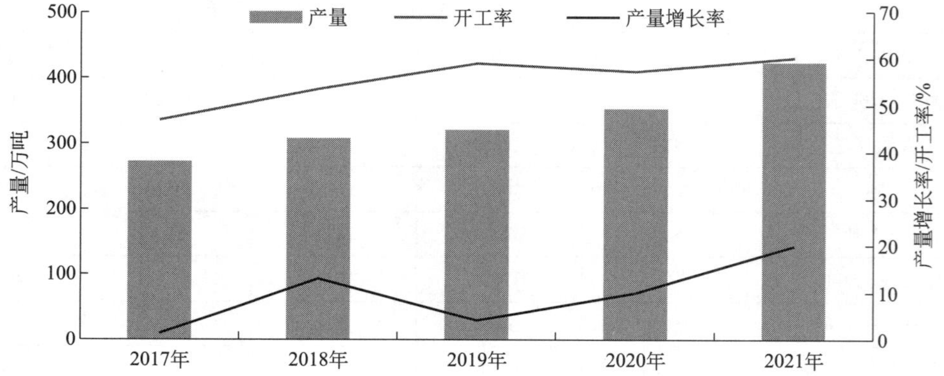

图 40.2 2017—2021 年中国聚醚多元醇产量变化趋势

40.2.2 2021 年中国聚醚多元醇区域供应结构分析

中国聚醚多元醇产能分布集中，华东一直是最集中区域，也是新增产能比较集中的地区。截至 2021 年，华东地区聚醚多元醇产能占比高达 77.6%，华南、东北、华北和华中占比分别为 10.2%、5.4%、5.3% 和 0.7%。近几年除了华东地区外，仅华中区域有新增产能（岳阳昌德），华南区域有产能扩增（中海壳牌、福建天骄、泉港源盛）及退出（福建湄洲湾）。华东目前是主要的聚醚多元醇生产及消费区域。

中国聚醚多元醇分地区产能变化统计见表 40.2。

表 40.2 中国聚醚多元醇分地区产能变化统计

区域		2017 年产能 /（万吨 / 年）	2017 年占比 /%	2021 年产能 /（万吨 / 年）	2021 年占比 /%
东北	吉林	18.5	3.2	23.3	3.3
	辽宁	15.0	2.6	15.0	2.1
华北	河北	9.0	1.6	27.0	3.8
	天津	21.5	3.7	10.5	1.5

续表

区域		2017 年产能 /（万吨 / 年）	2017 年占比 /%	2021 年产能 /（万吨 / 年）	2021 年占比 /%
华东	山东	220.0	38.0	344.5	49.0
	江苏	190.5	32.9	138.0	19.6
	浙江	30.0	5.2	31.3	4.5
	上海	30.0	5.2	10.0	1.4
	福建	13.0	2.2	21.5	3.1
华南	广东	28.5	4.9	72.0	10.2
华中	湖南	0.0	0.0	5.0	0.7
其他		3.5	0.6	5.0	0.7

从产品分类供应来看，中国聚醚多元醇供应依旧集中在软泡领域，占比达到 27%，其次是 POP 聚醚，占比在 20%，年内中海二期产能释放、蓝星东大新厂、隆华、佳化以及天骄皆有扩能新增，之后则是硬泡聚醚（此处为硬泡单体量，主力工厂自用聚醚比例提升，单体销量下降），占比在 18%，较 2020 年下降 14%，另外，高回弹和弹性体聚醚占比分别为 16% 和 13%，其他聚醚供应占比为 6% 左右，年内供应同样呈现增量，部分工厂转产向高附加值的特种领域。

2021 年中国聚醚多元醇供应结构见图 40.3。

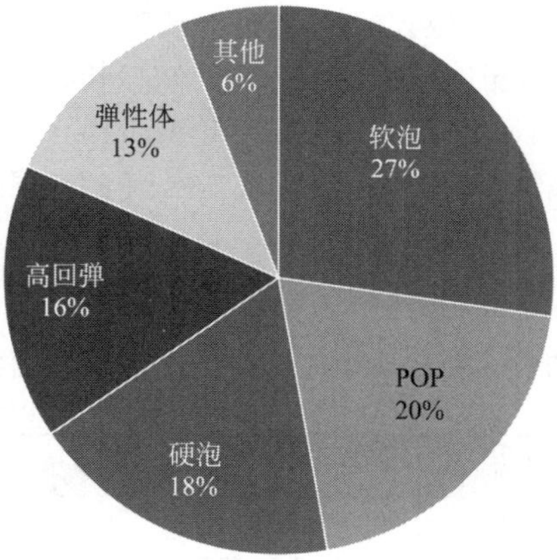

图 40.3　2021 年中国聚醚多元醇供应结构

40.2.3　2021 年中国聚醚多元醇进口量分析

2017—2021 年，中国聚醚多元醇进口量整体呈现震荡小涨趋势。其中 2020 年进口量出现回落，至 58.4 万吨，原因是受疫情影响，导致国外聚醚装置开工率整体降低，多套装置停车检修，全球货源配置错乱，企业择利心态下优先选择高价市场销售，因而向出口方向倾斜，对中国保持减量供应。2021 年进口量重新出现增长趋势，至 61.1 万吨左右，环比增长 4.6%，上半年受欧美极寒天气影响聚醚开工率降低，沙特陶氏聚醚转移出口至欧美，对中国聚醚供应减量，但年内东南亚疫情形势严峻消费锐减，新加坡、韩国和泰国等供应商对中国聚醚供应量保持稳定略增。此外，泰国 PTT 作为供应新的增长点，对中国的进口增量也有相应贡献。

2017—2021 年中国聚醚多元醇进口量变化趋势见图 40.4。

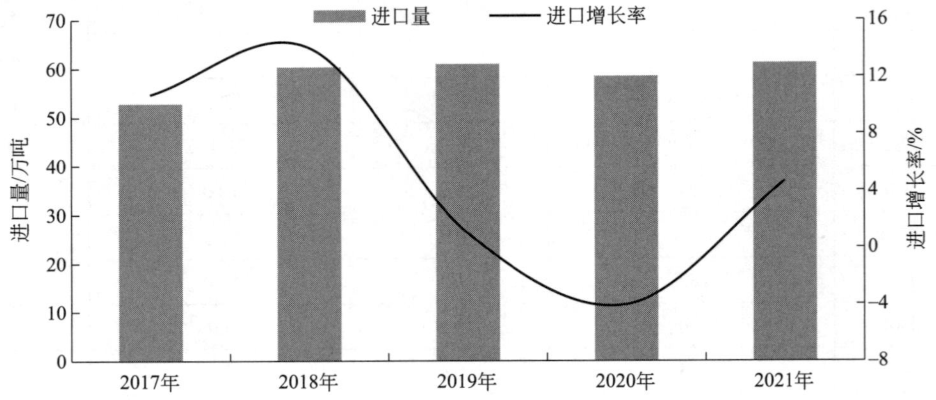

图 40.4 2017—2021 年中国聚醚多元醇进口量变化趋势

近五年以来，国内聚醚多元醇来源结构变化不大，主要来自新加坡、沙特阿拉伯、泰国、韩国及美国，这五地进口量占全年总进口量的 80% ～ 84%。

新加坡是中国聚醚多元醇进口来源的三大主力之一，2017—2021 年对中国持续出口量稳定在 13 万～ 14.5 万吨，2021 年三季度虽有一套装置检修，但因东南亚疫情导致需求下降，工厂销售方向倾斜至中国，实际对中国输入量不减反略增。沙特阿拉伯聚醚装置于 2017 年三季度投产运行，之后对中国的聚醚出口量保持较大增长，2018—2020 年输入量在 12.7 万～ 13.8 万吨左右，2021 年因欧美寒潮及飓风等因素影响欧美供应减量，缺口长存，且聚醚价格持续高位，吸引更多货源补充，对中国的聚醚出口反有下降，较 2020 年减少约 0.53 万吨。泰国聚醚对中国出口量在 10 万～ 13 万吨的区间内波动，增量点主要体现在泰国 PTT 聚醚的输入，而泰国陶氏近三年输入量保持小幅下滑。

2017—2021 年中国聚醚多元醇主要进口来源及占比见表 40.3。

表 40.3 2017—2021 年中国聚醚多元醇主要进口来源及占比

单位：万吨

来源国及地区	2017 年	2018 年	2019 年	2020 年	2021 年
新加坡	13.00	13.43	13.32	13.23	14.52
沙特阿拉伯	4.25	13.82	13.74	13.22	12.70
泰国	10.90	9.96	12.86	10.82	11.96
韩国	5.79	5.47	5.65	5.89	6.95
美国	8.33	6.17	5.17	4.56	4.20
日本	2.18	2.13	1.87	1.95	2.56
马来西亚	1.10	1.52	1.40	1.70	1.92
中国台湾	2.02	1.61	1.69	1.48	1.51
荷兰	1.25	1.65	1.25	1.16	1.05
德国	0.99	1.02	0.92	0.91	0.98
合计	49.82	56.78	57.87	54.91	58.34
总进口量	52.84	60.27	60.87	58.40	61.12

续表

来源国及地区	2017 年	2018 年	2019 年	2020 年	2021 年
前 5 位占比	80.00%	81.06%	83.35%	81.72%	82.34%
新加坡占比	24.61%	22.29%	21.88%	22.66%	23.76%
沙特阿拉伯占比	8.04%	22.94%	22.57%	22.65%	20.77%
泰国占比	20.62%	16.52%	21.13%	18.53%	19.56%
韩国占比	10.96%	9.07%	9.28%	10.08%	11.37%
美国占比	15.77%	10.24%	8.49%	7.80%	6.87%

2021 年我国聚醚多元醇进口来源地的前三位是新加坡、沙特阿拉伯和泰国，进口量分别为 14.52 万吨、12.70 万吨、11.96 万吨，占比分别为 23.76%、20.77%、19.56%。主力外资企业为新加坡壳牌、陶氏化学、泰国 PTT、韩国 SKC、美国巴斯夫及科思创等。

2021 年中国聚醚多元醇进口情况分析见表 40.4。

表 40.4 2021 年中国聚醚多元醇进口情况分析

来源国及地区	进口量 / 万吨	进口占比 /%	进口额 / 万美元	进口均价 / （美元 / 吨）
新加坡	14.52	23.76	38452	2648
沙特阿拉伯	12.70	20.77	22896	1803
泰国	11.96	19.56	26392	2207
韩国	6.95	11.37	16410	2361
美国	4.20	6.87	18094	4312
日本	2.56	4.18	14615	5718
马来西亚	1.92	3.14	3278	1710
中国台湾	1.51	2.47	5104	3380
荷兰	1.05	1.72	3256	3091
德国	0.98	1.61	4906	4983
总进口量	61.12	100.00	174599	2857
前 10 位合计	58.34	95.46	153403	2629

40.3 中国聚醚多元醇消费现状分析

40.3.1 2021 年中国聚醚多元醇消费趋势分析

中国聚醚多元醇下游消费集中在软体家具、交通运输、冰箱冰柜及建筑建材四大领域，四者约占聚醚多元醇总消费量的 65%。近年来，随着城镇化率的提高和人们生活水平的提升，软体家具、汽车、家电，以及冷链物流、管道保温等行业继续稳健发展，中国已成为全球聚醚多元醇消费增长最快的国家之一。

据统计，截至 2021 年中国聚醚多元醇消费量达到 364 万吨，近五年来中国聚醚多元醇消费平均复合增长率在 6.9%。

2017—2021 年中国聚醚多元醇消费量变化趋势见图 40.5。

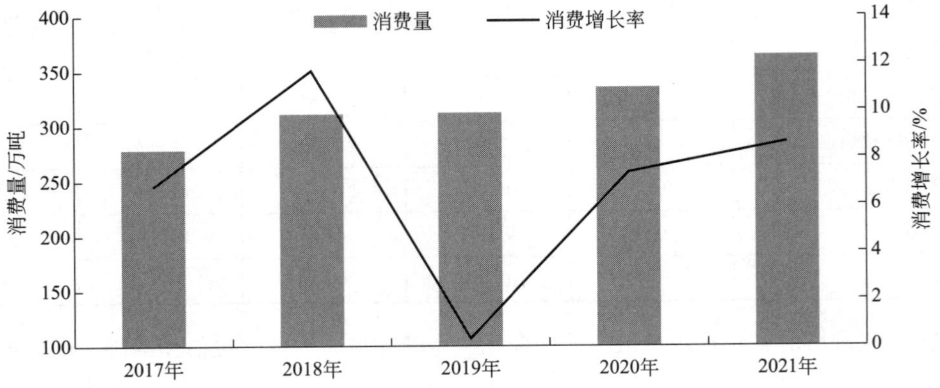

图 40.5 2017—2021 年中国聚醚多元醇消费量变化趋势

40.3.2 2021 年中国聚醚多元醇消费结构分析

中国聚醚多元醇下游主要产品集中在软体家具、交通运输、冰箱冰柜及建筑建材等领域。其中海绵行业作为最大下游产品，得益于内贸的稳健增长及外贸出口的红利支持，2021 年消费量继续保持增长态势，占比达到 34% 左右。交通运输行业中，高铁座椅消费稳健增长，汽车则受芯片紧缺影响有所限制，不过 2021 年新能源汽车发展迅速，整年汽车产量同比增长 7.7% 左右，消费量同样保持相应增长，占比在 14% 左右。而冰箱冰柜领域产量出现下滑，除国内稳健刚需外，外贸出口订单较 2020 年下滑明显，占比在 11% 左右。建筑建材领域增幅略小，房地产经济不景气、保温材料替代打击、异常天气等因素影响外墙施工，不过管道、喷涂及冷库板房等行业消耗略增，占比在 8% 以上。此外，其他下游领域相对分散，由于消耗较低，因此增量表现暂不可观，但可以看到消费占比在缓慢提升，不过依旧难以撼动四大下游领域。

2021 年中国聚醚多元醇下游需求结构见图 40.6。

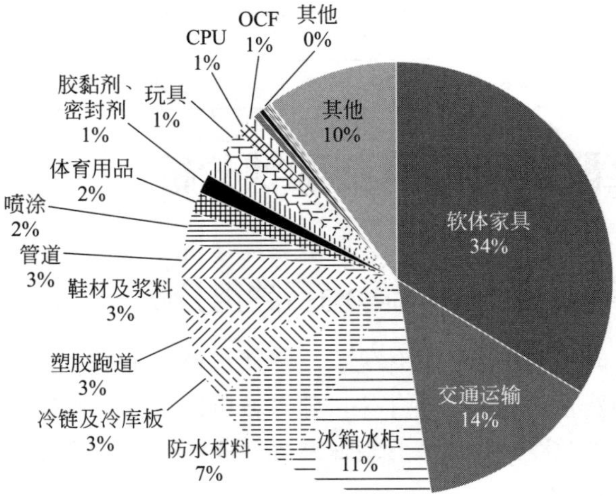

图 40.6 2021 年中国聚醚多元醇下游需求结构

40.3.3 2021年中国聚醚多元醇出口量分析

2017—2021年，中国聚醚出口量继续保持增长态势，至2021年达到峰值114.4万吨，创历史新高。2021年国产供应增加，同时海外因疫情、寒潮、飓风等因素影响供应减量，货紧价高，聚醚出口保持较大增量。不过年内受海运费及出口集装箱运力影响，生产商出口部分受限。

2017—2021年中国聚醚多元醇出口量变化趋势见图40.7。

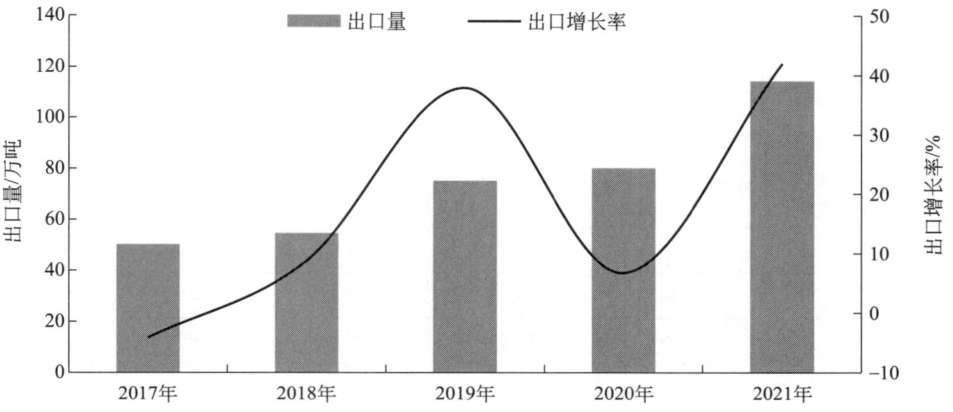

图40.7 2017—2021年中国聚醚多元醇出口量变化趋势

中国聚醚多元醇出口目的地相对比较分散，达到140多个国家或地区。2017—2021年中国聚醚多元醇主要出口目的地有所转变，其中越南、土耳其较为稳定，始终保持前五之列，但美国、巴西、印度、韩国、伊朗等地出口量发生较大变化。

越南是中国聚醚多元醇最主要的出口国之一，近五年出口量增长十分突出，尤其是2019—2020年，因国内海绵以及鞋材等企业在越南集中建厂，拉动当地需求增长，对中国聚醚依赖度保持上升，至2021年因疫情影响中国聚醚出口至越南缩减至9.93万吨，不过仍旧是中国聚醚出口量最多的国家。

土耳其近五年增长量也十分明显，因其是进入欧盟市场的桥头堡，第三国产品可在土耳其和欧盟成员国之间自由流通，所以经土耳其流转或消化的聚醚增量可观。

2017—2020年中国出口至美国的聚醚量受贸易政策等因素影响逐年下降，不过2021年美国因寒潮及飓风影响供应缺口巨大，且价格持续高位，吸引中国供应商积极出口，2021年出口至美国的聚醚量达到8.9万吨，较2020年增长447%以上。

2017—2021年中国出口至巴西的聚醚量同样保持增长态势，尤其是2020—2021年美国因疫情供应不足，中国聚醚积极填充供应空白。2021年出口至巴西的聚醚量达到6.15万吨，较2020年增长48%以上。

2017—2021年中国出口至印度的聚醚量在3.1万～5.3万吨区间内波动，2021年呈现峰值，至5.31万吨，二、三季度受疫情影响需求下滑，四季度需求复苏，中国聚醚出口量较2020年上涨4.4%左右。

2017—2021年中国出口至韩国的聚醚量呈现下滑趋势，自2018年韩国S-oil新增30万吨环氧丙烷装置投产后，韩国聚醚供应量也有同幅增长，对中国聚醚的依赖度呈下降状态。

2017—2021年中国聚醚多元醇主要出口地及占比见表40.5。

表 40.5 2017—2021 年中国聚醚多元醇主要出口地及占比

单位：万吨

出口国及地区	2017 年	2018 年	2019 年	2020 年	2021 年
越南	3.71	4.35	10.50	11.55	9.93
美国	2.31	2.21	1.97	1.63	8.90
土耳其	3.60	2.86	4.57	5.93	8.54
巴西	1.60	1.55	2.47	4.14	6.15
阿联酋	1.72	2.18	2.45	2.75	5.54
印度	3.19	4.16	5.12	5.08	5.31
俄罗斯	1.18	1.09	1.80	2.01	4.76
墨西哥	0.32	0.64	1.02	0.93	4.50
印度尼西亚	2.40	2.61	3.87	3.66	4.04
韩国	5.41	3.91	3.73	3.45	3.98
合计	25.44	25.53	37.52	41.11	61.64
总出口量	50.18	54.53	75.18	80.24	114.44
前 5 位占比	25.78%	24.10%	29.22%	32.39%	34.13%
越南占比	7.39%	7.97%	13.97%	14.39%	8.68%
美国占比	4.61%	4.05%	2.62%	2.03%	7.78%
土耳其占比	7.16%	5.25%	6.08%	7.39%	7.46%
巴西占比	3.20%	2.83%	3.29%	5.16%	5.37%
阿联酋占比	3.42%	3.99%	3.26%	3.42%	4.84%

2021 年我国聚醚多元醇出口地主要集中在越南、美国、土耳其、巴西、阿联酋、印度、俄罗斯、墨西哥、印度尼西亚、韩国等国家。其中越南出口量为 9.93 万吨，占比 8.68%，较 2020 年同期下降 14.00%；其次是美国，出口量为 8.90 万吨，占比 7.78%，同比增长 447.32%；第三位是土耳其，出口量为 8.54 万吨，占比 7.46%，同比增长 44.10%。

此外，至美洲地区聚醚出口量表现激增，前十大出口目的地中，美洲地区占比在 17.08%，达 19.55 万吨。其中美国出口量为 8.90 万吨，同比增长 447.32%；巴西出口量为 6.15 万吨，同比增长 48.39%；墨西哥出口量为 4.50 万吨，同比增长 385.89%。

2021 年中国聚醚多元醇出口情况分析见表 40.6。

表 40.6 2021 年中国聚醚多元醇出口情况分析

出口国及地区	出口量 / 万吨	出口占比 /%	出口额 / 万美元	出口均价 /（美元 / 吨）
越南	9.93	8.68	23219	2338
美国	8.90	7.78	24126	2711
土耳其	8.54	7.46	19771	2315
巴西	6.15	5.37	13920	2265
阿联酋	5.54	4.84	12877	2325
印度	5.31	4.64	11975	2256

续表

出口国及地区	出口量 / 万吨	出口占比 /%	出口额 / 万美元	出口均价 /（美元 / 吨）
俄罗斯	4.76	4.16	11958	2513
墨西哥	4.50	3.93	10758	2391
印度尼西亚	4.04	3.53	9978	2469
韩国	3.98	3.48	12006	3018
总出口量	114.44	100.00	290261	2536
前 10 位总量	61.64	53.86	150589	2443

40.4 中国聚醚多元醇价格走势分析

2017—2021 年中国聚醚多元醇市场先抑后扬，其中 2017—2018 年软泡聚醚市场价格保持在 10000 ～ 14000 元 / 吨偏高位区间波动，而伴随着国内产能持续增加、主原料环氧丙烷波动空间收缩下移，2019 年软泡聚醚波动区间同步下移至 9000 ～ 11000 元 / 吨。2020 年全球疫情的相继暴发成为近两年行情的转折点和推动力，中国快速恢复生产，充分享受出口红利，聚醚及终端制品冰箱、冰柜、海绵、家具等皆刷新出口高点，国内聚醚及环氧丙烷新产能顺利释放消化的同时，行情呈波段性、高价位区间波动。

2021 年中国聚醚多元醇市场高开低走，多数时间仍是高位、波段行情，软泡聚醚波动区间在 11200 ～ 19600 元 / 吨，振幅 50% 左右，2021 年底，新产能释放、内外需同步收缩，价格回归 11250 元 / 吨左右收尾。

2017—2021 年中国软泡聚醚现货价格走势见图 40.8。

图 40.8 2017—2021 年中国软泡聚醚现货价格走势

40.5 中国聚醚多元醇利润走势分析

聚醚多元醇属于相对薄利行业，2017—2021 年整体利润波动变化不大，各产品利润率亦在 7% ～ 14% 波动。

聚醚多元醇行业上下游受限情况相对明显，其原料环氧丙烷供需结构更优，长期保持了较强话语权，虽然“十四五”周期其扩能加快，但话语权实质转移。与此同时，在占绝大比例的下游行业海绵软体家具中，其同质可替代性较高，本身同业竞争较重。所以聚醚多元醇产业地位相对一般，也促使其行业利润长期处于波动有限、较薄利的水平。

2017—2021 年中国聚醚多元醇成本及利润统计见表 40.7。

表 40.7 2017—2021 年中国聚醚多元醇成本及利润统计

产品	均值	2017 年	2018 年	2019 年	2020 年	2021 年
软泡	价格 /（元 / 吨）	11200	12334	10277	12543	16722
	成本 /（元 / 吨）	10496	11427	9550	11573	15777
	利润 /（元 / 吨）	704	908	727	970	945
	利润率 /%	6.3	7.4	7.1	7.7	5.7
弹性体	价格 /（元 / 吨）	11390	12600	10660	13086	17854
	成本 /（元 / 吨）	10509	11554	9682	11775	16585
	利润 /（元 / 吨）	881	1046	978	1312	1270
	利润率 /%	7.7	8.3	9.2	10.0	7.1
高回弹	价格 /（元 / 吨）	11699	12827	10813	12972	17100
	成本 /（元 / 吨）	10408	11385	9422	11184	15053
	利润 /（元 / 吨）	1291	1441	1392	1788	2047
	利润率 /%	11.0	11.2	12.9	13.8	12.0
软泡 POP	价格 /（元 / 吨）	12775	13589	11144	11620	15622
	成本 /（元 / 吨）	11087	12309	9924	9991	13950
	利润 /（元 / 吨）	1687	1281	1220	1628	1671
	利润率 /%	13.2	9.4	10.9	14.0	10.7
硬泡	价格 /（元 / 吨）	10822	11089	9596	11027	14268
	成本 /（元 / 吨）	9498	9762	8529	9770	12834
	利润 /（元 / 吨）	1324	1328	1067	958	1134
	利润率 /%	12.2	12.0	11.1	8.7	7.9

40.6 2022—2026 年中国聚醚多元醇发展预期

40.6.1 中国聚醚多元醇拟在建产能统计

未来五年聚醚多元醇行业拟在建产能将达到 418.25 万吨 / 年，其中规模在 30 万吨 / 年以上的企业有 3 家，共有 4 套装置，产能合计在 201 万吨 / 年，占新建产能的 48.1%；规模在 10 万～30 万吨 / 年的企业有 12 家，共 12 套装置，产能合计 199.75 万吨 / 年，占新建产能的 47.8%；其他 10 万吨 / 年以下的企业有 4 家，共 4 套装置，产能合计 17.5 万吨 / 年，占 4.2%。值得注意的是，30 万吨 / 年及以上规模的新建装置皆有配套上游原料环氧丙烷装置，上下游产业链一体化发展趋势进一步凸显。

40.6.2 中国聚醚多元醇供应趋势预测

随着我国城市化进程加快和居民消费升级，国内规模型聚醚厂商扩能动作频繁，努力向中高端聚醚市场的细分领域迈进。同时，基于聚醚行业规模化效益的显著特点，上下游一体化进程加快，我国聚醚行业集中度趋势加强。

2022—2026年，国内聚醚多元醇产能及产量预计同步大幅增长。预计2026年聚醚多元醇产能达到1121.4万吨/年，复合增长率在9.8%；产量达到623万吨，复合增长率8.1%。产能和产量预测增长率出现偏差的主要原因：受装置投产时间分布所致，装置利用率并非全年；中小聚醚厂商大多采用非连续法生产工艺，产品生产周期不一，整体效率拉低；此外，聚醚多元醇供应逐步过剩，行业竞争激烈，并且受能耗及环保等政策因素影响，部分中小企业不乏降负或停产可能。

2022—2026年中国聚醚多元醇供应预测见图40.9。

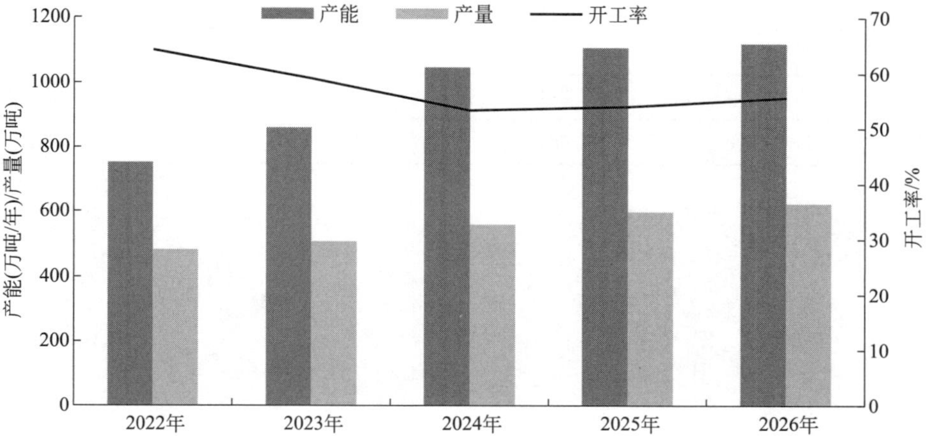

图40.9 2022—2026年中国聚醚多元醇供应预测

40.6.3 中国聚醚多元醇主要下游发展前景预测

近年来，中国聚醚多元醇主要下游仍旧集中在软体家具、交通运输、冰箱冰柜及建筑建材领域，约占总消费量的66.7%左右。此外，防水涂料、塑胶跑道、鞋材及浆料等同样是聚醚多元醇的主要下游行业，累计约占总消费量的13.3%。其他胶黏剂、运动器材、服装、箱包等十数个下游行业消费累计占比略少，为20%左右。

2022年，伴随着疫情常态化，全球经济继续发展及修复，内贸方面消费预计保持稳健增长。国家政策大力支持，居民消费水平升级带动下游需求提升，聚醚技术水平提高推动下游产品应用升级，软体家具、交通运输，以及塑胶跑道、冷链物流、管道保温等各个领域需求提振向好。同时，外贸方面海外装置恢复仍待提升，加之全球天气异常带来的不可抗力因素影响，欧美供应预计仍有缺口，聚醚及其下游制品等行业出口红利预计持续，出口市场份额继续扩大，对聚醚的需求量亦保持增长态势。

40.6.4 中国聚醚多元醇供需格局预测

未来五年，伴随上下游产业链逐步完善，聚醚多元醇行业一体化趋势愈加明显，中国聚醚多元醇供需继续呈现大幅增长之势。据测算，预计未来五年聚醚多元醇产能年均增速在9.8%，产量年均增速在8.1%，下游消费增速在5.0%，供应增速明显高于消费增速，行业持续进入供需过剩阶段。预计进口趋势将会有较大幅度的缩量，而出口将会成为企业谋求未来发展的重要方向。

2022—2026年中国聚醚多元醇市场供需平衡预测见表40.8。

表40.8 2022—2026年中国聚醚多元醇市场供需平衡预测

项目	2022年	2024年	2026年
产能 /（万吨 / 年）	752.6	1047.6	1121.4
开工率 /%	64.2	53.3	55.6
产量 / 万吨	483	558	623
进口量 / 万吨	58	50	40
总供应量 / 万吨	541	608	663
出口量 / 万吨	125	150	180
下游消费量 / 万吨	384	424	465
总需求量 / 万吨	509	574	645

第41章 1,4-丁二醇

2021年度关键指标一览

类别	项目	2020年	2021年	涨跌值	原因概述
价格	现货成交价均值/(元/吨)	9254	25310	16056	主力下游PTMEG-氨纶产业链需求旺盛，其他下游PBT、GBL等需求亦尚可；PBAT受国家政策带动，新增产能释放，需求量增加，1,4-丁二醇供需紧平衡，且新销售模式——网上竞拍高位成交助推，1,4-丁二醇暴涨
供应	产能/(万吨/年)	222.4	225.4	3	行业利润持续高位，工厂开工积极性提高，整体负荷高位，且前期长时间停车装置重启放量，国产供应大幅提升。年内无新增产能进入，故开工率提高
	产量/万吨	144.7	178.4	33.7	
	开工率/%	65.06	79.15	14.09	
	进口量/万吨	6.24	6.48	0.24	国外多装置宣布长期停车，产量减少，进口量增加偏少；再者美元价格偏高，业者警惕进品风险，谨慎操作
需求	出口量/万吨	3.05	6.89	3.84	国产产量增加，且部分出口价格存套利空间，主力厂商积极出口，出口量增加
	下游消费量/万吨	150.24	175.50	25.26	主力下游PTMEG-氨纶产业链需求旺盛，其他下游PBT、GBL等需求亦尚可，且新兴下游PBAT新增产能释放，需求量增加，拉动整体需求

41.1 中国1,4-丁二醇供需平衡分析

2017—2021年，国内1,4-丁二醇行业供应量及需求量均保持持续增长趋势。2017年因装置意外停车，整体供应量减少，供需基本处于持平状态。但2018年新增产能较多，产量大幅增加，过剩局面再度出现。2019年市场价格低位，整体开工率偏低，供应量略有减少。2020年上半年受疫情等影响，工厂开工积极性不高，下半年随着终端下游需求恢复，工厂开工至满负甚至超负荷运行，供应量达到144.7万吨。

2021年下游PTMEG-氨纶产业链全年开工负荷维持高位，PBAT行业新增产能进入，需求量大幅增加，1,4-丁二醇工厂为满足下游需求除必要的例行检修或更换催化剂外，均保持较高负荷生产。另外高利润驱使下，陕西陕化一期3万吨/年装置、天业三套各6万吨/年装置重启，市场供应量大幅增加，1,4-丁二醇行业供需格局悄然改变。

2017—2021年中国1,4-丁二醇市场供需平衡见表41.1。

表41.1 2017—2021年中国1,4-丁二醇市场供需平衡表

项目	2017年	2018年	2019年	2020年	2021年
产能/（万吨/年）	180	190	212.4	222.4	225.4
开工率/%	68.00	72.89	63.52	65.06	79.15
产量/万吨	122.4	138.5	134.91	144.7	178.4
进口量/万吨	5.1	6.45	5.76	6.24	6.48
出口量/万吨	5.52	4.58	5.8	3.05	6.89
下游消费量/万吨	122.1	136.3	135.05	150.24	175.5

41.2 中国1,4-丁二醇供应现状分析

41.2.1 2021年中国1,4-丁二醇国产供需分析

因成本倒挂，顺酐法装置于2014年底全部停产，故此工艺的产能及长期停产的炔醛法装置作剔除。2017年起中国1,4-丁二醇行业进入一轮产能扩张阶段，产能由180万吨/年增加至2021年的225.4万吨/年，年均复合增长率达到5.78%。增速较慢的原因是下游新增产能扩张较少，且下游价格处于低位，产业链利润率偏低。近五年中，新增产能较多的是2019年，共22.4万吨/年：新疆新业、陕西黑猫各6万吨/年产能及蓝山屯河二期10.4万吨/年产能，产能增速为11.79%。2021年无新增产能，仅于2015年停车的陕西陕化一期3万吨/年产能于年初重启，产能增速为1.35%。下游PTMEG、PBAT产品行业的扩张潮以及石化行业一体化发展战略，是1,4-丁二醇产能快速增长的主要推手。

2017—2021年中国1,4-丁二醇产能变化趋势见图41.1。

2017—2021年中国1,4-丁二醇产量呈现增长趋势，近五年国内1,4-丁二醇产量由122.4万吨增长至178.4万吨，年均复合增长率在9.88%。2017—2021年1,4-丁二醇产量增长最快的是2021年，同比2020年增长了33.7万吨，增幅约为23.29%。主要是因为下游需求量增加，尤其是主力下游PTMEG全年处于较高位开工，其他下游亦维持刚需采购，且PBAT及PBT新增产能进入，需求量相应增加，促使1,4-丁二醇工厂保持高负荷运行，产能有效利用率提高。2017—

2021 年 1,4- 丁二醇开工负荷相对较高，在 63% ～ 79%。

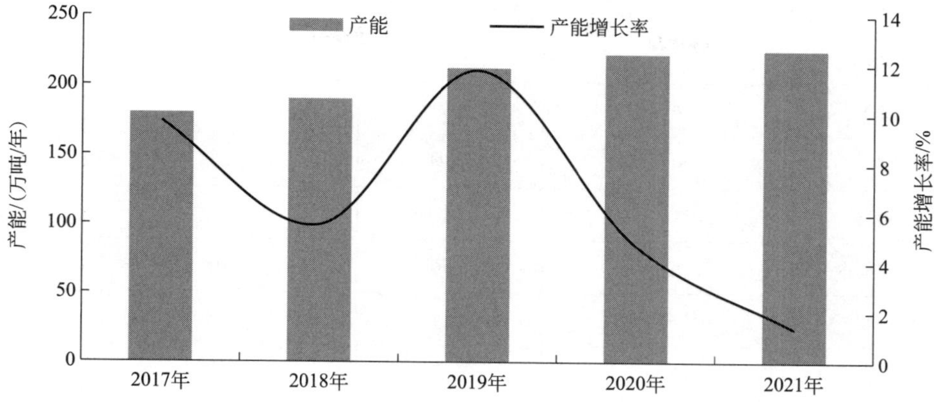

图 41.1 2017—2021 年中国 1,4- 丁二醇产能变化趋势

2017—2021 年中国 1,4- 丁二醇产量及开工率变化趋势见图 41.2。

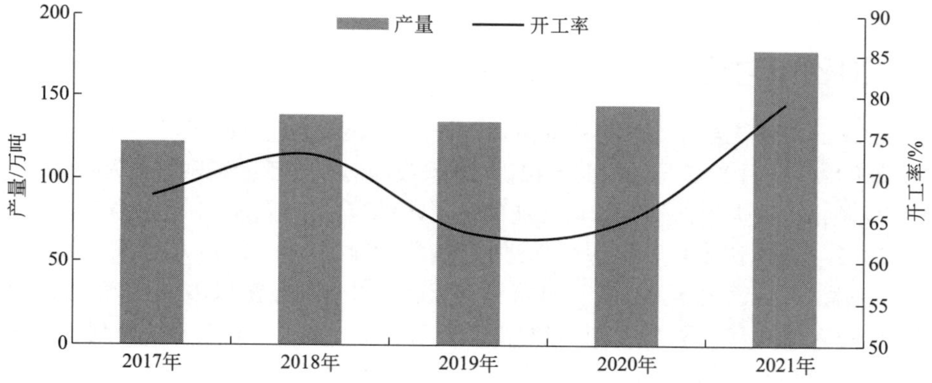

图 41.2 2017—2021 年中国 1,4- 丁二醇产量及开工率变化趋势

41.2.2 2021 年中国 1,4- 丁二醇区域供应结构分析

中国 1,4- 丁二醇产能分布集中，从近五年产能变化来看，西北一直是最集中区域，也是新增产能比较集中的区域，主要选址地区是新疆及陕西。截至 2021 年，新疆 1,4- 丁二醇产能占比高达 41.40%。

因西北地区靠近原料天然气、电石及甲醇产地，较内陆地区有明显的成本优势，故 2017—2021 年中国 1,4- 丁二醇新增产能全部位于西北地区，且部分为已有 1,4- 丁二醇生产企业继续扩产。截至 2021 年中国西北地区产能总和达 148.4 万吨，占全国总产能的 65.8%，排在第一位，其中新疆总产能达 93.4 万吨，占到全国产能的 41.4%。排在第二位的是华中地区，总产能为 21 万吨，占比达到 9.3%；第三位是华北地区，占比为 7.8%，总产能为 17.5 万吨，但山西三维 7.5 万吨 / 年产能于 2018 年 4 月因环保问题停车，因此该地区有效产能利用率偏低；山西三维 2022 年下半年存重启预期，关注其进展。

中国 1,4- 丁二醇分地区产能情况统计见表 41.2。

表 41.2 中国 1,4- 丁二醇分地区产能情况统计

区域		2017 年产能 /（万吨 / 年）	2017 年占比 /%	2021 年产能 /（万吨 / 年）	2021 年占比 /%
西北	新疆	67	37.22	93.4	41.40
	陕西	16	8.89	35	15.53
	宁夏	20	11.11	20	8.87
华中	河南	21	11.67	21	9.32
华北	内蒙古	10	5.56	10	4.44
	山西	7.5	4.17	7.5	3.33
东北	辽宁	15	8.33	15	6.65
西南	四川	8.5	4.72	8.5	3.77
	重庆	6	3.33	6	2.66
华东	江苏	5	2.78	5	2.22
	福建	4	2.22	4	1.77

41.2.3 2021 年中国 1,4- 丁二醇进口量分析

2017—2021 年中国 1,4- 丁二醇进口先涨后跌再涨，2021 年进口量达到 6.48 万吨，创近五年历史高点。2009 年 12 月 25 日至 2014 年 12 月 24 日我国对原产于沙特阿拉伯及中国台湾的 1,4- 丁二醇实施反倾销，极大地保护了国内行业的发展，供应连年增长，对进口货源的依赖不断降低。2014—2016 年，中国 1,4- 丁二醇平均进口量在 3 万吨左右。2015 年以来 1,4- 丁二醇进口量恢复增长趋势，与台湾大连集团跨区域货源调配有关，进口货源以中国台湾货源为主，台湾长春化工集团在大陆设有两家工厂，以进料加工贸易为主。同时，随着进口套利窗口逐渐开启，尽管国产货源价位相对较低，但因沙特阿拉伯及利安德价位也有一定优势，终端客户仍对进口货源存有一定选择余地。

2021 年中国 1,4- 丁二醇进口总量为 6.48 万吨，较 2020 年同比提高 3.85%，平均单月进口量 0.54 万吨。2021 年 2 月份，1,4- 丁二醇进口量偏低，在 0.14 万吨，与 2 月份欧洲巴斯夫装置受极寒天气影响停车以及巴斯夫在日本工厂长久停车有关。下半年 10—12 月 1,4- 丁二醇进口量增加，主要和国内 1,4- 丁二醇市场价格偏高有关，下游更倾向于进口货源。在价格方面，2021 年 BOD 产品进口均价较 2020 年同期飙升，主要与货源紧张以及欧美极寒天气导致的 1,4- 丁二醇全球货源流向转变有关，国外市场多以中国市场为导向跟进调整价格。2021 年 1,4- 丁二醇均值最低出现在 1 月份的 1526.5 美元 / 吨，高点出现在 12 月份的 2827 美元 / 吨，市场高低端价差 1300.5 美元 / 吨。

2017—2021 年中国 1,4- 丁二醇进口量变化趋势见图 41.3。

近五年以来，1,4- 丁二醇来源结构变化较大，主要来自中国台湾、沙特阿拉伯、美国、韩国和日本等，这五地进口量占全年总进口量的 85% ～ 99%。中国台湾是 1,4- 丁二醇第一大进口地，主要来源为台湾大连企业，2017—2019 年数量明显增长。

2017—2021 年中国 1,4- 丁二醇主要进口来源及占比见表 41.3。

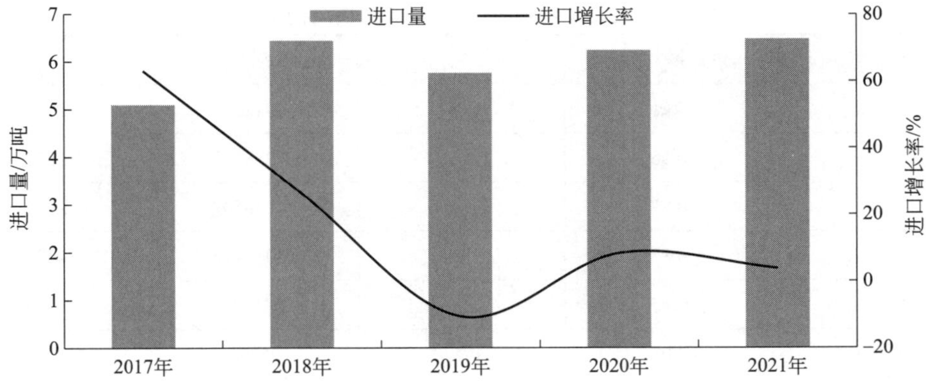

图 41.3 2017—2021 年中国 1,4- 丁二醇进口量变化趋势

表 41.3 2017—2021 年中国 1,4- 丁二醇主要进口来源及占比

单位：万吨

来源国及地区	2017 年	2018 年	2019 年	2020 年	2021 年
中国台湾	2.57	4.3	4.21	2.87	4.11
日本	1.06	1	0.12	0.19	0.95
美国		0.31	0.34	1.25	0.87
德国	0.04	0.13	0.06	0.7	0.35
沙特阿拉伯			0.76	0.99	0.15
马来西亚	0.12	0.29	0.22	0.16	0.05
荷兰	0.38	0.21		0.03	
韩国	0.93	0.09			
中国香港			0.04	0.05	
巴西		0.12	0.01		
总进口量	5.1	6.45	5.76	6.24	6.48
中国台湾占比	50.39%	66.67%	73.09%	45.99%	63.43%
日本占比	20.78%	15.50%	2.08%	3.04%	14.66%
美国占比	0.00%	4.81%	5.90%	20.03%	13.43%
德国占比	0.78%	2.02%	1.04%	11.22%	5.40%
沙特阿拉伯占比	0.00%	0.00%	13.19%	15.87%	2.31%

2021 年我国 1,4- 丁二醇主要进口来源为中国台湾、日本、美国、德国、沙特阿拉伯、马来西亚。进口来源前三位是中国台湾、日本、美国，进口量分别为 4.11 万吨、0.95 万吨和 0.87 万吨，占比分别为 63.43%、14.66% 和 13.43%。与 2020 年相比，日本占比增加明显。

2021 年中国 1,4- 丁二醇进口情况分析见表 41.4。

表 41.4 2021 年中国 1,4- 丁二醇进口情况分析

来源国及地区	进口量 / 万吨	进口占比 /%	进口额 / 美元	进口均价 /（美元 / 吨）
中国台湾	4.11	63.43	82972378	2018.79
日本	0.95	14.66	27288112	2872.43
美国	0.87	13.43	24036509	2762.82
德国	0.35	5.40	14014776	4004.22
沙特阿拉伯	0.15	2.31	3117910	2078.61
马来西亚	0.05	0.77	1059986	2119.97
总量	6.48			

41.3 中国 1,4- 丁二醇消费现状分析

41.3.1 2021 年中国 1,4- 丁二醇消费趋势分析

中国 1,4- 丁二醇的下游消费集中在 PTMEG 产品、PBT 产品及 GBL 产品三大领域，三者约占 1,4- 丁二醇总消费量的 80% 以上。PTMEG- 氨纶产业链的消耗量增加，国家政策支持可降解塑料——PBAT/PBS 产品行业快速发展，成为近五年来推动 1,4- 丁二醇消费增长的最大动力，目前中国已成为全球 1,4- 丁二醇消费增长最快的国家。近两年伴随纺织行业、新能源行业、可降解制品等行业的发展，1,4- 丁二醇投资热潮高涨，新增产能陆续出现。截至 2021 年，中国 1,4- 丁二醇消费量 175.5 万吨，2017—2021 年中国 1,4- 丁二醇消费平均复合增长率在 9.49%。2018 年、2020 年、2021 年 1,4- 丁二醇消费量呈现两位数增长，主要也是 PTMEG、PBT、PBAT 等产品新产能投产带动。

2021 年中国 1,4- 丁二醇消费量在 175.5 万吨，较 2020 年增长 16.81%，保持高速增长，主要受 PTMEG- 氨纶产业链需求强劲及部分 PBAT 产品新增产能投放推动。1,4- 丁二醇年内消费高点集中在 2—4 月份，主要受 PTMEG 产品及 GBL 产品消费双轮驱动。

2017—2021 年中国 1,4- 丁二醇消费量变化趋势见图 41.4。

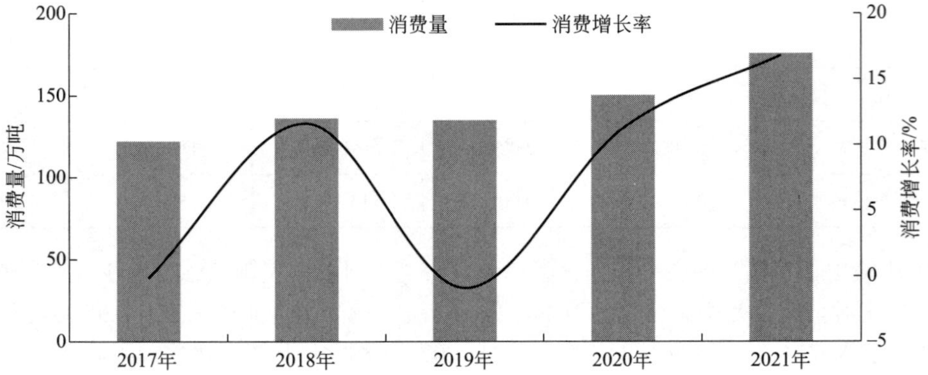

图 41.4 2017—2021 年中国 1,4- 丁二醇消费量变化趋势

41.3.2 2021年中国1,4-丁二醇消费结构分析

中国1,4-丁二醇行业发展相对成熟，下游应用领域相对广泛且稳定，随着上下游产能同时发展，供需结构逐步改变，行业产能过剩问题也得到缓解，进入供需紧平衡状态。2017—2021年中国1,4-丁二醇下游需求占比有所改变，下游三大主力行业排名未变，PTMEG在1,4-丁二醇下游消费占比中较稳定，始终维持在5成附近，并且近两年下游氨纶发展态势较好，PTMEG占比有增大的趋势。虽PBT产能不断扩大，需求占比依然稳居第二，但因终端需求下滑及高成本压力，工厂开工积极性不高，占比有所降低。占比排在第三位的GBL行业，近几年新增产能较少，且受环保等因素影响较大，整体开工率下滑，占比亦随之降低。下游行业变化比较大的是PBAT行业，主要是国家“限塑令”“禁塑令”等推动，新增产能相对偏多，需求量增加，同时在建/拟建产能呈现“井喷式”增长，预计未来其需求占比将大幅增加，跃然前列。

2017—2021年中国PTMEG行业产能及产量均保持较稳定的增长趋势，目前除上海巴斯夫、晓星化工、杭州三隆外，其他产能均为1,4-丁二醇配套装置，并且后期新产能依然以上下游配套发展模式为主，如恒力集团、诸暨华海氨纶、福建中景石化、华鲁恒升等都以1,4-丁二醇-PTMEG上下游一体化生产为主，这将会大大减小1,4-丁二醇销售压力及PTMEG成本压力。据不完全统计，未来PTMEG有约156万吨/年的新产能进入，因此其对1,4-丁二醇的需求量依然是一个很重要的增长点。从2020年起，受新冠肺炎疫情的影响，国外氨纶需求量大幅增加，也相应带动了氨纶的快速扩张和布局，进而也带动了PTMEG需求量的快速增长，工厂为满足下游需求保持高负荷甚至超负荷生产，2021年PTMEG占比继续增大。

2017—2021年，虽中国PBT行业产能不断扩大，但因需求低迷，工厂开工积极性不高，产量增速较慢。2017—2018年中国PBT行业受下游需求增长影响，产量有所增加，基本进入供需平衡阶段。但2019年受宏观经济环境不景气、中美贸易摩擦、下游需求萎靡、行业亏损等多重利空影响，PBT工厂为减少成本压力及库存压力等被迫降负生产或停车检修，导致2019年PBT行业产量减少。2020年遭遇全球性新冠肺炎疫情，终端需求萎靡，部分产能扩张的生产工厂多选择新旧产能轮流开车，因此全年产量亦无明显增长。2021年虽PBT行情跟随原料“水涨船高”，但因终端跟进情况一般，高成本压力下，工厂降负生产，全年开工率不高，对1,4-丁二醇需求量占比下滑。

近几年GBL行业新增产能较少，且受环保等因素影响较大，停车装置暂无重启意向，整体开工一般。2021年国内GBL行业受原料1,4-丁二醇暴涨及长期高位运行影响，生产成本大幅增加，影响GBL/NMP生产积极性。同时GBL/NMP作为1,4-丁二醇下游产品近年来受锂电行业回收循环利用率提高的影响，导致1,4-丁二醇消耗量并未明显增加。另外2021年GBL列入第三类易制毒化学品管制后，主要体现经营流向法制监管，对1,4-丁二醇需求及GBL市场影响不大。因此近几年GBL行业整体占比变化不是很明显。

2017—2021年，中国PU浆料行业整合持续，同时受终端需求低迷、环保政策、全球疫情等影响，中小企业开工积极性一般。另外2021年主要原料DMF全年高位运行，且原料1,4-丁二醇、己二酸市场价格也高于往年同期，成本压力大幅增加，行业发展面临严峻考验。

2017—2021年TPU行业受终端需求低迷、环保政策、全球疫情、成本大幅增加等影响，市场货源交投活跃度降低，工厂开工热情不高，企业出货压力较大，年内上涨行情多以原料上涨为前提，价格传导困难。2021年TPU需求在1,4-丁二醇下游消费结构占比中依然偏低。

2017—2021年可降解塑料行业PBAT/PBS占比相对较小，但随着国家“限塑令”的推行及实施，未来可降解塑料——PBS/PBAT的发展前途一片光明，不断有工厂计划投产新产能，据不

完全统计，未来预计有千万吨的产能将投产。因此随着 PBS/PBAT 产能的释放，其对原料的消耗量在 1,4- 丁二醇下游行业中的占比将有更大的上升空间。

2017—2021 年中国 1,4- 丁二醇下游行业需求结构见图 41.5。

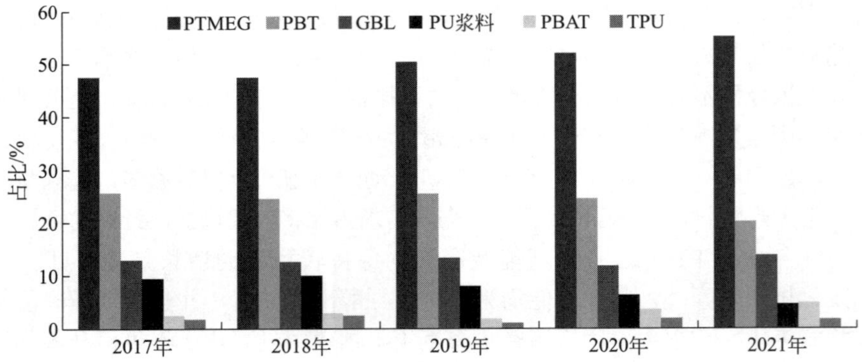

图 41.5　2017—2021 年中国 1,4- 丁二醇下游行业需求结构

41.3.3　2021 年中国 1,4- 丁二醇出口量分析

2010—2012 年我国并没有 1,4- 丁二醇出口，主要原因是国内产能相对较小，同时已有生产企业没有明显的出口价格优势。其后，随着国内 1,4- 丁二醇产能不断扩张，新疆美克、盘锦大连、山西三维、新疆天业、河南开祥、新疆国泰等企业及部分贸易商积极开拓国外市场，我国 1,4- 丁二醇出口量逐渐增加，并于 2017 年和 2019 年超过进口量。其中，新疆美克主要出口方向为欧洲和东北亚等周边国家和地区，长连化工主要出口方向为东南亚和东北亚。

2021 年中国 1,4- 丁二醇出口总量约 6.89 万吨，较 2020 年同比增加 125.9%。2021 年国内 1,4- 丁二醇产量大幅增加，整体供应处于一种相对平衡状态，但依然有富余量供出口。在价格方面，2021 年 1,4- 丁二醇出口均价较 2020 年同期大幅增加，主要因期间 1,4- 丁二醇内外盘价格均高位，全球供应的短暂不平衡导致价格整体高于 2020 年同期。

2017—2021 年中国 1,4- 丁二醇出口量变化趋势见图 41.6。

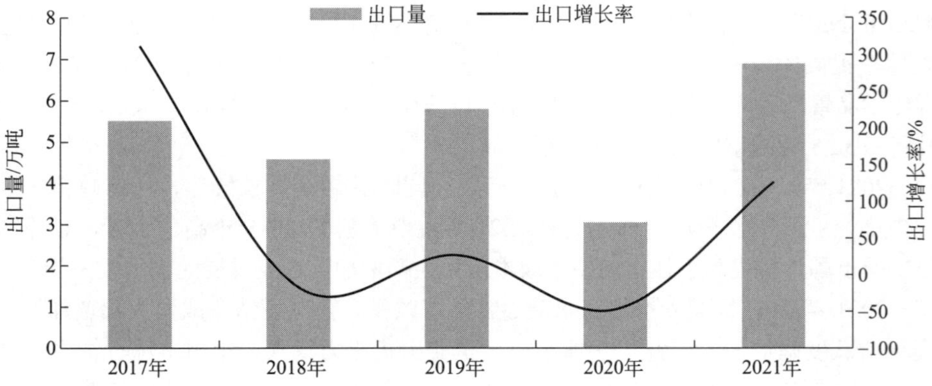

图 41.6　2017—2021 年中国 1,4- 丁二醇出口量变化趋势

我国 1,4-丁二醇出口目的地相对比较分散，达到 20 多个国家或地区，其中 2017—2021 年

1,4- 丁二醇主要出口地为越南、韩国、意大利等。

2017—2021 年中国 1,4- 丁二醇主要出口地汇总见表 41.5。

表 41.5　2017—2021 年中国 1,4- 丁二醇主要出口地汇总

单位：万吨

出口国及地区	2017 年	2018 年	2019 年	2020 年	2021 年
韩国	3.17	1.82	1.93	0.5	1.36
越南	0.15	0.30	2.34	0.75	1.1
土耳其	0.19	0.16	0.13	0.1	1.08
意大利	0.15	0.7	0.86	0.81	0.98
马来西亚	0.05	0.1		0.03	0.5
印度	0.18	0.56		0.01	0.41
德国	0.53	0.1		0.03	0.31
中国台湾	0.35	0.19	0.21	0.25	0.19
日本				0.02	0.17
荷兰	0.12	0.35	0.02	0.05	0.16
西班牙	0.05	0.1	0.06	0.03	0.1
美国	0.14	0.08	0.01	0.01	0.1
泰国	0.03	0.04	0.13		0.07
俄罗斯			0.01	0.11	0.06
阿联酋					0.05
墨西哥				0.02	0.04
巴基斯坦		0.01	0.01	0.06	0.04
伊朗				0.05	0.04
巴西	0.01	0.02	0.01	0.05	0.03
波兰	0.01	0.01	0.02	0.05	0.02
比利时	0.36	0.03	0.05	0.05	0.02
澳大利亚		0.01	0.01		0.02
法国	0.04		0.01		0.01
阿根廷				0.05	0.01
其他				0.02	0.02

2021 年我国 1,4- 丁二醇出口目的地主要在韩国、越南和意大利，出口量分别为 1.36 万吨、1.1 万吨和 1.08 万吨，占比分别是 19.74%、15.97% 和 15.67%。

2021 年中国 1,4- 丁二醇出口情况分析见表 41.6。

表 41.6 2021 年中国 1,4- 丁二醇出口情况分析

出口国及地区	出口量 / 万吨	出口占比 /%	出口额 / 美元	出口均价 /（美元 / 吨）
韩国	1.36	19.74	44151566	3246.44
越南	1.1	15.97	37653423	3423.04
土耳其	1.08	15.67	39864267	3691.14
意大利	0.98	14.22	31899468	3255.05
马来西亚	0.5	7.26	18356680	3671.34
印度	0.41	5.95	15562445	3795.72
德国	0.31	4.50	13143116	4239.71
中国台湾	0.19	2.76	6976631	3671.91
日本	0.17	2.47	6892349	4054.32
荷兰	0.16	2.32	6352805	3970.50
西班牙	0.1	1.45	2922024	2922.02
美国	0.1	1.45	4384174	4384.17
泰国	0.07	1.02	2498804	3569.72
俄罗斯	0.06	0.87	1930687	3217.81
阿联酋	0.05	0.73	1486476	2972.95
墨西哥	0.04	0.58	1107339	2768.35
巴基斯坦	0.04	0.58	628113	1570.28
伊朗	0.04	0.58	946944	2367.36
巴西	0.03	0.44	893738	2979.13
波兰	0.02	0.29	628113	3140.57
比利时	0.02	0.29	738833	3694.17
澳大利亚	0.02	0.29	739534	3697.67
法国	0.01	0.15	913411	9134.11
阿根廷	0.01	0.15	125860	1258.60
其他	0.02	0.29	1949878	9749.39

41.4 中国 1,4- 丁二醇价格走势分析

2017—2021 年中国 1,4- 丁二醇市场价格波动空间巨大，在 7500 ～ 31000 元 / 吨。其中 2017—2020 年，国内 1,4- 丁二醇市场价格波动相对平缓，区间在 7500 ～ 12000 元 / 吨。2017 年二季度至 2018 年二季度，1,4- 丁二醇市场一跌一涨，上涨的原因为天然气紧缺，部分厂家供应紧张甚至外采，但因中国有新增产能进入，供应并未出现大范围紧缺；自 2018 年二季度起，

产能扩张利空显现，宏观经济转弱、中美贸易摩擦等影响，部分终端如纺织及鞋材受到较大冲击，1,4- 丁二醇价格大幅下行，企业减产止损，实现一波小反弹。2019 年中国 1,4- 丁二醇市场跟随供需关系变化先跌后涨，同年 11 月行业为自救进行改革，推行挂结算，推动市场价格上涨。2020 年中国 1,4- 丁二醇市场行情先跌后涨，上半年高位僵持后大幅下滑，下半年低位盘整后快速回暖。主要原因是上半年受国内外疫情影响，终端需求维持刚需，工厂库存累积，被迫让利促销。后工厂限产保价，开工率降至历史低位。下半年市场需求陆续恢复，现货供应偏紧，1,4- 丁二醇厂商合力推涨，市场快节奏反弹至万元以上，在 2020 年 11 月达到了 12600 元 / 吨的高点。而 2021 年 1,4- 丁二醇市场价格波动范围较大，区间在 12600 ～ 31000 元 / 吨，全年呈现“暴涨久跌—触底反弹，长期高位波动”行情，主要受传统下游 PTMEG- 氨纶产业链维持高位开工，供需结构转变，及“限塑令”等政策推动下游可降解塑料 PBAT 快速发展，导致供需紧平衡甚至供不应求；同时原料方面受双控等影响价格快速上涨，成本端支撑强。截至 2021 年 12 月 31 日，年均价为 25310 元 / 吨，环比上涨 173.5%，且年内 31000 元 / 吨的高点刷新了近十几年的历史纪录。

2017—2021 年中国 1,4- 丁二醇市场价格走势对比见图 41.7。

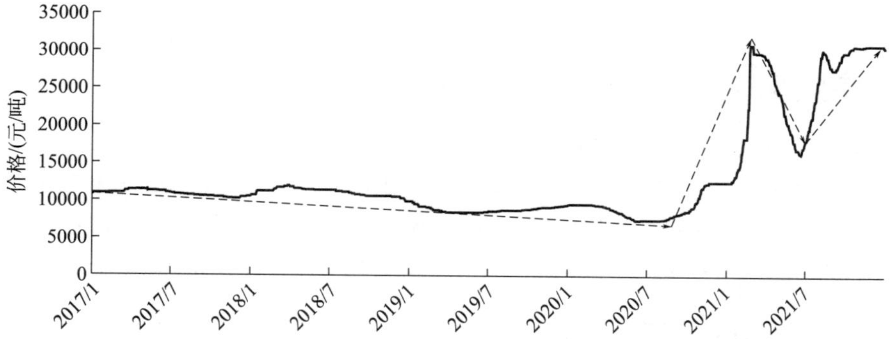

图 41.7 2017—2021 年中国 1,4- 丁二醇市场价格走势对比

41.5 中国 1,4- 丁二醇行业成本及利润分析

2017—2021 年中国 1,4- 丁二醇行业利润空间波动较大。2019—2020 年上半年 1,4- 丁二醇平均利润较低，2019 年陕西黑猫和新疆新业各 6 万吨 / 年新装置投产，加之和新疆蓝山屯河二期 10.4 万吨 / 年装置扩能，国产供应量大幅提升；且受中美贸易摩擦等影响，终端需求疲软，1,4- 丁二醇价格下滑，导致利润空间缩窄。2020 年上半年受全球新冠肺炎疫情等限制终端需求，市场价格持续下行，行业利润萎缩。2019 年和 2020 年在某些时段均出现 1,4- 丁二醇利润率为负数的情况。2021 年受 1,4- 丁二醇自身产品供需结构改变，且国家“限塑令”等推动下游可降解塑料等行业发展，价格大幅上行至 31000 元 / 吨，行业平均利润升至 13846 元 / 吨附近，创历史新高。虽原料电石及甲醇等受双控等影响价格上行，但幅度不及 1,4- 丁二醇，因此利润率大幅提升。2021 年利润高点在 2 月底，最高利润率达近 70%；利润低点在年初，最低利润率 22%。

2017—2021 年中国 1,4- 丁二醇行业炔醛法成本及利润走势见图 41.8。

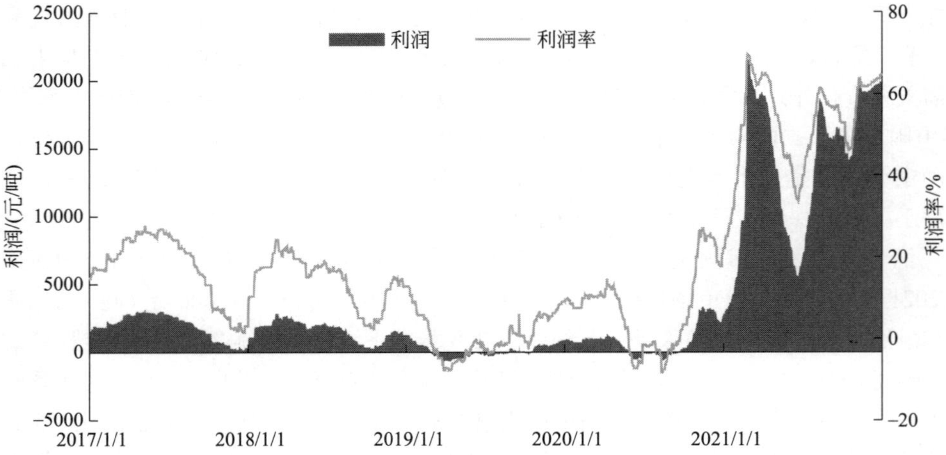

图 41.8 2017—2021 年中国 1,4- 丁二醇行业炔醛法成本及利润走势

41.6 2022—2026 年中国 1,4- 丁二醇发展预期

41.6.1 中国 1,4- 丁二醇拟在建 / 退出产能统计

未来五年 1,4- 丁二醇行业拟在建产能将达到 819 万吨，新增产能主要分布在西北、华北、华东、西南、华南地区，其中规模在 100 万吨 / 年以上的企业有两家。2022—2026 年新增产能集中投放后，1,4- 丁二醇市场供应格局将发生重大变化，包括进口萎缩、出口增加等情况，货源流向也将发生重大改变，1,4- 丁二醇上下游一体化发展的趋势进一步凸显。

41.6.2 中国 1,4- 丁二醇供应趋势预测

伴随一体化装置投产释放，2022—2026 年国内 1,4- 丁二醇产能和产量同步大幅增长，产能复合增量率约 24.39%，产量复合增长率约 20.46%。产能和产量预测增长率出现偏差的主要原因：受装置投产时间分布所致，装置利用率并非全年；下游 PBAT 等新产能投放尚需时间，1,4- 丁二醇在 2023 年之后或逐步过剩，行业竞争激烈，甚至出现降负荷运行状况。预计 2026 年产能达到 635.4 万吨，产量 400 万吨。

2022—2026 年中国 1,4- 丁二醇供应趋势预测见图 41.9。

2022 年，约有 8 家企业有常规检修计划，会根据自身情况合理安排检修时间，预计届时将影响中国 1,4- 丁二醇的产量，综合 2022 年万华、美克四期、东源二期、国泰三期企业在下半年投产计划，预计 2022 年中国 1,4- 丁二醇产量将达到 190 万吨，同比增长 6.5%。

41.6.3 中国 1,4- 丁二醇主要下游发展前景预测

近年中国 1,4- 丁二醇主要下游集中在 PTMEG、PBT、GBL 等产品领域，约占其总消费量的 80% 以上，其中 PTMEG 产品一直稳居首位，主因是其主力下游氨纶产能的不断扩张及稳定需求，促使各 PTMEG 工厂保持高位开工，产量大幅增加。而未来下游氨纶及 TPU 产能仍有扩张趋势，也进一步刺激中国 PTMEG 产能进一步扩张，除了晓星化工等大企业扩产外，也有新的生产厂家计划进军该行业，如诸暨华海氨纶向上发展，自身配套上游原料；福建中景石化、

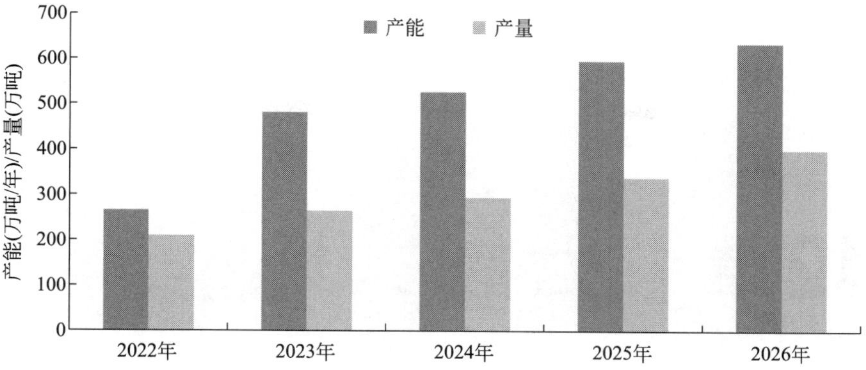

图 41.9 2022—2026 年中国 1,4- 丁二醇供应趋势预测

华鲁恒升、重庆鸿庆达等在新建 1,4- 丁二醇产能的同时配套下游 PTMEG 装置。2021 年，国内 PTMEG 品有一套扩能，合计产能 10 万吨，下游氨纶产品新增和扩能装置在 10 万吨以上。

近两年受国家“限塑令”“禁塑令”等政策推进，1,4- 丁二醇下游 PBAT/PBS 发展势头迅猛，未来几年在建 / 拟建产能在千万吨附近。但 2021 年受原料 1,4- 丁二醇等高位运行限制，成本向终端传导困难，导致部分 PBAT 工厂开工积极性不高，且新产能亦推迟投产，总体对 1,4- 丁二醇的消费量增加但增加幅度不及预期。未来随着国家政策的鼓励和推动，PBAT/PBS 的发展前景依然可期。

2021 年 PTMEG 及 PBAT/PBS 对 1,4- 丁二醇的消费占比分别约为 55% 和 5%。未来五年，伴随产业一体化发展，下游 PTMEG 产品和 PBAT 产品均进入一个产能扩张周期，2022—2026 年国内大概有 5 家共 156 万吨 PTMEG 产品装置预计投产，40 余家共 900 万吨 PBAT 产能投产，届时对 1,4- 丁二醇需求量将大幅增加。

41.6.4 中国 1,4- 丁二醇供需格局预测

未来五年，伴随 1,4- 丁二醇上下游产业链逐步完善，行业一体化趋势愈加明显，中国 1,4- 丁二醇供需均呈现大幅增长之势。预计未来五年 1,4- 丁二醇产能年均复合增长率在 24.39%，产量年均复合增长率在 20.46%，下游消费年均复合增长率在 21%，供应增速明显高于消费增速，届时行业将进入供大于求周期，进口大幅缩量，出口成为企业谋求未来发展的重要方向。

2022—2026 年中国 1,4- 丁二醇市场供需平衡预测见表 41.7。

表 41.7 2022—2026 年中国 1,4- 丁二醇市场供需平衡预测

项目	2022 年	2024 年	2026 年
产能 /（万吨 / 年）	265.4	526.4	635.4
开工率 /%	71.59	55.74	62.95
产量 / 万吨	190	293.4	400
进口量 / 万吨	5	5	5.2
总供应量 / 万吨	195	298.4	405.2
出口量 / 万吨	6.8	8	8.6
下游消费量 / 万吨	188	285	403
总需求量 / 万吨	194.8	293	411.6

第 42 章 己二酸

2021 年度关键指标一览

类别	项目	2020 年	2021 年	涨跌值	原因概述
价格	现货成交价均值 /（元 / 吨）	6815	10824	4009	原料纯苯较 2020 年大涨，成本面支撑增加，工厂挺市意向延续；主力下游行业需求量有所增加，助推己二酸市场价格上涨
供应	产能 /（万吨 / 年）	254	274	20	继 2020 年 6 月华峰四期投产放量后，华鲁恒升二期 20 万吨装置于 2021 年一季度投产，山东洪鼎 14 万吨装置于二季度重启，大丰装置于 11 月重启，实际有效产能增加，且各工厂开工较稳定，整体负荷高位，供应量增加
	产量 / 万吨	155.7	190.7	35	
	开工率 /%	61.30	69.6	8.3	
	进口量 / 万吨	0.97	1.27	0.3	中国早已完成由进口国向出口国的转变，因此进口量变动不大
需求	出口量 / 万吨	29.3	38.02	8.72	因中国是全球最大的己二酸生产国，且华峰和华鲁等主力出口工厂产能扩张，多积极出口
	下游消费量 / 万吨	126	138.7	12.7	主力下游行业开工较稳定，需求量增加；且新兴下游 PBAT 新增产能释放，需求量有所增加，拉动整体需求

42.1 中国己二酸供需平衡分析

2017—2021 年，中国己二酸市场供需呈稳定增长态势。据统计，2017—2021 年中国己二酸产量年均增速在 3.26%，消费量年均增速在 9.55%。产量的增长主要来自己二酸行业产能的不断扩张，以及部分长期停车装置的重启；需求的增长主要受下游 PA66、TPU 等行业的扩张推动。2021 年，中国新增 1 套己二酸装置，行业总产能提升至 274 万吨 / 年。截至 2021 年底，己二酸国内产量增长至 190.7 万吨，同比上涨 22.48%。

进出口方面，伴随国内供应量的增加，国内己二酸出口量呈不断增加趋势。而进口方面除部分下游行业对质量有特殊要求的少量进口外，其他均用国产货源。据海关数据统计显示，2021 年中国己二酸进口量为 1.27 万吨，同比增加 30.93%，出口量亦增加 29.76%。2021 年中国己二酸消费增长至 138.7 万吨，同比增长 10.08%，主要来自 PA66、TPU 等产品产能的扩张，以及下游 PBAT 产品需求的增加。据统计，2021 年中国仅新增华鲁恒升二期己二酸装置，产能为 20 万吨 / 年。

2017—2021 年中国己二酸供需平衡见表 42.1。

表 42.1 2017—2021 年中国己二酸供需平衡表

项目	2017 年	2018 年	2019 年	2020 年	2021 年
产能 /（万吨 / 年）	241	241	248	254	274
开工率 /%	51.87	55.60	57.26	61.30	69.6
产量 / 万吨	125	134	142	155.7	190.7
进口量 / 万吨	1.77	1.77	1.14	0.97	1.27
总供应量 / 万吨	128.77	136.09	144.03	159.70	196.37
出口量 / 万吨	32.15	33.50	31.00	29.30	38.02
下游消费量 / 万吨	96.3	101.7	110	126	138.7
总需求量 / 万吨	128.45	135.20	141.00	155.30	176.72

42.2 中国己二酸供应现状分析

42.2.1 2021 年中国己二酸国产供需分析

2017—2021 年中国己二酸产能复合增长率在 4.07%，2017 年、2018 年己二酸产能相对稳定，产能增长主要集中在 2019—2021 年，主要为现有生产企业扩产，下游需求增加是己二酸产能快速增长的主要推手。

2017—2021 年中国己二酸产能变化趋势见图 42.1。

2017—2021 年，国内己二酸产能不断增加，相应的产量亦呈现增长趋势，产量已由 2017 年的 125 万吨增长至 2021 年的 190.7 万吨，年均复合增长率在 11.14%。2017—2021 年间，己二酸产量增长最快的是 2021 年，比 2020 年增长了 35 万吨，增长率约为 22.48%。主要是因为华峰四期 20 万吨装置于 2020 年上半年投产，华鲁二期 20 万吨装置于 2021 年一季度投产，山东洪鼎（原山东洪业）14 万吨装置于二季度重启，促使己二酸工厂产能有效利用率提高，产量增加明显。2021 年己二酸开工率相对较高，近 70%。

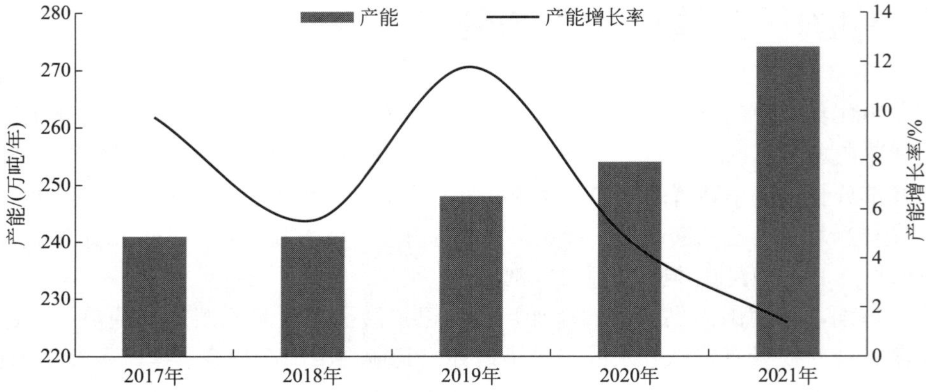

图 42.1 2017-2021 年中国己二酸产能变化趋势

2017—2021 年中国己二酸行业产量及开工率变化趋势见图 42.2。

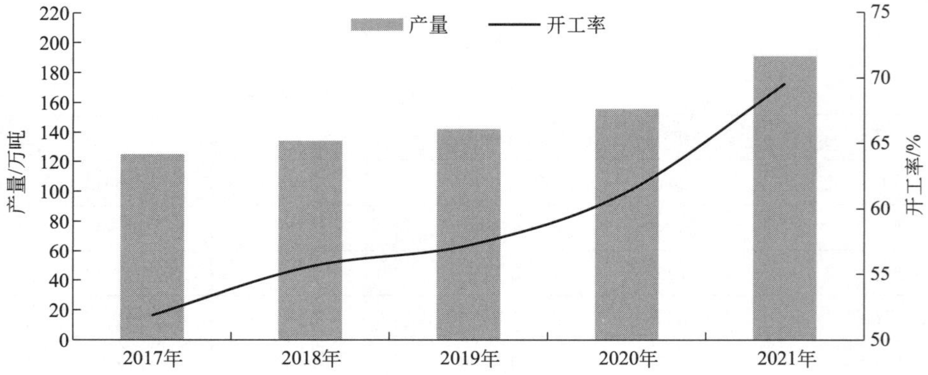

图 42.2 2017—2021 年中国己二酸产量及开工率变化趋势

42.2.2 2021 年中国己二酸区域供应结构分析

从近五年产能变化来看，华东和西南一直是我国己二酸产能最集中区域，也是新增产能比较集中的区域。截至 2021 年，华东己二酸产能占比达 37.41%，西南和华中占比分别在 27.01% 和 17.15%。西南、华北地区是己二酸的主要输出区域。

中国己二酸分地区产能情况统计见表 42.2。

表 42.2 中国己二酸分地区产能情况统计

区域		2017 年产能 /（万吨 / 年）	2017 年占比 /%	2021 年产能 /（万吨 / 年）	2021 年占比 /%
西北	新疆	7.5	3.11	7.5	2.74
华中	河南	40	16.60	47	17.15
华北	河北	15	6.22	15	5.47
	山西	14	5.81	14	5.11
东北	辽宁	14	5.81	14	5.11
西南	重庆	54	22.41	74	27.01
华东	江苏	30	12.45	30	10.95
	山东	66.5	27.59	72.5	26.46

42.2.3 2021年中国己二酸主要生产企业生产状况分析

2021年，中国己二酸生产企业数量共计10家，其中重庆华峰以74万吨/年产能排在第一位；其次是海力集团（山东海力和江苏海力），产能为52.5万吨/年；河南神马产能47万吨/年，排名第三；第四位是华鲁恒升，产能为36万吨/年。2021年国内己二酸行业仅增加华鲁二期20万吨/年装置。

2021年中国己二酸主要生产企业汇总见表42.3。

表42.3 2021年中国己二酸主要生产企业汇总

企业名称	区域	集团归属	产能/（万吨/年）	规划
重庆华峰化工有限公司	重庆涪陵	华峰集团	74.0	2021年底扩产五期20万吨/年；2023年扩产6期20万吨/年
中国平煤神马能源化工集团有限责任公司	河南平顶山	神马集团	47.0	
山东华鲁恒升集团有限公司	山东德州	华鲁恒升集团	36.0	2023年扩产20万吨/年
江苏海力化工有限公司	江苏盐城	金光集团	30.0	
山东海力化工股份有限公司	山东淄博	金光集团	22.5	
唐山中浩化工有限公司	河北唐山		15.0	
中国石油辽阳石油化纤有限公司	辽宁辽阳	中石油集团	14.0	
阳煤集团太原化工新材料有限公司	山西太原	阳煤集团	14.0	
山东洪鼎化工有限公司	山东菏泽	旭阳集团	14.0	2024—2025年扩产30万吨/年
新疆天利高新石化股份有限公司	新疆石河子		7.5	2024—2025年扩产15万吨/年
合计			274.0	

42.2.4 2021年中国己二酸进口量分析

2017—2021年，中国己二酸进口呈下降趋势，主要与国内产能不断增加有关。2017—2018年，中国己二酸平均进口量在1.5万吨以上；而2018年后，中国己二酸进口逐步下滑，甚至在2020年减少至1万吨以下。

2021年中国己二酸产品进口总量约1.27万吨，较2020年同比增加30.93%，平均单月进口量0.11万吨。2021年己二酸产品均值最低出现在2月份的1638.72美元/吨，高点出现在10月份的2520.57美元/吨，市场高低端价差约881美元/吨。

2017—2021年中国己二酸进口量变化趋势见图42.3。

近五年以来，中国己二酸产品来源比较稳定，主要来自韩国、德国、中国台湾、日本和美国等，这五地进口量占全年总进口量的97%～98%，其他地区占比很小。

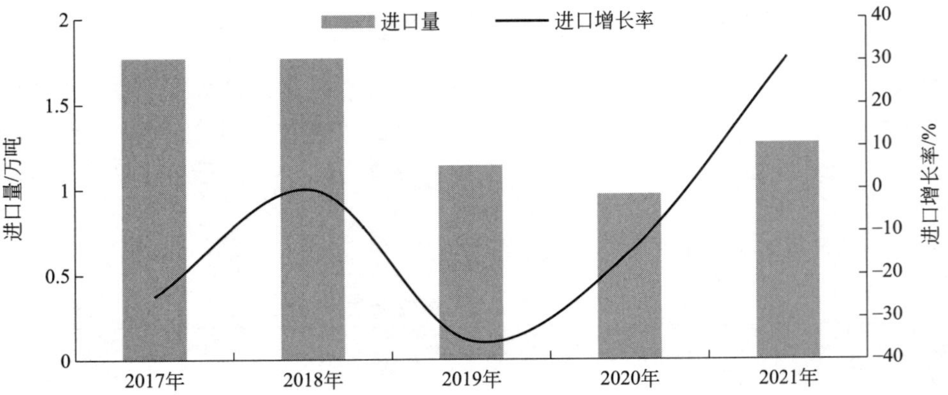

图 42.3 2017—2021 年中国己二酸进口量变化趋势

2017—2021 年中国己二酸主要进口来源及占比见表 42.4。

表 42.4 2017—2021 年中国己二酸主要进口来源及占比情况

单位：万吨

来源国及地区	2017 年	2018 年	2019 年	2020 年	2021 年
韩国	0.96	0.92	0.52	0.46	0.47
德国	0.51	0.55	0.39	0.27	0.41
中国台湾	0.06	0.05	0.05	0.04	0.12
日本	0.20	0.19	0.14	0.12	0.11
美国	0.02	0.03	0.02	0.05	0.07
意大利	0.01	0.01	0.01	0.02	0.04
中国					0.03
比利时	0.01	0.01	0.01	0.00	0.02
西班牙	0.01	0.01	0.01		0.01
总进口量	1.77	1.77	1.14	0.97	1.27
前 5 位占比	98.13%	98.08%	97.89%	97.15%	92.44%
韩国占比	54.15%	52.05%	45.53%	47.55%	37.13%
德国占比	28.59%	30.78%	34.53%	28.03%	32.39%
中国台湾占比	3.23%	2.97%	3.98%	3.98%	9.48%
日本占比	11.04%	10.45%	12.20%	12.62%	7.90%
美国占比	1.12%	1.82%	1.65%	4.97%	5.53%

2021 年己二酸进口主要来自韩国、德国、中国台湾、日本和美国等。进口来源地的前三位是韩国、德国和中国台湾，进口量分别为 0.47 万吨、0.41 万吨和 0.12 万吨，占比分别为 37.01%、32.28% 和 9.45%，进口均价分别为 1775.87 美元 / 吨、2280.75 美元 / 吨、3255.30 美元 / 吨。与 2020 年相比，韩国、德国占比减少，中国台湾占比增加。

2021 年中国己二酸进口情况分析见表 42.5。

表 42.5 2021 年中国己二酸进口情况分析

来源国及地区	进口量 / 万吨	进口占比 /%	进口额 / 美元	进口均价 / (美元 / 吨)
韩国	0.47	37.01	6572102	1775.87
德国	0.41	32.28	7363045	2280.75
中国台湾	0.12	9.45	3075878	3255.30
日本	0.10	7.87	3630135	4610.27
美国	0.07	5.51	1971988	3577.75
意大利	0.04	3.15	1802884	5724.16
中国	0.03	2.36	317556	1344.32
比利时	0.02	1.57	86603	2669.64
西班牙	0.01	0.79	280495	2825.01

42.3 中国己二酸消费现状分析

42.3.1 2021 年中国己二酸消费趋势分析

中国己二酸产品的下游消费集中在尼龙板块（PA66）及聚氨酯板块（PU 浆料、鞋底原油、TPU）两大领域，两者约占己二酸产品总消费量的 90% 以上。近两年，伴随相关原料己二腈行业国产技术的突破，PA66 将打破原料限制，进入快速发展期；同时，随着国家“限塑令”等政策的推动，新兴下游 PBAT 行业产能将大幅增加，未来几年这两大行业将成为推动己二酸产品消费增长的最大动力，未来己二酸产能将持续增加。据统计，截至 2021 年，中国己二酸产品消费量已达 138.7 万吨，2017—2021 年己二酸产品消费平均复合增长率在 9.56%。2020 年、2021 年己二酸产品消费量呈现两位数增长，主要是因为 PA66 产品和聚氨酯板块整体消费量增加，以及 PBAT 消化量较往年增加。

2017—2021 年中国己二酸消费量变化趋势见图 42.4。

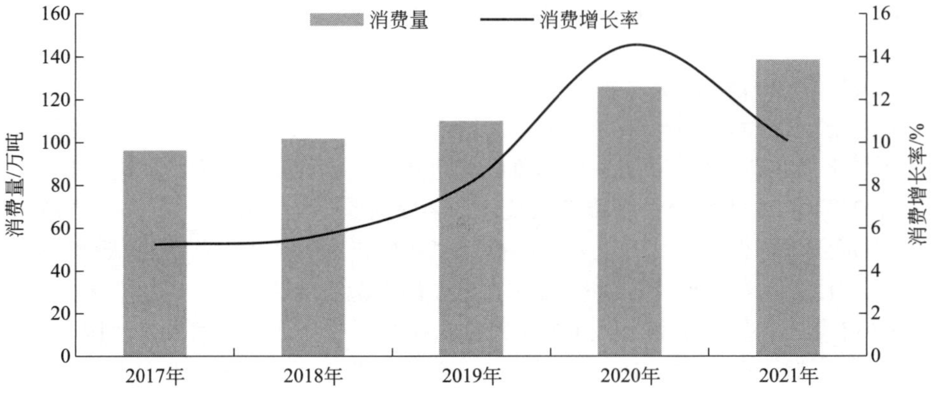

图 42.4 2017—2021 年中国己二酸消费量变化趋势

42.3.2 2021年中国己二酸消费结构分析

中国己二酸产品下游主要产品是PA66、鞋底原液和PU浆料等，2017—2021年对己二酸的消费复合增长率分别为4.26%、7.46%和8.87%。2017年PA66首次超过PU浆料，成为己二酸的第一大消费领域，其他领域主要为鞋底原液、TPU等。但2021年受相关原料己二腈供应紧张影响，PA66开工率略低，对己二酸消耗量减少。而变动比较明显的是PBAT行业，主要受国家政策推动，产量环比增加。监测数据显示，2021年PBAT产能从2017年的15.3万吨/年增至64.7万吨/年，增长4倍，对己二酸消耗量大幅增加。

2017—2021年中国己二酸下游行业需求结构见图42.5。

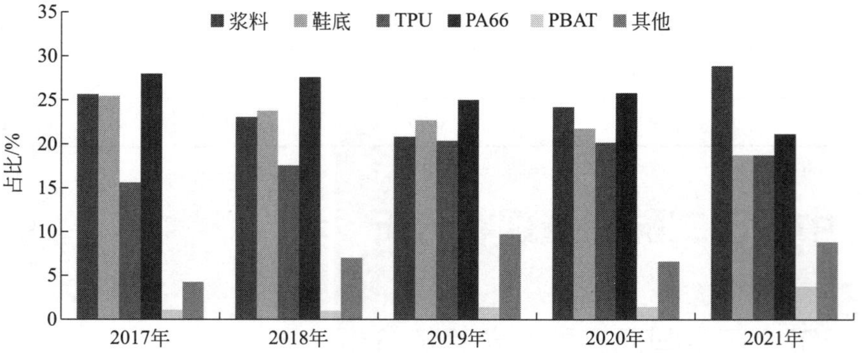

图42.5 2017—2021年中国己二酸下游行业需求结构

虽然世界范围内己二酸最大的消费领域是尼龙，但国内己二腈生产仍未实现工业化，目前国内仍只有河南神马、英威达、浙江华峰、江苏华洋、辽阳兴家和优纤科技丹东几个PA66生产厂家，己二腈意向项目很多，但真正落地的较少。己二腈大多数依靠进口，这成为PA66生产最大的限制因素。2021年，英威达己二腈装置宣布受不可抗力影响降负生产，整个下半年，国内PA66市场始终处于原料供应偏紧局面，导致聚合工厂开工及实际产量偏低位。而凯赛在新疆建PA66生产厂，年内开工略有提升，己二酸需求增量，但性能、价格等仍是限制因素。

近五年来，我国鞋底原液产能增长缓慢，2021年国内总产能基本达到130万吨/年，主要集中在浙江、江苏和山东等省份，约占国内总产能的80%左右。其中，华峰集团、旭川化学、浙江恒泰源、江苏双象及华大化学等企业所占市场份额较大，合计约占80%以上。鞋底原液主要原材料行情在2021年表现突出，行业成本压力大幅增加，加之部分原材料供应紧张，对不少中小规模鞋底原液企业开工产生一定影响。

2017—2021年，中国PU浆料行业持续整合，同时受终端需求低迷、环保政策、全球疫情等影响，中小企业开工积极性一般。另外，2021年主要原料DMF、纯MDI全年高位运行，且原料BDO市场价格亦高于往年同期，成本面压力大幅增加，行业发展面临严峻考验。

2017—2021年，TPU行业受终端需求低迷、环保政策、全球疫情、成本大幅增加等影响，市场货源交投活跃度降低，工厂开工热情不高，企业出货压力较大，年内上涨行情多以原料上涨为前提，成本传导困难。2021年TPU需求在己二酸下游消费结构占比增加不明显。

2017—2021年，可降解塑料行业PBAT/PBS占比相对较小。但随着国家“限塑令”的推行及实施，未来可降解塑料——PBS/PBAT的发展前途一片光明，不断有工厂计划新增产能。据不完全统计，未来预计有千万吨的产能将投产。因此，随着PBS/PBAT产能的释放，其对原料的消耗量在己二酸下游行业的占比将有更大上升空间。

42.3.3　2021 年中国己二酸出口量分析

伴随产能的扩张，中国己二酸早已呈现供过于求状态。工艺改进的同时，产品品质亦不断提升，已基本实现自足。另外，近年中国对多国进口己二酸加征反倾销税，进口量锐减。在内需增速缓慢、产能不断扩张、国内行情大幅跳水的背景下，己二酸厂商积极拓展出口市场，近几年中国己二酸已完成进口国向出口国的转变，并跃升为出口大国，出口占己二酸总产量的 2% ～ 3%。2017—2021 年，中国己二酸出口量比较稳定，均维持在 30 万吨以上，且在 2021 年达到近几年出口峰值，达 38.02 万吨，这与华峰四期、华鲁二期各 20 万吨装置投产密切相关。

2017—2021 年中国己二酸出口量变化趋势见图 42.6。

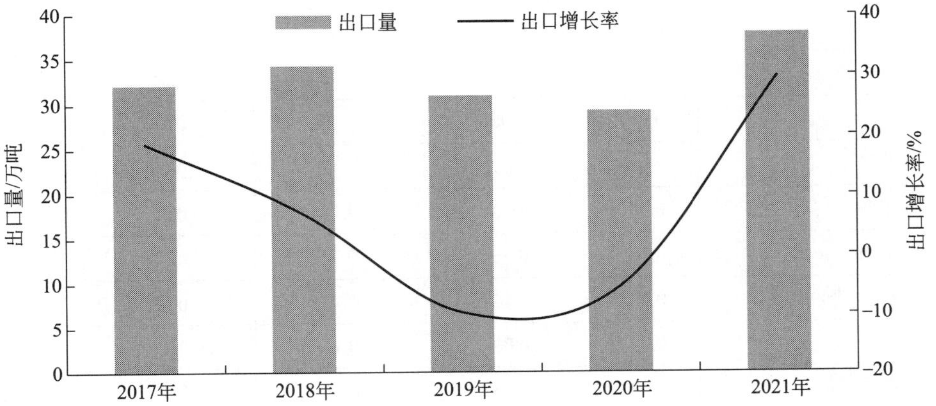

图 42.6　2017—2021 年中国己二酸出口量变化趋势

我国己二酸出口目的地相对比较分散，达到 40 多个国家或地区，其中 2017—2021 年我国己二酸主要出口地为新加坡、土耳其、荷兰等。

2017—2021 年中国己二酸主要出口地见表 42.6。

表 42.6　2017—2021 年中国己二酸主要出口地

单位：万吨

出口国及地区	2017 年	2018 年	2019 年	2020 年	2021 年
土耳其	4.15	3.53	3.86	2.66	5.46
新加坡	6.75	5.74	5.19	4.73	5.14
荷兰	0.10	2.22	0.98	0.41	4.51
韩国	3.25	3.15	3.38	3.41	3.88
中国台湾	4.41	4.28	3.69	4.05	3.71
印度	2.63	2.48	2.71	2.74	3.21
意大利	2.69	2.55	1.55	1.65	2.22
巴基斯坦	1.16	1.23	1.14	1.64	1.67
西班牙	0.81	0.69	0.45	0.70	1.05
阿联酋	0.21	0.25	0.40	0.68	1.04
日本	0.62	0.44	0.71	1.09	0.95
以色列	1.86	3.13	2.20	1.16	0.73
印度尼西亚	0.25	0.32	0.43	0.48	0.55

续表

出口国及地区	2017 年	2018 年	2019 年	2020 年	2021 年
泰国	0.64	0.46	0.60	0.54	0.54
比利时	0.24	0.66	0.31	0.09	0.39
伊朗	0.26	0.44	0.59	0.49	0.38
波兰	0.17	0.21	0.21	0.23	0.30
俄罗斯	0.34	0.45	0.45	0.35	0.29
墨西哥	0.11	0.29	0.27	0.21	0.28
越南	0.27	0.31	0.30	0.31	0.25
马来西亚	0.11	0.22	0.28	0.35	0.25
瑞士	0.01	0.00	0.13	0.19	0.23
希腊	0.04	0.02	0.12	0.05	0.16
埃及	0.06	0.13	0.14	0.05	0.14
德国	0.36	0.36	0.14	0.17	0.14
澳大利亚	0.20	0.17	0.13	0.18	0.12
南非	0.08	0.08	0.12	0.13	0.08
斯洛文尼亚	0.02	0.06	0.05	0.07	0.07
阿根廷	0.11	0.17	0.13	0.13	0.07
立陶宛	0.00	0.02	0.03	0.04	0.07
法国	0.00	0.01	0.00	0.04	0.03
奥地利					0.03
哥伦比亚	0.01	0.05	0.02	0.03	0.02
智利	0.02	0.02	0.01	0.02	0.02
巴西	0.02	0.02	0.04	0.07	0.01
菲律宾	0.00	0.01	0.00	0.00	0.01
卡塔尔	0.00	0.00	0.00	0.04	
美国	0.12	0.12	0.13	0.03	
其他	0.06	0.08	0.18	0.06	0.03

中国产品出口集中性偏低，出口国或地区达几十个。据海关进口数据统计显示，2021 年我国己二酸出口国家或地区主要在土耳其、新加坡和荷兰，出口量分别为 5.46 万吨、5.14 万吨和 4.51 万吨，占比分别为 14.36%、13.51% 和 11.87%。

2021 年中国己二酸出口情况分析见表 42.7。

表 42.7　2021 年中国己二酸出口情况分析

出口国及地区	出口量 / 万吨	出口占比 /%	出口额 / 美元	出口均价 /（美元 / 吨）
土耳其	5.46	14.36	79551558	1457.22
新加坡	5.14	13.51	71955491	1400.62

续表

出口国及地区	出口量 / 万吨	出口占比 /%	出口额 / 美元	出口均价 /（美元 / 吨）
荷兰	4.51	11.87	73447789	1627.37
韩国	3.88	10.21	56453147	1453.78
中国台湾	3.71	9.75	51504931	1390.04
印度	3.21	8.44	48162377	1500.36
意大利	2.22	5.85	33163546	1491.40
巴基斯坦	1.67	4.38	22664089	1359.57
西班牙	1.05	2.76	15502853	1476.81
阿联酋	1.04	2.75	15816016	1515.23
日本	0.95	2.49	14483951	1530.57
以色列	0.73	1.93	11093704	1514.75
印度尼西亚	0.55	1.45	7772450	1411.41
泰国	0.54	1.43	7793619	1431.44
比利时	0.39	1.03	6217802	1586.17
伊朗	0.38	1.01	6143183	1603.13
波兰	0.30	0.78	4540185	1522.53
俄罗斯	0.29	0.76	4412804	1519.98
墨西哥	0.28	0.73	4113477	1472.25
越南	0.25	0.65	3454596	1387.65
马来西亚	0.25	0.65	3556431	1449.35
瑞士	0.23	0.59	3939952	1746.43
希腊	0.16	0.41	2906264	1862.99
埃及	0.14	0.38	1955584	1368.25
德国	0.14	0.36	2115112	1545.91
澳大利亚	0.12	0.32	1915434	1564.28
南非	0.08	0.22	1328867	1568.91
斯洛文尼亚	0.07	0.19	1093486	1518.73
阿根廷	0.07	0.19	1068135	1515.09
立陶宛	0.07	0.18	1060536	1584.78
法国	0.03	0.09	669106	2015.38
奥地利	0.03	0.08	826315	2754.38
哥伦比亚	0.02	0.04	254648	1571.90
智利	0.02	0.04	213080	1383.64
巴西	0.01	0.03	153993	1321.83
菲律宾	0.01	0.01	90326	1612.96
其他	0.03	0.08	492538	1641.79

42.4 中国己二酸价格走势分析

2017—2021 年，中国己二酸市场价格波动空间较大，在 5700 ～ 13800 元 / 吨范围内。其中 2020 年第二季度至 2021 年，己二酸价格波动区间扩大，主要跟随原料走势、供需关系变化波动。2017 下半年至 2018 年三季度，伴随行业供需面的改善，以及上游纯苯高位运行推动，己二酸产品市场回暖，价格震荡走高，华东主流市场从低点 7900 元 / 吨震荡走高至 13800 元 / 吨水平。但 2018 年四季度至 2019 年，受全球宏观环境走弱、中美贸易摩擦，以及成本面持续走低、终端产品需求疲软影响，中国己二酸产品市场重心持续下滑。2020 年上半年新冠肺炎疫情暴发，下游 PU 浆料、PA66 和 TPU 等下游开工均明显下滑，国外需求量亦大幅减少。各工厂开工相对平稳，供应过剩，市场价格被迫下降，己二酸价格在 4 月初降至低点 5600 元 / 吨。下半年，随着中国疫情率先得到控制，下游需求复苏，以及全球刺激消费的流动性释放，化工品市场快速反弹、价格快速拉升，而期间原料纯苯价格上涨，工厂高位挂牌挺市，11 月份华东主流市场冲高至 9000 元 / 吨附近。

2021 年国内己二酸市场价格走势呈现整体上行行情，价格主要围绕原料走势指引、供需关系及业者心态变化波动，2021 年华东散水己二酸高位运行是主基调，全年多月份市场价格都处于万元以上。3 月中旬己二酸产品商谈至 11650 元 / 吨，较年初低点 7600 元 / 吨涨幅达 53.29%。之后伴随新产能释放及部分长期停车装置重启，整体供应量增加，而下游多数行业进入需求淡季，供需矛盾显现，市场价格震荡下行至 6 月上旬的 9700 元 / 吨。但 6 月底原料纯苯主营挂牌多次上调，成本面压力再度增强；供应端多装置停车检修，供应量减少且工厂控量供应积极挺市，贸易商恐亏惜售、报盘高位，导致市场触底反弹至 7 月上旬的 11250 元 / 吨。第三季度虽原料端支撑尚可，但下游受限电及双控政策等影响开工低位，空多消息对冲下，己二酸市场价格在 10800 ～ 11500 元 / 吨区间波动，幅度不大。第四季度部分装置轮流检修，且原料纯苯走势震荡向上，工厂多次上调挂牌挺市，己二酸市场价格大幅上涨至 13000 元 / 吨以上。

2021 年己二酸均价报 10824 元 / 吨，较 2020 年的 6815 元 / 吨涨幅达 58.83%。年度最低价 7600 元 / 吨出现在 1 月初，最高价 13600 元 / 吨出现在 11 月初。截至 2021 年 12 月 31 日，己二酸华东主流成交价 12850 元 / 吨，较 2020 年同期的 7700 元 / 吨累计上涨 5150 元 / 吨，涨幅 66.88%。

2017—2021 年中国乙二酸市场价格走势对比见图 42.7。

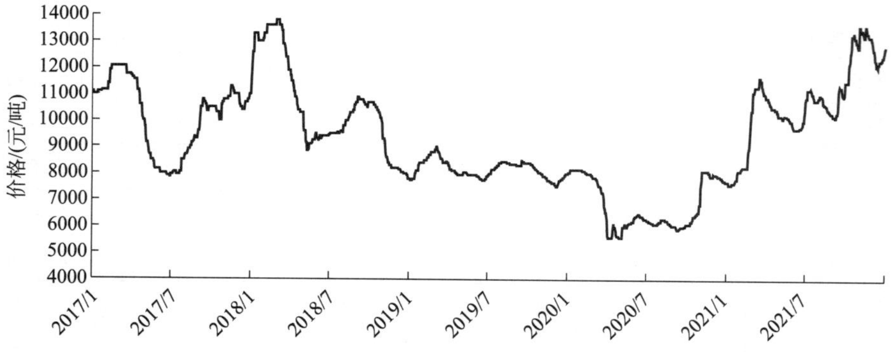

图 42.7 2017—2021 年中国乙二酸市场价格走势对比

42.5 中国己二酸利润走势分析

2017—2021 年，中国己二酸产品行业利润空间波动较大。2017—2018 年己二酸利润尚可，主要是国内整体供应量一般，己二酸跟随原料上行。而 2019—2020 年上半年，己二酸产品平均利润较低，主要是由于 2019 年神马集团再度扩产 7 万吨，总产能达到 47 万吨 / 年；2020 年上半年重庆华峰四期 20 万吨 / 年新装置投产，国内供应量大幅提升，己二酸产品市场走软。尽管原料纯苯产品整体同步下行，但己二酸下行幅度大于原料，导致行业利润萎缩。2017 年和 2020 年在某些时段均出现己二酸产品利润率为负数的情况。

2021 年己二酸产品受原料高位震荡及工厂积极挺市支撑，全年己二酸多数月份均在万元 / 吨以上，导致己二酸全年利润表现尚可，年内利润最高点在 11 月底的 4358 元 / 吨。

2017—2021 年中国己二酸行业利润走势见图 42.8。

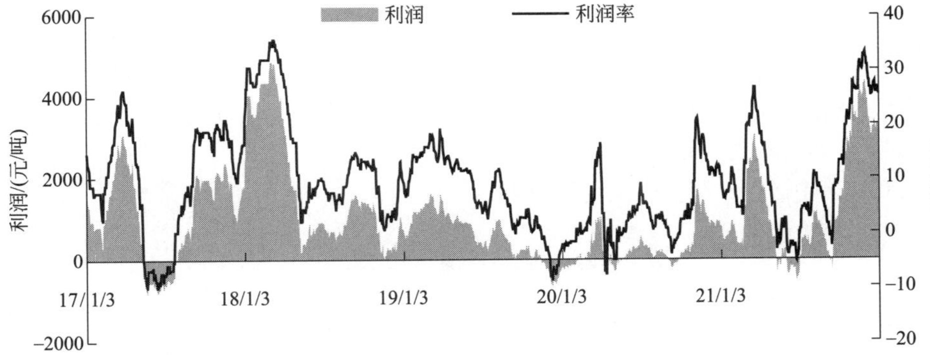

图 42.8 2017—2021 年中国己二酸行业利润走势

42.6 2022—2026 年中国己二酸发展预期

42.6.1 中国己二酸拟在建 / 退出产能统计

调查显示，未来五年我国己二酸行业拟在建产能将达到 234 万吨 / 年，其中规模在 50 万吨 / 年的企业有 1 家，新增产能主要分布在西北、华北、华东、西南和华中地区，且多以现有生产企业扩产为主，新进入企业较少。2024—2025 年新增产能集中投放后，己二酸市场供应格局将发生重大变化，包括出口量将继续增加；且国内贸易流向也将发生重大变化，主要以下游 PBAT 产能集中地为主。为更好的发展，己二酸产品上下游一体化发展趋势将进一步凸显。

2022—2026 年中国己二酸拟在建生产企业汇总见表 42.8。

表 42.8 2022—2026 年中国己二酸拟在建生产企业汇总

区域	企业名称	产能 /（万吨 / 年）	地址	投产时间
西南	重庆华峰化工有限公司	40	重庆涪陵	五期 2021 年底，六期预计 2023 年后
华中	中国平煤神马集团尼龙科技有限公司	50	河南平顶山	预计 2023 年后

续表

区域	企业名称	产能 /（万吨 / 年）	地址	投产时间
西北	新疆独山子天利高新技术股份有限公司	15	新疆独山子	预计 2023—2024 年
	新疆望京龙新材料有限公司	45	新疆巴州库尔勒	预计 2023 年后
华东	山东洪鼎化工有限公司	30	山东菏泽	预计 2024 年后
	安徽卓润新型环保材料有限公司	4	安徽淮北	预计 2022 年后
	山东华鲁恒升集团有限公司	20	山东德州	预计 2023 年
东北	恒力石化（大连）化工有限公司	30	辽宁大连	预计 2024—2025 年

42.6.2 中国己二酸供应趋势预测

伴随多套己二酸装置投产释放，2022—2026 年国内己二酸产品产能、产量将同步大幅增长，较之 2021 年产能复合增量率在 11.54%，产量复合增长率为 10.29%。产能和产量预测增长率出现偏差的主要原因：受装置投产时间分布所致，装置利用率并非全年；下游 PBAT 等新产能投放尚需时间，要看国家政策支持力度能否助推多产能释放。因此，己二酸产品 2023 年后随着产能不断扩张，过剩局面愈演愈烈，竞争也会加剧，甚至出现降负荷运行状况，预计 2026 年产能将达到 473 万吨 / 年，产量为 310 万吨。

2022—2026 年中国己二酸供应预测见图 42.9。

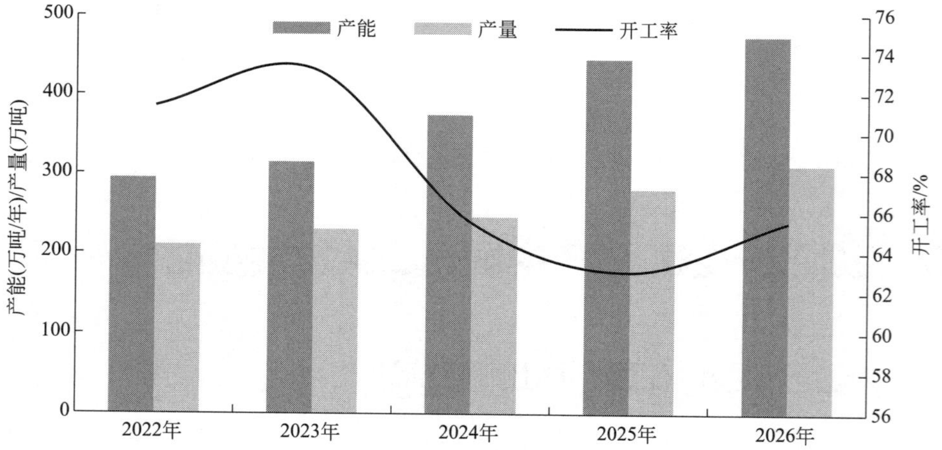

图 42.9 2022—2026 年中国己二酸供应预测

42.6.3 中国己二酸主要下游发展前景预测

近年，中国己二酸主要下游集中在尼龙板块及聚氨酯领域，约占其总消费量的 80% 以上。其中 PA66 产品行业伴随国产工艺技术的突破、产业链一体化发展产能激增，在 2017 年首次超越浆料成为己二酸第一大下游市场。中国鞋底原液及浆料等产品结构性过剩明显，2015 年之后伴随国家环保、安全生产、淘汰落后小产能等政策推进，产业进一步整合，导致 2016—2020 年整个长周期之内浆料、鞋底原液等对己二酸的消费增量有所减少。而近两年下游消费占比中变化较大的是可降解塑料——PBAT 行业，主因是国家“限塑令”“禁塑令”等推行，使该行业扩产较迅猛，甚至在未来几年在建 / 拟建产能达千万吨。2021 年，国内己二酸有华鲁恒升二期 20 万吨 / 年产能投产，下游 PA66、TPU、PBAT 新增和扩能装置也在 60 万吨 / 年以上，对己二酸消费呈增长之势。预计，2021 年 PA66 消费占比 21.08%，PU 浆料消费占比 22.97%，PBAT 消费占比 4.59%。未来五年，伴随产业一体化发展，下游 TPU 和 PBAT 均将进入产能扩张周期，据统计，2022—2026 年国内大概有 2 家 15 万吨 / 年 TPU 产品装置预计投产，34 家超过 900 万吨 / 年 PBAT 产能投产，届时对己二酸需求量将大幅增加。

42.6.4 中国己二酸供需格局预测

未来五年，伴随己二酸新兴下游 PBAT 等产能快速扩张，需求量将大幅增加。多数工厂为减少成本压力及销售风险等，逐步对上下游产业链进行完善，行业一体化趋势愈加明显，中国己二酸产品供需均呈现大幅增长之势。预计未来五年己二酸产品产能年平均增速在 12.62%，产量年平均增速在 10.23%，下游消费增速在 11.29%，供应增速略高于消费增速，届时行业将进入供需略失衡状态；但进口量变动不大，出口或将成为企业消化产能的主要方式，因而出口市场竞争将更为激烈。

2022—2026 年中国己二酸市场供需平衡预测见表 42.9。

表 42.9 2022—2026 年中国己二酸市场供需平衡预测

项目	2022 年	2024 年	2026 年
产能 /（万吨 / 年）	294	374	473
开工率 /%	71.43	65.51	65.54
产量 / 万吨	210	245	310
进口量 / 万吨	1.6	1.5	1.4
总供应量 / 万吨	211.6	246.5	311.4
出口量 / 万吨	45	54	62
下游消费量 / 万吨	163	190	250
总需求量 / 万吨	208	244	312

第 7 篇　盐化工

第 43 章　纯碱

2021 年度关键指标一览

类别	项目	2020 年	2021 年	涨跌值	原因概述
价格	现货成交价均值 /（元 / 吨）	1472.69	2235.68	762.99	产能整体下滑，需求增长刺激价格提升
供应	产能 /（万吨 / 年）	3422	3415	-7	产能稳中微降，个别企业开工产能调整
	产量 / 万吨	2756.17	2892.06	135.89	浮法、光伏对纯碱需求增加，刺激产量提升
	开工率 /%	80.54	84.69	4.15	2021 年纯碱整体利润高，企业库存低位震荡，企业开工积极性提升
	企业库存 / 万吨	99.89	181.19	81.3	2021 年，前三季度纯碱走势稳中上行，四季度受燃料价格回调及需求采购减弱影响，企业出货低迷，库存累积速度加快，导致期末库存增长
	进口量 / 万吨	35.62	23.75	-11.87	国外经济复苏，纯碱需求恢复，货源紧张，导致国内进口量下降
需求	出口量 / 万吨	137.83	75.86	-61.97	国内市场需求强，且价格高，局部货源紧张，导致出口量下降
	下游消费量 / 万吨	2645.58	2775.58	130	疫情后，下游需求恢复，部分行业规模扩增，纯碱需求量增加

43.1 中国纯碱供需平衡分析

2017—2021 年中国纯碱市场供需呈现稳定增长态势。据统计，2017—2021 年纯碱产量年复合增长率 1.59%，下游消费量复合增长率 2.25%。近几年，纯碱产能增加以及部分年份行情偏强，装置开工负荷提升，纯碱产量整体呈增长态势，但 2018 年纯碱产量出现下降，主要原因是装置有搬迁或环保因素停车。需求增加主要体现在下游新增产能释放，尤其是浮法玻璃行业，自 2020 年后光伏产业产能释放增加，未来光伏待投放量大。

2021 年，纯碱产能持续稳定运行，新增或扩产量少，纯碱行情走强，装置开工率高，总产量 2892.06 万吨。需求端保持稳中有涨趋势，轻质纯碱下游需求稳定运行，重质纯碱下游需求持续增长，2021 年浮法行业利润高，点火生产线多。

2017—2021 年中国纯碱供需平衡见表 43.1。

表 43.1 2017—2021 年中国纯碱供需平衡表

项目	2017 年	2018 年	2019 年	2020 年	2021 年
产能 /（万吨 / 年）	3033	3079	3339	3422	3415
开工率 /%	89.54	83.86	84.59	80.54	84.69
产量 / 万吨	2715.7	2582.1	2824.4	2756.17	2892.06
进口量 / 万吨	14.43	29.35	18.69	35.62	23.75
出口量 / 万吨	152.25	137.87	143.51	137.83	75.86
下游消费量 / 万吨	2538.88	2503.01	2645.02	2645.58	2775.58

43.2 中国纯碱供应现状分析

43.2.1 2021 年中国纯碱国产供需分析

2017—2021 年纯碱产能先增后稳，期间复合增长率 3.01%。2017 年我国纯碱产能 3033 万吨 / 年，同比增加 2.74%，纯碱市场向好，利润高，部分企业释放产能。2018 年江西晶昊投产，总产能涨至 3079 万吨 / 年，涨幅 1.52%。2019 年河南金山 100 万吨新装置投入，以及部分企业产能纠正，产能增加。2019 年纯碱产能 3339 万吨，同比增加 8.44%。2020 年，河南金山 6—7 月新增 30 万吨以及个别企业产能调整，总产能 3422 万吨，增加 2.49%。2021 年纯碱产能变化不大，保持平稳趋势，总产能 3415 万吨，苏尼特装置退市以及个别企业产能扩产影响，产能同比下降 0.20%。

2017—2021 年中国纯碱产能变化趋势见图 43.1。

2017—2021 年纯碱产量呈现涨跌互现态势，开工率呈现先降后增的趋势。其中 2018 年产量下降，而 2021 年产量明显增加，近 5 年产量复合增长率 1.59%。2017 年全国纯碱产量 2715.70 万吨，2018 年产量同比下降，因个别装置停车，产量下降至 2582.10 万吨；2019 年纯碱产能增加，受新装置投放以及个别企业产能扩产等因素影响，产量同比增加，总量 2824.4 万吨；2020 年受疫情影响，需求减弱，纯碱库存高位，价格下跌，企业亏损，部分企业减量生产，导致产量下降。

2021 年纯碱产量 2892.06 万吨，一季度和三季度纯碱产量相对较低。一季度前期部分企业限产，产量尚未恢复，库存偏高，价格低位；三季度，受装置检修和能耗双控影响，纯碱产量下降。二季度和四季度装置运行平稳，纯碱产量相对较高。

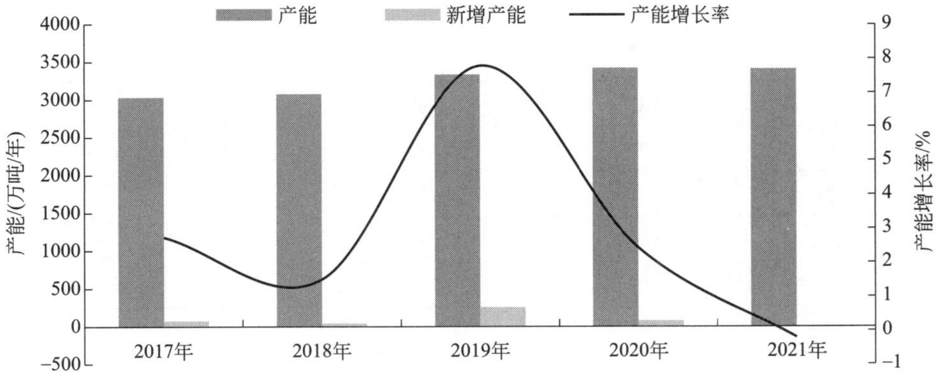

图 43.1 2017—2021 年中国纯碱产能变化趋势

2017—2021 年中国纯碱产量及开工率变化趋势见图 43.2。

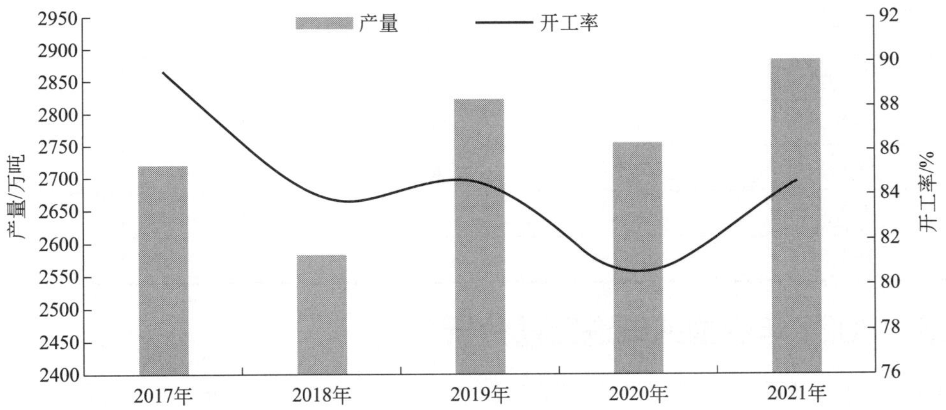

图 43.2 2017—2021 年中国纯碱产量及开工率变化趋势

43.2.2 2021 年中国纯碱区域供应结构分析

2021 年，中国共有 40 家纯碱企业，纯碱总产能 3415 万吨 / 年，有效产能 3355 万吨 / 年（除连续停车时间≥ 2 年的无效产能），在产产能 3200 万吨 / 年。目前长停企业有江苏德邦、湖南湘潭、辽宁大化、四川广宇；退市企业有内蒙古苏尼特和江苏中海华邦。

国内纯碱企业主要分布在华东（江苏、安徽）、西北（青海）、华北（河北、山东、天津）、华中（河南、湖北）、西南（四川、重庆）、华南（广东）、东北（辽宁）。产能占比排前三的区域为华东、华北、华中地区，2021 年产能占比分别为 24.60%、23.28% 和 22.99%。

2021 年中国纯碱区域供应结构统计见表 43.2。

表 43.2 2021 年中国纯碱区域供应结构统计

区域		产能 /（万吨 / 年）	占比 /%	总产能 /（万吨 / 年）	总占比 /%
华北	山东	450	13.18	795	23.28
	河北	230	6.73		
	天津	80	2.34		
	内蒙古	35	1.02		
华东	江苏	610	17.86	840	24.60
	浙江	40	1.17		
	福建	40	1.17		
	安徽	90	2.64		
	江西	60	1.76		
华中	河南	550	16.11	785	22.99
	湖北	185	5.42		
	湖南	50	1.46		
西北	青海	510	14.93	590	17.28
	陕西	30	0.88		
	宁夏	30	0.88		
	甘肃	20	0.59		
西南	四川	145	4.25	285	8.35
	重庆	120	3.51		
	云南	20	0.59		
华南	广东	60	1.76	60	1.76
东北	辽宁	60	1.76	60	1.76

43.2.3 2021 年中国纯碱进口量分析

2017—2021 年中国纯碱进口量波动幅度大，其中 2020 年进口量突破 35 万吨，创近五年来最高水平。2017 年纯碱进口量 14.43 万吨，同比增加 7.21%。2018 年纯碱进口量较 2017 年增加 14.43 万吨，增幅达 103.47%。2019 年受中美贸易摩擦的影响，纯碱进口量同比明显减少。2020 年纯碱进口量快速增长，增长率高达 90.58%，主要原因在于前期部分合同履约时间因中美贸易摩擦而推迟。

2021 年，由于国外疫情防控不力等因素，特别是美国国内逐步恶化的疫情形势，中国纯碱进口量在 23.75 万吨，较 2020 年减少 11.87 万吨，降幅 33.32%。

2017—2021 年中国纯碱进口量变化趋势见图 43.3。

近五年以来，中国纯碱的主要进口国为美国和土耳其，来自这两个国家的纯碱进口量占全年总进口量的 95% 以上，其他进口主要来自日本、保加利亚、中国台湾等，占总进口量的比重非常小。

2017 年，中国从美国进口的纯碱量为 13.35 万吨，2018 年达 28.06 万吨，占纯碱全年总进口量的 95.57%。2019 年中国纯碱累计进口量为 18.69 万吨，同比减少 10.66 万吨，降幅 36.32%。

在中美贸易摩擦的影响下，2019 年从美国进口的纯碱量为 14.78 万吨，同比减少 13.28 万吨，降幅达 47.33%。2020 年中国纯碱进口量同比增加 16.93 万吨，涨幅 90.58%，主要是部分订单因为中美贸易战延迟，外加国外纯碱具有一定的价格优势所致。2021 年中国纯碱总进口量 23.75 万吨，其中美国占比一半以上，达 53.31%，土耳其占比 37.81%。

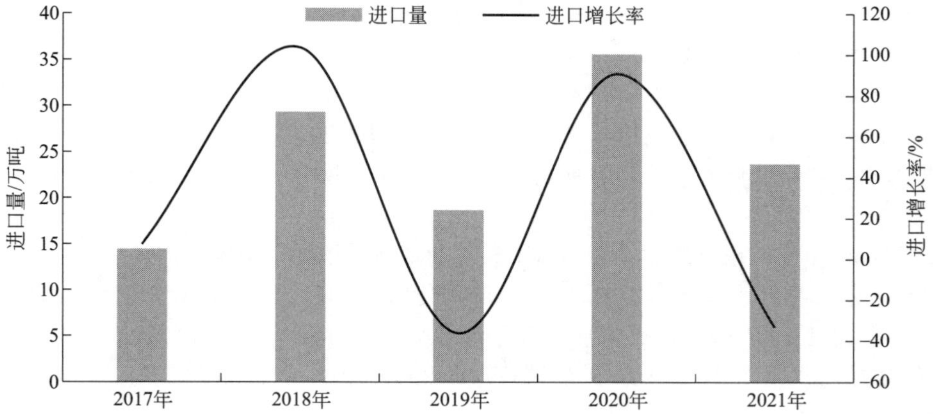

图 43.3 2017—2021 年中国纯碱进口量变化趋势

2017—2021 年中国纯碱主要进口来源及占比情况见表 43.3。

表 43.3 2017—2021 年中国纯碱主要进口来源及占比情况

单位：万吨

来源国及地区	2017 年	2018 年	2019 年	2020 年	2021 年
美国	13.35	28.06	14.78	24.28	12.66
土耳其	0.39	0.98	3.84	11.20	8.98
合计	13.74	29.04	18.62	35.48	21.64
总进口量	14.43	29.36	18.69	35.62	23.75
前 2 位占比	95.22%	98.91%	99.63%	99.61%	91.12%
美国占比	92.52%	95.57%	79.08%	68.16%	53.31%
土耳其占比	2.70%	3.34%	20.55%	31.44%	37.81%

2021 年中国纯碱进口来源地前两位是美国和土耳其，进口量分别为 12.66 万吨和 8.98 万吨，占总进口量的 53.31% 和 37.81%，由此可见，美国和土耳其是中国纯碱进口最主要的两个国家。

2021 年中国纯碱进口情况分析见表 43.4。

表 43.4 2021 年中国纯碱进口情况分析

来源国及地区	进口量 / 万吨	进口占比 /%	进口额 / 美元	进口均价 /（美元 / 吨）
美国	12.66	53.31	30517432	241.05
土耳其	8.98	37.81	20357796	226.70
保加利亚	0.15	0.63	319500	213.00
日本	0.15	0.63	914816	609.88
意大利	0.07	0.29	173674	248.11

43.3 中国纯碱消费现状分析

43.3.1 2021年中国纯碱消费趋势分析

2017—2021年纯碱消费量呈现稳中有涨趋势，部分行业增速快拉升纯碱需求，年复合增长率2.25%。纯碱分为轻质纯碱和重质纯碱。其中，轻质纯碱下游相对饱和，年变化量小，需求相对稳定。重质纯碱下游为浮法玻璃和光伏玻璃行业。2018年消费量约2503万吨，呈下降趋势，部分下游行业受环保影响，装置停车或减量。2019年和2020年消费量约2645万吨，保持平稳状态。2020年受疫情影响，上半年表现弱势，下半年基本恢复正常，且纯碱价格低，下游采购心态表现积极。

2021年纯碱下游需求表现强劲，主流下游行业消费量增加，全年国内浮法和光伏玻璃月平均消化纯碱126万吨，较2020年同期的112万吨增加14万吨。2021年累计消化纯碱1524万吨，2020年同期累计1354万吨，同比增加170万吨。其中2021年光伏玻璃消化274万吨，浮法玻璃消化1250万吨纯碱。日用玻璃对纯碱消费量488.84万吨，增加43.24万吨，涨幅9.70%。其他行业纯碱需求变化小，大稳小动为主。

2017—2021年中国纯碱消费量统计见图43.4。

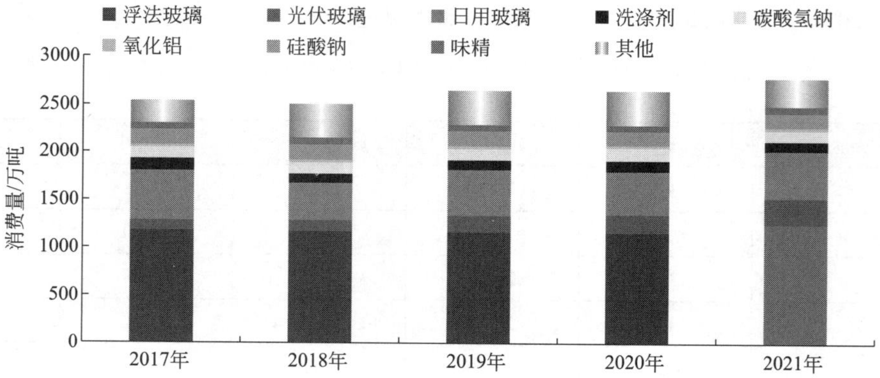

图43.4 2017—2021年中国纯碱消费量统计

43.3.2 2021年中国纯碱消费结构分析

从近五年的纯碱下游消费情况分析，中国纯碱主要下游有浮法玻璃、光伏玻璃、日用玻璃、洗涤剂、碳酸氢钠、氧化铝、硅酸钠、味精以及其他行业，纯碱传统下游消费结构相对稳定。对于下游新兴行业，碳酸锂和光伏产业预期产能增量大，有望成为纯碱新的消费主流领域。

2017—2021年浮法玻璃对纯碱消费先降后增，其中2019年和2020年玻璃生产线放水冷修，以及受疫情影响。2017—2018年浮法消费占比46%，2019—2020年43%，2021年45%；近两年，光伏产业产能稳步上升，特别是2021年增速明显。从2017年的4%左右，增加至2021年的9.86%。日用玻璃先降后稳，环保，对于部分企业有影响，整改过后，运行相对稳定。2017年对纯碱消费占比20%，2018年维持15%，最近三年基本维持16%～18%的水平。对于其他的下游而言，基本处于恒定态势，年均变化幅度小，洗涤剂占比3%～4%，碳酸氢钠4%～5%，氧化铝1%，硅酸钠5%～6%，味精2%～3%。除此之外，碳酸锂行业消费占比在1%左右。

2017—2021 年中国纯碱下游消费占比统计见图 43.5。

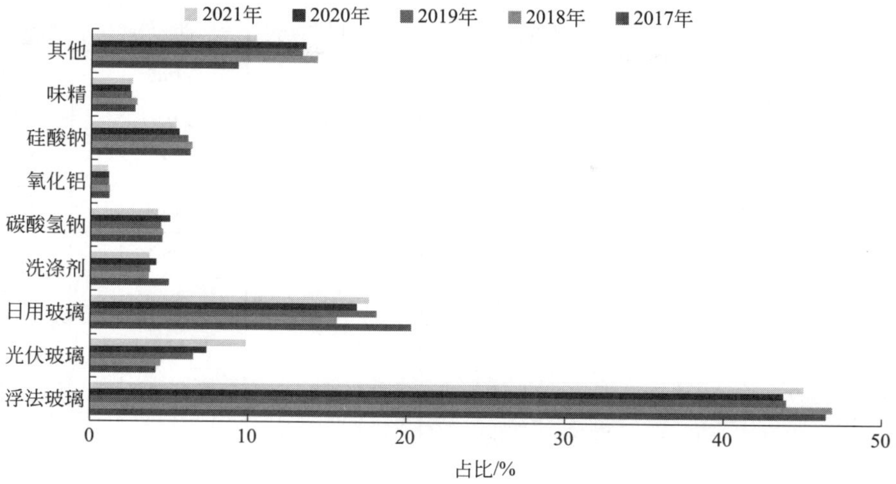

图 43.5 2017—2021 年中国纯碱下游消费占比统计

43.3.3 2021 年中国纯碱出口量分析

2017—2021 年中国纯碱出口量总体上呈现下滑趋势，2017 年出口达到峰值 152.25 万吨，创近五年来最高水平。2018—2020 年纯碱出口量较为平稳，波动幅度较小。2021 年，国内纯碱供应相对紧张，且纯碱现货价格上涨至历史高位，厂家盈利情况较为可观，此外，国际集装箱航线运费居高不下及集装箱运力受限，纯碱生产商的出口意向不高，2021 年纯碱的总出口量在 75.86 万吨。

2017—2021 年中国纯碱出口量变化趋势见图 43.6。

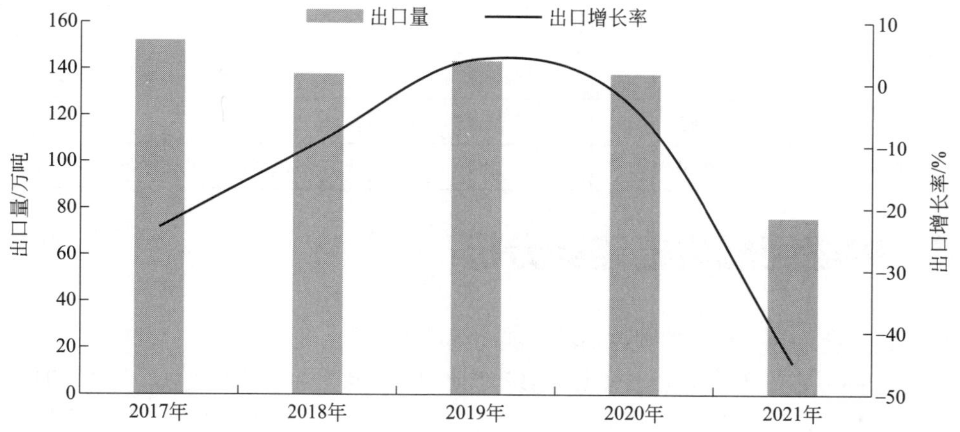

图 43.6 2017—2021 年中国纯碱出口量变化趋势

近五年中国纯碱的主要出口国为韩国、泰国、孟加拉国、越南、印度尼西亚，出口到这五国的纯碱总量均占到中国纯碱总出口量的一半以上，其中韩国是中国纯碱最主要的出口国。

2017—2021 年中国纯碱出口情况分析见表 43.5。

表 43.5 2017—2021 年中国纯碱出口情况分析

单位：万吨

出口国及地区	2017 年	2018 年	2019 年	2020 年	2021 年
韩国	27.80	23.85	20.28	19.51	13.56
泰国	20.67	13.89	13.18	9.97	2.60
孟加拉国	18.65	15.69	19.63	13.26	7.80
越南	17.62	13.63	13.52	14.51	10.45
印度尼西亚	16.36	16.76	14.57	17.17	10.29
合计	101.1	83.82	81.18	74.42	44.70
总出口量	152.24	137.84	143.52	137.86	75.85
前 5 位占比	66.41%	60.81%	56.56%	53.98%	58.93%
韩国占比	18.26%	17.30%	14.13%	14.15%	17.88%
泰国占比	13.58%	10.08%	9.18%	7.23%	3.43%
孟加拉国占比	12.25%	11.38%	13.68%	9.62%	10.28%
越南占比	11.57%	9.89%	9.42%	10.53%	13.78%
印度尼西亚占比	10.75%	12.16%	10.15%	12.45%	13.57%

2021 年中国纯碱的主要出口国为韩国、泰国、孟加拉国、越南、印度尼西亚，其中韩国是中国纯碱最主要的出口国。2021 年，中国向韩国出口的纯碱量为 13.56 万吨，占总出口量的 17.88%，出口额为 37918486 美元，平均每吨 279.63 美元。

2021 年中国纯碱出口情况分析见表 43.6。

表 43.6 2021 年中国纯碱出口情况分析

出口国及地区	出口量 / 万吨	出口占比 /%	出口额 / 美元	出口均价 /（美元 / 吨）
韩国	13.56	17.88	37918486	279.63
泰国	2.60	3.43	5986049	230.23
孟加拉国	7.80	10.28	17377014	222.78
越南	10.45	13.78	26857396	257.01
印度尼西亚	10.29	13.57	26159632	254.22

43.4 中国纯碱价格走势分析

2017—2021 年中国纯碱价格先跌后涨，波动幅度大。

2017 年，纯碱市场表现偏强，轻质纯碱年均价 1866 元 / 吨，重质纯碱年均价 1947 元 / 吨。下游需求增速明显，2017 年表观消费量同比增加 175.03 万吨，上涨 7.28%。经济形势向好，化工行业开工稳定以及房地产市场火热，玻璃行业纯碱需求增量。受国内需求支撑，纯碱出口量下降，2017 年纯碱出口量同比下降 45.66 万吨，降幅 23.07%。

纯碱偏强走势延续至 2018 年，2018 年轻质纯碱均价 1827 元 / 吨，重质纯碱均价 1906 元 / 吨。供应端增量缓慢，新增产能少，维持平稳状态，但下游需求呈现下降趋势。2018 年纯碱表观消费量 2473.58 万吨，同比下降 104.30 万吨。

2017—2021 年中国纯碱价格走势见图 43.7。

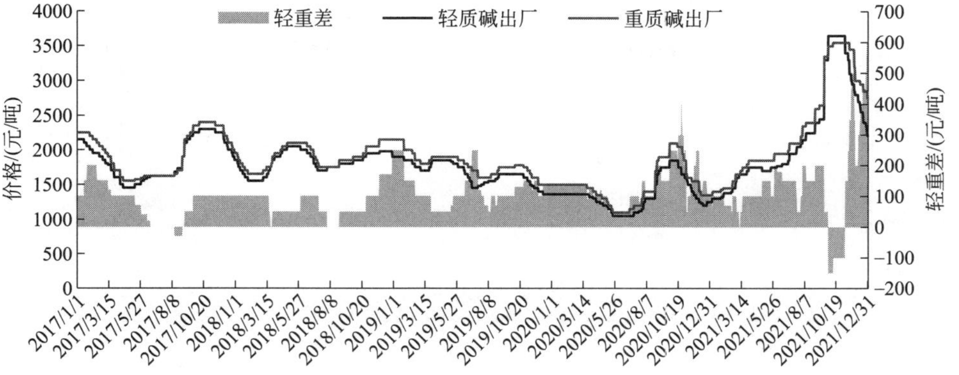

图 43.7 2017—2021 年中国纯碱价格走势

经济效益的刺激下，部分纯碱企业释放产能，导致 2019 年纯碱产能增速快，总产能 3339 万吨，增加 260 万吨，涨幅 8.44%。下游需求相对维稳的前提下，纯碱价格呈现下跌趋势。2019 年轻质纯碱均价 1663 元 / 吨，重质纯碱均价 1785 元 / 吨。

进入 2020 年，突如其来的疫情，让纯碱市场经历低谷，需求停滞，货源难出，库存高位，“以价换量”以及恶性竞争使得纯碱价格下滑。轻质纯碱均价 1350 元 / 吨，重质纯碱均价 1484 元 / 吨。

2021 年纯碱价格持续上行，并创历史新高，截至 12 月底，轻质纯碱出厂均价 2171 元 / 吨，重质纯碱出厂均价 2300 元 / 吨。纯碱量价提升。一方面在于产能波动小，增速缓慢，企业库存低，订单充裕；另一方面在于下游需求增加，尤其是光伏和浮法行业，增速明显，带动纯碱需求。此外，纯碱期货上市以来，借助期货工具，规避风险，交易活跃度增加。

43.5 中国纯碱利润走势分析

2017—2020 年纯碱成本相对稳定，但利润波动明显，2021 年成本与利润高于往年。2017 年纯碱市场先弱后强，上半年企业库存偏高，下游需求一般，价格下行，利润下降。进入夏季，随着检修的增加，库存下降，以及下游需求提升，纯碱价格上涨幅度大。2017 年联产平均成本 1729 元 / 吨，利润 752 元 / 吨。2018—2019 年纯碱走势相对平稳，价格波动幅度小，个别原材料价格上涨，成本有所增加。2018—2019 年平均成本 1825 元 / 吨，平均利润 711 元 / 吨。2020 年受疫情影响，导致企业出货受阻，纯碱价格创新低，原材料价格跌幅不及成本价格。2020 年联产平均成本 1701 元 / 吨，平均利润 351 元 / 吨。

2021 年，纯碱市场走势强劲，一方面在于供应增速慢，需求增加；另一方面在于原材料价格上涨，对纯碱市场有推动作用。2021 年联产平均成本 2053 元 / 吨，平均利润 1162 元 / 吨，联产企业利润高，除了碱价格支撑之外，副产品氯化铵价格创新高，导致企业双吨利润高于往年同期。

2017—2021 年中国纯碱联产企业成本与利润统计见图 43.8。

2017—2020 年氨碱成本窄幅波动，利润整体尚可，个别年份出现亏损。其中，2021 年成本呈现上涨趋势，但利润大幅度增加。2017 年氨碱平均成本 1452 元 / 吨，平均利润 547 元 / 吨。2018—2019 年平均成本 1500 元 / 吨，平均利润 409 元 / 吨。相对来说 2020 年利润下降明显，平均成本 1426 元 / 吨，平均利润 115 元 / 吨，个别阶段企业亏损。2021 年氨碱平均成本 1627 元 / 吨，平均利润 706 元 / 吨。

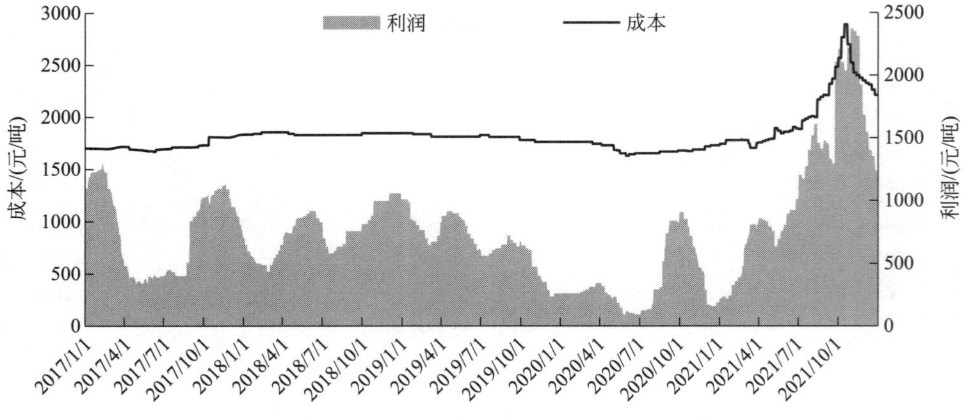

图 43.8 2017—2021 年中国纯碱联产企业成本与利润统计

对于纯碱而言，生产原材料大部分企业自己供应，少量外采，价格波动影响有限。燃料方面，煤炭价格波动，对于纯碱成本影响明显。

2017—2021 年中国纯碱氨碱企业成本与利润统计见图 43.9。

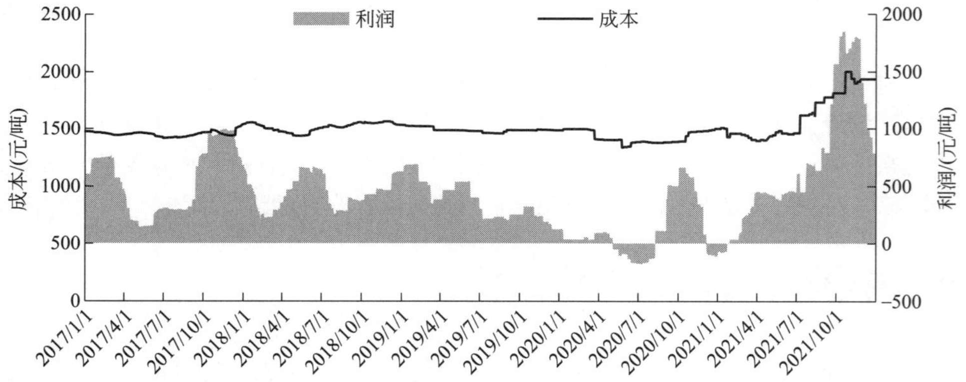

图 43.9 2017—2021 年中国纯碱氨碱企业成本与利润统计

43.6 2022—2026 年中国纯碱发展预期

43.6.1 中国纯碱拟在建 / 退出产能统计

未来五年纯碱产能呈现先降后涨趋势。2022 年，纯碱产能表现下降趋势，主要原因在于江苏连云港碱业 2021 年底退市，其产能 130 万吨 / 年。2022 年新增产能少，安徽红四方 20 万吨扩产，四季度德邦在连云港项目具备投放条件，但时间不确定。2023 年，远兴能源的内蒙古阿拉善天然碱项目有望投入生产，总规划 780 万吨 / 年，分为一期、二期，一期产能 500 万吨 / 年，二期具体时间不确定。2024—2026 年，纯碱市场面临冲击，天然碱投放，成本优势明显，联产和氨碱工艺影响大，新增产能基本不可能，预计总产能变化不大，个别企业受经营状况影响，不排除有退市可能。

2022—2026 年中国纯碱拟在建产能统计见表 43.7。

表 43.7 2022—2026 年中国纯碱拟在建产能统计

区域	企业名称	地址	产能 /（万吨 / 年）	工艺类型	装置投产 / 退出时间	备注
华东	连云港碱业	连云港	130	氨碱	2022 年初	退市
华东	红四方	安徽	20	联产	2022 年四季度末	扩产
华东	德邦	连云港	60	联产	2023 年初	具体投放条件，具体时间待定
西南	重庆湘渝	重庆	20	联产	2023 年初	装置扩产
西北	远兴能源	内蒙古阿拉善	780	天然碱	2023 年 5 月	分为一期、二期、一期纯碱 500 万吨
华中	湖北双环	湖北	30	联产	待定	合成氨产业升级，谋划启动联碱等后工段的技术改造，联产产能 120 万吨提高至 150 万吨

43.6.2 中国纯碱供应趋势预测

未来五年纯碱市场面临考验与竞争。2022—2026 年的产能平均复合增长率 2.44%，产量复合增长率 2.53%。2017—2021 年，纯碱供应宽松，基本满足下游，供需维持弱平衡状态。对于未来，纯碱需求增长点主要集中在光伏产业，其他行业基本上保持稳定状态。随着天然碱的释放，纯碱供应表现增加趋势，企业之间竞争激烈，成本优势企业占据主动，甚至不排除亏损运行企业，个别企业或退出市场，开工率提升。

2022—2026 年中国纯碱供应预测见图 43.10。

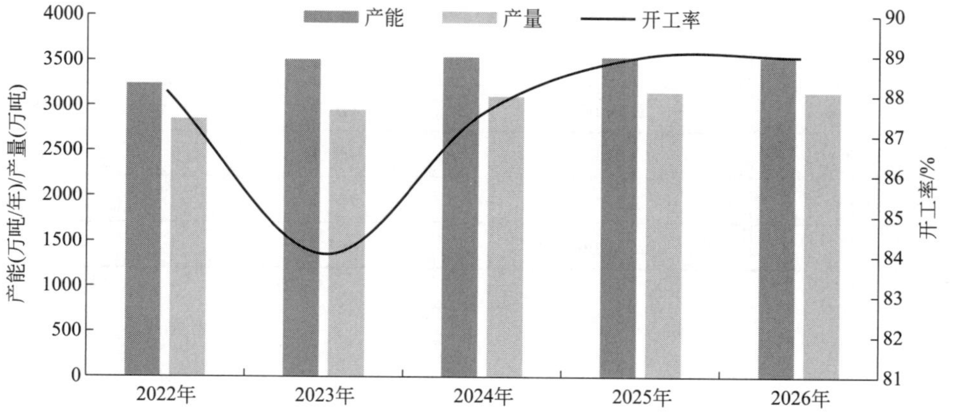

图 43.10 2022—2026 年中国纯碱供应预测

43.6.3 中国纯碱主要下游发展前景预测

近年来，中国纯碱主要下游消费领域集中在浮法玻璃、日用玻璃、洗涤剂、碳酸氢钠、硅酸钠等行业，占总消费的 74% 左右。2017—2021 年，纯碱主流下游消费量变化不大，以稳为主，需求波动涨跌 2% ～ 3%。对于纯碱需求而言，轻质纯碱下游处于饱和状态，新增领域体现在碳酸锂行业，但产能释放小，纯碱需求增速缓慢。重质纯碱下游光伏玻璃未来增量大，需求量明显增加，浮法玻璃呈现稳定态势，未来预期增量有限，部分生产线达到冷修时间。整体看，纯碱需求处于稳中有涨阶段。

2022 年纯碱整体需求呈现稳中有涨趋势，其中增长点主要集中在浮法和光伏。从浮法玻璃生产线投放计划看，2022 年浮法产能表现净增加 6330 吨 / 天，考虑到房地产预期偏弱，需求放缓，行业整体走势难超 2021 年，整体看，浮法玻璃行业产能大稳小动。2021 年光伏增量明显，涨幅 40% 以上，从生产线的投放计划看，2022 年新增预期计划量大，有计划投放的光伏线年度总量 5.5 万吨，受原材料价格高以及光伏盈利微利，预计实际投放进度不快，市场预计 2 万吨左右新增计划。纯碱其他下游，年增量趋向平稳，预计纯碱需求波动小。

43.6.4 中国纯碱供需格局预测

未来五年，纯碱市场预计将从供应略紧张转为供过于求的态势。2022—2026 年纯碱产能复合增长率 2.44%，产量复合增长率 2.53%，企业的产能利用率提高。2022—2026 年下游需求复合增长率 1.02%，连云港碱业 2021 年底退市，2022 年新增产能少，供给处于减量，需求或保持增加趋势，光伏产业期待值高，预计 2022 年纯碱市场仍处于乐观局面，价格或高位震荡徘徊，价格重心上移。从远期看纯碱产量增速高于需求，届时进口量下降，出口量增加。同时，企业之间竞争性增强，成本优势占据主导，对于个别企业来说或面临经营压力。

2022—2026 年中国纯碱市场供需平衡预测见表 43.8。

表 43.8 2022—2026 年中国纯碱市场供需平衡预测

项目	2022 年	2024 年	2026 年
产能 /（万吨 / 年）	3215.00	3540.00	3540.00
开工率 /%	88.65	87.57	88.98
产量 / 万吨	2850.00	3100.00	3150.00
进口量 / 万吨	30.00	10.00	10.00
总供应量 / 万吨	2880.00	3110.00	3160.00
出口量 / 万吨	70.00	100.00	150.00
下游消费量 / 万吨	2862.06	2964.37	2980.87
总需求量 / 万吨	2932.06	3064.37	3130.87

第 44 章 烧碱

2021 年度关键指标一览

类别	项目	2020 年	2021 年	涨跌值	原因概述
价格	山东液碱现货成交价均值 /（元 / 吨）	477	676	199	政策影响液碱供应，带动价格上涨
	西北片碱现货成交价均值 /（元 / 吨）	1813	2420	607	2021 年国内外装置检修及能耗双控政策导致供应减少，下游氧化铝在原料紧张、价格上调的支撑下，价格大涨，贸易商入市操作积极性明显提升，市场交投气氛空前活跃
	山东液氯现货成交价均值 /（元 / 吨）	816	1411	595	2021 年液氯产品市场跌宕起伏，持续波动。伴随着全球刺激消费的流动性释放，化工品市场演绎报复性反弹，价格快速拉升，且下半年环氧丙烷行情向好，需求增加，对液氯持续高价形成支撑
供应	产能 /（万吨 / 年）	4381	4467	86	2021 年烧碱新投及扩产 85 万吨装置，产能增速放缓，行业产能增加至 4467 万吨
	产量 / 万吨	3629	3842	213	产能增加，产量增加
	开工率 /%	83	86	3	氧化铝改线对碱需求提升，加之 9 月以来利润提升，刺激后续生产
	进口量 / 万吨	4.47	5.41	0.94	下半年国内价格历史高位，进口价格明显低于国内价格
需求	出口量 / 万吨	115.46	148.23	32.77	国内整体出口增加，固碱受海运紧张，运费上调影响，出口量减少，液碱出口量明显增加
	下游需求量 / 万吨	3517.71	3699.18	181.47	氧化铝进口矿减少，国产矿使用量增加，耗碱量增加

44.1 中国烧碱供需平衡分析

2017—2021 年烧碱供需平衡。2020 年受新冠肺炎疫情影响，国内烧碱产量稳步增加，但进口量有所下降，出口小幅增加。受国外疫情影响，2020 年众多烧碱下游产品需求表现相对较差。

2021 年烧碱新投及扩产 86 万吨 / 年装置，产能增速放缓，行业产能增加至 4467 万吨 / 年，产量增长至 3842 万吨。

2017—2021 年中国烧碱供需平衡见表 44.1。

表 44.1 2017—2021 年中国烧碱供需平衡表

项目	2017 年	2018 年	2019 年	2020 年	2021 年
产能 /（万吨 / 年）	4102	4259	4276	4381	4467
开工率 /%	82	80	81	83	86
产量 / 万吨	3365.2	3411	3469.4	3629	3842
进口量 / 万吨	1.09	4.09	11.35	4.47	5.41
出口量 / 万吨	152	95.68	107.41	115.46	148.23
下游消费量 / 万吨	3214.29	3319.41	3373.34	3517.71	3699.18

44.2 中国烧碱供应现状分析

44.2.1 2021 年中国烧碱国产供需分析

2017—2021 年中国烧碱产能年均复合增长率在 2.15%，产能稳步增长。

2021 年中国烧碱产能达到 4467 万吨，较 2020 年同比增长 1.96%。2021 年新增 2 家，产能置换 1 家，合计增加 86 万吨 / 年

2017—2021 年中国烧碱产能变化趋势见图 44.1。

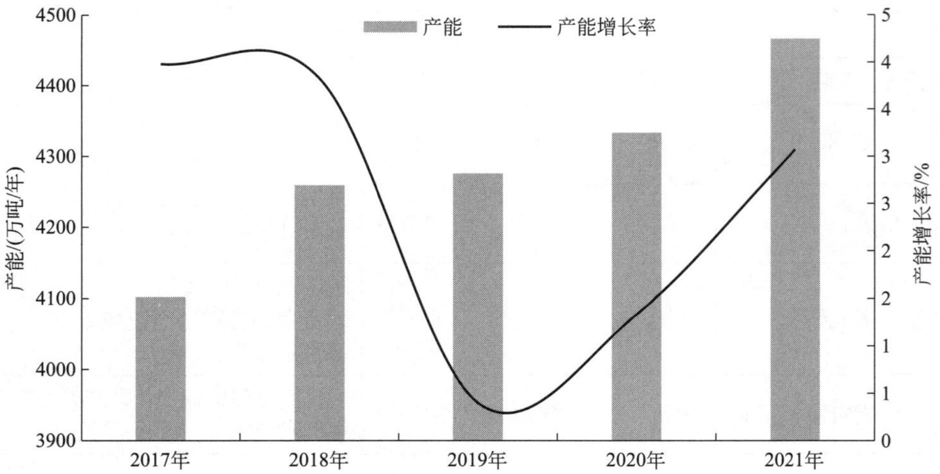

图 44.1 2017—2021 年中国烧碱产能变化趋势

2017—2021 年烧碱产能、产量虽呈现上行趋势，但增速明显放缓。2021 年烧碱产量在 3842 万吨，同比 2020 年 3629 万吨的产量增长 5.88%。2020 年，前期停车的企业陆续恢复生产或设备拆卸退出行业，烧碱装置有效利用率提升，我国烧碱行业全年整体开工负荷保持在 83% 左右。2021 年全年平均开工率 86%。

2021 年烧碱产量约 3842 万吨，2 月烧碱产量及开工处于低位，原因是春节期间部分氯碱装置受到液氯运输受限影响，负荷下调至低位运行；3、4 月份随着氯碱下游行业的陆续恢复，烧碱产量及开工率也随着增加；7 月份氯碱企业检修较多，开工率较其他月份处于较低水平；11、12 月随着限电的缓解，加上氯碱利润较好，产量提升。

2017—2021 年中国烧碱产量变化趋势见图 44.2。

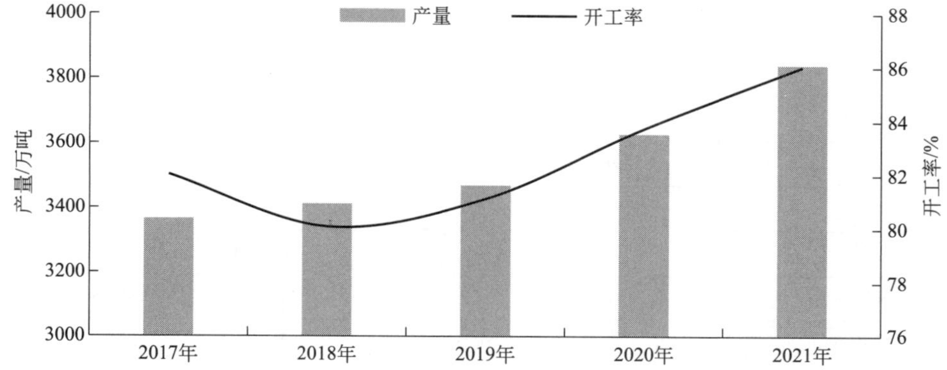

图 44.2 2017—2021 年中国烧碱产量变化趋势

42.2.2 2021 年中国烧碱区域供应结构分析

中国烧碱产能主要集中在华北、西北和华东三个地区，上述三个区域烧碱产能占全国总产能的 80%。

2021 年中国烧碱各区域产能占比见图 44.3。

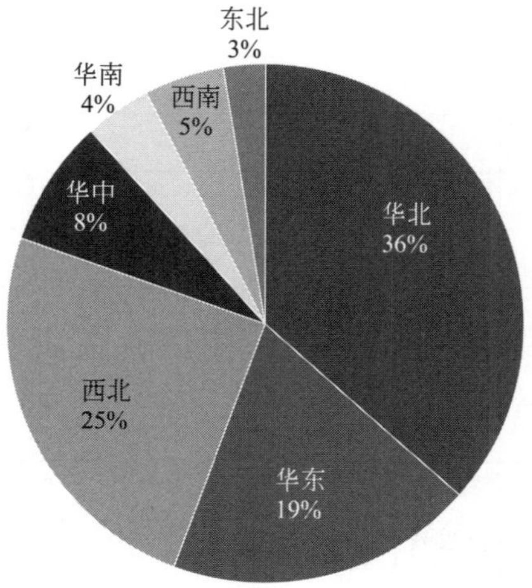

图 44.3 2021 年中国烧碱各区域产能占比

从各省产能分布来看，尽管山东地区前期长期停车的装置退出，但随着新增产能释放，当地烧碱产能有所增长。江苏地区由于新建企业产能落地，当地烧碱总产能明显增加，排名升至第三位。

2021 年中国烧碱分地区产能情况统计见表 44.2。

表 44.2 2021 年中国烧碱分地区产能情况统计

区域	产能 /（万吨 / 年）	占比 /%
山东	1172	26.24
内蒙古	386	8.64
江苏	376.5	8.43
新疆	353	7.90
浙江	207.5	4.65
河南	198.5	4.44
河北	178	3.98
四川	146	3.27
山西	191	4.28
陕西	123	2.75
广西	107.5	2.41
湖北	112	2.51
安徽	103	2.31
宁夏	147	3.29
天津	89	1.99
江西	84.5	1.89
辽宁	78	1.75
上海	72	1.61
青海	55	1.23
甘肃	54	1.21
云南	46	1.03
湖南	44	0.99
福建	42	0.94
重庆	33	0.74
广东	31.5	0.71
黑龙江	25	0.56
吉林	12	0.27

44.2.3 2021 年中国烧碱进口量分析

2017—2021 年中国液碱产品进口先扬后抑，2017—2019 年国内受政策影响开工不稳、产量下降，液碱进口量逐年增加，2020 年疫情暴发，进出口流通受限，进口量减少，随着国内疫情逐步好转，2021 年液碱进口显著增加。

2017—2021 年中国液碱进口量变化趋势见图 44.4。

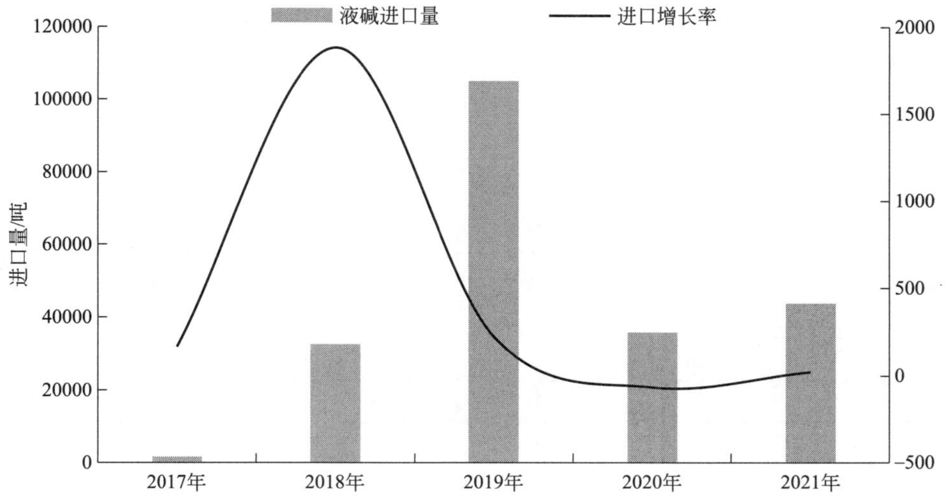

图 44.4　2017—2021 年中国液碱进口量变化趋势

2021 年进口量受国内环保政策、厂家装置负荷持续低位、内贸供应不足影响呈现较大幅度增长，同比增加 21.03%。

2017—2021 年中国片碱产品进口量变化不大，持续维持在万吨左右，进口量微乎其微。

2017—2021 年中国片碱进口量变化趋势见图 44.5。

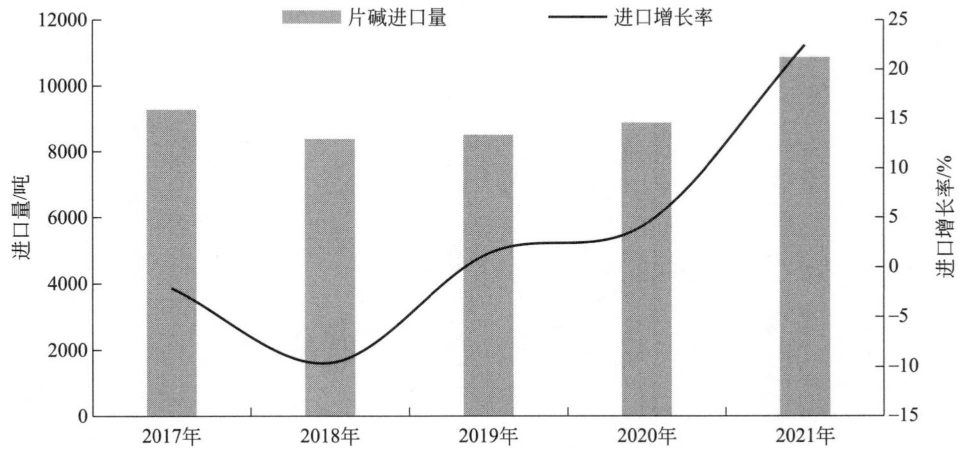

图 44.5　2017—2021 年中国片碱进口量变化趋势

中国液碱进口来源相对稳定，据海关进口数据统计显示，2021 年我国液碱进口主要集中在卡塔尔、阿曼以及沙特阿拉伯，其占比分别为 39.44%、36.63% 以及 22.09%。

2021 年中国液碱进口情况分析见表 44.3。

表 44.3 2021 年中国液碱进口情况分析

来源国及地区	进口量 / 千克	占比 /%	进口额 / 美元	进口均价 /（美元 / 吨）
卡塔尔	17293.212	39.44	3773811	218.22
阿曼	16061.885	36.63	3257353	202.80
沙特阿拉伯	9685.479	22.09	2180196	225.10

中国片碱进口相对液碱较为分散，其形态更易运输。据海关进口数据统计显示，2021 年我国片碱进口集中在日本、波兰、中国台湾以及泰国，其占比分别为 58.83%、16.56%、11.35% 以及 9.05%。

2021 年中国片碱进口情况分析见表 44.4。

表 44.4 2021 年中国片碱进口情况分析

来源国及地区	进口量 / 千克	进口占比 /%	进口额 / 美元	进口均价 /（美元 / 吨）
日本	6393.842	58.83	4508541	705.14
波兰	1800	16.56	909840	505.47
中国台湾	1233.316	11.35	705074	571.69
泰国	984	9.05	701073	712.47
美国	130.198	1.20	840190	6453.17
德国	127.966	1.18	1151110	8995.44

44.3 中国烧碱消费现状分析

44.3.1 2021 年中国烧碱消费趋势分析

我国烧碱行业下游消费领域与国民生活紧密相关，随着国民经济的持续增长，烧碱下游行业需求出现持续提升，2021 年我国烧碱表观消费量预计达到 3699.18 万吨。

2017—2021 年中国烧碱表观消费量变化趋势见图 44.6。

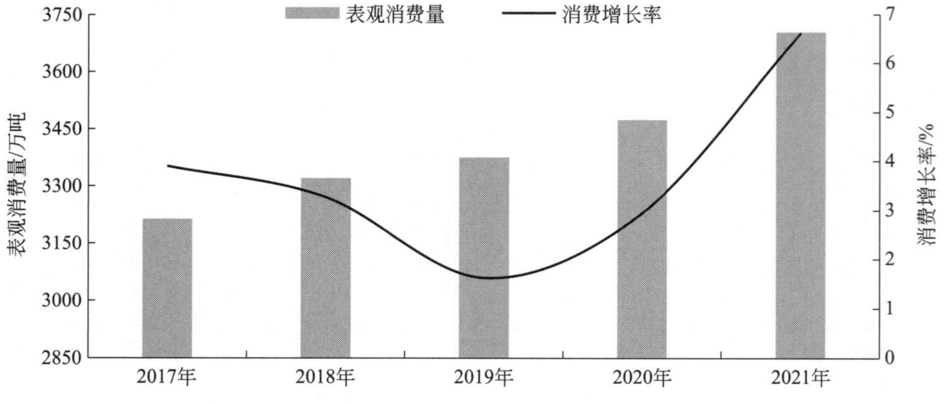

图 44.6 2017—2021 年中国烧碱表观消费量变化趋势

44.3.2 2021 年中国烧碱消费结构分析

烧碱下游产品主要为氧化铝，氧化铝占烧碱下游需求的 33%，其次是印染占比 16%，第三位的是造纸，占比 13%。2021 年氧化铝产量较 2020 年比基本持平，由于铝厂部分进口线改国产线，国产铝土矿用碱量高，从而导致 2021 年氧化铝对烧碱的需求量有所提升。印染 2021 年年均开工率在 60.55%，环比 2020 年的 60.19% 小幅上调 0.36%，江苏印染年均开工率在 56.55%，较 2020 年也有小幅上调，在液碱需求上整体变动不明显。烧碱作为基础化工原料，在多个行业都有涉及，包括石油化工、水处理、农药、医药、轻工业等。

中国烧碱下游需求结构占比见图 44.7。

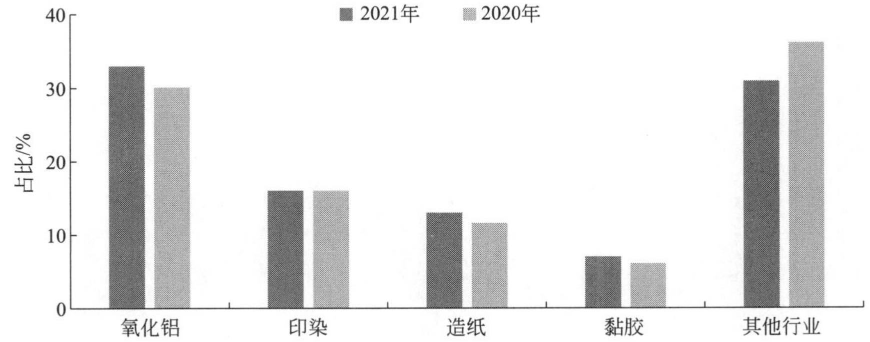

图 44.7 中国烧碱下游需求结构对比

我国烧碱下游消费地主要集中在东部和南部地区，西部地区消费需求有限。其中，山东作为烧碱的主要生产地，同时也是消费集中区域。东部沿海地区由于地理位置条件，方便进口原料及出口下游产品，烧碱下游行业发展较为成熟。西部地区烧碱下游发展薄弱，当地大多液碱需加工成固态碱远距离外销。

44.3.3 2021 年中国烧碱出口量分析

2017—2021 年中国液碱出口量波动较大，整体呈现先抑后扬，2017 年出口量达到 98 万吨，但随着国外价格持续下调，国内液碱出口竞争力减弱，到 2019 年出口达到近五年最低水平 56 万吨左右。之后国内价格逐步回稳，国外装置开工不稳以及疫情暴发，消毒类产品需求增加，液碱出口随之增加，到 2021 年中国液碱出口量达 109 万吨，创近五年新高。

2017—2021 年中国液碱出口量变化趋势见图 44.8。

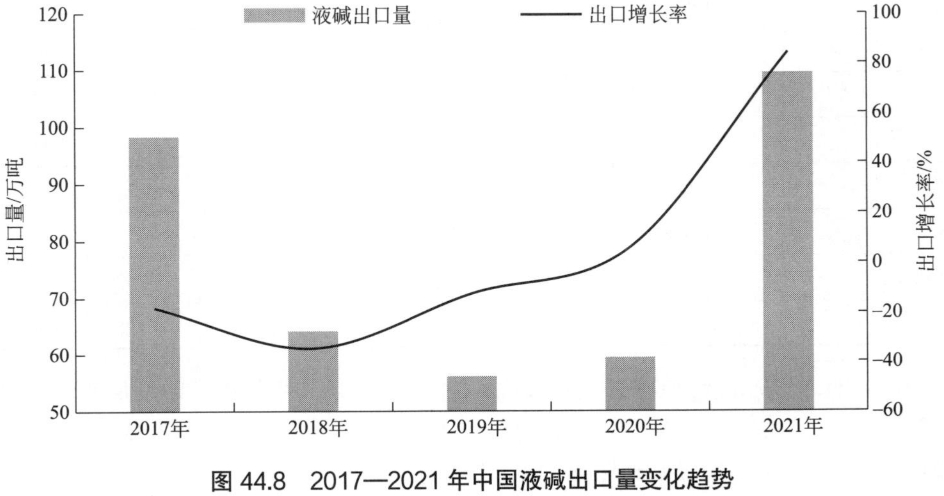

图 44.8 2017—2021 年中国液碱出口量变化趋势

2017—2021 年中国片碱出口跌宕起伏，波动较大。片碱凭借其固体存在形态，相较于液碱更易运输。受国内价格较高影响出口受限，2018 年出口量低至冰点 31 万吨左右。随国内价格持续走低以及疫情暴发，出口竞争力提升，且受极端天气影响国外装置开工不稳，2019—2020 年片碱出口量逐年提升，2021 年国内价格偏高，抑制出口，出口量明显下滑。

2017—2021 年中国片碱出口量变化趋势见图 44.9。

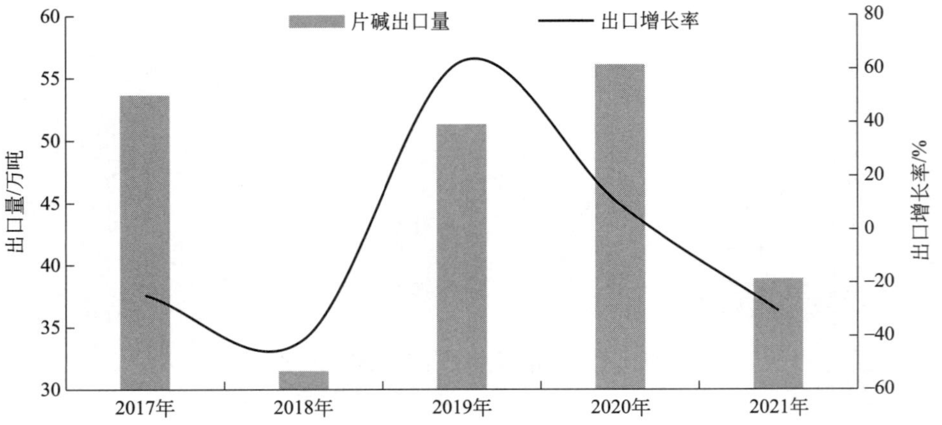

图 44.9　2017—2021 年中国片碱出口量变化趋势

中国液碱出口以周边区域及国家为主，较进口相对分散，出口贸易更加广泛，据海关进口数据统计显示，2021 年我国液碱出口前三的地区是澳大利亚、中国台湾及印度尼西亚，占比分别为 40.73%、15.22% 以及 12.23%。

2021 年中国液碱出口情况分析见表 44.5。

表 44.5　2021 年中国液碱出口情况分析

出口国及地区	出口量 / 吨	出口占比 /%	出口额 / 美元	出口均价 /（美元 / 吨）
澳大利亚	445771.447	40.73	128503107	288.27
中国台湾	166631.361	15.22	37574076	225.49
印度尼西亚	133871.913	12.23	35231043	263.17
巴布亚新几内亚	53882.061	4.92	14553654	270.10
菲律宾	49394.722	4.51	10123521	204.95
越南	48724.805	4.45	10028864	205.83
新加坡	39706.191	3.63	8719144	219.59
巴西	39448.84	3.60	13892518	352.17
马来西亚	21247.295	1.94	6228788	293.16
阿联酋	19940.052	1.82	6343360	318.12

中国片碱出口比较分散，其形态易于运输，出口广泛，其中越南、印度尼西亚及尼日利亚位列片碱出口前三，占比分别为 12.42%、12.03% 及 9.59%，其他地区占比相对较小。

2021 年中国片碱出口情况分析见表 44.6。

表 44.6 2021 年中国片碱出口情况分析

来源地	出口量 / 吨	出口占比 /%	出口额 / 美元	出口均价 / (美元 / 吨)
越南	48154.75	12.42	16802023	348.92
印度尼西亚	46649.725	12.03	15117835	324.07
尼日利亚	37177.5	9.59	14331761	385.50
俄罗斯	18615.25	4.80	4923075	264.46
哈萨克斯坦	15564.25	4.01	3966791	254.87
泰国	12449.6	3.21	4226268	339.47
菲律宾	12415.6	3.20	4341317	349.67
韩国	11942.125	3.08	4327829	362.40
坦桑尼亚	11900.5	3.07	3974130	333.95
吉布提	11872.6	3.06	4691510	395.15

44.4 中国烧碱价格走势分析

近五年来，液碱市场经跌宕起伏。2017 年末成交价格出现回落，之后持续处于下滑通道，2020 年国内烧碱市场依旧呈现下行趋势，但价格下滑幅度收窄，2020 年至 2021 年 4 月之前，是国内液碱五年以来的低价；2018—2020 年国内烧碱市场持续震荡下滑，尽管期间存在短暂小幅拉涨，但市场供需矛盾持续加剧，下行走势基本贯穿本阶段。随着中美贸易摩擦不断升级，国内铝制品、纸制品、服装等终端消费品出口量下降，行业企业盈利状况不佳，运营压力逐渐传导至上游烧碱行业，导致烧碱需求萎缩，对价格压制较为明显。2021 年 9 月底以来国内限电潮导致液碱供应紧张，价格一度涨至五年新高。2021 年主产区山东地区 32% 碱最高价出现在 10 月底，成交均价涨至 1840 元 / 吨，10 月均价在 1531 元 / 吨，全年均价 676 元 / 吨。

2017—2021 年中国液碱价格走势见图 44.10。

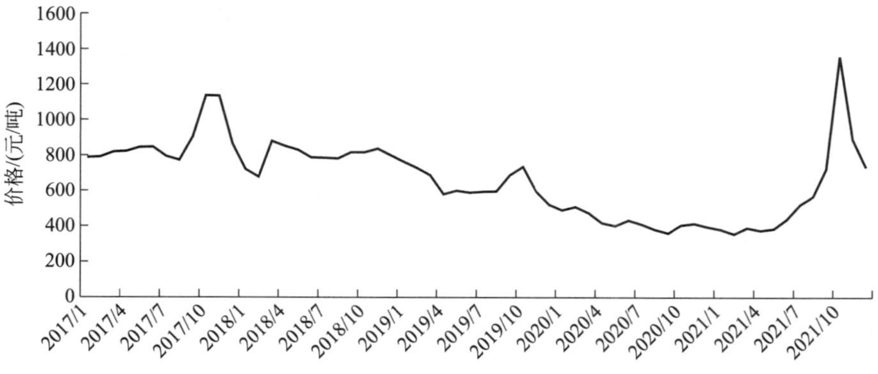

图 44.10 2017—2021 年中国液碱价格走势

从图中看出 2017 年受国家关于秋冬季限产政策影响国内片碱市场价格经历连续大幅拉涨。市场价格一度上涨至 5187 元 / 吨左右水平，而后随着行业对于相关政策适应以及企业自身关于环保设备的更新影响，单纯秋冬季限产政策对于国内片碱行业影响越来越小，而受主力下游氧化铝进口低价货源冲击导致国内氧化铝市场价格持续下滑，其他下游因环保以及市场低迷等因素影响，国内片碱市场价格开始呈现逐年下滑的走势，其中最低点出现在 2021 年 4 月份，其月度平均价格仅为 1511 元 / 吨左右，较之前最高点的 2017 年 10 月份价格下滑 70.87% 左右，期间虽有双控政策等外围影响因素对市场价格起到一定支撑，但上涨幅度及持续时间都极为有限。

进入 2021 年国内片碱市场再次迎来转机，进口氧化铝货源大幅减少以及国内大宗商品市场价格普遍大幅拉涨情况下，作为片碱主力下游的氧化铝市场价格开始出现连续上行，从而拉动原料片碱市场价格出现大幅上行，而市场最高价同样出现在本年度 10 月份，月均价格达到 5800 元 / 吨，较 2017 年最高价格高出 11.82% 左右，同时也为我国片碱行业近十五年以来最高价。

2017—2021 年中国片碱价格走势见图 44.11。

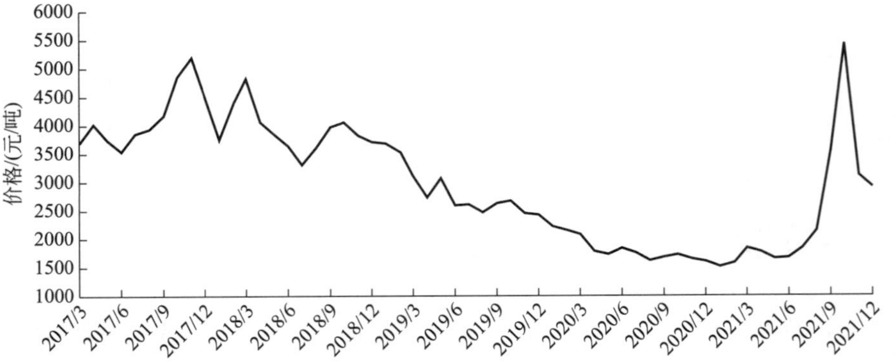

图 44.11 2017—2021 年中国片碱价格走势

44.5 中国烧碱利润走势分析

烧碱成本主要受到电价及原盐价格影响，但 2019 年之前电价及原盐价格整体变动有限。2019 年上半年以前，液氯长期处于补贴状态，且液碱价格也处于相对低位，2019 年下半年以后，随着产能优胜劣汰，液氯商品量减少等影响，液氯开始逐渐取消补贴，甚至在较长的时间内，呈现以氯养碱的状态。

2021 年 9 月后，氯碱利润呈现大幅震荡态势，主要受到国家能耗双控政策影响，大宗产品大幅拉涨下，烧碱利润也呈现了较大涨幅。

2019—2021 年中国烧碱利润变化趋势见图 44.12。

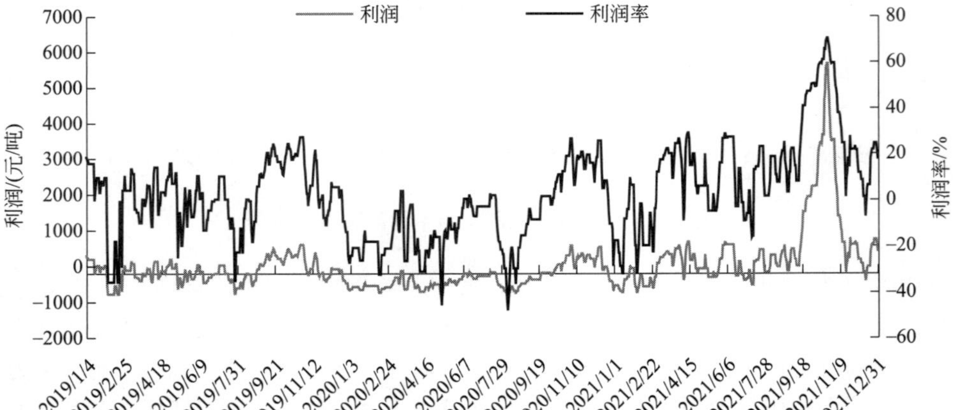

图 44.12 2019—2021 年中国烧碱利润变化趋势

44.6 2022—2026 年中国烧碱发展预期

44.6.1 中国烧碱拟在建 / 退出产能统计

2022—2023 年烧碱基本为扩产产能，预计扩产 216 万吨 / 年，扩产产能主要集中在华东地区、西北地区。扩产装置如期投产，预计国内烧碱产能将达到 4683 万吨 / 年。产量预计在 3932.2 万吨（黏胶短纤无新投新建产能）。

2022—2026 年中国烧碱增拟建产能统计见表 44.7。

表 44.7 2022—2026 年中国烧碱增拟建产能统计

区域	企业名称	工艺	产能 /（万吨 / 年）	投产时间	配套下游
江苏	连云港瑞恒新材料（扬农）	离子膜法	15	预计 2022 年上半年	配套氯丙烯
江苏	金桥益海（连云港）氯碱有限公司	离子膜法	15	预计 2022 年上半年	配套 10 万吨氯乙酸，两年后上
安徽	安徽广信农化股份有限公司	离子膜法	30	预计 2022 年上半年	配套自身农药
江西	九江九宏新材料（江西梅兰）	离子膜法	15	预计 2022 年上半年	配套自身甲烷氯化物
江西	江西九二盐业有限责任公司	离子膜法	12	预计 2022 年上半年	无配套下游
山东	山东民祥化工科技有限公司	离子膜法	15	预计 2022 年上半年	自用
河南	河南开封东大化工有限公司	离子膜法	10	预计 2022 年上半年	配套 10 万吨氯乙酸
西北	甘肃新川化工有限公司	离子膜法	12	预计 2022 年上半年	配套 10 万吨 PVC
西北	宁夏华御化工有限公司	离子膜法	12	时间不确定	
西北	乌海中联化工有限公司	离子膜法	40	2020 年开建，投产时间不定	配套 50 万吨 PVC
西北	新疆中泰金晖兆丰能源股份有限公司	离子膜法	40	预计 2022 年投产	配套 50 万吨 PVC
合计			216		

44.6.2 中国烧碱供应趋势预测

未来我国烧碱行业主产区的华北、华东以及西北地区地位依旧不可撼动，以上三地不论从供需情况还是作为行业主产区的行业成熟度来说，都远远领先于国内其他地区，虽目前新兴下游在西南地区得到稳定发展，但西南地区由于受原料成本以及物流成本影响大力发展氯碱行业难度较大，而华南地区则主要受成本影响难以形成有力资源优势，同时华北地区氯碱企业近年来大力发展配套下游尤其液氯配套下游，更为后期长期稳定发展打下坚实基础。

2022—2026 年中国烧碱供应趋势预测见图 44.13。

44.6.3 中国烧碱主要下游发展前景预测

2021 年，黏胶短纤产量 382.4 万吨，同比增长 4.75%。2021 年 1—5 月份，黏胶短纤保持正现金流促进行业生产积极性，期间月产量均高于往年同期水平，但自 8 月起，初期因需求压力导致黏胶短纤生产积极性下滑，后在 9 月传统旺季却又迎来液碱、能源价格快速提升导致黏胶短纤现金流转为负值，亏损局面导致全国黏胶短纤在提升产量时间节点却出现下滑。

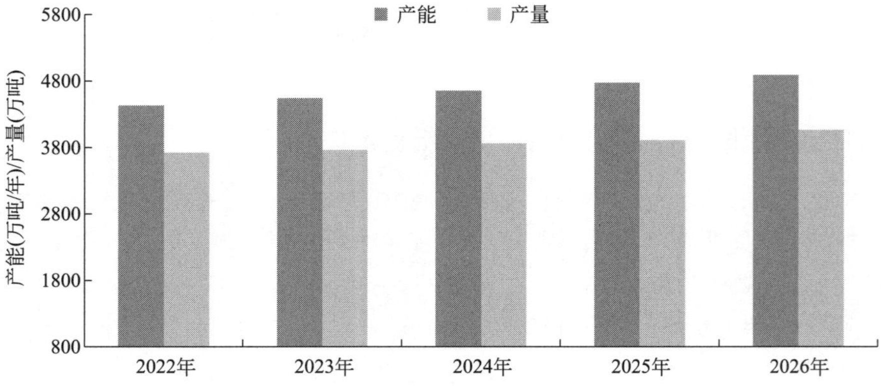

图 44.13 2022—2026 年中国烧碱供应趋势预测

截至 2021 年底，中国氧化铝行业建成产能为 9025 万吨 / 年，运行产能为 7240 万吨 / 年，主要集中分布在山西、河南、山东、贵州、广西五大主流地区，重庆、内蒙古也有少量产能分布。2021 年中国氧化铝总产量达到 7200.9 万吨，同比增长 6.16%。

2021 年，广西、贵州及山西等地区部分氧化铝新建项目如期投产，实现产量贡献。然而今年实际产能落地存在变数，受到能耗双控、环保督察、严控两高项目、有序用电等诸多因素影响，多数氧化铝项目出现预投延期现象且部分氧化铝规划项目濒临流产，新增产能对产量的贡献低于年初预期。

2022 年氧化铝在建拟建产能统计见表 44.8。

表 44.8 2022 年氧化铝在建拟建产能统计

省份	预计投产产能 /（万吨 / 年）	投产类型
广西	490	扩建
山西	40	扩建
重庆	360	新投
河北	240	新投
山东	180	扩建

44.6.4 中国烧碱供需格局预测

受国内关于环保政策以及氧化铝市场趋于正常影响，未来五年我国烧碱行业更将趋于正常化运行，进口由于产业链式生产模式的逐步推进，国内烧碱行业整体开工率在扣除企业理性检修带来的供应量减少因素后，将维持在 81% ～ 83% 左右的正常水平，国内下游行业发展迅速、新兴行业近年来逐步崛起，同时，国内烧碱行业产能增速减缓等因素影响，未来我国烧碱出口市场也将维持相对较为稳定的态势，也就是说，企业在大力发展产业链模式的前提下，国内烧碱行业在未来五年间供需仍将处于相对平稳的态势，受下游企业扩产影响，国内烧碱行业整体价格处于相对高位。

2022—2026 年中国烧碱市场供需平衡预测见表 44.9。

表 44.9 2022—2026 年中国烧碱市场供需平衡预测

项目	2022 年	2024 年	2026 年
产能 /（万吨 / 年）	4683	4820	5010
开工率 /%	84	83	83
产量 / 万吨	3932.2	4000.6	4158.3
进口量 / 万吨	4.21	4.3	3.96
出口量 / 万吨	123.7	137.41	168.7
下游消费量 / 万吨	3812.71	3867.49	3993.56

第 8 篇　化肥

第45章 尿素

2021年度关键指标一览

类别	项目	2020年	2021年	涨跌值	原因概述
价格	现货成交价均值（华鲁）/（元/吨）	1693	2424	731	通货膨胀、能耗双控、粮食安全
	国际成交价均值（波罗的海）/（美元/吨）	221	466	245	全球能源危机、粮食安全
供应	产能/（万吨/年）	7102	7334	232	疫情导致新增产能集中释放
	产量/万吨	5372.99	5369.90	−3.09	能耗双控、能源危机
	开工率/%	75.65	73.22	−2.43	能耗双控、能源危机
	港口库存/万吨	20.04	14.50	−5.54	前三季度阶段性出口，四季度出口管控
	企业库存/万吨	32.22	72.23	40.01	行业保供，出口管控
	进口量/万吨	0.15	5.36	5.21	局部供需紧张
需求	出口量/万吨	545.06	529.91	−15.15	四季度出口管控，总量少于同期
	表观消费量/万吨	4828.08	4845.35	17.27	粮食安全、环保、通货膨胀、工业消费

45.1 中国尿素供需平衡分析

2017—2021 年中国尿素市场供需呈现先逐渐宽松、再趋于紧张的态势。2017—2021 年中国尿素产量年均增速 0.55%，而需求量年均增速在 0.25%，需求的增速不及产量的增速。2019—2020 年国内供需偏宽松，出口量明显增加。而 2020—2021 年，虽然新增产能集中释放使总产能有所提升，但受国家政策调控影响，行业开工率从 2020 年的 75.65% 降至 2021 年的 73.22%，产量同比下降，而需求依旧持续增加中，供需又逐渐偏向于紧张。

进出口方面，随着 2017—2021 年国内供需的变化，国内尿素的进出口量也发生了明显的变化。经过 2016 年开始的供给侧改革后，国内产量一度在 2018 年降至 5009.12 万吨，但当年的需求却达到 4950 万吨，供需偏紧局面下，出现了短时的进口增量以及出口下降的现象，2018—2019 年间进口量超过 10 万吨，随后国内供应逐渐恢复，2020 年进口量又恢复低水平常态。出口量则与之相反，2019 年起随着国内供应量的逐渐提高，2020—2021 年度出口量又回到 500 万吨以上的水平。2021 年尿素预期出口有望继续同比上升，但在四季度国家保供政策的推动下，出口暂时停滞，出口量也在四季度锐减，因此 2021 年总出口量未能超同期，但也达到了 500 万吨以上。

2017—2021 年中国尿素供需平衡见表 45.1。

表 45.1 2017—2021 年中国尿素供需平衡表

项目	2017 年	2018 年	2019 年	2020 年	2021 年
产能 /（万吨 / 年）	8315	7554	7176	7102	7334
开工率 /%	63.18	66.31	73.43	75.65	73.22
产量 / 万吨	5253.48	5009.12	5269.53	5372.99	5369.90
进口量 / 万吨	0.51	16.39	18.16	0.15	5.36
出口量 / 万吨	465.64	244.82	494.48	545.06	529.91
需求量 / 万吨	4900	4950	4800	4850	4950

45.2 中国尿素供应现状分析

45.2.1 2021 年中国尿素国产供需分析

2017—2021 年尿素产能复合增长率 -3.09%。2016 年尿素行业供给侧改革开始，产能优胜劣汰，2017—2019 年产能持续下降，随着落后、僵尸产能的出清，总产能变化趋于缓和。

2017—2021 年中国尿素产能变化趋势见图 45.1。

中国尿素行业供给侧改革，产能优胜劣汰，产量大幅下降，至 2018 年降至五年内最低水平 5009.12 万吨；2019 年后随着新增产能的释放加政策调控变化，产量开始逐步回升。2021 年新增总产能 392 万吨 / 年（产能净增长 232 万吨 / 年），按照装置产能释放时间统计，新增产能带来至少百万吨新增产量，但实际 2021 年产量比 2020 年小幅下降，主要受到行业产能优胜劣汰、能耗双控限产、企业装置故障频繁等因素影响。

2017—2021 年中国尿素产量及开工率变化趋势见图 45.2。

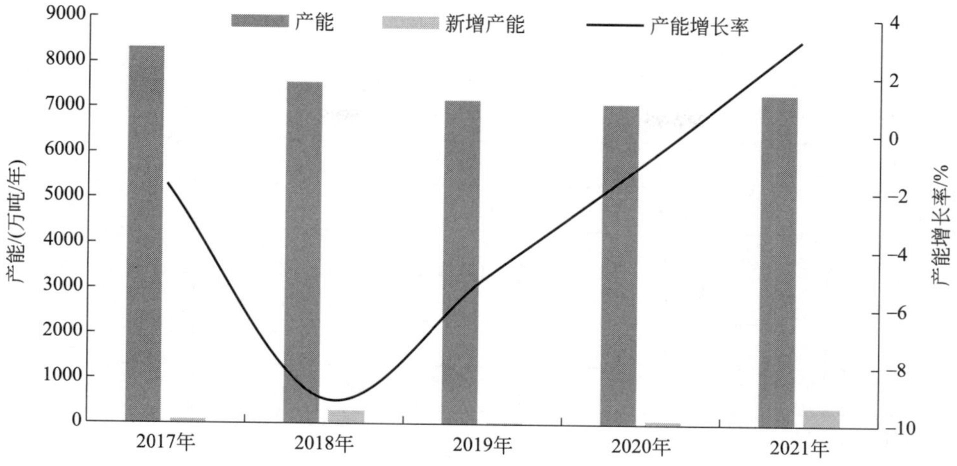

图 45.1 2017—2021 年中国尿素产能变化趋势

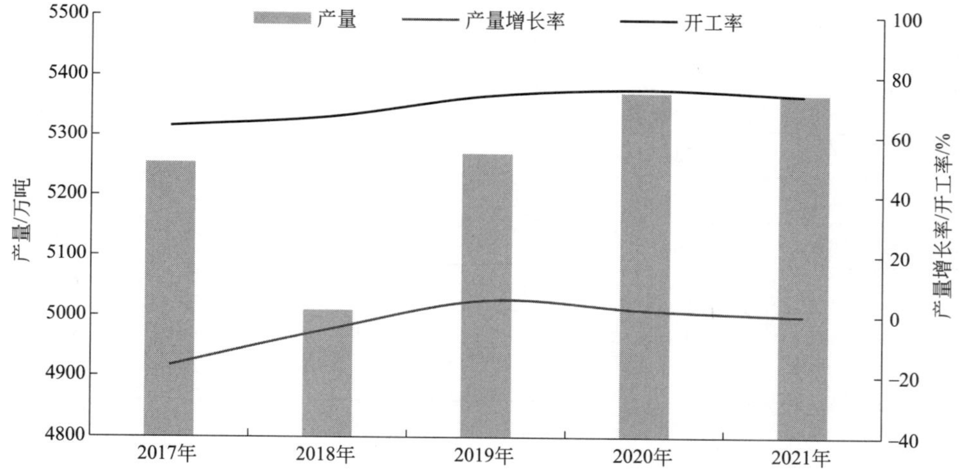

图 45.2 2017—2021 年中国尿素产量及开工率变化趋势

45.2.2 2021 年中国尿素区域供应结构分析

从产能分布来看，虽然多数省市均有尿素生产企业，但产能主要集中在山东、山西、内蒙古、新疆、河南、安徽、四川等原料来源地或需求集中地。2017—2021 年，河北、河南等地随着小装置、落后产能的陆续淘汰，总产能明显下降；新疆、内蒙古等作为原料来源地，成本优势推动产能增加；2021 年 2 月九江心连心投产以后，填补了江西尿素产能的空白；华南地区随着福建、广西小产能的淘汰，除海南外，其他省份无尿素产能分布，且未来几年也没有新增产能计划。

中国尿素分区域产能变化统计见表 45.2。

表 45.2 中国尿素分区域产能变化统计

区域		2017 年产能 /（万吨 / 年）	2021 年产能 /（万吨 / 年）	2021 年占比 /%
华北	山西	947	882	12.03
	内蒙古	792	772	10.53
	河北	463	298	4.06

续表

区域		2017 年产能 /（万吨 / 年）	2021 年产能 /（万吨 / 年）	2021 年占比 /%
华东	山东	1139	1187	16.18
	安徽	415	352	4.80
	江苏	369	270	3.68
	浙江	20	0	0.00
西北	新疆	775	743	10.13
	陕西	222	256	3.49
	宁夏	128	208	2.84
	青海	146	146	1.99
	甘肃	70	70	0.95
华中	河南	881	604	8.24
	湖北	320	292	3.98
	江西	20	52	0.71
	湖南	40	0	0.00
西南	四川	337	317	4.32
	云南	201	226	3.08
	重庆	182	132	1.80
	贵州	195	52	0.71
东北	黑龙江	158	128	1.75
	辽宁	175	125	1.70
	吉林	90	90	1.23
华南	海南	132	132	1.80
	广西	62	0	0.00
	福建	36	0	0.00
合计		8315	7334	100.00

45.2.3 2021 年中国尿素进口量分析

2017—2021 年国内尿素进口量呈先增后趋于稳定态势。我国尿素产能足以满足国内需求，因此我国尿素进口量处于较低水平。2018—2019 年，我国尿素进口量大幅增长的主要原因是国内尿素价格持续高位，且国内尿素供应方面受政策限产、产能淘汰等因素影响，出现局部供应紧张态势，且国际价格处于相对合理水平，因此进口少量尿素来补给国内市场。

2020 年我国尿素新增产能陆续投产，国内供应方面稍显宽松，进口量再次减少；直至 2021 年 8、9 月份开始，国内尿素进口量出现明显增长态势，主要原因是国内尿素基于极端性供应偏紧影响，价格持续上行，进口均价方面处于较低水平，因此进口量较 2020 年同期增加 3473%。

2017—2021 年中国尿素进口量变化趋势见图 45.3。

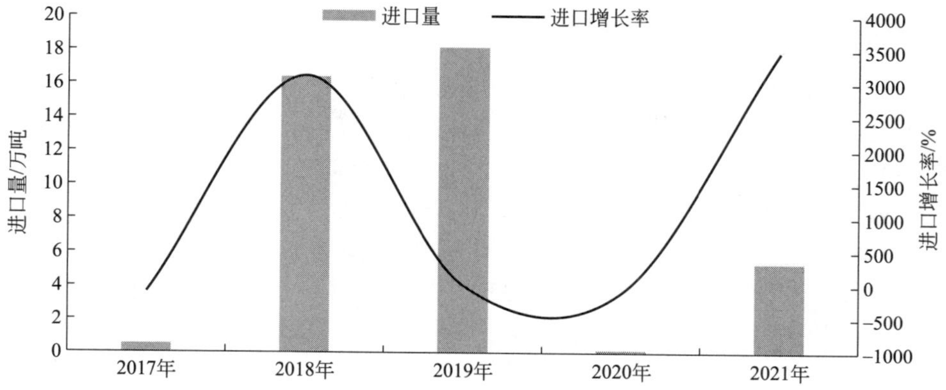

图 45.3 2017—2021 年中国尿素进口量变化趋势

45.3 中国尿素消费现状分析

45.3.1 2021 年中国尿素消费趋势分析

中国尿素产品下游消费主要分为农业和工业两部分，农业需求占比 63%，工业需求占比 37%。基于粮食种植面积的趋稳及化肥施用量下降的政策要求，后期农业需求所占比重仍有下降趋势；工业需求中，随着国六标准的陆续推进、电厂用尿素代替合成氨脱硝的施行，车用尿素、火电脱硝是尿素需求增速重点，另外脲醛树脂、三聚氰胺等大规模消费领域的发展也会影响尿素工业需求量。

2021 年中国尿素需求量 4950 万吨，2017—2021 年中国尿素需求量年均复合增长率在 0.25%。2017 年、2019 年尿素需求量出现负增长的原因主要是化肥施用零增长的政策，导致尿素整体需求量下降，与此同时随着国内去产能的热潮，尿素产量也呈现回落；2018 年、2020 年、2021 年需求量的稳中稍增，主要是由于近几年粮食种植面积趋稳，直接施用的尿素量虽然下降，但是下降幅度缩小，而工业脱硝需求增量。

2017—2021 年中国尿素表观消费量变化趋势见图 45.4。

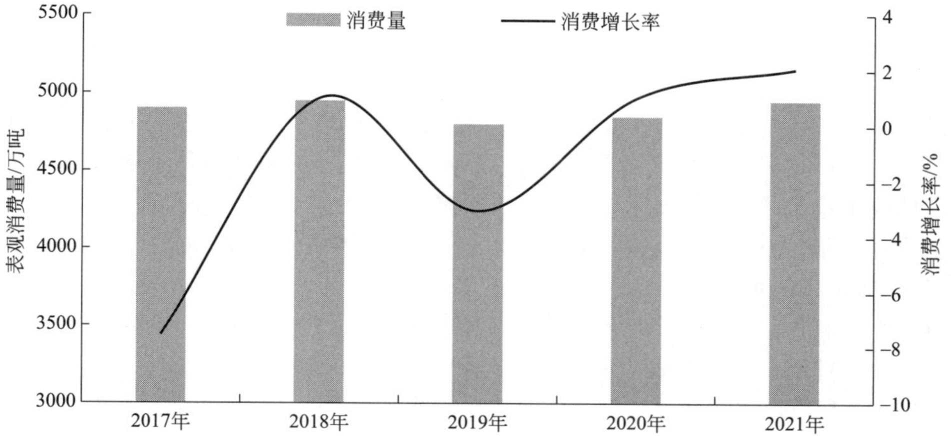

图 45.4 2017—2021 年中国尿素表观消费量变化趋势

45.3.2 2021年中国尿素消费结构分析

中国尿素产品的下游消费主要分为农业和工业两部分。农业包含直接施用和用作生产复合肥，工业主要分为脲醛树脂（人造板）、三聚氰胺、车用尿素、火电脱硝、氰尿酸、饲料等。2021年中国尿素需求量在4950万吨附近，较2020年的4850万吨增加2.06%。基于种植面积的趋稳及化肥施用量零增长政策的施行，农业尿素需求量减少；在三聚氰胺、车用尿素、火电脱硝等下游发展推动下，工业尿素需求增加。2020年前农业尿素和工业尿素消费量的"一正一负"发展致使近年来中国尿素需求量基本稳定。2021年农业需求量在3120万吨附近，较2020年的3100万吨增加20万吨，虽然复合肥产量同比下降带来的原料尿素需求的缩减，但基于国内粮食作物种植面积和结构调整、化肥保供等因素影响，农业直接施用量小幅增加。2021年工业需求在1830万吨附近，较2020年的1750万吨增加80万吨，主要体现在人造板、车用尿素、火电脱硝等需求的增加。

2017—2021年中国尿素下游行业需求结构变化趋势见图45.5。

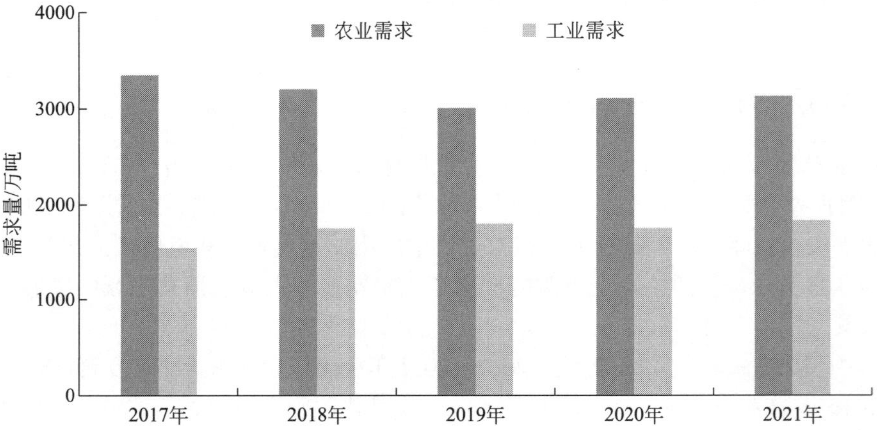

图45.5 2017—2021年中国尿素下游行业需求结构变化趋势

进入2021年，疫情影响下国际粮食危机频发，中国政府对于农业的重视程度再次提高，特别关注粮食种植面积、粮食生产安全的问题，全面开展耕地"非农化""非粮化"的整治风暴，积极落实"藏粮于地"战略。农业农村部明确指出要确保2021年粮食作物种植面积稳定在17.5亿亩以上，各地方政府积极配合，保障玉米、小麦、水稻种植面积稳中提升，推动尿素农业需求短时增长。

2021年复合肥方面需求量较2020年有所减少。2021年样本复合肥产量在5302万吨，较2020年的5872万吨减少9.71%。分季度来看，复合肥行业夏季肥开工尚可且夏季肥多为高氮肥，对于尿素的需求量相对较高；秋季肥市场以高磷肥为主，仅有局部区域需求高氮肥，因此秋季肥开工低且对于尿素需求较少。整体来看，复合肥产量下滑导致尿素需求量下降，但下降的量相对有限，在20万～40万吨。

2021年脲醛树脂（人造板）行业对于尿素需求在1050万吨，较2020年小幅增加。2021年上半年人造板行业明显好于2020年同期，一是因为疫情2020年上半年有近一个月的停工真空期；二是因国际经济的复苏成品出口有所增加；三是下游房地产开发企业房屋施工面积同比增长10.2%，带动了家具行业的需求增长。但下半年受原料三聚氰胺及尿素价格高位、限电等因素影响，脲醛树脂（人造板）行业开工回落。总体来看，全年脲醛树脂（人造板）行业用尿素同比有小幅增加。

三聚氰胺行业对尿素需求增加。2021 年三聚氰胺行业产量在 149.73 万吨，较 2020 年的 139 万吨涨 7.7%，带来近 28 万吨的尿素需求增量。主要是因为年内三聚氰胺出口市场火热，现货资源供不应求，产品利润一度破万，带动行业开工率明显提升。不过由于三聚氰胺行业中多数为自有原料生产，占比约为 2/3，该类企业多直接使用尿素液（不经过造粒工段）生产；需要外采尿素生产的企业仅占 1/3 左右，因此对于尿素（实物颗粒）的需求增加有一定削弱。

火力发电行业对尿素需求增加，一是由于疫情影响减小后国内经济的快速恢复带动电力需求的明显增加，2021 年火力发电量较 2020 年增加 9% 左右，因此对于尿素的需求有所增加；二是随着尿素代替合成氨用于火电脱硝的普及，大型国电陆续进行替换，替代效应也带来对尿素的需求增量。

车用尿素行业来看，随着柴油车国五、国六标准的陆续实行，车用尿素溶液的需求逐步提升；加之国际上受疫情影响，部分国家出现车用尿素短缺的现象，车用尿素出口有所增加。2021 年车用尿素溶液产量 400 万吨左右，带来 130 万～ 150 万吨的尿素需求，较 2020 年有 20 万～ 30 万吨的增加。氰尿酸、发泡剂、锅炉烟气脱硝、饲料加工等其他行业用尿素量有增有减，整体用量稳步小涨。

2021 年尿素下游需求占比见图 45.6。

由于农业需求的普遍性，中国尿素产品下游需求区域较为分散，农业发达，人造板、复合肥等工业相对集中的区域消费量占比相对较高。华东区域是尿素产品最集中的需求区域，占比在 32% 附近，主要是区域内分布着山东、江苏、安徽等农业大省，另外山东临沂、浙江嘉善也是重要的板材集中地，且复合肥产能也多有分布，对于尿素的需求量相对较高。华中、华北、西南、西北、东北、华南区域消费占比分别在 14%、13%、13%、11%、10% 和 7%。

2021 年中国尿素产品区域需求结构见图 45.7。

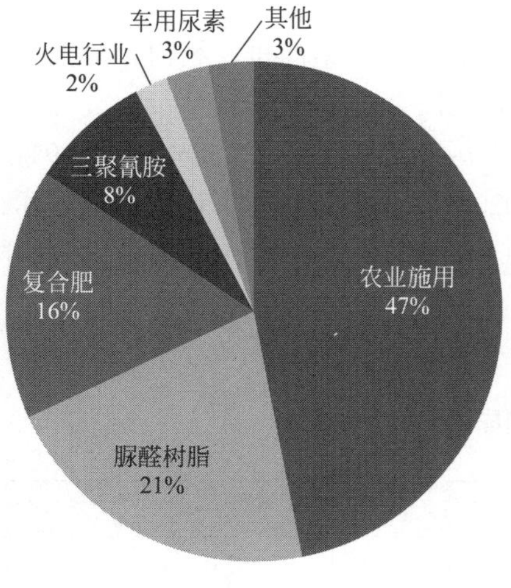

图 45.6 2021 年尿素下游需求占比

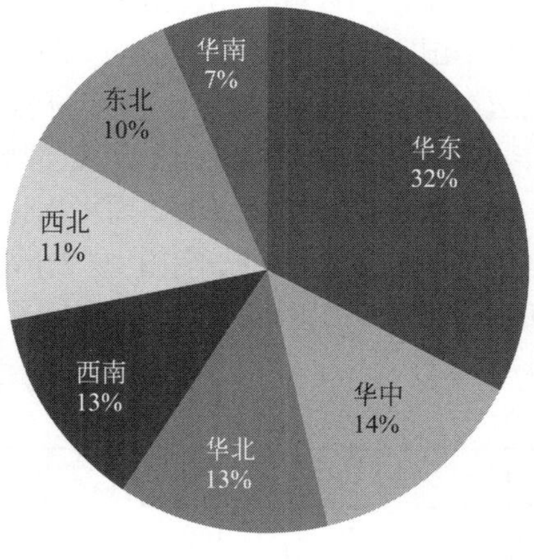

图 45.7 2021 年中国尿素产品区域需求结构

45.3.3 2021 年中国尿素出口量分析

2017—2021 年中国尿素出口量呈现先减后增态势。2018 年下滑的主要原因在于，国内尿素产能受供给侧结构性改革、部分闲置落后产能淘汰的影响，产量大幅下降，国内供应偏紧，出口量大幅减少。进入 2019 年后，供应方面趋于宽松，出口量逐渐增加。

2021年国内尿素出口量529.91万吨，较2020年同期相比减少2.78%。年内出口量呈"W"走势，高点在9月份，出口量为109.15万吨，较2020年9月份增加31.74%，主要原因是2021年三季度传言国家对于出口的调控，而这个最终政策（出口法检）在10月13日正式公布，因此贸易商在政策落地前集中出货；低点在2月份，出口量仅为14.28万吨，较2020年2月份减少44.54%，主要原因是春节前后市场供应量受限。

2021年上半年国内尿素月度出口量大多维持在20万～60万吨。主要原因是国内尿素供应出现偏紧局面，国际市场能源短缺影响工厂开工。虽印度方面频繁招标，国际价格高于国内，出口利润可观，但为保证国内尿素供应、价格稳定，政府不鼓励相关国企进行出口，10月13日海关总署公布关于化肥进出口的法定检验目录，后期国内尿素出口量呈现减少趋势。

2017—2021年中国尿素出口量变化趋势见图45.7。

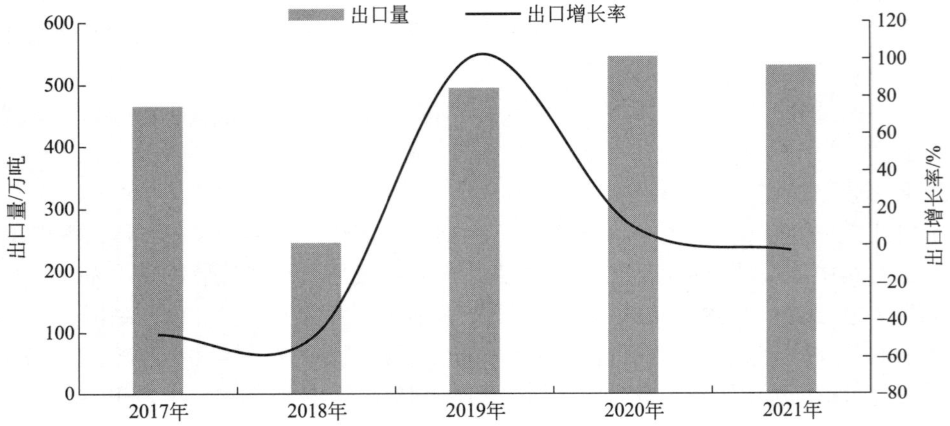

图45.8 2017—2021年中国尿素出口量变化趋势

近五年来，国内尿素出口地变化不大，主要是印度、韩国、墨西哥、缅甸、澳大利亚、日本，这六个国家出口量占全年总出口量的60.93%～80.93%。

近五年来一直位居出口国榜首的为印度，其占中国总出口量的21.58%～54.49%，其中2020年占比最高，主要原因在于印度与阿曼长协在2020年7月份到期，而印度的尿素库存低于同期，因此频繁进行招标采购。而中国作为全球尿素产能大国之一，在满足国内供应的同时仍有盈余满足印度招标量，使得中国尿素出口量在2020年达到近五年来高点。

2017—2021年中国尿素出口及占比见45.3。

表45.3 2017—2021年中国尿素出口及占比

单位：万吨

出口国及地区	2017年	2018年	2019年	2020年	2021年
印度	101.76	66.03	236.31	297.02	278.00
韩国	63.44	40.71	51.59	55.39	65.09
墨西哥	49.46	15.13	27.80	40.57	41.43
缅甸	27.81	14.42	12.48	22.14	6.85
澳大利亚	26.09	7.11	24.90	12.19	12.14
日本	15.15	15.80	14.65	13.85	11.84

续表

出口国及地区	2017年	2018年	2019年	2020年	2021年
合计	283.71	159.21	367.73	441.10	415.35
总出口量	465.64	244.82	494.48	545.06	529.91
前6位占比	60.93%	65.03%	74.37%	80.93%	78.38%
印度占比	21.85%	26.97%	47.79%	54.49%	52.46%
韩国占比	13.62%	16.63%	10.43%	10.16%	12.28%
墨西哥占比	10.62%	6.18%	5.62%	7.44%	7.82%
缅甸占比	5.97%	5.89%	2.52%	4.06%	2.29%
澳大利亚占比	5.60%	2.90%	5.03%	2.24%	2.23%
日本占比	3.25%	6.45%	2.96%	2.54%	1.29%

2021年印度位居中国尿素出口地榜首，其出口量为278万吨，占总出口量的52.46%；其次是韩国，出口量为65.09万吨，占总出口量的12.28%；第三位是墨西哥，出口量为41.43万吨，占总出口量的7.82%。

45.4 中国尿素价格走势分析

近五年来，中国尿素市场跌宕起伏。从价格走势来看，整体呈现震荡上行（以山东市场价格为例，下同）。截至2021年尿素均价2424元/吨，较2017年均价上涨792元/吨；较2020年均价上涨731元/吨。

2017—2021年国内尿素市场行情可以分成三个阶段。

第一阶段：2017—2018年10月份，尿素价格整体趋势震荡上行，截至2018年10月份国内尿素出厂价格从2017年初的1660元/吨上涨至2200元/吨，上涨540元/吨。主要原因是自2015年起供给侧改革带来的落后产能淘汰以及2017年冬季气荒下气头尿素企业集中停车，导致尿素供应下降，进入2018年供过于求的局面逐渐扭转，并且出现阶段性供应偏紧，外加2018年三季度出口向好，大幅拉动国内尿素价格涨至五年来高点。

第二阶段：2018年10月份至2020年7月份国内尿素价格趋势下探，两年时间尿素成交重心不断下移，主要原因仍是供求格局。供应方面因尿素价格不断上涨，利润向好助推尿素企业开工率回升，供应逐渐增多；需求面受国内环保政策收紧影响，工业阶段性需求放缓，外加化肥零增长政策带动的农用尿素需求限制，整体需求平淡。到2020年7月份尿素价格降至五年来低点，山东主流价格出厂降至1560元/吨附近，价格较2018年高点下滑640元/吨。

第三阶段：2020年7月份至今，国内尿素价格明显上行，截至2021年10月21日山东主流出厂价格3180元/吨，较2020年7月份最低价上涨1620元/吨，年度涨幅超千元，创历史新高。主要原因为2020年疫情导致全球农业种植面积扩大，对化肥的需求较前期明显回升，2020年8月份后随着印度市场连续发标、国家淡储利好尿素市场以及冬季西南气头企业继续停车等多重利好叠加影响，尿素价格出现大幅上涨行情。另外自2020年疫情后，全球尿素供需出现阶段性错配以及2021年来尿素上游煤炭、天然气供应紧张，货紧价扬，原料成本支撑强劲，2021年尿素价格呈现大幅上涨行情。四季度在国家保供政策调整下，通过增加煤炭产量、出台出口法检等措施，尿素成本大幅下跌，国内尿素供应回升，致使尿素价格冲高后回调，但整体来看，2021 年国内尿素市场价格处于高位运行，创下历史最高价格水平。

2017—2021 年中国尿素现货价格对比见图 45.9。

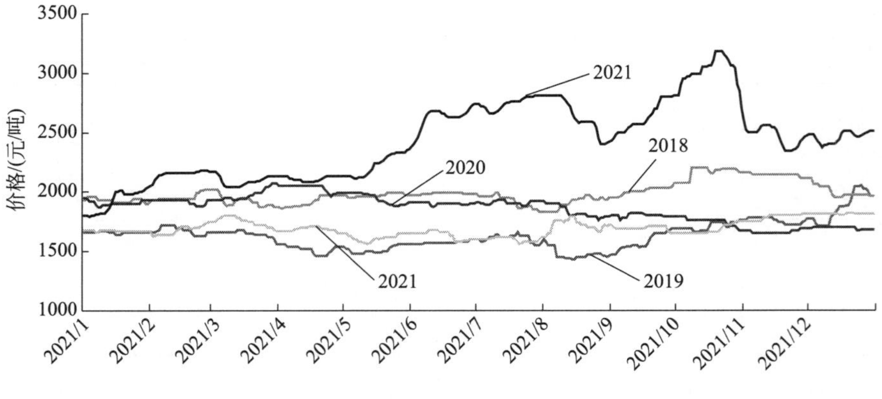

图 45.9 2017—2021 年中国尿素现货价格对比

45.5 中国尿素利润走势分析

2017—2021 年中国尿素成本整体呈现震荡上涨。尿素的原料煤炭、天然气在 2020 年之前价格波动频率较低，且价格相对稳定，成本变化幅度相对较小。自 2020 年煤炭、天然气价格调整频繁且价格上涨幅度较大，尤其是 2021 年原料煤炭、天然气因全球供应紧张，价格大幅上涨，进而导致尿素成本在 2021 年出现跳跃式上涨。根据尿素成本走势图，固定床、天然气的工艺生产成本要高于新型煤气化工艺。

2017—2021 年中国尿素成本变化趋势见图 45.10。

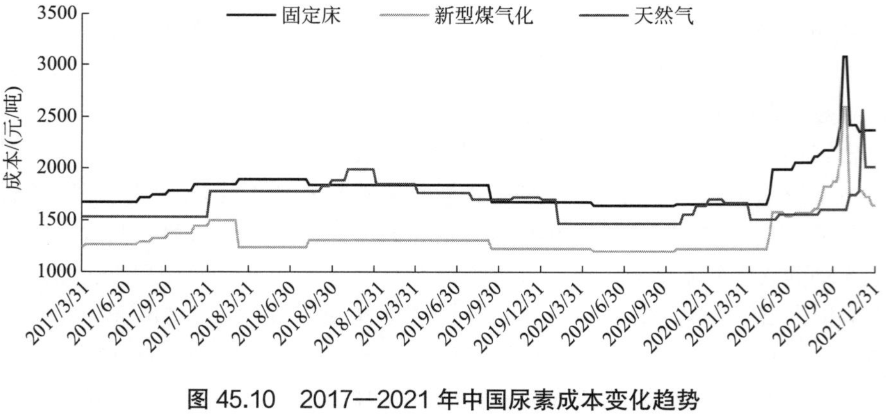

图 45.10 2017—2021 年中国尿素成本变化趋势

利润方面，2017—2020 年尿素价格与利润运行趋势相近。2017—2018 年尿素行业利润呈现上行趋势，2018 年 10 月份后，进入利润下滑阶段。自 2020 年 7 月份之后尿素行业利润触底上行，一直到 2021 年行业利润创历史最高水平，主要受尿素价格上涨推动。2021 年尿素价格大幅上涨，截至 10 月中旬，尿素价格较 2021 年初上涨超 1200 元 / 吨，虽煤炭价格也在上涨，但因煤炭价格上涨时间滞后于尿素价格，故 2021 年尿素行业利润陡然提升，且幅度较大。但 2021 年

10 月份后，随着煤炭价格不断上涨，尿素企业成本上涨过快，尿素行业利润开始被压缩，少数尿素企业出现亏损状态。随后国家出台相关保供文件及政策，煤炭价格高位回落，尿素成本崩坍，后期虽尿素价格也呈现了回调，但整体行业利润有所回升。截至 2021 年年底，国内以固定床、新型煤气化以及天然气工艺生产的尿素企业均处于盈利状态，其中新型煤气化以及天然气利润较为可观。

2017—2021 年中国尿素利润变化趋势见图 45.11。

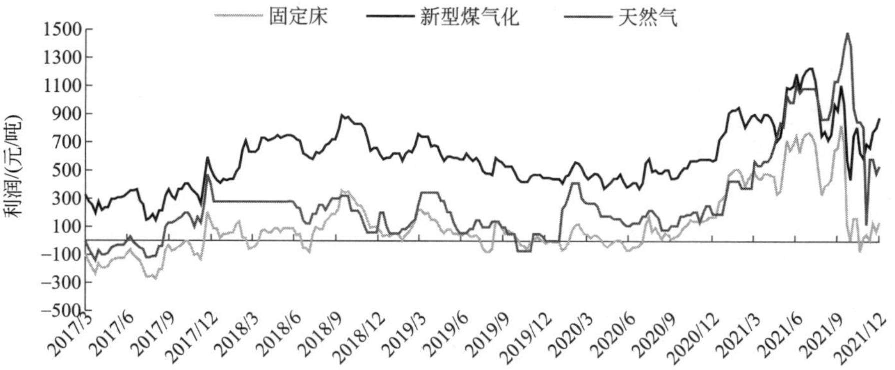

图 45.11 2017—2021 年中国尿素利润变化趋势

45.6 2022—2026 年中国尿素发展预期

45.6.1 中国尿素拟在建 / 退出产能统计

未来五年尿素行业拟在建产能将达到 1094 万吨 / 年，其中超过 300 万吨 / 年的产能是新旧置换项目，装置规模都在 40 万吨 / 年以上。80 万吨 / 年以上的项目总产能达到 780 万吨 / 年，新增产能主要分布在华东、华北、华中等地。新增产能的发展趋势：一是装置大型化；二是装置继续向原料和需求地集中；三是顺应国家政策方针，遵循产能等量置换的原则。

2022—2026 年中国尿素拟在建产能统计见表 45.4。

表 45.4 2022—2026 年中国尿素拟在建产能统计表

区域	企业名称	产能 /（万吨 / 年）	地址	投产计划	上下游配套情况
华北	内蒙古乌兰泰安能源化工有限公司	120	内蒙古兴安盟	2022 年二季度	主产品为尿素，副产品有硫黄、液氮、液氧、液氩等工业原料
西北	新疆中能万源化工有限公司	52	新疆昌吉回族自治州	2022 年	无配套
华北	鄂托克旗建元煤焦化有限责任公司	40	内蒙古自治区鄂托克旗棋盘井镇 109 国道南	2022 年待定	LNG 40 万吨、合成氨 60 万吨、NPK 复合肥 200 万吨
华东	山东晋煤明水化工集团有限公司	80	山东济南	2022 年下半年	无配套

续表

区域	企业名称	产能 /（万吨 / 年）	地址	投产计划	上下游配套情况
华东	安徽泉盛化工有限公司	50	安徽滁州	2022 年下半年	2 万吨联醇、下游 20 万吨三聚氰胺
华北	鄂尔多斯市亿鼎生态农业开发有限公司	52	内蒙古鄂尔多斯	2022 年下半年	下游 30 万吨复合肥、5 万吨有机肥
华北	河北正元氢能科技有限公司	80	河北沧州	2023 年三季度	无配套
华中	山东华鲁恒升化工股份有限公司	100	湖北江陵	2023 年四季度	100 万吨乙酸、15 万吨 DMF、5 万吨混甲胺
西北	河北省东光化工有限责任公司	60	新疆库尔勒	2023 年四季度	下游 150 万吨复合肥
华中	华强化工集团股份有限公司	80	湖北当阳	2023 年四季度	复合肥
华东	阳煤平原化工有限公司	80	山东德州	2023 年四季度	无配套
华东	江苏晋煤恒盛化工股份有限公司	60	江苏新沂	2024 年	下游 60 万吨尿基复合肥
华中	河南晋开集团延化化工有限公司	80	河南新乡	2025—2026 年	无配套
华东	江苏晋煤双多化工有限公司	80	江苏盐城	2025—2026 年	无配套
华中	河南晋开化工投资控股集团有限责任公司	80	河南开封	2025—2026 年	无配套

45.6.2 中国尿素供应趋势预测

2022—2026 年中国尿素产能、产量继续呈现增长趋势，产能复合增长率从 2017—2021 年的 -3.09% 增长至 0.22%；产量复合增长率从 2017—2021 年的 0.55% 增长至 1.15%。产能、产量双增长，但产能增速略低于产量增速，主要有以下三个原因：一是新旧产能交替，产能释放阶段性受限；二是国家能耗双控、碳中和碳达峰的目标，对于行业开工、新增产能的政策调控；三是有效产能占比提高，行业开工率回升。

2022—2026 年中国尿素供应预测见图 45.12。

45.6.3 中国尿素主要下游发展前景预测

尿素产品下游主要分为农业和工业两部分。

农业方面：直接施用，由于粮食作物种植面积和用肥习惯的调整，对于尿素的需求整体呈现小幅下滑的趋势；复合肥行业近年来也处于产能结构调整的过程，2022 年将会有一波较为集中的新产能投放，之后几年新产能逐渐减少，与此同时落后产能也在淘汰中，未来五年新增产能在 375 万吨 / 年左右。

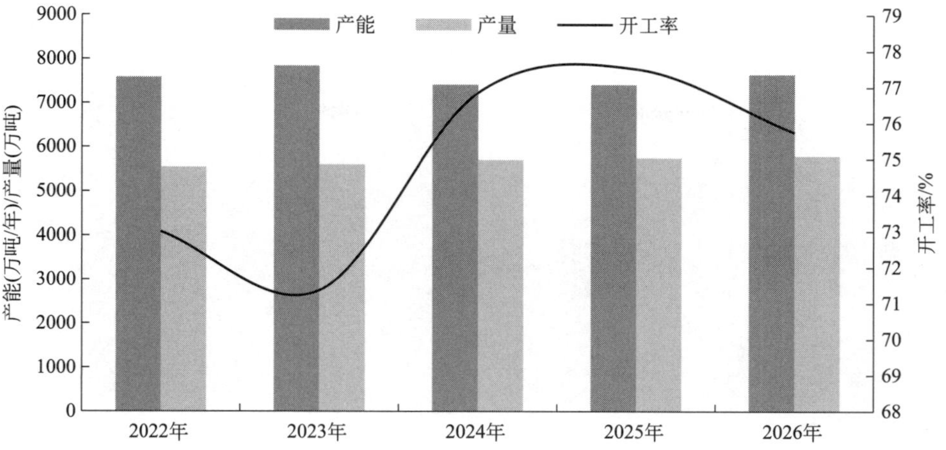

图 45.12 2022—2026 年中国尿素供应预测

工业方面：人造板行业整体规模较大，但业内小厂林立、产能分布杂乱，近几年来板材行业发展呈现“大型企业扩产增产、小型企业落后淘汰，行业集中度逐渐提高”的趋势。车用尿素行业随着国五、国六标准的陆续施行，短期需求量明显增加，但增速过快的同时也带来行业散乱、以次充好的现状，未来几年需求增速先快后慢，行业结构、品牌不断调整。火电行业能源消费量占全国能源消费总量的 60% 以上，受双碳政策影响，基于用能权，未来几年落后机组与先进机组间将逐渐发生转换，故预计未来火电行业对尿素需求变化不大。未来五年三聚氰胺行业拟在建产能将达到 90 万吨 / 年，其中乌鲁木齐石化为老装置改造，其余为新建装置。随着新增产能的不断释放，三聚氰胺市场格局将发生重大变化，市场竞争激烈，或倒逼部分小型装置产能退出市场。

45.6.4 中国尿素供需格局预期

未来五年，伴随中国尿素行业产能的转型、置换、淘汰继续，需求量的稳步增加，国内供需态势先逐渐宽松化，然后趋向平衡，供需格局的变化主要取决于政策对行业生产的调控。预计未来五年尿素产能年平均增速在 0.22%，产量年平均增速在 1.15%，下游需求增速在 0.79%，产能增速放缓，产量增速略高于产能和消费增速，出口持续扮演调节国内供需的角色。

2022—2026 年中国尿素市场供需平衡预测见表 45.5。

表 45.5 2022—2026 年中国尿素市场供需平衡预测

项目	2022 年	2024 年	2026 年
产能 /（万吨 / 年）	7590	7418	7658
开工率 /%	72.99	76.84	75.74
产量 / 万吨	5540	5700	5800
进口量 / 万吨	1	1	1
总供应量 / 万吨	5541	5701	5801
出口量 / 万吨	360	600	550
需求量 / 万吨	5010	5110	5170
总需求量 / 万吨	5370	5710	5720

第 46 章　磷酸一铵

2021 年度关键指标一览

类别	项目	2020 年	2021 年	涨跌值	原因概述
价格	现货成交价均值 /（元 / 吨）	1868	2860	992	全球疫情持续影响，国际粮食安全重视度提升，国外开工率下降，需求强劲，国内供应趋紧，价格大幅上涨
供应	产能 /(万吨 / 年)	1720	1871	151	上半年行业利润提升，生产企业开工高位，加之新增及长期未开产能重新投放，以及个别企业装置产能重新调整，国产供应量提升，下半年需求疲弱，供应量不断缩减
	产量 / 万吨	1146	1227	81	
	开工率 /%	64.03	65.58	1.55	
	进口量 / 万吨	1.31	0	−1.31	国际供不应求，中国供大于求，进口量甚微
需求	出口量 / 万吨	253.01	378.54	125.53	国际缺口较大，另外航运运力紧张且运费高，国外进口商对未来预期看好，大量备货
	表观消费量 / 万吨	894.3	848.46	45.84	国际需求旺盛，出口量增加，而国内下游受成本压力需求量有缩减

46.1 中国磷酸一铵供需平衡分析

2017—2021 年中国磷酸一铵市场供需呈先降后增态势。据统计，2017—2019 年中国磷酸一铵产量年均降速在 10.56%，消费量年均降速在 13.9%。产量的下降主要来自磷酸一铵行业产能过剩，同时下游需求面持续下滑。2019—2021 年中国磷酸一铵供应增量，产量年均复合增长率 12.35%，2021 年贵州胜威凯洋（原路发）装置停产几年后重新启动，承德黎河新增 25 万吨 / 年装置正式放量，以及祥云等个别工厂产能的重新调整，行业总产能提升至 1871 万吨，截至 2021 年 12 月底，磷酸一铵产量 1227 万吨，较 2020 年同期上涨 7.07%。

进出口方面，国内磷酸一铵市场供大于求，基本无进口，出现出口消化部分过剩产量现象。据海关数据统计显示，2021 年中国磷酸一铵全年出口量约 378.54 万吨，同比上升 49.61%。2021 年下游复合肥需求趋弱，主因成本持续增压，经销商提前打款不积极，对高价抵触，用量缩减，中国磷酸一铵消费下降，同比降幅约 1.12%。

2017—2021 年中国磷酸一铵产品供需平衡见表 46.1。

表 46.1 2017—2021 年中国磷酸一铵产品供需平衡表

项目	2017 年	2018 年	2019 年	2020 年	2021 年
产能 /（万吨 / 年）	2078	1992	1893	1720	1871
开工率 /%	58.47	57.53	51.33	64.03	65.58
产量 / 万吨	1216	1146	972	1146	1227
进口量 / 万吨	4.62	0.42	2.08	1.31	0
出口量 / 万吨	271.21	249.03	239.10	253.01	378.54
下游消费量 / 万吨	901	853	699	890	880

46.2 中国磷酸一铵供应现状分析

46.2.1 2021 年中国磷酸一铵国产供应量分析

2017—2021 年中国磷酸一铵产能复合增长率在 0.95%，2017—2019 年国内磷酸一铵呈现下滑走势，主要是国内产能过剩、国内化肥产能零增长、环保检查力度强，落后产能逐步被淘汰，少数企业装置停产，2020 年随着价格的抬涨，利润空间提升，少数企业再次恢复正常运行，2021 年产能出现增加。

2017—2021 年中国磷酸一铵产能变化趋势见图 46.1。

2017—2019 年伴随中国磷酸一铵产能的逐步缩减，中国磷酸一铵产量整体呈下降态势，开工率同步下降 ，三年开工率平均降幅超过 10%。2020—2021 年随着下游需求向好，国际市场需求持续增长及企业盈利状况好转，行业开工负荷提升，以及部分前期长期停工企业复产，一定程度上提升整体行业开工率。2021 年磷酸一铵行业平均开工率提升至 65% 以上。

2017—2021 年中国磷酸一铵产量变化趋势见图 46.2。

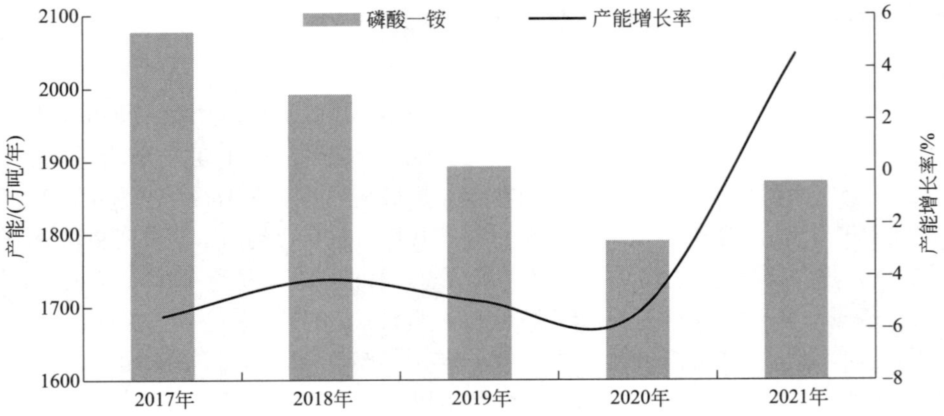

图 46.1　2017—2021 年中国磷酸一铵产能变化趋势

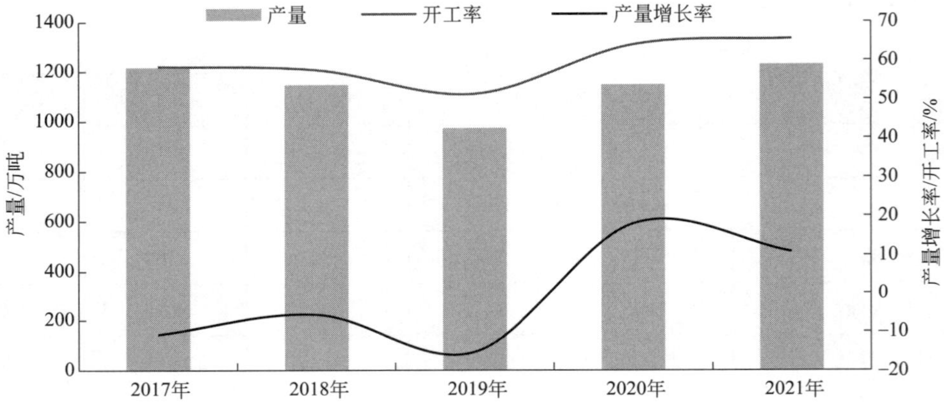

图 46.2　2017—2021 年中国磷酸一铵产量变化趋势

46.2.2　2021 年中国磷铵区域供应结构分析

中国磷酸一铵产能分布集中，主要集中在磷矿资源丰富的湖北、云南、贵州、四川地区。

截至2021年，华中磷酸一铵产能占比高达51.47%，西南、华东占比分别在33.51%和8.98%，其中湖北省为全国最大的磷酸一铵产能地区，除了磷矿石资源优势之外，还占据水、路、铁运输优势，虽然西南地区产能占比也不小，但其主要以二铵企业为主。

2021 年磷酸一铵分地区产能情况统计见表 46.2。

表 46.2　2021 年磷酸一铵分地区产能情况统计

区域		产能 /（万吨 / 年）	占比 /%
华中	湖北	898	48.00
	河南	65	3.47
西南	四川	252	13.47
	云南	196	10.48
	贵州	180	9.62

续表

区域		产能 /（万吨 / 年）	占比 /%
华东	安徽	140	7.48
	江苏	22	1.18
	山东	6	0.32
华北	河北	45	2.41
东北	内蒙古 / 辽宁	42	2.24
其他	甘肃 / 陕西	25	1.33

从原料和生产工艺而言，国内磷酸一铵生产工艺分为传统法、料浆法，90% 以上企业均采用料浆法，主要消耗原料为磷矿石、硫酸、合成氨。

46.3　中国磷酸一铵消费现状分析

46.3.1　2021 年中国磷酸一铵消费趋势分析

据统计，截至 2021 年，中国磷酸一铵表观消费量 848.46 万吨，2017—2021 年中国磷酸一铵表观消费平均复合增长率在 -2.75%。五年来仅 2020 年表观消费量增长，主要是年初受疫情影响，主产区湖北企业开工率大幅下降，供应量大幅缩减，而下游复合肥企业原料备货不充足，随着春耕备肥的启动，下游需求量增加，社会库存得以消化，市场持续呈现供不应求态势，需求不断跟进，磷酸一铵消费量持续增加，2020 年磷酸一铵表观消费量同比提升 21.75%。

2017—2021 年中国磷酸一铵表观消费量变化趋势见图 46.3。

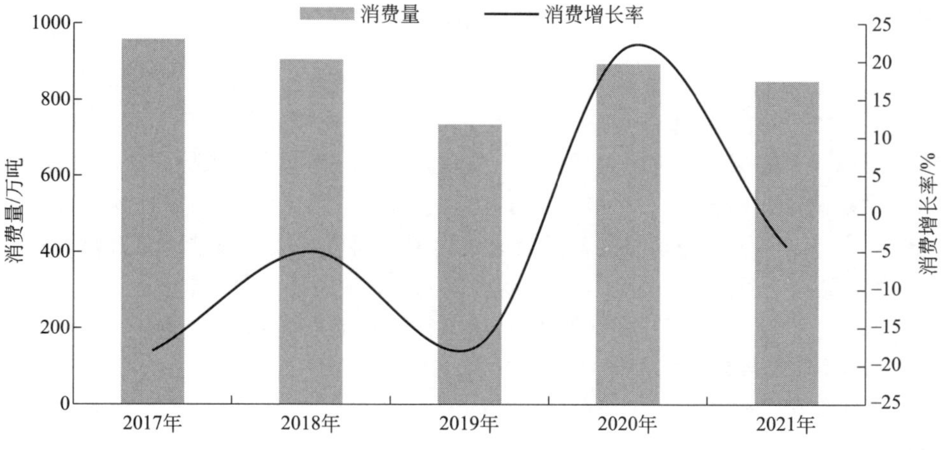

图 46.3　2017—2021 年中国磷酸一铵表观消费量变化趋势

46.3.2　2021 年中国磷酸一铵消费结构分析

磷酸一铵主要分为农业级磷酸一铵、工业级磷酸一铵；主要作为原材料用于生成复合肥（约占 68%），少量作为单质肥直接施用（约占 12%），另约 20% 的磷酸一铵用于出口。农业级磷酸一铵，含量在 55%、58%、60%，主要用于生产复合肥产品，是生产复合肥的原料之一，少量直接施用；而工业级磷酸一铵为净化磷酸生产或通过净化磷酸一铵得到，73% 含量，一般用纯水溶肥，直接施用。

2017—2019 年下游复合肥产能呈下行趋势，主要国内供应过剩，环保淘汰落后产能，2019 年复合肥产能较 2017 年下降 6.05%；仅两年内产能反增，2021 年复合肥总产能约 1.3 亿吨，较 2019 年增 2.22%。2020 年全球粮食安全意识加强，粮价不断提升，种植面积增加（主要是水稻、玉米），早稻播种面积 4751 千公顷，比 2019 年增加 300.7 千公顷，增长 6.8%；复合肥新增 300 万～ 400 万吨产能，对磷酸一铵的消费量相对增加。磷酸一铵主要消费地区集中在华东、华中、东北等地。

2017—2021 年中国磷酸一铵区域需求结构见图 46.4。

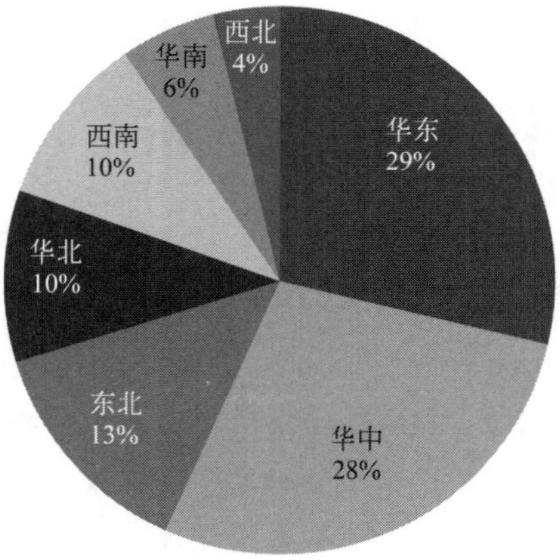

图 46.4 2017—2021 年中国磷酸一铵区域需求结构

46.3.3 2021 年中国磷酸一铵出口量分析

2017—2021 年中国磷酸一铵出口整体呈现先降后涨趋势，2021 年出口峰值 378.54 万吨，创历史新高。2017—2019 年磷酸一铵国产供应缩减，且中国现货价格下滑，出口竞争力下降；2020—2021 年磷酸一铵国产供应相对紧张，企业利润丰厚，且国际需求提升，出口量明显增加。

2021 年中国磷酸一铵出口总量 378.54 万吨，较 2020 年同比增加约 49.61%。2021 年国际磷酸一铵整体供应趋紧，国际需求量尤其是最大进口国巴西市场从中国进口量大幅提升，尽管集装箱、船运运力紧张，且运费高昂，但国际需求量价依旧颇具吸引力，中国出口量价齐升。2021 年磷酸一铵出口均价较 2020 年同期大幅提升 56.08%，主要因期间磷酸一铵内外盘价格均高位，全球供应的短暂不平衡导致价格整体高于 2020 年同期。

2017—2021 年中国磷酸一铵出口量变化趋势见图 46.5。

国内磷酸一铵出口目的地结构变化不大，主要为巴西、澳大利亚和阿根廷，这三个国家的出口量占全年总出口量的 57% ～ 72% 之间。

巴西是中国磷酸一铵第一大出口国，也是世界磷酸一铵的最大需求国，其主要作物玉米、大豆、甘蔗等，近年来种植面积也在不断增加。2018—2020 年随着摩洛哥、沙特阿拉伯、俄罗斯新增产能的冲击，且巴西进口高含量一铵需求的增加，巴西进口量向以上三个国家增量，但 2021 年受疫情持续影响，国外工厂开工率较低，国际粮食价格预期看涨，种植面积增加，巴西从中国进口量大幅提升，截至 12 月底较 2020 年全年出口量增幅超过 163.51%。

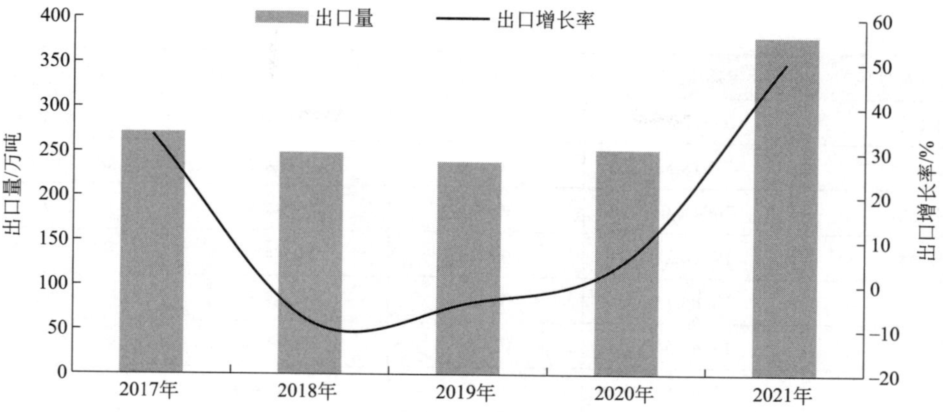

图 46.5 2017—2021 年中国磷酸一铵出口量变化趋势

2017—2021 年中国磷酸一铵主要出口情况见表 46.3。

表 46.3 2017—2021 年中国磷酸一铵主要出口情况

单位：万吨

出口国及地区	2017 年	2018 年	2019 年	2020 年	2021 年
巴西	100.67	81.46	60.22	69.42	182.93
澳大利亚	43.71	35.24	47.11	57.16	48.03
阿根廷	24.85	38.17	29.41	32.09	41.94

中国磷酸一铵出口相对集中，据海关数据统计显示，2021 年 1—12 月我国磷酸一铵出口主要在巴西、澳大利亚、阿根廷，出口量分别为 182.93 万吨、48.03 万吨，41.94 万吨，与 2020 年全年相比分别增幅 163.52%、-15.97%、30.69%。

2021 年中国磷酸一铵出口情况分析见表 46.4。

表 46.4 2021 年中国磷酸一铵出口情况分析

出口国及地区	出口量 / 吨	出口占比 /%	出口额 / 美元	出口均价 /（美元 / 吨）
巴西	1829329.67	48.32	886329739	484.51
澳大利亚	480319.6	12.69	238885934	497.35
阿根廷	419426.55	11.08	213647490	509.38
乌拉圭	190519.1	5.03	96738015	507.76
印度	153557.75	4.06	91207788	593.96
智利	103342.923	2.73	55251267	534.64
日本	71576.617	1.89	42613716	595.36
马来西亚	68810.25	1.82	31830292	462.58
印度尼西亚	48351.42	1.28	21856287	452.03
墨西哥	46835.95	1.24	29068890	620.65
泰国	46832.60	1.24	23402664	499.71
巴基斯坦	39413.75	1.04	20881114	529.79

续表

出口国及地区	出口量 / 吨	出口占比 /%	出口额 / 美元	出口均价 /（美元 / 吨）
土耳其	35827.71	0.95	23813443	664.67
越南	32888.52	0.87	16400606	498.67
孟加拉国	20046.40	0.53	11090360	553.23
中国台湾	19214.28	0.51	9041681	470.57
秘鲁	18685.15	0.49	11033987	590.52
南非	18244.55	0.48	13099468	717.99
埃及	15868.50	0.42	10489309	661.01
哥伦比亚	15834.21	0.42	8339399	526.67
乌克兰	10147.91	0.27	7426676	731.84
哥斯达黎加	9928.20	0.26	5428633	546.79
阿联酋	9518.40	0.25	6189539	650.27
其他	81353.86	2.15	54950406	675.45

46.4 中国磷酸一铵价格走势分析

近五年来，中国磷酸一铵市场价格跌宕起伏，2021 年是磷酸一铵历史振幅最大年份。2017 三季度初，东北提前采购、原料硫黄涨势凶猛（10 月月内涨幅 660 ～ 700 元 / 吨）、合成氨、磷矿石同样在涨。企业待发量大而轮换检修下供应量少，价格不断抬涨，湖北 55 粉主流出厂价从 1850 元 / 吨震荡走高至 2450 元 / 吨水平。但从 2018 年开始受全球经济增速放缓，中美贸易摩擦，出口减量，以及成本面持续走低影响、国内需求趋弱影响，中国磷酸一铵市场重心大幅下挫。而 2020 年一季度新冠肺炎疫情暴发大宗商品恐慌性下跌，磷酸一铵在 3 月中旬降至低点 1750 元 / 吨。5 月中旬过后中国疫情率先得到控制，需求复苏，秋销预期看好，磷酸一铵价格触底反弹，国庆节后期原料磷矿石、硫黄、硫酸价格持续抬涨，成本支撑，以及国际二铵价格持续抬涨的间接助推强势上涨，磷酸一铵价格持续上扬，12 月份湖北磷酸一铵 55 粉出厂价抬涨至 2050 元 / 吨，较年内最低价涨 300 元 / 吨。

2017—2021 年中国磷酸一铵现货价格走势见图 46.6。

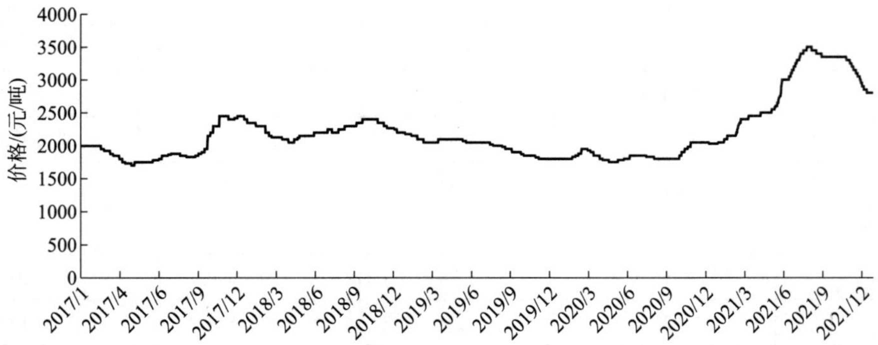

图 46.6 2017—2021 年中国磷酸一铵现货价格走势

46.5　中国磷酸一铵利润走势分析

2017—2021 年中国磷酸一铵行业利润逐步改观。2017 年和 2018 年为磷酸一铵平均利润较低年份，下游开工低位，磷矿石、硫黄、合成氨价格持续走高，成本提升，价格受需求低迷影响，始终难大幅推涨，行业利润萎缩，而且还一度出现负数；2019 年虽然磷酸一铵价格维持低位，不过原料价格持续回落，磷酸一铵生产成本不断走低，但生产企业多有待发订单，相比贸易商压货甩货亏钱来讲，利润空间相对高于往年，但作为盈利空间而言并不理想。

2020 年原料价格低位，而磷酸一铵价格维持正常水平；尽管四季度开始各原料价格不断走高，但在国际需求旺盛带动下，磷酸一铵价格同样连续抬涨。2021 年更是受到宏观经济、出口旺盛、内销紧平衡等推动，磷酸一铵价格处十二年来历史高位，利润空间大幅提升，7 月中旬利润空间 650 元 / 吨，较年初涨幅超过 90%。但 11 月中旬随着硫黄、合成氨价格的不断上调，以及磷酸一铵价格的持续下行，使得磷酸一铵利润不断缩减，使用硫酸制酸企业按照理论计算成本公式要亏损 350 元 / 吨以上，不过四季度硫酸价格持续下滑，多数工厂为降低成本增加硫酸外采量，综合成本下降，利润维持在 100 元 / 吨附近。

2017—2021 年中国磷酸一铵利润变化趋势见图 46.7。

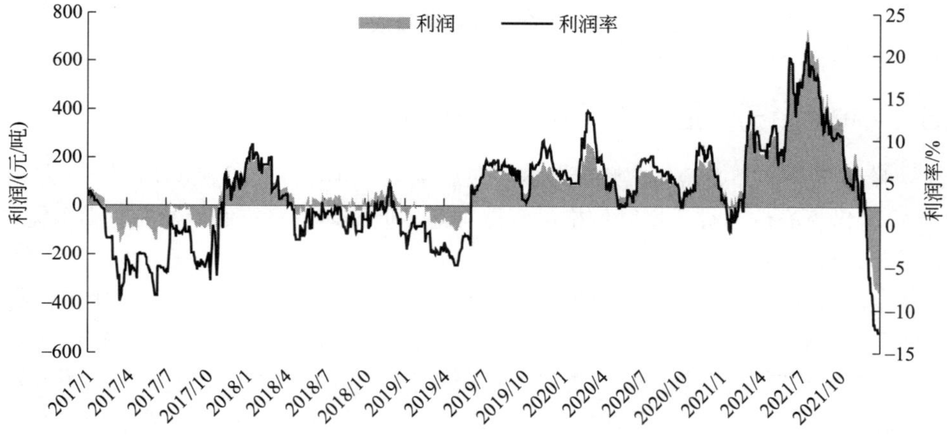

图 46.7　2017—2021 年中国磷酸一铵利润变化趋势

46.6　2022—2026 年中国磷酸一铵发展预期

46.6.1　中国磷酸一铵拟在建 / 退出产能统计

国家“十三五”规划提出化肥零增长，中国磷铵国内供应依旧大于需求，部分产量仍需出口，磷酸一铵出口量占总产量的比例超过 25% 以上，因此新增产能将不会再有；另外经过前几年的环保检查，落后产能已基本被淘汰，停产企业基本也难以恢复，因此整体产能将无明显变化。

46.6.2　中国磷酸一铵供应趋势预测

中国磷酸一铵产能一直供大于求，近年来，受国家供给侧改革、优惠政策取消、化肥零增长、环保严查等因素影响，部分落后产能逐渐淘汰，也有部分亏损装置停产，不过 2020 年行情向好，几家停产企业被收购后装置重新启动，也有个别企业装置新增，2021 年一季度出产品。后期暂无新增产能计划，落后产能也基本淘汰完毕，预计 2026 年产能维持在 1871 万吨。随着国内需求量的减弱，以及国际疫情好转后出口减量影响，磷酸一铵产量也将逐步缩减。

2022—2026 年中国磷酸一铵供应预测见图 46.8。

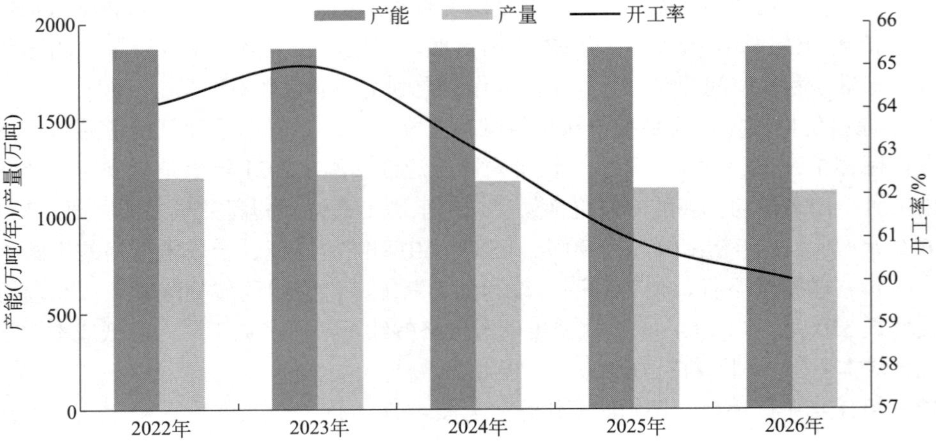

图 46.8 2022—2026 年中国磷酸一铵供应预测

46.6.3 中国磷铵产品主要下游发展前景预测

2021 年磷铵下游产品复合肥实现跨越式发展，尤其下半年价格及涨幅均创近十年新高，预计 2022 年行情仍将高位运行，期间价格虽有涨有落，但整体价格重心有高位回落风险；2023—2026 年，价格或先偏弱后趋稳，波动有望逐步收窄。

首先从全球方面来看，随着疫情的控制，全球经济有望进一步复苏，复合肥出口将持续增加；同时随着流动性的收紧，大宗商品价格将受到抑制。从国内来看，首先，在碳达峰、碳中和大背景下，能耗双控将持续伴随并深入行业，倒逼企业低碳转型，其中在生产环节要求突破技术屏障，使用清洁能源，降低生产能耗；在产品方面，要求由大众化向精细化转变，精准满足不同土壤和作物的需求，真正做到产品高效、环保的目标。其次，后疫情时代，粮食安全仍是重中之重，粮食种植面积和产量是重要指标，当然需求结构变化也将继续对复合肥提出更多新要求，尤其在绿色农业发展背景下，有机肥、具有提质增效、修复土壤等功能新型肥、新产品增多，应用范围、施用量均将增加，变向挤占当前常规复合肥份额。再次，落后产能淘汰增多，行业洗牌进度加快；行业整合、行业集中度提高，复合肥将逐步步入健康有序发展轨道，同时随着产业链延伸发展，行业利润水平有望改善。第四，复合肥对上游原料依赖度仍然较高，上游主要原料产品的行情波动将继续制约或影响复合肥行情走势，不过市场自我调节功能会有所增强。

整体来看，未来五年，受以上众多因素影响，中国复合肥市场行情经过调整将逐步回归到正常水平，价格波动也将逐步收窄。预计 2022—2023 年，复合肥市场价格或高位回落整理，之后至 2026 年复合肥市场价格或窄区间运行，以 45% 硫基平衡肥为例，市场主区间或在 2300 ～ 2800 元 / 吨。

46.6.4 中国磷酸一铵供需格局预测

目前，中国磷酸一铵行业整体发展已趋平稳，不过下游复合肥产能依旧过剩，传统肥种已无市场优势，供应量及施用量将会缩减，中国磷酸一铵供需均呈现窄幅下滑之势。预计未来五年磷酸一铵产能将维持平稳，产量将有所下滑，年平均降速在 1.6% 附近，下游消费降速在 1.17%，供应降速明显高于消费增速，届时行业供需将继续向平衡状态迈进。

2022—2026 年中国磷酸一铵市场供需平衡预测见表 46.5。

表 46.5　2022—2026 年中国磷酸一铵市场供需平衡预测

项目	2022 年	2024 年	2026 年
产能 /（万吨 / 年）	1871	1871	1871
开工率 /%	64.14	63.07	60.02
产量 / 万吨	1200	1180	1123
进口量 / 万吨	0	0	0
总供应量 / 万吨	1200	1180	1123
出口量 / 万吨	180	210	240
下游消费量 / 万吨	870	850	830
总需求量 / 万吨	1050	1060	1070

第 47 章 磷酸二铵

2021 年度关键指标一览

指标	项目	2020 年	2021 年	涨跌值	原因概述
价格	现货成交均值 /（元 / 吨）	2155	3257	1102	受新冠肺炎疫情影响，国际需求强劲，加之原料价格持续上行，成本面不断增压，助推价格上扬
供应	产能 /（万吨 / 年）	2142	2142	0.00	磷酸二铵产能较 2020 年持平
	产量 / 万吨	1400	1412	12	
	开工率 /%	65.36	65.92	0.56	
	进口量 / 万吨	0	0	0.00	中国磷酸二铵主要出口，全球供应趋紧，基本无进口
需求	出口量 / 万吨	573	626	53	国际需求向好发展，南亚、东南亚地区需求增量，中国前三季度出口量较 2020 年同期涨幅明显
	下游消费量 / 万吨	792	778	−14	原料价高支撑及国际需求向好，国内价格居高运行，基层接受度欠佳，消费量有所下降

47.1　中国磷酸二铵供需平衡分析

2017—2021 年中国磷酸二铵市场供需处于供大于求状态。2017—2020 年中国磷酸二铵产量呈下行走势，年均降速在 4.15%，下游消费量年均降速为 3.67%。主要由于中国磷酸二铵产能过剩，加之环保、落后产能（距离原料产地远、僵尸产能）的淘汰以及国际产能的新增等因素的影响，国内、国外双重供需矛盾压力下，2017—2020 年我国磷酸二铵产量呈现不断下降的趋势。2021 年我国磷酸二铵产能无变动，截至 2021 年 12 月底，磷酸二铵产量 1412 万吨，较 2020 年同期增长 0.86%。

进出口方面，中国磷酸二铵产能供大于求，进口交易几无。出口方面，2017 中国磷酸二铵出口量基本同 2016 年持平；2018 年印度自身产量较低（360 万吨），进口需求增加；人民币汇率走低，出口利润扩大，企业出口积极性高涨。2019 年印度、巴基斯坦等主要进口国库存居高不下，自身产量提升，进口需求降低。2020 年磷酸二铵国际市场的结构发生了调整，尤其是北非和西亚对印度的化肥供应量增加，中国出口量也随之降低。进入 2021 年，由于疫情影响，主要需求国自身产量不足，社会库存持续低位，进口需求扩大，截至 2021 年 12 月，磷酸二铵出口总量 626 万吨，同比 2020 年增长 9.25%

下游消费方面，磷酸二铵下游主要为农用及掺混肥，2021 年磷酸二铵国内社会库存低位，在原料成本及出口利好推动下，二铵价格走高，高价抵触情绪尽显，国内需求减量，下游消费量较 2020 年同比降幅 1.77%。

2017—2021 年中国 64% 磷酸二铵供需平衡见表 47.1。

表 47.1　2017—2021 年中国 64% 磷酸二铵供需平衡表

项目	2017 年	2018 年	2019 年	2020 年	2021 年
产能 /（万吨 / 年）	2190	2106	2106	2142	2142
开工率 /%	73.52	73.41	68.86	65.36	65.92
产量 / 万吨	1610	1546	1450	1400	1412
进口量 / 万吨	0	0	0	0	0
出口量 / 万吨	640	747	648	573	626
下游消费量 / 万吨	921	765	762	792	778

47.2　中国磷酸二铵供应现状分析

47.2.1　2021 年中国磷酸二铵国产供应量分析

2017—2021 年中国磷酸二铵产能复合增长率在 -0.55%，2017—2019 年中国磷酸二铵产能呈下降趋势，主要受环保、落后产能（距离原料产地远、僵尸产能）的淘汰以及国际产能的新增等因素的影响，2020 年部分新增装置投产，如宜都兴发化工有限公司、云南树环化肥有限公司等，2020 年与 2021 年中国磷酸二铵总产能达到 2142 万吨 / 年。

2017—2021 年中国磷酸二铵产能变化趋势见图 47.1。

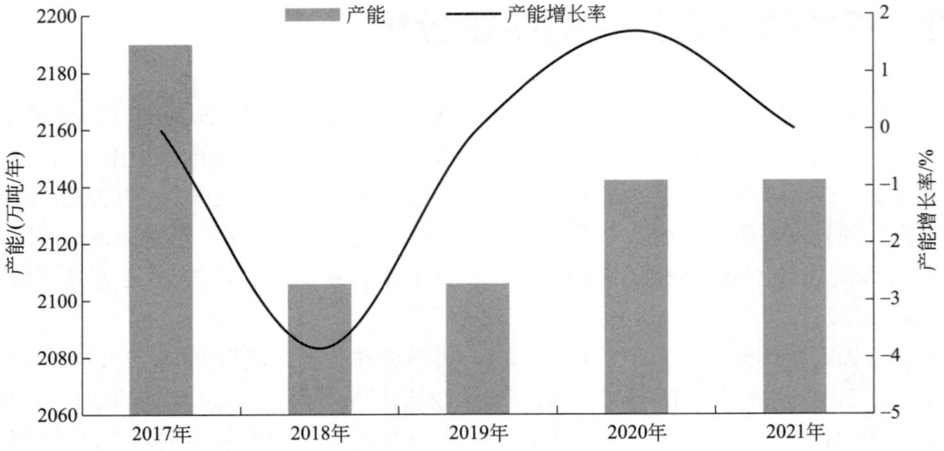

图 47.1 2017—2021 年中国磷酸二铵产能变化趋势

伴随中国磷酸二铵落后产能的淘汰，2017—2020 年中国磷酸二铵产量整体呈下降态势，开工率逐步下降，2017—2020 年平均降速在 1.57%，磷酸二铵产量由 2017 年 1610 万吨下降至 2020 年 1400 万吨。其中 2019 年产量降幅较大，主因 2019 年环保形势严峻、国际及国内需求缩减、企业执行限产报价措施，磷酸二铵行业开工率较 2018 年下降 4 个百分点至 68.86%。2020 年磷酸二铵行业开工较 2019 年继续下降，因 2020 年初受疫情影响开工低位，加上国际供需格局发生变化，出口减量。2021 年伴随着下游消费需求向好，尤其国际市场需求持续旺盛，行业开工率较 2020 年提升 0.56 个百分点至 65.92%。

2017—2021 年中国磷酸二铵产量变化趋势见图 47.2。

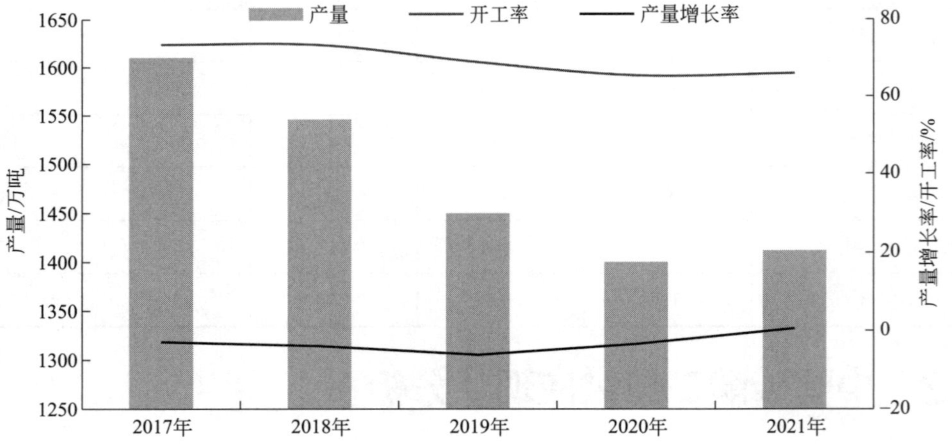

图 47.2 2017—2021 年中国磷酸二铵产量变化趋势

47.2.2 2021 年中国磷酸二铵区域供应结构分析

中国磷酸二铵产能分布相对集中，主要集中在磷矿资源丰富的湖北、云南、贵州等省份。

截至 2021 年，西南地区磷酸二铵产能占比高达 60.64%，华中、华东地区占比分别在 29.46% 和 5.60%。贵州磷化、云南云天化等拥有多套大型装置，市场占有率较高；华中地区因资源及交通运输优势成为国内磷酸二铵产能的第二大集中区域，主要有湖北宜化、兴发、大峪口等大型企业。

2021 年中国磷酸二铵分地区产能统计见表 47.2。

表 47.2　2021 年中国磷酸二铵分地区产能统计

区域		产能 /（万吨 / 年）	占比 /%
西南	贵州	654	30.53
	云南	610	28.48
	重庆	35	1.63
华中	湖北	631	29.46
华东	安徽	80	3.73
	山东	40	1.87
其它	陕西	32	1.49
	广东	60	2.80

从原料和生产工艺而言，国内磷酸二铵生产工艺分为传统法和料浆法，其中传统法为磷酸二铵主要的生产方式，主要原材料有磷矿石、硫酸、合成氨。

47.3　中国磷酸二铵消费现状分析

47.3.1　2021 年中国磷酸二铵消费趋势分析

2021 年中国磷酸二铵表观消费量 778 万吨，2017—2021 年中国磷酸二铵表观消费平均复合增长率在 -4.13%。2017 年后表观消费量呈下滑趋势，主要受环保督查、落后产能淘汰及下游需求萎缩影响，磷酸二铵年产量逐年下降，且自 2019 年 1 月 1 日起，对化肥等 94 项商品不再征收出口关税。化肥出口延续零关税这一利好政策，不仅拉动二铵总需求，同时也使国内二铵出口格局呈现新的面貌，加速了磷酸二铵出口贸易，磷酸二铵国际出口量增加，增速消耗过剩产能，磷酸二铵表观消费量下降。

2017—2021 年中国磷酸二铵表观消费量变化趋势见图 47.3。

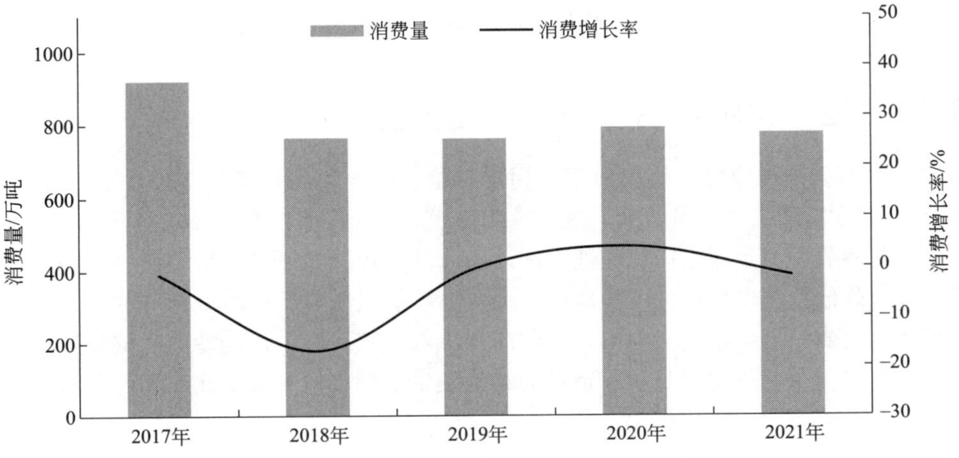

图 47.3　2017—2021 年中国磷酸二铵表观消费量变化趋势

47.3.2 2021年中国磷酸二铵消费结构分析

磷酸二铵的下游需求除了一小部分用于工厂用生产掺混肥和BB肥外，剩余绝大部分用于农业，作为基肥或追肥直接用到土壤中。

我国磷肥绝大部分用于农业消费，其中85%用在种植领域。玉米、蔬菜、小麦和水稻是我国磷肥施用的主要作物，其消费份额分别占磷肥总消费量的22%、16%、15%、14%；果树、大豆、马铃薯、棉花、油菜、花生消费份额分别为12%、4%、4%、3%、3%、3%。从发展趋势上看，粮食作物磷肥消费比重呈下降趋势，包括果蔬在内的经济作物的消费量上涨明显。

磷酸二铵在工业生产的使用量中约占15%，但这一用量相比农业用量来说要小很多，主要用于生产BB肥和掺混肥。

2017—2020年磷酸二铵国内消费量整体呈下降趋势，年均降幅在4.71%。受环保、下游需求萎缩以及国内磷酸二铵产量下降的影响，2019年磷酸二铵消费量最低。2021年磷酸二铵国内消费结构无明显变化，统计数据显示，2021年全国夏粮播种面积26438千公顷（39657万亩），比2020年增加265.5千公顷（398.2万亩），增长1.0%，其中小麦播种面积22911千公顷（34367万亩），比2020年增加200.2千公顷（300.4万亩），增长0.9%，国家粮食安全意识增强，保证粮食价格稳定，对耕地资源数量和质量并重保护，是保证磷酸二铵消费结构稳定的根本。

2021年中国磷酸二铵区域需求结构见图47.4。

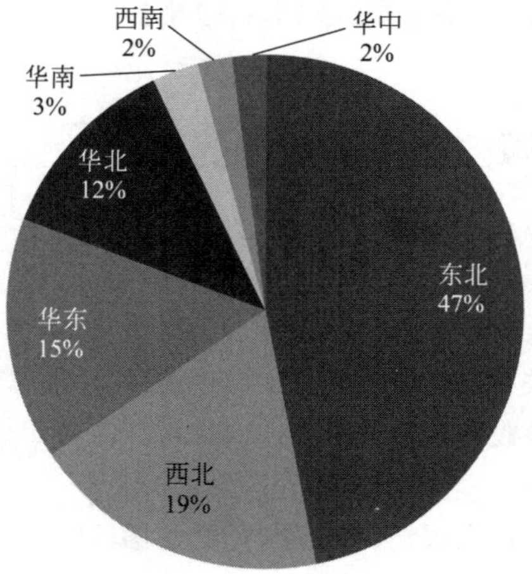

图47.4 2021年中国磷酸二铵区域需求结构

47.3.3 2021年中国磷酸二铵出口量分析

2017—2021年中国磷酸二铵出口整体相对平稳。2018年出口峰值747万吨，创历史新高。主因2018年印度磷酸二铵产量较低，进口量大幅增加；人民币汇率走低，且国际美元价格报盘走高，出口利润放大，企业出口积极性大增。2019年印度、巴基斯坦等主要进口国库存居高不下，进口需求降低，港口离岸价不断压低，企业出口积极性降低。2020年磷酸二铵出口量回落至573万吨，主要受上半年疫情影响，企业产量降低，其次春季市场期间，磷酸二铵货源主供国内市场，出口减量，与此同时国际市场的结构发生了调整，尤其是北非和西亚对印度的化肥供应增加，特别是北非，增幅达100%。

2021年中国磷酸二铵出口总量626万吨，较2020年同比增加约9.25%。2021年磷酸二铵国际需求持续旺盛，因受疫情影响，国际主要需求国自身产量不足，社会库存持续低位，进口需求扩大，二铵企业出口积极性高涨，5—7 月份达到峰值，5—7 月出口量约占 2021 年全年出口总量的 45.21%。随着原料价格不断上涨，磷酸二铵国际价格持续上扬，2021 年磷酸二铵出口均价较 2020 同期提升 68.99%。

2017—2021 年中国磷酸二铵出口量变化趋势见图 47.5。

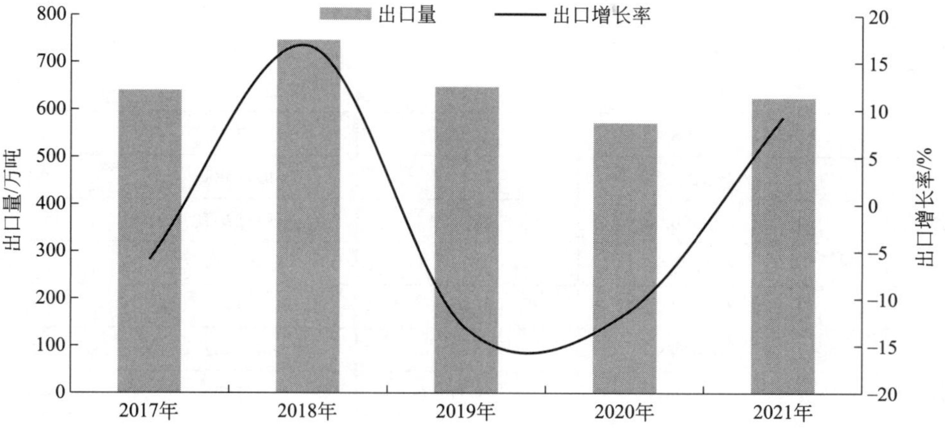

图 47.5 2017—2021 年中国磷酸二铵出口量变化趋势

近五年以来，中国磷酸二铵出口国众多，主要出口国家为印度、巴基斯坦、越南、泰国、孟加拉国等南亚和东南亚国家，以上国家的出口量占全年总出口量的 70% ～ 80%，其中出口印度量最大，约占全年出口总量的 35% ～ 40%。

印度是中国磷酸二铵第一大出口国，也是世界磷酸二铵的最大需求国，其主要作物水稻、小麦、棉花、黄麻、茶叶等，近年来种植面积也在不断增加。2018 年初印度磷酸二铵的库存量达历史最低点，印度进口积极性较高；2019 年印度库存量很大，在磷酸盐价格下跌的情况下，印度继续增加库存，进口需求持续；2020 年国际市场的结构发生了调整，尤其是北非和西亚对印度的化肥供应增加，特别是北非，增幅达 100%，中国出口印度磷酸二铵总量较往年减量。

2017—2021 年中国磷酸二铵主要出口地统计见表 47.3。

表 47.3 2017—2021 年中国磷酸二铵主要出口地统计

单位：万吨

出口国及地区	2017 年	2018 年	2019 年	2020 年	2021 年
印度	201.17	304.19	248.76	175.48	173.65
巴基斯坦	112.62	145.95	85.93	74.55	86.77
越南	76.59	60.78	49.23	57.37	43.77
泰国	47.83	37.45	45.85	48.33	59.13
孟加拉国	35.83	46.25	26.2	34.42	62.98

2021 年我国磷酸二铵出口主要目的国为印度、巴基斯坦、孟加拉国和泰国，出口量分别为 173.65 万吨、86.77 万吨、62.98 万吨、59.13 万吨。

2021 年中国磷酸二铵出口情况分析见表 47.4。

表 47.4 2021 年中国磷酸二铵出口情况分析

出口国及地区	出口量 / 吨	出口占比 /%	出口额 / 美元	出口均价 / (美元 / 吨)
印度	1736496.50	27.76	974489338	561.18
巴基斯坦	867714.05	13.87	474468866	546.80
孟加拉国	629855.00	10.07	335618761	532.85
泰国	591321.19	9.45	308902764	522.39
越南	437692.15	7.00	214152930	489.28
日本	408841.36	6.54	222309707	543.76
新西兰	203806.40	3.26	120279777	590.17
印度尼西亚	195202.26	3.12	94098588	482.06
阿根廷	183450.00	2.93	95375263	519.90
澳大利亚	145223.95	2.32	76550734	527.12
巴西	121807.00	1.95	61104456	501.65
菲律宾	105444.98	1.69	53488402	507.26
乌拉圭	81950.00	1.31	39031825	476.29
墨西哥	80682.50	1.29	40298762	499.47
韩国	79864.78	1.28	38274082	479.24
秘鲁	61838.50	0.99	34577646	559.16
哥伦比亚	43380.00	0.69	22099548	509.44
尼加拉瓜	42379.00	0.68	21236433	501.11
危地马拉	32474.00	0.52	15477217	476.60
智利	31904.00	0.51	16488380	516.81
马来西亚	31074.65	0.50	14751123	474.70
朝鲜	25884.58	0.41	13025333	503.21
厄瓜多尔	20718.00	0.33	10086000	486.82
缅甸	19487.54	0.31	10252039	526.08
萨尔瓦多	18100.00	0.29	9102950	502.93
洪都拉斯	15550.00	0.25	8496520	546.40
哥斯达黎加	13175.00	0.21	6943400	527.01
莫桑比克	8004.34	0.13	4632538	578.75
巴拿马	7140.00	0.11	3141600	440.00
斐济	3609.94	0.06	2160705	598.54
老挝	2022.00	0.03	1257925	622.12
马达加斯加	1218.00	0.02	688877	565.58
毛里求斯	1146.00	0.02	541470	472.49
肯尼亚	1100.00	0.02	407000	370.00
中国台湾	1073.63	0.02	757859	705.89
其它	4101.50	0.07	3218860	784.80

47.4 中国磷酸二铵价格走势分析

2017—2021 年中国磷酸二铵市场呈 N 形走势。2017—2018 年磷酸二铵市场震荡上行，2017 年三季度到 2018 年 12 月，伴随国际供需面的改善以及上游原料成本推动，磷酸二铵价格震荡走高，价格最高点出现在 2018 年 12 月，湖北 64% 磷酸二铵主流出厂报价 2800 元 / 吨附近。2019—2020 年 6 月 64% 磷酸二铵出厂价格呈下行通道，主要是国内需求不足，企业销售及库存承压，加上国际主要进口国印度和巴基斯坦库存居高不下，国际需求不足，出口价格低位，企业出口利润收缩，在国际国内双重利空影响下，国内磷酸二铵价格一路下行，64% 磷酸二铵国内价格由 2800 元 / 吨跌至 2100 元 / 吨，跌幅 25%。2020 年 7 月至 2021 年 10 月磷酸二铵价格震荡上行后居高坚稳，湖北 64% 二铵最高点出厂价格为 3600 元 / 吨，达到十年以来历史最高位，价格大幅上涨原因：一方面原材料价格上行发展，生产成本持续承压；另一方面国际货源表现短缺，国际需求持续强劲，价格上行发展，企业出口利润扩大，出口积极性提升，侧面提振国内市场价格，且国内货源持续供紧，货紧价扬。

2021 年 10 月份以后，国内磷酸二铵秋季市场结束，市场交投表现平淡，企业主前期出口订单发运，而自 10 月 15 日化肥出口法检政策正式实施，出口受到阻碍，加上国内冬储市场延迟启动，整体需求面表现疲弱，在成本面居高运行支撑下，国内磷酸二铵价格稳中有落，湖北 64% 出厂价格下滑至 3450 ～ 3500 元 / 吨附近。

2017—2021 年中国磷酸二铵现货价格走势见图 47.6。

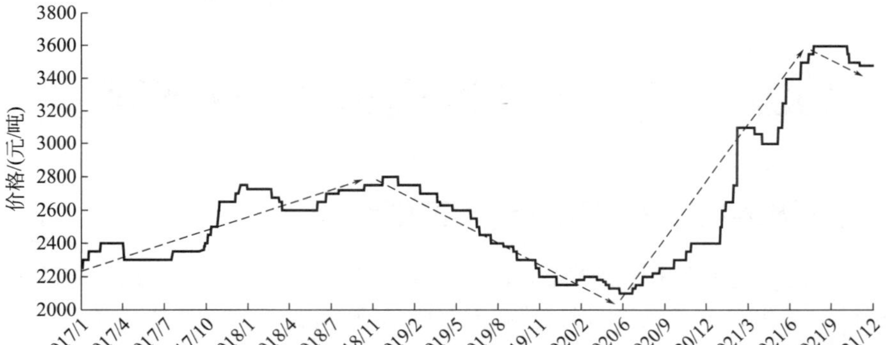

图 47.6　2017—2021 年中国磷酸二铵现货价格走势

47.5 中国磷酸二铵利润走势分析

2017—2021 年磷酸二铵厂家整体盈利情况各异，其中 2021 年前三季度行业利润情况最佳，具体来看 2017—2020 年磷酸二铵基本保持在有利润状态，2017 年磷酸二铵的平均利润为 151 元 / 吨，2018 年平均利润为 49 元 / 吨，较 2017 年年均利润下降 102 元 / 吨，降幅为 67.55%，2019 年磷酸二铵年均利润约 150 元 / 吨，较 2018 年年均利润上涨 101 元 / 吨，涨幅为 106.12%。

2020 年磷酸二铵厂家利润均值为 111 元 / 吨，因原料硫黄、磷矿石、合成氨价格低位，成本压力减弱，磷酸二铵价格维持正常水平运行；虽然 9 月份过后各项原料价格不断走高，但磷酸二铵价格也随着需求的跟进，价格连续抬涨，全年来看磷酸二铵基本处于有利润状态，平均利润保持小幅度下滑。

2021 年年均利润为 127 元 / 吨，随着大宗物品价格上涨，原料价格不断上行，在原料价格持续上涨的推动下，磷酸二铵价格呈上行通道，加之二铵国际需求持续旺盛，国际价格稳步向上，企业出口订单增量，货源持续供紧，在国际价格提振下，国内磷酸二铵向上带动，磷酸二铵利润扩大，2021 年 3 月初利润最高值 582 元 / 吨左右。

2017—2021 年中国磷酸二铵利润变化趋势见图 47.7。

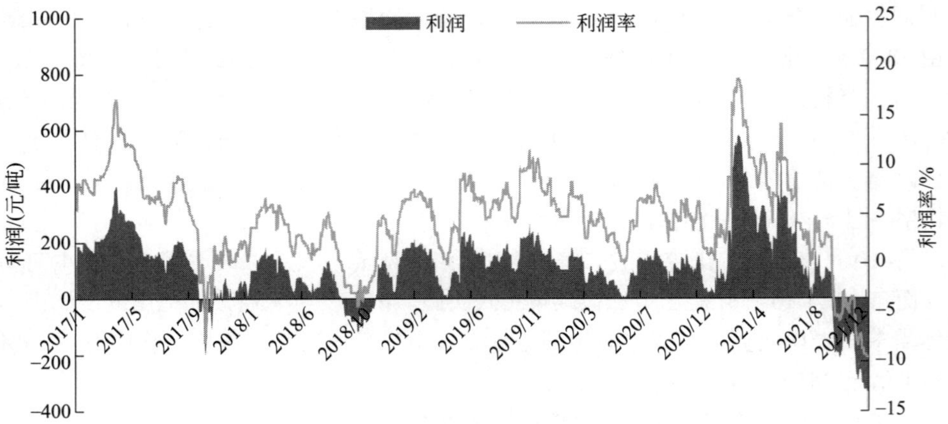

图 47.7 2017—2021 年中国磷酸二铵利润变化趋势

47.6 2022—2026 年中国磷酸二铵发展预期

47.6.1 中国磷酸二铵拟在建 / 退出产能统计

国家“十三五”规划提出化肥零增长，中国磷铵国内供应依旧大于需求，部分产量仍需出口，尤其磷酸二铵出口量占总产量的比例超过 40%，因此新增产能将不会再有；另外经过前几年的环保检查，落后产能已基本被淘汰，停产企业基本也难以恢复，因此整体产能将无明显变化。

47.6.2 中国磷酸二铵供应趋势预测

中国磷酸二铵产能供大于求，在环保、安检继续严查，供给侧改革情形下，减量生产必将是常态化；且国家要求减少化肥使用量，提高化肥使用率，目前各种新型肥料和复合肥的竞争压力不断增强，磷酸二铵将逐渐被替代而不得不去减少产量。

2022—2026 年中国磷酸二铵供应预测见图 47.8。

47.6.3 中国磷酸二铵主要下游发展前景预测

2021 年磷铵下游产品复合肥实现跨越式发展，尤其下半年价格及涨幅均创近十年新高，预计 2022 年行情仍将高位运行，期间价格虽有涨有落，但整体价格重心有高位回落风险；2023—2026 年，价格或先偏弱后趋稳，波动有望逐步收窄。

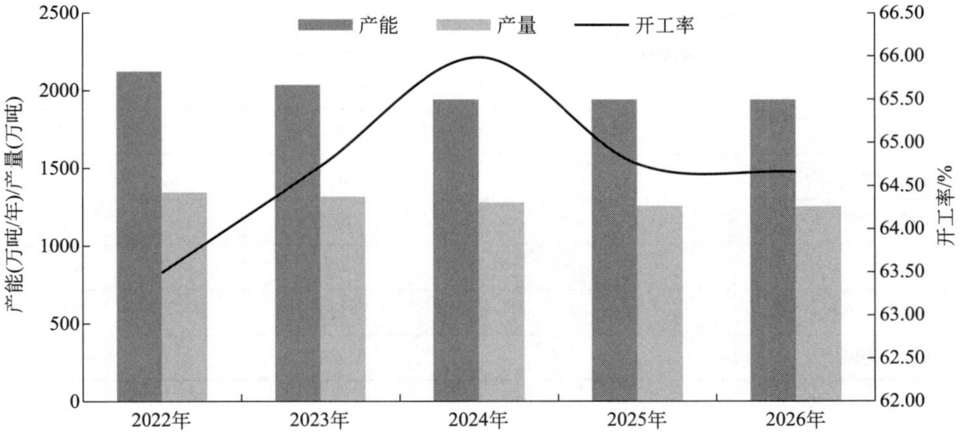

图 47.8　2022—2026 年中国磷酸二铵供应预测

首先从全球方面来看，随着疫情的控制，全球经济有望进一步复苏，复合肥出口将持续增加；同时随着流动性的收紧，大宗商品价格将受到抑制。从国内来看，首先在碳达峰、碳中和大背景下，能耗双控将持续伴随并深入行业，倒逼企业低碳转型，其中在生产环节要求突破技术屏障，使用清洁能源，降低生产能耗；在产品方面，要求由大众化向精细化转变，精准满足不同土壤和作物的需求，真正做到产品高效、环保的目标。其次后疫情时代，粮食安全仍是重中之重，粮食种植面积和产量是重要指标，当然需求结构变化也将继续对复合肥提出更多新要求，尤其在绿色农业发展背景下，有机肥、具有提质增效和修复土壤等功能新型肥、新产品增多，应用范围、施用量均将增加，变相挤占当前常规复合肥份额。再次，落后产能淘汰增多，行业洗牌进度加快；行业整合、行业集中度提高，复合肥将逐步步入健康有序发展轨道，同时随着产业链延伸发展，行业利润水平有望改善。第四，复合肥对上游原料依赖度仍然较高，上游主要原料产品的行情波动将继续制约或影响复合肥行情走势，不过市场自我调节功能会有所增强。

整体来看，未来五年，受以上众多因素影响，中国复合肥市场行情经过调整将逐步回归到正常水平状态，价格波动也将逐步收窄。据预测，预计 2022—2023 年，复合肥市场价格或高位回落整理，之后至 2026 年复合肥市场价格或窄区间运行，以 45% 硫基平衡肥为例，市场主区间或在 2300 ～ 2800 元 / 吨。

47.6.4　中国磷酸二铵供需格局预期

2022 年磷酸二铵无计划投产企业，预计 2022 年中国磷酸二铵总产能为 2120 万吨 / 年，同比 2021 年产能下降，伴随着新型肥料以及水溶肥占据市场，传统肥料市场或将逐年走软（部分企业已有装置技改计划），在环保、供给侧改革、新型肥料和复合肥的竞争压力不断增强等供需压力下，预计在未来几年内磷酸二铵的产能、供应量、消费量或将呈现逐渐缩减的趋势，之后进入平稳期，预计供应量年平均降速在 1.70%，下游消费降速在 1.63%，预计后期磷酸二铵市场或将维持供紧平衡状态。

2022—2026 年中国磷酸二铵市场供需平衡预测见表 47.5。

表 47.5 2022—2026 年中国磷酸二铵市场供需平衡预测

指标	2022 年	2024 年	2026 年
产能 / （万吨 / 年）	2120	1943	1943
开工率 /%	63.49	65.98	64.66
产量 / 万吨	1345	1281	1256
进口量 / 万吨	0	0	0
总供应量 / 万吨	1345	1281	1256
出口量 / 万吨	551	516	498
下游消费量 / 万吨	770	751	739
总需求量 / 万吨	1321	1267	1237

第 9 篇　其他

第48章 聚酯瓶片

2021年度关键指标一览

类别	项目	2020年	2021年	涨跌值	原因概述
价格	现货成交价均值/(元/吨)	5425	6795	1370	成本强势推动，叠加海外需求增加，价格明显上涨
供应	产能/(万吨/年)	1196	1246	50	新增一套50万吨装置
	产量/万吨	952.2	1023.85	71.65	新产能投放
	开工率/%	74.65	75.46	0.81	120万吨装置长停+限电影响
	进口量/万吨	6.16	6.28	0.12	国内产量增加，进口量持续低位
需求	出口量/万吨	233.75	317.97	84.22	海外几套装置意外减负或停车，海外需求增加
	下游消费量/万吨	604.26	776.73	172.47	主要下游软饮料产量同比实现两位数增长

48.1 中国聚酯瓶片供需平衡分析

从 2017—2021 年中国聚酯瓶片市场供需来看，整体呈稳步增长态势。2017—2021 年中国聚酯瓶片产量复合增长率 9.15%，消费量复合增长率 14.04%。下游消费量的增长主要原因是下游行业的扩张与新兴行业的发展。尤其是 2021 年，聚酯瓶片主要下游软饮料产量同比增长明显，片材行业产线翻倍增长，支撑聚酯瓶片消费量增长突破两位数。2021 年珠海华润新投产一套 50 万吨装置，中国聚酯瓶片行业总产能扩张至 1246 万吨 / 年。截至 2021 年底，中国聚酯瓶片行业产量增长至 1023.85 万吨，较 2020 年增加 71.65 万吨，增幅 7.52%。

进出口方面，聚酯瓶片主要从韩国、中国台湾进口，由于国内产量完全可以满足下游需求，故进口量占比很小。近几年，随着我国聚酯瓶片产能的不断扩张，国内的产量日益增加，中国聚酯瓶片已经覆盖了海外一百多个国家与地区。2021 年疫情有效控制后，海外需求回暖。三季度末，能源供应紧张，致使海外装置集中减停产，海外需求激增，聚酯瓶片出口量同比大幅增加。截至 2021 年底，中国聚酯瓶片出口量为 317.97 万吨。

2017—2021 年中国聚酯瓶片市场供需平衡见表 48.1。

表 48.1 2017—2021 年中国聚酯瓶片市场供需平衡表

项目	2017 年	2018 年	2019 年	2020	2021 年
产能 /（万吨 / 年）	846	1016	1051	1196	1246
开工率 /%	82.81	80.62	77.83	74.65	75.46
产量 / 万吨	721.43	815.5	870.27	952.2	1023.85
进口量 / 万吨	4.28	6.22	4.66	6.16	6.28
总供应量 / 万吨	746.94	851.28	921.68	1007.87	1199.98
出口量 / 万吨	220.35	274.45	290.24	233.75	317.97
下游消费量 / 万吨	459.26	507.86	551.83	604.26	776.73
总需求量 / 万吨	679.61	782.31	842.07	838.02	1094.7

48.2 中国聚酯瓶片供应现状分析

48.2.1 2021 年中国聚酯瓶片国产供应量分析

2021 年中国聚酯瓶片产能继续保持增长趋势。2017—2021 年中国聚酯瓶片产能复合增长率在 10.16%。其中 2017 年、2019 年与 2021 年中国聚酯瓶片新产能增长相对较少，产能增长较快的年份为 2018 年与 2020 年。

2017—2021 年中国聚酯瓶片产能变化趋势见图 48.1。

中国聚酯瓶片新增产能释放的同时，2017—2021 年在下游需求刺激下产量也整体呈现增长态势。近两年，由于江阴澄高 120 万吨 / 年装置长期停车，开工率逐渐下降，近五年产量复合增长率在 9.15%。

聚酯瓶片主要下游为软饮料行业。“十三五”以来，国家对软饮料行业监管逐渐严格，一部分规模较小、不符合生产标准的企业陆续关闭，行业进入短暂调整期，软饮料行业产量下降，导

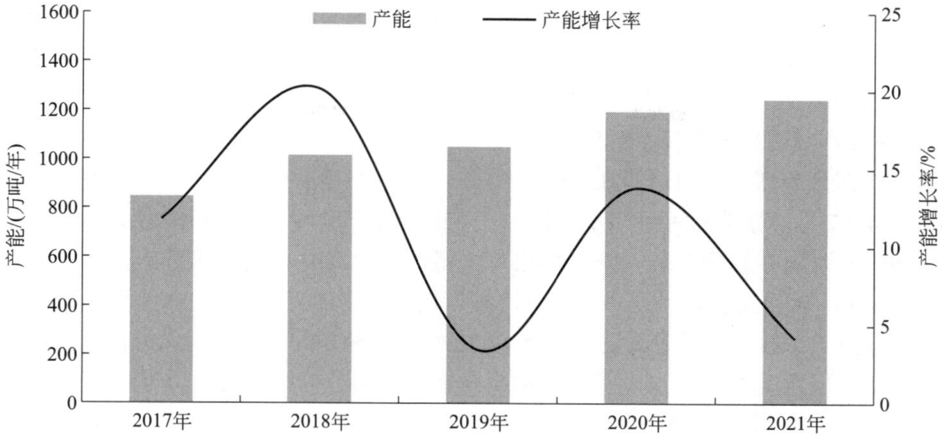

图 48.1 2017—2021 年中国聚酯瓶片产能变化趋势

致聚酯瓶片消耗量减少，因此 2017—2020 年聚酯瓶片行业开工负荷整体走弱，江阴澄高 120 万吨装置于 2019 年 11 月长停。2020—2021 年新增装置基本集中在上半年投产，中国聚酯瓶片行业开工率稳定在 75% 附近。2021 年中国聚酯瓶片行业平均开工率在 75.46%，与 2020 年相比，提升 0.81 个百分点。

2017—2021 年中国聚酯瓶片产量及开工率变化趋势见图 48.2。

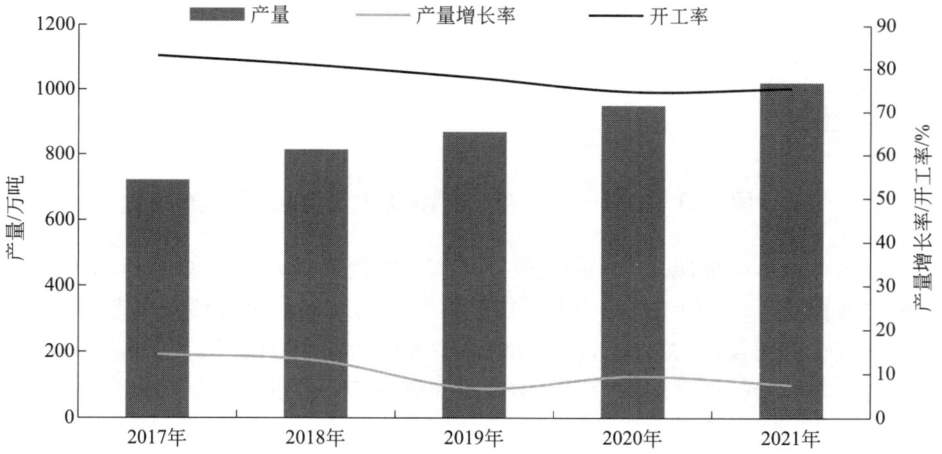

图 48.2 2017—2021 年中国聚酯瓶片产量及开工率变化趋势

48.2.2 2021 年中国聚酯瓶片进口量分析

以税则号 39076110 的聚酯瓶片进口数据来看，2017—2021 年中国聚酯瓶片进口呈“M”形走势，进口量最低值出现在 2017 年，进口量为 42834.1 吨，其主要原因为 2017 年国内万凯、三房巷、逸盛等龙头企业聚酯瓶片产能扩张，国内资源供应充足。下游需求方面，因“三公消费”禁令执行后，餐饮数量明显减少，对软饮料的消费量也明显减少；软饮料行业在 2015—2017 年产量增速持续下降。2018 年、2020 年、2021 年瓶片的进口量相对较高，但进口量增加的原因略有不同，其中 2018 年下半年随着原料成本的大幅抬升，聚酯瓶片工厂抗风险能力也在减弱，国内三房巷、安化、宝生等聚酯瓶片装置陆续减产。而国内需求方面，伴随着外卖等行业发展，果蔬盒等一次性塑料制品片材领域对聚酯瓶片的需求量也有明显增加，供不应求矛盾增加，对进口需求提升。2020—2021 年进口量较多的原因一是在疫情持续存在下，家庭集中囤购物资成为常态，片材加工企业需求增加，并且随着疫情受到控制，餐饮行业得到恢复，软饮料消费量提升明显。不过，总体来看，我国为聚酯瓶片生产大国，近五年来，聚酯瓶片的进口量较产量规模偏小。

2021 年中国聚酯瓶片进口总量在 62801.52 吨，较 2020 年同比下降 1.95%，平均单月进口量 5233.46 吨。4—7 月份聚酯瓶片进口量偏低，在 4200 ～ 4700 吨之间。四季度来看，由于国内聚酯瓶片市场受“限电”影响，装置开工率略有下滑，加之海外市场需求活跃，主流企业出货主供外贸订单为主，国内现货可流通资源紧张，进口量有所增加。

在价格方面，2021 年聚酯瓶片进口均价较 2020 年同期飙升，主要受海外疫情影响导致海外装置开工率持续低位、货源紧张以及海运费高企影响。2021 年聚酯瓶片均值最低出现在 1 月份的 1492.33 美元 / 吨，高点出现在 9 月份的 1842.17 美元 / 吨。市场高低点价差 349.84 美元 / 吨。

2017—2021 年中国聚酯瓶片进口量变化趋势见图 48.3。

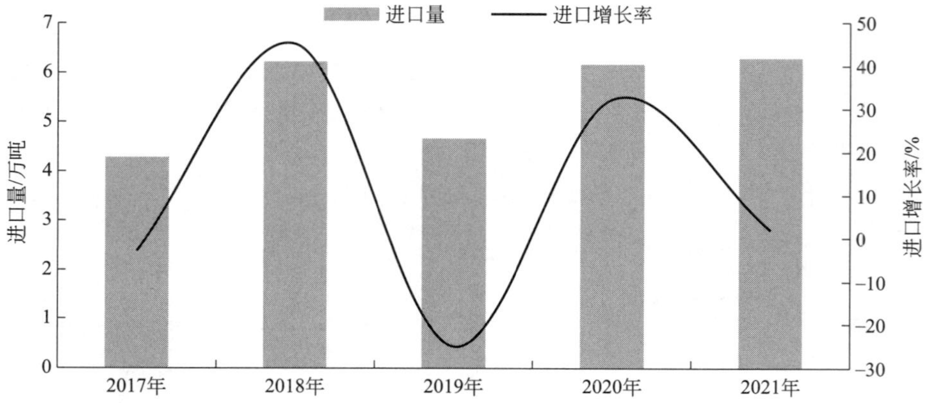

图 48.3 2017—2021 年中国聚酯瓶片进口量变化趋势

近五年以来，国内聚酯瓶片来源结构变化不大，主要来自近洋地区的韩国、中国台湾、日本、越南和中国香港，这五地进口量占全年总进口量的 80.83% ～ 95.05%。其他进口主要来自美国、泰国及印度尼西亚等，占总进口量的 4.95% ～ 19.17%。亚洲地区产能占全球的 50% 以上，是近十年来行业发展最快的区域。韩国是中国聚酯瓶片第一大进口国。而欧美地区为传统聚酯瓶片产地，随着产业格局和消费区域的转变，装置落后的企业逐步退出，因此供应量有所下滑由表 48.2 可知，2018—2021 年从美国进口的聚酯瓶片量呈明显下滑走势。

2017—2021 年中国聚酯瓶片主要进口来源情况见表 48.2。

表 48.2 2017 年—2021 年中国聚酯瓶片主要进口来源情况

单位：吨

进口国及地区	2017 年	2018 年	2019 年	2020 年	2021 年
韩国	22073.29	21379.91	25146.32	36755.14	41008.82
中国台湾	10851.38	22363.86	12356.13	14815.76	10468.41
日本	3409.02	6317.82	2601.67	4999.96	6085.13
荷兰	51.48	109.40	64.93	791.66	1132.83
中国香港	21.50	81.26	216.20	270.44	996.60

续表

进口国及地区	2017 年	2018 年	2019 年	2020 年	2021 年
德国	113.73	164.57	459.62	516.63	872.45
印度	59.38	402.50	6.43	382.76	652.73
英国	3.05	0.00	16.00	15.81	182.10
美国	1663.63	2740.98	678.87	152.46	151.56
印度尼西亚	0.13	1042.33	504.84	668.20	148.30
合计	38246.57	54602.62	42050.99	59368.82	61698.92
总进口量	42834.1	62168.88	46629.29	61649.7	62801.52
前 5 位占比	84.99%	80.83%	86.61%	93.48%	95.05%
韩国占比	51.53%	34.39%	53.93%	59.62%	65.30%
中国台湾占比	25.33%	35.97%	26.50%	24.03%	16.67%
日本占比	7.96%	10.16%	5.58%	8.11%	9.69%
荷兰占比	0.12%	0.18%	0.14%	1.28%	1.80%
中国香港占比	0.05%	0.13%	0.46%	0.44%	1.59%

48.3 中国聚酯瓶片消费现状分析

48.3.1 2021 年中国聚酯瓶片消费趋势分析

中国聚酯瓶片的下游消费行业主要集中在软饮料包装，其次是片材包装，调味品及油脂包装。近年来随着我国居民收入的不断增长和消费观念的逐渐转变，软饮料成为日常消费中的主流商品。

2021 年，中国聚酯瓶片消费量 776.73 万吨，2017—2021 年中国聚酯瓶片下游消费量复合增长率 14.04%。2017 年和 2018 年中国聚酯瓶片消费量呈现两位数增长，一方面是软饮料行业稳步增长，市场份额向龙头企业集中，尤其是 2018 年行业产销率首次超过 100%；另一方面片材包装范围扩大，向高端化妆品、电子产品等方面扩展。2019—2020 年中国聚酯瓶片消费量增速缩减至个位数。2021 年，随着疫情的有效控制与疫苗的全民接种，出行与相关会议、会展有序进行，带动了软饮料产量的大幅提升。据国家统计局数据显示，截至 2021 年底，中国软饮料量较 2020 年同期增长 12.00%。

2017—2021 年中国聚酯瓶片下游消费量变化趋势见图 48.4。

48.3.2 2021 年中国聚酯瓶片消费结构分析

中国聚酯瓶片下游主要产品是饮料瓶，用于软饮料包装。据国家统计局数据显示，2017—2021 年中国软饮料行业增速缓慢。2018 年软饮料产量下降，一方面政府监管部门淘汰落后产能、治理不合规企业；另一方面对软饮料统计口径有所调整，两方面因素联合导致。2020 年由于疫情影响，终端消费大幅减少，软饮料产量随之减少。2021 年随着疫情的有效控制及疫苗的推广接种，国内各地区逐渐放松管控，在保证安全距离的前提下，聚集性会议或出游，出行等活动增加，从而带动软饮料消费。

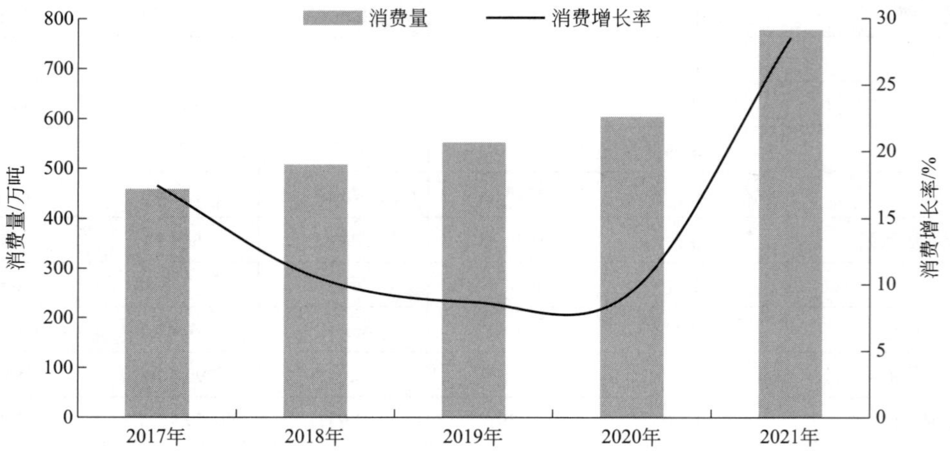

图 48.4 2017—2021 年中国聚酯瓶片下游消费量变化趋势

2017—2021 年中国软饮料行业产量变化趋势见图 48.5。

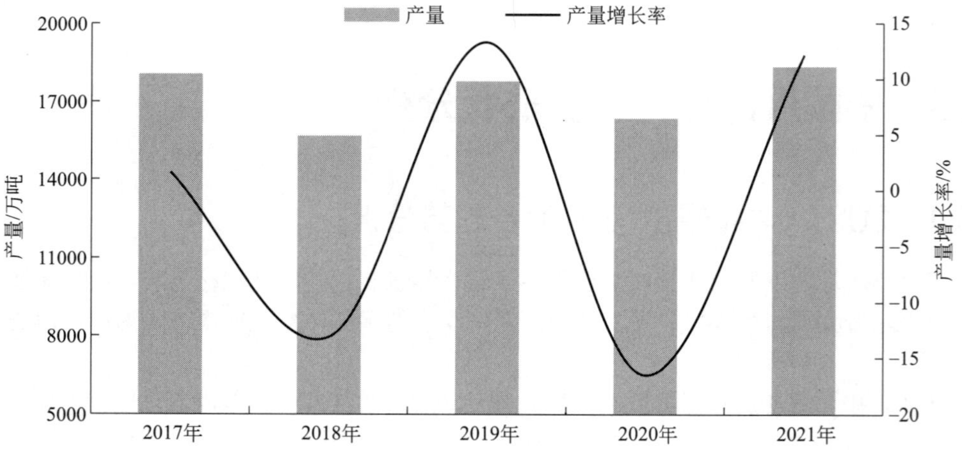

图 48.5 2017—2021 年中国软饮料行业产量变化趋势

随着中国经济的不断发展，居民消费能力不断提升，健康消费观念逐渐增强，我国软饮料消费量保持持续增长态势。近年来，随着健康型消费模式的升级，包装水、健康型饮料保持较快的增速。但传统的碳酸型饮料呈现负增长水平。2021 年软饮料行业整体增速明显，截至 2021 年底，中国软饮料产量较 2020 年同期增长 12%。

48.3.3 2021 年中国聚酯瓶片出口量分析

2017—2021 年中国聚酯瓶片出口整体呈现“N”形趋势，2021 年出口峰值 3179683.75 吨，创历史新高。而 2020 年出口量相对较少，为 2337478.9 吨，原因为海内外疫情影响严重，国内来看，虽第一季度受疫情影响，聚酯瓶片上下游市场两淡，但随着国家对疫情管控力度的增强，国内疫情影响逐渐消散，二、三季度国内市场需求明显提升，甚至出现供不应求局面。国外来看，海外疫情弥漫，聚酯瓶片外贸市场订单数量逐月递减。另外，南非自 2020 年 1 月起停止从中国进口聚酯瓶片，并于2020年5月公布对产自中国的聚酯切片的反倾销关税；印度政府发布了反倾销调查初步结果，开始征收临时性反倾销关税。综上，2020年聚酯瓶片出口量有所下滑。

2021年中国聚酯瓶片出口总量为3179683.75吨，较2020年同比增长36.04%。2021年国内聚酯瓶片市场供应情况有所提升，但终端市场需求相对偏淡，可供出口资源较为富余。加之2021年海外资源供应紧张，对聚酯瓶片进口的需求增多，并且聚酯瓶片国际出口价格颇具吸引力，一定程度上刺激了国内聚酯瓶片厂家接外贸订单的数量增多。

2021年聚酯瓶片出口均价较2020年同期略有提升，主要原因为年内聚酯双原料价格涨势强烈，聚酯瓶片成本端存强烈支撑。另外，海外疫情影响仍在，海运费价格居高不下，集装箱紧张状况未有缓解，使得聚酯瓶片出口价格上涨。年内最低出口价格出现在1月份693.76美元/吨，出口最高价出现在12月份1058.83美元/吨。

2017—2021年中国聚酯瓶片出口量变化趋势见图48.6。

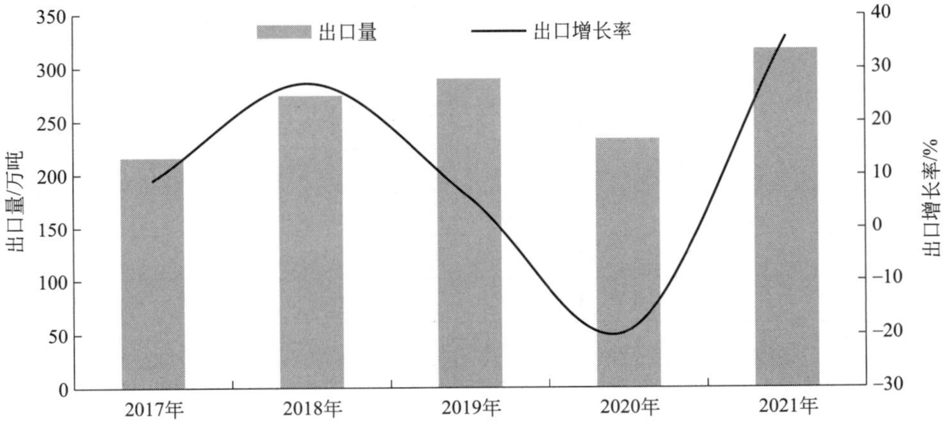

图48.6 2017—2021年中国聚酯瓶片出口量变化趋势

中国聚酯瓶片出口至海外的100多个国家和地区，亚洲国家占比依然较大，一方面是距离的优势，近洋航线相关费用低；另一方面是亚洲国家反倾销的少一些。但近五年内，中国聚酯瓶片主要出口方向也略微发生了一些变化，2017—2018年主要方向为菲律宾、印度、智利；而印度2019年10月1日启动反倾销调查以来，2020—2021年我国瓶片工厂出口到印度的订单量明显减少。2020—2021年受海内外疫情的发酵、中国海运费上涨、汇率变动、集装箱紧张等因素的影响，部分传统消费市场的采购量也有明显回落，比如阿尔及利亚、韩国等。

2017—2021年中国聚酯瓶片出口情况分析见表48.3。

表48.3 2017—2021年中国聚酯瓶片出口情况分析

单位：吨

出口国及地区	2017年	2018年	2019年	2020年	2021年
菲律宾	123447.5	132690.51	159611.42	138355	146763.1
俄罗斯	59268	118629.7	140319.1	132297.5	223109.2
阿尔及利亚	64680	138054.4	126456	103884	69762
智利	79876.61	90101.26	96092.05	102431.6	118029.7
韩国	47390.158	81737.46	76013.36	97708.74	32162.95
印度	106063.95	155010.35	272844	94808.66	27910.35

续表

出口国及地区	2017 年	2018 年	2019 年	2020 年	2021 年
越南	20797.4	57237.75	81492.11	78751.45	54109.7
肯尼亚	50001	56177	59058.5	75770	92135.1
秘鲁	69849	100019.3	107529.2	66519.2	112842.6

2021 年中国聚酯瓶片出口前三位是俄罗斯、菲律宾、尼日利亚，出口量分别为 223109.2 吨、146763.1 吨、133835.3 吨。与 2020 年同期相比，出口到这三个国家的出口量均有不同幅度的增长，涨幅分别为 68.64%、6.08% 和 190.13%。

2021 年中国聚酯瓶片出口情况分析见表 48.4。

表 48.4 2021 年中国聚酯瓶片出口情况分析

出口国及地区	出口量 / 吨	出口占比 /%	出口额 / 美元	出口均价 /（美元 / 吨）
俄罗斯	223109.2	7.02	201130511	901.49
菲律宾	146763.1	4.62	123663294	842.60
尼日利亚	133835.3	4.21	115771868	865.03
阿联酋	121962	3.84	113036610	926.82
智利	118029.7	3.71	105889164	897.14
乌克兰	116853	3.67	105706522	904.61
秘鲁	112842.6	3.55	106751090	946.02
韩国	109138.4	3.43	103209353	945.67
肯尼亚	92135.1	2.90	82114720	891.24
坦桑尼亚	87802	2.76	84440910	961.72

48.4 中国聚酯瓶片价格走势分析

近五年来，中国聚酯瓶片市场跌宕起伏，价格趋势整体表现震荡下滑。除 2018 年，因海外需求出现较大缺口，加之原材料 PTA 价格大幅上涨，支撑中国聚酯瓶片市场价格突破 11100 元 / 吨以外，其他时期内，聚酯瓶片市场价格整体在 5500 ～ 8500 元 / 吨区间震荡。2017 年、2019 年及 2020 年，中国聚酯瓶片市场价格一季度与四季度处于年内价格高位，二季度与三季度处于低位盘整状态。尤其是 2020 年初，受新冠肺炎疫情影响，国际油价暴跌，瓶片市场价格快速下滑。由于物流不畅，终端需求大幅减少，导致瓶片工厂库存高位，行业开工下滑。随着疫情得到有效控制，终端消费群体相对改善，片材及油脂行业需求大幅增加，瓶片行业利润可观。11 月初，聚酯双原料支撑坍塌，聚酯瓶片市场价格跌至近十年来低位 4700 元 / 吨左右。与其他聚酯、塑料产品相比，聚酯瓶片价格低位，吸引场外大量资金入场囤货，终端及贸易商“抄底”心态高涨，市场交投火爆。市场在量价齐升的状态下进入 2021 年。

2021 年春节期间，油价持续大幅上涨，原料强势支撑，加之海外订单火爆，聚酯瓶片市场价格迅速突破 7000 元 / 吨关口。然而终端表现疲弱，拖累瓶片价格缓慢下跌。四季度全球能源紧张，国际油价持续刷新年内高点，加之海外订单发货量增加，下游大厂集中提前补货，国内现货一货难求，聚酯瓶片价格站上 8000 元 / 吨位置。随后成本下滑，拖累瓶片市场重心窄幅下调。

2017—2021 年中国华东地区聚酯瓶片现货市场价格趋势见图 48.7。

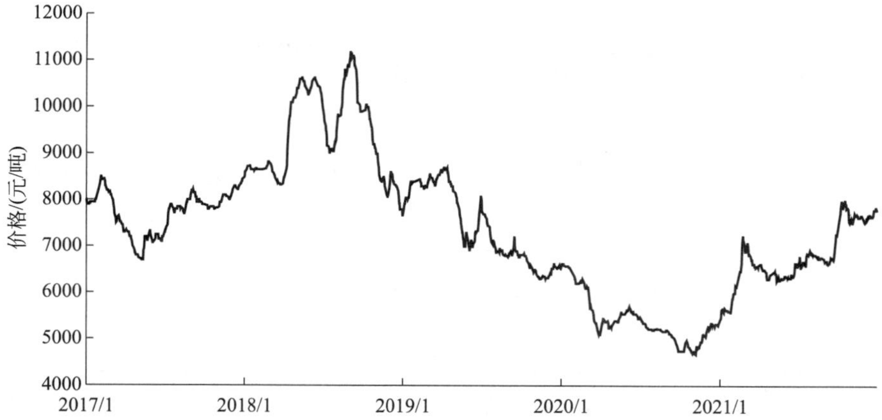

图 48.7 2017—2021 年中国华东地区聚酯瓶片现货市场价格趋势

48.5 中国聚酯瓶片利润走势分析

近五年来，中国聚酯瓶片行业成本表现整体窄幅减少。2017—2018 年是聚酯瓶片行业成本较高的年份。其中 2018 年海外装置大规模停车检修，当地供应量大幅减少。中国聚酯瓶片海外订单需求激增，国内供应紧张，虽成本相对增加，然需求的暴增推动聚酯瓶片利润一度达到 2514 元 / 吨。随着装置的陆续重启，供应增加，瓶片利润随之大幅下滑。2020 年受新冠肺炎疫情影响，原油暴跌，大宗商品价格下行明显，因此聚酯瓶片生产成本较前期大幅减少。

2021 年随着疫情的逐渐控制，疫苗的积极推进，能化产品价格震荡上行。然终端需求表现低迷，牵制瓶片利润空间。2021 年聚酯瓶片年度成本在 6527.37 元 / 吨，年均利润在 267.95 元 / 吨。与 2020 年相比，成本增加 1409.99 元 / 吨，利润减少 41.94 元 / 吨；与 2019 年相比，成本减少 742.21 元 / 吨，利润增加 138.14 元 / 吨。

2017—2021 年中国聚酯瓶片利润变化趋势见图 48.8。

图 48.8 2017—2021 年中国聚酯瓶片利润变化趋势

48.6 2022—2026 年中国聚酯瓶片发展预期

48.6.1 中国聚酯瓶片拟在建 / 退出产能统计

未来五年聚酯瓶片行业拟在建产能将超 1200 万吨 / 年，其中规模在 100 万吨 / 年以上的企业有 5 家，新增产能主要分布在华东、华南、东北、西南、西北地区。2022—2026 年新增产能集中投放后，聚酯瓶片市场供应格局将发生重大变化，包括进口萎缩，出口增加，以及货源流向也将发生重大改变。但聚酯瓶片上下游一体化发展的趋势进一步凸显。

2022—2026 年中国聚酯瓶片增拟建产能统计见表 48.5。

表 48.5 2022—2026 年中国聚酯瓶片增拟建产能统计

区域	企业名称	产能 /（万吨 / 年）	地址	投产计划
华东	中石化仪征化纤	50	江苏仪征	2023 年四季度
华东	桐昆一期	60	江苏南通	2023 年
西南	重庆万凯二期	60	重庆	2022 年
西南	四川宝生	50	四川绵阳	2022 年
西北	逸普新材料	30	新疆维吾尔自治区克拉玛依市	2022 年
华东	三房巷集团	75	江苏江阴	2023 年
西南	普拉斯包装	15	四川宜宾	2021 年 12 月退出
东北	逸盛大化	70	辽宁大连	2023 年
西北	逸普新材料二期	30	新疆维吾尔自治区克拉玛依市	2023 年
华东	江苏桐昆	120	江苏南通	规划中
华南	海南逸盛	200	海南	规划中
华南	泛亚化工石油集团	120	广东揭阳	规划中
华东	富海集团	135	山东东营	规划中
华东	三房巷集团	225	江苏江阴	规划中
西南	普拉斯包装	30	四川宜宾	规划中

48.6.2 中国聚酯瓶片供应趋势预测

伴随一体化装置新产能的释放，2022—2026 年国内聚酯瓶片产能和产量同步大幅增长，2022—2026 年聚酯瓶片产能复合增长率在 11.82%，产量复合增长率 9.09%。产能和产量预测增长率出现偏差的主要原因：受装置投产时间分布所致，装置利用率并非全年；聚酯瓶片自 2022 年之后逐步过剩，行业竞争激烈，有淘汰落后产能的可能，且部分装置出现降负运行状况。预计 2026 年有效产能达到 1956 万吨，产量 1598.97 万吨附近（2022 年起剔除长停装置产能 135 万吨）。

2022—2026 年中国聚酯瓶片供应预测见图 48.9。

48.6.3 中国聚酯瓶片主要下游发展前景预测

近年来中国聚酯瓶片主要下游集中在软饮料包装领域，约占总消费量的 55% 左右。其他分别是片材包装与油脂包装。自 2013 年“三公消费”禁令执行以来，餐饮数量明显减少，对软饮料的消费也明显减少。软饮料行业在2015—2020年产量增速始终维持在个位数增长。

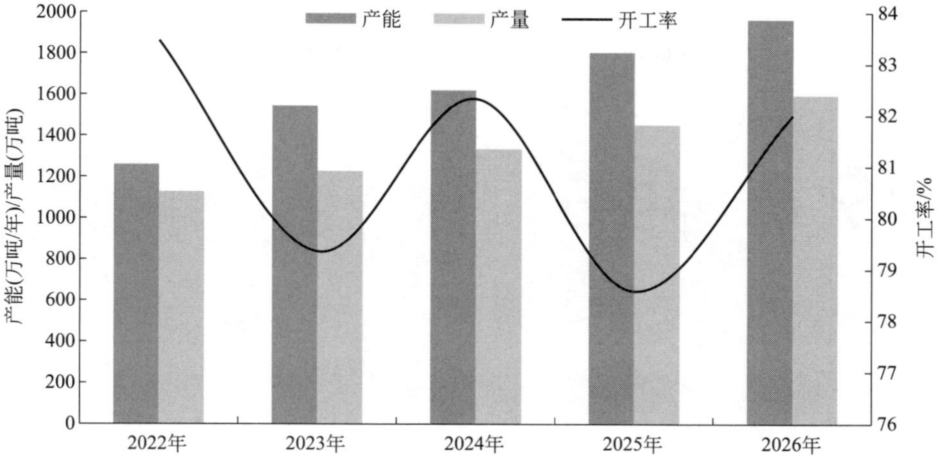

图 48.9 2022—2026 年中国聚酯瓶片供应预测

2021年中国软饮料产量共18333.8万吨，较2020年增长12.00%。上一次，软饮料产量增长突破两位数还是在2014年，2021年软饮料消费占比在58%左右。

未来五年，伴随聚酯瓶片产业一体化发展，下游软饮料行业也保持稳定增长。但目前软饮料行业发展已到成熟期，增速将有所放缓。新领域消费与片材包装将进入一个产能扩张期，并且向规模化目标发展。比如富海集团200万吨聚酯片材项目。

48.6.4 中国聚酯瓶片供需格局预测

未来五年，中国聚酯瓶片行业持续高速扩张，伴随聚酯瓶片上下游产业链的完善，行业一体化趋势愈加明显。中国聚酯瓶片产品供需呈现过剩局面。预计未来五年聚酯瓶片产能年平均增速在11.82%，产量年平均增速在9.09%，下游消费年平均增速在6.12%，供应增速明显高于消费增速，届时行业将进入新旧迭代、供应过剩周期，出口与配套下游成为企业谋求未来发展的重要方向（2022年剔除长停装置产能135万吨）。

2022—2026年中国聚酯瓶片市场供需平衡预测见表48.6。

表 48.6 2022—2026 年中国聚酯瓶片市场供需平衡预测

项目	2022 年	2024 年	2026 年
产能 /（万吨 / 年）	1251	1611	1956
开工率 /%	83.45	82.32	82.00
产量 / 万吨	1128.84	1336.89	1598.97
进口量 / 万吨	5.78	6.24	5.23
总供应量 / 万吨	1239.9	1423.33	1640.76
出口量 / 万吨	339.68	436.27	561.91
下游消费量 / 万吨	811.08	942.31	1028.42
总需求量 / 万吨	1150.76	1378.58	1590.33

第 49 章 电石

2021 年度关键指标一览

类别	项目	2020 年	2021 年	涨跌值	原因概述
价格	现货成交价均值 /（元 / 吨）	2741	4775	2034	能耗双控各地陆续落地，限电在内蒙古地区频繁发生，电石企业开工受限，供不应求，货源紧张，价格大幅上涨
供应	产能 /(万吨 / 年)	4000	3850	-150	政策控制产能总量的增加，产能持续下降，产量微幅增加
	产量 / 万吨	2888	2900	12	
	开工率 /%	72.2	75.32	3.12	
需求	出口量 / 万吨	12.33	11.54	-0.79	国内供不应求，出厂价格高位，导致出口利润减少，出口积极性减弱
	下游消费量 / 万吨	2875.7	2888.5	12.8	电石下游 PVC、糊树脂及 BDO 全年整体开工积极，需求高位

49.1 中国电石供需平衡分析

中国是世界上最大的电石生产和消费国。但随着中国供给侧改革政策的进行，2017—2021年国内电石产能处于收缩阶段。2016年国务院57号文《国务院办公厅关于石化产业调结构促转型增收益的指导意见》明确指出电石、烧碱、聚氯乙烯在内的过剩行业新增产能的管理控制，电石的新增产受到了严重的约束。2017年我国电石行业的总装置能力到4150万吨，到2021年全国电石产能到3850万吨，全国减少了300万吨的电石产能。

2017—2021年中国电石产能逐步收缩，但下游消费量稳步小幅提升。2021年，能耗双控阶段性影响了中国电石装置开工率，更是刺激市场大幅拉高了市场价格。国内价格的飙升抵制电石市场出口热情，使得2021年中国电石出口量创下2018年以来新低。

2017—2021年中国电石供需平衡见表49.1。

表49.1 2017—2021年中国电石供需平衡表

项目	2017年	2018年	2019年	2020年	2021年
产能/（万吨/年）	4150	4100	4000	4000	3850
产量/万吨	2780	2900	2795	2888	2900
出口量/万吨	8.56	13.26	15.69	12.33	11.54
表观消费量/万吨	2771.4	2886.7	2779.3	2875.7	2888.5
开工率/%	67	71	70	72	75

注：产能包括无效产能。

49.2 中国电石供应现状分析

49.2.1 2021年中国电石国内供需分析

近几年全国的产量变化并不明显。第一，所去除的产能装置大部分在场内处于停产或半停产状态，对实际的产量供应影响不大，第二，成熟电石企业通过改造，提升自身产量或增加大型密闭电石炉，提升了整体的供应能力。且随着下游电石法PVC的扩产，电石的需求增加，电石产量稳步提高。到了2019年受安全事故影响，整体电石法PVC气柜加强安全检修。除此，全国加强安全检查，市场上也关停不少小电石炉，到2019年沙圪堵地区小电石炉全部关停，2018—2019年电石市场的产量出现回落。

进入2020年以后，随着下游投产和复产的增多，需求量增加，然而电石生产能力提升有限，电石开工率一直居于高位，全年电石开工率达到72%。在2020年市场上依旧有600万吨左右的、长期处于停产状态的僵尸产能存在，因此有效产能的开工率已经达到了85%左右。31家企业样本中，2020年的年均开工率达到87%。

进入2021年，在政策影响下，电石开工不稳定性增强，整体呈现下滑趋势，电石市场从紧平衡逐渐提升至供不应求阶段，电石货源有限，下游采购积极，导致电石市场持续高位，到10月下旬到达8000元/吨的高位，但是产量及开工率却持续低位。31家企业样本中，2021年的年均开工率为82%，开工率下滑。

2017—2021年中国电石产能和产量变化趋势见图49.1。

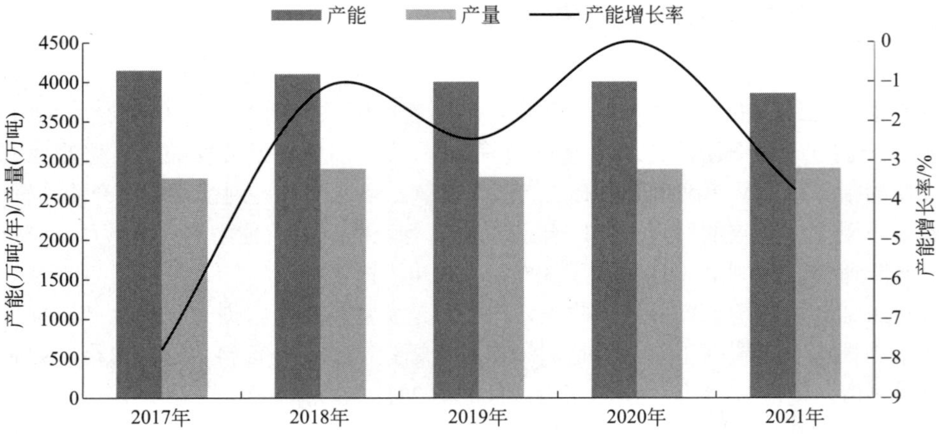

图 49.1 2017—2021 年中国电石产能和产量变化趋势

49.2.2 2021 年中国电石区域供应结构分析

2017—2021 年供应上的地区差异也可以明显看出，西北地区电石产量供应能力明显增强，华北、西南、东北地区部分电石生产能力逐步退出市场。2017 年西北地区的产量占比为 85.9%，到 2021 年产量占比达到 87.24%，增长了 1.34%。我国西北地区依托丰富的煤炭资源，拥有廉价的电力成本，且下游 PVC、BDO、石灰氮配套合理，除部分产品外销，以自用为主，保证了装置的开工负荷，由于电石对能源、资源的较强依赖性，西北电石炉在生产、环保等成本方面具有巨大的优势。并且随着主要下游——聚氯乙烯产能重心向西部地区偏移，其配套的电石炉开工更为稳定，电石产量呈现明显区域集中。

2017—2021 年中国电石区域性分布走势见图 49.2。

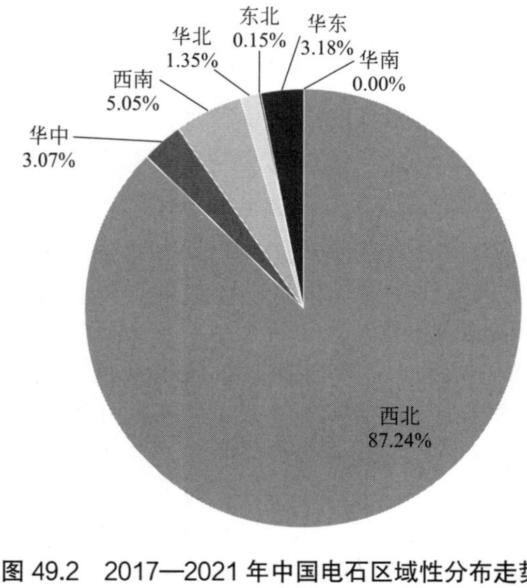

图 49.2 2017—2021 年中国电石区域性分布走势

2021 年全国执行能耗双控，内蒙古地区为最严重地区。从二月份开始，内蒙古地区从乌兰察布地区开始执行能耗双控政策，并将当地高能耗生产企业按照产能规模大小、配套情况、税收情况等为衡量基准，将企业划分为表一、表二、表三，未在三个表格中显示的企业称为表外用户。表一、表三无相关电石企业，表二里面涉及电石企业五家，占乌兰察布总产能的42%。随后能耗双控至包头、鄂尔多斯、乌海地区逐渐实施。9月份内蒙古地区整体开工不足6成，乌兰察布地区开工在五成左右，乌兰察布地区表外月产开工9月份不足三成。企业生产过程中其单耗，装置损耗，人力成本，财务成本都有所增加，部分企业运行情况举步维艰。三季度结束之后，内蒙古地区的能耗双控指标完成，但限电力度未见缓解。限电的出现主要是因为煤炭的供应紧张，高位的煤炭价格导致电厂亏损，开工积极性不足。电力输出不足，风电与光电的补充又极其有限，因此导致企业频繁限电出现。10月份随着内蒙古地区供暖的开始和提高的电费标准，电厂开工有所提升，电石开工率较9月有所好转，但依旧有限电出现。10月份内蒙古地区夜间限电为主，例如乌兰察布地区，调度中心以微信群形式进行通知，于四点至四点半之间发布限电预警，四点半左右开始降低开工负荷，五点左右表二用户开工5成左右，表外用户全停。因此在能耗双控指标完成的前提下，内蒙古地区四季度面临的最大问题是电力供应不足，限电频发。

宁夏地区于5月份开始不断下发能耗双控的文件，于7月份逐渐落地。其中以中卫地区的能耗双控力度最大，9月份中卫地区整体开工在5成左右，惠农地区在7成左右，平罗地区开工在8.5成左右。企业装置整体开工不稳定，有不定时限电情况。在前三季度中宁夏地区的能耗双控力度执行有限，因此进入四季度之后能耗双控指标依旧较大。宁夏地区铁合金的能耗管控重于电石行业，但是在较大的指标任务压力下，宁夏地区四季度开工持续被限制，且有加强趋势。

陕西地区不但是商品电石的主产区，而且是电石原料 - 兰炭中料的主产区。据了解除新疆地区，我国电石原料主要是兰炭中料，其主要来自于陕西地区，以神木地区为最，而兰炭在生产过程中属于高能耗高污染产品。陕西地区作为煤都，前半年的能耗双控观望为主，9月下旬开始能耗双控力度突然加大，特别是府谷地区电石、兰炭企业全部关停，神木地区维持了五成左右的开工，电石供应量减少。而兰炭的降负荷运行导致全国范围内的原料紧张，兰炭价格不断攀升至3400元 / 吨，同比增加308%，电石成本面快速走高。随着陕西地区的能耗双控有所恢复，兰炭与电石的开工负荷均有所提升。10月份府谷地区的开工负荷维持在五成左右。且由于前三季度能耗双控指标完成度较差，四季度将继续开工低位的状态。

新疆和甘肃地区是我国电石的主产地之一，能耗双控文件，虽也有所下发，但是其能耗双控在电石及整改氯碱行业的执行力度影响有限。

49.3 中国电石消费现状分析

49.3.1 2021年中国电石消费趋势分析

在电石的下游消费中，PVC占比在80%以上，因此PVC的开工可以代表电石消费需求的变化。近几年PVC行业陆续有新投产和扩产出现，对电石的需求量不断增加。需求量具有明显的季节性特点。仅在5—6月、9—10月秋季检修阶段，对电石需求减弱。

49.3.2 2021年中国电石消费结构分析

我国电石下游消费结构中主要包含PVC、BDO、乙酸乙烯、氯丁橡胶等行业，而PVC行业一直占据下游消费的80%以上，特别是2017—2021年氯碱行业盈利好转，开工积极性提高，电石法 PVC 陆续投产和复产出现，需求不断增加。因此近五年的下游消费增加主要集中在 PVC 对电石需求量的增加。但电石法 PVC 的增产和扩产未来将受到约束和限制。乙酸乙烯、氯丁橡胶行业规模有限，BDO 行业则是电石下游消费结构的新起之秀。2017—2020 年由于行情低迷，部分企业甚至负债而行。2021 年 BDO 行业迎来春天，在可降解塑料成为未来新起之秀的路上，原料 BDO 价格也持续走高，并且面临大规模投产，将逐渐改变我国的电石消费结构。

2021 年中国电石主要下游消费结构见图 49.3。

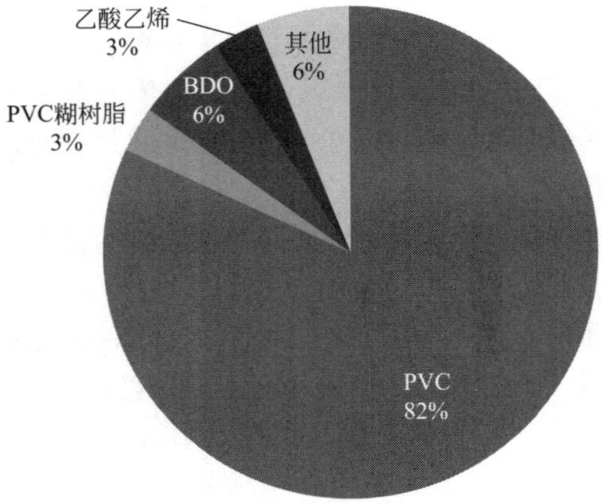

图 49.3　2021 年中国电石主要下游消费结构

49.3.3　2021 年中国电石出口量分析

我国是世界上最大的电石生产国，电石产量能达到全球电石总产量的 90% 以上，受资源、价格、产量等各方面影响，我国是一个净出口国家，电石的出口方向主要是东南亚地区。因为国内需求较大，以及生产工艺的影响，我国电石的出口量不足总产量的 1%。

电石在 2018—2019 年达出口量高峰期，近两年出口量有所减少。2021 年我国电石在 12 月份出口量最高，达到 1.40 万吨；出口量最低为 10 月份，仅有 0.47 万吨。

随着我国能耗双控政策落地，电石作为高耗能产品，对电石的开工造成明显的限制，2021 年电石出口量有所减少，月均出口 1 万吨左右。

2017—2021 年中国电石出口量见图 49.4。

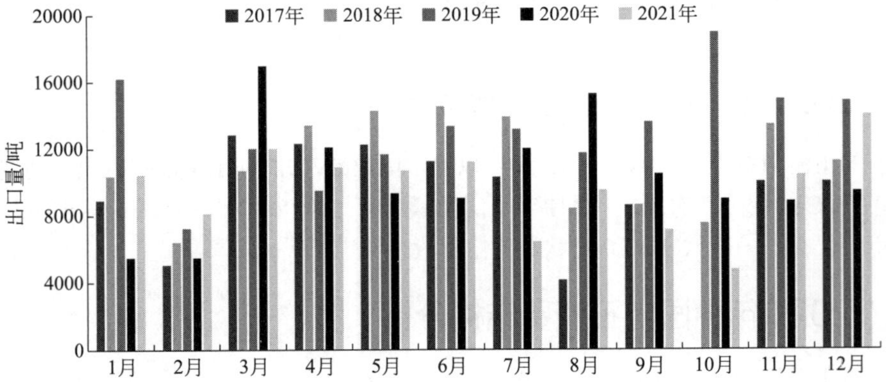

图 49.4　2017—2021 年中国电石出口量

2021 年中国向印度出口量位居榜首，为 41098.55 吨，占 37%；中国向泰国出口量为 17038.5 吨，占比 16%；中国向菲律宾出口量为 8763 吨，占比 8%；中国向新加坡出口量为 4293 吨，占比 4%；中国向其他国家出口量为 38490.05 吨，占比 35%。

2021 年中国电石出口国及地区占比见图 49.5。

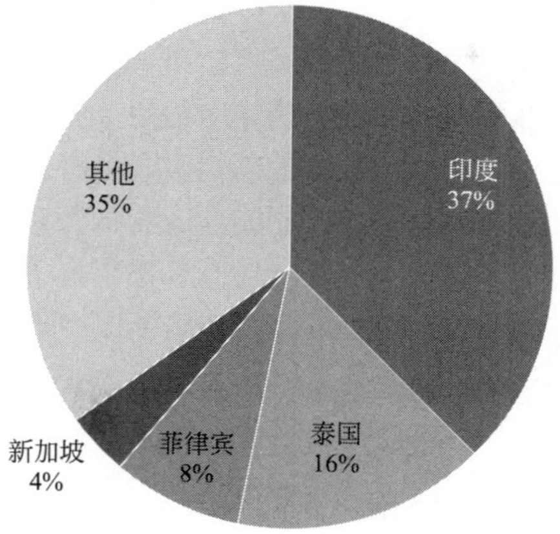

图 49.5 2021 年中国电石出口国及地区占比

49.3.4 2021 年中国电石现货市场价格走势分析

近几年随着供需市场的转变，电石市场从产能过剩到供需紧平衡阶段逐渐发展，最明显的就是电石市场的价格走势，呈现逐年走高的趋势。2017 年我国电石出厂价格低位，部分生产企业依旧处于亏损边界，2018—2020 年受国内去产能的影响，部分僵尸产能和落后产能退出中国市场，供应开始收缩，向供需紧平衡状态慢慢靠拢。下游需求近几年持续增加，供需错配，在 2020 年四季度已经表现出来明显的供应紧张。进入 2021 年后，上半年在高位需求刺激下，电石开工依旧高位，下半年随着能耗双控力度的加强以及限电政策影响，供应上表现出两方面的发展：能耗双控严格地区电石开工低位，生产不稳定，但另一方面电石价格屡破历史新高，10 月份达到 8000 元 / 吨，创下历史高位。在电石高利润、高需求刺激下，逐渐出现了搁置产能的复工复产现象。

2017—2021 年中国电石乌海地区主流出厂价格走势见图 49.6。

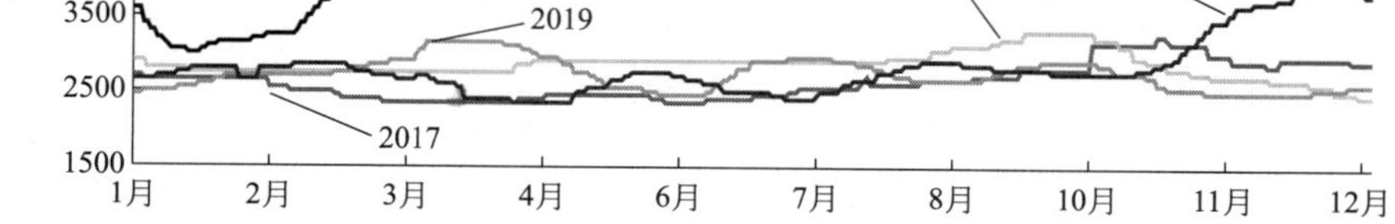

图 49.6 2017—2021 年中国电石乌海地区主流出厂价格走势

49.4 中国电石利润走势分析

从2018年开始，我国电石出厂价格出现上调，生产企业盈利情况逐渐转好，虽然电石成本也在逐年增加，但整体看近几年电石行业的运营逐渐好转。乌海地区的利润（此利润计算为乌海地区无配套情况下的电石生产企业的利润核算）情况2018年在66元/吨，属于微盈利；2019年在−13元/吨，出现了小幅亏损；2020年盈利在214元/吨，企业开工积极性大幅提高。

2021年电石出厂价格屡破新高，乌海地区的年均利润1231元/吨，但企业开工受到能耗双控和限电的限制，开工处于低位。在低位开工的影响下，电石生产企业的单耗、人力成本、设备成本等都在增加，部分企业处于长期的停产状态，或者低负荷开工状态，企业亏损严重。部分降负荷生产的企业其成本也出现了大幅增加。盈利情况出现了多种分化，企业规模、配套情况、地区分布差异较大。

2018—2021年中国电石利润变化趋势见图49.7。

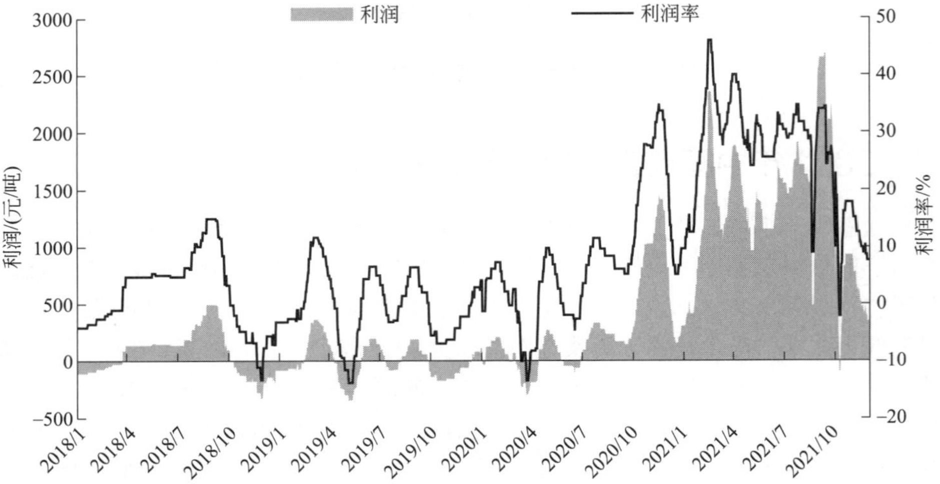

图49.7 2018—2021年中国电石利润变化趋势

49.5 2022—2026年中国电石发展预期

49.5.1 中国电石拟在建/退出产能统计

电石近几年受政策性的影响较大。2021年3月9日，内蒙古自治区发展改革委、工信厅、能源局印发《关于确保完成“十四五”能耗双控目标任务若干保障措施》的通知：在第9条加快淘汰化解落后和过剩产能中明确指出：30000千伏安及以下矿热炉，原则上2022年底前全部退出；符合条件的可以按1.25：1实施产能减量置换。

据统计，内蒙古地区电石法产能有1224万吨，目前市场存在的30000千伏安以下的炉子涉及产能162万吨，占内蒙古地区总产能的13.24%，日产量在5000吨。目前了解到全国电石行业共有110台30000千伏安以下的电石炉，日产量16000吨，其他地区尚未发布明确的限制政策，内蒙古地区的政策陆续发布，成为市场关注焦点，或将逐渐成为电石市场的关键因素。

据调查此 110 台电石装置中 51 台无配套下游，两台配套 PVA，57 台配套 PVC，10 台属于 2020 年连续停产一年以上的企业（装置）。

10 月 21 日，国家发改委提出了约束推动重点领域节能降碳的若干意见，其中针对石化化工领域专门发布《石化化工重点行业严格能效约束推动节能降碳行动方案（2021—2025 年）》，提出到 2025 年，通过实施节能降碳行动，炼油、乙烯、合成氨、电石行业达到标杆水平的产能比例超过 30%，其中电石的单位产品能耗基准水平要达到 940 千克（标准煤）/ 吨，标杆水平要达到 805 千克（标准煤）/ 吨。

同时，引导低效产能有序退出。严格执行《产业结构调整指导目录》等规定，推动 200 万吨 / 年及以下炼油装置、天然气常压间歇转化工艺制合成氨、单台炉容量小于 12500 千伏安的电石炉及开放式电石炉淘汰退出。严禁新建 1000 万吨 / 年以下常减压、150 万吨 / 年以下催化裂化、100 万吨 / 年以下连续重整（含芳烃抽提）、150 万吨 / 年以下加氢裂化，80 万吨 / 年以下石脑油裂解制乙烯，固定层间歇气化技术制合成氨装置。新建炼油项目实施产能减量置换，新建电石、尿素（合成氨下游产业链之一）项目实施产能等量或减量置换，推动 30 万吨 / 年及以下乙烯、10 万吨 / 年及以下电石装置加快退出，加大闲置产能、僵尸产能处置力度。

目前全国有电石产能 3850 万吨，有部分装置为长期处于停产状态的僵尸产能。目前统计产能 3712 万吨，其中 10 万吨以下生产规模的企业 20 家，设计产能 126 万吨，占总产能的 3.27%。

49.5.2 中国电石供应趋势预测

2017—2020 年我国的电石市场整体呈现供应窄幅提升的趋势，政策面对电石产能的增加进行管理控制，难以批复新的产能。但是随着下游需求稳定性的增加，以及利润的好转电石行业逐渐走向成熟期。大批“老、破、小”电石产能逐渐退出了市场。同时市场上电石生产企业的开工稳定性增强，供应能力增加。进入 2021 年以后在能耗双控和限电的双重作用下电石开工率呈现下滑趋势。

在碳达峰、碳中和背景下电石作为高能耗产品其产能开工势必将长期受到制约。且随着各项政策制度的发布，从装置规模，企业规模，配套情况等多方面调整我国电石行业向成熟阶段发展。2022—2025 年处于我国电石产能调整阶段，30000 千伏安以下的装置退出市场，10 万吨以下的产能逐渐退出市场，电石产业结构进一步调整。电石行业逐渐向企业集中化、产能规模化方向发展。电石行业开工稳定性增强以及开工率提升。在下游需求的刺激下，电石产能或适度下滑，但产量变动有限。虽产能有所下降，但在下游需求刺激下，电石行业开工率将有所提升；产量波动有限。

2022—2026 年中国电石供应预测见图 49.8。

49.5.3 中国电石主要下游发展前景预测

2022 年随着疫苗接种率提升及欧美免疫人群增加，全球疫情预期缓解，经济增速恢复，全球需求预计看好，中国经济保持领先增速，加之房地产、基础建设向稳发展，整体看国内外需求环境保持较好增长态势。

全球供应来看，2021 年底美国部分产能增产，排除自然影响，欧美装置开工回升，全球产量预期增加，但欧美能源成本上涨，导致欧洲资源紧张及成本高位，全球 PVC 价格预期成本线上高位。

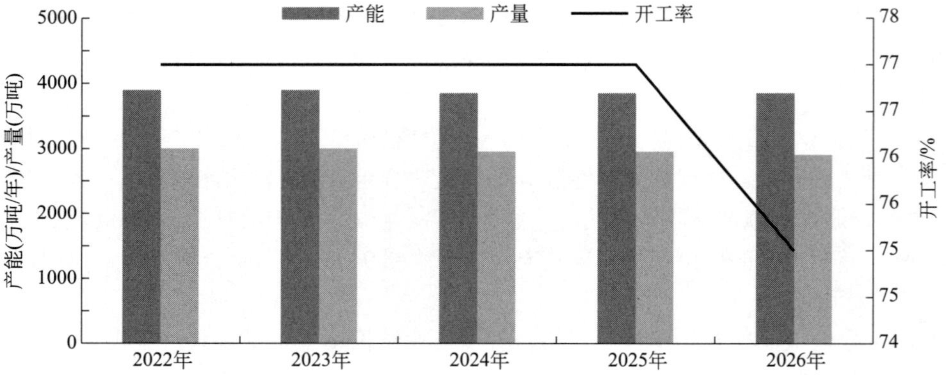

图 49.8 2022—2026 年中国电石供应预测

中国 PVC 供应 2022 年关注点依然围绕在双碳、能耗控制下对原料电石的影响，但新增产能预期释放，预期 2022 年 PVC 产量继续保持增长，鉴于新增产能集中在乙烯法工艺，电石法产量增速低于乙烯法产量增速。政策影响电石供应趋紧趋势不变，且价格预计货紧价高，传导至 PVC 生产，其也面临电石法长期高成本支撑。

疫情后期，中国仍是全球最大的 PVC 生产国及消费国，且中国全面取消了进口 PVC 的反倾销等政策，当中国市场价格高位时，进口将更加积极，尤其是出口占比较大，成本有优势的原产美国PVC，预计2022年中国PVC进口将增加；而出口则面临成本及与国外竞争压力增加态势，出口预期同比减少。

预计 2022 年国内 PVC 市场价格走势呈现前高后低局面，上半年价格预期维持 8500 ～ 10000 元 / 吨，下半年维持 8500 ～ 9000 元 / 吨。

49.5.4 中国电石供需格局预期

近年随着国家政策对电石市场限制类产能的推进，以及对高耗能用电量行业的限制，导致部分边际产能退出市场。近年预计我国电石新增产能呈现逐年走低的趋势，而下游需求有逐渐增加的趋势，国内市场的供需错配，导致价格连年走高，国外市场采购积极性减弱，出口量减少。

2022—2026 年中国电石市场供需平衡预测见表 49.2。

表 49.2 2022—2026 年中国电石市场供需平衡预测

项目	2022 年	2024 年	2026 年
产能 / （万吨 / 年）	3900	3850	3850
产量 / 万吨	3000	2950	2900
出口量 / 万吨	10	8	6
表观消费量 / 万吨	2990	2942	2894
开工率 /%	77	77	75

第 50 章 可降解材料 PBAT

2021 年度关键指标一览

类别	项目	2020 年	2021 年	涨跌值	原因概述
价格	国内华东市场主流价格 /（元 / 吨）	21921	24020	2099	需求量增加及原料端价格持续拉涨，带动市场价格上涨
供应	产能 /（万吨 / 年）	27.30	36.30	9	新装置投产
	产量 / 万吨	9.00	13.51	4.51	需求增加及新装置投产，带动产量上升
	开工率 /%	32.97	37.22	4.25	上半年需求增加明显，企业开工率提升明显。下半年产能增加，开工率有所下降
	进口量 / 万吨	0.10	0.15	0.05	上半年国内 PBAT 供应紧张及价格走高，吸引外国货源流入；下半年进口量略有减弱
需求	出口量 / 万吨	5.80	6.10	0.3	国际 PBAT 市场供应紧张且价格走高；中国 PBAT 产能相对集中，市场价格优势明显
	下游需求量 / 万吨	4.05	8.11	4.06	新版“限塑令”的推动促使 2021 年国内 PBAT 需求不断增加，新增产能不断涌现

50.1 中国可降解材料 PBAT 供需平衡分析

2017—2021 年中国 PBAT（聚己二酸对苯二甲酸丁二醇酯）产能呈明显增长趋势，2021 年 PBAT 产能 36.3 万吨，较 2020 年增加 32.97%，新投产企业主要有珠海万通化工、浙江华峰环保。

从 2021 年供需数据来看，2021 年中国 PBAT 产量达 13.51 万吨，同比增加 50.11%；PBAT 进口量在 0.15 万吨，同比增加 50.00%；下游需求量在 8.11 万吨，同比增加 100.25%。

近五年中国 PBAT 主要以出口为主，是因为全球 PBAT 产能主要集中在中国，且中国 PBAT 市场价格普遍低于国际市场价格。

2017—2021 年中国 PBAT 供需平衡见表 50.1。

表 50.1 2017—2021 年中国 PBAT 供需平衡表

项目	2017 年	2018 年	2019 年	2020 年	2021 年
产能 /（万吨 / 年）	5.50	5.50	17.50	27.30	36.30
产量 / 万吨	3.20	3.60	5.10	9.00	13.51
进口量 / 万吨	0.08	0.08	0.03	0.10	0.15
出口量 / 万吨	1.40	2.60	4.90	5.80	6.10
下游需求量 / 万吨	1.19	1.34	1.89	4.05	8.11

50.2 中国可降解材料 PBAT 供应现状分析

50.2.1 2021 年中国可降解材料 PBAT 国产供需分析

2017—2021 年中国 PBAT 产能整体呈现增长趋势，产能年均复合增长率 60.28%。自 2017 年以来，中国 PBAT 产能进入持续扩张期，PBAT 产能大幅增加。其中 2019 年 PBAT 新产能增速较大，同比 2018 年新增产能 218.18%。2021 年 PBAT 新增产能 9 万吨 / 年，年内因原料端 BDO 价格高位及 PBAT 价格相对低位，PBAT 生产企业面临生产即亏损的状态，原计划 2021 年投产的装置部分延期到 2022 年。

2017—2021 年中国 PBAT 产能变化趋势见图 50.1。

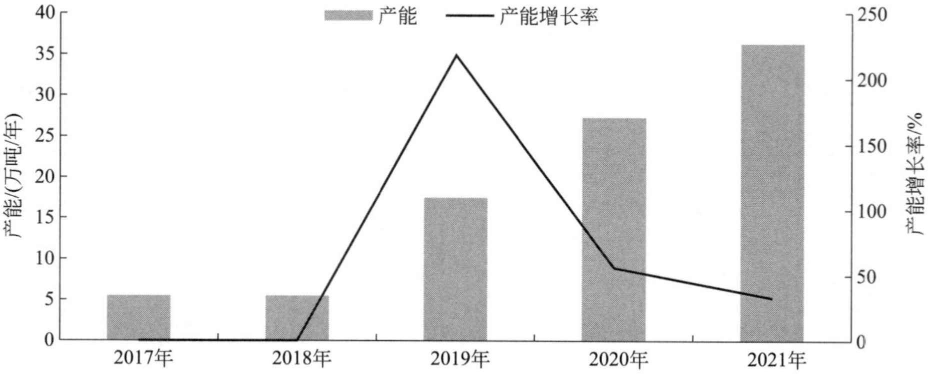

图 50.1 2017—2021 年中国 PBAT 产能变化趋势

2017—2021 年，中国 PBAT 行业产能持续增长，产量随之大幅增加。据统计，2017—2021 年中国 PBAT 产量年均复合增长率 43.34%，截至 2021 年，中国 PBAT 年产量达到 13.51 万吨，同比 2020 年增幅 50.11%。

开工率方面，2017—2018 年受国际需求增长，中国 PBAT 出口市场较好企业开工率稳定。2019 年开工率有所下降，主要是因为新增产能投产及疫情暴发。2020—2021 年新版“限塑令”的推出，国内新投产装置较多且需求增加，整体开工呈增长趋势，2021 年中国 PBAT 开工率为 37.22%，相比 2020 年增加 4.25%。

2017—2021 年中国 PBAT 产量及开工率走势见图 50.2。

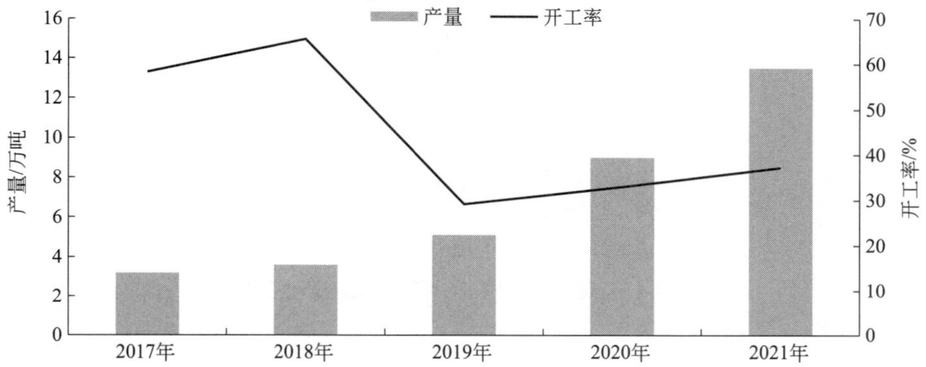

图 50.2 2017—2021 年中国 PBAT 产量及开工率走势

50.2.2 2021 年中国可降解材料 PBAT 进口量分析

2017—2021 年中国 PBAT 进口量有明显变化，2021 年进口量为 0.15 万吨，创历史新高，2017—2019 年 PBAT 产能不断扩张，国内产量提升，对进口需求减弱。2020—2021 年 PBAT 虽然国产自给率逐步提升，但部分地区对进口货源仍有需求。

2017—2021 年中国 PBAT 进口量变化趋势见图 50.3。

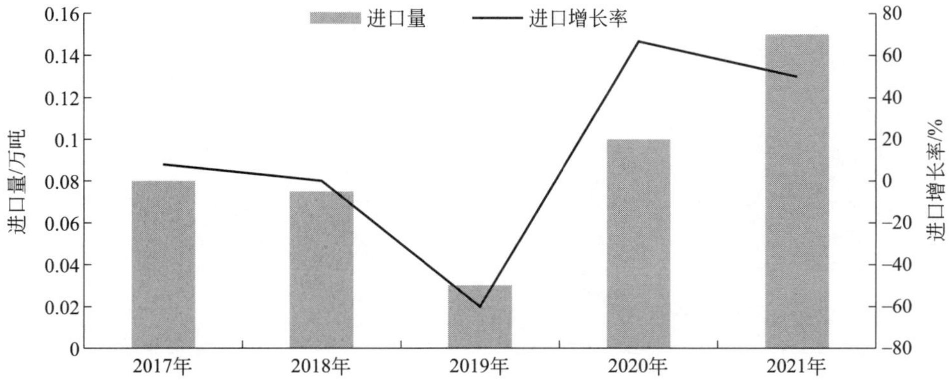

图 50.3 2017—2021 年中国 PBAT 进口量变化趋势

近五年，国内 PBAT 产品来源结构变化不大，主要来自中国台湾和德国地区，分别占比

60%、30%。2021 年一季度，国内市场 PBAT 供不应求及价格上涨，同时带动进口需求增加。从二季度开始国内 PBAT 市场价格下跌，海关运费上涨，德国地区进口料无明显优势。随着国内 PBAT 产能增加及品质提升，未来进口有放缓趋势。

2021 年中国 PBAT 进口国及地区占比见图 50.4。

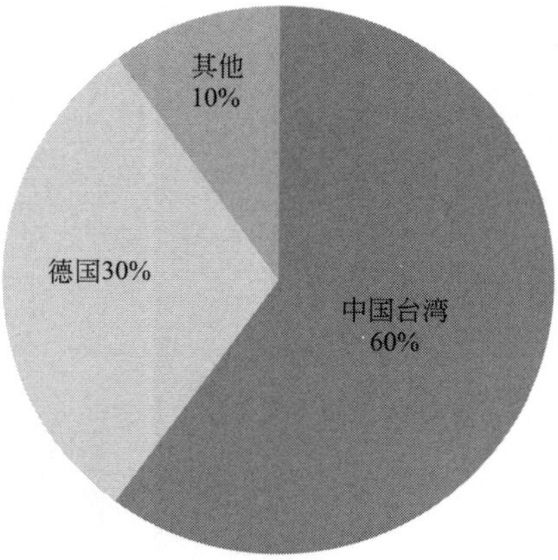

图 50.4 2021 年中国 PBAT 进口国及地区占比

50.3 中国可降解材料 PBAT 消费现状分析

50.3.1 2021 年中国可降解材料 PBAT 消费趋势分析

2021 年中国 PBAT 消费量 8.11 万吨，同比增长 100.25%。2020 年国家相关政策对四个重点领域提出限塑规划，在政策的鼓励下 PBAT 关注度明显提升，需求量增加明显。

2017—2021 年中国 PBAT 消费量变化趋势见图 50.5。

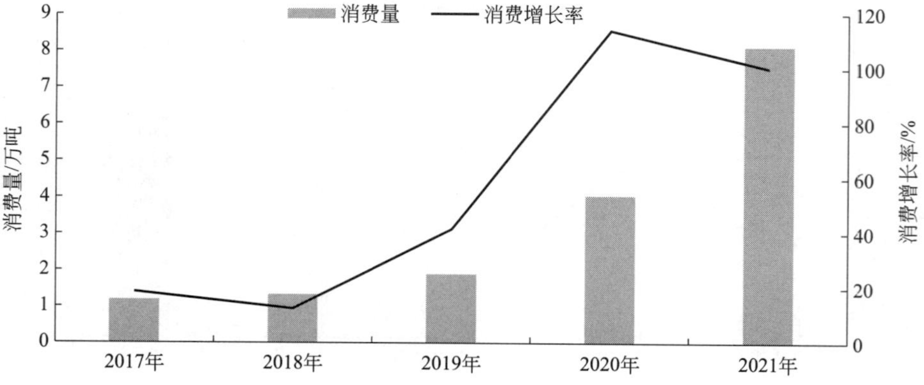

图 50.5 2017—2021 年中国 PBAT 消费量变化趋势

50.3.2 2021年中国可降解材料PBAT消费结构分析

目前，PBAT主要用于包装袋和农用薄膜（地膜）领域。2021年PBAT包装袋需求量7.76万吨，占比约95.68%；农膜需求量0.23万吨，占比约2.84%；其他领域需求量0.12万吨，占比约1.48%。

2021年中国PBAT下游需求占比见图50.6。

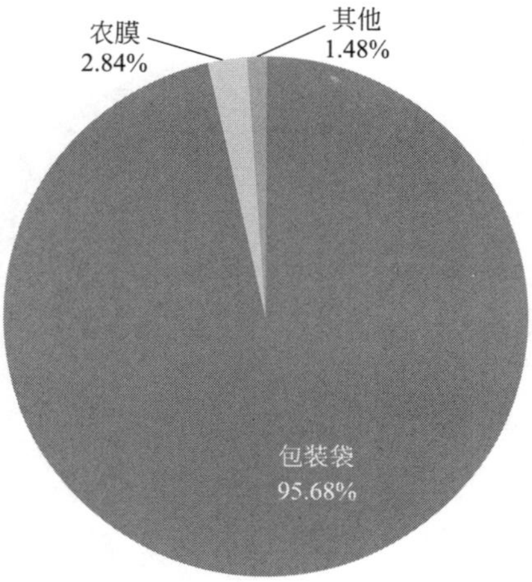

图50.6 2021年中国PBAT下游需求占比

50.3.3 2021年中国可降解材料PBAT出口量分析

2017—2021年中国PBAT产品出口量呈现增长趋势，主要因为PBAT国产供应提升，且中国现货价格不高，国际PBAT产能少且产量较低，因此国内PBAT出口有明显优势。2021年出口量持续增加，出口量达6.1万吨，同比2020年增幅5.17%。

2017—2021年中国PBAT出口量变化趋势见图50.7。

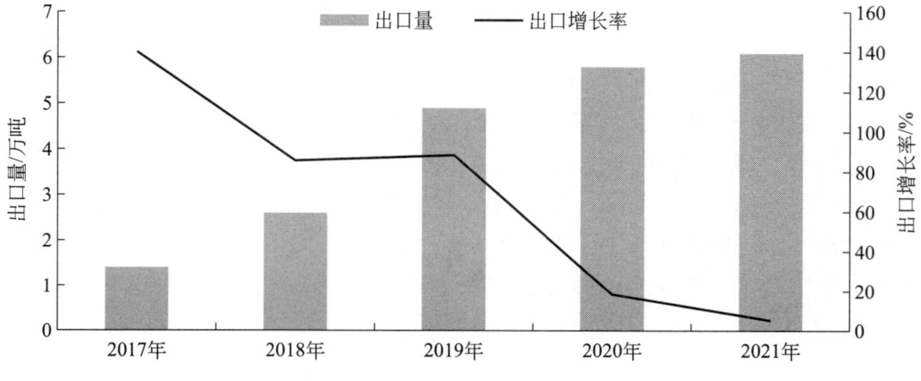

图50.7 2017—2021年中国PBAT出口量变化趋势

从出口地区来看，近五年以来，国内 PBAT 产品出口结构变化不大，欧洲地区主要是荷兰、意大利和西班牙等地区，分别占比 30%、23% 和 7%；欧洲地区 PBAT 的主要应用在咖啡胶囊和购物袋领域。亚洲地区主要是印度和韩国等地区，当地农用地膜需求较大；美洲主要是以加拿大地区较为集中，主要应用在农用地膜和咖啡胶囊。

2021 年中国 PBAT 出口国及地区占比见图 50.8。

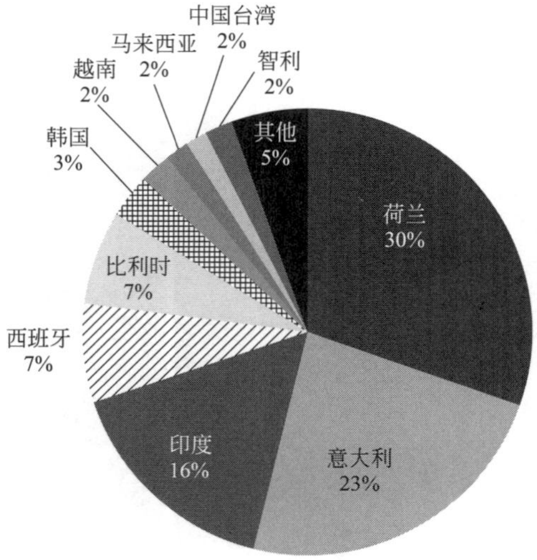

图 50.8 2021 年中国 PBAT 出口国及地区占比

50.4 中国可降解材料 PBAT 价格走势分析

近五年来中国 PBAT 行情跌宕起伏。市场供需、成本是推动价格波动的主要影响因素，2017—2018 年受供需面的转弱，PBAT 市场冷清，价格震荡走跌；2019 年，新装置产能增加及全球经济增速放缓，中国 PBAT 市场重心大幅下挫，PBAT 围绕成本及供需面因素，行情在 13000 ～ 16441 元 / 吨之间波动；随着 2020 年新版“限塑令”通知发出，2020 年 PBAT 市场迅速打开，价格持续走高，到 2020 年 12 月份冲高至 23500 元 / 吨左右。2021 年一季度 PBAT 市场由于供应紧张及原料 BDO 价格上涨，3 月 PBAT 价格飙升至 33000 元 / 吨，处于行业历史最高水平，但也导致市场需求大幅降温，后期随着原料 BDO 价格的回调，4 月 PBAT 价格逐渐下跌，直至 6 月份，PBAT 市场价格跌至年内低点 21000 元 / 吨左右。由于原料 BDO 受检修、有序用电、双控等因素影响，供应趋紧，价格不断创新高，PBAT 原料成本压力剧增，下游需求偏弱，PBAT 价格上涨阻力大。到 12 月中旬，国内需求减弱且部分地区受疫情影响，PBAT 市场价格重心下移，截至 12 月 31 日，PBAT 市场主流价格 23000 ～ 23500 元 / 吨。

2017—2021 年中国 PBAT 现货市场价格走势见图 50.9。

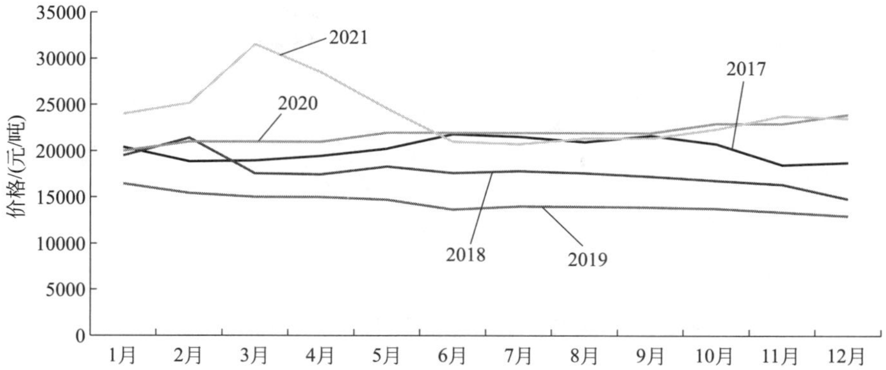

图 50.9 2017—2021 年中国 PBAT 现货市场价格走势

50.5 中国可降解材料 PBAT 成本及利润走势分析

2017—2018 年 PBAT 成本趋稳运行，全年成本维持在 15000 元 / 吨以内。2021 年 PBAT 成本大幅提高，年内平均成本在 20795 元 / 吨，同比上涨 98.44%。主要由于原料端 BDO 价格高位，峰值达到 30900 元 / 吨。

2017—2021 年中国 PBAT 成本变化趋势见图 50.10。

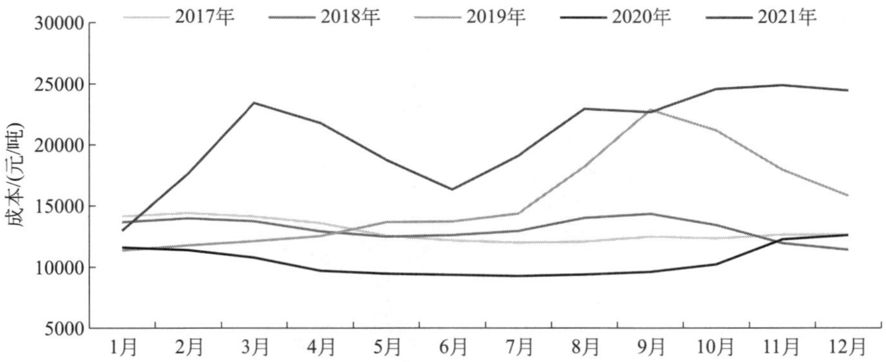

图 50.10 2017—2021 年中国 PBAT 成本变化趋势

从利润情况来看，近五年，PBAT 伴随原料成本变化、市场供需格局演变，PBAT 利润变化大。2018—2019 年 PBAT 处于新增产能消耗期，利润较窄；2020 年 PBAT 行业供不应求，行业利润高昂。2021 年原料 BDO 价格居高不下，挤压 PBAT 企业的生产利润。综合来看，2020 年是 PBAT 盈利最好的时期。随着原料成本不可控，2021 年 PBAT 利润空间缩窄，企业平均利润在 3206 元 / 吨，同比 2020 年下跌 71.99%。

2017—2021 年中国 PBAT 利润变化趋势见图 50.11。

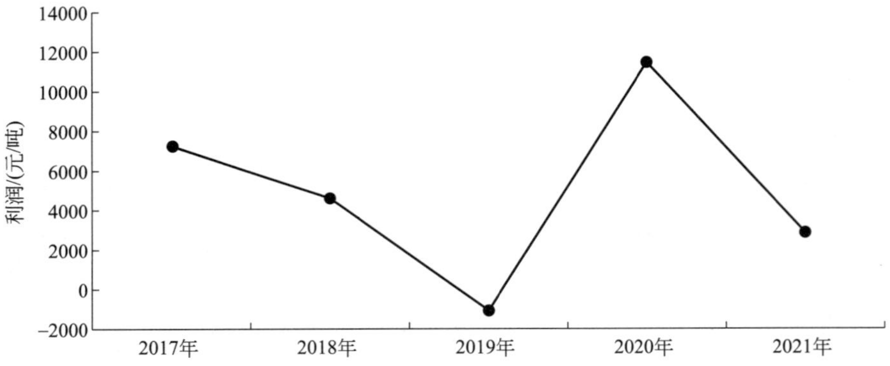

图 50.11 2017—2021 年中国 PBAT 利润变化趋势

50.6 2022—2026 年中国可降解材料 PBAT 发展预期

50.6.1 中国可降解材料 PBAT 拟在建 / 退出产能统计

预计 2022 年 PBAT 投产 201 万吨，受成本、能耗双控、环评等不确定因素影响，将导致部分项目推迟或减少，预测 2022 年新增 PBAT 产能 46 万吨。

2022—2026 年，西北地区原料 BDO 资源丰富，占全国 PBAT 新增产能的 46%，位居第一。其次是华东地区，产能占比 17%，华东地区下游企业比较集中。

中国 PBAT 拟在建产能区域占比见图 50.12。

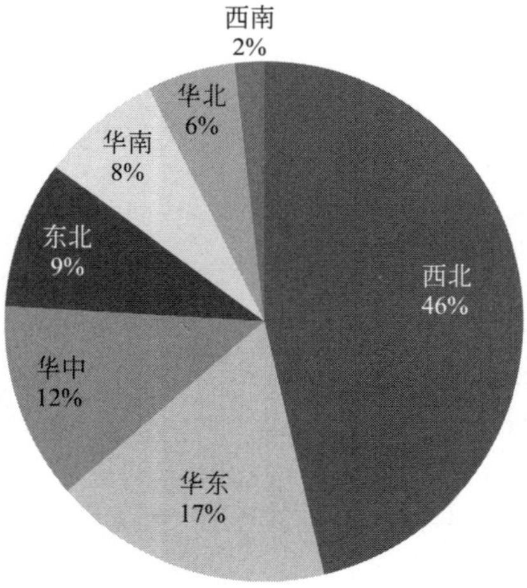

图 50.12 中国 PBAT 拟在建产能区域占比

50.6.2 中国可降解材料 PBAT 主要下游发展前景预测

中国 PBAT 产品的下游消费主要集中在包装袋，随着国家对污染环境的治理及“限塑令”政策的影响，未来五年 PBAT 需求量或有较为明显的增加。由于 PBAT 有较好的强度及韧性，特别适合应用在包装袋、包装膜、一次性餐具包装和农用薄膜（地膜）领域，因此 PBAT 作为生物降解材料膜材的主要原材料，未来对于通用材料或能起到一定的替代作用。预计 2022—2026 年中国消费量复合增长率 58.45%。

50.6.3 中国可降解材料 PBAT 供应趋势预测

未来五年伴随着 PBAT 上下游产业链逐步完善，行业一体化趋势愈加明显，中国 PBAT 供应呈现大幅增长趋势。预计未来五年 PBAT 产能年复合增长率在 34.50%，产量年复合增长率在 44.76%，国内供应明显高于消费，届时行业将进入供过于求周期。

2022—2026 年中国 PBAT 市场供需平衡预测见表 50.2。

表 50.2 2022—2026 年中国 PBAT 市场供需平衡预测

项目	2022 年	2024 年	2026 年
产能 /（万吨 / 年）	82.3	167.3	269.3
产量 / 万吨	23	53	101
进口量 / 万吨	0.7	0	0
出口量 / 万吨	3.9	15	35
下游需求量 / 万吨	21	36	81